The TEPS

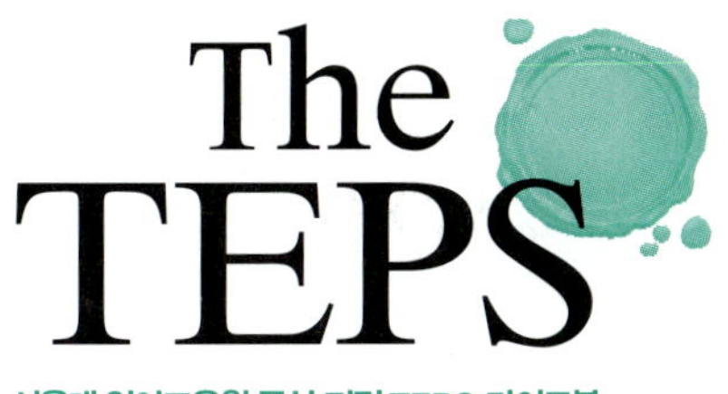

서울대 언어교육원 공식 지정 TEPS 가이드북

The TEPS LC

지은이 서울대학교 언어교육원 외국어교육센터
펴낸이 정규도
펴낸곳 (주)다락원

초판 1쇄 발행 2008년 6월 25일
초판 8쇄 발행 2014년 12월 8일

편집장 김현자
책임편집 김명렬, 최주연, 김화곤
디자인 윤지은, 박소연

다락원 경기도 파주시 문발로 211
내용문의: (02)736-2031 내선 503
구입문의: (02)736-2031 내선 250~252
Fax: (02)732-2037
출판등록 1977년 9월 16일 제300-1977-23호

Copyright ⓒ 2008, 서울대학교 언어교육원

값 25,000원(본 교재+정답 및 해설+MP3 CD 1장)

ISBN 978-89-5995-966-2
      978-89-5995-967-9(set)

http://www.darakwon.co.kr
다락원 홈페이지를 방문하시면 상세한 출판정보와 함께 동영상강좌,
MP3자료 등 다양한 어학 정보를 얻으실 수 있습니다.

서울대 언어교육원 공식 지정 TEPS 가이드북

The TEPS

서울대 언어교육원 외국어교육센터 지음

다락원

Preface

TEPS는 우리나라 사람의 영어능력을 올바르게 측정하기 위해 서울대학교 언어교육원에서 개발한 국가공인 영어시험입니다. 이 중 TEPS 청해는 수험자의 청해 능력을 정확하게 판단하기 위해 실제 의사소통처럼 다양한 상황과 텍스트를 소리에만 의존하여 이해하는 능력을 측정합니다. 그러다 보니 TEPS 청해는 다른 영어능력 시험에 비하여 '단기간에 점수가 오르지 않는 어려운 시험'이라는 평가를 받고 있습니다. 이 말은, TEPS 청해 영역을 바르게 이해하고 올바른 방법으로 준비한다면 실질적인 청취 능력을 향상하여 TEPS 청해 성적을 올릴 수 있다는 것을 의미합니다.

TEPS 10주년을 맞이하여 서울대학교 언어교육원에서는 그동안 서울대학교 학생에게만 제공되던 TEPS 교육의 노하우를 출간하게 되었습니다. TEPS의 특징을 가장 잘 알고 풍부한 교육 경험을 가진 TEPS 전문 강사진이 직접 출제하고 저술한 이 책은 TEPS 청해 교육의 결정판이라고 할 수 있습니다. 이 책의 장점은 첫째, 기출문제를 면밀하게 분석한 자료를 토대로 출제되고 전문가의 검토를 거친 문제를 수록하고 있어 정규 TEPS 청해 문제 유형을 총망라하고 있다는 것입니다. 둘째, 이 책은 TEPS의 출제 원리 및 원칙에 맞춘 문제 유형별 풀이 방법, 파트별로 가장 합당한 학습 방법을 담고 있어 학습 효과를 극대화 할 수 있습니다. Part I & II의 경우, 문제 접근의 핵심 사항인 질의 기능을 파악하여 순발력 있게 적절 응답을 고르는 훈련에 역점을 두었고, Part III & IV의 경우 대화문 및 담화문의 종류, 질문 유형에 따라 선택적 청취를 하고 관련 부분을 집중해서 듣는 훈련에 역점을 두었습니다. 끝으로, 영어 및 영어교육 전공자인 저자들은 청해 능력 자체를 향상시킬 수 있는 방법 및 학습 효과를 높이는 반복학습 방법을 응용하여 단원을 구성하였습니다. 꼭 필요한 발음현상 이해와 받아쓰기 훈련, 학습자의 취약점을 스스로 파악하게 하는 코너, 어휘 실력을 높이기 위한 풍부한 자료 및 테스트, 그리고 각 단원 마무리 요점 정리를 담고 있습니다. 이 책에서 제공한 영어 학습 방법 및 TEPS 청해 노하우를 활용하여 끈기 있게 공부한다면, TEPS가 '단기간에 점수가 오르지 않는 어려운 시험'이 아닌 '진정한 영어능력을 향상시켜주는 신나는 시험'이라는 것을 체험하게 될 것입니다.

이 책이 출판되기까지 직접 참여한 분들, 조언과 후원을 아끼지 않은 분들, 그리고 정신적인 버팀목이 되어준 가족에게 깊은 감사를 드립니다.

2008년 6월

남다윤, 이인아

CoNTents

Part IV 공략

Actual Test

Practice Test와 Actual Test의 문항별 MP3 파일은
www.darakwon.co.kr에서
무료로 다운로드 받으실 수 있습니다.

■ TEPS란?

TEPS는 Test of English Proficiency developed by Seoul National University의 약자로, 서울대학교 언어교육원에서 개발하고 TEPS 관리위원회에서 주관·시행하는 국가 공인 영어시험이다.

TEPS는 대한민국 정부가 공인하는 외국어 능력 측정기관인 서울대학교 언어교육원이 집중적인 연구를 통해 개발하며, 국내외 유수 대학에 종사하는 100여 명의 영어 관련 전문가들이 출제하고, 세계적인 권위자로 구성된 자문위원회에서 검토한다. 시험은 청해·문법·어휘·독해의 네 영역에 걸쳐 치러지며 총 200문항, 990점 만점이다.

■ TEPS의 특징

1 신뢰도와 타당도가 입증된 시험

TEPS는 언어 테스팅 분야의 세계적 권위자인 Bachman 교수(미국 UCLA)와 Oller 교수(미국 뉴멕시코 대)에게서 타당성을 검증 받았으며, 여러 번의 시험적 평가에서 이미 그 신뢰도와 타당도가 입증되었다.

2 실제적인 의사소통 능력을 측정하는 시험

TEPS는 우리 나라 사람들의 살아 있는 영어 실력, 즉 의사소통 능력을 가장 효과적으로 정확하게 측정해 주는 시험이라고 할 수 있다. 진정한 실력자와 비 실력자를 확실히 구분할 수 있도록 구성되어 변별력이 뛰어나며 본인의 정확한 실력 파악에 실제로 도움이 된다. 또한 TEPS 성적표는 수험자의 영어 능력을 영역별로 세분화해 평가해주기 때문에 본인이 어느 부분이 탁월하고 취약한지 판단할 수 있어 영어 공부의 방향을 잡는 데 효과적이다.

3 편법과 눈속임이 통하지 않는 시험

TEPS는 수험자의 영어 능력을 있는 그대로 정확하게 판단하기 위해 다양한 테스트 방법을 적용했다. 단적인 예로, 청해 시험에서는 인쇄된 질문지 없이 방송으로 직접 들려주기 때문에 미리 문제를 보고 감을 잡는 요령이 통하지 않는다. 독해 시험도 '1지문 1문항 원칙'을 지켜, 한 문제의 답을 알고 나서 그 뒤에 연결된 문제들의 답을 유추하거나, 한 문제의 답을 모를 경우 그와 연관된 다른 문제까지 틀릴 가능성을 원천적으로 배제했다.

4 속도화 시험

외국인과 실제로 영어로 대화할 때는 문법과 어휘를 한참 동안 고민한 다음에 묻거나 대답할 수 없다. TEPS는 기존의 다른 시험에 비해 많은 지문을 주고 이를 짧은 시간 안에 이해하여 풀어낼 수 있는지를 측정한다. 이는 실생활에서 활용할 수 없는 암기 위주의 영어가 아니라 완전히 습득되어 즉각적으로 자유롭게 구사할 수 있는 '살아있는' 영어 실력을 평가하기 위한 것이다.

5 첨단 테스팅 기법을 도입한 시험

TEPS는 첨단의 어학능력 검증기법인 문항 반응 이론 (IRT: Item Response Theory) 을 도입한 국내 최초의 영어능력 평가 시험이다. 이에 따라, 문항을 개발할 때 각 문항별로 1차 난이도를 정의하고, 시험 시행 후 전체 수험자들이 각각의 문항에 대해 맞고 틀린 결과를 종합해 그 문항의 난이도를 2차로 재조정한 후, 이를 근거로 다시 한 번 채점해 성적을 내게 된다.

산술적으로 계산하면 총 배점은 1,000점이 되지만 문항반응 이론에 근거한 채점 과정에서 최고점은 990점, 최하점은 10점으로 조정된다. 특히 맞은 개수의 합을 총점으로 하는 고전적인 평가방식과 달리, TEPS는 같은 개수의 정답을 맞히더라도 난도가 높은 문제를 많이 맞힌 수험자가 좋은 점수를 얻게 돼있다. 또한 난도가 낮은 문제를 많이 틀린 수험자가 고난도의 문제를 맞혔을 경우, 실력에 관계 없이 추측(guessing)에 의해 또는 우연히 맞혔을 가능성이 높다고 보고 감점 처리한다.

■ TEPS의 영역별 구성

영역	파트	문항수	시간 / 배점
청해 Listening Comprehension	Part I Part II Part III Part IV	15 15 15 15	55분 / 400점
문법 Grammar	Part I Part II Part III Part IV	20 20 5 5	25분 / 100점
어휘 Vocabulary	Part I Part II	25 25	15분 / 100점
독해 Reading Comprehension	Part I Part II Part III	16 21 3	45분 / 400점
총계	13개 Parts	200문제	140분 / 990점

* 산술상으로는 최고 1,000점이나 문항 반응 이론(IRT)에 의하여 최고점은 990점, 최저점은 10점으로 조정됨.

1 청해(Listening Comprehension)

- 총 4 Parts 60문항 / 55분 / 400점
- 특징: 시험지에는 파트별 지시문만 나와있고, 선택지나 질문은 일체 인쇄되어 있지 않다. (아래 내용은 문제 유형의 이해를 돕기 위한 녹음 대본의 예이다.) Part I 과 Part II에서는 대화와 선택지를 한 번만 들려주고, Part III와 Part IV에서는 대화·지문과 질문을 두 번, 선택지는 한 번 들려준다.

_ Part I   문장 하나를 듣고 이어질 대화 고르기

W: How long does it take to walk to work?
M: _______________________________

(a) I'm not walking to work today.
(b) That depends if I drive or go by bus.
(c) It takes about 20 minutes.
(d) It's very close to work.

_ Part II   3 문장의 대화를 듣고 이어질 대화 고르기

M: Are you done with your homework?
W: I'm still working on the chemistry report.
M: Are you sure you can meet the deadline?
W: _______________________________

(a) Yes, I reported it.
(b) Well, I'll try.
(c) No, I couldn't meet him.
(d) Don't worry. I'm finished.

W: Hello. I'd like to speak to Mr. Carrington, please.
M: I'm afraid he's not here right now. Would you like to leave a message?
W: All right. This is Samantha from Sunshine Travel Agency.
M: Samantha, Sunshine Travel — got it.
W: I'm calling about his trip to Paris. He's got my number.
M: Okay. I'll pass along the message.

Q. What is the main purpose of the woman's call?
(a) To ask the man to go with her to Paris.
(b) To give her phone number to Mr. Carrington.
(c) To speak with Mr. Carrington about his trip.
(d) To arrange a meeting abroad.

Exposure therapy has long been a first-line psychological treatment for post-traumatic stress disorder. In this form of therapy, patients are asked to confront memories of a trauma by imagining and recounting it. But now, thanks to virtual reality, they are able to relive it in vivid detail. For instance, a simulation called Virtual Iraq helps Iraq war veterans reencounter sights, sounds, and smells that evoke painful memories. This allows them to reprocess traumatic events and become desensitized to them, minimizing war side effects like insomnia, nightmares, and flashbacks.

Q. What is the main idea of the lecture?
(a) Post-traumatic stress disorder mainly affects war veterans.
(b) Virtual reality can have positive uses.
(c) Overcoming Iraq war trauma is extremely difficult.
(d) Exposure therapy is even more powerful with virtual reality.

2 문법(Grammar)

- 총 4 Parts 50문항 / 25분/ 100점
- 특징: 대화나 단문에 적절한 표현을 고르는 문제(Part Ⅰ·Ⅱ)와 대화나 단문에서 틀리거나 어색한 부분을 고르는 문제(Part Ⅲ·Part Ⅳ)가 출제되는데, 고전적인 문법 지식보다는 실용적인 면을 강조하는 추세이다. 특히 Part Ⅰ에서는 관용어구 등 실생활에서 많이 사용되는 어구를 중심으로 문법적인 측면을 이해하고 있는가를 주로 평가한다.

_ Part I 대화문의 빈칸에 적절한 표현을 고르기

A: I almost got into an accident near my home.
B: That's incredible! The same thing ＿＿＿＿＿＿＿ to me last week!

(a) happens
(b) happened
(c) had happened
(d) has happened

_ Part II 문장의 빈칸에 적절한 표현을 고르기

Brad ＿＿＿＿＿＿ his breakfast before I came downstairs.
(a) finish
(b) is finishing
(c) had finished
(d) has finished

_ Part III 대화에서 어법상 틀리거나 어색한 부분 고르기

(a) A: Is it true that Eric got into trouble?
(b) B: Yeah, I heard he was arrested last night.
(c) A: How come? He seems like the pretty nice guy.
(d) B: I'm not sure exactly, but it was something involving a bar fight.

_ Part IV 단문에서 문법상 틀리거나 어색한 부분 고르기

(a) Korea has a strong drinking culture. (b) It is an especially important part of the business world. (c) Coworkers often go out after work, drinking passionately and having fun together. (d) It considered a way of building a sense of teamwork among workers.

3 어휘(Vocabulary)

_ Part I 대화문의 빈칸에 적절한 단어 고르기

A: Could you please give me a(n) ______________ call at 6:30 tomorrow morning?

B: Sure, ma'am. I'll give you a ring at 6:30 a.m.

(a) emergency
(b) alarm
(c) make-up
(d) wake-up

_ Part II 단문의 빈칸에 적절한 단어 고르기

There are so many ______________ about importing food that you need to consult a lawyer.

(a) costs
(b) licenses
(c) regulations
(d) orders

4 독해(Reading Comprehension)

• 총 3 Parts 40문항 / 45분 / 400점
• 특징: Part 1의 빈칸완성형, Part 2의 주제 · 세부사항 · 추론형, Part 3의 일관성 파악 문제로 구성된다. 타 영역에 비해 점수 비중이 높고 '1지문 1문제' 원칙 하에 45분 동안 40문제를 풀어야 하므로 속도와 논리력이 반드시 필요하다.

_ Part I 지문을 읽고 질문의 빈칸에 들어갈 내용 고르기

The investigation of the recently burnt down National Bank building concluded today. Careless smoking of local construction workers seemed to be the culprit. It was also determined that the city fire department failed to thoroughly examine the unsafe building just a year ago. Mayor Mike Clayton demanded that the three fire officers bearing responsibility for the fiasco be reassigned. "Such a ________________ should never happen again," Clayton said.

(a) blatant abuse of taxpayer's money

(b) fire attributable to human negligence

(c) tragic loss of fire department personnel

(d) breach of National Bank building security

_ Part II 지문을 읽고 질문에 가장 적절한 내용 고르기

In the classroom, effective learning is not guaranteed just by following proper teaching methods. The degree to which students feel their teacher knows them as individuals and cares about their learning has much to do with the students' willingness to open their minds to learn. Students appreciate learning from teachers who welcome their questions and who allow them to express opposing viewpoints. Moreover, when students see that their teacher is ready to sacrifice time in order to help them, it provides the opportunity for the teacher to communicate his or her values to them.

Q. What is the main point of the passage?

(a) Getting good grades depends upon having good teachers.

(b) Teachers should encourage students to express their opinions.

(c) Teachers should pay more attention to their teaching methods.

(d) Showing concern for students is an important way of promoting learning.

_ Part III 지문을 읽고 문맥상 어색한 내용 고르기

Certain long-standing expectations of marriage are commonly held. (a) Traditionally, marriage has been understood to be a social bond between a man and woman. (b) This marks the start of a family, according to societal norms, as children are expected next. (c) Not only are there children, but also aunts, uncles and grandparents, creating something like a community. (d) Then, after having children, parents are assumed to embark on another new transition, namely, from spouses to parents.

1 접수 방법

- 응시료: 33,000원(추가 접수는 36,000원)
- 인터넷 접수: TEPS 관리위원회(www.teps.or.kr) '온라인 접수' 메뉴 이용
- 방문 접수: 가까운 접수처 이용(3×4cm 사진 한 장, 응시료 지참)

2 고사장 변경

- 고사장 변경 기간: 응시일 13일 전~7일 전까지
- 변경 방법: www.teps.or.kr '나의 시험 정보' → '접수 정보 관리'
- 고사장의 지역을 변경할 경우에만 해당하며, 1회에 한해 가능(같은 지역 내 고사장 변경은 불가). 고사장의 사정에 맞춰 선착순 신청이며 조기에 마감될 수 있음.

3 시험 당일

- 입실 시간: 9시 30분(일요일 시험), 15시(토요일 시험)
- 준비물: 규정 신분증, 컴퓨터용 사인펜, 수정 테이프, 시계, 수험표

※ 규정 신분증(다음 중 한 가지를 유효한 신분증으로 인정)
    일반인 · 대학생: 주민등록증, 운전면허증, 유효한 여권, 공무원증, 주민등록증 발급 신청 확인서
                ※ 주의: 대학교 및 대학원생의 경우 학생증을 사용할 수 없음.
    중 · 고등학생: 학생증(국내 학생증만 허용), 유효한 여권, 청소년증, 주민등록증, 주민등록증 발급 신청 확인서, TEPS 신분 확인 증명서
    초등학생: 유효한 여권, TEPS 신분 확인 증명서
    군인: 주민등록증, 운전면허증, 유효한 여권, 장교 및 부사관 신분증, 군무원증, 주민등록증 발급 신청 확인서, TEPS 신분 확인 증명서(사병)
    외국인: 외국인 등록증, 유효한 여권
    ※ 주의: 시험 당일 위의 규정 신분증 미 소지자는 시험에 응시할 수 없음.

4 시험 관련 유의사항

- 입실 시간 엄수
  공정한 시험 진행을 위해 시험 당일 9시 50분(일요일 시험), 15시 20분(토요일 시험) 이후 입실은 절대 불가하다. 또한 9시 30분(일요일 시험), 15시(토요일 시험) 이후에는 상황에 따라 9시 50분, 15시 20분 전에도 고사장 출입문을 통제할 수 있다.

- TEPS 문제지에 메모를 할 경우
  TEPS 문제지에 메모를 하는 것은 허용되지만 별도의 용지(좌석표, 수험표 등)에 필기나 메모를 하면 부정행위로 간주되어 규정에 의거해 처리된다.

- 시험 중 휴대전화 사용 불가
  TEPS 관리위원회에서는 휴대전화를 이용한 부정행위를 방지하기 위하여 응시자들의 휴대전화를 시험 전에 모두 수거한다. 시험 도중 휴대전화 및 기타 전자기기를 소지하거나 이들이 작동되어 적발되었을 경우에는 사용 여부와 관계없이 부정행위로 처리된다.

■ TEPS 등급 구성표

등급	점수	능력 검정 기준(Description)
1⁺급(Level 1⁺)	901~990	Native Level of Communicative Competence

↳ 외국인으로서 최상급 수준의 의사 소통 능력. 교양 있는 원어민에 버금가는 정도로 의사 소통이 가능하고 전문 분야 업무에 대처할 수 있음.

등급	점수	능력 검정 기준(Description)
1급(Level 1)	801~900	Near-Native Level of Communicative Competence

↳ 외국인으로서 거의 최상급 수준의 의사 소통 능력. 단기간 집중 교육을 받으면 대부분의 의사 소통이 가능하고 전문 분야 업무에 별 무리 없이 대처할 수 있음.

등급	점수	능력 검정 기준(Description)
2⁺급(Level 2+)	701~800	Advanced Level of Communicative Competence

↳ 외국인으로서 상급 수준의 의사 소통 능력. 단기간 집중 교육을 받으면 일반 분야 업무를 큰 어려움 없이 수행할 수 있음.

등급	점수	능력 검정 기준(Description)
2급(Level 2)	601~700	High Intermediate Level of Communicative Competence

↳ 외국인으로서 중상급 수준의 의사 소통 능력. 중장기간 집중 교육을 받으면 일반 분야 업무를 큰 어려움 없이 수행할 수 있음.

등급	점수	능력 검정 기준(Description)
3⁺급(Level 3+)	501~600	Mid Intermediate Level of Communicative Competence

↳ 외국인으로서 중급 수준의 의사 소통 능력. 중장기간 집중 교육을 받으면 한정된 분야의 업무를 큰 어려움 없이 수행할 수 있음.

등급	점수	능력 검정 기준(Description)
3급(Level 3)	401~500	Low Intermediate Level of Communicative Competence

↳ 외국인으로서 중하급 수준의 의사 소통 능력. 중장기간 집중 교육을 받으면 한정된 분야의 업무를 다소 미흡하지만 큰 지장은 없이 수행할 수 있음.

등급	점수	능력 검정 기준(Description)
4⁺급(Level 4+)	301~400	Novice Level of Communicative Competence
4급(Level 4)	201~300	

↳ 외국인으로서 하급 수준의 의사 소통 능력. 장기간의 집중 교육을 받으면 한정된 분야의 업무를 대체로 어렵게 수행할 수 있음.

등급	점수	능력 검정 기준(Description)
5⁺급(Level 5+)	101~200	Near-Zero Level of Communicative Competence
5급(Level 5)	10~100	

↳ 외국인으로서 최하급 수준의 의사소통 능력. 단편적인 지식만을 갖추고 있어 의사 소통이 거의 불가능함.

TEPS – TOEIC – TOEFL Conversion Table

TEPS	TOEFL iBT	TOEIC
953~	120	990
901~952	114~120	950~985
843~900	109~114	910~945
785~842	101~107	870~905
729~784	96~101	830~865
677~728	93~96	790~825
628~676	87~91	750~785
582~627	83~87	710~745
541~581	76~83	670~705
503~540	70~75	630~665
468~502	57~70	590~625
436~467	~56	550~585
408~435		510~545
383~407		470~505
360~382		430~465
338~359		390~425
318~337		350~385
301~317		315~345

* TEPS 관리위원회가 2007. 03. 01 제작한 도표를 간소화한 것임

TEPS LC 이 책 한 권으로 끝내자!

서울대가 선택하고 최고의 TEPS 전문가들이 풀어낸
최강의 TEPS LC 기본서 – The TEPS

서울대 언어교육원의 TEPS 전문 강사진이 실제 TEPS 시험과 가장 유사한 좋은 문제를 직접 출제하고 자세한 분석과 해설, 효과적인 학습 방법까지 제시했기 때문에 10년간의 TEPS 전문 교육 노하우가 고스란히 집약되어 있다.

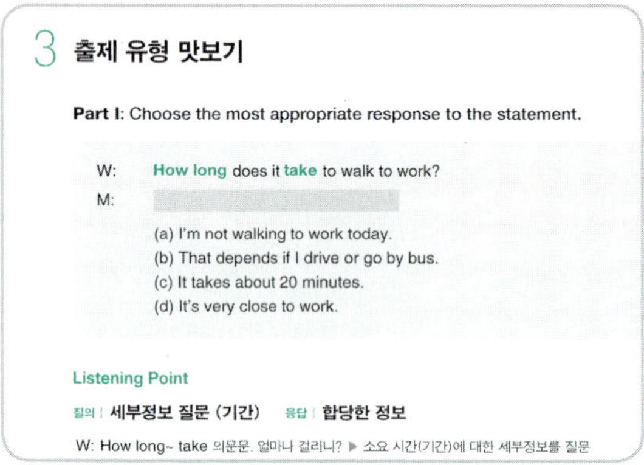

■ 출제 유형 맛보기

시험에 출제되는 문제 유형을 파트별로 알아보고, 본격적인 학습에 들어가기에 앞서 기본적인 문제 풀이 전략을 이해한다.

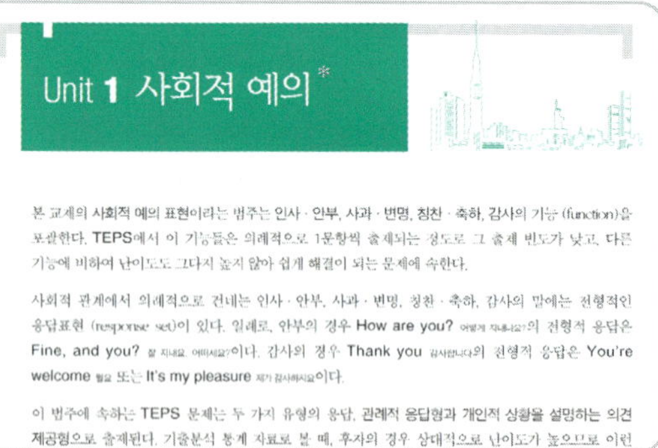

■ 유형별 핵심 정리

각 파트별 문제의 유형들을 면밀히 분석하여 출제 의도를 꿰뚫는 명쾌한 문제 풀이 전략을 제시하였다.

TEPS 최신 문제를 분석하여 유형별 출제 비율을 일목요연하게 도표로 정리하였다.

2 유형 연습

A Part I 감사 – 관례적 응답 ⓞ track 01

Step ① Choose the most appropriate response to the statement.
ⓐ　　ⓑ　　ⓒ　　ⓓ

Step ② Listen again and fill in the gaps.

M:　I ____________ your ____________. It's very

W:　

(a) You can say that again.

■ **유형 연습**

유형별 핵심 정리에서 학습한 내용이 그대로 적용되는 문제를 풀어 본 후, 틀리기 쉬운 부분과 특히 유의할 표현들을 짚어주는 간결한 해설을 통해 정답을 찾아내는 문제 풀이 핵심 전략을 확실히 체득한다.

3 빈출 표현 1: 사회적 예의 ⓞ track 05

인사 · 안부와 응답

표현	뜻
How are you getting along with your project?	프로젝트는 어떻게 되어
How have you been doing?	어떻게 지내셨어요?
Better than ever	어느 때보다 좋습니다. 이
Busy as usual.	늘 바쁘죠.
Can't complain.	불평할 게 없습니다. 잘 지
It's been ages since we met.	정말 오래간만이군요.
You're just as I expected.	(말로만 듣던 이를 만나서

■ **빈출 표현 / 표현 받아쓰기**

기출 시험에 자주 등장하는 중요 표현들을 주제별로 정리하였다. 들으면서 익힐 수 있도록 음성 파일이 제공된다. '표현 받아쓰기' 코너에서 청취 능력을 점검한다.

표현 받아쓰기 1

들려주는 표현을 잘 듣고 받아 쓰기를 한 후 우리말 뜻을 적어 보세요.

	표 현	
1		
2		
3		
4		

4 발음 현상 1: 첫 모음 생략

영어는 강세가 중요한 언어이므로 단어나 문장의 주 강세 (primary stress) (time lapse)이 비례한다. 그 결과 강세가 없는 음절은 거의 생략되거나 약이에 반하여 우리말은 음절 하나하나를 모두 발음하는 언어에 속하므로 발비례한다.

우리말: 한 음절 발음에 0.5초라 ▶ 녹음된 소리를 받아 쓰세요. ⓞ track 07
　　　　한국어 → 3음절이드
　　　　한국어가 세계화도

1.
2.
3.
4.
5.

영어:　아래 어휘는 모

▶ 굵은 글씨체 단어의 발음에 주의하면서 녹음된 소리를 따라 연

1	a general **election** 총선거	e-LEC-ti
	human **equality** 인간 평등	

■ **발음 현상**

TEPS 청해 능력 향상에 도움이 되는 중요 발음 현상들만을 선별하여 알기 쉽게 요약 정리하였다.

발음 현상을 직접 듣고 따라하며 확인할 수 있도록 중요 표현이 녹음된 음성 파일이 제공된다.

■ Memory Points

매 Unit의 끝부분에 본문 내용을 요약해서 보여주는 핵심 정리. 반드시 각 Unit의 내용을 숙지한 다음에 볼 것을 권장하며, 시험 보기 직전 다시 한 번 문제 풀이 전략을 점검할 때 활용하는 것도 좋다.

■ Mini Test

매 Unit의 학습 결과를 점검해 보는 3단계 구성의 연습 문제.

Step 1
Unit별 학습 내용을 응용하여 실제 시험처럼 풀어본다.

Step 2
Step 1에서 풀어본 문제들 가운데 특히 고난도의 문제들만 다시 한 번 연습해 본다. 빈칸으로 제시한 중요 표현을 받아쓰면서 취약한 부분을 파악한다.

Step 3
대본을 보면서 듣지 못한 중요 표현을 확인한다.

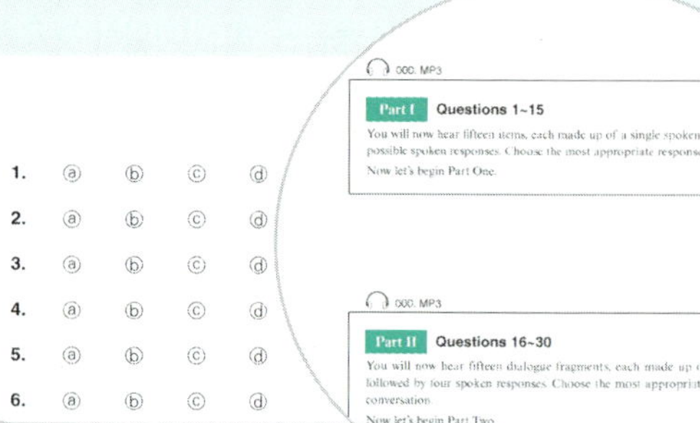

■ Practice Test

각 파트별 학습 결과를 실전 연습문제로 확인해 본다.

■ Actual Test

실제 TEPS 시험과 가장 유사한 좋은 문제로 구성되어 있는 최종 실력 점검 테스트.

The TEPS

Listening
Comprehension

청 해

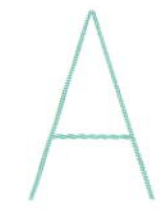

Tips for Improving Your Listening Skills

청해 능력 향상을 위한 조언

1 기본 발음현상 (생략과 연음)을 익히고 소리 내어 연습한다.

영어의 기본 발음현상을 익히기 위해서는 영어 음성 자료를 반복해서 듣는다. 어떤 소리가 어떤 경우에 생략되고, 어떤 단어가 어떤 경우에 연음이 되는지 반복해서 듣고 소리 내어 연습하면 자연스럽게 터득할 수 있다.

2 영어의 강약 리듬을 익히고 소리 내어 연습한다.

영어는 강세 중심의 언어이므로 더 세게, 더 크게, 더 높게 말해야 하는 부분이 정해져 있다. 이 영어 리듬을 제대로 이해해야 청해 능력을 향상시킬 수 있다. 영어 단어에는 강세를 받는 음절이 있고, 영어 문장에서는 중요한 의미를 갖는 단어에 강세가 온다.

3 핵심 단어를 집중해서 듣고 메모한다.

듣기에 능숙한 사람은 정확하게 들리는 단어 (명사, 형용사, 동사와 같은 내용어)를 토대로 약하게 들리는 단어 (동사, 관사, 전치사)를 추측하여 전체 내용을 파악한다. 따라서 영어를 들을 때 강하게 발음되는 단어를 메모하면 문장을 이해하는 데 도움이 된다.

4 들은 내용을 우리말로 번역하지 않는다.

문장 구성이 우리말과 다른 영어 문장을 빨리 이해하려면 우리말 순서로 번역하여 이해하려는 습관에서 벗어나야 한다. 그대신 들은 순서대로 앞에서부터 의미 덩어리로 끊어서 이해하는 습관을 기른다.

Accept the fact / that you are not going to understand / everything.

사실을 받아 들여라 / 너는 이해하지 못할 것이다 / 모든 것을.

5 모든 내용을 다 이해할 수 없다는 사실을 받아들인다.

우리말의 경우에도 상대방이 말한 내용 혹은 단어를 모두 다 이해하지 못한다. 핵심 내용을 파악하면 모두 이해했다고 착각하는 것이다. 그러니 영어로 들은 내용을 제대로 알아 듣지 못한 경우라도 마음 편하게 생각한다. 대신, 핵심 내용이 무엇인지, 주제 혹은 화제가 무엇인지, 그것에 대한 주장이 무엇인지를 메모하고 세부 사항은 핵심 내용을 위한 보조 자료라고 생각하라.

6 즐길 수 있는 듣기 자료를 매일 규칙적으로 듣는다.

모든 일에서 그러하듯 일의 효율성을 높이려면 그것이 무엇이건 '즐거운 마음으로' 해야 한다. 청해 능력을 향상하려면 학습자가 '즐겁게' 들을 수 있는 거리를 찾아서 매일 일정 시간 동안 반복해서 듣고 모방한다. 막히는 부분은 10번이고 20번이고 자연스러워질 때까지 반복해서 따라 한다. 그러다 보면 어휘가 쉽게 익혀지고 구문도 쉽게 이해된다.

B TEPS 청해 성적 향상을 위한 조언

1 청해 출제 경향 및 문제 유형, 그리고 각 특성에 맞는 풀이 방법을 익힌다.
- 문제를 많이 풀면서 풀이 방법을 적용하는 연습을 하여 완전히 습득이 되게 한다.

2 Part I & II: 질의의 핵심어 및 기능이 무엇인지 파악한다.
- 의문사 의문문의 출제 비율이 높으므로 첫 단어를 잘 듣고 어떤 의문사가 사용되고 있는지 파악하여 정답을 골라야 한다.
- 조동사, do/be 동사로 시작하는 의문문은 응답에 Yes/No가 나올 것을 기대하고 Yes/No 대용 표현에 주의한다.
- 평서문 질의인 경우 사실, 의견, 주장, 요구 등 다양한 기능으로 사용되므로 질의의 기능을 정확하게 판단해야 한다.

3 Part III & IV: 질문 유형 (주제 · 요지, 특정 정보, 세부 사항, 추론)에 따라 선택적 청취를 하여 관련 부분을 집중해서 듣는다.
- **Part III** 대화문의 주제, 요지, 대화의 주요 기능을 파악한다.
  대화자의 입장, 대화 장소, 대화의 기능 (안부, 제안, 부탁, 불평, 감탄, 감사, 놀라움 등)이 무엇인지를 간략하게 메모한다.
- **Part IV** 담화문의 처음 한두 문장을 잘 듣고 주제와 주장을 파악한다. 보통 첫 문장에 전체 담화문의 주제문이 나온다. 이후 세부 사항은 주장을 뒷받침하는 보조 자료이다.

4 정답의 원리와 오답의 특징을 익혀서 활용한다.
- 정답은 대화 및 담화의 핵심어가 선택지에서 흔히 동의어로 바뀌어 나온다.
- 부정+비교 문장, 비교 문장, 가정법 문장을 주의한다. 이 구문은 선택지에서 같은 의미를 지닌 긍정문, 최상급, 직설법 등의 구문으로 변형되어 제시된다.
- 오답 선택지에는 대화 및 담화에 나온 단어와 비슷한 발음의 단어, 동음 이의어, 다의어가 흔히 이용된다.

5 선택지를 들을 때 ○, ×, △, ?를 표시하고 즉각 답을 결정한다.
- 선택지를 듣고 답을 표시할 시간은 4초 정도이다. 확신이 없어도 즉각 답을 선택하고 다음 문제를 들을 준비가 되어 있어야 한다.

6 기본 어휘력을 키워 나간다.
- 기출 문제에 자주 나오는 구어체 표현, 대화 상황별 혹은 담화문 주제별로 어휘를 분류하여 학습하고 문자가 아닌 소리로 받아쓰기를 하면서 익힌다.

TEPS Part I·II 공략

'지피지기 백전불태(知彼知己 百戰不殆)' 즉 '상대를 알고 자신을 제대로 파악한다면, 수많은 싸움에서 위태롭지 않다'는 이 말은 모든 수험생에게 적용 가능하다. 여러분이 목표로 하고 있는 대상을 철저히 분석하여 자신의 약점이 어디에 있는지를 제대로 파악하고 준비한다면, 지금 현재 지니고 있는 자신의 지식과 능력을 100% 이상 발휘할 수 있다.

본 교재에서는 TEPS 최신 문제를 분석하여 출제 경향을 파악하였다. 분류 기준은 시험 문제의 성격을 가장 정확하게 반영할 수 있고, 또한 수험생이 Part I&II를 가장 효율적으로 학습할 수 있다고 필자들이 판단한 질의의 기능(Function)에 따랐다.

대부분의 수험생들에게 '질의 기능'이란 용어가 생소하게 들릴 것이다. 하지만 이 기능에 해당하는 것을 다른 교재에서는 주제, 상황, 문장 종류와 같은 분류 기준으로 설명을 시도하고 있으니 전혀 생소한 개념은 아니다. 사용한 용어가 어떻게 다르든 Part I&II를 효과적으로 공략하는 방법을 제시한 시도라는 점에서 일맥상통한다.

각 단원으로 들어가기 전에 질의의 기능이 무엇인지를 개괄한 후에 Part I과 Part II에 자주 출제되는 기능으로는 어떤 것이 있는지, 출제 빈도는 얼마나 되는지, 정답 선택률을 높이는 학습 방법은 무엇인지 살펴본다.

질의 기능별 출제 유형과 빈도

1 빈출 기능(Frequent functions)

TEPS의 빈출 기능을 살펴 보기 전에 기능(Function)이 무엇인지 간략하게 살펴본다. 동일한 발화(문장/질의)라고 해도 어떤 상황에서 사용되느냐에 따라 그 수행 기능이 달라진다. 일례로, **This cake looks delicious.** 이 케이크 맛있게 보여.라는 문장은 아래 예시에서 보는 것처럼 각 상황에 따라 그 기능이 다르고 듣는 사람의 반응도 달라진다.

상황 1 요리책에 나온 그림을 보면서 하는 대화

This cake looks delicious! (기능: 의견 제공)
(동의)　　 → **Yeah, so it does!** (정말 그래!)
(비동의)　 → **Well, it looks too sweet.**

상황 2 제과점에서 딸과 엄마의 대화

This cake looks delicious! (기능: 요청 → 먹고 싶어/사 줘)
(수락)　　 → **Sure, take one.**
(거절)　　 → **Not this time.**

이처럼 상황에 따른 발화의 다양한 기능을 파악하는 것이 TEPS Part I&II에서는 중요하다. Part I&II는 한 번만 들려주는 질의를 듣고 적절 응답을 선택하는 문제로 구성되어 있다. 질의가 어떤 기능을 담고 있는지를 즉각적으로 판단할 수 있을 때 적절한 응답을 선택할 확률이 더 높아진다.

난이도가 낮은 문제의 경우에는 이와 같은 발화의 기능을 생각하지 않아도 쉽게 문제를 풀 수 있다. 하지만, 난이도가 높은 문제일수록 우리말 해석을 읽어도 정답을 고르기가 쉽지 않은 경우가 많다. 이럴 때 질의가 담고 있는 기능이 무엇인가를 고려한다면 정답을 찾는 일이 훨씬 용이해진다.

TEPS 문항 분석 결과를 출제 빈도가 높은 기능 순으로 다음 페이지 도표에 제시하였다. 이 자료를 근간으로 출제 경향에 관한 큰 그림을 자기 것으로 소화하면 TEPS 문제를 풀 때 유용한 정보로 활용할 수 있다.

순위	기능 (Function)	출제율 (%)	매 시험 문항 수	세부 내용
1	세부정보 질문	21.7	6~7	• Wh-의문사를 이용한 질문 (시간, 기간, 장소, 이유, 방법) • 선택형 질문: A or B?
2	요청	19.4	5~6	• 의견 · 도움 · 허락 · 정보 등을 요청하거나 부탁 　– What do you think of ~? 　– 평서문 이용한 요청
3	긍정 · 부정 질문	13.9	4~5	• be/do/have 동사를 이용한 질문 　– 기본적으로 Yes / No를 기대하는 질문
4	정보 제공	13.3	4	• 평서문을 이용하여 사실 · 의견을 제공 　– 제공된 정보 내용에 적절한 응답을 기대하는 질의
5	제안 · 충고	11.1	3~4	• 도움이나 해결책을 제안하거나 권유 • 조언 · 충고 · 격려
6	염려 · 불만	10.0	3	• 우려 · 걱정 · 후회 · 놀람 등 주로 부정적인 감정 표현 • 불만 · 불평 · 비난
7	인사 · 안부	4.4	1~2	
8	칭찬 · 감사	2.8	0~1	• 사회적 관계에서 예의상 건네는 대화 • 주로 관례적 응답이 기대되는 질의
9	사과 · 변명	2.8	0~1	
10	초대	0.6	0~1	
	합계	100	30	

2 질의 – 응답의 출제 유형

TEPS Part I&II에서 짝을 이루는 대화(질의-응답)의 기능별 출제 유형을 대별하면 다음과 같다. TEPS 문제를 풀 때 해석에 의존하여 대화를 이해하려 들지 말고 어떤 기능을 전달하고 있는지에 초점을 맞추어 적절한 응답 유형을 생각한다.

질의 – 응답 출제 유형

질의 기능	응답 기능
인사 · 안부 초대	관례적 응답 · 정보 제공 감사 · 거절 · 이유 제공
감사 · 사과 · 변명 칭찬	관례적 응답 · 이해(의견 제공) 감사
세부정보 질문	정보 제공(의문사 내용에 합당한 정보) 정보 비제공(사과 · 변명)
긍정 · 부정 질문	긍정(yes 없이 사실 제공) 부정(no 없이 이유 설명)
요청 · 부탁 (도움 · 견해 · 의견 · 허락 요청)	동의 · 약속 수락 · 거절
정보 제공	놀람 · 반문 · 감사 · 동의
제안 · 권유	동의 · 수락 사과 · 변명 · 거절
조언 · 충고 · 격려	감사 · 약속(promise)
호소 · 우려 · 근심 · 걱정	격려 · 충고 · 제안
불평 · 불만 · 비난 · 놀람	동의 · 맞장구 사과 · 변명 · 위로

3 빈출 상황 · 주제, 그리고 기능

일상생활에서 일어날 수 있는 거의 모든 상황이 TEPS Part I&II 문제의 출제 카테고리라고 생각하여도 과언이 아니다. 하지만, 최신 TEPS 문제를 분석한 결과 다음과 같은 상황과 주제들이 단골 메뉴라는 점을 확인하였다. 물론 새로운 카테고리가 추가되어 출제될 수 있다. 그렇다고 하여도 지금까지 반복적으로 출제된 상황과 주제에 익숙해 있으면 쉽게 해결할 수 있는 능력이 생긴다. 특히, 한 두 문장으로 구성된 짧은 대화의 말들이 어떤 상황에서 어떤 기능으로 사용되고 있는지 순발력 있게 판단할 수 있다.

Part I & II 의 빈출 상황 · 주제 · 기능

상황	주 제	질의 기능 예시
전화대화	상대방 대기, 문의, 메시지 남기기	(정보)요청, 질문
길 묻기	목적지 위치, 가는 방법	(정보)요청, 질문
여행	느낌, 장소, 기간, 기차표 · 비행기표 예약	안부, 질문, 요청 · 부탁
호텔	예약, check-in, check-out	질문, 정보 제공, 불만
공항	Check-in, 탑승, 출입국심사, 환승	질문, 정보 제공
식당	주문, 기호	정보 제공, (의견)요청, 불만
상점	구입, 교환, 환불	질문, 불만, 사과
병원	예약, 진찰, 검사	질문, 염려, 충고
학교	등록, 발표(presentation), 시험, 지각	정보 제공, 축하, 염려, 제안 · 충고
직장	취업, 발표(presentation), 승진, 기기 사용	축하, 질문, 제안 · 충고, 사과 · 변명
기타	은행, 정비소, 약국, 우체국, 집과 같은 상황에서 다룰 수 있는 다양한 주제	다양한 기능

Part I·II 따라잡기

최신 TEPS 문제 분석 자료를 토대로 Part I과 Part II 문제 유형의 유사점과 차이점, 정답 선택률을 높이는 핵심 전략, 그리고 출제 유형을 정리하였다. 각 단원에서 본격적인 학습을 하기에 앞서 간략하게 기출 문제에 대한 느낌을 가져 보도록 한다.

1 Part I & II 유사점과 차이점

TEPS 청해 영역 Part I&II는 짧은 대화를 1번 듣고 4초 내에 적절 응답을 선택해야 한다는 점에서 유사하다. 또, 제1화자의 발화(질의) 기능에 초점을 맞추어 문제를 풀어야 정답률을 높일 수 있다는 점에서 유사하다. 반면, 차이점은 Part II의 적절응답을 고를 때 제1화자가 말한 두 발화 내용의 일관성을 고려해야 한다는 것이다. 이는 Part II의 대화 교환이 Part I보다 한 번 더 있기 때문이다.

유사점	구분	차이점
· 짧은 대화를 한 번 듣고 답을 선택 · 대화의 기능 · 상황 · 주제에 맞는 응답 선택 · 질의의 기능에 초점을 맞춘 접근법이 최선책	Part I	· 대화 교환 1회
	Part II	· 대화 교환 2회 · 제1화자 발화의 일관성 고려

2 핵심 전략 ⊙ TEPS 청해 Part I&II의 정답률 높이기

TEPS 청해 문제를 풀 때 활용할 수 있는 기본 전략 중 하나는 발화에 언급된 것과 동일한 단어를 사용하거나 발음이 유사한 어휘를 포함하고 있는 선택지는 오답일 확률이 높다는 것이다. 물론 동일한 단어나 발음이 유사한 어휘를 포함하고 있는 선택지가 정답인 경우도 있다. 하지만 오답일 가능성과 정답일 가능성의 비율이 8:2 정도이니 두 개의 선택지를 놓고 어느 것이 정답인지 망설여질 경우에 이 기본 전략을 활용하자.

1. 제1화자가 말한 질의 기능(Function)을 메모한다.
2. 질의 기능에 맞는 응답을 예상하면서 선택지를 듣는다.
3. 선택지 표현의 기능이나 주제를 메모한다.
   · 확실히 정답이 아닌 것은 ×표, 확실치 않으면 △를 표시하면서 듣는다.
4. 질의의 주요 단어와 유사한 소리를 담고 있는 선택지는 함정일 확률이 높다.
5. 질의 주제나 내용에 어울리는 생소한 소리의 선택지가 정답일 확률이 높다.
6. 질의 기능에 가장 적절한 응답의 선택지를 고른다.

3 출제 유형 맛보기

Part I: Choose the most appropriate response to the statement.

W: **How long** does it **take** to walk to work?

M:

    (a) I'm not walking to work today.

    (b) That depends if I drive or go by bus.

    (c) It takes about 20 minutes.

    (d) It's very close to work.

정답 (c)

Listening Point

질의 | **세부정보 질문(기간)**　　응답 | **합당한 정보**

W: How long~ take ▶ 소요 시간(기간)에 대한 세부정보를 질문

M: 적절 응답은 기간을 나타내는 정보를 제공한 선택지이다.

    ▶ ten minutes, forty minutes, one hour 등을 예상한다.

    (a) (X) 동일 어구 walking to work를 사용한 오답이다.

    (b) (X) 방법 How에 해당하는 drive, go by bus는 정답이 아니다.

    (c) (O) 소요 시간을 묻는 질의 기능에 알맞은 응답이다.

    (d) (X) 동일 단어 work를 사용한 오답이다.

| 표현 연구 |

▶ That depends. / It depends. — 상황에 따라 다르다.

▶ walk to work — 직장까지 걸어가다

  walk to school — 학교까지 걸어가다

▶ It takes 20 minutes to walk to work. — 직장까지 걸어가는 데 20분 걸린다.

  It'll take two days to finish the work. — 그 일을 끝내려면 이틀 걸릴 것이다.

출제포인트 1 ➡ 의문사를 사용한 세부정보 질문은 가장 출제 빈도가 높은 기능.

매 시험 평균 6~7문제 출제. 의문사에 맞는 정보를 제공하는 선택지를 고르는 것이 관건.

출제포인트 2 ➡ How long~은 길이를 물을 때도 사용되므로 거리 관련 선택지가 함정으로 제공된다.

거리를 물어 볼 때는 How far~를 사용한다.

질의에 나온 것과 동일하거나 발음이 유사한 단어를 포함하는 선택지는 오답일 확률이 높다.

Part II: Choose the most appropriate response to complete the conversation.

M: Are you **done with** your **homework**?

W: I'm **still working** on the chemistry report.

M: **Are you sure** you can **meet the deadline**?

W:

(a) Yes, I reported it.
(b) Well, I'll try.
(c) No, I couldn't meet him.
(d) Don't worry. I'm finished.

정답 (b)

◪ Listening Point

질의 | **긍정 · 부정 질문**　　응답 | **불확신**

M: Are you done…homework? 숙제…끝냈니?

W: Still working 아직 하고 있어

M: Are you sure..meet..deadline? 마감일 맞출 수 있어?

W: 예상되는 적절 응답: 긍정(걱정 마. 할 수 있어) 혹은 부정 · 불확신(글쎄, 애써 봐야지)

(a) (X) 동일 단어 report 사용, 내용과 시제 불일치.
(b) (O) I'll try 애써 봐야지 (Yes/ No없이 의견 제공).
(c) (X) 동일 단어 meet 사용, 내용과 시제 불일치.
(d) (X) Don't worry는 적절하지만 I'm finished는 내용과 시제 불일치.

| 표현 연구 |

▶ meet　　　　　　　　　　만나다; 직면하다; 대처하다; (의무 · 조건을) 충족시키다(= satisfy)

▶ report [ripɔ́:rt]　　　　　보고서; 성적표; 보고하다; 전하다

▶ be done with ~　　　　　~을 끝내다; 마치다
　 have done with　　　　　I have [am] done with the book. 그 책을 다 읽었어.

▶ be finished　　　　　　　끝내다

▶ meet the deadline　　　　마감일을 지키다

출제포인트 1 ➡ 긍정 · 부정 질문(의문사 없는 의문문)은 매 시험 평균 4-5문제 출제.
　　　　　　 Yes-No 없이 긍정 · 부정의 의견을 바로 제공하는 응답 유형이 빈번하게 출제.

출제포인트 2 ➡ Part II는 대화 내용과 선택지의 시제가 일관성을 유지하는가에 주의해야한다.

Unit 1 사회적 예의 *

본 교재에서는 인사 · 안부, 사과 · 변명, 칭찬 · 축하, 감사를 표현하는 발화(질의)를 사회적 예의 표현에 포함하였다. TEPS Part I&II에서 이러한 기능들에 대한 적절 응답을 고르는 유형은 3~4문항 출제된다. 일반적으로 난이도가 높지 않아서 쉽게 정답을 고를 수 있다.

사회적 관계에서 의례적으로 건네는 인사 · 안부, 사과 · 변명, 칭찬 · 축하, 감사의 말에는 전형적인 응답 표현(response set)이 있다. 일례로, 안부를 묻는 How are you? 어떻게 지내요?의 전형적 응답은 Fine, and you? 잘 지내요. 어떠세요?이고, 감사를 전하는 Thank you. 감사합니다.의 전형적 응답은 You're welcome. 뭘요. 또는 It's my pleasure. 제가 감사하지요.이다.

사회적 예의 표현에 대한 응답 유형에는 위에서 예시한 것과 같은 1) 관례적 응답형과 Oh, your English is so good! 영어를 아주 잘하네요!이라는 칭찬의 말에 I'm flattered. I spent a year in the States. 기분 좋은데요. 미국에서 1년 지냈어요!처럼 개인적 상황을 설명하는 2) 의견 제공형, 두 가지가 있다. 의견 제공 응답 유형은 관례적 응답 유형처럼 표현을 암기한다고 해결될 수 있는 것이 아니어서 난이도가 높은 문제로 출제된다.

출제빈도 및 출제경향 매 시험 평균 3~4 문제

기능 \ 문제수	매 시험	응답 유형
인사 · 안부	2~1	관례적 응답 상황 설명
사과 · 변명	0~1	관례적 응답 이해 · 비난 (의견 제공)
칭찬 · 축하	0~1	관례적 응답 겸손한 의견 제공
감사	0~1	관례적 응답 겸손한 의견 제공
합 계	3~4	

1 유형별 기능과 짝을 이루는 응답 표현

(1) 인사 · 안부

인사와 안부 기능으로는 첫 대면 인사, 소개 받을 때 인사, 오랜만에 만날 때 인사, 뜻밖으로 만날 때 인사, 일상적 근황을 물어보는 안부와 같은 것이 매 시험 번갈아 가며 1~2 문제 출제된다. 이 기능에 대한 적절 응답은 관용적 표현과 부정어나 비교급을 이용한 표현이 빈번하게 출제된다.

	질의유형	응답유형
첫대면	Nice to meet you. 만나서 반가워. Nice meeting you. 만나서 반가웠어.	Nice to meet you. Same here. / The pleasure is all mine. 저도요.
	Don't I know you from somewhere? 어디선가 만나지 않았나요?	I don't think so. 아니요. I don't believe we've met before. 전에 만난 적이 없는 것 같은데요.
뜻 밖의 만남	What a surprise to meet you here! Fancy seeing you here. 여기서 만나다니!	I know, some coincidence! 그래, 정말 우연이다!
오랜만의 만남	I haven't seen you for a long time. I haven't seen you in ages. 오랜 동안 보지 못했지.	Yes, it's been a while. 네, 오랜만이에요. Yeah, what have you been up to lately? 그래 요즘 어떻게 지내?
안부	How's it going? 어떻게 지내? What's up? / What's new? 요즘 어때? What are you up to? 요즈음 뭐해?	Couldn't be better. 아주 좋아. Not much. / Nothing special. 별일 없어. Same old thing. 늘 그대로지.

(2) 축하 · 칭찬

축하를 받으면 감사를 표하는 것이 관례이다. 축하의 기본적 패턴은 주로 두 가지이다:

① 축하 대상을 직접적으로 언급하는 방식 Congratulations [Kudos] on~ 축하해.
② 축하 대상을 칭찬하는 방식 That's awesome [fabulous]. 너무 멋져.

축하에 대한 기본 응답은 감사이다. 축하 기능의 표현과 함께 칭찬의 말이 이어져 나오므로 칭찬에 대한 응답까지 동시에 생각해야 한다.

칭찬을 들으면 감사를 표하는 것이 관례이다. 하지만 실제로는, 칭찬 받은 일이 일어난 경위를 설명하거나 상대방에게 공로를 돌리는 것과 같은 겸손한 태도를 보이는 것이 일반적이다. TEPS에서도 칭찬을 듣고 겸손함을 표하는 응답의 출제 비중이 높다. 감사의 표현과 함께 칭찬받은 일에 대한 사실이나 정보 제공, 경위 설명을 하는 선택지가 확률적으로 정답이다.

일례로, The watch is very stylish. 시계 참 세련되다. → Thank you. My boy friend gave it to me. 고마워. 남자 친구가 선물한 거야. 처럼 칭찬 대상에 대한 경위 설명이 덧붙여진다.

	질의유형		응답유형
칭찬	Oh, your English is very good! 영어를 아주 잘하네요! I really like your dress. 그 옷 정말 마음에 든다. You made a fabulous speech. 멋진 연설이었어요. Your strategy was brilliant! (승소한 변호사에게) 전략이 훌륭했어!	감사 + 의견제공	I'm flattered. I spent a year in the States. 기분 좋은데요. 미국에서 1년 지냈어요. Oh, thank you. I've had it for years. 고마워. 몇 년 입은 건데. Thanks. It's a compliment to know you liked it. 고마워요. 즐기셨다니 영광이에요. No, the defense was just weak. 아니, 피고측 변호인이 약했지.
축하	Congratulations on … Kudos on … ~을 축하합니다.	감사 (+대화주제에 맞는 의견 제공)	Thanks a million. / You have my thanks. I'm indebted to you. 덕분입니다.

(3) 감사

감사에 대한 응답은 영어를 처음 배울 때 이미 익힌 1) 관례적 표현: Don't mention it. / You're welcome. 뭘요., 2) 겸손한 표현: It was nothing. 별거 아니에요. You deserved it. (당신이) 받을만 했지요.와 같은 유형이 출제된다. 아래 도표에서 굵은 글씨체로 표시한 응답 유형의 출제 빈도가 높으므로 꼭 익혀 두기 바란다.

질의유형		응답유형	
감사	Thanks for ..... I'm grateful for ..... I appreciate you for ..... How can I ever thank you? 어떻게 감사를 해야 하나요? 너무나 감사합니다.	관례적 표현	Don't mention it. / You're welcome. / No problem. 천만에요. It's my pleasure. / The pleasure was mine. 뭘요.
		겸손한 표현	It was nothing. / It was no big deal. 별거 아니야. **You deserved it.** (당신이) 받을만 했지요 **What are friends for?** 친구 좋다는 게 뭐야?

(4) 사과 · 변명

사과에 대한 응답은 주로 이해나 수락이 관례적이기는 하나 심각한 실수나 잘못에 대한 사과에는 비난이나 불만 표현이 적절 응답으로 제시되기도 한다.

변명은 주로 평서문의 형태를 취하고 있어 그 기능을 즉각적으로 판단하지 않으면 적절 응답을 선택하기가 쉽지 않다. 변명은 약속 시간에 늦은 이유를 설명하는 상황에서 흔히 출제된다는 점을 이해하고 있으면 대화 맥락을 따라가기가 쉽다. 변명에 대한 응답은 이해나 불만 · 비난으로 제시된다.

평서문의 기본적 기능은 정보 제공 혹은 사실 전달이다. 하지만, 상황에 따라 요청, 사과, 칭찬, 조언, 충고, 염려, 불만 등의 다양한 기능을 갖는다.

질의유형		응답유형	
사과	Sorry about that. Accept my apologies for ... 죄송합니다.	수락 이해	That's all right. / No problem. 괜찮아요. / 뭘요. Never mind! 신경 쓰지 말아요.
변명	(지각한 경우 변명) My car broke down on the freeway. 고속도로에서 차가 고장 났어.	이해	That's okay. There's no rush. 괜찮아. 서두르지 마. Now that explains it. 이제 이해가 되네.
	I'm right on time. See, it's 6. 나 정각에 왔어. 봐, 6시야.	불만 비난	That time's wrong and my watch never lies. 그 시계가 잘못됐어. 내 시계는 틀리지 않아.

2 유형 연습

Ⓐ Part I 감사 – 관례적 응답 🎧 track 01

Step ① Choose the most appropriate response to the statement.

ⓐ   ⓑ   ⓒ   ⓓ

Step ② Listen again and fill in the gaps.

M: I __________ your __________. It's very kind of you.

W:

(a) You can say that again.

(b) ____________________.

(c) Just let me know.

(d) It's no _______________.

| Script Reading |

M: I **appreciate** your **concern**. It's very kind of you.

W:

(a) You can say that again.
(b) **Don't mention it**.
(c) Just let me know.
(d) It's no **concern of yours**.

정답 (b)

◼ Listening Point

질의 | **감사**   응답 | **관례적 응답**

M: appreciate, kind of you 등의 주요어를 메모하면서 기능을 생각하고 응답을 예상한다.

W: 관례적 응답 Don't mention it. / You're welcome. / My pleasure.를 예상한다.

(a) (X) 감사 기능에 맞지 않는 응답이다.

(b) (O) Don't mention it. 뭘요. 괜찮습니다. → 감사에 대한 관례적 응답 표현이다.

(c) (X) 감사 기능에 맞지 않는 응답이다.

(d) (X) 동일 단어 concern을 사용한 함정이다.

| 표현 연구 |

▶ appreciate   감사하다, 고맙게 여기다; 평가하다, 감상하다

▶ Just let me know.   알려 줘.

▶ It's no concern of yours.   네가 관여할 바가 아니다.

▶ You can say that again.   (상대방이 말한 내용에 동의) 맞아요, 내 말이 그 말이야.

Ⓑ Part I 사과 – 충고 ⏺ track 02

> Step ① Choose the most appropriate response to the statement.
>
>   ⓐ   ⓑ   ⓒ   ⓓ
>
> Step ② Listen again and fill in the gaps.
>
> W: Professor Smith, _________ I was ___________.
>
> M:
>
> (a) Try to be _____________ from now on.
> (b) You're so ___________ all the time.
> (c) That's not something to debate about.
> (d) There's always a first time for everything.

| Script Reading |

W: Professor Smith, **I'm sorry** I was **late again**.
M:

(a) Try to be **on time** from now on.
(b) You're so **punctual** all the time.
(c) That's not something to debate about.
(d) There's always a first time for everything.   정답 (a)

▨ Listening Point

질의 | **사과**　　응답 | **충고**

W: sorry, late again과 같은 주요어를 듣고서 대화 상황을 파악한다.

M: 여러 번 지각한 학생의 사과에 교수가 할 수 있는 응답을 예상한다.
　▶ '지각하지 말라 / 제 시간에 오너라' 같은 충고나 요청이 적절 응답이다.

(a) (O) 이제부터 제 시간에 오도록 해. → 늦지 말라는 충고
(b) (X) so punctual all the time 항상 시간을 잘 지키는
　　→ You must be punctual from now on. 이라면 적절 응답이다.
(c) (X) 지각한 것에 대한 사과로서 맞지 않는 응답이다.
(d) (X) 질의와 관련 없는 내용이다.

| 표현 연구 |

▶ punctual　　　　　　　　　　　시간을 잘 지키는
▶ all the time　　　　　　　　　　항상
▶ from now on　　　　　　　　　이제부터
▶ be on time　　　　　　　　　　제 시간에 오다, 시간을 지키다
▶ There's always a first time for everything.　모든 일엔 처음이 있기 마련이다.

Step ① Choose the most appropriate response to complete the conversation.

ⓐ ⓑ ⓒ ⓓ

Step ② Listen again and fill in the gaps.

M: _______________ before?

W: Yes, I know you. You're Nathan, aren't you?

M: That's right. Hi! _______________?

W: ▨▨▨▨▨▨▨▨▨▨

(a) Fine, and Nathan?

(b) _______________.

(c) Sorry, you looked _______________.

(d) It's going to be great.

| Script Reading |

M: **Haven't we met** before?
W: Yes, I know you. You're Nathan, aren't you?
M: That's right. Hi! **How's it going**?
W: ▨▨▨▨▨▨▨▨

(a) Fine, and Nathan?
(b) **Couldn't be better**.
(c) Sorry, you looked **familiar**.
(d) It's going to be great.

정답 (b)

◪ Listening Point

M: How's it going? ▶ 근황을 묻는 안부.

(a) (X) Fine, and Nathan? → 관례적 응답 표현인 Fine, and you?를 비틀어 놓은 함정용 선택지이다.

(b) (O) 부정어가 들어 있는 관용적 표현에 주의한다.

(c) (X) 미안해요. 낯 익어 보여서. → 다른 사람과 착각하여 실수했을 때 할 수 있는 표현이다.

(d) (X) 동일 어휘 it, going을 사용한 함정이다.

| 표현 연구 |

▶ Haven't we met before? — 전에 우리 만나지 않았나요?

▶ How's it going? — 어떻게 지내나요?

▶ Couldn't be better. — 아주 좋습니다 [더할 나위 없이 좋습니다].
　 Couldn't be worse. — 최악이다 [더 이상 나쁠 수 없다].
　 We couldn't have had worse weather. — 최악의 날씨였어.

ⓓ Part Ⅱ 인사(첫 만남) – 의견제공 🎧 track 04

Step ① Choose the most appropriate response to complete the conversation.

ⓐ   ⓑ   ⓒ   ⓓ

Step ② Listen again and fill in the gaps.

M: Hi, Dorothy. Nice to meet you.

W: ________________. I've heard so much about you from Sam.

M: Me, too. You're ____________________.

W:

     (a) I ____________________.

     (b) Yeah, I'm just like you.

     (c) I hope that's OK with you.

     (d) Oh, you ____________________.

| Script Reading |

M: Hi, Dorothy. Nice to meet you.

W: **Same here**. I've heard so much about you from Sam.

M: Me, too. You're **just as I expected**.

W:

     (a) I **guess you're right**.

     (b) Yeah, I'm just like you.

     (c) I hope that's OK with you.

     (d) Oh, you **shouldn't have**.

정답 (c)

↘ Listening Point

M: Nice, meet, you ▶ 첫 대면 인사.

W: heard, much, you ▶ 많이 들었다.

M: you, just, I expected ▶ 예상한 대로다.

(a) (X) 내용상 맞지 않는 응답이다.

(b) (X) 동일어 just를 사용한 오답이다.

(c) (O) I hope that's OK with you. 괜찮다는 말이기를 바란다. → 관례적 응답에서 벗어난 의견 제공형 응답이다.

(d) (X) 내용상으로나 기능상으로 맞지 않는 응답이다.

첫 만남에서 주고받는 인사의 경우 관례적 응답에서 벗어난 의견 제공형 응답이 자주 출제된다.
다양한 표현을 알고 있으면 순발력 있게 문제를 풀 수 있다. 표현 학습이 필수!

| 표현 연구 |

▶ Nice to meet you.   만나서 반가워요.

▶ Same here.   마찬가지예요 [동감이에요].

▶ You're just as I expected.   제가 예상한 대로예요.

▶ You shouldn't have.   (선물 받을 때의 겸손한 표현) 이러지 않아도 되는데.

3 빈출 표현 1: 사회적 예의 🎧 track 05

인사 · 안부와 응답

It's been ages since we met.	정말 오래간만이군요.
How are you getting along with your project?	프로젝트는 어떻게 되어 가고 있나요?
How have you been doing?	어떻게 지내셨어요?
- Better than ever.	– 여느 때보다 좋습니다 [아주 좋습니다].
- Busy as usual.	– 늘 바쁘죠.
- Can't complain.	– 불평할 게 없습니다 [잘 지냅니다].
You're just as I expected.	(말로만 듣던 이를 만나서) 제가 생각한 대로군요.
- I hope that's a compliment.	– 칭찬으로 듣겠습니다.

사과와 응답

I'm sorry, I couldn't help it.	미안해요, 어쩔 수 없었어요.
I owe you an apology.	죄송합니다.
It's all my fault.	전부 제 잘못입니다.
- Don't take it so hard.	– 걱정하지 말아요 [신경 쓰지 말아요].
- It doesn't really matter.	– 정말 상관없어요 [괜찮아요].

칭찬과 응답

Your presence is a great compliment.	참석해 주셔서 큰 영광입니다.
I felt caught up in the moment.	(연주 · 연설 등에) 확 빠져 들었어요 [몰입했어요].
- I'm honored. / I'm flattered.	– 영광입니다. / 기분 좋은데요.
- You flatter me.	– 칭찬의 말씀 부끄럽습니다 [그렇지도 못합니다].
That's awesome! / That's fabulous!	멋져요 / 근사해요.
- I've had it for years.	– (it은 칭찬받은 물건) 오랫동안 지녀온 것입니다.
You're making great progress in writing.	글쓰기가 굉장히 늘었어요.
- I couldn't have done it without your help.	– 도움이 없었다면 할 수 없었지요.

감사와 응답

I can't thank you enough.	어떻게 감사해야 할지 모르겠어요.
I extend my deepest gratitude to you.	깊은 사의를 표합니다.
- It was the least I could do.	– 별거 아닙니다 [보잘것없습니다].
- It was no big deal.	– 별거 아니었어 [힘든 일 아니었어].
- It was no sweat.	– 별거 아니었어 [힘든 일 아니었어].

표현 받아쓰기 1

들려주는 표현을 잘 듣고 받아쓰기를 한 후 우리말 뜻을 적어 보세요.

	표 현	뜻
1		
2		
3		
4		
5		
6		
7		
8		
9		
10		
11		
12		
13		
14		
15		
16		
17		
18		
19		
20		

4 발음 현상 1: 첫 모음 생략

○ 영어는 강세가 중요한 언어이므로 단어나 문장의 주 강세(primary stress) 수와 발음의 총 소요 시간 (time lapse)이 비례한다. 그 결과 강세가 없는 음절은 생략되거나 약화되어 잘 들리지 않는다. 이에 반하여 우리말은 음절 하나하나를 모두 발음하는 언어에 속하므로 발음 소요 시간이 음절 수에 비례한다.

우리말: 한 음절 발음에 0.5초라고 가정할 때 소요 시간

한국어의 세계화 → 7음절이므로 이 단어를 발음하는 데 3.5초 걸린다.

한국어가 세계화되고 있다. → 11음절이므로 이 문장을 다 읽는데 5.5초 걸린다.

영어: 아래 어휘는 모두 강세가 하나이므로 소요 시간은 거의 비슷하다고 할 수 있다.

car → 1음절. 강세 하나 (길고 강하게) [kɑːr]

a**part**ment → 3음절. 강세 하나 (강세 음절 앞뒤 음은 짧고 약하게) [əpáːrtmənt]

to the **beach** → 3음절. 강세 하나 (강세 어휘 beach 앞 소리는 짧고 약하게)

○ 영어 단어에서 첫 모음 생략은 단어의 강세(accent or stress)와 밀접한 관련이 있다.

둘째 음절에 강세가 올 경우 첫 음절의 모음은 생략 또는 약하게 발음되어 잘 들리지 않는다. 강모음(强母音) [a], [u], [iː]에서는 드물고 약모음(弱母音) [ə], [i]에서 일어나는 소리 현상이다. 이 현상으로 인하여 특정 음소(音素)가 생략된 상태에서 뜻이 통하는 단어가 될 때 비슷한 소리의 다른 단어와 혼동하기 쉬우므로 주의해야 한다.

▶ 녹음된 소리를 받아쓰세요. **track 07**

1.	2.
3.	4.
5.	

▶ 굵은 글씨체 단어의 발음에 주의하면서 녹음된 소리를 따라 연습하세요.

1	a general **election** 총선거	e-LEC-tion [ilékʃən]	→ lecture와 혼동하기 쉽다.
2	**assault** team 공격팀	as-SAULT [əsɔ́lt]	→ salt로 들릴 수 있다.
3	**original** sin 원죄	o-RI-ginal [ərídʒinəl]	→ regional로 착각하기 쉽다.
4	I **assure** you. 내가 보장할게.	as-SU-re [əʃúər]	→ sure로 들려도 의미 파악에는 지장이 없다.
5	Don't betray your **emotion**. 감정을 드러내지 마라.	e-MO-tion [imóuʃən]	→ motion처럼 들릴 수 있다.

Part I & II 문제 풀이를 위한 전략 복습

연습문제를 풀기 전에 아래 절차를 다시 한 번 정리한 후 실전에 응용하기 바랍니다.

1. **제1화자의 주요어와 질의 기능(Function)을 메모한다.**
   Thanks…giving…ride 감사

2. **질의 기능에 알맞은 응답 유형을 예상하면서 선택지를 듣는다.**
   Don't mention it. / You're welcome.

3. **각 선택지의 주요어를 메모하면서 주제나 기능을 생각한다.**

4. **확실한 오답에는 ×, 확실치 않으면 △, 정답에는 ○를 표시하며 듣는다.**
   (a) …can't help… (×)
   (b) …least..I..do (△): the least I could do라는 표현을 알고 있으면 (○)
   (c) …because…laziness (×)
   (d) You…need…rest. (×)

5. **안부 · 감사 기능의 질의에 대한 적절 응답으로는 부정어가 들어 있는 관용적 표현이 자주 나온다.**
   What's up? / What's new? → Not much. / Nothing special.

6. **질의에서 들은 것과 동일하거나 유사 발음의 단어를 담은 선택지는 오답일 확률이 높다.**
   How's it **going**?
   →(b) It's **going** to be great. (×)
   →(d) Couldn't be better. (○)

7. **질의와 응답의 시제가 일치해야 한다.**
   Are you sure you can meet the deadline? (미래)
   →(b) Well, I'll try. 미래 (○)
   →(d) Don't worry. I'm finished. 완료(×)

Mini Test 1

Step 1 Listening-Only 🎧 track 08

각 발화가 가진 기능을 다음 표에 적으면서 문제를 풀어 보세요. 모든 문항의 기능을 다 적지 않아도 됩니다. 정답을 쉽게 고를 수 없는 문제인 경우 꼭 적어 보기 바랍니다. 1번은 예시입니다. **TEPS Part I과 Part II는 한 번만 들려 줍니다.**

_ Part I 다음 말을 듣고 연결될 수 있는 가장 적절한 응답을 고르시오.

1.	ⓐ	ⓑ	ⓒ	ⓓ
2.	ⓐ	ⓑ	ⓒ	ⓓ
3.	ⓐ	ⓑ	ⓒ	ⓓ
4.	ⓐ	ⓑ	ⓒ	ⓓ
5.	ⓐ	ⓑ	ⓒ	ⓓ
6.	ⓐ	ⓑ	ⓒ	ⓓ
7.	ⓐ	ⓑ	ⓒ	ⓓ
8.	ⓐ	ⓑ	ⓒ	ⓓ
9.	ⓐ	ⓑ	ⓒ	ⓓ

질의 기능	응답 기능
1. 인사(만남)	관계적 응답
2.	
3.	
4.	
5.	
6.	
7.	
8.	
9.	

_ Part II 다음 대화를 듣고 연결될 수 있는 가장 적절한 응답을 고르시오.

10.	ⓐ	ⓑ	ⓒ	ⓓ
11.	ⓐ	ⓑ	ⓒ	ⓓ
12.	ⓐ	ⓑ	ⓒ	ⓓ
13.	ⓐ	ⓑ	ⓒ	ⓓ
14.	ⓐ	ⓑ	ⓒ	ⓓ
15.	ⓐ	ⓑ	ⓒ	ⓓ
16.	ⓐ	ⓑ	ⓒ	ⓓ

질의 기능	응답 기능
10.	
11.	
12.	
13.	
14.	
15.	
16.	

Step 2　Listening & Dictating　🎧 track 09

난이도가 높은 문제를 다시 들으면서 빈칸에 들어갈 표현을 받아쓰세요.

4.　M:　We're _________________ tonight. Can you _______________?

　　　W:

　　　　　(a) It's going to be a great party.
　　　　　(b) I was too _________________ last night.
　　　　　(c) Oh, I don't mind who comes.
　　　　　(d) _______________________.

6.　M:　My _____________________ your graduation.

　　　W:

　　　　　(a) _________________ we _________________ together.
　　　　　(b) I'm sure you _________________ if you could.
　　　　　(c) Sorry, I'll come earlier next time.
　　　　　(d) No problem. I'm going to _________________.

7.　M:　That ___________ looks really _________________. It matches your eyes.

　　　W:

　　　　　(a) Sorry, but this necklace _____________________.
　　　　　(b) Oh, it took a long time to match them.
　　　　　(c) Thanks. You've _______________________!
　　　　　(d) What a lovely thought!

9.　M:　I really _________________ you helping me with my science project.

　　　W:

　　　　　(a) Yes, science is my favorite subject.
　　　　　(b) No thanks, I'm _________________ my project.
　　　　　(c) I _________________ without your help.
　　　　　(d) I'm certain you _________________ the same for me.

11. W: So ________________________ this year, Harry?

M: I've been mainly focusing on my studies.

W: And ________________________?

M:

(a) Not bad. I ________________ my Ph.D.
(b) As usual, I was ________________.
(c) I saved enough money to pay tuition.
(d) They want to go study ________________.

13. M: Thank you so much for your ________________, Dr. Jackson.

W: I'm ____________. I hope it was ________________.

M: It sure was. I enjoyed every minute of it.

W:

(a) What can I say? You were an inspiration.
(b) I ________________ your speech for the world.
(c) Actually, many people are afraid of public speaking.
(d) I always enjoy an ________________________.

15. W: Sorry I ________________________ here on time.

M: What happened? You're usually so ________________.

W: I was babysitting for my sister and ________________.

M:

(a) Well, I ________________________.
(b) Really? I didn't know you ________________.
(c) I lost ________________, I guess.
(d) This is becoming a bad habit.

16. M: Mary, I'm so glad you're ________________.

W: I can't believe you're showing up an hour late!

M: I ________________. The ____________ was impossible.

W:

(a) Well, I guess we'll be late.
(b) Sorry I'm always ________________.
(c) At least you ________________________.
(d) I know. That's why I'm upset.

Step 3 Listening & Reading 🎧 track 08

대본을 보면서 어떤 소리, 어떤 기능을 파악하지 못하였는지 확인하세요.

_ Part I

1. **M:** What a nice surprise to see you here!
   W:

 (a) Sorry, I don't see it.
 (b) Hey, long time no see!
 (c) I'm not too surprised.
 (d) I'm fine, thanks.

2. **M:** Hi, do we know each other? You look so familiar.
   W:

 (a) Nice seeing you. I'm Ruth Parker.
 (b) That's because I got a makeover.
 (c) Yeah, we met at Andrea's party.
 (d) People say I look like her.

3. **W:** Excuse me, have we met before?
   M:

 (a) Nice to finally meet you.
 (b) Uh, I'm terrible with remembering.
 (c) I'm afraid I couldn't go to the meeting.
 (d) No, I haven't ever been there.

4. **M:** We're throwing a party tonight. Can you join us?
   W:

 (a) It's going to be a great party.
 (b) I was too busy at work last night.
 (c) Oh, I don't mind who comes.
 (d) Count me in.

지피지기
오답을 정리하면서
자신의 약한 부분을 파악합시다.

● 놓친 소리 및 어휘

● 질의 기능과 표현

5.   M: I'm terribly sorry I came late.

   W:

    (a) He must be upset.
    (b) That's OK.
    (c) We'll be there soon.
    (d) I promise I won't do it again.

6.   M: My apologies for missing your graduation.

   W:

    (a) At least we graduated together.
    (b) I'm sure you would've come if you could.
    (c) Sorry, I'll come earlier next time.
    (d) No problem. I'm going to reschedule it.

7.   M: That necklace looks really good on you. It matches your eyes.

   W:

    (a) Sorry, but this necklace isn't good.
    (b) Oh, it took a long time to match them.
    (c) Thanks. You've made my day!
    (d) What a lovely thought!

8.   W: Mr. Horton, I'm very grateful for my recent promotion.

   M:

    (a) Well, you deserved it.
    (b) I agree. Mr. Horton is a hard worker.
    (c) Good luck finding a new job.
    (d) I'd be glad to provide a recommendation.

9.   M: I really appreciate you helping me with my science project.

   W:

    (a) Yes, science is my favorite subject.
    (b) No thanks, I'm already done with my project.
    (c) I couldn't have finished it without your help.
    (d) I'm certain you would've done the same for me.

_ Part II

10. W: Hi, Chad.

M: Hi, Sally! What have you been up to lately?

W: I've been doing well. How about you?

M:

    (a) Same as usual.
    (b) Suits me fine.
    (c) It's up to you.
    (d) Everything will be OK.

11. W: So what have you been up to this year, Harry?

M: I've been mainly focusing on my studies.

W: And how did things go?

M:

    (a) Not bad. I finished up my Ph.D.
    (b) As usual, I was late to class.
    (c) I saved enough money to pay tuition.
    (d) They want to go study abroad.

12. W: That was an excellent recital!

M: Thanks, I'm honored you could attend.

W: I really enjoyed every minute. You did a great job.

M:

    (a) I wish I could've gone to the recital.
    (b) I appreciate your saying so.
    (c) I'm looking forward to it.
    (d) Yeah, the job only took a minute.

13. M: Thank you so much for your inspirational speech, Dr. Jackson.

W: I'm flattered. I hope it was worth your time.

M: It sure was. I enjoyed every minute of it.

W:

    (a) What can I say? You were an inspiration.
    (b) I wouldn't have missed your speech for the world.
    (c) Actually, many people are afraid of public speaking.
    (d) I always enjoy an appreciative audience.

14. W: Congratulations on winning your first real court case.

M: Thanks, Elaine. But I was just lucky.

W: What are you talking about? Your defense was impeccable!

M:

(a) Let's hope you're right.
(b) That's an honor, coming from you.
(c) Courting someone can be so tedious!
(d) Thanks. It was my first time playing defense.

15. W: Sorry I couldn't make it here on time.

M: What happened? You're usually so punctual.

W: I was babysitting for my sister and I couldn't leave any sooner.

M:

(a) Well, I was starting to get worried.
(b) Really? I didn't know you had kids.
(c) I lost track of time, I guess.
(d) This is becoming a bad habit.

16. M: Mary, I'm so glad you're still here.

W: I can't believe you're showing up an hour late!

M: I couldn't help it. The traffic was impossible.

W:

(a) Well, I guess we'll be late.
(b) Sorry I'm always behind schedule.
(c) At least you could've called.
(d) I know. That's why I'm upset.

표현 받아쓰기 1 : 정답

	표 현	뜻
1	Busy as usual.	늘 바쁘죠.
2	Couldn't be better.	아주 좋아요 [더할 나위 없이 좋습니다].
3	Don't take it so hard.	걱정하지 말아요 [신경 쓰지 말아요].
4	I couldn't help it.	어쩔 수 없었어요.
5	I felt caught up in the moment.	그 순간에 몰입했어요 [빨려 들었어요].
6	I haven't seen you in ages.	오랜 동안 뵙지 못했어요.
7	I owe you an apology.	죄송합니다.
8	I'm flattered.	영광이에요.
9	I'm indebted to you.	덕분이에요 [신세를 졌습니다].
10	I've had it for years.	오랫동안 지녀온 것입니다.
11	It doesn't really matter.	괜찮아요 [상관없어요].
12	It was the least I could do.	별거 아니에요 [보잘것 없습니다].
13	It's no concern of yours.	네가 관여할 일이 아니다.
14	Now that explains it.	이제 이해가 되네요.
15	You shouldn't have.	뭐 이렇게까지.
16	That's awesome!	멋져요!
17	What a coincidence!	대단한 우연이에요!
18	You deserve it.	(당신이) 받을 자격이 있지요 [받을 만 했어요].
19	You must be punctual.	시간을 지켜야 한다.
20	Your presence is a great compliment.	참석해 주셔서 큰 영광입니다.

Unit **2** 세부정보 질문*

세부정보 질문은 의문사(Who, When, Where, What, Why, How)를 이용하여 상대방에게 구체적인 정보를 묻는 의문문이다. 질문 유형은 1) 시간·기간, 장소, 이유, 방법, 대상, 수량, 가격 등을 물어보는 Wh- 의문사 의문문, 2) 두 가지 이상의 선택 사항을 제시하는 선택형 질문 두 가지이다. 세부정보 질문은 Part I&II에서 출제 비중이 가장 높은 유형으로 매 시험 평균 6~7문제가 출제된다.

세부정보 질문에 대한 응답 유형은 두 가지로 분류된다. 첫 번째 유형은 점심 시간이 언제냐고 묻는 When is your lunch time?에 대해 It's from 12:00 to 1:00.처럼 의문사(When)에 해당하는 정보를 직접적으로 제공하는 응답이다. 두 번째 응답 유형은 요청 받은 정보를 제공하기보다는 Sorry, but I don't know.처럼 사과나 변명을 하는 응답이다. 대부분 첫 번째 응답 유형이 정답인 경우가 많고, 두 번째 응답 유형은 출제 비중은 낮은 반면 난이도가 높은 문제의 정답으로 제시된다.

출제빈도 및 출제경향 매 시험 평균 6~7 문제

기능 / 문제수	매 시험	응답 유형
세부정보 질문 • Wh-의문사 이용한 질문(시간, 기간, 장소, 이유, 방법) • 선택형 질문: A or B?	6~7	• 정보 제공 (의문사 내용에 합당한 정보) • 정보 비제공 (사과·변명)

구체적 항목별 출제 비율

의문문 종류		비율(%)	Part I	Part II
Wh- 의문사	시간/기간/때 (when/what time/ how late)	18.4	7.9	10.5
	대상 (who/what/what kind of/what else)	18.4	7.9	10.5
	수량 (how many) 가격/길이/수치/정도 (what)	15.8	5.3	10.5
	방법/경위 (how/what)	13.2	7.9	5.3
	장소/위치/방향 (where/which ~)	13.2	5.3	7.9
	이유 (why)	5.2	2.6	2.6
선택형	A or B?	15.8	10.5	5.3
	합계	100	47.4	52.6

1 유형별 기능과 짝을 이루는 응답 표현

(1) Wh- 의문사를 사용한 의문문

구체적 정보를 묻는 Wh-의문문에는 의문사에 맞는 정보를 주어 응답해야 한다. 간혹 합당한 정보를 제공하지 않고 사과나 변명을 하는 등 관례에서 벗어난 응답을 제시하는 문항이 출제된다.

Wh- 의문문은 시간, 장소, 이유, 방법, 대상, 수량이나 가격을 물어보는 형으로 다양하게 출제되고 있고, 시간과 대상을 묻는 의문문이 가장 자주 출제된다.

A 시간 / 기간 / 때(What time / How long / When)

시간을 묻는 질문은 시간 관련 정보 유형에 따라 다양하게 표현된다.

1) 구체적인 시각: what time

2) 구체적/일반적 시간, 때: when

3) 지속된/소요된 시간, 기간: how long, how late

▶ how long~은 길이를 묻는 표현으로도 사용되므로 주의!
▶ how far~ / how close~는 거리를 묻는 표현

	질 의 유 형	응 답 유 형
구체적 시각	**What time** should I call you? 몇 시에 전화 걸면 될까요? **What time** shall we meet? 몇 시에 만날까요?	How about **around 6**? 6시쯤 어떠세요? How about **ten thirty**? 10시 30분쯤 어떠세요?
	When did you arrive in Boston? 언제 보스톤에 도착했어요? **When** are you leaving? 언제 떠날 거죠?	It's been **a couple of days**. 며칠 지났어요. **This** coming **Thursday**. 이번 목요일이요.
구체적 / 일반적 시간, 때	**When** should I call you? 언제 전화 걸면 될까요? **When**'s your lunch time? 점심 시간이 언제에요?	**After two** is fine. 두 시 넘어서 괜찮아요. It's **from 12:00 to 1:00**. 12시에서 1시 사이에요.
지속/소요 시간, 기간	**How late** are you open today? 오늘 언제까지 문을 열죠? **How long** will it take you to fix the TV? TV 고치는데 얼마나 오래 걸릴까요?	We're open **till six**. 여섯 시까지 열어요. I won't know **until I take a look at it**. 한번 봐야 알겠는데요. → [관례적 응답에서 벗어난 경우]

B 장소 / 위치 / 방향(Where / Which ~)

장소 관련 질문은 주로 Where로 시작하고, 간혹 Which + 장소 명사를 사용한 질문이 출제된다. 의문사 내용에 합당한 정보를 제공하는 응답이 정답이다.

질 의 유 형	응 답 유 형
Excuse me, **where**'s the lost-and-found? 죄송하지만 분실물 보관소가 어디죠? **Where** did you get it? 그것 어디서 구했어요? **Where** are you? 너 지금 어디 있니?	It's right next to the immigration office. 출입국 관리 사무소 바로 옆에 있어요. At a clearance sale. 재고 정리 세일에서요. On the corner of Bradley and Main. 브래들리와 메인 가 사이 모퉁이에 있어.
Which platform is it on? 그것이 어느 승강장에 있죠? **Which way** is the men's room? 남자 화장실이 어느 쪽에 있죠?	Over there, down the stairs. 저쪽에 계단을 내려가면 있어요. It's that way. 저쪽 편입니다.

C 방법 / 경위(How / What)

방법은 주로 How를 사용하여 묻게 되는데 이에 대해 구체적인 세부정보를 주는 것이 적절 응답이다. 자주 출제되는 것은 음식을 어떤 방식으로 조리해 줄 지를 묻는 질문(How do you like ~?)이다. 한편 What을 사용하여 방법이나 경위를 묻는 질문이 출제되기도 한다.

- How do you like~ ?는 상황에 따라 기능이 다르다.

  1) How do you like your coffee[steak/egg]? 커피[스테이크/계란]를 어떻게 해드릴까요? → Black, please.
  → 음식을 어떻게 조리해 주기를 원하는지 묻는 경우는 세부정보 질문에 해당하고, 구체적인 정보를 주는 응답이 정답으로 나온다.

  2) How do you like your new boss[neighbor]? 상사[이웃]는 어떠세요?; 상사분[이웃]은 마음에 드세요? → He's okay.
  → 상대방의 의견을 물을 때는 자신의 의견을 제시한 응답이 정답으로 나온다.

- How를 사용한 표현과 그것이 갖는 다양한 기능을 기억하라.

  1) How have you been? (사회적 예의: 인사 → Unit 1)

  2) How do you like your steak? (세부정보 질문: 방법 → Unit 2)

  3) How do you like your new boss? (요청: 의견 → Unit 4)

  4) How about going to the movies? (제안 → Unit 6)

  5) How many times do I have to tell you? (불만 → Unit 7)

질 의 유 형	응 답 유 형
How would you like your coffee? 커피 어떻게 해드릴까요?	I take it with lots of cream. 저는 크림을 많이 넣어 마십니다.
What should I do about cancelling my plane ticket? 비행기 표 취소하려면 어떻게 해야 하죠? What happened? 어떻게 된 거예요?[무슨 일이에요?]	Call the airline ticket office. 공항 매표소에 전화하세요. I was almost hit by a truck. 거의 트럭에 치일 뻔 했어요.

D 이유 (Why / What / How come)

이유를 묻는 의문사는 Why, How come, What이다. 적절 응답은 상황에 맞는 구체적 이유를 설명하는 내용이어야 한다. Why는 이유가 아닌 제안을 할 때도 사용되므로 해석에 의존하지 말고 문맥에 따른 기능을 파악해야 한다. **Why don't you~?** ~하지 그래? (제안) (Unit 7 참조)

- How come + 평서문 어순: '어떻게 왔냐'는 방법이 아니라 이유(why)를 묻는 기능임에 주의.

  How come you are late? (= Why are you late?)

- What~으로 이유를 묻는 표현:

  What makes you think that? (= Why do you think that?)

  What brought you here? (= Why did you come here?)

질 의 유 형	응 답 유 형
Why do some British people like warm beer? 왜 영국 사람들은 미지근한 맥주를 좋아하지? Why didn't you let me know you weren't coming? 네가 안 올 거라고 왜 미리 알려주지 않았니?	Because they're used to it. 그것에 익숙해서 그래. I was too busy. 너무 바빴어.
What brings you here? 왜(무슨 일로) 여기 오셨어요? What kept you so long? 왜 이렇게 오래 걸렸어?	I've got a meeting. 회의가 있어서요. There was heavy traffic. 교통 체증이 심했어.

E 대상 (Who / What / What else / What kind of)

사람(Who)이나 사물의 종류(What / What else / What kind of)와 관련된 정보를 요구하는 질문이다. 매 시험 평균 1~2문항 정도 출제된다. 적절 응답은 의문사에 해당하는 구체적 정보를 제시하는 것이다. 가끔은 질문에서 요구하는 정보를 직접적으로 제시하지 않고 우회적으로 돌려서 말하는 응답이 출제되기도 한다.

질 의 유 형	응 답 유 형
What's your address? 주소가 어떻게 되시죠? What else do you drink otherwise? 그렇지 않으면 다른 어떤 음료수를 드실래요? What kind of pants are you looking for? 어떤 종류의 바지를 찾고 계신가요? What are the other items? 다른 나머지 품목들은 어떤 것들이죠?	27 Orchard Street. 오챠드 가 27번지에요. Green tea. 녹차요. Something casual. 좀 편한 거요. They are listed on this information sheet. 여기 정보자료에 나열되어 있어요. → [관례적 응답에서 벗어난 경우 – 구체적 품목을 알려 주지 않고 다른 식으로 응답]
Who did you say you're going with? 그래서 누구와 함께 간다고 말했죠? Who should I speak to regarding the job opening? 구직에 관하여 누구에게 얘기해야 하나요?	I'm going with my classmates. 학급 친구들과 갈 거예요. Sorry, but that position has been filled. 죄송하지만 그 자리는 이미 채워졌는데요. → [관례적 응답에서 벗어난 경우 – who에 대한 대답이 아닌 다른 식의 정보를 줌]

F 수량(How many) / 가격 · 길이 · 수치 · 정도(What)

수량을 물을 때는 How many~?로, 가격 · 길이 · 수치 · 가능성의 정도를 물을 때는 의문사 What을 사용한다. 매 시험 평균 1문항이 꾸준히 출제된다. 질문 내용에 해당하는 구체적인 정보를 제시하는 응답이 정답인 경우가 대부분이다.

- **What do I owe you?** 얼마를 드려야 하죠?
  → 물건 값을 계산할 때 사용하는 표현 중 하나. 물건 가격을 물을 때는 What이외에 How much를 많이 사용한다.

  How much does it cost? 얼마예요?

- **What are the chances of getting a raise this year?** 올해 임금인상을 받을 가능성이 어떻게 되죠?
  → 이에 대한 응답 표현으로 Very slim!이 나올 수 있다. 형용사 slim은 가능성이 희박한 정도를 나타낸다. 가능성이 높을 때는 보통 good을 사용한다. 이처럼 TEPS 청해는 구어체 어휘에 대한 지식을 많이 요구한다.

- 빈도(How often)를 묻는 질문의 응답이 다양한 방식으로 제시된다.

  1) 빈도 부사: always, often, sometimes, never 등

  2) 횟수 표현: once, twice, three times + a day/week/month 등

  3) ~마다: every ten minutes 10분마다, every third week 3주마다, every four years / every fourth year 4년마다

	질의유형	응답유형
수량	How many bags will you be checking? 가방을 몇 개나 화물로 부치실 거죠?	Just this one and I'll carry the other. 이것만 부치고 나머지는 직접 들고 갈게요.
가격	What do I owe you? 얼마를 드려야 하죠?	It's one hundred dollars. 100달러입니다.
길이, 수치	What would it be in yards? 그것이 야드로는 (길이가) 어떻게 되죠?	It'll be about 11 yards. 약 11야드입니다.
정도	What are the chances of getting a raise this year? 올해 임금인상을 받을 가능성이 어떻게 되죠?	Very slim! 매우 희박해요!

(2) 선택형 질문(A or B)

선택형 질문은 크게 3가지 형식을 취한다.

1) 선택의 대상인 명사만 직접 나열: A or B?

2) 조동사나 be동사로 시작: Shall we take A or B?/ Are you A or B?

3) Wh-의문사로 시작: Which would you like, A or B?

구문 형식이 어떠하든 질문의 핵심은 선택의 대상인 **A or B** 중 어느 것을 원하는지 혹은 어느 것이 맞는지 구체적 정보를 묻는 것이다. 이 질문에 대해 하나의 대상을 선택하여 응답하는 것이 일반적인 패턴이다. 하지만 간혹 어느 대상도 선택하지 않고 다른 식으로 정보를 주는 응답이 정답으로 출제되니 주의해야 한다.

선택형 질문은 Part I과 II에서 매 시험 평균 1문항씩은 출제된다. 특히 이전 상황이 주어지지 않는 Part I 에서도 자주 출제되니 순발력 있게 판단하여 정답을 골라야 한다.

질 의 유 형	응 답 유 형
Cash, check, or charge? 현금, 수표, 카드 결제 중 어느 것으로 하시겠어요?	I'll put it on my credit card. 신용카드로 계산할게요.
Will you have it with soup or salad? 스프랑 샐러드 중 어느 것이랑 같이 드시겠어요?	Salad, please. 샐러드 주세요.
Are you an undergrad or a graduate student? 학부생이세요 아니면 대학원생이세요?	I'm working on my Ph. D. 박사 과정 중인데요.
Is Heather British or American? 헤더가 영국인이에요, 미국인이에요?	Neither. She's Australian. 둘 다 아니에요. 호주 사람이에요. → [관례적 응답에서 벗어난 경우 – 선택사항을 선택하지 않고 다른 정보 제공]
Which would you like, tea or coffee? 어느 것을 하시겠어요, 차랑 커피 중에서?	Whatever is fine. 어느 것이든 좋아요. → [관례적 응답에서 벗어난 경우 – 선택사항을 택하지 않고 다른 정보 제공]

2 유형 연습

Ⓐ **Part I** 세부정보 질문(이유) – 정보제공(이유 설명) 🎧 track 10

Step ① Choose the most appropriate response to the statement.

ⓐ   ⓑ   ⓒ   ⓓ

Step ② Listen again and fill in the gaps.

W: ____________________ parking when you drive to campus?

M:

(a) Parking on campus can be difficult at times.
(b) The reason is _________________.
(c) Because the university is short on parking spaces.
(d) I purchased _________________.

| Script Reading |

W: **How come you don't have to pay for** parking when you drive to campus?
M:

(a) Parking on campus can be difficult at times.
(b) The reason is **I pay for parking in cash**.
(c) Because the university is short on parking spaces.
(d) I purchased **a university parking permit**.   정답 (d)

↘ Listening Point

질의 | **세부정보 질문(이유)**   응답 | **정보제공(이유설명)**

W: How come you don't have to pay for parking ~? ▶ 이유 (How come + 평서문 어순)를 묻는 질문에 합당한 응답을 예상한다.

M: 캠퍼스 주차 시 돈을 낼 필요가 없는 이유 중 적절 응답을 고른다. ▶ 주요 화제인 **parking**이 선택지 모두에 들어 있다. → 동일 단어를 포함한 선택지를 제외시키는 전략이 적용되지 않는다.

(a) (X) '주차의 어려움' → 질의 내용에 맞지 않는 응답.
(b) (X) '현금 지불' → 질의 내용에 맞지 않는 응답: **The reason is~**로 시작한 것은 함정!
(c) (X) '공간 부족' → 질의 내용에 맞지 않는 응답: **Because ~**로 시작한 것은 함정!
(d) (O) 주차 허가증(parking permit)을 구입했다는 적절한 이유를 제시했다.

| 표현 연구 |

▶ be short on parking spaces   주차공간이 부족하다
▶ in cash   현금으로
▶ purchase a parking permit   주차 허가증을 구입하다

Ⓑ **Part I** 세부정보 질문(방법) – 관례적 응답에서 벗어남(제안) ⦿**track 11**

Step ① Choose the most appropriate response to the statement.

          ⓐ   ⓑ   ⓒ   ⓓ

Step ② Listen again and fill in the gaps.

M: How do you _________________________________?

W:

    (a) You need to check the deadline.

    (b) Just _________________________.

    (c) It's best if you add a class instead.

    (d) _________________________ your academic advisor.

| Script Reading |

M: How do you **drop a class after the add/drop deadline?**

W:

    (a) You need to check the deadline.

    (b) Just **drop it immediately.**

    (c) It's best if you add a class instead.

    (d) **You'd better ask** your academic advisor.   정답 (d)

◥ **Listening Point**

질의 | 세부정보 질문(방법)   **응답 | 관례적 응답에서 벗어남(제안)**

M: How do you drop a class~ ? ▶ 방법을 묻는 세부정보 질문임을 판단한다.

W: 방법에 해당하는 구체적 정보나 제안을 하는 응답을 예상한다.

    (a) (X) 질의 내용에 맞지 않는 응답; 동일 단어 **deadline**을 언급한 함정 오답.

    (b) (X) 질의 내용에 맞지 않는 응답; 동일 단어 **drop**를 이용한 함정 오답.

    (c) (X) 질의 내용에 맞지 않는 응답; 동일 단어 **add**를 이용한 함정 오답.

    (d) (O) You'd better ask your academic advisor. 네 지도 교수님께 여쭤보는 게 좋을 거야.

| 표현 연구 |

▶ add a class   (강좌를) 추가 신청하다

▶ academic advisor   (대학의) 지도 교수

▶ How do you drop a class after the add/drop deadline?   수강 추가/취소 마감일 후에는 어떻게 취소를 하죠?

Step ① Choose the most appropriate response to complete the conversation.

ⓐ   ⓑ   ⓒ   ⓓ

Step ② Listen again and fill in the gaps.

W: Do you know anyone who might ______________ this summer?

M: There's a female exchange student who might.

W: Sounds great! ______________________?

M:

(a) I can't stay long.

(b) ______________.

(c) She will sign the lease tomorrow.

(d) She ______________.

| Script Reading |

W: Do you know anyone who might **like to sublease my apartment** this summer?
M: There's a female exchange student who might.
W: Sounds great! **How long is she staying here**?
M:

(a) I can't stay long.
(b) **Until the end of August.**
(c) She will sign the lease tomorrow.
(d) She **only stayed two months.**

정답 (b)

◪ Listening Point

질의 | **세부정보 질문(기간)**   응답 | **정보 제공**

W: How long, staying 등의 주요어를 듣고 머무를 기간을 묻는 질문임을 파악한다.

M: 세부정보 기간에 해당하는 응답을 예상하며 듣는다.

(a) (X) 질문의 주어와 응답의 주어가 일치하지 않고, 동일 단어 stay, long을 사용한 오답.
(b) (O) Until the end of August. 요청한 정보에 해당하는 적절 응답.
(c) (X) 계약서 서명 시기 → 내용상 맞지 않는 응답: sublease와 유사한 발음의 lease를 언급한 오답.
(d) (X) 질의와 시제가 맞지 않고 동일 단어 stayed를 언급한 오답.

| 표현 연구 |

▶ exchange student   교환 학생

▶ sign the lease   (임대) 계약서에 서명하다

▶ sublease   (임대한 것을 세입자가) 다시 전세 놓다, 다시 빌려주다 (위 대화에서는 '내가 빌린
                           아파트를 다른 사람이 다시 빌려 쓰다' 라는 의미임)

Ⓓ Part II 선택형 질문(A or B?) – 정보 제공 🎧 track 13

Step ① Choose the most appropriate response to complete the conversation.

ⓐ   ⓑ   ⓒ   ⓓ

Step ② Listen again and fill in the gaps.

M:　_______________________, ma'am?

W:　I'll have the chef's special.

M:　OK, with _____________________?

W:　

(a) Something to drink?
(b) __________________.
(c) Yes, with some dressing.
(d) Chicken, please.

| Script Reading |

M:　**May I take your order**, ma'am?
W:　I'll have the chef's special.
M:　OK, with **onion soup or green salad**?
W:　

(a) Something to drink?
(b) **The salad will do**.
(c) Yes, with some dressing.
(d) Chicken, please.

정답 (b)

↘ Listening Point

질의 | **선택형 질문(A or B?)**　응답 | **정보 제공**

- 식당에서 음식을 주문하는 상황임을 파악 → A or B 식의 선택형 질문에 맞는 답을 예상한다.
- 선택형 질문은 A나 B의 단어가 제시된 것이 적절 응답 → 질의에 언급된 단어를 포함하는 선택지가 정답일 확률이 높다!

(a) (X) 질의 내용에 맞지 않는 응답.
(b) (O) The salad will do. → A or B에서 B를 선택.
(c) (X) (샐러드를) 아직 선택하지 않은 상황에서 소스 주문 → 질의 상황에 맞지 않는 응답.
(d) (X) 메인 요리(chef's special)를 선택한 상황에서 또 다른 메인(chicken)을 선택하므로 오답.

| 표현 연구 |

▸ chef's special　　　주방장 특선 메뉴
▸ dressing　　　　　드레싱(샐러드 등에 얹는 소스)

3 빈출 표현 2: 세부정보 질문 track 14

시간/기간/때 질문과 응답

What time does your watch say?　　지금 몇 시죠?
- It's exactly 10:30.　　　　　　　– 정확히 10시 30분이에요.
How long do you need it for exactly?　정확히 얼마 동안 그것이 필요하세요?
- Until the end of July.　　　　　　– 7월말 까지요.
When would you like to come in?　　언제 오고 싶으세요?
- How about right now?　　　　　　– 지금 당장 어떠세요?

장소/위치 질문과 응답

Where can I take a taxi?　　　　　택시를 어디서 타죠?
- Just wait on the corner.　　　　　– 모퉁이에서 그냥 기다리세요.
Where's the nearest restroom?　　가장 가까운 화장실이 어디 있죠?
- On the first floor, near the exit.　　– 일층에, 출구 옆에 있어요.

이유 질문과 응답

Why were you late?　　　　　　　왜 이렇게 늦었어?
- I was stuck in traffic.　　　　　　– 교통에 막혀 꼼짝 못 했어.

방법 질문과 응답

How do you like your coffee?　　　커피 어떻게 해드릴까요?
- Half cream, no sugar.　　　　　　– 크림은 반 스푼 넣고 설탕은 넣지 마세요.

대상 질문과 응답

What's for lunch?　　　　　　　　점심 메뉴가 뭐죠?
- Grilled salmon.　　　　　　　　– 구운 연어입니다.
What seems to be the problem?　　뭐가 문제인 것 같으세요?
- I've got a fever.　　　　　　　　– 열이 있어요.
What does Katie look like?　　　　케이티는 어떻게 생겼죠?
- She has long black hair.　　　　　– 길고 검은 머리를 가지고 있어요.
Who do you work for?　　　　　　어디서(어느 회사를 위해) 일하시죠?
- I'm with IBM.　　　　　　　　　– IBM에 있습니다.

가격/수치/정도 질문과 응답

What's the sale price?　　　　　　　　세일 가격이 얼마죠?

- It's 10% off the marked price.　　　　– 표시된 가격에서 10% 할인 됩니다.

What about my glucose level?　　　　제 글루코스 수치가 어떻죠?

- It's within the normal range.　　　　– 정상 범위에 있습니다.

선택형 질문(A or B)과 응답

Shall we take a bus or walk?　　　　버스를 탈까 아니면 걸어갈까?

- Let's walk there.　　　　　　　　　– 거기까지 걸어가자.

표현 받아쓰기 2

들려주는 표현을 잘 듣고 받아쓰기를 한 후 우리말 뜻을 적어 보세요.

	표 현	뜻
1		
2		
3		
4		
5		
6		
7		
8		
9		
10		
11		
12		
13		
14		
15		
16		
17		
18		
19		
20		

4 발음 현상 2: 첫 음절 약화

> **Review** 영어는 강세(stress) 중심 언어로 한 단어에 하나의 주 강세가 온다.
> 강세 모음은 길고 강하게, 강세가 없는 모음은 짧고 약하게([ə]/[i]) 발음된다.
> 강세가 없는 첫 모음은 약화되거나 생략되어 잘 들리지 않는다.

○ 영어에서는 강세가 없는 첫 음절의 모음만 아니라, 강세가 없는 첫 음절의 '모음+자음' 혹은 '자음+모음'도 약하게 발음되면서 생략된 것처럼 들린다. 또는 아예 소리가 탈락된 상태로 사용되는 단어도 있다. 탈락되어 사용되는 대표적인 예로 because를 들 수 있다. 팝송 가사에서 흔히 보게 되는, 'cause, cuz는 모두 because의 첫 음절 be- (자음+모음)가 탈락된 형태이다.

○ because → cause → cuz로의 변화

beCAUse [bikɔ́ːz/bikʌ́z]

- 둘째 음절 cau에 강세 → 첫 음절 be는 약화 → cause [kɔ́ːz/ kʌ́z]로 발음.
- [ʌ]를 나타내는 철자로 u를 사용하고 소리가 나지 않는 끝소리 e 생략 → cuz [kʌz]
- 구어체(informal use)에서는 소리 나는 대로 표기하여 통용.

  'Cause I am always by your side. 제가 항상 그대 곁에 있으니까.
  – from *The Power of Love* by Celine Dion

  Life used to be so hard; now everything is easy **'cause** of you.
  예전엔 삶이 몹시 힘들었지만, 이제 그대로 인해 모든 것이 편해요.

  Cuz we need a little controversy. 우리에겐 다소의 논쟁이 필요하기 때문이지요.
  – from *Without Me* by Eminem

강세가 없는 첫 음절의 약화 현상에 익숙해 있으면, [kjuːz mi bət]을 듣고 Excuse me, but으로 받아쓰는 일이 가능할 것이다.

▶ 녹음된 소리를 받아쓰세요. 🎧 track 16

1.	2.
3.	4.
5.	

▶ 굵은 글씨체 단어의 발음에 주의하면서 녹음된 소리를 따라 연습하세요.

1	**Administration** building 본부, 행정건물	administRAtion [ədmìnəstréiʃən]	→	**mi**nist**ra**tion
2	expenses **involved** 필요 경비	inVOLved [inválvd]	→	(n)**vol**ved
3	I'll be **embarrassed**. 창피할거야	emBARrassed [imbǽrəst]	→	(m)**ba**rrassed
4	I'm **engaged** for tomorrow. 내일 약속이 있다.	enGAged [ingéidʒd]	→	(n)**ga**ged
5	We made an **agreement**. 동의하였다; 협정을 맺었다.	agREEment [əgríːmənt]	→	(g)**ree**ment

Part I & II 문제 풀이를 위한 전략 복습

연습문제를 풀기 전에 아래 사항을 다시 한 번 읽으면서 기억하여 응용해 보세요.

1. 제1화자의 주요어와 질의 기능(Function)을 메모한다.

   A: any messages for me..?
   B: ...called while you ... out
   A: Regarding what? 세부정보 질문 (대상/용건)

2. 제2화자의 응답 유형을 예상하면서 선택지를 듣는다.

   ... about ... (전화 건 용건)

3. 각 선택지의 주요어를 메모하면서 주제나 기능을 생각한다.

4. 확실한 오답에는 ×, 확실치 않으면 △, 정답에는 ○를 표시하며 듣는다.

   (a) ...at his office... (×) → 질문과 무관한 장소에 대한 정보
   (b) I'll have him call back ...(△)
   (c) ...was about the contract (○)
   (d) ...called at around 2 p.m. (×) → 내용과 무관한 시간에 대한 정보

5. 질의에서 들은 것과 동일하거나 유사한 발음의 단어를 포함하는 선택지는 함정일 확률이 높다.

   (d) ...**called** at around 2 p.m. (×)

6. 정답의 후보가 되는 선택지는 보통 2개로 압축된다.

   (b) I'll have him **call** back... (△):
   → '전화를 드리라고 하겠습니다' 는 전화를 건 사람에게 할 수 있는 말이다. (×)
   → 질의에 사용된 것과 동일한 단어를 포함하고 있는 선택지는 정답일 확률이 낮다. (×)
   (c) was about the contract (○)

Mini Test 2

정답 및 해설: 해설집 12페이지

Step 1   Listening-Only   🎧 track 17

질의에서 요구하는 구체적 정보에 해당하는 의문사 내용을 아래 표에 적으면서 문제를 풀어 보세요. 모든 문항의 의문사 내용을 다 적지 않아도 됩니다. 정답을 쉽게 고를 수 없는 문제인 경우 꼭 적어 보기 바랍니다. 1번은 예시입니다. **TEPS Part I과 Part II는 한 번만 들려 줍니다.**

_ Part I   다음 말을 듣고 연결될 수 있는 가장 적절한 응답을 고르시오.

					의문사 내용	응답
1.	ⓐ	ⓑ	ⓒ	ⓓ	1. 기간	정보제공
2.	ⓐ	ⓑ	ⓒ	ⓓ	2.	
3.	ⓐ	ⓑ	ⓒ	ⓓ	3.	
4.	ⓐ	ⓑ	ⓒ	ⓓ	4.	
5.	ⓐ	ⓑ	ⓒ	ⓓ	5.	
6.	ⓐ	ⓑ	ⓒ	ⓓ	6.	
7.	ⓐ	ⓑ	ⓒ	ⓓ	7.	
8.	ⓐ	ⓑ	ⓒ	ⓓ	8.	
9.	ⓐ	ⓑ	ⓒ	ⓓ	9.	
10.	ⓐ	ⓑ	ⓒ	ⓓ	10.	
11.	ⓐ	ⓑ	ⓒ	ⓓ	11.	

_ Part II   다음 대화를 듣고 연결될 수 있는 가장 적절한 응답을 고르시오.

					의문사 내용	응답
12.	ⓐ	ⓑ	ⓒ	ⓓ	12.	
13.	ⓐ	ⓑ	ⓒ	ⓓ	13.	
14.	ⓐ	ⓑ	ⓒ	ⓓ	14.	
15.	ⓐ	ⓑ	ⓒ	ⓓ	15.	
16.	ⓐ	ⓑ	ⓒ	ⓓ	16.	
17.	ⓐ	ⓑ	ⓒ	ⓓ	17.	
18.	ⓐ	ⓑ	ⓒ	ⓓ	18.	
19.	ⓐ	ⓑ	ⓒ	ⓓ	19.	
20.	ⓐ	ⓑ	ⓒ	ⓓ	20.	

난이도가 높은 문제를 다시 들으면서 빈칸에 들어갈 표현을 받아쓰세요.

_ Part I

5. M: _________________________________ from summer break?

    W:

       (a) She was in bed yesterday with the flu.

       (b) She's _________________.

       (c) We had a great break this summer.

       (d) _________________.

9. W: _____________________ from here to campus?

    M:

       (a) _________________.

       (b) Get off at University Station.

       (c) It's _________________.

       (d) It's a fairly new bus service.

10. M: _________________ Grant winning a gold medal at the Olympics?

    W:

       (a) _________________.

       (b) Good luck to you!

       (c) _________________.

       (d) Yes, he is odd.

11. M: Shall we _________ or do you want to _____________________?

    W:

       (a) This stick is a bit longer.

       (b) I'm sure it will start soon.

       (c) _________________?

       (d) I enjoyed your company.

_ Part II

12. W: Good morning. I'd like a return ticket to Madrid.

M: ___________________?

W: For today. As soon as possible.

M:

    (a) OK, _________________.
    (b) It's too soon to tell.
    (c) ______________.
    (d) But I hardly saw you.

16. W: McKinley Dental Clinic. ___________________________?

M: I'd like to make an appointment.

W: _________________________________?

M:

    (a) I'm afraid _______________ today.
    (b) Yes, I'll say.
    (c) __________________.
    (d) No, it's no problem at all.

18. M: Helen, ___________________!

W: What is it?

M: Gerard's invited us to Paris for a visit. So _________________?

W:

    (a) I'd love to have Gerard come for a visit.
    (b) _____________________________.
    (c) I sincerely appreciate your invitation.
    (d) That'd be fun. _________________!

19. W: ___________________?

M: No, only those in the outdoor goods section.

W: Oh, _________________?

M:

    (a) That's not a big deal.
    (b) ______________.
    (c) It must have been _______________.
    (d) All items are the same price.

대본을 보면서 어떤 소리, 어떤 기능을 파악하지 못하였는지 확인하세요.

_ Part I

1. W: How long will you be staying in our hotel?
     M:

    (a) We're checking in tomorrow.
    (b) We're open till midnight.
    (c) It's getting pretty late.
    (d) Five days.

2. M: When will Mr. Anderson come back from his business trip?
     W:

    (a) For about ten days.
    (b) Just last year.
    (c) More than a month ago.
    (d) The day after tomorrow.

3. W: Sorry to bug you, but what time is it?
     M:

    (a) No problem, you're just on time.
    (b) Sorry, I don't have time right now.
    (c) It's half past eleven.
    (d) I'm having a great time.

4. M: Excuse me. Where can I find an ATM?
     W:

    (a) Sorry, I'm short of cash myself.
    (b) You can cash your check at the bank.
    (c) I found one for you.
    (d) Actually, there's one across the plaza.

지피지기
오답을 정리하면서
자신의 약한 부분을 파악합시다.

● 놓친 소리 및 어휘

● 질의 기능과 표현

5. M: Why isn't Angela in any of your pictures from summer break?

W:

    (a) She was in bed yesterday with the flu.
    (b) She's very camera shy.
    (c) We had a great break this summer.
    (d) The camera wasn't working properly.

Unit 2 세부정보 질문

6. W: How would you like your steak?

M:

    (a) I'm OK, thanks.
    (b) I'd like it rare, please.
    (c) Yes, I like it very much.
    (d) Sure, I'd love to.

7. W: What's for lunch today?

M:

    (a) It smells delicious.
    (b) Fried shrimp.
    (c) Yes, I can cook it.
    (d) It's at 12 o'clock.

8. M: How much did this laptop cost you?

W:

    (a) How did you guess?
    (b) It must have cost a fortune.
    (c) Around 1,000 dollars.
    (d) I bought it yesterday.

9. W: How often does the bus run from here to campus?

M:

    (a) Once every 10 minutes.
    (b) Get off at University Station.
    (c) It's about 5 miles from here.
    (d) It's a fairly new bus service.

10. M: What are the odds of Grant winning a gold medal at the Olympics?

    W:

        (a) Chances are very slim.
        (b) Good luck to you!
        (c) Maybe next time.
        (d) Yes, he is odd.

11. M: Shall we get going or do you want to stick around a bit longer?

    W:

        (a) This stick is a bit longer.
        (b) I'm sure it will start soon.
        (c) Why don't we stay till 10?
        (d) I enjoyed your company.

_ Part II

12. W: Good morning. I'd like a return ticket to Madrid.

    M: For when would you like it?

    W: For today. As soon as possible.

    M:

        (a) OK, that'll work for me.
        (b) It's too soon to tell.
        (c) There's one at 11.
        (d) But I hardly saw you.

13. W: Do you want to go out for lunch, Mike?

    M: Sure, I'm hungry.

    W: Great. Where shall we go?

    M:

        (a) Let's leave at noon.
        (b) Anywhere is fine.
        (c) That sounds good.
        (d) Go right ahead.

14. M: What would you like to have?

W: Just coffee is fine with me.

M: How would you like your coffee?

W:

(a) No, thanks.
(b) Decaf, please.
(c) It smells good.
(d) Sure, I'd love to.

15. M: Joanne, I heard there was a break-in at your place last night.

W: Yes, a couple of items were stolen from the living room.

M: Did you find out how it happened?

W:

(a) I think the burglars entered through the kitchen.
(b) The police are still after the thieves.
(c) You should've checked the locks.
(d) The robbers didn't get away with much.

16. W: McKinley Dental Clinic. How can I help you?

M: I'd like to make an appointment.

W: What seems to be the problem?

M:

(a) I'm afraid it can't be arranged today.
(b) Yes, I'll say.
(c) I think I have a cavity.
(d) No, it's no problem at all.

17. M: How am I doing, Doctor?

W: Everything seems to be fine at this point.

M: What about my blood pressure?

W:

(a) How are the blood tests?
(b) Don't worry. I'll be fine.
(c) I'm turning the pressure off.
(d) It's within the normal range.

● 놓친 소리 및 어휘

● 질의 기능과 표현

● 놓친 소리 및 어휘

18. M: Helen, I've got great news!

     W: What is it?

     M: Gerard's invited us to Paris for a visit. So what do you say?

     W:

        (a) I'd love to have Gerard come for a visit.

        (b) You should have asked me first.

        (c) I sincerely appreciate your invitation.

        (d) That'd be fun. I'm all for it!

19. W: Are all items on sale?

     M: No, only those in the outdoor goods section.

     W: Oh, what's the sale price?

     M:

        (a) That's not a big deal.

        (b) It's 20% off.

        (c) It must have been a good bargain.

        (d) All items are the same price.

20. M: What do you say we have a barbeque this weekend?

     W: I'd love that.

     M: How many people should we have over?

     W:

        (a) Let's just cook three or four burgers.

        (b) You said the guest list has thirty.

        (c) Any number is fine, as long as you clean up.

        (d) We have over twenty people.

표현 받아쓰기 2 : 정답

	표 현	뜻
1	Cash, check, or charge?	현금, 수표, 카드 결제 중 어느 것으로 하시겠어요?
2	Half cream, no sugar.	크림은 반 스푼 넣고 설탕은 넣지 마세요.
3	How do you like your coffee?	커피를 어떻게 해드릴까요?
4	How late are you open today?	오늘 언제까지 문을 열죠?
5	How many bags will you be checking?	가방을 몇 개나 화물로 부치실 거죠?
6	It's within the normal range.	정상 범위에 있습니다.
7	I've got a fever.	열이 있어요.
8	I was stuck in traffic.	교통에 막혀 꼼짝 못 했어.
9	Just this one and I'll carry the other.	이것만 부치고 나머지는 직접 들고 갈게요.
10	Very slim!	(가능성이) 매우 희박해요!
11	What are the chances of getting a raise this year?	올해 임금이 인상될 가능성이 어떻게 되죠?
12	What do I owe you?	제가 얼마를 드려야 하죠?
13	What brings you here?	왜[무슨 일로] 여기 오셨습니까?
14	What kept you so long?	왜 이렇게 오래 걸렸어?
15	What seems to be the problem?	뭐가 문제인 것 같아요?
16	What should I do about canceling my plane ticket?	비행기 표 취소하려면 어떻게 해야 하죠?
17	What time does your watch say?	지금 몇 시죠?
18	When would you like to come in?	언제 오고 싶으세요?
19	Which would you like, tea or coffee?	어느 것을 드시겠어요, 차와 커피 중에서?
20	Will you have it with soup or salad?	스프와 샐러드 중 어느 것이랑 같이 드시겠어요?

Unit 3 긍정 · 부정 질문[*]

본 단원에서는 진위 여부를 묻는 긍정 · 부정 질문(Yes-No Questions)의 기능을 학습한다. 이 기능은 기본적으로 **Yes / No**를 기대하는 질의(발화)이다. 이 유형으로는 **Be / Do / Have / Will**로 시작하는 의문문, 부가의문문, 평서문의 끝을 올린 의문문, 평서문 + **right?**과 같은 형태가 출제된다.

적절 응답으로는 1) Yes나 No(혹은 변이형)를 사용하여 합당한 사실이나 의견을 제공, 2) Yes나 No를 사용하지 않고 바로 의견이나 이유를 제공하는 유형이 출제된다. 난이도가 높고 점수 배점이 큰 문제일수록 Yes나 No를 사용하지 않고 바로 합당한 사실 · 의견 · 이유를 제공하는 응답이 정답으로 출제된다.

출제빈도 및 출제경향 매 시험 평균 4~5 문제

긍정 · 부정 질문 기능의 출제 비율은 25%로, 세부정보 질문(39%), 요청(35%) 다음으로 많이 출제된다.

의문문 유형	매 시험	응답 유형	
Be 의문문		긍정	Yes + 사실 · 의견 제공 (Yes 없이) 사실 · 의견 제공
Do 의문문			
Have 의문문	4~5		
Will 의문문			
부가 의문문		부정	No + 의견 · 이유 제공 (No 없이) 의견 · 이유 제공
기타			

1 의문문 형태와 응답 유형

(1) Be / Do 의문문

사실을 확인하는 긍정·부정 질문 중에서 가장 많이 출제된다. Yes나 No로 응답하는 경우보다는 Yes / No 없이 질문의 의도에 맞는 사실이나 의견을 바로 제공하는 응답이 정답으로 출제되는 경우가 많다. 따라서 Yes / No로 시작하지 않는 선택지를 들을 때는 질문에서 요구하는 사실이나 의견을 포함하고 있는지를 파악해야 한다. 반면에 Yes / No로 응답하는 선택지는 질문의 주어와 응답의 주어가 일치하지 않거나 시제가 어긋나는 함정인 경우가 많으므로 반드시 주어와 시제 일치 여부를 따져 봐야 한다. 아울러 Yes / No 대신에 쓰이는 다양한 변이형 표현과 대용 표현도 익혀두어야 한다.

부정의문문인 경우 응답의 내용이 긍정이면 Yes, 응답의 내용이 부정이면 No를 사용해야 하고, 응답으로 제공된 사실과 의견이 Yes / No 대답과 일관성 있는 내용이어야 한다. 부정의문문의 경우 우리말로 해석을 해서 생각할 경우 Yes나 No가 상황에 따라 '네' 또는 '아니요' 둘 다 쓰일 수 있으므로 착각하지 않도록 주의해야 한다.

	의 문 문 형 태	응 답 유 형
Be 의문문	Are you certain…? / Are you sure….? ~을 확신하시나요? / ~이 확실한가요? Are you supposed to meet Jennifer? 제니퍼를 만나기로 했나요?	I'm pretty certain. 물론이지요[확신합니다]. Yes, she said she'd be here. 네, 여기 있겠다고 했어요.
	Is there a Wall Mart around here? 이 근처에 월마트가 있나요? Is transportation to the stadium available? 경기장 가는 교통편이 있나요?	Yes, there's one on Jesmond Street. 네, 제스먼드 가(街)에 있어요. → [Yes + 정보 제공] We offer a shuttle bus service. 왕복운행 버스를 제공하고 있습니다. → [Yes 없이 정보 제공]
	Was he badly injured? 그가 심하게 다쳤나요? Was there any mail for me? 내게 온 메일 있었어?	Yes. It'll take time for him to recover. 네. 회복하는 데 시간이 걸릴 겁니다. → [Yes + 의견 제공] Not that I know of. (아니요) 내가 아는 바로는 없어요. → [No 변이형]
Do 의문문	Do you think you can finish it tomorrow? 내일 그것을 끝낼 수 있을 것 같나요?	No problem. / I'm quite positive. → [긍정] Well, I'm not sure. → [부정]
	Does it accept credit cards? 신용카드 사용이 될까요?	Yes, you shouldn't have a problem. 네, 아무 문제 없을 겁니다. → [Yes + 의견 제공]
	Didn't you do well in the mid-term exam? 중간고사 잘 보지 않았니? Didn't you ever get homesick? 고향이 그립지 않았어요? Doesn't he look a bit suspicious? 그 사람 좀 수상해 보이지 않아요?	Yeah, I was just lucky. 응, 운이 좋았지. → [잘 봤다는 긍정 응답] Not much. I was too busy. 별로. 너무 바빴거든요. → [그립지 않다는 부정 응답] How so? 어째서 그렇게 생각해요? → [부정 응답을 의문으로 표현]

(2) Have / Will 의문문

Have 의문문은 과거의 경험이나 어떤 행위의 완료 여부를 확인하는 질문이므로 미래 시제가 사용된 선택지는 거의 함정 응답으로 제시된다. 이 함정 선택지는 내용상으로 거의 정답처럼 들린다는 사실을 기억하여 적절 응답을 고를 때 반드시 되짚어 보아야 한다. 하지만, 아래 제시한 예처럼 문맥에 따라 미래 내용이 나올 수 있으므로 대화 내용을 이해하는 것이 가장 중요하다.

> A: **Have you found** a new place? 이사 갈 곳 구했나요?
>
> B: Yes, I**'m moving** in to my sister's flat. 네, 여동생 아파트로 이사할 거예요.

위의 경우는 이사 갈 집을 구했을 뿐 아직 이사를 가지 않은 상황이므로 앞으로 이사를 갈 거라는 미래 시제를 사용하여도 무방하다.

의 문 문 형 태	응 답 유 형
Have you been on a diet? 체중조절을 하고 있나요? **Have you bought** your plane ticket? 비행기 표를 구입했나요?	Yes, I**'ve lost** 10 kilograms. [완료시제] 네, 10킬로그램 감량했어요. → [Yes + 사실 제공] **Not yet.** I'm on a waiting list. [현재시제] 아직. 대기자 명단에 있어서요. → [No 대용표현 + 이유제공]
Haven't you seen my MP3 player? 내 MP3 기기 못 봤어? **Wouldn't you miss** your friends? 친구들이 보고 싶지 않을까요?	Did you check your bag? [과거시제] 가방은 확인했어? → [No 생략: 의문문으로 의견 제공] I can always make new friends. 항상 새로운 친구를 사귈 수 있으니까요. → [No 생략한 부정 응답: 이유 제공]

(3) 부가의문문

부정의문문과 마찬가지로, 부가의문문도 응답의 내용이 긍정이면 Yes, 부정이면 No를 사용해야 하고, 뒤이어 나오는 내용은 Yes / No 대답과 일관성이 있는 것이어야 한다.

의 문 문 형 태	응 답 유 형
You don't trust me, **do you**? 나를 믿지 않죠?	**I do.** How can I convince you? 믿어요. 어떻게 해야 납득을 시킬 수 있지요? → [Yes 대용표현+의문문으로 의견제공]
The recording started late in the afternoon, **didn't it**? 녹음은 오후 늦게 시작되었지요?	That's right. 그래요. → [Yes 대용표현]
These earrings **look** gorgeous, **don't they**? 이 귀걸이 멋지다, 그렇지?	Yes, why don't you try them on? 응, 착용해 보지 그래? → [Yes + 제안]
You're going to let me make up the test, **right**? 추가 시험을 보게 해주실 거죠?	**Unfortunately**, I don't allow makeups. 아니, 추가 시험을 실시하지 않아. → [No 대용표현 + 의견 제공]

(4) 평서문 올림

평서문의 마지막 부분 억양을 올려서 말하는 질문은 대화체에서 가능한 의문문 형식이다. 질문 내용에 맞는 적절 응답을 고르면 된다.

우리말로 해석을 할 경우 Yes나 No가 상황에 따라 '네' 또는 '아니요' 둘 다 쓰일 수 있으므로 착각하지 않도록 주의해야 한다. 대답할 때 말하고자 하는 내용이 긍정문/ 긍정의 내용이면 Yes, 부정문 / 부정의 내용이면 No이다.

의 문 문 형 태	응 답 유 형
You're taking this Spanish class? 이 스페인어 수업을 듣는 거예요?	Yes, I registered for it yesterday. 네, 어제 등록했어요. → [Yes + 사실 제공]
You missed the game? What a shame! 그 경기를 놓쳤다고? 이런! (유감이다!)	Yeah, you have to fill me in. 응, (경기에 대해) 자세히 얘기해 줘. → [Yes + 부탁]
You wish you were a writer? 글 쓰는 사람이 되고 싶었나 봐요? (현재 작가가 되어 있지 못해 유감인가 보네요?)	Yes. I wish I could've become a journalist. 네. 저널리스트가 될 수 있었는데. (저널리스트가 되지 못하여 유감이에요.) → [Yes + 의견 제공]
You didn't get the ticket for speeding? 과속으로 위반 딱지를 받지 않았어?	No, I was under the limit. 아니, 제한 속도 이하로 운전을 했어. → (속도위반 딱지를 받지 않았다는 응답) [No + 사실 제공]

(5) 긍정 · 부정 질문의 응답에 사용되는 Yes / No에 해당하는 다양한 표현

Yes 변이형 및 대용 표현	No 변이형 및 대용 표현
Sure, Yeah, Yep, Yup	Nope, Nah
Of course	Of course not
Absolutely	Not at all
Certainly	Negative
Definitely	Not that I know of
Possibly	Actually,…
(I'm quite) Positive	Unfortunately,…..
No problem	To be frank, …
	I'm sorry, but ….
	I have no idea.

이 외에도 질문 상황에 따라 여러 가지 표현들이 응용되므로 문제를 풀면서 그때그때 표현을 정리해 두는 것이 좋다.

2 유형 연습

A Part I Do 의문문 – 긍정 + 의견 🎧 track 19

Step ① Choose the most appropriate response to the statement.

　　ⓐ　　ⓑ　　ⓒ　　ⓓ

Step ② Listen again and fill in the gaps.

M: ＿＿＿＿＿＿＿＿＿＿ about the ＿＿＿＿＿＿＿＿＿＿?

W:

(a) Oh, ＿＿＿＿＿＿＿＿＿＿!
(b) Don't worry. We ＿＿＿＿＿＿＿＿.
(c) Yes, I'm pretty sure about it.
(d) No, I missed that plane.

| Script Reading |

M: **Did you hear** about the **plane crash**?
W:

(a) Oh, **how terrible!**
(b) Don't worry. We **won't crash**.
(c) Yes, I'm pretty sure about it.
(d) No, I missed that plane.

정답 (a)

↘ Listening Point

질의 | Did you ～?　　**응답 |** (Yes 없이) 의견 제공

M: 비행기 추락 소식 들었니? ▶ 대형 사고에 관한 질문에 어떤 반응을 나타내는지 떠올려 본다.

W: • 알고 있는 경우: 사고에 대한 안타까운 감정[의견]을 표현

　　• 모르고 있는 경우: '언제 그런 일이 일어났어?'라는 반문으로 놀람의 감정을 표현

(a) (O) Yes 없음. 'Oh'와 '너무 끔찍했어' 라는 의견 표현으로 알고 있었다는 것을 나타낸 정답이다.

(b) (X) 동일어 **crash**는 함정. '추락하지 않을 거야' (미래) → 과거 내용과 맞지 않다.

(c) (X) Yes 사용은 함정. '확신해' → 이미 일어난 사고에 대한 응답으로 부적절하다.

(d) (X) No 사용과 동일어 **plane** 사용은 함정이다.

| 표현 연구 |

▶ plane crash　　　　　　비행기 추락

▶ miss the plane　　　　(타야 할) 비행기를 놓치다

▶ pretty sure　　　　　　상당히 [꽤] 확신하는
　 pretty soon　　　　　　조금 이따가, 곧

▶ How terrible!　　　　　너무 끔찍해!

B Part I Have 부가의문문 – Yes + 의견 🎧 track 20

Step ① Choose the most appropriate response to the statement.

ⓐ   ⓑ   ⓒ   ⓓ

Step ② Listen again and fill in the gaps.

W: _______________ my daughter, Katie, _____________?

M: ▨▨▨▨▨▨▨▨▨▨

(a) Yes, _______________________________.
(b) I'm looking forward to meeting you.
(c) That's so nice of you!
(d) Sorry, I _____________________ her.

| Script Reading |

W: **You've met** my daughter, Katie, **haven't you**?
M: ▨▨▨▨▨▨

(a) Yes, **I've had the pleasure**.
(b) I'm looking forward to meeting you.
(c) That's so nice of you!
(d) Sorry, I **didn't recognize** her.   정답 (a)

↘ Listening Point

질의 | **~, haven't you?**   응답 | **Yes 사용한 사실 제공**

W: [인사/소개] You've met ~, haven't you? 내 딸을 만난 적 있어요? ▶ 관례적 응답 유형이 주로 출제된다.

M: • 긍정: (Yes,) I've had the pleasure (of meeting ~). 만난 적 있습니다.

  • 부정: (No,) I haven't had the pleasure. 처음 뵙습니다.

(a) (O) '네, 만난 적이 있습니다.'
(b) (X) '고대하고 있습니다' → 과거의 경험을 묻는 질문에 부적절하다.
(c) (X) '고맙습니다' '친절하시기도 해라' → 친절하게 대해 준 것에 대한 감사의 응답이다.
(d) (X) '미안합니다. 알아보지 못해서' → 질의 내용에 맞지 않는 응답이다.

| 표현 연구 |

▶ recognize   ~을 알아보다, ~을 보고 금방 알다

▶ have had the pleasure   만난 적이 있다

▶ I haven't had the pleasure.   초면입니다, 만난 적 없습니다
  I don't think I had the pleasure.

▶ look forward to meeting   만나길 기대하다

Step ① Choose the most appropriate response to complete the conversation.

ⓐ   ⓑ   ⓒ   ⓓ

Step ② Listen again and fill in the gaps.

W:　　You seem to be _______________________ these days.
M:　　Don't worry about it.
W:　　_______________ you can ____________?
M:　　▢▢▢▢▢▢▢▢▢▢▢

(a) _______________.
(b) I _______________.
(c) Sure, sounds good.
(d) It's really not heavy for me.

| Script Reading |

W:　　You seem to be **behind in your work** these days.
M:　　Don't worry about it.
W:　　**Are you sure** you can **handle it**?
M:　　▢▢▢▢▢▢▢

(a) **No problem**.
(b) I **can't help it**.
(c) Sure, sounds good.
(d) It's really not heavy for me.

정답 (a)

◥ Listening Point

질의 | Are you sure~?　　**응답 | Yes 변이형(관례적 표현)**

W: 일이 늦어지는 것에 대한 염려 ▶ 기간 내 끝낼 수 있는지 확인 질문

M: '걱정하지마' ▶ 자신 있다는 일관된 응답을 해야 한다.

(a) (O) '물론이지요'

(b) (X) '어쩔 수 없어요' → 확인에 대한 응답으로 부적절하다.

(c) (X) Sure는 Yes의 변이형으로 적절하지만, 뒤이어 나온 **sounds good**은 제안에 동의를 나타내는 응답이다.

(d) (X) '무겁지 않아요' → handle it 이라는 표현을 이용한 함정이다.

| 표현 연구 |

▸ these days　　　　　　　　요즈음, 근래에

▸ be behind in one's work　　일이 늦어지다, 작업이 밀리다

▸ be behind in one's rent　　집세가 밀리다

▸ Can't help it.　　　　　　어쩔 수 없어요.

▸ No problem.　　　　　　　Yes의 변이형 (확신 · 긍정을 표현/ 요청에 대한 관례적 응답)

Ⓓ Part II Do + 간접의문문 – 제안 🎧 **track 22**

Step ① Choose the most appropriate response to complete the conversation.

ⓐ   ⓑ   ⓒ   ⓓ

Step ② Listen again and fill in the gaps.

M: May I speak to Mrs. Schofield, please?

W: I'm sorry, but she's _____________________.

M: OK, _____________________ she'll _____________?

W:

(a) She should be back from lunch.

(b) _____________________ 4:30.

(c) She'll be back _____________________.

(d) I'll ask her when she comes in.

| Script Reading |

M: May I speak to Mrs. Schofield, please?
W: I'm sorry, but she's **stepped out**.
M: OK, **do you know when** she'll **be back**?
W:

(a) She should be back from lunch.
(b) **Try again around** 4:30.
(c) She'll be back **in three days**.
(d) I'll ask her when she comes in.

정답 (b)

◥ Listening Point

질의 | **Do you know when ～?**   응답 | **Yes 없는 긍정(제안)**

M: 언제 돌아오는지 아십니까?

W: • Do you know when / where / why~?의 긍정 응답에는 의문사에 맞는 정보 제공이 필수

　　• 회사에 건 전화 대화 상황에서 부정의 응답이 나올 확률이 낮다.

(a) (X) '점심 식사 마치고 분명히 돌아옵니다' → when에 해당하는 정보가 없다.

(b) (O) '4시 30분경에 다시 전화하세요' → Yes 없이 제안의 형식으로 정보를 제공하고 있다.

(c) (△) '3일 후에 돌아옵니다' → step out이라는 표현에 맞지 않는 응답이다.

(d) (X) '들어오면 물어보겠습니다' → when에 맞는 정보가 없고 질의 내용과 무관하다.

| 표현 연구 |

▶ step out　　　　　　　　　(근무 중에) 잠깐 자리를 뜨다

▶ be back　　　　　　　　　돌아오다, 돌아와 있다

▶ be back from lunch　　　점심 식사를 하고 돌아오다

3 빈출 표현 3: 긍정·부정 질문 🎧 track 23

Are all these items on sale?　　　　　　　　　이 물건들 모두 할인 판매하나요?
- No. Only those with white dots.　　　　　　　– 아니요. 흰색 점이 있는 물품만 할인합니다.

Are you lost?　　　　　　　　　　　　　　　길을 잃었나요?
- I'm afraid so.　　　　　　　　　　　　　　– 그런 것 같아요.

Do you drink wine with your meal?　　　　　　식사를 하면서 와인을 마시나요?
- Sometimes. It depends on the occasion.　　– 가끔씩. 상황에 따라서요.

Do you know what's going to happen to our proposal?　　우리 제안서가 어떻게 될 건지 알고 있나요?
- No, but I'll keep you posted.　　　　　　　– 아뇨, 하지만 정보가 들어오면 알려 줄게요.

Did anyone call while I was out?　　　　　　외출한 동안 전화한 사람 있었나요?
- Sorry, I was out too.　　　　　　　　　　– 죄송해요, 저도 외출했어요.

Did you understand what I said?　　　　　　제가 한 말을 이해했나요?

Didn't you shop around before making the decision?　　결정하기 전에 둘러 보지 않았나요?
- Actually, I bought the very first one I saw.　　– 실은 처음 본 것을 바로 구입했어요.

Can't find my glasses anywhere. Have you seen them?　　안경을 찾을 수가 없는데. 내 안경 봤어?
- No. Did you check on the dresser?　　　　– 아니. 화장대는 확인해 봤어?

Will that be all?　　　　　　　　　　　　　이게 전부입니까? (물건 계산시 흔히 듣는 말)

You're not going out in this awful weather, are you?　　이렇게 궂은 날씨에 외출하지는 않겠지?
- Well, it's not that bad.　　　　　　　　　– 뭐, 그 정도로 나쁜 건 아닌데.

You didn't cheat on the exam, did you?　　시험칠 때 부정행위 한 것은 아니겠지?

You missed the classes yesterday?　　　　어제 수업을 듣지 못했다고?
- Yeah. You have to fill me in.　　　　　　– 응. 수업 내용을 자세히 알려줘.

표현 받아쓰기 3

들려주는 표현을 잘 듣고 받아쓰기를 한 후 우리말 뜻을 적어 보세요.

	표 현	뜻
1		
2		
3		
4		
5		
6		
7		
8		
9		
10		
11		
12		
13		
14		
15		
16		
17		
18		
19		
20		

4 발음 현상 3: 자음군 단순화 ①

o 자음군 단순화(Consonant Cluster Simplification)는 2~3개 자음이 무리 지어 있을 때 발음을 쉽게 하기 위하여 그 중 한 자음을 탈락시켜 발음하는 현상이다. 이 현상은 각 소리의 조음 위치와 관련이 있다. 조음 위치가 유사한 소리 혹은 소리 생성 방식이 상이한 소리들이 무리 지어 있으면 각 소리를 모두 자연스럽게 발음하기가 쉽지 않다. 이 경우 발음의 편의를 위해 소리가 탈락되거나 변형된다. 자음군 단순화 현상은 여러 가지가 있으나 TEPS 시험에 빈번하게 나오는 2~3가지 사례를 연습한다.

o [mps] → [p] 생략 → [ms]로 발음

o [mpts] → [p] 생략, [t] 생략 또는 [ts] 변형 → [ms] 또는 [mtʃ] 유사음으로 발음

- [m] / [p] : 두 입술을 포개서 만들어지는 내는 소리로 조음 위치가 동일하다.
  [p]는 두 입술을 다물었다가 열면서 공기를 터뜨려 내는 소리이다.
  [m]은 공기를 터뜨리지 않는 소리이다.

- 조음 위치가 같은 [m]과 [p]가 나란히 이어질 때 두 소리 중에서 뒤에 나오는 [p]는 탈락된다.
  [예] camps[kæms]   exempt [igzémt / igzém*]   prompt [pramt / pram*]
  * 영어의 마지막 자음 [t]는 거의 약화되어 생략된 것처럼 들린다.

▶ 녹음된 소리를 받아쓰세요. track 25

1.	2.
3.	4.
5.	6.
7.	8.

▶ 굵은 글씨체 단어의 발음에 주의하면서 녹음된 소리를 따라 연습하세요.

1	valuable **stamps** 귀중한 우표	→ [stæms]
2	ineffectual **attempts** 효과 없는 시도	→ [ətémts]
3	energy **consumption** 에너지 소비	→ [kənsʌ́mʃən]
4	allergy **symptoms** 알레르기 증상	→ [símtəmz]
5	depressive **symptom** 불경기 증후; 우울증 증세	→ [símtəm]
6	**prompt** payment 즉각적인 지불	→ [pramt/pram]
7	previous **assumptions** 이전의 가정[가설]	→ [əsʌ́mʃəns]
8	Please **empty** your pockets. 주머니를 비우세요.	→ [émti]

Part I & II 문제 풀이를 위한 전략 복습

연습문제를 풀기 전에 아래 사항을 다시 한 번 읽으면서 기억하여 응용해 보세요.

1. **제1화자의 주요어와 질의 기능을 메모한다.**

   M: May…speak to Mrs. N… (전화대화; 고유명사는 N으로 표시)
   W: …sorry…she's stepped out (잠깐 외출)
   M: …know when…be back? (긍정·부정 질문 & 핵심은 when, back)

2. **제2화자의 응답 유형을 예상하면서 선택지를 듣는다.**

   긍정 응답: when에 합당한 '시간' 정보 제공
   부정 응답: 전화 대화에서 할 수 있는 응답: '메시지를 남기겠느냐' 등

3. **각 선택지의 주요어를 메모하면서 주제나 기능을 생각한다.**

4. **확실한 오답에는 ×, 확실치 않으면 △, 정답에는 ○를 표시하며 듣는다.**

5. **정답의 후보가 되는 선택지는 보통 2개로 압축된다.**

6. **질의에 나온 동일 단어나 유사 발음의 단어를 포함한 선택지는 오답일 확률이 높다.**

   …should…back from lunch (△) → 'when'에 해당하는 정보가 없음 (×)
   Try again…4:30. (○) → 'when'에 해당하는 정보 제공
   …back in three days. (△) → 'step out' 내용에 맞지 않음 (×)
   I'll ask…when…comes in. (×) → 동일어 when은 함정용. 'when'에 해당하는 정보가 없음

7. **긍정·부정 질문: Yes / No를 사용하지 않은 응답의 출제 비율이 높다.**

   Did you hear about the plane crash? → Oh, how terrible!
   → 질의 상황과 내용에 일치하는지에 유의한다.

8. **Yes / No의 다양한 대용 표현에 익숙해야 한다.**

   Was there any mail for me? → Not that I know of.

9. **높은 난이도 문제에는 긍정/부정을 직접 드러낸 응답보다 간접 응답 유형이 많다.**

   Was he badly injured? → Yes. It'll take time for him to recover.
   → 질의와 응답 내용의 일관성을 따진다. '많이 다쳤다'는 긍정 정보로 '회복 시간이 길 것'이라는 의견 제공.

Mini Test 3

Step 1　Listening-Only　🎧 track 26

각 발화가 가진 기능이나 주요 표현을 아래 표에 적으면서 문제를 풀어 보세요. 모든 문항을 다 적지 않아도 됩니다. 정답을 쉽게 고를 수 없는 문제인 경우 꼭 적어 보기 바랍니다. 1번은 예시입니다. **TEPS Part I과 Part II는 한 번만 들려 줍니다.**

_ Part I　다음 말을 듣고 연결될 수 있는 가장 적절한 응답을 고르시오.

1. ⓐ ⓑ ⓒ ⓓ
2. ⓐ ⓑ ⓒ ⓓ
3. ⓐ ⓑ ⓒ ⓓ
4. ⓐ ⓑ ⓒ ⓓ
5. ⓐ ⓑ ⓒ ⓓ
6. ⓐ ⓑ ⓒ ⓓ
7. ⓐ ⓑ ⓒ ⓓ
8. ⓐ ⓑ ⓒ ⓓ
9. ⓐ ⓑ ⓒ ⓓ

의문사 내용	응답
1. Can I book	Yes변이형–Certainly
2.	
3.	
4.	
5.	
6.	
7.	
8.	
9.	

_ Part II　다음 대화를 듣고 연결될 수 있는 가장 적절한 응답을 고르시오.

10. ⓐ ⓑ ⓒ ⓓ
11. ⓐ ⓑ ⓒ ⓓ
12. ⓐ ⓑ ⓒ ⓓ
13. ⓐ ⓑ ⓒ ⓓ
14. ⓐ ⓑ ⓒ ⓓ
15. ⓐ ⓑ ⓒ ⓓ
16. ⓐ ⓑ ⓒ ⓓ
17. ⓐ ⓑ ⓒ ⓓ
18. ⓐ ⓑ ⓒ ⓓ

의문사 내용	응답
10.	
11.	
12.	
13.	
14.	
15.	
16.	
17.	
18.	

Step 2 Listening & Dictating 🎧track 27

난이도가 높은 문제를 다시 들으면서 빈칸에 들어갈 표현을 받아쓰세요.

_ Part I

2. M: _______________ interesting news in the paper today?
  W:

    (a) _______________________.
    (b) I'll look for ____________.
    (c) That sounds interesting.
    (d) Tell me about it.

5. M: Do you __________ going to ____________________?
  W:

    (a) No, I'm not really a ____________________.
    (b) I don't find it amusing at all.
    (c) ____________, and ________________ are my ___________.
    (d) There's a park near my house.

7. W: Gosh, Carrie looks so ____________________, doesn't she?
  M:

    (a) Yes, she does look like her.
    (b) I had a very relaxing weekend.
    (c) She ________________ a good ____________.
    (d) Thanks for the ____________________.

9. M: ________________ that Tim __________ the divorce ________?
  W:

    (a) I ____________________________.
    (b) I don't think ____________________.
    (c) I'm going to get a divorce.
    (d) I'm not blaming you for it.

12. W: Alan, is it true you got a _____________________?

M: Yes, I _____________________.

W: So you _____________________?

M:

    (a) Yes, the other driver was speeding.

    (b) No, I was _____________________.

    (c) I'm sorry. It _____________________.

    (d) Please be more careful.

13. M: Hi, Mom. How do you feel today?

W: Not too good. I've got some _____________________.

M: _____________________ well?

W:

    (a) I _____________________ all night.

    (b) I think you're _____________________ that.

    (c) I'm going to ask the doctor.

    (d) Well, thanks for your concern.

14. M: I never knew you were such a talented painter!

W: Stop it. You're _____________________.

M: I mean it, though. _____________________?

W:

    (a) No, I went to art school _____________________.

    (b) Yes, I've been playing music since I was a kid.

    (c) Not really. I'm _____________________.

    (d) _____________________, I love painting.

18. W: I'd like to _____________________. They're _____________________ the waist.

M: I'm sorry, but we _____________________ any longer.

W: _____________________ I can _____________________ then?

M:

    (a) _____________________ 7.

    (b) You _____________________.

    (c) We'll get more in tomorrow.

    (d) No, that's our most popular size.

Step 3 Listening & Reading 🎧 track 26

대본을 보면서 어떤 소리, 어떤 기능을 파악하지 못하였는지 확인하세요.

_ Part I

1. W: Can I book a table for two?
   M:

    (a) Do you have any window seats left?
    (b) I'm afraid the books are already sold out.
    (c) Certainly, just tell me when you'd like it.
    (d) Sorry, I'm expecting company.

2. M: Is there any interesting news in the paper today?
   W:

    (a) Not that I know of.
    (b) I'll look for the ad.
    (c) That sounds interesting.
    (d) Tell me about it.

3. W: Do you understand what I've explained so far?
   M:

    (a) I wouldn't say that.
    (b) Sorry, I didn't catch the last part.
    (c) I'm afraid I don't agree.
    (d) OK so far?

4. M: Did you have to work on Christmas Day?
   W:

    (a) Yes, I went Christmas shopping.
    (b) No, I spent time with family.
    (c) I thought it was on Tuesday.
    (d) I'm looking forward to the time off.

지피지기
오답을 정리하면서
자신의 약한 부분을 파악합시다.

● 놓친 소리 및 어휘

● 질의 기능과 표현

---

5.   M: Do you like going to amusement parks?
      W:

     (a) No, I'm not really a nature-lover.
     (b) I don't find it amusing at all.
     (c) Definitely, and roller coasters are my favorite.
     (d) There's a park near my house.

6.   M: The milk smells funny. Have you tasted it?
      W:

     (a) If you clean it, it will smell better.
     (b) That doesn't sound funny to me.
     (c) Yes, it must've gone bad.
     (d) I'm not really thirsty, thanks.

7.   W: Gosh, Carrie looks so relaxed and tanned, doesn't she?
      M:

     (a) Yes, she does look like her.
     (b) I had a very relaxing weekend.
     (c) She must've had a good vacation.
     (d) Thanks for the compliments.

8.   W: You checked the gas and lights before we left, right?
      M:

     (a) Of course I turned on the gas before leaving.
     (b) No, gas and electricity are checked monthly.
     (c) Don't worry, I even checked the window locks.
     (d) Yes, they seemed to be working fine.

9.   M: Did you hear that Tim blamed the divorce on you?
      W:

     (a) I couldn't care less.
     (b) I don't think it's your fault.
     (c) I'm going to get a divorce.
     (d) I'm not blaming you for it.

10. M: Lauren, are you waiting for someone?

W: Yes, have you seen Todd?

M: No. But doesn't his class start soon?

W:

(a) No, he wouldn't do that.
(b) Yes, he had the class yesterday.
(c) That's true, but he said he'd see me first.
(d) Well, they don't mind if I'm late.

11. W: So, what's new at the office since I left?

M: Nothing, really. The team is the same.

W: Are you still enjoying your work?

M:

(a) To be honest, it's getting a bit old.
(b) I'm still working there.
(c) Yes, there are so many changes.
(d) You'd really enjoy it.

12. W: Alan, is it true you got a traffic ticket?

M: Yes, I ran a red light.

W: So you didn't get it for speeding?

M:

(a) Yes, the other driver was speeding.
(b) No, I was under the limit.
(c) I'm sorry. It won't happen again.
(d) Please be more careful.

13. M: Hi, Mom. How do you feel today?

W: Not too good. I've got some pain in my back.

M: Didn't you sleep well?

W:

(a) I tossed and turned all night.
(b) I think you're right about that.
(c) I'm going to ask the doctor.
(d) Well, thanks for your concern.

14. M: I never knew you were such a talented painter!

W: Stop it. You're making me blush.

M: I mean it, though. Did you learn it in school?

W:

(a) No, I went to art school as an undergrad.
(b) Yes, I've been playing music since I was a kid.
(c) Not really. I'm self-taught.
(d) Actually, I love painting.

15. W: So how did you like living in Bangalore?

M: It was marvelous. I lived there for ten years.

W: Ten years? Wow! Didn't you ever get homesick?

M:

(a) No, I loved living at home.
(b) Not much. I was too busy.
(c) I did get sick occasionally.
(d) Yes, I definitely miss Bangalore.

16. M: Have you ever climbed North Point?

W: Is that the hill overlooking Park City?

M: That's right. Have you ever scaled it?

W:

(a) I have never seen such a thing.
(b) Sure, thanks for telling me.
(c) Not that I know of.
(d) Back when I was younger I did.

17. W: I'm sorry I've been missing class.

M: Well, you not only missed classes but also a midterm.

W: But you're going to let me make up the test, right?

M:

(a) Of course you can make up the classes.
(b) Unfortunately, I don't allow makeups.
(c) You should've studied harder the first time.
(d) That's not a good enough reason.

18. W: I'd like to exchange these jeans. They're too tight around the waist.

M: I'm sorry, but we don't carry that model any longer.

W: Do you know where I can find them then?

M:

(a) Look in aisle 7.

(b) You might have luck online.

(c) We'll get more in tomorrow.

(d) No, that's our most popular size.

	표 현	뜻
1	Are all these items on sale?	이 물건들 모두 할인 판매하나요?
2	Did anyone call while I was out?	외출한 동안 전화한 사람 있었나요?
3	Do you know when she'll be back?	그녀가 언제 돌아올지 아십니까?
4	Don't I look smart in this suit?	이 옷 입으니 맵시 있어 보이지 않나요?
5	I'll keep you posted.	(새로운 정보가 들어오면) 알려 줄게요.
6	I haven't had the pleasure (of meeting you).	처음 뵙습니다 [만나 뵌 적이 없습니다].
7	I was under the limit.	제한속도 이하였어요.
8	I'm behind in my work these days.	요즈음 일이 지연되고 있어요.
9	It depends on the occasion.	경우에 따라서 다르죠.
10	It'll take time for him to recover.	그 사람이 회복하는 데 시간이 걸릴 겁니다.
11	It's not that bad.	그렇게 나쁜 건 아닙니다.
12	Not that I know of.	(아니요) 내가 아는 바로는 없어요.
13	These earrings look gorgeous, don't they?	이 귀걸이 멋지지, 그렇지?
14	Was he badly injured?	그 사람이 심하게 다쳤나요?
15	Why don't you try them on?	착용 해보지 그래? [입어보지 그래?]
16	Will that be all?	이게 전부인가요?
17	Wouldn't you miss your friends?	친구들이 보고 싶지 않았나요?
18	You didn't get the ticket for speeding?	과속으로 위반 딱지를 받지 않았나요?
19	You have to fill me in.	(모르는 내용에 대해) 자세히 알려줘요.
20	You're not going out in this awful weather, are you?	이렇게 궂은 날씨에 외출하지는 않겠지?

Unit 4 요청 *

요청은 상대방에게 의견이나 정보, 허락, 도움 등을 청하거나 부탁하는 기능(function)을 의미한다. 요청 기능의 예를 들면, 가장 일반적인 것으로 조동사를 사용한 **Could you~ ?** ~해주시겠습니까? 라는 표현과 의문사를 사용하여 의견을 묻는 **What do you think of~?** ~에 대해서 어떻게 생각하세요? 의 패턴 외에 명령문을 사용한 요청 **Don't forget to ~** ~ 하는 것을 잊지 마세요., 평서문을 사용하여 도움을 요청하는 **I need to ~** ~을 하려고 하는데요. 유형까지 다양하다. 이 중 평서문을 사용한 요청이 난이도가 높고 배점도 높다.

요청에 대한 응답 유형은 1) 수락/동의를 하는 형, 2) 거절을 하고 거절 이유를 설명하는 형으로 출제된다.

출제빈도 및 출제경향 매 시험 평균 5~6 문제

기능 　　　　　 문제수	매 시험	응답 유형
요청	5~6	수락/동의/약속 거절/사유 설명

1 유형별 기능과 짝을 이루는 응답 표현

(1) 조동사를 사용한 요청

요청을 나타내는 가장 일반적인 유형으로 조동사 may나 can, could를 사용한 질문이 많이 나온다. 전형적인 전화 대화에서 나오는 May I speak to~? ~ 좀 바꿔 주시겠습니까? 외에 Can I ~? ~해도 되겠습니까?, Could you~ ? ~해주시겠습니까? 라는 표현으로 정보나 도움 등을 요청하면 이에 대해 동의(Sure,~)하거나 거절하고 이유를 설명(Sorry, but~)하는 패턴으로 출제된다. 단, Do you mind~? ~ 해도 괜찮겠습니까?로 요청하는 경우는 부정의 대답(Not at all.)이 동의나 수락을 나타낸다는 점에 유의해야한다.

질의유형			응답유형	
전화대화	May I speak to ~? Can I reach ~? ~좀 바꿔주시겠어요?	수락	Hold on, please. 기다리세요. This is he. 전데요.	
		거절	He's on another line. 지금 통화중이신데요. Sorry, she's not in. 죄송하지만, 안 계신데요.	
조동사를 이용한 요청문	Can you help me ~? ~하는 것 좀 도와주시겠어요? Can you show me how to ~? ~하는 법을 가르쳐주시겠어요? Could you do me a favor? 부탁 하나 해도 될까요? Do you mind ~? ~해주셔도 괜찮으시겠어요?	수락	Sure. 물론이죠. Just follow this ~. 이 ~을 따르세요/따라가세요. Sure, what is it? / Why not? / Whatever you say. / Please go ahead. 물론이죠./ 무엇이든 말씀하세요. Not at all. / Certainly not. / Of course not. 물론입니다.	
	Can I fax you the documents? 서류를 팩스로 보내도 될까요? Can't you just order and go? 빨리 주문을 해주실 수 없나요? Could you ask ~ to come along? ~한테 함께 가자고 말해주시겠어요?	거절	We really need the originals. 저희는 원본이 필요한데요. Sorry, but I don't know what to order. 죄송합니다. 뭘 주문할 지 몰라서요. I'll try, but she's been busy~. 그러겠지만, 그녀가 요즘 바빠서요.	

(2) 의문사를 사용하여 의견을 묻는 요청

의문사를 사용하여 의견을 요청하는 표현으로는 **What do you think of~?** ~에 대해서 어떻게 생각하세요?와 **How do you like~?** ~어떠세요? ~마음에 드세요?가 가장 많이 나온다.

- **How do you like~ ?**는 상황에 따라 기능이 다르다.

  1) **How do you like your coffee[steak/egg]?** 커피[스테이크/계란]를 어떻게 해드릴까요?처럼 주로 음식을 어떻게 조리해 주기를 원하는 지 묻는 경우는 세부정보 질문(Unit 2)에 해당하고, 구체적인 정보를 주는 답(Black, please.)이 나온다.

  2) **How do you like your new boss[neighbor]?** 상사[이웃]는 어떠세요?; 상사분[이웃]은 마음에 드세요?처럼 상대방의 의견을 요청하는 질문(Unit 4)의 경우는 자신의 의견을 말하는 답(He's okay.)이 나온다. 하지만, **How do you like your steak?** 같이 주로 음식을 어떻게 조리해주기를 원하는지를 묻는 세부정보 질문도 상황에 따라 **steak** 맛이 어떠한지를 묻는 의견 요청일 수도 있음을 주의한다. (It's delicious.)

- **How did you like[find]~ ?** ~어떠셨어요?; ~ 마음에 드셨어요?라고 과거의 상황에 대해 의견을 요청하는 표현도 가능하다. 이때 like 대신 find를 사용하기도 하는데 예를 들어 **How did you find Paris when you arrived?**는 어떻게 Paris를 발견했느냐는 방법의 의미가 아니라 처음 도착했을 때 Paris가 어땠냐를 묻는 의견 요청임을 주의하자.

질 의 유 형	응 답 유 형
What do you think of ~? ~에 대해 어떻게 생각하니?	**I'm all for it.** 찬성해. **I'm against it.** 반대해. **It's not my taste either.** 내 취향이 아니야. **Not as interesting as you said.** 네가 말한 것만큼 재미있지는 않더라. **It sounds quite ~.** 아주 ~하게 들리는데.
How do you like your (food)? (음식) 맛이 어떠세요? **How do you like your new ~?** 새 ~는 어떠세요? **How did you like ~ last night?** 지난 밤 ~는 어땠어요? **How did you find ~ when you first arrived?** 처음 도착했을 때 ~는 어땠나요?	**It's delicious.** 맛있는데요. **He's okay.** 괜찮아요. **It was ~.** ~했어요. **I thought it was beautiful.** 아름다웠어요.

(3) 평서문을 사용한 요청

평서문에도 정보나 도움을 요청하는 기능이 있다. 예를 들면, 전화 대화에서 많이 쓰이는 May I speak to~? ~좀 바꿔 주시겠습니까? 대신에 I'd like to speak to~ . 라는 평서문의 형태로 같은 기능을 나타낼 수 있다. 또한 증명서나 자격증을 새로 신청하거나 갱신할 때도 I need a transcript ~ ~ 성적표를 신청하려고 하는데요. 식의 평서문으로 요청의 기능을 나타낼 수 있다. 이에 대하여 상황에 맞는 정보나 도움을 제공하는 긍정의 응답과 거절과 함께 이유를 제공하는 부정의 응답으로 나뉜다.

- 상대방의 의견이나 정보 또는 도움을 구하기 위한 기능을 갖는 평서문은 제1화자 쪽에서 먼저 자신의 의견을 말하고 정보를 제공함으로써 상대방의 동의나 반응을 구하는 평서문의 기능과는 다르다. (요청 외에 평서문으로 나타낼 수 있는 정보제공의 기능에 대해서는 Unit 5를 참조하기 바람.)

질 의 유 형	응 답 유 형
I'd like to speak to ~, please. ~와 통화하고 싶은데요.	I'm sorry, but he's not in yet. 죄송하지만, 안 계신데요.
I'm calling about the job opening. 취직 자리에 대해 문의하려고 전화하는데요.	I'm afraid it's already filled. 죄송하지만 이미 그 자리는 직원을 뽑았습니다.
I need a transcript of ~ ~성적표를 신청하러 왔습니다.	Please fill out this form. 이 양식을 작성해주세요.

(4) 명령문을 사용한 요청

명령문을 사용하는 요청의 표현은 비교적 간단하다. Please를 사용한 긍정명령문의 형태나 Don't로 시작하는 부정명령문의 경우가 있다. 각기 그것에 적절히 대응하는 표현으로 긍정명령문인 경우, Yes, I will. 부정명령문인 경우, No, I won't.로 응답하는 경우가 일반적이다.

질 의 유 형	응 답 유 형
Please ~. 제발 ~해주세요.	Sure. / Yes, I will. 물론이에요./ 네, 그렇게 할게요.
Don't forget to ~. ~하는 것을 잊지 마세요.	No, I won't. 잊지 않을게요.

2 유형 연습

A Part I 조동사 의문문을 사용한 요청 – 관례적 응답(전화 대화) track 28

Step ① Choose the most appropriate response to the statement.

ⓐ　　ⓑ　　ⓒ　　ⓓ

Step ② Listen again and fill in the gaps.

W: _______ I _____________ Mr. Cole, please?

M:

(a) Certainly. Have a good day, Mr. Cole.

(b) I'd like his phone number, please.

(c) __________ he.

(d) It's _____________.

| Script Reading |

W: **May** I **speak to** Mr. Cole, please?

M:

(a) Certainly. Have a good day, Mr. Cole.

(b) I'd like his phone number, please.

(c) **This is** he.

(d) It's **kind of personal**.

정답 (c)

Listening Point

질의 | **전화 대화(요청)**　　응답 | **관례적 응답**

• 주요어를 메모하면서 기능을 생각하고 응답을 예상한다.

W: May I speak to 전화대화에 합당한 응답을 예상한다.

M: 관례적 응답 This is he. / Speaking. / Hold on, please. / Sorry, he is not in.을 예상한다.

(a) (X) 질의에서 언급된 것과 동일한 **Mr. Cole**이 들어 있는 선택지는 정답일 확률이 낮다.

(b) (X) 질의에서 언급한 **please**가 들어 있는 선택지는 정답일 확률이 낮다.

(c) (O) This is he. 전데요.

(d) (X) 내용상 맞지 않는 응답.

| 표현 연구 |

▶ It's kind of personal.　　　　좀 개인적인 일인데요.

Step ① Choose the most appropriate response to the statement.

ⓐ   ⓑ   ⓒ   ⓓ

Step ② Listen again and fill in the gaps.

M: __________ you ________________ faxing these documents?
W:

(a) __________, I'____________ now.
(b) Here are your documents.
(c) My fax number is ____________________.
(d) Thank you for sending me the fax.

| Script Reading |

M: **Could** you **help me with** faxing these documents?
W:

(a) **Sorry**, I'm **tied up** now.
(b) Here are your documents.
(c) My fax number is **on my business card**.
(d) Thank you for sending me the fax.

정답 (a)

Listening Point

질의 | **도움 요청**   응답 | **거절(이유 설명)**

M: Could you help me with~?를 듣고 도움 요청을 수락하거나 거절하는 응답 표현을 예상한다.

W: 도움 요청에 대해서는 수락을 하거나 거절 후 이유 설명이 적절한 응답이다.

(a) (O) Sorry, I'm tied up now. → 도움 요청을 거절하고(sorry), 그 이유를 언급한 적절 응답이다.
(b) (X) 동일 단어 documents가 들어 있는 선택지는 오답일 가능성이 높다.
(c) (X) 유사한 발음의 단어 fax가 들어 있는 선택지는 정답일 확률이 낮다.
(d) (X) 도움을 받았을 때 상대에게 전하는 감사표현이다. 질의의 help를 듣고서 정답으로 혼동하기 쉬운 함정 응답이다. 유사한 발음의 단어 fax가 들어 있는 선택지는 정답일 확률이 낮다.

| 표현 연구 |

▸ business card   명함
▸ document   서류, 문서
▸ Sorry, I'm tied up now.   죄송하지만, 지금 제가 바빠서요.

ⓒ Part II 의문사 의문문으로 의견 요청 – 의견 제공 🔊 track 30

Step ① Choose the most appropriate response to complete the conversation.

ⓐ   ⓑ   ⓒ   ⓓ

Step ② Listen again and fill in the gaps.

M: How long have you been married?

W: Three years.

M: _____________________ your husband when you first met him?

W:

(a) I still like him.

(b) I met him through a matchmaker.

(c) ______________ he was very sweet.

(d) He asked me on a date.

| Script Reading |

M: How long have you been married?
W: Three years.
M: **How did you like** your husband when you first met him?
W:

(a) I still like him.
(b) I met him through a matchmaker.
(c) **I thought** he was very sweet.
(d) He asked me on a date.

정답 (c)

◾ Listening Point

질의 | **의견 요청**   응답 | **의견 제공(긍정)**

M: How did you like, first met 등의 주요어를 듣고 의견을 요청하는 상황임을 파악한다.

W: 의견 요청에 대해서 자신의 의견을 적절한 시제로 답한 것이 정답이다.

(a) (X) 내용의 흐름상 시제가 어긋남; 동일 단어 like가 들어 있는 선택지는 오답일 확률이 높다.

(b) (X) how로 시작하는 의문문이 이 경우는 의견을 요청하는 것이므로 방법과 관련한 대답이 나오는 선택지를 피한다.

(c) (O) I thought he was very sweet. → 자신의 의견을 적절한 시제로 답한 정답.

(d) (X) 의견을 요청하는 질문에 대해 내용상 맞지 않는 응답이다.

| 표현 연구 |

▶ matchmaker   중매하는 사람

▶ ask someone on a date   ~에게 데이트를 신청하다

Step ① Choose the most appropriate response to complete the conversation.

ⓐ　　ⓑ　　ⓒ　　ⓓ

Step ② Listen again and fill in the gaps.

W:　　Excuse me, can I ask you a question?

M:　　Yes, how can I help you?

W:　　_________________________ my driver's license.

M:　　

(a) I forgot to bring my ID card.

(b) Oh, _________________.

(c) Sorry, the driver is not finished yet.

(d) Okay, _________________.

| Script Reading |

W:　　Excuse me, can I ask you a question?
M:　　Yes, how can I help you?
W:　　**I need to renew** my driver's license.
M:　　

(a) I forgot to bring my ID card.
(b) Oh, **that's news to me.**
(c) Sorry, the driver is not finished yet.
(d) Okay, **please fill out this form.**

정답 (d)

↘ Listening Point

질의 | **정보 요청**　　응답 | **정보 제공**

- 평서문을 사용한 도움 요청도 가능하다. 앞의 상황에서 how can I help you? 라는 질문에 이어지는 문장(I need to renew my driver's license.)이므로 이 경우 도움을 요청하는 평서문임을 판단하고 그에 맞는 응답을 고른다.

(a) (X) 내용상 맞지 않는 응답.

(b) (X) 유사한 발음의 단어 news가 들어 있는 선택지는 정답일 확률이 낮다.

(c) (X) 내용상 맞지 않는 응답 → 동일 단어 driver가 들어 있는 선택지는 정답일 확률이 낮다.

(d) (O) Okay, please fill out this form. → 증명서나 자격증을 신청할 때 듣는 표현.

| 표현 연구 |

▶ driver's license　　　　　운전 면허증

▶ fill out　　　　　　　　작성하다

▶ ID card　　　　　　　　신분증

▶ renew　　　　　　　　갱신하다

3 빈출 표현 4: 요청 track 32

전화 대화 관련 요청과 응답 표현

Can I speak to Mr. Smith?　　　　　　　　　스미스 씨와 통화할 수 있을까요?
- I'll transfer your call.　　　　　　　　　　– 전화 바꿔드리겠습니다.
Hello, I'm trying to reach Steve Kim.　　　여보세요. 스티브 킴과 통화하려고 하는데요.
- He just stepped out.　　　　　　　　　　– 방금 나가셨는데요.

조동사를 사용한 요청과 응답 표현

Can I come over to your place tonight?　　오늘 밤 당신 집에 들러도 되겠습니까?
- Yes, that shouldn't be a problem.　　　　– 네, 물론이죠.
Could you lend me some money?　　　　　돈 좀 빌려주시겠어요?
- Sorry, I don't have that much on me right now.　　– 죄송합니다. 지금 그렇게 많이 갖고 있지 않은데요.
Could you lend me your laptop?　　　　　휴대용 컴퓨터 좀 빌려주시겠어요?
- I would, but Susan borrowed it.　　　　　– 그러고 싶지만, 수잔이 빌려갔어요.
Could you reschedule Wednesday's appointment?　　수요일 약속을 변경해 주실 수 있을까요?
- Can I get back to you on that?　　　　　– 나중에 답해드려도 되겠습니까?
I was wondering if you could give me a hand.　　제게 도움을 주실 수 있을지요?
- I'd love to, but I have a previous appointment.　　– 그러고 싶지만, 제가 선약이 있어서요.

의문문, 평서문, 명령문을 사용한 의견 · 도움 요청과 응답 표현

How does John feel about moving to New York?　　존은 뉴욕으로 이사하는 것에 대하여 기분이 어떤가요?
- He's looking forward to it.　　　　　　　– 그는 무척 기대하고 있어요.
I'd like to confirm my flight.　　　　　　　비행기 예약을 확인하고 싶은데요.
- Can I have the date and flight number, please?　　– 날짜와 비행기편 번호가 어떻게 되시죠?
Tom just said he couldn't give me a ride.　　톰이 나한테 차 태워 줄 수 없다고 했어요.
- I wish I could help you, but I'm busy now.　　– 도와드리고 싶지만, 지금 제가 바빠서요.
Don't forget to lock the door.　　　　　　문 잠그는 것 잊지 마세요.
- Don't worry about it.　　　　　　　　　– 걱정 마세요.

표현 받아쓰기 4

들려주는 표현을 잘 듣고 받아쓰기를 한 후 우리말 뜻을 적어 보세요.

	표 현	뜻
1		
2		
3		
4		
5		
6		
7		
8		
9		
10		
11		
12		
13		
14		
15		
16		
17		
18		
19		
20		

표현 받아쓰기 4

4 발음 현상 4: 자음군 단순화 ②

> **Review**　자음이 2-3개 연속해서 나오면 발음의 편의를 위하여 일부 소리가 생략된다.
> windshield[wíndʃìːld] → [d] 탈락 → [wínʃìːld]

○ Unit 3에서 살펴 본 자음군 단순화(Consonant Cluster Simplification)의 사례를 하나 더 살펴본다. 앞서 설명하였듯이 조음 위치가 유사한 소리들, 혹은 조음 위치나 소리 생성 방식이 상이한 소리들이 무리지어 있을 때는 각 소리를 모두 발음하기가 힘들기 때문에 발음의 편의를 위해 탈락되거나 변형되는 소리가 있다.

○ [sks] → [k] 탈락 → [s]로 발음

- [s]와 [k]는 소리가 만들어지는 위치가 다르다.

  [s] → 입 안 앞쪽에서 나는 소리; 윗니 근처 입 천정에 혀끝을 대고 내는 소리

  [k] → 입 안 뒤쪽에서 나는 소리; 혀를 위 어금니 안쪽 부분에 밀착시켜 내는 소리

- 조음 위치가 상이하여 [s] → [k] → [s]로 넘어가기가 자연스럽지 않아 [k]를 생략하게 된다.
  예) asks → [æs]　　masks → [mæs]　　risks → [ris]　　tasks → [tæs]

○ [sts] → [t] 생략 혹은 [ts]의 변형 → [s] 혹은 [stʃ]로 발음

- 조음 위치가 유사한 [s]와 [t]가 연결되는 경우에는 두 소리 중 뒤에 나오는 [t] 소리가 생략 또는 변형된다.

  예) costs → [kɔːs] 또는 [kɔːstʃ]　　priests → [priːs] 또는 [priːstʃ]

▶ 녹음된 소리를 받아쓰세요. 🔊 **track 34**

1.	2.
3.	4.
5.	6.
7.	

▶ 굵은 글씨체 단어의 발음에 주의하면서 녹음된 소리를 따라 연습하세요.

1	at all **costs** 반드시; 어떤 희생을 치르더라도	→ [kɔːs/kɔːstʃ]
2	unanticipated **costs** 예상치 못한 희생[비용]	
3	great **risks** to an individual's health 개인 건강에 큰 위험	→ [ris]
4	**risks** of heart disease 심장 질환의 위험	
5	nobles and **priests** 귀족과 성직자	→ [priːs/priːstʃ]
6	pilot **tests** 예비 테스트, 예비 검사	→ [tes/testʃ]
7	enormous **tourists** 엄청난 관광객	→ [túəris/túəristʃ]

Part I & II 문제 풀이를 위한 전략 복습

연습문제를 풀기 전에 아래 사항을 다시 한 번 정리한 후 실전에 응용하기 바랍니다.

1. 제1화자의 주요어와 질의 기능(Function)을 메모한다.

    Could you …turn down…radio 요청

2. 제2화자의 응답 유형을 예상하면서 선택지를 듣는다.

    Sorry for…

3. 각 선택지의 주요어를 메모하면서 주제나 기능을 생각한다.

4. 확실히 정답이 아닌 것은 ×, 확실치 않으면 △, 정답인 경우 ○를 표시하며 듣는다.

    (a) …can return it… (×)
    (b) Sorry .. talking so loudly (△)
    (c) …sorry for disturbing you (○)
    (d) Yes,…like listening to.. radio (×)

5. 질의에서 들은 것과 유사한 소리를 담고 있는 선택지는 함정일 확률이 높다.

    (a) …can return it… (×)
    (d) Yes,…like listening to.. radio (×)

6. 정답의 후보가 되는 선택지는 보통 2개로 압축된다.

    (b) Sorry .. talking so loudly (△)
        radio 소리를 줄여달라고 하는 요청에 대하여 크게 말로 얘기해서 미안하다고 응답했으므로 (×)
    (c) …sorry for disturbing you (○)

Mini Test 4

Step 1 Listening-Only 🎧 track 35

각 발화가 가진 기능이나 주요 표현을 아래 표에 적으면서 문제를 풀어 보세요. 모든 문항에 다 적지 않아도 됩니다.
정답을 쉽게 고를 수 없는 문제인 경우 꼭 적어 보기 바랍니다. 1번은 예시입니다. **TEPS Part I과 Part II는 한 번**
만 들려 줍니다.

_ Part I   다음 말을 듣고 연결될 수 있는 가장 적절한 응답을 고르시오.

1. ⓐ ⓑ ⓒ ⓓ
2. ⓐ ⓑ ⓒ ⓓ
3. ⓐ ⓑ ⓒ ⓓ
4. ⓐ ⓑ ⓒ ⓓ
5. ⓐ ⓑ ⓒ ⓓ
6. ⓐ ⓑ ⓒ ⓓ
7. ⓐ ⓑ ⓒ ⓓ
8. ⓐ ⓑ ⓒ ⓓ
9. ⓐ ⓑ ⓒ ⓓ

질의	응답
1. 전화대화	관계적 응답(부정)
2.	
3.	
4.	
5.	
6.	
7.	
8.	
9.	

_ Part II   다음 대화를 듣고 연결될 수 있는 가장 적절한 응답을 고르시오.

10. ⓐ ⓑ ⓒ ⓓ
11. ⓐ ⓑ ⓒ ⓓ
12. ⓐ ⓑ ⓒ ⓓ
13. ⓐ ⓑ ⓒ ⓓ
14. ⓐ ⓑ ⓒ ⓓ
15. ⓐ ⓑ ⓒ ⓓ
16. ⓐ ⓑ ⓒ ⓓ
17. ⓐ ⓑ ⓒ ⓓ

질의	응답
10.	
11.	
12.	
13.	
14.	
15.	
16.	
17.	

난이도가 높은 문제를 다시 들으면서 빈칸에 들어갈 표현을 받아쓰세요.

_Part I

4.   W: Do you think I _________________ Tom's party?
    M:

    (a) Of course. It's _________________.
    (b) Yes, I'd love to join you and Tom.
    (c) That ___________ whose party it is.
    (d) No, costumes are not required.

5.   M: Can you pay for my entrance fee? I'll _______________ later.
    W:

    (a) Sure. Good thing I _______________________.
    (b) No problem, I won't charge you.
    (c) OK, I'll _________________________ now.
    (d) Well, I'll make sure to bring my wallet next time.

6.   M: Mom, _______________________ to give my friends a ride to the movie?
    W:

    (a) Yes, your friends may go watch a movie.
    (b) _______________!
    (c) I'll tell my friends to get ready.
    (d) That's not a good movie.

9.   W: Tom, you _________________ today.
    M:

    (a) I know it's worn out, but I'll fix it.
    (b) Are you OK?
    (c) Let's hope you _______________ soon.
    (d) I _________________ last night.

_ Part II

11. M: ___________________ sometime?

W: Hiking is too tiring for me.

M: Then, ___________________________?

W:

    (a) Actually, I ________________________.

    (b) Well, I considered that one.

    (c) _________________.

    (d) This lake looks like a good spot.

14. M: Could I use your car just for the afternoon tomorrow?

W: You can, but I _______________________________.

M: Couldn't I ________________? I'll fill up the tank.

W:

    (a) All right, I'll bring the tank.

    (b) Well, I _____________.

    (c) Thanks for _____________.

    (d) Sorry. I can't let you borrow it.

15. W: What else do I have to _____________________?

M: Just an essay and _________________________.

W: OK. Well, would you be able to review my essay?

M:

    (a) ______________________ to mail it for you.

    (b) I really think you should write it.

    (c) Any time. _________________.

    (d) Sure. Here's an essay for your review.

16. W: Could I _________________?

M: Sure, what do you need?

W: ________________.

M:

    (a) That's OK. It'll start soon.

    (b) I'll call you _______________.

    (c) No problem. I _______________.

    (d) I was planning to walk, anyway.

Step 3 Listening & Reading 🎧 track 35

대본을 보면서 어떤 소리, 어떤 기능을 파악하지 못하였는지 확인하세요.

_ Part I

1. M: Hello, I'm trying to reach Steven Grant.
W:

(a) Did you want to leave a message?
(b) He just stepped out for lunch.
(c) Thank you for trying.
(d) I'll let you know what he says.

2. M: How do you like the new assistant?
W:

(a) I think she likes you.
(b) She's fantastic.
(c) She's not available now.
(d) You'll really like her.

3. W: Could you tell me where the local gym is?
M:

(a) You can buy gin over there.
(b) Sorry, I lost my locker key.
(c) I don't like the local gym.
(d) It's one block away, on Parkland Street.

4. W: Do you think I need to dress up for Tom's party?
M:

(a) Of course. It's a formal occasion.
(b) Yes, I'd love to join you and Tom.
(c) That depends on whose party it is.
(d) No, costumes are not required.

5. M: Can you pay for my entrance fee? I'll pay you back later.

W:

(a) Sure. Good thing I stopped by the ATM.
(b) No problem, I won't charge you.
(c) OK, I'll just write you a check now.
(d) Well, I'll make sure to bring my wallet next time.

6. M: Mom, can I borrow your new car to give my friends a ride to the movie?

W:

(a) Yes, your friends may go watch a movie.
(b) Not on your life!
(c) I'll tell my friends to get ready.
(d) That's not a good movie.

7. M: I was wondering if you could give me a hand with moving this weekend.

W:

(a) Sure, that's wishful thinking.
(b) I'd love to, but I have a prior commitment.
(c) I truly appreciate your help.
(d) No problem, you can always do it later.

8. M: Will you let me crash on your couch for a few nights until my new lease begins?

W:

(a) No way, my lease hasn't expired yet.
(b) Sure, I was going to renew my lease anyway.
(c) I can't believe you crashed again!
(d) You can stay as long as you want.

9. W: Tom, you seem worn out today.

M:

(a) I know it's worn out, but I'll fix it.
(b) Are you OK?
(c) Let's hope you get better soon.
(d) I didn't sleep a wink last night.

10. M: Susan, would you do me a favor?

W: It depends on what it is.

M: Could you lend me your camcorder?

W:

    (a) Sorry, I'll return it soon.
    (b) I wish I could, but I don't have the money.
    (c) Sure, I'd be glad to film for you.
    (d) I would, but my sister borrowed it.

11. M: How about hiking sometime?

W: Hiking is too tiring for me.

M: Then, would you consider going fishing?

W:

    (a) Actually, I don't like outdoor activities.
    (b) Well, I considered that one.
    (c) I doubt you would.
    (d) This lake looks like a good spot.

12. M: What time do we have to be at the airport?

W: Seven o'clock sharp.

M: Really? It's already six. Do you think we can make it?

W:

    (a) Sure, we only have to make one more.
    (b) I wish that were true.
    (c) We'll make sure to leave by seven.
    (d) I don't know, but we'd better hurry.

13. M: Gina, did you go to Professor McConnell's class on Monday?

W: Yes, I did. Why?

M: I need the notes for tomorrow's quiz. Do you mind?

W:

    (a) I actually copied Holly's, so ask her first.
    (b) I highly recommend McConnell's class.
    (c) Thanks to your notes, I passed the quiz.
    (d) Don't miss my class again, please.

14. M: Could I use your car just for the afternoon tomorrow?

W: You can, but I need it by five for an appointment.

M: Couldn't I have it a bit longer? I'll fill up the tank.

W:

    (a) All right, I'll bring the tank.
    (b) Well, I really can't wait.
    (c) Thanks for the gas.
    (d) Sorry. I can't let you borrow it.

15. W: What else do I have to send in with the application?

M: Just an essay and a letter of recommendation.

W: OK. Well, would you be able to review my essay?

M:

    (a) It'd be my pleasure to mail it for you.
    (b) I really think you should write it.
    (c) Any time. I'd be delighted.
    (d) Sure. Here's an essay for your review.

16. W: Could I ask for a favor?

M: Sure, what do you need?

W: My car won't start.

M:

    (a) That's OK. It'll start soon.
    (b) I'll call you when it's fixed.
    (c) No problem. I can give you a ride.
    (d) I was planning to walk, anyway.

17. W: This is impossible. I can't get it open.

M: What are you trying to do?

W: I'm trying to remove this bottle cap. Can you do it?

M:

    (a) Yes, I'm sure you can do it.
    (b) Sorry, I don't have one.
    (c) OK, I'll give it a shot.
    (d) Just leave it there when you're done.

	표 현	뜻
1	Can I get back to you on that?	나중에 답해드려도 되겠습니까?
2	Could you do me a favor?	도움을 청해도 될까요?
3	Could you help me with faxing these documents?	이 문서들을 팩스로 보내는 것을 도와주시겠어요?
4	He just stepped out.	방금 나가셨는데요.
5	Hello, I'm trying to reach Steve Kim.	여보세요, 스티브 킴과 통화하려고 하는데요.
6	He's on another line.	지금 통화 중이신데요.
7	Hold on, please.	기다려 주세요.
8	How do you like your new teacher?	새 선생님 어떠세요?
9	I'll transfer your call.	전화 돌려드리겠습니다.
10	I'm afraid it's already filled.	죄송하지만 이미 그 자리는 직원을 뽑았습니다.
11	I'm calling about the job opening.	취직 자리에 대해 문의하려고 전화하는데요.
12	I'm sorry, but he's not in yet.	죄송하지만, 지금 안 계신데요.
13	I need to renew my driver's license.	운전면허증을 갱신하려고 하는데요.
14	I was wondering if you could give me a hand.	제게 도움을 주실 수 있을지요?
15	I wish I could help you, but I'm busy now.	도와드리고 싶지만, 지금 제가 바빠서요.
16	Not as interesting as you said.	네가 말한 것만큼 재미있지는 않더라.
17	Please fill out this form.	이 양식을 작성해 주세요.
18	Sorry, I'm tied up now.	죄송하지만, 지금 제가 바빠서요.
19	Whatever you say.	무엇이든 말씀하세요.
20	Yes, that shouldn't be a problem.	네, 물론이죠.

Unit 5 정보 제공 *

본 단원에서는 평서문을 이용하여 사실이나 의견을 전달하는 정보 제공의 기능을 학습한다. 이 기능에 속하는 평서문은 주로 자신과 관련된 사실을 제공하거나 제3자 혹은 어떤 일에 대한 의견을 전달한다. 듣는 사람은 제공된 정보 내용에 합당한 반응을 보여주어야 하는데 TEPS 시험에 출제된 적절 응답의 유형은 사실·의견 제공, 동의·맞장구, 요청·질문·제안, 감사·축하, 위로·유감·불만 등과 같이 아주 다양하다. 난이도가 높은 문제에서 출제 빈도가 높은 적절 응답은 의견 제공이나 사실 제공이다.

출제빈도 및 출제경향 매 시험 평균 4문제

정보 제공 기능의 출제 비율은 13.3%이고 Part I에서 5.6%, Part II에서 7.8% 출제된다.

기능 \ 문제수	매 시험		응답 유형
	Part I	Part II	
사실·의견 제공	1~2	2~3	감사·축하 사실·의견 제공 동의·맞장구 요청·질문·제안 위로·유감·불만
합계	4		

1 정보 종류와 응답 유형

(1) 사실 · 소식 전달

제1화자는 평서문을 이용하여 자신에게 일어난 일이나 앞으로의 계획, 또는 상대방이나 제3자와 관련하여 자신이 알고 있는 사실이나 소식을 전달한다. 제2화자는 제1화자가 말한 내용에 맞추어 감사 · 축하 · 동의 · 맞장구, 요청 · 당부, 질문, 위로, 제안, 의견 제공 등의 형식으로 응답한다. 이 중에서 감사 · 축하 · 동의 · 맞장구 형식의 응답에는 관용적 표현이 주로 사용된다. 예를 들면, 제1화자가 You know what, I just got promoted!라며 자신이 승진했다는 소식을 상대에게 말했을 때 That's wonderful! / Good for you! / Congratulations!와 같은 정형화된 축하 표현으로 응답한다.

사실 · 소식의 질의 유형	응답 유형
It isn't much, but I bought this gift for you. 별거 아니지만 너 주려고 이 선물을 샀어.	You shouldn't have. 이러지 않아도 되는데. → [의견/ 감사]
You know what, I just got promoted! 있잖아요, 나 승진했어요.	That's wonderful! / Good for you! 잘 되었네요! → [축하]
I paid only 200 dollars for this flat TV. 이 평면 TV에 단돈 200달러 지불했어.	That was a good buy. 아주 싸게 잘 샀네요. → [동의 · 맞장구]
I'm getting Eric a bike for Christmas. 크리스마스 선물로 에릭에게 자전거를 사 줄거야.	That's a good idea! / What a good idea! 좋은 생각이야! / 정말 좋은 생각이다! → [동의 · 맞장구]
I'll be going on my first trip overseas. 저는 첫 해외여행을 가게 됩니다.	Don't forget to send me a postcard. 잊지 말고 엽서 보내줘요. → [요청 · 당부]
Mom, I'm invited to an end-of-year party at Tim's. 엄마, 팀의 집에서 열리는 송년 파티에 초대 받았어요.	Have fun, but be sure to be back by midnight. 재미있게 지내렴. 자정까지는 꼭 돌아와. → [요청 · 당부]
There was a phone call from Mr. Ford. 포드 씨가 전화했어요.	Oh, what did he say? 그가 뭐라고 하던가요?
[공항: 마중 나온 아내에게 아들을 찾는 남편 → 아내의 응답] Mom's taking care of Josh at home. 엄마가 집에서 조쉬를 봐주고 있어요.	Let's hurry home. I can't wait to see him. 어서 집으로 갑시다. 얼른 보고 싶어요. → [제안+의견]
There's a documentary on the French revolution on TV tonight. 프랑스혁명에 관한 기록영화를 오늘밤 TV에서 방영한다.	I didn't know you were interested in that. 그런 것에 관심 있는지 몰랐어. → [의견/ 놀람]
I promised my wife I'd paint the living room at the weekend. 주말에 거실 벽을 도색하겠다고 아내와 약속했어요.	That doesn't sound too relaxing. 휴식을 취할 수가 없겠네요. → [의견 제공/ 위로]

(2) 의견 · 느낌 전달

제1화자는 자신이 겪은 다양한 경험, 특정 사실과 소식에 대한 주관적인 의견 · 느낌을 평서문으로 표현한다. 이에 대해 제2화자는 제1화자가 말한 내용에 맞추어 감사, 동의, 유감, 불만, 의견 제공, 사실 제공 등의 형식으로 응답한다.

감사 · 동의 · 유감을 나타내는 응답에는 **I'm glad you liked it.**(감사) / **I guess you're right.**(동의) / **That's a real shame.**(유감)과 같은 정형화된 관용 표현이 주로 사용된다. 반면에 불만, 의견 제공, 사실 제공 형식의 응답은 제1화자가 말한 내용에 따라 다양하게 표현될 수 있기 때문에 난이도가 높은 문제로 출제된다.

의견 · 느낌을 전달하는 평서문 중에서 어떤 상황에 대한 염려 또는 자신에게 일어난 일에 대해 하소연하거나 불만 · 불평을 전달하는 평서문에 대해서는 **Unit 7**에서 자세하게 다루었다.

의견 · 느낌의 질의 유형	응답 유형
[의견+사실 제공] This spaghetti is really good. It's my second helping. 스파게티가 정말 맛있어요. 이번이 두 그릇째예요.	I'm glad you like it. 좋아한다니 기쁩니다. → [감사]
[예약 확인을 미루고 있는 상황] It doesn't take long to confirm your flight. 비행기 예약 확인하는 데 시간이 많이 소요되지 않아.	I guess you're right. 맞아. → [동의]
[폭우가 내리는 상황] We may have to cancel the picnic. 우리 소풍 가는 것 취소해야 할지도 몰라.	That's a real shame. 정말 유감이네. → [유감]
I hope Jane will like her new school. 제인이 새 학교를 맘에 들어 하길 바라요.	I'm sure she won't have any problems. 아무 문제 없을 거예요. → [의견 제공]
It's nice not to have to cook for myself while staying with her. 그녀와 있는 동안은 내가 요리를 하지 않아서 좋아.	It's great to be spoiled. (= It's great to be well treated.) 환대를 받는 것은 좋은 일이지. → [의견 제공]
I can't believe she just died like that. 그렇게 돌아가시다니 믿을 수가 없어요.	She wasn't in the best of shape. 건강 상태가 좋지 않으셨어요. → [사실 제공/ 이유]
[고객이 예약사항의 이상을 지적한 상황] I'll call reception and check your reservation. 제가 안내에 연락을 해서 예약사항을 확인하겠습니다.	No, I'll speak to the manager myself. 아니요, 제가 직접 지배인에게 얘기하겠어요. → [불만/항의]

2 평서문의 기능

- TEPS 상위 등급을 희망하는 수험생은 Part I & II에서 평서문 질의를 정복해야 한다.
- 평서문이 전달하는 여러 가지 기능과 각 기능에 합당한 응답 유형에 익숙해 있어야 한다.

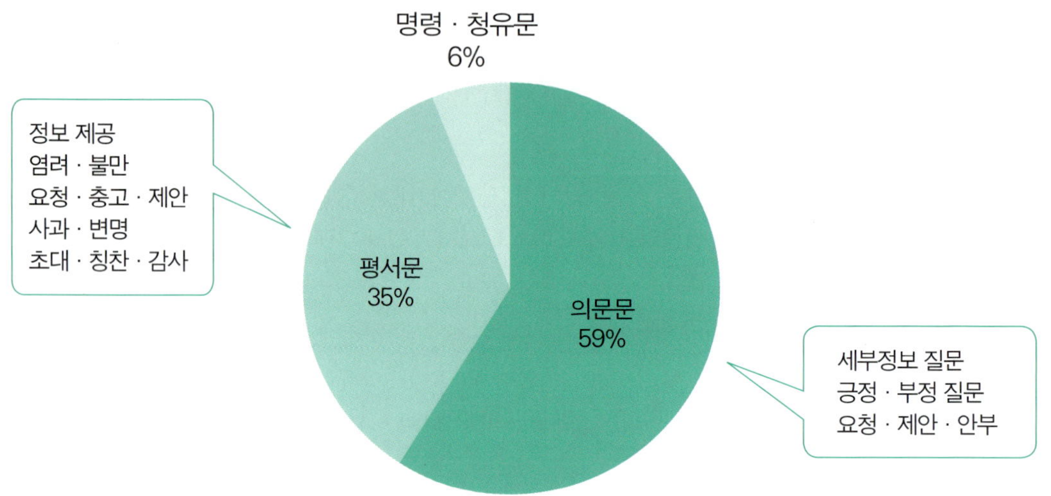

Part I&II에서 평서문 출제 비율은 35% 정도이고 난이도를 고려하지 않은 평균 배점으로 환산할 때 138점에 이른다. TEPS 최신 시험에서 평서문의 출제 비중이 점점 커지고 있는 추세이고 고난이도 문제에 평서문을 이용하는 사례가 많다.

위 그래프를 보면 Part I&II에서 의문문의 출제 비율이 가장 높다. 하지만 **When is your lunch time?**과 같은 의문사 의문문은 의문사 **When**과 주요어인 **lunch time**을 잘 들으면 어렵지 않게 적절한 응답을 골라낼 수가 있다. 반면에 고난도 문제에 출제되는 평서문과 응답 표현 중에는 우리말 해석을 읽어 보아도 왜 이 응답이 정답이 되는지 이해하기 힘든 것이 있다.

평서문은 **정보 제공이나 사실 전달**의 기능만 있는 것이 아니라 **칭찬, 감사, 사과, 변명, 초대, 안부** 등 아주 다양한 기능을 갖고 있다. 그래서 평서문을 듣고 적절 응답을 고르는 유형의 문제가 어려울 수 밖에 없다. 해결책은 **대화의 문맥을 파악하는 능력을 향상**하는 것이다. 평서문의 기능을 크게 분류하여 그 분류별로 다양한 응답 유형을 익힌다면 평서문에 대한 적절 응답을 고르는 문제의 정답 선택률을 높일 수 있다.

본 교재에서 분류한 평서문의 기능은 Part I&II 문제를 좀더 쉽게 해결하는 방법을 제시하기 위한 것이다. 경우에 따라서는 같은 표현이 여러 기능으로 중복 분류될 수 있다. 같은 표현이라도 대화 상황이나 선행하는 대화 내용의 유무에 따라 전달하는 기능이 달라질 수 있기 때문이다. 다음에 예시한 2개의 대화는 하나의 평서문이 대화 상황에 따라 그 기능이 어떻게 달라질 수 있는지를 보여준다.

다음 대화처럼 선행하는 대화 내용이 없을 때 A가 말한 평서문은 사실을 전달하는 기능이고, B의 응답은 그 사실에 대한 의견을 전달하는 기능으로 해석할 수 있다.

A: [사실 제공] I promised my mother I'd paint the living room at the weekend.
주말에 거실 벽의 도색을 하기로 어머니와 약속했어.

B: [의견 제공] That doesn't sound too relaxing. 휴식을 취할 수가 없겠네.

반면에, 아래와 같이 선행 문맥이 주어지면 A의 두 번째 발화는 자신의 힘든 상황을 하소연하는 기능으로, B의 두 번째 발화는 그 하소연에 대한 위로의 기능으로 해석할 수 있다.

A: [호소] I need a break!

B: [위로] Don't worry, the weekend is almost here.

A: [호소] But I promised my mother I'd paint the living room at the weekend.

B: [위로] That doesn't sound too relaxing.

동일한 발화에 대한 해석이 어떻게 달라지건 수험자들은 평서문 문장을 듣고 그 내용에 합당한 반응을 선택해야 한다.

TEPS에 출제된 평서문의 여러 기능 중에서 훈련이 필요한 것은 사실·의견 전달(정보제공), 정보·도움 요청, 그리고 염려·불만의 감정 전달, 이 세 가지 유형이다. 감정이나 느낌을 전달하는 평서문의 경우 두 단원으로 나누어 제시하였는데, 여기에 속하는 출제 유형이 한 단원에서 다루기에는 너무 다양하였기 때문이다. 비교적 중립적이거나 긍정적인 의견이나 느낌을 전달하는 평서문은 Unit 5 정보 제공에, 주로 부정적인 의견이나 감정을 전달하는 평서문은 Unit 7 염려·불만에 수록하였다.

(1) 사실 · 의견 전달 (정보제공)

- 말하는 사람이 주로 자신과 관련된 사실을 제공하거나 어떤 일에 대한 의견·느낌을 전달한다.
- 듣는 사람은 들은 내용의 성격을 파악하고 적절한 반응을 보여준다.
- 적절 응답은 제공된 정보에 따라 다양하다. (사실·의견제공, 동의·맞장구, 요청·질문·제안, 감사·축하, 위로·유감·불만 등)
- 출제 빈도가 높은 적절 응답은 의견 제공과 사실 제공이다.

A: [사실 제공] I had it out with my twin sister this morning. 오늘 아침에 쌍둥이 동생과 말다툼을 했어.

B: [의견 제공] I knew it was coming. 내 그럴 줄 알았어. (두 사람의 관계를 잘 알고 있을 경우의 반응)
또는
[질문] Really? What happened? 정말? 어쩌다가? (일반적인 반응)

[상대방이 학회 참석을 결정하지 못하는 상황]

A: [의견 제공] The conference will be quite informative. 그 학회는 상당히 유익할 것 같아.

B: [의견 제공] Probably, but I'm not sure if I need it. 그렇겠지만, 내게 필요한 건지 잘 모르겠어.
또는
[확인 질문] Do you really think so? 정말 그렇게 생각해?

(2) 정보 · 도움 요청

- 말하는 사람이 어떤 정보나 도움이 필요하다는 것을 전달한다.
- 듣는 사람은 요청된 정보나 도움을 제공하거나 제공하지 못하는 경우 그 이유를 설명한다.
- 수락과 거절의 적절 응답은 문맥에 따라 다양하게 표현된다.
- TEPS에서는 전화 대화에서 빈번하게 활용되는 기능이다.
- 평서문을 이용한 요청에는 I'd like to··· / I need···를 주로 사용한다.

A: [요청] I need an academic transcript. 성적증명서가 필요한데요.
B: [수락: 요청] Please fill out this form. 이 양식을 작성해 주세요.
How many copies do you need? 몇 부나 필요하세요?

→ 증명서 발급과 관련된 요청 상황에서는 거절의 반응이 있을 수 없다. 증명서 발급에 필요한 절차(사실 제공)를 알려 주거나 필요한 정보를 물어보는 응답이 가능하다.

A: [요청] I'd like two stamps for cards to England. 영국에 보내는 카드에 붙일 우표 2장 주세요.
B: [정보제공] Well, that'll be one dollar and fifty cents. 1달러 50센트입니다.

A: [요청] I'd like to speak to Mrs. Davidson, please. 데이비슨 부인과 통화하고 싶습니다.
B: [거절: 이유설명] I'm sorry, but she's not in yet. 죄송하지만, 안계시는데요.
[수락: 연결] Hold on, please. I'll put you through to her. 잠시만 기다려 주세요. 전화 연결해 드릴게요.

(3) 염려 · 불만 전달

- 말하는 사람이 어떤 상황에 대해 주로 부정적인 의견이나 감정을 전달한다.
- 부정적인 의견이나 감정으로는 우려 · 걱정 · 후회 · 놀람 · 불평 · 질책 · 비난 등을 들 수 있다.
- 듣는 사람은 들은 내용의 성격을 파악하고 적절한 반응을 보여준다.
- 적절 응답은 격려 · 충고 · 제안 · 동의 · 맞장구 · 사과 · 변명 · 위로 등 다양하다.

A: [불만] I can't stand this noise any longer. 이 소음을 더 이상 견딜 수가 없어.
B: [동의] Neither can I. / I know, it's unbearable / Yeah, it's very annoying.
나도 그래. / 맞아, 못참겠어. / 그래, 아주 성가시네.
[위로] Hopefully, it won't last long. 오래 가지 않을거야.
[제안] Yeah, how about getting out of here? 그래, 여기서 나갈래?

3 유형 연습

A Part I 사실 전달 – 의견 제공(놀람) 🎧 track 37

Step ① Choose the most appropriate response to the statement.

      ⓐ   ⓑ   ⓒ   ⓓ

Step ② Listen again and fill in the gaps.

M: Did you hear the news? Erica ________________ this morning.

W:

(a) ____________________, right?
(b) What? You can't fire me!
(c) I'm very sorry for __________, Erica.
(d) No, I __________ Erica ____________.

| Script Reading |

M: Did you hear the news? Erica **got laid off** this morning.
W:

(a) **You're kidding me**, right?
(b) What? You can't fire me!
(c) I'm very sorry for **your loss**, Erica.
(d) No, I **haven't seen** Erica **all morning**.

정답 (a)

🔳 Listening Point

질의 | **사실 전달**   응답 | **의견 제공(놀람)**

M: 에리카가 해고 되었다 ▶ 제3자에게 일어난 사실 전달

W: 좋지 않은 소식에 대해 놀라움 · 유감의 의견을 표명한 선택지가 적절 응답이다.

(a) (O) 농담이지?
(b) (X) 놀라움을 나타내는 What?(뭐라고?)은 적절하지만 제3자인 Erica에 관한 내용이 아니다.
(c) (△) 유감을 표명한 I'm sorry는 적절하지만 Erica는 대화자가 아닌 제3자이기 때문에 오답이다.
(d) (X) 부정 응답 No와 동일어 Erica, morning은 함정이다.

| 표현 연구 |

▶ fire	해고하다, 내쫓다
▶ get laid off	해고되다, 일시 해고되다
laid-off	(구조조정 등으로) 일시 해고된
▶ all morning	오전 내내
▶ You're kidding me.	농담하지마; 믿을 수 없어.

Step ① Choose the most appropriate response to the statement.

ⓐ   ⓑ   ⓒ   ⓓ

Step ② Listen again and fill in the gaps.

M: __________? __________ valedictorian of our class of 200 students.

W: __________

(a) You ______________________________.

(b) Now that ___________________________!

(c) I always knew you were a good athlete.

(d) Please _____________ my congratulations.

| Script Reading |

M: **Guess what**? **I was named** valedictorian of our class of 200 students.
W:

(a) You **must be quite impressed**.
(b) Now that **calls for a celebration**!
(c) I always knew you were a good athlete.
(d) Please **pass along** my congratulations.

정답 (b)

◤ Listening Point

질의 | **사실 전달**   응답 | **의견 제공(축하)**

○ 높은 난이도의 문제이다.

M: 자신의 기쁜 소식 전달(고별사 대표로 지명) → valedictorian의 뜻을 모르더라도 기쁜 일이나 놀라운 일을 전달할 때 사용하는 **Guess what?**의 기능을 알고 있으면 적절 응답 예상이 가능하다.

▶ 기쁜 소식에는 축하의 응답, 놀라운 소식에는 놀람의 응답이 가능하다.

(a) (△) (지금) 감동한 게 분명해. / 감명 받은 게 틀림없어.

→ 해석으로 접근할 경우 정답으로 선택할 가능성이 높은 함정 선택지이다.

(b) (O) 축하할 일이구나!

(c) (X) 네가 좋은 운동선수였다는 것을 알고 있었어.

(d) (△) 내 축하의 말을 전해줘 → 축하 받을 당사자를 앞에 두고 할 수 있는 말이 아니다.

| 표현 연구 |

▶ Guess what?   있잖아, 저 말이야 (좋은 소식, 놀라운 소식을 말하기 전에 사용)

▶ be named valedictorian   (졸업식에서) 고별사를 대표로 읽는 학생으로 지명되다

▶ pass along one's congratulations   ~의 축하의 말을 전하다 [건네다]

© Part II 의견 제공(희망) – 의견 제공(동의) track 39

Step ① Choose the most appropriate response to complete the conversation.

ⓐ   ⓑ   ⓒ   ⓓ

Step ② Listen again and fill in the gaps.

M:　Thanks for your ______________ on my ___________ for the _________.

W:　It had _________ what I was looking for.

M:　That's good to know. ___________ the merger turns out to be a _______.

W:　

(a) Yes, the _______________ a great success.
(b) Don't worry about everyone's remarks.
(c) Sounds good. Let's _____________ a proposal.
(d) Well, we're _____________ in the __________________.

| Script Reading |

M:　Thanks for your **positive remarks** on my **proposal** for the **merger**.
W:　It had **exactly** what I was looking for.
M:　That's good to know. **I just hope** the merger turns out to be a success.
W:　

(a) Yes, the **merger was** a great success.
(b) Don't worry about everyone's remarks.
(c) Sounds good. Let's **draft** a proposal.
(d) Well, we're **heading** in the **right direction**.　　　정답 (d)

◤ Listening Point

질의 | **의견 제공(희망)**　　응답 | **의견 제공(동의)**

M: 자신의 합병 제안서에 대해 들은 칭찬에 감사 표시

W: 의견 제공 (바로 제가 원하던 바를 잘 제시하였더군요)

M: 의견 제공 ▶ 좋은 결과를 기대한다는 의견 표명에 보여줄 수 있는 적절 응답을 예상한다.

(a) (X) 시제 오류 → 미래의 희망에 과거사실 제공은 부적절하다.
(b) (X) 동일어 remarks 사용한 오답이다.
(c) (X) 시제 오류 → 제안서 작성이 끝난 상황에서 '제안서를 작성하자'는 제안은 부적절하다.
(d) (O) 잘 될 거라는 의견을 제공하고 있으므로 정답이다.

| 표현 연구 |

▶ positive remarks　　　　　　긍정적인 견해 [소견]

▶ proposal for the merger　　　합병 제안(서)

▶ turn out to be a success　　　좋은 결과로 드러나다, 좋은 결과를 맺다

▶ draft a proposal　　　　　　제안서를 작성하다

▶ head in the right direction　　제대로 진행하다, 바른 방향으로 가다

Ⓓ **Part II** 의견 제공 – 의견 제공 🎧 **track 40**

Step ① Choose the most appropriate response to complete the conversation.

ⓐ   ⓑ   ⓒ   ⓓ

Step ② Listen again and fill in the gaps.

W: I _________________ out of _____________ in college.

M: Oh, ____________________________ a better writer?

W: Yes. I wish I ____________________ a journalist.

M:

(a) It's hard to ________________________________.

(b) I didn't know you __________________ journalism.

(c) That's OK. Not everyone finishes college.

(d) It must be so difficult for you as a journalist.

| Script Reading |

W: I **regret dropping** out of **writing class** in college.

M: Oh, **you wish you were** a better writer?

W: Yes. I wish I **could've become** a journalist.

M:

(a) It's hard to **see far into the future**.

(b) I didn't know you **majored in** journalism.

(c) That's OK. Not everyone finishes college.

(d) It must be so difficult for you as a journalist.

정답 (a)

◤ Listening Point

질의 | **의견 제공(후회)**   응답 | **의견 제공(위로)**

W: 작문 강좌 중도 포기를 후회. ▶ 의견제공 / 호소

M: 이런, 더 나은 작가가 되지 못하여 유감스러운가 보지?

W: 저널리스트가 될 수도 있었을 텐데. ▶ 의견 제공 / 후회의 감정 전달

M: 위로나 격려의 반응이 적절하다. ▶ 가정법 문장은 실제 사실과 반대되는 가정이므로 전달되는 내용에 주의해야 한다.

(a) (O) 후회하고 있는 상대방에게 위로의 말을 하고 있으므로 적절한 응답이다.

(b) (X) writing class, journalist라는 단어에서 **majored in journalism**으로 유도하는 논리적 비약에 주의!

(c) (△) 위로 기능으로 적당하지만 '작문 강좌 중도 포기'에서 '대학 중퇴'로 유도하는 논리적 비약에 주의!

(d) (X) 현재 저널리스트가 아니므로 부적절하다.

| 표현 연구 |

▶ drop out of   ~을 중퇴하다, ~에서 낙오하다

▶ see far into the future   먼 앞 일을 내다보다, 미래를 멀리 내다보다

▶ I wish I could've become ~   ~가 되지 못하여 유감이다 [아쉽다]

▶ You wish you were ~?   ~가 아니어서 유감인가 보지요?

3 빈출 표현 5: 정보 제공 track 41

사실 · 의견 제공과 응답

We charge for wrapping. 저희는 포장 비용을 받습니다.
- How much will that be? – 얼마예요?

I've decided to go back to school. 나 복학하기로 결심했어.
- That's wonderful! – 훌륭해!

Great news! I've got a pay raise. 좋은 소식 있어! 내 봉급이 인상되었어!
- That's great. Congratulations. – 잘 되었네. 축하해.

I'm getting my nephew a laptop for Christmas. 크리스마스에 조카에게 휴대용 컴퓨터를 사줄 겁니다.
- Are you sure that's what he wants? – 그 아이가 원하는 거라고 확신하나요?

I've decided to immigrate to Canada. 캐나다로 이민 가기로 결정했어요.
- No kidding! You can't be serious. – 설마! 진심은 아니겠지.

I'm getting transferred to Seattle. I was hoping for it. 저 뉴욕으로 전근가게 되었어요. 희망한 일이에요.
- I'm happy for you. – 저도 기쁩니다.

The game was neck and neck from beginning to end. 그 경기는 처음부터 끝까지 막상막하였어.
- It must've been exciting. – 흥미진진했겠네.

I guess you're the reason for his many visits to the flower shop. 그가 꽃집을 많이 드나들었던 게 자네 때문이군.
- You could say that. – 그렇습니다. (You said it의 경어체)

How stupid of me to lend him that money! 그 돈을 그에게 빌려주다니 내가 너무 어리석었어!
- You said it! – 그러게.
- You can say that again. – 맞아요.

Beth thinks what you did was wrong. 베쓰는 네 행동이 잘못되었다고 생각하고 있어.
- So what? It's none of her business. – 그래서? 그 여자가 상관할 일 아니잖아.
- That's a real shame. / What a shame! – 정말 유감이다. / 너무 심하다!

It's great to be spoiled. 환대를 받는 일은 근사하다.
I can't wait to see you. 어서 만나고 싶어요.
I can hardly wait to see you.
(I'm eager to see you. / I'm very excited to see you.)

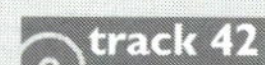

들려주는 표현을 잘 듣고 받아쓰기를 한 후 우리말 뜻을 적어 보세요.

	표 현	뜻
1		
2		
3		
4		
5		
6		
7		
8		
9		
10		
11		
12		
13		
14		
15		
16		
17		
18		
19		
20		

4 발음 현상 5: 연음

> **Review** 자음이 2-3개 연속해서 나오면 발음의 편의를 위하여 일부 소리가 생략된다.
> drafts [dræfts] → [t] 탈락 → [dræfs]

○ 연음(linking)은 개별적인 단어 하나하나를 끊어서 읽지 않고 두 단어를 자연스럽게 연결하여 읽는 현상이다. 영어의 자연스런 발음 현상(Natural Speech Phenomena)인 연음 법칙을 알아 두면 청취 능력이 향상된다.

○ 연음의 전형적 사례

1) [자음] + [동일 자음] → 앞 단어 끝소리 자음과 뒤이어 나오는 단어의 첫소리 자음이 동일한 경우

   quick question [kwi kwéstʃən]

   get to your seat [getə] → [t] 유음화 → [gerə]

2) [자음] + [모음] → 앞 단어 끝소리 자음과 뒤이어 나오는 단어의 첫소리 모음이 연결된 경우

   Can I ~ [kænai/kənai]   **fill out** [filaut]

3) [자음] + [w] or [y] → 앞 단어 끝 자음과 뒤 단어의 첫소리 반자음/반모음이 연결된 경우

   ice water [aiswɔːtə]   **Can you~** [kænju/kənju]

○ [t] / [d] / [s] / [z]가 반모음 [y]와 연결되어 [tʃ] / [dʒ] / [ʃ] / [ʒ]로 발음되는 현상은 엄밀히 말하면 구개음화(palatalization)이다. 두 개의 소리가 단순히 연결되는 것이 아니라 두 소리가 결합하여 새로운 하나의 소리로 합성되기 때문이다. 하지만 두 개의 소리가 연결된다는 점에서 넓은 의미의 연음 현상으로 이해하여도 무방하다. 요청 표현에 사용되는 could, would, can't와 주어 you의 결합에서 많이 일어난다.

Could you [kudʒə] do me a favor?

Would you [wudʒə] be able to review my essay?

▸ 녹음된 소리를 받아쓰세요. **track 43**

   1.　　　　　　　　　　　　2.

   3.　　　　　　　　　　　　4.

   5.

▸ 굵은 글씨체 단어의 발음에 주의하면서 녹음된 소리를 따라 연습하세요.

1	Don't forge**t t**o post it.	[fərgetə] [pous tit]
2	Hol**d o**n, please.	[houl dɔːn]
3	Can'**t y**ou just **o**rder?	[kæntʃə] [dʒʌs tɔːrdər]
4	Di**d y**ou mi**ss y**our mother?	[didʒə] [misʃər]
5	How di**d y**ou li**ke y**our boss?	[didʒə] [lai kjuər]

Part I & II 문제 풀이를 위한 전략 복습

연습문제를 풀기 전에 아래 절차를 다시 한 번 정리한 후 실전에 응용해 보세요.

1. **제1화자의 주요어를 메모하면서 평서문의 기능을 생각한다.**

   W: …regret…dropping out…writing class…college.
   …wish I could've become…journalist. → 과거 사실에 대한 의견 (유감)

2. **제2화자의 응답 유형을 예상하면서 선택지를 듣는다.**

   • 자신의 상황에 유감 표현 → 위로나 격려의 말

3. **선택지의 주요어를 메모하면서 제공된 정보 내용에 합당한지 않은지 따진다.**

4. **확실한 오답은 ×, 확실치 않으면 △, 정답에는 ○를 표시하며 듣는다.**

5. **질의에 나온 단어나 유사 소리의 단어를 포함한 선택지는 함정일 확률이 높다.**

   • 질의에 나오지 않은 단어가 사용되고 상황에 맞을 경우 정답일 가능성이 높다.

6. **질의와 응답의 시제가 일치해야 한다.**

   • 가정법으로 의견 · 느낌을 전달한 경우 선택지에서 시제가 변경되므로 주의한다.
   (b) …you majored… journalism. (×) ← 시제 오류에 journalist와 유사소리 사용.
   (d) …must be…difficult…as a journalist. (×) ← 시제 오류에 동일어 journalist 사용.

7. **논리적 비약이 심한 선택지는 오답이다.**

   W: I regret dropping out of writing class in college.
   (c) Not everyone finishes college. (×)
   →'작문 강좌 낙오'가 '대학 중퇴'를 함의하지는 않는다.

8. **선택지의 인칭 사용에 주의한다.**

   • 제3자에 관한 소식 · 근황 전달: '나 (I)'와 '너 (You)'에 관한 내용으로 바꾸어 놓는 경우가 많다.
   M: Jessica got laid off yesterday. [사실 전달: 제3자인 제시카의 근황 전달]
   (b) What? You can't fire me! (×)
   (c) I'm very sorry for your loss, Jessica. (×) → 대화 상황에 없는 사람을 위로할 수 없다.

Mini Test 5

정답 및 해설: 해설집 29페이지

Step 1 Listening-Only 🔘 track 44

평서문이 전달하는 정보 종류를 표에 적으면서 문제를 풀어 보세요. 모든 문항의 기능을 다 적지 않아도 됩니다. 정답을 쉽게 고를 수 없는 문제인 경우 꼭 적어 보기 바랍니다. 1번은 예시입니다. **TEPS Part I과 Part II는 한 번 만 들려 줍니다.**

_ Part I 다음 말을 듣고 연결될 수 있는 가장 적절한 응답을 고르시오.

1. ⓐ ⓑ ⓒ ⓓ
2. ⓐ ⓑ ⓒ ⓓ
3. ⓐ ⓑ ⓒ ⓓ
4. ⓐ ⓑ ⓒ ⓓ
5. ⓐ ⓑ ⓒ ⓓ
6. ⓐ ⓑ ⓒ ⓓ
7. ⓐ ⓑ ⓒ ⓓ
8. ⓐ ⓑ ⓒ ⓓ

정보 종류	응답 유형
1. 사실 제공	질문
2.	
3.	
4.	
5.	
6.	
7.	
8.	

_ Part II 다음 대화를 듣고 연결될 수 있는 가장 적절한 응답을 고르시오.

9. ⓐ ⓑ ⓒ ⓓ
10. ⓐ ⓑ ⓒ ⓓ
11. ⓐ ⓑ ⓒ ⓓ
12. ⓐ ⓑ ⓒ ⓓ
13. ⓐ ⓑ ⓒ ⓓ
14. ⓐ ⓑ ⓒ ⓓ
15. ⓐ ⓑ ⓒ ⓓ
16. ⓐ ⓑ ⓒ ⓓ

정보 종류	응답 유형
9.	
10.	
11.	
12.	
13.	
14.	
15.	
16.	

난이도가 높은 문제를 다시 들으면서 빈칸에 들어갈 표현을 받아쓰세요.

_ Part I

4. M: I have something for you. It's from my trip to India.
    W:

    (a) That's _______________________.
    (b) You _______________________.
    (c) Can you _______________________?
    (d) It's _______________________.

5. M: Your _______________________ tomorrow.
    W:

    (a) We don't deliver on weekends.
    (b) I'm afraid that's the soonest possible.
    (c) I'll _______________________ tomorrow, too.
    (d) Could you _______________________ 4?

7. M: I wish I _______________________ Bob.
    W:

    (a) Tell me about it.
    (b) You _________________.
    (c) I _______________________ you, Bob.
    (d) I _______________ the compliment.

8. M: I think our textbook is _______________________.
    W:

    (a) No, it's not overdue yet.
    (b) Yes, we'd better _________________.
    (c) There are plenty more in the bookstore.
    (d) It's _______________, if you _______________________.

12. M: Uh, oh. Look at the ________________. It's ________________.

W: It does look pretty bad. Do we __________________?

M: No, and I don't think we can ________________________________.

W:

    (a) I have some to spare.
    (b) I'm sure ________________________________.
    (c) Let's find a ____________________________.
    (d) Don't worry about making it better.

14. M: I heard people are ________________________ in front of our office.

W: Why is that?

M: The owner ________________________________.

W:

    (a) I've been ________________ all the prices.
    (b) That's ____________________________.
    (c) I knew the food at that store was bad.
    (d) In that case, we'll make more money.

15. W: I'm thinking of ________________________________.

M: That sounds ________________. What's the cause?

W: It'd be for the education of ________________ in our community.

M:

    (a) Wow, that's ____________________.
    (b) How is the fundraiser going?
    (c) That's very ________________________.
    (d) I had no idea you were a teacher.

16. M: I think schools should be ________________________.

W: You do? Why?

M: Kids don't concentrate ________________________________.

W:

    (a) Then let's go study someplace else.
    (b) ____________________________.
    (c) Don't worry. Just do your best.
    (d) You're right. Girls ________________________________ boys.

_ Part i

1. W:　I'm thinking of changing my career.
　　M:

(a) It's better than nothing.
(b) I don't know which one.
(c) Are you sure that's what you want?
(d) Either a businessman or a teacher.

2. W:　Wow, I didn't know this museum was so big.
　　M:

(a) That's big of you to say that.
(b) Yes, it's just like I imagined, too.
(c) It's one of the world's three largest.
(d) There are other sizes, if you'd prefer.

3. W:　I hear you had a huge party at your place last night.
　　M:

(a) Let me know how it goes.
(b) I'm glad you enjoyed it.
(c) I wish I could've come.
(d) Sorry I forgot to invite you.

4. M:　I have something for you. It's from my trip to India.
　　W:

(a) That's a good buy.
(b) You shouldn't have.
(c) Can you gift-wrap it?
(d) It's beyond my price range.

지 피 지 기
오답을 정리하면서
자신의 약한 부분을 파악합시다.

● 놓친 소리 및 어휘

● 질의 기능과 표현

5. M: Your order will be delivered tomorrow.

W:

    (a) We don't deliver on weekends.
    (b) I'm afraid that's the soonest possible.
    (c) I'll send an invoice on tomorrow, too.
    (d) Could you have it delivered around 4?

6. M: Guess what! I'm going to start working for Tri-tech next week.

W:

    (a) I'll show you around.
    (b) I knew you'd get the job!
    (c) Can you start right now?
    (d) Don't worry about working there.

7. M: I wish I were as smart as Bob.

W:

    (a) Tell me about it.
    (b) You deserve it.
    (c) I agree with you, Bob.
    (d) I appreciate the compliment.

8. M: I think our textbook is a bit outdated.

W:

    (a) No, it's not overdue yet.
    (b) Yes, we'd better set a new date.
    (c) There are plenty more in the bookstore.
    (d) It's actually not, if you check the copyright.

● 놓친 소리 및 어휘

● 질의 기능과 표현

● 놓친 소리 및 어휘

9. W: Excuse me. Do you know where First Bank is located?

M: First Bank? Oh, yes. It's on Stoughton Street.

W: Sorry?

M:

(a) That's OK.
(b) I said Stoughton Street.
(c) It's called First Bank.
(d) I didn't catch that.

10. M: You'll never believe what happened to me yesterday.

W: What happened?

M: A bug flew into my mouth while jogging!

W:

(a) That must've been disgusting.
(b) I know. Wasn't that disgusting?
(c) You should watch where you step.
(d) That's a terrible thing to do to someone.

11. W: Have you seen Tom's new house?

M: Yes, it's quite a place.

W: I was surprised how spacious it is.

M:

(a) I'm very happy for you.
(b) Thanks. I'm glad you like it.
(c) That's for sure. It's got room to spare.
(d) Tom was always interested in space stuff.

12. M: Uh, oh. Look at the front tire. It's almost flat.

W: It does look pretty bad. Do we have a spare?

M: No, and I don't think we can continue in this condition.

W:

(a) I have some to spare.
(b) I'm sure it'll be over soon.
(c) Let's find a mechanic nearby.
(d) Don't worry about making it better.

13.   M: Hey, did I tell you I'm being transferred to our New York office?

       W: No. That's terrific! When was this decided?

       M: I found out about it just a couple of days ago.

       W:

         (a) I'm so happy for you.

         (b) Well, have a good flight.

         (c) But I didn't even get to say goodbye.

         (d) I wanted to tell you as soon as possible.

14.   M: I heard people are boycotting the corner store in front of our office.

       W: Why is that?

       M: The owner raised prices ridiculously high.

       W:

         (a) I've been comparing all the prices.

         (b) That's not fair to customers.

         (c) I knew the food at that store was bad.

         (d) In that case, we'll make more money.

15.   W: I'm thinking of organizing a fundraiser.

       M: That sounds ambitious. What's the cause?

       W: It'd be for the education of needy children in our community.

       M:

         (a) Wow, that's rather excessive.

         (b) How is the fundraiser going?

         (c) That's very admirable of you.

         (d) I had no idea you were a teacher.

16.   M: I think schools should be made unisex.

       W: You do? Why?

       M: Kids don't concentrate as well in a coed environment.

       W:

         (a) Then let's go study someplace else.

         (b) I'm not sure I agree.

         (c) Don't worry. Just do your best.

         (d) You're right. Girls concentrate better than boys.

● 놓친 소리 및 어휘

● 질의 기능과 표현

	표 현	뜻
1	How much will that be?	얼마입니까?
2	I can hardly wait to see you.	어서 만나보고 싶어요.
3	I got promoted.	저 승진했어요.
4	I hope the merger turns out to be a success.	합병이 성공적으로 이루어지기를 바라요.
5	I wish I could've become a journalist.	저널리스트가 될 수도 있었는데. (되지 못하여 유감이에요)
6	I'm getting transferred to Atlanta.	애틀랜타로 전근 가기로 되었어요.
7	I've got a pay raise.	내 임금이 인상 되었어요.
8	It's my second helping.	두 그릇째 먹습니다.
9	It must've been exciting.	틀림없이 흥미진진했겠어요.
10	It won't take long to confirm a reservation.	예약 확인하는 데 오랜 시간이 걸리지 않아요.
11	It's great to be spoiled.	환대를 받는 일은 근사하지요.
12	It's hard to see far into the future.	멀리 미래를 내다보는 일은 어렵지요.
13	Let's draft a proposal.	제안서를 작성합시다.
14	My father got laid off.	아버지께서 해고되셨어요.
15	My grandmother isn't in the best of shape.	할머니의 건강 상태가 좋지 않으세요.
16	That calls for a celebration!	축하연을 열어야겠네요! [축하할 일이네요!]
17	That's exactly what I was looking for.	그게 바로 내가 찾고 있던 거예요.
18	The game was neck and neck.	경기가 막상막하였어요.
19	We charge for wrapping.	저희는 포장 비용을 받습니다.
20	You can say that again.	동감이에요 [맞습니다].

Unit 6 제안·충고 *

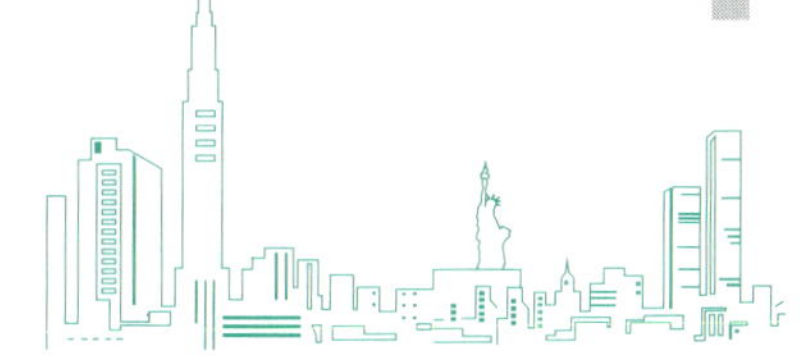

본 단원에서는 상대방에게 도움이나 조언을 제안하거나 충고하는 기능을 학습한다.

제안·충고 기능은 1) 상대방에게 도움이나 해결책을 제안·권유하는 유형, 2) 상대방이 처한 상황에 대해 조언이나 충고, 격려를 해주는 유형으로 출제된다.

1) 상대방에게 해결책을 제안·권유하는 유형은 듣는 이뿐만 아니라 말하는 사람(제안·권유하는 사람)도 문제의 상황에 놓인 경우에 사용 가능하다. 이 경우 Let's~ ~합시다, Why don't we~ ~하는 게 어때요?, How about~ ~는 어때? 식의 청유형 제안 표현이 빈번하게 나타나고, 이에 대한 적절 응답은 수락이나 거절의 형태로 출제된다.

반면에 2) 상대방이 처한 상황에 대해 조언·충고·격려하는 유형은 말하는 사람이 듣는 이가 처한 상황에 대해 일방적으로 조언이나 충고를 하는 경우에 사용하며, 이에 대한 적절 응답은 감사를 표하거나 앞으로 잘 하겠다는 약속, 혹은 변명의 형태로 출제된다. 이러한 제안·충고 기능은 매 시험 평균 3~4문제 나온다.

출제빈도 및 출제경향 매 시험 평균 3~4 문제

기능 / 문제수	매 시험	응답 유형
도움이나 해결책을 제안·권유	3~4	동의·수락 사과·변명·거절 감사·약속(promise)
조언·충고·격려		

유형별 기능과 짝을 이루는 응답 표현

(1) 도움이나 해결책을 제안 · 권유

상대방에게 도움이나 해결책을 제안할 때는 평서문, 의문문, 명령문과 같이 다양한 형태의 구문을 사용한다.

Ⓐ 도움 · 호의 제안

도와주겠다는 의향을 밝히는 기능은 관례적으로 의문문 형태로 많이 나타난다. 공적인 상황이든 사적인 상황이든 May I help you? 라는 의문문 형식으로 도움을 제안하는 것이 출제 빈도가 제일 높다. 하지만, 난이도가 높은 문항에서는 평서문 (You can use my office for an hour or so.) 이나 명령문 (Call me if you need any help.)을 사용한다. 이에 대한 적절 응답은 1) 제안 수락 후 감사를 표하거나 부탁하고자 하는 내용을 추가로 말하는 유형, 2) 공손히 거절하는 유형 (Thanks, but I should be all right.)이 있다.

Ⓑ 의견 · 방법 · 해결책 제안

청자에만 국한된 상황뿐 아니라 주로 화자와 청자 둘 다를 포함한 상황에서 화자가 청자에게 어떤 일을 계획하거나 처리하는 방법이나 해결책을 제안하는 표현이 자주 출제된다. 이 경우에도 의문문을 주로 사용한다.

1) 조동사 의문문: Don't you want to~ ? ~하고 싶으세요?, Will you~ ? ~하시겠어요?, Shall we~? ~할까요?

2) 의문사 의문문: Why don't you~ ? ~하지 그러세요?, Why don't we~ ? ~ 할까요?,
   How about~ ? ~하는 게 어때요?, What do you say we ~ ? ~하는 게 어때요?

이 이외에도 조동사 should나 could를 포함한 평서문(예: We should ask him for a raise today.), 청유형 Let's~. ~합시다.를 사용한 명령문이 제안을 나타내는 구문으로 자주 출제된다.

적절 응답은 1) 동의/수락, 2) 거절하거나 다른 의견을 제공하는 것이다. 두 유형 중 출제 빈도는 동의/수락하는 유형이 더 높다.

문장종류		질 의 유 형	응 답 유 형
평서문	도움 호의	You can use my office for two hours or so. 두 시간 정도 제 사무실을 사용하실 수 있어요.	That would be really helpful. 그렇다면 정말 도움이 되겠어요.
	의견 방법 해결책	I'm not sure, but we shouldn't go empty-handed. 잘 모르겠지만, 빈 손으로 가면 안될 것 같은데요. We could buy a disposal one (=camera), then. 일회용 사진기를 살 수도 있잖아요. You can go when I get back. 제가 돌아오면 가실 수 있어요.	Let's bring a bottle of wine. 포도주를 한 병 가져 갑시다. → [동의 – 의견 제공] But, will it take good pictures? 하지만 사진이 잘 찍힐까요? → [우려의 의견 제공] How long will you be gone? 얼마나 오래 가 있을 건데요? → [세부정보 질문]

의문문	도움 호의	Directory information. May I help you? 전화번호 안내입니다. 도와드릴까요? Anything I can do to help? 도와드릴 것이 있나요?	Yes, can I have the number for ~? 네, ~번호를 알 수 있을까요? I need someone to water my plants while I'm away. 제가 떠나 있는 동안 화분에 물 줄 사람이 필요해요. → [수락-요청]
	의견 방법 해결책	If I fix the leaky faucet, will you cook dinner? 내가 새는 수도를 고치면 당신이 저녁을 준비할래요? How about a cold beer? 차가운 맥주 마실까요? Don't you want to go to the theater? 영화 보러 가고 싶지 않아요? Shall we split the bill? 비용을 각자 부담할까요?	It's a deal. 그렇게 하죠. → [동의] That's exactly what I had in mind. 정확히 제가 생각하고 있던 거예요. → [동의] I can't, not right now. 아뇨. 지금은 안 되요. → [거절] It's on me today. 오늘은 제가 살게요. → [거절]
명령문	도움 호의	Call me if you need any help. 도움이 필요하면 전화하세요.	Thanks, but I should be all right. 감사하지만, 괜찮을 거예요. → [감사-거절]
	의견 방법 해결책	Let's pull over and ask for directions. (차를) 길가에 세우고 길을 물어 봅시다. I'd like to try it on. Let's go in. 한번 입어 보고 싶은데. (상점에) 들어가죠.	Alright, good idea. 그러죠, 좋은 생각이에요. → [동의] Sure, why not? 물론이에요, 안 될거 없죠? → [동의]

(2) 조언 · 충고 · 격려

도움이나 해결책을 제안할 때와는 달리, 상대방이 처한 상황에 대해 조언이나 충고, 격려를 해 줄 때는 평서문이나 명령문의 형태로 많이 출제된다. 조언 · 충고 · 격려는 상대방의 의견을 구한다기보다 상대방에게 자신의 의견을 일방적으로 제시하는 성격이 강하기 때문이다. 이에 대한 응답은 동의를 하고 수락하는 경우, 격려에 대해 감사나 약속을 표하는 경우가 일반적이다. 하지만, 듣는 사람이 자신의 상황에 대해 변명을 하는 응답이 정답으로 출제되기도 한다.

문장종류	질의유형	응답유형
평서문	Well, I'd advise you to do it anyway. It doesn't take long. 글쎄요, 어쨌든 그것을 하는 게 좋겠어요. 오래 걸리지 않잖아요. You shouldn't speed when you have a baby in your car. 아기를 차에 태우면 속도를 내지 말아야 해요.	I guess you're right. 당신이 옳아요. → [동의] I guess I didn't think about that. 그것에 대해서 생각을 미처 못했어요. → [변명]
명령문	Don't spend so much money on clothes. 옷 사는데 돈을 너무 쓰지 마세요. Cheer up. You'll get another chance to prove yourself. 기운 내요. 당신을 보여줄 수 있는 다른 기회가 있을 거예요.	All right, if you say so. 알았어요, 그렇게 말하신다면요. → [동의] I suppose. I'll try harder next time. 그래요. 다음엔 더 열심히 하겠어요. → [동의/약속]

2 유형 연습

Ⓐ **Part I** 도움 · 호의 제안(의문문) – 수락(부탁 내용 질문)　🔘 **track 46**

> **Step ①** Choose the most appropriate response to the statement.
>
> ⓐ　　ⓑ　　ⓒ　　ⓓ
>
> **Step ②** Listen again and fill in the gaps.
>
> W:　　Circulation desk. _____________________?
> M:　　▢▢▢▢▢▢▢▢▢▢▢▢
>
> 　　(a) My room needs more air circulation.
> 　　(b) Yes, can you check _____________________?
> 　　(c) I'd like to check out.
> 　　(d) _______________ at 10:00 p.m.

| Script Reading |

> W:　　Circulation desk. **May I help you?**
> M:　　▢▢▢▢▢▢▢▢
>
> 　　(a) My room needs more air circulation.
> 　　(b) Yes, can you check **when my books are due?**
> 　　(c) I'd like to check out.
> 　　(d) **The library closes** at 10:00 p.m.　　　　　　정답 (b)

◤ **Listening Point**

질의 | 도움 · 호의 제안(의문문)　　**응답 | 수락(부탁 내용 질문)**

W: 수신지(Circulation desk)를 밝히고 도움을 제안(May I help you?)하는 전화 대화이다.

M: 도서관 대출 창구에 전화를 건 목적을 생각하며 적절 응답을 고른다.

(a) (X) '방의 공기 순환이 필요' → 다른 의미로 쓰인 동일어 **circulation**이 언급된 선택지는 오답.

(b) (O) 도움 제안을 수락(Yes)한 후 원하는 정보를 문의한 적절한 응답이다.

(c) (X) '책을 대출하기 원함' → 전화 상황에 맞지 않는 응답: **circulation desk** 앞에서 할 수 있는 응답.

(d) (X) '도서관이 문 닫는 시간에 대한 정보 제공' → 첫 번째 화자가 할 수 있는 표현이므로 오답.

다른 의미로 쓰인 동일 단어가 사용되거나 내용상 관련은 있지만 전화로 물어보기에 적절치 않은 내용의 선택지를 제외하는 것이 중요!

| 표현 연구 |

▶ circulation　　　　　　　　순환, 유통
▶ circulation desk　　　　　　도서관 대출 창구
▶ due　　　　　　　　　　　기일이 된, 만기가 된
▶ check out　　　　　　　　(호텔, 마켓 등에서) 계산을 하고 나오다; (도서관에서) 책 등을 대출하다

Step ① Choose the most appropriate response to the statement.

ⓐ   ⓑ   ⓒ   ⓓ

Step ② Listen again and fill in the gaps.

W: You should ___________________ to stay in shape.

M:

(a) That's _________________.

(b) I don't need training. I already know how.

(c) There's ___________________.

(d) My personal trainer is too hard.

| Script Reading |

W: You should **try a little weight training** to stay in shape.

M:

(a) That's **easier said than done**.

(b) I don't need training. I already know how.

(c) There's **no harm in waiting a little**.

(d) My personal trainer is too hard.

정답 (a)

◣ Listening Point

질의 | **조언 · 충고(평서문)**   응답 | **관례적 응답에서 벗어남(변명)**

W: You should try~를 듣고 조언이나 충고를 하는 평서문임을 판단한다.

M: 내용에 맞는 동의나 수긍의 표현 혹은 자기 상황에 대한 변명을 하는 응답을 예상한다.

(a) (O) 쉽게 시작하지 못하고 있음에 대한 변명.

(b) (X) 다른 의미로 쓰인 동일어 **training**을 언급한 오답.

(c) (X) 유사 발음의 **waiting**과 동일어인 **little**을 사용한 함정이다.

(d) (X) 유사 발음 **trainer**를 사용한 함정.

| 표현 연구 |

▶ weight training   웨이트 트레이닝, 근력 운동

▶ stay in shape   몸매를 유지하다

▶ That's easier said than done.   그게 말이야 쉽지요.

Step ① Choose the most appropriate response to complete the conversation.

        ⓐ   ⓑ   ⓒ   ⓓ

Step ② Listen again and fill in the gaps.

M:　　That was a great dinner.

W:　　Yeah, that was the tastiest steak I've ever had!

M:　　__________________?

W:　　

(a) Thanks for the treat.

(b) They ________________.

(c) No, let's pay later.

(d) ____________________.

| Script Reading |

M:　　That was a great dinner.
W:　　Yeah, that was the tastiest steak I've ever had!
M:　　**Shall we split the bill**?
W:　　

(a) Thanks for the treat.
(b) They **passed a new bill**.
(c) No, let's pay later.
(d) **Let me pick up the tab**.

정답 (d)

↘ Listening Point

질의 | 의견 · 방법 제안(의문문)　　**응답 |** 거절(다른 방법 제안)

M: great dinner, the tastiest steak 등의 주요어로 식당에서 식사를 마친 상황임을 파악한다.

M: Shall we split the bill? ▶ 계산 방법을 제안하는 의문문에 대한 적절 응답을 예상한다.

(a) (X) 대접받은 것에 감사 → 내용상 맞지 않는 응답.

(b) (X) 법안 가결에 대한 것 → 다른 의미로 쓰인 동일 단어 bill을 포함한 선택지는 함정.

(c) (X) 계산서 지불 시기 → 상황상 맞지 않는 응답.

(d) (O) Let me pick up the tab. → 상대방의 제안을 거절하고 다른 방법을 제안.

| 표현 연구 |

▶ bill　　　　　　　　　계산서, 청구서; 법안

▶ split the bill　　　　　비용을 각자 부담하다

▶ pass a bill　　　　　　법안을 가결하다

▶ treat　　　　　　　　식사 대접, 한턱 내기

▶ pick up the tab　　　　셈을 치르다, 계산을 하다

D Part Ⅱ 조언 · 충고(명령문) – 관례적 응답(수긍) 🔊 track 49

Step ① Choose the most appropriate response to complete the conversation.

ⓐ　　ⓑ　　ⓒ　　ⓓ

Step ② Listen again and fill in the gaps.

W: ＿＿＿＿＿＿＿＿＿＿＿＿＿＿＿, Jake?

M: 　It's long hours. I really pour a lot of time into it.

W: ＿＿＿＿＿＿＿＿＿＿＿＿＿＿＿.

M: 　

　　(a) Yes, those were some good memories.

　　(b) I don't ＿＿＿＿＿＿＿＿.

　　(c) I'm trying to ＿＿＿＿＿＿＿＿＿.

　　(d) It's a lot of work for one person.

| Script Reading |

W: **How's your new job**, Jake?

M: It's long hours. I really pour a lot of time into it.

W: **Don't forget about your personal life**.

M:

　　(a) Yes, those were some good memories.

　　(b) I don't **take it personal**.

　　(c) I'm trying to **find the right balance**.

　　(d) It's a lot of work for one person.

정답 (c)

📉 Listening Point

질의 | **조언 · 충고(명령문)**　　응답 | **관례적 응답(수긍)**

W: 새 직업에 대한 질문 → M: 할 일이 많다고 대답 → W: 조언

▶ 조언 내용에 맞는 동의나 수긍의 표현 혹은 자기 상황에 대한 변명을 하는 응답이 가능하다.

　(a) (X) 좋은 기억에 대한 얘기 → **Don't forget**이라는 표현과 연관지은 함정.

　(b) (X) 동일 단어 **personal**을 언급한 오답.

　(c) (O) 조언에 대해 수긍하며 의견을 덧붙인 것이므로 적절 응답.

　(d) (X) 할 일이 많음에 대한 얘기 계속 → 내용상 맞지 않고, 동일한 표현인 **a lot of**는 함정.

　| 표현 연구 |

▶ pour　　　　　　　　　　　　쏟아 붓다

▶ don't take it personal　　　심각하게[인신공격으로] 생각하지 않다

3 빈출 표현 6: 제안 · 충고 `track 50`

도움/호의 제안과 응답

May I help you?
- Yes, please. You're a lifesaver.
I'll get you one for your birthday.
- Don't bother. We can't afford it.

도와드릴까요?
– 네, 부탁드려요. 당신은 생명의 은인입니다.
생일 선물로 하나 사 줄게.
– 신경 쓰지마. 우린 그럴 여유가 없어.

의견/방법/해결책 제안과 응답

We should ask him for a raise.
- That's exactly what I was thinking.
How about the new Chinese restaurant?
- Oh, that's an idea. Let's go there.
Why don't we go grab a sandwich?
- Is there a 24-hour convenient store around here?
What do you say we have a barbeque this weekend?
- I'd love that.
Let's just play it by ear.
- If you say so.

임금 인상을 그에게 요구하는 것이 좋겠어요.
– 바로 제가 생각하던 거예요.
새 중국 식당에 가는 것이 어때요?
– 오, 그거 좋네요. 거기 갑시다.
샌드위치 먹으러 갈까요?
– 근처에 24시간 편의점이 있나요?
이번 주말에 바베큐 먹는 게 어때요?
– 너무 좋아요.
그냥 임기응변으로 합시다.
– 그렇게 말씀하신다면요.

조언/충고/격려와 응답

You should be home in bed.
- I guess you're right.
You should've reported your camera to customs.
- I thought I didn't have to.
Keep up the good work.
- Thanks, I will.
Watch your step!
- Oh! I didn't see the sign.

집에서 편히 누워 쉬세요.
– 당신 말이 옳은 것 같아요.
세관에 사진기를 신고했어야죠.
– 그럴 필요가 없는 줄 알았어요.
계속 일 잘 하세요.
– 고마워요, 그렇게 해볼게요.
발 밑을 조심하세요!
– 오! 표지판을 못 봤어요.

표현 받아쓰기 6

들려주는 표현을 잘 듣고 받아쓰기를 한 후 우리말 뜻을 적어 보세요.

	표 현	뜻
1		
2		
3		
4		
5		
6		
7		
8		
9		
10		
11		
12		
13		
14		
15		
16		
17		
18		
19		
20		

4 발음 현상 6: 자음군 단순화 ③

Unit 3~4에서는 하나의 단어에서 일어나는 자음 탈락 현상을 살펴보았다. 여기에서는 단어와 단어가 연결될 때 일어나는 자음군 단순화 현상을 살펴본다. 자음군 단순화는 2~3개의 자음이 연속될 때 발음을 쉽게 하기 위해 그 중 한 자음을 탈락시켜 발음하는 현상이다. 단어와 단어 사이에서 일어나는 자음 탈락이나 단순화 현상을 알아두면 청취력 향상에 도움이 된다.

- 자음군 단순화: {자음 + [t] / [d]} & {[t] / [d] / [f]}

앞 단어가 자음군(자음 + [t]나 [d])으로 끝나고 이어지는 단어가 [t] / [d] / [f] 등 자음으로 시작할 때 앞 단어의 [t]나 [d]를 생략하여 발음한다.

I mo**ved t**o a new apartment la**st F**riday.
  [muːv tə]   [læs frɑidei]

- 자음군 단순화와 연음 현상이 동시에 발생하는 경우

앞 단어의 끝 자음군에서 [t]나 [d]가 생략된 후 남은 끝소리가 뒤 이어 나오는 단어의 첫 소리와 동일한 경우 두 단어는 자연스럽게 연결되어 발음된다.

So how's our old frie**nd, N**orman, getting along?
              [frenɔ́ːrmən]

- 자음군 단순화 예외

뒤에 나오는 단어의 첫 소리가 모음이거나 반자음 [w] 또는 반모음 [y]인 경우 앞 단어 자음군의 [t], [d] 소리가 보존되어 뒤에 나오는 단어의 모음과 연결되어 발음된다.

ne**xt y**ear [neks tʃjiər]
We loo**ked a**t [luk tæt] the door
We're almost fini**shed w**ith [finiʃtwið] our work.

▶ 녹음된 소리를 받아쓰세요. track 52

1.   2.
3.   4.
5.

▶ 굵은 글씨체 단어의 발음에 주의하면서 녹음된 소리를 따라 연습하세요.

1	I mi**ssed th**em.	[mist ðem]	→	[mis ðem]
2	Exce**pt f**or one thing.	[iksept fɔːr]	→	[iksep fɔːr]
3	Tom ju**st c**alle**d m**e.	[dʒʌst kɔːld miː]	→	[dʒʌs kɔːl miː]
4	What do you inte**nd t**o do?	[intend tə]	→	[inten tə]
5	He gave me a li**ft o**n Monday.	[lift ɔn]	→	[lif tɔn]

Part I & II 문제 풀이를 위한 전략 복습

연습문제를 풀기 전에 아래 절차를 다시 한 번 정리한 후 실전에 응용해 보세요.

1. **제1화자의 주요어와 질의 기능(Function)을 메모한다.**

   M: …How are you..?
   W: Not so good…flu…
   M: … you should be home in bed.
   • You should ~는 충고나 조언을 할 때 많이 사용되는 표현이다.

2. **제2화자의 응답 유형을 예상하면서 선택지를 듣는다.**

   Yes, you're right…. No, I'll be fine… (동의/수락 혹은 비동의/변명)

3. **각 선택지의 주요어를 메모하면서 주제나 기능을 생각한다.**

4. **확실한 오답은 ×, 확실치 않으면 △, 정답인 경우 ○를 표시하며 듣는다.**

   (a) Yeah…you're right (○)
   (b) No, I'm …. in the living room (×) → '거실에 있다'라는 응답은 질의 내용과 무관하다.
   (c) …didn't know you were home (×) → '네가 집에 있는 지 몰랐다'라는 응답은 질의 내용과 무관하다.
   (d) …was ..good idea to stay home (△) → 내용상으로는 적절하게 들릴지라도 시제에 주의한다.
   • 충고나 조언은 앞으로 해야 할 내용이므로 응답에는 현재나 미래시제를 사용해야 한다.

5. **질의에서 들은 것과 동일하거나 발음이 유사한 단어를 포함하는 선택지는 함정일 확률이 높다.**

   (c) …didn't know you were **home** (×)

6. **정답의 후보가 되는 선택지는 보통 2개로 압축된다.**

   (a) Yeah…you're right (○) '네, 당신 말이 맞아요.' → 동의, 수긍
   (d) …was ..good idea to stay home (△) → (×) '집에 머무르는 것은 좋은 생각이었어요.' (과거)
   → 질의와 응답의 시제가 일치해야 한다.
   • 현재 시제를 사용하여 It's a good idea to stay home.이라고 할 경우 충고에 대한 동의로서 적절 응답이 된다.

Mini Test 6

Step 1　Listening-Only　🔊 track 53

각 발화가 가진 기능을 다음 표에 적으면서 문제를 풀어 보세요. 모든 문항의 기능을 다 적지 않아도 됩니다. 정답을 쉽게 고를 수 없는 문제인 경우 꼭 적어 보기 바랍니다. 1번은 예시입니다. **TEPS Part I과 Part II는 한 번만 들려 줍니다.**

＿ Part I　다음 말을 듣고 연결될 수 있는 가장 적절한 응답을 고르시오.

					질의 기능	응답 기능
1.	ⓐ	ⓑ	ⓒ	ⓓ	1. 제안(의견) Let's	동의 like that idea
2.	ⓐ	ⓑ	ⓒ	ⓓ	2.	
3.	ⓐ	ⓑ	ⓒ	ⓓ	3.	
4.	ⓐ	ⓑ	ⓒ	ⓓ	4.	
5.	ⓐ	ⓑ	ⓒ	ⓓ	5.	
6.	ⓐ	ⓑ	ⓒ	ⓓ	6.	
7.	ⓐ	ⓑ	ⓒ	ⓓ	7.	
8.	ⓐ	ⓑ	ⓒ	ⓓ	8.	

＿ Part II　다음 대화를 듣고 연결될 수 있는 가장 적절한 응답을 고르시오.

					질의 기능	응답 기능
9.	ⓐ	ⓑ	ⓒ	ⓓ	9.	
10.	ⓐ	ⓑ	ⓒ	ⓓ	10.	
11.	ⓐ	ⓑ	ⓒ	ⓓ	11.	
12.	ⓐ	ⓑ	ⓒ	ⓓ	12.	
13.	ⓐ	ⓑ	ⓒ	ⓓ	13.	
14.	ⓐ	ⓑ	ⓒ	ⓓ	14.	
15.	ⓐ	ⓑ	ⓒ	ⓓ	15.	

Step 2   Listening & Dictating   🎧 track 54

난이도가 높은 문제를 다시 들으면서 빈칸에 들어갈 표현을 받아쓰세요.

_ Part I

4.   W: Justin, ___________________________ Hawaii instead of Moscow this winter?

M:

(a) I didn't know you enjoyed traveling so much.
(b) Sorry, _______________________________.
(c) No, I insist that we go to Hawaii.
(d) Yes, _______________________________.

6.   W: Cigarettes _______________________________.

M:

(a) _______________________ in my opinion.
(b) Do you agree with that?
(c) You should quit smoking first.
(d) It's _______________________________.

7.   W: You should _______________________________.

M:

(a) I'm too tired to work right now.
(b) I know. I am _______________________.
(c) You really should _______________________.
(d) But I'm working so hard these days.

8.   W: Peter, I think _______________________ with Leah than with Tracy.

M:

(a) She is _______________________.
(b) I have nothing against either one of you.
(c) But I think _______________________.
(d) I had no idea you preferred Tracy.

10. M: I have no idea what to study for the final exam.

W: Yeah, it's ___________________________.

M: How about forming a study group?

W:

    (a) ___________________________.

    (b) Good luck with studying.

    (c) Yes, I heard about the group.

    (d) Only ___________________________.

12. W: Did you remember that the exterminator is coming today?

M: Oh, no! I ___________________________.

W: I can let him into your apartment if you'd like.

M:

    (a) ___________________________.

    (b) Sorry, but I don't have the key.

    (c) Yes, come in any time.

    (d) Thanks, ___________________________.

14. M: What kind of job would you like?

W: I'd like a job where I get to travel ___________________________.

M: Well, maybe you could try a cruise ship.

W:

    (a) Oh, I ___________________________.

    (b) I don't think it'll ___________________________.

    (c) Yeah, I'll think about that.

    (d) That'd be a wonderful vacation.

15. M: ___________________________?

W: Sort of. But it has really bad reception.

M: Then ___________________________.

W:

    (a) Thanks, but you really shouldn't have.

    (b) ___________________. It works just fine.

    (c) But I don't want to cancel the reception.

    (d) I know. ___________________________.

Step 3   Listening & Reading 🎵 track 53

대본을 보면서 어떤 소리, 어떤 기능을 파악하지 못하였는지 확인하세요.

_ Part I

1. **W:** Let's study together for our Spanish final.
    M:

       (a) I'm glad finals are over.
       (b) I kind of like that idea.
       (c) I owe my good grade to you.
       (d) I don't know how to speak Spanish.

2. **M:** I'll give you a hand when you move out.
    W:

       (a) When are you going to move?
       (b) I'll try to find someone.
       (c) That will be a great help.
       (d) I don't know where to start.

3. **M:** What do you say we go to a nice dinner on Friday?
    W:

       (a) That would be lovely.
       (b) Great, let's order in Chinese.
       (c) Their food is excellent.
       (d) Just give me a minute to get ready.

4. **W:** Justin, don't you think we should go to Hawaii instead of Moscow this winter?
    M:

       (a) I didn't know you enjoyed traveling so much.
       (b) Sorry, I already bought the tickets.
       (c) No, I insist that we go to Hawaii.
       (d) Yes, Moscow is much better.

지피지기
오답을 정리하면서
자신의 약한 부분을 파악합시다.

● 놓친 소리 및 어휘

● 질의 기능과 표현

5. M: How about going to the movies tonight, Suzanne?

W:

    (a) You always return your movies late.

    (b) Great, I love renting movies.

    (c) Can I take a rain check?

    (d) Yes, I've been wanting to see that one.

6. W: Cigarettes should be made legal for all ages.

M:

    (a) That's irresponsible in my opinion.

    (b) Do you agree with that?

    (c) You should quit smoking first.

    (d) It's illegal to sell cigarettes to minors.

7. W: You should cut down on work and get some rest.

M:

    (a) I'm too tired to work right now.

    (b) I know. I am a bit of a workaholic.

    (c) You really should take it easy on yourself.

    (d) But I'm working so hard these days.

8. W: Peter, I think you'd be better off with Leah than with Tracy.

M:

    (a) She is better off than me.

    (b) I have nothing against either one of you.

    (c) But I think Tracy is the one for me.

    (d) I had no idea you preferred Tracy.

9. W: Did you finish your project?

M: I sure did.

W: Why don't we have a quick drink to celebrate?

M: ______________

    (a) After I get it done.
    (b) What's the occasion?
    (c) That sounds great.
    (d) Yes, that was some party.

10. M: I have no idea what to study for the final exam.

W: Yeah, it's hard to know where to start.

M: How about forming a study group?

W: ______________

    (a) I'll go for that.
    (b) Good luck with studying.
    (c) Yes, I heard about the group.
    (d) Only two or three students at most.

11. W: Good afternoon, sir. May I help you?

M: Yes, I've booked a room. The name is Dr. Baker.

W: Here you are. Room 525. Shall I call the bellboy?

M: ______________

    (a) You can call me Larry.
    (b) I'd rather you screen my calls.
    (c) What time is checkout?
    (d) Thanks, but I've only got one bag.

12. W: Did you remember that the exterminator is coming today?

M: Oh, no! I won't be getting back till late.

W: I can let him into your apartment if you'd like.

M: ______________

    (a) I'd love to have you over tonight.
    (b) Sorry, but I don't have the key.
    (c) Yes, come in any time.
    (d) Thanks, you're a lifesaver.

13. M: Are you still unsure what to do after graduation?

W: Yes, I can't decide between pursuing another degree and getting a job.

M: Well, I'd stay in school, if possible.

W:

(a) I suppose you're right.
(b) Exactly. It doesn't hurt to try.
(c) Don't worry. You won't get kicked out.
(d) But all three options sound good to me.

14. M: What kind of job would you like?

W: I'd like a job where I get to travel without worrying about jet lag.

M: Well, maybe you could try a cruise ship.

W:

(a) Oh, I can't afford to go on a cruise.
(b) I don't think it'll help me get over my jet lag.
(c) Yeah, I'll think about that.
(d) That'd be a wonderful vacation.

15. M: Does that old cell phone still work?

W: Sort of. But it has really bad reception.

M: Then you should get a new one.

W:

(a) Thanks, but you really shouldn't have.
(b) There's no need. It works just fine.
(c) But I don't want to cancel the reception.
(d) I know. I've just been delaying the inevitable.

표현 받아쓰기 6 : 정답

	표 현	뜻
1	All right, if you say so.	알았어요, 그렇게 말하신다면요.
2	Anything I can do to help?	도와드릴 것이 있나요?
3	Don't bother. We can't afford it.	신경 쓰지마. 우린 그럴 여유가 없어.
4	Don't you want to go to the theater?	영화 보러 가고 싶지 않아요?
5	I'd advise you to do it anyway.	어쨌든 그것을 하는 게 좋겠어요.
6	I'll get you one for your birthday.	생일 선물로 하나 사 줄게.
7	I thought I didn't have to.	그럴 필요가 없는 줄 알았어요.
8	It's on me today.	오늘은 제가 살게요.
9	Let me pick up the tab.	제가 계산할게요.
10	Let's just play it by ear.	그냥 임기응변으로 합시다.
11	Let's pull over and ask for directions.	차를 길 옆에 세우고 방향을 물어봅시다.
12	Shall we split the bill?	비용을 각자 부담할까요?
13	That's easier said than done.	그게 말이야 쉽지요.
14	That's exactly what I had in mind.	정확히 제가 생각하고 있던 거예요.
15	That would be really helpful.	그렇다면 정말 도움이 되겠어요.
16	We should ask him for a raise today.	오늘 그에게 임금 인상을 요구하는 것이 좋겠어요.
17	Why don't we go grab a sandwich?	샌드위치 사먹으러 갈까요?
18	Yes, please. You're a lifesaver.	네, 부탁드려요. 당신은 생명의 은인입니다.
19	You can use my office for two hours or so.	두 시간 정도 제 사무실을 사용하실 수 있어요.
20	You should be home in bed.	집에서 편히 누워 쉬세요.

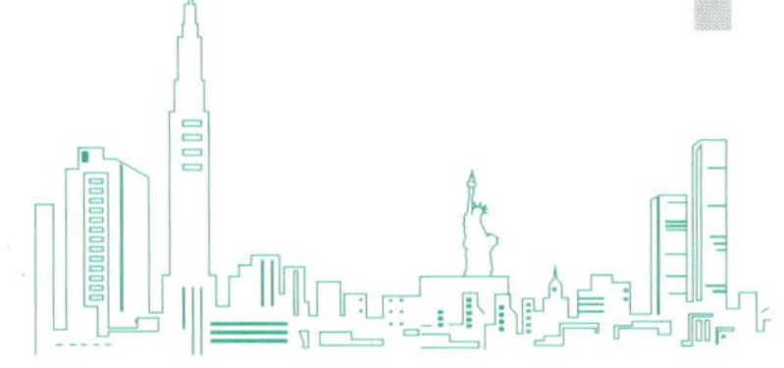

Unit 7 염려 · 불만 [*]

본 단원에서는 염려 · 불만의 기능을 나타내는 질의와 응답 유형을 학습한다. 상대방에게 자신이 처한 상황에 대한 걱정, 후회, 놀람, 하소연을 나타내는 표현은 염려의 기능에, 상대방이나 제3자에 대한 **불평**, 질책, 비난의 감정을 드러내는 표현은 불만의 기능에 해당한다.

걱정, 후회, 놀람, 하소연에 대한 응답으로는 주로 **격려나 충고**를 해주는 표현이 정답으로 출제되며, 불평, 질책, 비난에 대해서는 동의하거나 **맞장구**를 치는 표현과 사과 또는 변명하는 응답이 정답이 된다. 대체로 격려 · 동의와 같이 긍정적인 응답이 정답인 경우가 많지만, 난이도가 높은 문제에서는 변명 · 사과를 하는 표현이 정답으로 출제되기도 한다.

염려 · 불만의 기능은 매 시험 평균 3문제 정도 출제된다. 출제 비율은 낮지만 난이도가 높은 문제로 자주 출제되고 있다. 따라서 청해 영역에서 고득점을 희망한다면 이 기능과 관련된 질의와 응답 유형에 익숙해져야 한다.

출제빈도 및 출제경향 매 시험 평균 3문제

기능 〳 문제수	매 시험	응답 유형
염려 · 호소		격려 · 충고 · 제안
불만 · 비난	3	동의 · 맞장구 사과 · 변명 · 위로

1 유형별 기능과 짝을 이루는 응답 표현

(1) 염려 · 호소

제1화자는 자신 또는 상대방이 겪고 있는 힘든 상황이나 해결하기 어려운 일에 대해 걱정, 우려, 하소연하는 말을 주로 평서문으로 전달한다. 간혹 상대방에 대한 걱정을 Please be careful when you drive home.과 같은 명령문으로 표현하기도 한다.

제2화자의 적절 응답은 제1화자가 말한 내용에 맞추어 격려 · 위로의 말로 응답하는 경우가 대부분이지만, 가끔씩 제안이나 충고의 내용을 담고 있는 응답을 제시하기도 한다. 제1화자가 상대방(제2화자)이 처한 상황에 대해 염려하는 말을 할 때는 제2화자는 동의하거나 걱정하지 말라고 오히려 안심시키는 표현이 적절 응답인 경우가 많다.

문장종류	질 의 유 형	응 답 유 형
평서문	I'm not ready for my final exam. 기말 시험 준비를 못했어요. → [호소/우려]	Don't worry. You have still 3 days. 걱정 마세요. 아직 3일이나 있어요. → [격려]
	I twisted my ankle walking down the stairs. 계단 내려오다가 발목을 접질렸어요. → [호소]	I hope everything's better now. 모든 게 더 나아지기를 바라요. → [위로]
	I promised my wife I'd paint the kitchen. 부엌에 페인트 칠을 해주겠다고 아내한테 약속했어요.	Hmm, that doesn't sound too relaxing. 흠, 쉴 수 있는 처지가 아닌 것 같네요.
	I've got the worst hangover ever. 이제껏 겪은 것 중 가장 심한 숙취가 있어요.	How much did you drink? 얼마나 마셨는데요? → [관심/위로]
	I have the flu and it's killing me. 독감 때문에 죽겠어요.	Perhaps you should go home. 집에 가시는 게 좋을 것 같네요. → [제안/충고]
	It seems you're working too hard. 당신 너무 일을 많이 하는 것 같아요. → [염려]	I know, I need to slow down. 알아요, 좀 속도를 늦출 필요가 있어요. → [동의]
명령문	Please be careful when you drive home. 집까지 운전 조심해서 하세요. → [염려/주의]	Don't worry about me. 걱정 마세요. → [관례적 응답–상대방을 안심시킴]

(2) 불만 · 비난

불만 · 비난하는 말도 주로 평서문으로 표현하지만, 부정의문문이나 명령문을 사용하여 나타낼 수 있다.

적절 응답은 제1화자가 표출한 불만 · 비난의 대상에 따라 2가지 유형으로 분류된다. 1) 날씨 등 일반적인 상황이나 제3자에 대한 불만은 주로 동의나 맞장구로, 2) 상대방(제2화자)과 관련한 불만 사항은 주로 사과, 변명, 제안으로 표현된다.

문장종류	질의유형	응답유형
평서문	It's so hot today. 오늘 너무 날씨가 더워요. Kevin got away with cheating on the exam. 케빈이 시험에서 부정행위를 하고도 걸리지 않았어요.	Yes, it sure is. 네, 정말 그래요. → [동의] Again? He's so devious. 또 그랬어요? 그 사람 너무 비양심적이네요. → [동의/맞장구]
	This shirt is all wrinkled. 이 셔츠가 온통 구겨졌어요. I cleaned up this mess you made. 당신이 어지른 것을 내가 다 치웠어요. That's still a bit expensive. 가격이 여전히 비싼데요.	Why don't you wear something else? 다른 걸 입지 그래요? → [제안] Sorry, I owe you. 미안해요, 제가 신세를 졌네요. → [사과/감사] That's the best price we can offer. 저희가 제공할 수 있는 최선의 가격입니다. → [비동의/변명]
의문문	Isn't Jake supposed to be here by now? 제이크가 지금쯤이면 여기 와야 하는 것 아닌가요? Didn't I tell you not to go skiing in this weather? 이런 날씨에 스키 타러 가지 말라고 얘기하지 않았던가요?	Let's wait a few more minutes. 몇 분만 더 기다려 봅시다. → [제안] Well, I should've taken your advice. 글쎄요, 당신 충고를 들었어야 했는데요. → [동의/인정]
명령문	Don't pin the blame on me! 저한테 잘못을 돌리지 마세요!	Somebody's got to be responsible. 누군가가 책임을 져야죠. → [비동의]

2 유형 연습

Ⓐ Part I 불만 · 불평(평서문) – 제안 🎧 track 55

Step ① Choose the most appropriate response to the statement.

ⓐ   ⓑ   ⓒ   ⓓ

Step ② Listen again and fill in the gaps.

M: __________________ in the house.

W:

(a) Actually it's pretty cold in here.
(b) __________________.
(c) It's not warm enough.
(d) Why don't you __________________?

| Script Reading |

M: **There's only warm beer** in the house.
W:

(a) Actually it's pretty cold in here.
(b) **Drinks are on the house**.
(c) It's not warm enough.
(d) Why don't you **put it in the fridge then**?   정답 (d)

🔲 Listening Point

질의 | **불만 · 불평**   응답 | **제안**

W: only warm beer라는 주요어에 초점을 두고 이에 맞는 응답을 예상한다.

M: '미지근한 맥주 밖에 없다'는 불평에 적절 응답을 예상한다.

▶ 이 경우 맞장구보다는 미지근한 맥주를 냉장고에 넣으라는 제안이 적절 응답.

(a) (X) '여기는 상당히 춥다' → warm, in the house를 이용한 함정 응답이다.
(b) (X) '음료수가 무료로 제공된다' → 내용에 맞지 않음; 동일어 house는 함정!
(c) (X) '충분히 따뜻하지 않다' → 내용에 맞지 않음; 동일어 warm은 함정!
(d) (O) 적절한 해결책을 제안한 정답이다.

| 표현 연구 |

▶ fridge   냉장고
▶ on the house   공짜로, [가게] 부담으로

Step ① Choose the most appropriate response to the statement.

ⓐ　　ⓑ　　ⓒ　　ⓓ

Step ② Listen again and fill in the gaps.

W:　　When you swim here, ________________________.
M:　　

(a) Don't worry. ________________.
(b) I'll do it right away.
(c) ________________.
(d) I don't know how to swim.

| Script Reading |

W:　　When you swim here, **be careful of stray fishing line**.
M:　　

(a) Don't worry. **I won't go fishing**.
(b) I'll do it right away.
(c) **Thanks for the warning**.
(d) I don't know how to swim.

정답 (c)

◤ **Listening Point**

질의 | **염려 · 주의(명령문)**　　응답 | **관례적 응답(감사)**

W: 명령형인 be careful을 듣고 상대방에게 염려나 주의를 전달하는 상황임을 판단한다.

M: 감사 또는 상대방을 안심시키는 유형의 응답 표현을 예상한다.

(a) (△) Don't worry.는 적절 응답이지만 뒤에 나온 '낚시를 가지 않겠다 (약속)'는 일치하지 않는 내용이므로 일종의 함정. 동일어 fishing도 함정.

(b) (X) '즉시 하겠다' → 내용에 맞지 않는 응답.

(c) (O) Thanks for the warning. → 염려에 대한 고마움을 적절히 표현한 정답 표현.

(d) (X) '수영하는 법을 모름' → 동일 단어 swim은 함정.

| 표현 연구 |

▶ stray　　　　　　　　흐트러진
▶ fishing line　　　　　낚싯줄

Step ① Choose the most appropriate response to complete the conversation.

ⓐ   ⓑ   ⓒ   ⓓ

Step ② Listen again and fill in the gaps.

M: Alice, _______________________?

W: Yeah, I haven't had an interview in six months.

M: I'm _______________________.

W:

       (a) I know. But _______________________.

       (b) Please take care of yourself.

       (c) What kind of job is it?

       (d) Don't worry. _______________________.

| Script Reading |

M: Alice, **are you still between jobs**?

W: Yeah, I haven't had an interview in six months.

M: I'm **getting worried about you**.

W:

       (a) I know. But **there's not much more I can do**.

       (b) Please take care of yourself.

       (c) What kind of job is it?

       (d) Don't worry. **My work is not too hard.**

정답 (a)

🔲 Listening Point

질의 | 호소 · 염려(평서문)   **응답** | **변명**

M: getting worried about you를 듣고 실직 중인 상대방에 대하여 염려하는 상황임을 파악한다.

▶ 동의하거나 변명하는 응답을 예상할 수 있다.

     (a) (O) I know. But there's not much more I can do. 알아요. 하지만 제가 더 어찌할 수 없네요.

     (b) (X) 오히려 상대방에게 스스로를 돌보라고 되받아 충고함 → 내용에 맞지 않는 응답.

     (c) (X) 직업의 종류에 대한 질문 → 상황에 맞지 않는 응답; 동일 발음 job은 함정.

     (d) (X) Don't worry.는 적절 응답이지만 뒤에 나온 내용이 일치하지 않음.

     | 표현 연구 |

▶   be between jobs   실직 중이다

Step ① Choose the most appropriate response to complete the conversation.

ⓐ   ⓑ   ⓒ   ⓓ

Step ② Listen again and fill in the gaps.

M: What do you think of ______________________________?

W: I'm disappointed, but I have mixed feelings about them.

M: Mixed feelings? ______________________________?

W:

(a) OK, I take it back. Faking is wrong, period!

(b) Not exactly. ______________________________.

(c) I hate it when people mix work with pleasure.

(d) But there's ______________________________.

| Script Reading |

M: What do you think of **all the celebrities who were caught with fake degrees**?

W: I'm disappointed, but I have mixed feelings about them.

M: Mixed feelings? **Aren't you being too generous**?

W:

(a) OK, I take it back. Faking is wrong, period!

(b) Not exactly. **What you see is what you get**.

(c) I hate it when people mix work with pleasure.

(d) But there's **no excuse for having a fake degree**.

정답 (a)

■ Listening Point

질의 | **불만 · 불평(부정 의문문)**   응답 | **동의**

M: 학위 위조로 붙잡힌 유명 인사들에 대한 의견을 묻는 상황.

W: 그들에 대해 복합적인 감정(mixed feeling)을 갖는다.

M: 약간 불만조로 너무 관대한 것 아니냐고 질문(Aren't you being too generous?)

▶ 적절 응답으로는 자신의 의견을 철회하고 상대방에 동의하거나 자신의 의견을 고수하는 답변이 가능하다.

(a) (O) OK, I take it back. Faking is wrong, period! 네, 제 말 취소할게요. 위조는 나쁜 거예요, 이상입니다!

(b) (X) 내용상으로나 기능상으로 맞지 않는 응답.

(c) (X) '일과 재미를 혼동하는 것이 싫다' → 내용에 맞지 않고 유사 발음 mix는 함정.

(d) (X) '학위 위조는 변명의 여지가 없다' → 앞서 말한 mixed feelings 복합적 감정와 일치하지 않으니 오답.

| 표현 연구 |

▶ celebrity   유명 인사, 명사

▶ fake degree   위조 학위

▶ take back   취소하다, 철회하다

▶ What you see is what you get.   보시는 대로입니다.

3 빈출 표현 7: 염려 · 불만 track 59

염려/호소와 응답

I'm so worried about the surgery. 수술 받을 게 걱정이에요.

- Everything will be okay. – 모든 게 다 잘 될 거예요.

I don't think I can meet the deadline. 제가 마감시간을 지킬 수 없을 것 같아요.

- Come on, I'm sure you can do it. – 힘내요, 틀림없이 할 수 있을 거예요.

I've tried, but it's not so easy. 시도해 봤지만, 쉽지가 않아요.

- No one said it would be easy. – 아무도 쉽다고 한 사람이 없었어요.

My head is spinning and I have a sore throat. 머리가 빙빙 돌고 목이 아파요.

- You'd better stay home today. – 오늘 집에 있는 것이 낫겠어요.

불만/비난과 응답

I can't stand the thought of more snow. 더 이상 눈 오는 것을 생각하고 싶지 않아요.

- Me neither. – 저도 그래요.

He forgot that the proposal was due today. 그가 오늘이 제안서 마감인 것을 잊었어요.

- He's certainly absent-minded. – 그가 확실히 정신이 없네요.

I've been sitting here for 20 minutes! 여기서 20분 동안 앉아있었어요!

- I'm sorry. I'll get you a menu right away. – 죄송합니다. 메뉴를 곧 갖다 드릴게요.

You've already missed six, and that's way too many. 벌써 여섯 번이나 빠졌는데 너무 많아요.

- Yes, but I've brought a doctor's note. – 네, 하지만 의사 진단서를 갖고 왔는데요.

동의 · 맞장구 표현

Tell me about it. 그러게 말이에요.

= You are telling me.

= You can say that again.

격려 표현

Everything will be okay. 모든 게 다 잘 될 거예요.

Hang in there. (끝까지) 참고 견뎌.

That's the idea. 잘했어.

= That's the spirit.

들려주는 표현을 잘 듣고 받아쓰기를 한 후 우리말 뜻을 적어 보세요.

	표 현	뜻
1		
2		
3		
4		
5		
6		
7		
8		
9		
10		
11		
12		
13		
14		
15		
16		
17		
18		
19		
20		

4 발음 현상 7: [h] 생략 (h-elision)

> **Review**　자음이 2~3개 무리지어 나올 때 발음을 쉽게 하기 위하여 그 중 한 자음을 탈락시켜 발음한다.

○ 영어에서 [h] 생략(h-elision)은 중요한 발음 현상이다. h로 시작하는 대명사나 완료조동사 have에서 빈번하게 일어난다. [h]가 탈락되는 이유는 중요 정보를 담고 있지 않은 기능어인 대명사나 조동사는 강세를 받지 않기 때문이다.

○ [h]가 생략되는 경우

1) 대명사(his, him, her)의 [h] 소리 탈락 후 앞 단어와 자연스럽게 연결되어 발음.

   Ta**k**e **h**im [teikəm] / It wasn't too *hard* <u>on **h**er</u>. [ənər]
   → [참고] hard는 내용어이므로 [h] 음이 탈락되지 않는다.

2) 조동사 have[has]의 [h] 탈락 후 앞 단어와 자연스럽게 연결되거나 축약되어 발음.

   You <u>should **have**</u> / You <u>should'**ve**</u>[ʃudəv] called
   He **has** got / <u>He'**s**</u>[hiz] got

3) could / should / would / might / must + have + 과거분사: 조동사 have의 [h] 생략이 일어나는 전형적인 예로서 일상 대화에서 자주 나타난다. 완료조동사 have가 있느냐 없느냐에 따라 의미가 달라지므로 [h]가 생략된 소리 현상을 잘 들어야 정확한 의미를 파악할 수 있다.

   You **should've finished** it. 그것을 끝내지 않았다니 유감이다.
   You **should finish** it. 그것을 끝내야 한다.

○ [h]가 발음되는 경우

1) h-로 시작하는 대명사와 have 동사가 문장 첫머리에 올 때 [h] 음은 탈락되지 않는다.

   He studied French. **H**ave you decided~?

2) have가 완료조동사가 아닌 일반동사로 쓰일 때 [h] 음이 보존된다.

   I have a house. → have[hæv] (가지고 있다); house[haus] (내용어)
   I had him paint the kitchen. → had[hæd] (~하게 하다); 대명사 him[əm]

▶ 녹음된 소리를 받아쓰세요. **track 61**

   1.　　　　　　　　　　2.
   3.　　　　　　　　　　4.
   5.

▶ 굵은 글씨체 단어의 발음에 주의하면서 녹음된 소리를 따라 연습하세요.

1	I **had him** finish a project.	[hæ dim]
2	She **could have met him** this morning.	[ku dəv me tim]
3	**Could you ask her** to come along?	[kudʒə æskər]
4	**Have** you **seen her** in the **house**?	[hæv] [siːnər] [haus]
5	He **might have done his** best.	[mai təv dʌ niz]

Part I & II 문제 풀이를 위한 전략 복습

연습문제를 풀기 전에 아래 절차를 다시 한 번 정리한 후 실전에 응용해 보세요.

1. 제1화자의 주요어와 질의 기능(Function)을 메모한다.

    … hope …rain stops …   불만

2. 제2화자의 응답 유형을 예상하면서 선택지를 듣는다.

    Yes,…   Me, too…   Yeah, …   동의, 맞장구

3. 각 선택지의 주요어를 메모하면서 주제나 기능을 생각한다.

4. 확실한 오답은 ×, 확실치 않으면 △, 정답인 경우 ○를 표시하며 듣는다.

    (a) Yes… train will be here… (×)
    (b) Yeah, …been raining all day... (○)
    (c) …it's likely to rain (△)
    (d) Well, …give it a try... (×)

5. 질의에서 들은 것과 유사한 소리(train)를 담은 선택지는 함정일 확률이 높다.

    (a) Yes… train will be here… (×)

6. 하지만, 가끔씩은 질의에서 들은 것과 동일한 소리(rain)를 포함한 선택지도 정답이 될 수 있음에 유의! → 이 경우 정답의 후보가 되는 선택지는 2개로 압축된다.

    (b) Yeah, …been raining all day. (○)
       '계속 온종일 비가 왔다' → 동의 · 맞장구
    (c) …it's likely to rain (△) → (×)
       '비가 올 것 같다'(미래) → 질의와 응답의 시제가 일치해야 한다.

Mini Test 7

Step 1　Listening-Only　🎧 track 62

각 발화의 기능을 다음 표에 적으면서 문제를 풀어 보세요. 모든 문항의 기능을 다 적지 않아도 됩니다. 정답을 쉽게 고를 수 없는 문제인 경우 꼭 적어 보기 바랍니다. 1번은 예시입니다. **TEPS Part I과 Part II는 한 번만 들려 줍니다.**

_ Part I　다음 말을 듣고 연결될 수 있는 가장 적절한 응답을 고르시오.

	질의 기능	응답 기능
1. ⓐ ⓑ ⓒ ⓓ	1. 우려 nervous	격려 don't worry
2. ⓐ ⓑ ⓒ ⓓ	2.	
3. ⓐ ⓑ ⓒ ⓓ	3.	
4. ⓐ ⓑ ⓒ ⓓ	4.	
5. ⓐ ⓑ ⓒ ⓓ	5.	
6. ⓐ ⓑ ⓒ ⓓ	6.	
7. ⓐ ⓑ ⓒ ⓓ	7.	
8. ⓐ ⓑ ⓒ ⓓ	8.	

_ Part II　다음 대화를 듣고 연결될 수 있는 가장 적절한 응답을 고르시오.

	질의 기능	응답 기능
9. ⓐ ⓑ ⓒ ⓓ	9.	
10. ⓐ ⓑ ⓒ ⓓ	10.	
11. ⓐ ⓑ ⓒ ⓓ	11.	
12. ⓐ ⓑ ⓒ ⓓ	12.	
13. ⓐ ⓑ ⓒ ⓓ	13.	
14. ⓐ ⓑ ⓒ ⓓ	14.	
15. ⓐ ⓑ ⓒ ⓓ	15.	
16. ⓐ ⓑ ⓒ ⓓ	16.	

난이도가 높은 문제를 다시 들으면서 빈칸에 들어갈 표현을 받아쓰세요.

_ Part I

3.   M: The history exam was so difficult. _______________________.
       W: ________________________________

    (a) _________________.
    (b) When is the exam?
    (c) I hope you've studied for it.
    (d) It's _________________.

6.   W: Ever since John left, _____________________________.
       M: ________________________________

    (a) Well, _____________________________.
    (b) That's not true. John's a good worker.
    (c) I'm sure _____________________________.
    (d) Don't worry. I can handle the workload.

7.   W: I'm sorry _____________________ in school. He's trying so hard.
       M: ________________________________

    (a) Well, _____________________________.
    (b) Don't blame the teacher for it.
    (c) _____________________________________.
    (d) I hope he's in my class next year.

8.   M: I'm ____.
       W: ________________________________

    (a) Tell them I'm not here right now.
    (b) Me, too. _________________.
    (c) Sorry, I didn't mean to bother you.
    (d) _____________________________________.

12. W: I'm worried ___________________ all my life.

     M: Then why don't you start looking for someone?

     W: I'm trying, but _________________ in that department.

     M:

     (a) ______________________.

     (b) You'll have better luck after marriage.

     (c) That's because they're in the other department.

     (d) _____________. I'm not ready to marry.

14. W: I wish ____.

     M: Sorry if it bothers you. ____________________________.

     W: It's just not good manners, and it looks unprofessional.

     M:

     (a) _____________________________________.

     (b) It's important to use good phone manners.

     (c) ______________________.

     (d) Can't we block those calls at work?

15. M: I heard ___________________ for the textbook we co-authored.

     W: What? That's not true at all.

     M: But I hear you've been telling students you did most of the work.

     W:

     (a) ______________________?

     (b) No way! The students are doing all the work.

     (c) I actually really do like your textbook.

     (d) _________________________.

16. M: Margaret, I need your opinion on my new house design.

     W: I thought ____________________________________.

     M: I am, but I feel like _________________________________.

     W:

     (a) Well, I'm glad to hear we finally agree.

     (b) The architect is missing the blueprints.

     (c) ___________________. It's probably fine.

     (d) It's not missing anymore. I found it.

대본을 보면서 어떤 소리, 어떤 기능을 파악하지 못하였는지 확인하세요.

_Part I

1.　M:　I'm so nervous about my presentation tomorrow.
　　W:　

(a) Can we make it another time?
(b) Don't worry. Just be yourself.
(c) You have a lot of nerve.
(d) I wish I could, but I can't make it.

2.　W:　You're always asking for favors.
　　M:　

(a) Don't worry, what is it?
(b) Sorry, I owe you.
(c) I don't want to be bothered.
(d) It's OK. It's not too hard for me.

3.　M:　The history exam was so difficult. I think I blew it.
　　W:　

(a) Join the club.
(b) When is the exam?
(c) I hope you've studied for it.
(d) It's none of your business.

4.　M:　I'm worried that our dog will die of old age soon.
　　W:　

(a) Don't worry. Dogs age quicker than humans.
(b) I'm sure she'll be a good dog.
(c) Well, the vet told me she's as healthy as can be.
(d) Please accept my sympathy.

지피지기
오답을 정리하면서
자신의 약한 부분을 파악합시다.

● 놓친 소리 및 어휘

● 질의 기능과 표현

5. W: I can't keep up with all my coursework. I'm always behind.

M:

    (a) Good question. I wish I knew.

    (b) I'm sure you can finish it tomorrow.

    (c) Please check the deadline for timely submission.

    (d) Try talking to your teacher about it.

6. W: Ever since John left, my workload has been unbearable.

M:

    (a) Well, I'm enjoying his absence.

    (b) That's not true. John's a good worker.

    (c) I'm sure it'll get better once he's gone.

    (d) Don't worry. I can handle the workload.

7. W: I'm sorry my son doesn't do better in school. He's trying so hard.

M:

    (a) Well, there's more to life than grades.

    (b) Don't blame the teacher for it.

    (c) I recommend you enroll him in school.

    (d) I hope he's in my class next year.

8. M: I'm so fed up with all these telemarketers.

W:

    (a) Tell them I'm not here right now.

    (b) Me, too. I feel stuffed.

    (c) Sorry, I didn't mean to bother you.

    (d) Try screening them out with caller ID.

● 놓친 소리 및 어휘

● 질의 기능과 표현

● 놓친 소리 및 어휘

9. W: I want to have a word with the manager.

M: I'm afraid she's busy now.

W: But this is urgent.

M:

(a) If you insist.
(b) Then call 911.
(c) Don't be alarmed.
(d) That sounds important.

10. W: Isn't that assignment for our history class tough?

M: Which assignment?

W: The one about analyzing a lot of textbooks.

M:

(a) Don't worry. I give generous grades.
(b) Yeah, it'll probably take ages.
(c) Wow, I'm really impressed.
(d) I'm glad I'm not in that class.

11. M: We'd better get going, or we'll be late.

W: Hang on a minute. I have to make a quick call.

M: OK. But if we're late, don't blame me.

W:

(a) Calm down. You did the right thing.
(b) Why is all the blame on me?
(c) Don't worry. I'll be quick.
(d) I know it wasn't your fault.

12. W: I'm worried I may end up being single all my life.

M: Then why don't you start looking for someone?

W: I'm trying, but I haven't had any luck in that department.

M:

(a) Maybe you're being too picky.
(b) You'll have better luck after marriage.
(c) That's because they're in the other department.
(d) Don't rush me. I'm not ready to marry.

13. M: Does anyone know where Daniel is?

    W: He said he'd be five minutes late.

    M: But our meeting was supposed to start ten minutes ago.

    W:

    (a) We can get started then, I suppose.

    (b) I'm sorry I was late.

    (c) I think he's falling behind.

    (d) Let's make sure to begin on time.

14. W: I wish you wouldn't answer your phone in meetings.

    M: Sorry if it bothers you. It never crossed my mind.

    W: It's just not good manners, and it looks unprofessional.

    M:

    (a) I won't call you during your meetings anymore.

    (b) It's important to use good phone manners.

    (c) I'll try to be more considerate.

    (d) Can't we block those calls at work?

15. M: I heard you're taking all the credit for the textbook we co-authored.

    W: What? That's not true at all.

    M: But I hear you've been telling students you did most of the work.

    W:

    (a) Shouldn't the author get all the credit?

    (b) No way! The students are doing all the work.

    (c) I actually really do like your textbook.

    (d) You can't believe everything you hear.

16. M: Margaret, I need your opinion on my new house design.

    W: I thought you were already done with your proposal.

    M: I am, but I feel like there's something missing in the blueprints.

    W:

    (a) Well, I'm glad to hear we finally agree.

    (b) The architect is missing the blueprints.

    (c) Don't second-guess yourself. It's probably fine.

    (d) It's not missing anymore. I found it.

	표 현	뜻
1	Come on, I'm sure you can do it.	힘내요, 틀림없이 할 수 있을 거예요.
2	Don't pin the blame on me!	저한테 잘못을 돌리지 마세요!
3	Don't worry. You have still 3 days.	걱정 마세요. 아직 3일이나 있어요.
4	He's certainly absent-minded.	그가 확실히 정신이 없네요.
5	I can't stand the thought of more snow.	더 이상 눈 오는 것을 생각하고 싶지 않아요.
6	I cleaned up this mess you made.	당신이 어지른 것을 내가 다 치웠어요.
7	I don't think I can meet the deadline.	제가 마감시간을 지킬 수 없을 것 같아요.
8	I have the flu and it's killing me.	독감 때문에 죽겠어요.
9	I hope everything's better now.	모든 게 더 나아지기를 바라요.
10	I know, I need to slow down.	알아요, 좀 속도를 늦출 필요가 있어요.
11	I'm not ready for my final exam.	기말 시험 준비를 못했어요.
12	I'm so worried about the surgery.	수술 받을 게 걱정이에요.
13	I should've taken your advice.	당신 충고를 들었어야 했는데요.
14	Isn't Jake supposed to be here by now?	제이크가 지금쯤 여기 와 있어야 하는 것 아닌가요?
15	It seems you're working too hard.	당신은 일을 너무 많이 하는 것 같아요.
16	Let's wait a few more minutes.	몇 분만 더 기다려 봅시다.
17	Somebody's got to be responsible.	누군가가 책임을 져야죠.
18	Sorry, I owe you.	미안해요, 제가 신세를 졌네요.
19	That's still a bit expensive.	가격이 여전히 비싼데요.
20	That's the best price we can offer.	저희가 제공할 수 있는 최선의 가격입니다.

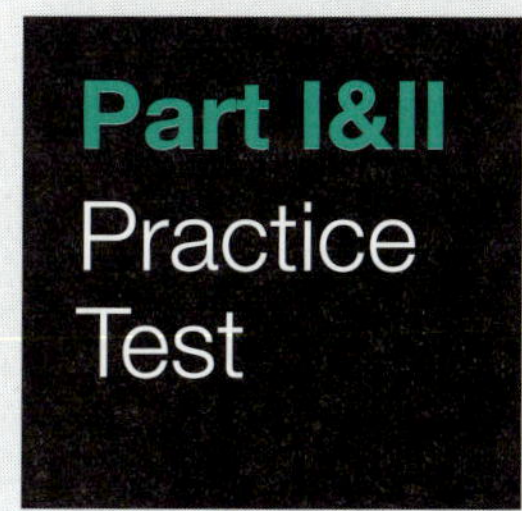

Review

Part I&II 실전 연습문제를 풀기 전에 다음 사항을 다시 한 번 점검하기 바랍니다.

문제 구성

	문항 수	대화와 선택지 사이 시간	정답 선택 시간
Part I	15 (1번~15번)	2초	4초
Part II	15 (16번~30번)	2초	4초

- 대화(dialogue)를 한 번만 들려준 후 2초 여유 시간.
- 4개의 선택지를 한 번 들려준 후 4초의 여유 시간.
- 4초 내에 적절 응답 선택.

핵심 전략

1 질의의 주요 단어를 메모하면서 기능을 생각한다.
2 적절한 응답을 예상하면서 선택지를 듣는다.
3 선택지의 주요 단어나 기능을 메모한다.
4 메모 옆에 확실한 오답에는 ×, 그럴 듯 하면 △, 정답에는 ○을 표시한다.
5 질의의 주요 단어와 동일하거나 발음이 유사한 단어를 포함하는 선택지는 함정일 확률이 높다.
6 질의 내용에 어울리는 생소한 소리의 선택지가 정답일 확률이 높다.
7 질의와 선택지의 주어 혹은 시제가 일치하는지에 주의한다.
8 두 문장으로 된 응답 표현은 내용에 일관성이 있는지에 주의한다.
9 이런 과정으로 질의 기능에 가장 적절한 응답의 선택지를 고른다.

주의

- 우리말 번역 내용으로 생각하지 않는다.
- 질의나 응답의 기능이 무엇인지로 접근한다.
- 각 Part의 후반(12~15번, 27~30번)에 난이도가 높은 문제가 배치되므로 주의 깊게 듣고 메모한다.

					질의 기능	응답 기능
1.	ⓐ	ⓑ	ⓒ	ⓓ	1.	
2.	ⓐ	ⓑ	ⓒ	ⓓ	2.	
3.	ⓐ	ⓑ	ⓒ	ⓓ	3.	
4.	ⓐ	ⓑ	ⓒ	ⓓ	4.	
5.	ⓐ	ⓑ	ⓒ	ⓓ	5.	
6.	ⓐ	ⓑ	ⓒ	ⓓ	6.	
7.	ⓐ	ⓑ	ⓒ	ⓓ	7.	
8.	ⓐ	ⓑ	ⓒ	ⓓ	8.	
9.	ⓐ	ⓑ	ⓒ	ⓓ	9.	
10.	ⓐ	ⓑ	ⓒ	ⓓ	10.	
11.	ⓐ	ⓑ	ⓒ	ⓓ	11.	
12.	ⓐ	ⓑ	ⓒ	ⓓ	12.	
13.	ⓐ	ⓑ	ⓒ	ⓓ	13.	
14.	ⓐ	ⓑ	ⓒ	ⓓ	14.	
15.	ⓐ	ⓑ	ⓒ	ⓓ	15.	

정답 및 해설: 해설집 44페이지

You will now hear fifteen dialogue fragments, each made up of three spoken statements followed by four spoken responses. Choose the most appropriate response to complete the conversation.

Now let's begin Part Two.

	질의 기능	응답 기능

16. ⓐ   ⓑ   ⓒ   ⓓ

17. ⓐ   ⓑ   ⓒ   ⓓ

18. ⓐ   ⓑ   ⓒ   ⓓ

19. ⓐ   ⓑ   ⓒ   ⓓ

20. ⓐ   ⓑ   ⓒ   ⓓ

21. ⓐ   ⓑ   ⓒ   ⓓ

22. ⓐ   ⓑ   ⓒ   ⓓ

23. ⓐ   ⓑ   ⓒ   ⓓ

24. ⓐ   ⓑ   ⓒ   ⓓ

25. ⓐ   ⓑ   ⓒ   ⓓ

26. ⓐ   ⓑ   ⓒ   ⓓ

27. ⓐ   ⓑ   ⓒ   ⓓ

28. ⓐ   ⓑ   ⓒ   ⓓ

29. ⓐ   ⓑ   ⓒ   ⓓ

30. ⓐ   ⓑ   ⓒ   ⓓ

정답 및 해설: 해설집 47페이지

TEPS Part III 공략

TEPS 청해 영역에서 희망 점수에 도달하기 위한 우리의 전략은 '지피지기 (知彼知己)'이다. Part I&II에서는 그 일환으로, 발화가 전달하는 기능에 초점을 맞추어 학습했다. 이에 반해 Part III는 긴 대화문이므로 하나의 대화 상황에 여러 가지 기능이 섞여 있다. 따라서 기능에 의한 접근만으로는 문제를 해결할 수 없다.

Part III를 효율적으로 공략하려면 질문의 종류, 그리고 대화 상황 및 주제를 파악하여 접근해야 한다. 거기에 일부 문제의 경우 발화의 기능을 알고 있으면 더 쉽게 정답을 선택할 수 있으므로 Part I&II의 공략법도 활용한다.

Part III는 청해 영역 가운데 다른 파트에 비해 가장 높은 점수를 낼 수 있다. Part I&II 와 비교할 때 '이야기'가 있는 긴 대화문과 질문을 2번 들려주기 때문이다. Part III 구성의 이러한 특성을 제대로 이해하고 본 교재에서 제공하는 문제 접근법과 풀이 요령을 실전에 적용하는 힘을 기른다면 예상보다 훨씬 단기간에 희망 점수에 도달할 수 있을 것이라고 확신한다.

본격적인 단원별 연습으로 들어가기 전에 Part III의 출제 경향, 그리고 정답률을 높이는 학습 방법에는 어떤 것이 있는지 간략하게 살펴본다.

질문 유형 및 상황 · 주제별 출제 경향

1 질문 유형

Part III의 질문 유형(Question types)은 대의 질문, 세부사항 질문, 추론 질문 3가지로 구분되고, 질문 유형에 따라 문항 번호도 일정하게 정해져 있다. 대의 질문은 평균 6~7문제(약 43%)로 문항 번호 31번~37번에, 세부사항 질문은 평균 5~6문제(약 38%)로 38번~42번에, 마지막으로 추론 질문은 평균 3문제(약 19%)로 43번~45번에 제시된다. 가끔씩 대의와 세부사항 배열에서 1문제 정도 차이가 날 수는 있어도, 위 형식이 TEPS Part III의 일반적인 문제 배열 순서이다.

질문 유형과 문항 배열 순서를 알고 있으면 대화문을 처음 들을 때부터 어느 부분에 집중해서 들어야 하는지 판단할 수 있으므로 문제를 풀 때 많은 도움이 된다. 물론 대화 전체를 다 주의해서 들을 수 있으면 좋겠지만 집중력이 한 순간 흐트러질 수도 있고 알아듣지 못하는 단어가 나올 수도 있다. 일례로 35번 대의 문제에서 대화 중반에 모르는 단어가 나와도 주제나 요지를 파악하는 데는 거의 영향을 받지 않으므로 초조해 하지 않아도 된다. 대화의 전반부와 후반부에 주의력을 집중해서 잘 들으면 수월하게 정답을 고를 수 있다. 이와는 달리 38번은 세부사항을 묻는 문제이므로 대화의 처음부터 끝까지 신경을 곤두세워 잘 듣고 메모를 해야 한다. 이런 식으로 질문 유형과 문항 번호의 배열을 알고 있으면 대화문의 어느 부분에 얼마만큼의 주의력을 기울일 것인지 조절할 수 있어 편리하다.

Part III 질문 유형별 출제 경향

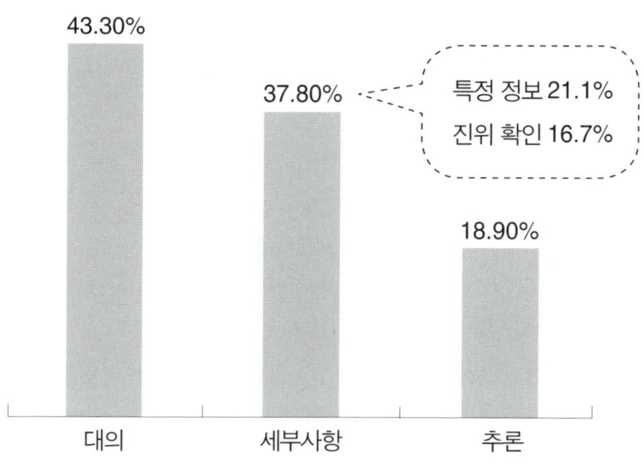

2 빈출 상황 · 주제

TEPS 문제에 빈번하게 출제된 상황이나 주제를 질문 유형과 함께 제시하였다. 자료에 나타난 것처럼 출제 대화문의 2/3 이상을 차지한 상황 및 주제는 공적인 생활 또는 개인적인 일상과 관련이 있다. 그 외 일상에서 벗어난 휴가 · 여행과 관련이 있는 상황 및 주제들이 약 1/3을 차지한다.

Part III의 단골 메뉴 중에는 Part I&II 문제에서는 다루기 어려운 상황, 즉 대화자 간에 몇 가지 정보를 문의하고 응답하는 상황이 있다. 구체적인 예로는 호텔 예약, 비행기표 예약, 은행 업무, 이사 계획 등과 같은 것을 들 수 있다. 평소에 이런 상황에서 일어날 수 있는 다양한 화제를 상상하면서 어휘 능력을 길러야 한다. 제시된 자료를 활용하여 수험생 개개인이 어떤 유형의 상황에서 취약한지를 파악하고 그 부분을 집중적으로 연습해 나가기 바란다.

상황 · 주제 \ 질문 유형	출제 비율 (%)	대의	특정 정보	진위	추론
길 묻기 · 여행 · 호텔 · 공항	32.2	21.1	4.4	3.4	3.3
전화 대화 · 직장 · 일상	67.8	22.2	16.7	13.3	15.6
합계	100	43.3	21.1	16.7	18.9

Part III 따라잡기

Part III는 Part I&II와 Part IV의 특징을 합성해 놓은 중간적 성격의 테스트이다. 대화문에 나온 발화의 상황과 기능별 측면에서는 Part I&II와 유사하고, 질문 유형별 측면에서는 Part IV와 유사하다.

1 Part III의 특징

Part III의 대화문은 남녀가 주고받는 발화 6~8개 정도의 길이로 구성되어 있다. 대화문 – 질문 – 대화문 – 질문 – 선택지 순으로 대화문과 질문은 두 번, 선택지는 한 번 들려준다. 대화 상황은 Part I&II와 같이 다양한 일상과 관련이 있다.

Part III에서는 대화문의 주제 · 화제 · 목적 · 요지를 이해하고 구성하는 능력, 세부적인 내용을 파악하는 능력, 주제나 요지 및 세부 내용을 근거로 추론하는 능력을 테스트한다.

Part III는 '이야기'가 있는 대화이므로 한두 개 정도 모르는 단어가 나와도 전체 내용을 이해하는 데는 지장이 없다. 침착하게 대화문의 화제와 '이야기'의 요점을 따라가도록 한다.

2 핵심 전략 ⊙ TEPS 청해 Part III의 정답률 높이기

듣기 능력을 테스트하는 모든 시험에서 내용 이해를 묻는 질문의 경우 대화문의 어휘를 바꾸어 표현하는 원칙(Paraphrasing rule)을 선택지에 기본적으로 적용한다. 따라서 Part I&II에서와 마찬가지로 대화문에 언급된 것과 동일한 단어를 제시한 선택지는 오답일 가능성이 높다는 전략은 여전히 유효하다.

1. 주요 내용어를 메모한다.
   - 대화문을 처음 들을 때부터 주요 단어를 적는다.
   - 남녀 대화자를 구분하는 표시를 한다.
2. 질문 유형별로 선별 청취(selective listening)를 한다.
   - 질문을 들은 후 관련 부분을 세심하게 듣는다.
   - 대의 문제는 대화문의 전반부를 주의 깊게 듣는다.
   - 세부사항과 추론 문제는 대화문 전체를 세심하게 듣는다.
3. 상황 · 주제를 파악하여 선별 청취를 한다.
   - 일례로 전화 대화는 첫 발화에 전화 건 목적과 전화 받을 대상이 드러난다.
   - 전화 건 용건은 대화문의 후반부에 나온다.
4. 선택지를 메모하고 정답 유형의 원칙에 따른다.
   - 정답은 대화문의 주요 내용어를 다른 단어로 표현한다.
   - 오답은 대화문의 주요 단어를 그대로 제시하는 경향이 높다.

3 메모 요령

우리말로 된 긴 대화문도 내용을 메모하지 않고 듣기만 해서는 세부적인 사항을 기억하기 어렵다. 하물며, 모르는 단어가 많이 나오는 데다 눈으로 보면 아는 단어라도 소리로는 알아 듣기 어려운 어구가 수두룩한 긴 영어 대화문은 메모하지 않으면 내용 이해 문제를 푸는 일이 쉽지 않다.

정상 속도로 말하는 내용을 전부 받아적는 일은 속기법을 배운 사람이라면 몰라도 불가능하다. 전문 속기법은 아니더라도 나름의 속기법을 평소에 개발해 두면 내용 이해 문제를 푸는 데 필요한 내용을 수월하게 받아쓸 수 있다. 대화문이든 담화문이든 모르는 단어가 몇 개 있어도 내용 이해에 큰 지장을 주지 않는다. 따라서 모든 단어를 다 알아 듣지 못해도 무방하다.

아래에 각자 메모 방법을 개발하는 데 도움이 될 만한 사항을 몇 가지 정리하였으니 활용하기 바란다. 특히 TEPS Part IV 담화문 단계로 넘어가면 Part III에서 개발한 메모 방식이 빛을 발하게 될 것이다.

- 메모는 대화문의 내용을 따라 가기 위해 하는 것이니 영어든 우리말이든 상관없다.

- 모두 이해한 발화는 핵심 사항을 메모한다. 역시 우리말이든 영어든 상관없다.

  Hello, May I speak to Dr. Williams? → 전화 의사
  I'm afraid he's not here right now. → 없다 지금

- 발화 전체를 받아 적을 필요는 없다. 명사, 동사, 형용사, 부정어, 즉 내용어 위주로 메모한다.

- 흔히 사용되는 단어들은 약식 표기를 한다.

  between → btw   message → msg   towards → towds/ twds

- 모르는 단어는 일부 소리만, 혹은 '?'로 메모한다.

  lean towards → 린? twds
  spectacular → spec? /태큘러?

- Part III에서는 남녀 화자를 구별하여 표시한다.

- 첫 화자가 남자인지 여자인지만 표시해도 충분하다.

- 이후 대화는 세로 한 열로, 혹은 사선(/)을 사용하여 가로 한 행으로, 또는 아래와 같이 두 열로 메모한다.

  여 which sweater red green   남 hard say both good
    not help decision   which you ? more towds
    trying figure 15분   green look more business~
    OK buy that

4 Part III 출제 유형 맛보기

A Choose the option that best answers the question.

> W: Hello. **I'd like to speak to Mr. Carrington**, please.
> M: I'm afraid he's **not here** right **now**. Would you like to leave a message?
> W: All right. This is **Samantha** from Sunshine **Travel Agency**.
> M: Samantha, Sunshine Travel—got it.
> W: I'm **calling about his trip** to **Paris**. He's got my number.
> M: OK. I'll **pass along** the **message**.
>
> Q. What is the **main purpose** of the **woman's call**?
> (a) To ask the man to go with her to Paris.
> (b) To give her phone number to Mr. Carrington.
> (c) To speak with Mr. Carrington about his trip.
> (d) To arrange a meeting abroad.
>
> 정답 (c)

Listening Point

질문 유형 | 대의　　**상황 · 주제 유형 | 전화 대화**

- 대의 문제는 대화의 전반부를 잘 들어야 한다. 위 대화에서는 여자의 첫 발화에 전화 대화 상황, 전화 받을 대상이 드러나 있다.

  W: …I'd like to speak to Mr. Carrington…
  ▶ 메모: 여 전화 **Mr K** 정도면 충분하다. 고유명사는 중요하지 않다.

- 전화를 건 용건은 통상적으로 대화의 후반부에 나오므로 여자의 마지막 발화에 집중한다.

  W: I'm calling about his trip to Paris. He's got my number.
  ▶ 메모: *calling about his trip..* 정도면 충분하다.

  (a) (X) 전화를 받은 남자와 전화 받을 사람인 **Mr. Carrington**의 성별이 같음을 이용하였다.
  (b) (X) he's got my number(전화번호를 알고 있다)는 대화 내용에 위배된다.
  (c) (O) To speak with Mr. Carrington about his trip.
  (d) (X) trip to Paris를 abroad로 변형하였으나 '회의를 준비한다'는 내용이 잘못 되었다.

| 표현 연구 |

▶ Got it.　　(대화체에서는 보통 주어 I 생략) 알았어요, 이해했어요.

▶ arrange a meeting　　모임[회의]을 준비하다

▶ leave a message　　연락 사항을 남기다
　 pass along the message　　연락 사항을 전달하다, 말을 전달하다

▶ speak to someone　　~에게 말을 걸다, ~와 통화하다
　 speak with someone　　~와 대화하다, ~와 통화하다

출제포인트 1 ▶ 대의 문제는 31~37번에 제시되며 90~100% 정답을 맞힐 수 있는 유형이다.

출제포인트 2 ▶ 대의 정답은 대화문의 주요 단어 3~4개를 결합해서 제시되는 경향이 높다.
　　　　　　정답은 주요 단어를 동의어로 바꾸는 원칙(Paraphrasing rule)을 기본적으로 따른다.

B Choose the option that best answers the question.

W: **Honey, which sweater** do you think **looks better** on me, **red** one or **green** one?
M: Hmm, it's hard to say. **Both** colors would **look good** on you.
W: I'm flattered, but that really **doesn't help** me in **making a decision**.
M: Well, which one are **you leaning** more **towards**?
W: That's what I've been **trying** to **figure** out for the past **15 minutes**.
M: **I suppose the green one makes you look more businesslike.**
W: You think so? OK, **I'll buy that one**, then.

Q.   **What can be inferred?**
     (a) The woman wants to look professional.
     (b) The man will buy the red sweater for the woman.
     (c) The woman is buying the clothes as a gift.
     (d) The man does not like shopping for clothes.

정답 (a)

Listening Point

질문 유형 | **추론**　　상황 · 주제 유형 | **일상(의견 요청)**

- 추론 문제는 대화의 전체 내용을 이해해야 한다. 어느 부분의 함의를 물을지 모르기 때문이다.

  W: 어떤 스웨터를 고를지 문의(Which sweater, look better, green, red에서 짐작 가능)

  M: 둘 다 좋다는 의견 제공

  W: 더 자세한 조언이 필요하다는 의견 제공

  M: 어느 쪽에 더 마음이 있는지 질문

  W: 15분간 결정을 내리지 못했다는 사실 제공

  M: 초록색이 전문가처럼 보인다는 의견 제공

  W: 그 의견을 받아들여 초록색 스웨터를 구입하기로 결정

- 추론에서도 남녀 입장을 구분한 선택지가 나오므로 각 대화자의 입장을 기억해야 한다.

  (a) (O) 남녀의 마지막 대화에 추론의 근거가 제시되어 있다. businesslike → professional로 바꿔 표현되었고 I'll buy that one이라는 발화는 The woman wants~를 함의하는 내용으로 풀어 쓸 수 있다.

  (d) (X) 대화문에서 근거를 찾을 수 없는 이러한 선택지는 오답이다.

| 표현 연구 |

▶ look good on you　　　　　네게 어울린다
▶ look businesslike　　　　　사무적으로 보이다, 전문적으로 보이다
▶ lean towards　　　　　　　~로 기울다, ~을 선호하다
▶ I'm flattered.　　　　　　기분 좋은데요, 우쭐해지는데요.

출제포인트 1 ▶ 추론 사항은 대화문에 직접 언급되지 않았으나 상황이나 단어에 함의되어 있는 내용이다.
　　　　　대화문에서 근거를 찾을 수 없는 상식적으로 통용되는 내용을 담은 선택지는 피해야 한다.

출제포인트 2 ▶ 정답은 대화에 나온 주요 단어가 동의어로 바뀌어 제시된다.

Unit 8 대의 1: 길 묻기 · 여행*

본 단원에서는 대화문의 주제 · 화제 · 요지를 이해하고 구성하는 능력, 즉 대의 파악 능력을 테스트하는 질문 유형을 다룬다. 그 중에서도 길 묻기 · 휴가 상황이나 공항 · 호텔 · 상점과 같은 장소에서 일어난 대화를 수록하였다. 이 대화들은 여행 준비에서부터 실제 여행, 그리고 여행을 끝낸 상황에서 일어난다는 공통점이 있어서 한군데 묶었다. 이러한 분류 방식은 대의 문제에 출제된 다양한 상황을 충분히 연습하기 위한 편의적인 기준이다. 대의 문제는 Part III에서 거의 절반(15문항에서 7문항)을 차지하므로 출제된 상황이나 주제 유형에 익숙해져 있으면 90~100%의 정답률을 낼 수 있다.

길 묻기 및 여행 관련 대의 문제에서 빈번하게 출제된 상황과 주제로는 휴가 계획, 휴가를 떠나기 전 애완 동물이나 화분 관리 부탁, 교통편 예약, 탑승과 세관 통과, 호텔 예약과 투숙, 목적지로 가는 길 묻기, 물건 구입, 휴가를 끝낸 후의 소감 등이 있다.

출제빈도 및 출제경향 매 시험 평균 3~4 문제

- Part III에서 대의 문제의 총 출제 비율은 약 43%로 보통 7문항이고 31번~37번에 제시된다.
- 이 단원에서 다루는 대화 상황의 출제 비율은 약 21%로 매 시험 평균 3~4문제 출제된다.

질문 내용	상황	주제
주제 화제 요지	길 묻기	목적지 찾기, 가는 방법, 교통편 문의
	휴 가	휴가 계획, 휴가 소감, 교통편 예약
	공 항	check-in, 탑승, 출입국 심사, 환승
	호 텔	예약, check-in, check-out
	상 점	구입, 교환, 환불

질문 · 상황 · 정답 유형

대의 질문 유형(Question type)은 1) 대화문(the conversation)에 초점을 맞춘 질문, 2) 두 대화자(the speakers)를 포함한 질문, 3) 한 명의 대화자(the man/the woman)에 초점을 맞춘 질문 세 가지로 분류된다. 질문의 유형이 어떻든 대의 문제(31번~37번)를 푸는 방식에는 큰 차이가 없다.

한 가지 주의할 유형은 대화자 한 명에 초점을 맞춘 질문이다. 이 질문의 경우 선택지에 남녀의 입장을 뒤바꾸어 놓은 오답을 제시하므로 주의가 필요하다. 아래 제시한 유형을 참고하여 어떤 주제가 주로 출제되었는지, 대의를 표현하는 방식은 어떠한지 숙지하기 바란다.

초점	질문유형
대화문	What is the main **topic** [the **subject** / the **focus**] of the conversation? What is the **main point** of the conversation? **What** is the conversation **about**? What is **taking place** in the conversation?
두 대화자	What are **the speakers talking about**? What are the **speakers doing**?
한 명의 대화자	What is the **woman [man] doing**? **What happened** to the **woman [man]**? What does the **woman [man] want**?

상황	정답유형
길 묻기	The location of the post office. 우체국 위치. Giving directions. 길 일러주기. Finding a second-hand appliance store. 중고 용품 가게 찾기. The woman thinks the building is easy to find. 여자는 건물 찾기가 쉽다고 생각한다.
공항 호텔	Going through customs. 세관 통과하기. Looking for moderate accommodations. 적정한 가격의 숙소 찾기. He/She's inquiring about food restrictions. 음식물 규정에 대해 문의하고 있다.
휴가 관련	Vacation plans. 휴가 계획. Different preferences for vacation. 선호하는 휴가의 상이함. What they will do over the break [the weekend]. 두 사람이 휴가[주말]에 할 일. Asking the man to look after her pet. 남자에게 애완 동물을 돌봐달라고 부탁하기. The woman wants the man to watch her kids. 여자는 남자가 아이를 봐 주기를 원한다.
가게	The price of auto insurance. 자동차 보험 금액. Negotiating the price. 가격 흥정하기. Charging the woman an extra day for returning late. 여성에게 연체 요금 요구하기.

☑ 출제 포인트

1. 정답에는 대화문의 주요 단어가 다른 단어로 변경되어 나온다.

   상황 | **여행 안내소(Tourist Information)**
   주제 | **저렴한 숙소 문의**

   > M: Welcome to Cambridge. How can I help you?
   > W: Are there any **cheap B&B** near the station?
   >
   >   … … …
   >
   > Q. What is the conversation about?

   정답 Looking for moderate accommodations
   - ▸ cheap → moderate로, B&B → accommodations로 바꿔 표현.
   - ▸ B&B(= Bed and Breakfast): 아침과 침실을 제공하는 숙박 장소. 주로 가정집에서 일부 공간을 개조하여 숙박을 제공하는 형태.

2. 정답은 대화에 나온 4~5개의 주요 단어를 활용하여 전체 내용을 요약한다.

3. 오답은 대화의 일부 내용, 주로 대화 후반부에 나온 내용을 담고 있다.

풀이 요령

1. 대화문을 들을 때 명사 · 동사 · 형용사와 같은 내용어를 메모하고 주제를 생각한다.
   - 일반적으로 대화의 전반부에 중심 화제가 나타난다.
   - 이어지는 대화는 중심 화제를 뒷받침하는 구체적 사항이다.

2. 이어지는 대화의 주요 단어를 메모하면서 중심 화제와 연관 지어 생각한다.

3. 질문을 들을 때 초점이 누구(the man / the woman)에게 있는지 잘 듣는다.
   - 남성 · 여성 화자를 구분한 경우 각각의 입장을 정확히 구분해야 한다.
   - 질문에 the speakers가 사용되어도 정답은 남녀를 구분하여 제시될 수 있다.

4. 대화문을 다시 들을 때 초점이 된 화자의 말을 토대로 전체 내용을 종합한다.

5. 내용을 모두 이해했는데 정답 선택에서 실수가 잦은 수험생은, 선택지에 나온 주제로 말을 하게 된다면 '나는 어떤 방향으로 말을 전개할 것인지' 상상하는 연습을 많이 한다.

Ⓐ Part III 휴가 준비 – 화분 돌보기 부탁 🎧 **track 66**

Step ① Choose the option that best answers the question.

ⓐ　　ⓑ　　ⓒ　　ⓓ

Step ② Listen again and fill in the gaps.

M: Susie, are you _____________ later on this month?

W: Why do you ask?

M: I'm going _____________, and I _________ to find someone to _________________.

W: When will you be gone?

M: I'm leaving the 24th and coming back on the 31st.

W: Oh, that _______________ with my _____________________.

M: In that case, I guess I'll have to _______________________ else.

W: Sorry I couldn't help you.

Q. What is the _________________ of the conversation?

(a) The ___________ is asking the ___________ a ___________.

(b) The ___________ is asking the ___________ for ___________.

(c) The _________________ are discussing _________________.

(d) The _________________ are arguing over their ___________.

| Script Reading |

M: Susie, are you **free** later on this month?

W: Why do you ask?

M: I'm going **on vacation**, and I **need** to find someone to **water my plants**.

W: When will you be gone?

M: I'm leaving the 24th and coming back on the 31st.

W: Oh, that **coincides** with my **vacation plans**.

M: In that case, I guess I'll have to **find someone** else.

W: Sorry I couldn't help you.

Q. What is the **main point** of the conversation?
(a) The **man** is asking the **woman** a **favor**.
(b) The **woman** is asking the **man** for **help**.
(c) The **man and woman** are discussing **vacation plans**.
(d) The **man and woman** are arguing over their **plants**.

정답 (a)

◤ Listening Point

상황| **휴가 준비**   **주제|** **화분 돌보기 부탁**

질문 유형| **대화의 요점(main point)**이 무엇인가?

주제 및 요지| 보통 **대화의 전반부**에 나타난다.
> ▶ 남자의 두 번째 말 I need to find someone to water my plants에 제시되어 있다.

(a) (O) 부탁 기능의 표현 I need → ask a favor로 변경.

(b) (X) 여자와 남자의 입장이 뒤바뀌어 있음에 주의!

(c) (X) 대화 중 여자가 언급한 vacation plans를 이용한 오답.

(d) (X) 대화 주제와 관련된 plants를 이용한 함정 오답.

| 표현 연구 |

- ▶ argue over   ~을 논의하다
- ▶ ask someone a favor   ~에게 부탁하다
- ▶ coincide with   ~와 일치하다, ~와 겹치다
- ▶ later on this month   이 달 말에
- ▶ water one's plants   ~의 식물[화분]에 물을 주다

Step ① Choose the option that best answers the question.

ⓐ   ⓑ   ⓒ   ⓓ

Step ② Listen again and fill in the gaps.

W: Good morning. Can I help you with anything?

M: Yes, I'm _____________________ a used station wagon.

W: You've come to the right place. We've got plenty.

M: I'm _______________ something with a lot of _________________, but _______________.

W: In that case I would recommend that one over there.

M: That looks like _______________________. How many miles does it have on it?

W: A little over 50,000. It's in great condition.

M: _______________ if I _______________________?

Q.   What is the _______________ mainly doing?

(a) Trying to find a car dealer.

(b) Discussing payment for a used car.

(c) Preparing to _______________ a used automobile.

(d) _______________ a friend's station wagon.

| Script Reading |

W: Good morning. Can I help you with anything?
M: Yes, I'm **looking for** a used station wagon.
W: You've come to the right place. We've got plenty.
M: I'm **interested in** something with a lot of **storage space**, but **not too big**.
W: In that case I would recommend that one over there.
M: That looks like **what I had in mind**. How many miles does it have on it?
W: A little over 50,000. It's in great condition.
M: **Do you mind** if I **take it on a test drive**?

Q.   What is the **man** mainly doing?
(a) Trying to find a car dealer.
(b) Discussing payment for a used car.
(c) Preparing to **purchase** a used automobile.
(d) **Test-driving** a friend's station wagon.

정답 (c)

◤ **Listening Point**

상황 | **상점**　　주제 | **중고 자동차 구입**

질문 유형 | **남자는 주로 무엇을 하고 있는가?**

주제 및 요지 | 보통 **대화의 전반부**에 나타난다.
　　　　▶ 남자의 첫 번째 말 I'm looking for a used station wagon에 제시되어 있다.

(c) (O) look for → purchase로, station wagon → automobile로 바꿔 표현하였다.

(d) (X) '시운전'은 자동차 구입 결정을 위한 세부 행위 중의 하나일 뿐이다.
　　　 또 '친구 차'라는 표현은 상황에 적절하지 않다.

| 표현 연구 |

▶ station wagon　　　　　　스테이션 왜건(접거나 뗄 수 있는 좌석이 있고 뒷문으로 짐을 실을 수 있음)

▶ storage space　　　　　　저장[보관] 공간

▶ test drive　　　　　　　　시운전; 시운전하다

3 상황별 빈출 표현 1: 길 묻기 · 전화 대화 track 68

길 묻기

Excuse me. I'm looking for Woodland Street.	저, 우드랜드 로(路)를 찾고 있는데요.
Where might that be?	그게 어디지요?
The street you're on meets up with it.	지금 서 있는 길이 그 길로 이어집니다.
Keep heading this way.	이 길로 계속 가세요.
Keep your eyes peeled for the sign.	표지판을 주의 깊게 살피세요.
How can I get to the post office?	우체국에 어떻게 가나요?
Go straight ahead and make a right.	곧장 가다가 오른쪽으로 꺾으세요.
Could you tell me how to get downtown?	시내에 가려면 어떻게 가야 합니까?
How often does the bus run?	그 버스는 얼마나 자주 다니나요?
Forgive me, but I'm new here.	죄송한데, 저도 이곳 지리를 모릅니다.
Go upstairs and follow the signs.	위층으로 가서 표지판을 따라가세요.
You can't miss it.	쉽게 찾으실 거예요.
Are there any cheap hotels nearby?	근처에 저렴한 호텔이 있습니까?
There is one just off the freeway.	고속도로를 막 벗어나면 하나 있습니다.
Is it in walking distance?	걸어서 갈 수 있는 거리인가요?
It'd take an hour on foot.	걸어서 1시간 걸릴 거예요.

전화 대화

I'd like to speak to Mr. Douglas?	더글러스 씨와 통화하고 싶은데요?
This is he. / This is he speaking. / He speaking.	네, 접니다(말씀하세요).
Hold on. I'll put you through.	잠깐 기다리세요. 연결해 드리겠습니다.
She's on another line.	그녀는 다른 전화를 받고 있습니다.
He's just stepped out.	그는 막 외출했습니다.
When do you expect him back?	그가 언제 돌아오는지 아세요?
He won't be back until three o'clock.	그는 세 시가 되어야 돌아올 겁니다.
Would you like to leave a message?	전할 말씀 남기시겠어요?
Could you have him call me at 545-6789?	545-6789로 전화해달라고 전해주시겠어요?
I'll have him call you back in an hour or so.	한 시간 정도 지나 전화 드리라고 하겠습니다.
Probably he won't be hanging up anytime soon.	그는 금방 전화를 끊지 않을 것 같습니다.
Let me leave my phone number.	제 전화번호를 남겨 놓겠습니다.
May I have extension 567, please?	내선 567번 부탁합니다.
Lost and Found. May I help you?	분실물 센터입니다. 무엇을 도와드릴까요?
It seemed to be turned in this morning.	오늘 아침에 접수된 것 같아요.

표현 받아쓰기 8

표현을 잘 듣고 받아쓴 후 우리말 뜻을 적어 보세요.

	표 현	뜻
1		
2		
3		
4		
5		
6		
7		
8		
9		
10		
11		
12		
13		
14		
15		
16		
17		
18		
19		
20		

4 발음 현상 8: 내용어와 강세

영어는 강세가 있는 음절 개수와 총 발음 시간이 비례하는 언어(time-stressed language)이다. 따라서 단어의 모든 음절, 문장의 모든 단어를 하나하나 정확하게 발음하지 않는다. 우리말은 음절 하나하나를 거의 동일한 강세로 발음하는 언어이므로 영어 소리를 따라가기가 쉽지 않다. 하지만 약간의 이론 학습과 연습으로 그 어려움을 극복할 수 있다.

내용어(Content words)와 기능어(Function words)

말하는 사람이 특별히 강조를 할 때는 기능어를 강하게 발음하기도 하지만 일반적인 경우에는 내용어로 분류되는 단어에 강세가 온다.

내용어	기능어
강세를 받는 단어 강하게 발음	강세를 받지 않는 단어 생략 · 축약 · 다른 소리에 연결
의미 전달에 중요한 역할	의미 전달에 부수적 역할
명사 George, cake, room, word… 주동사 like, enjoy, destroy, write… 형용사 beautiful, delicious, spacious… 부사 always, seldom, fast, carefully…	대명사 she, he, they, it… 관사 the, a, an… (조)동사 am, were, have… 전치사 at, in, of, to, before… 접속사 and, but, so, as…

✓ 발음 향상 TIPS

1. 개별 단어에서 강세가 없는 음절, 또 문장 단위에서 강세가 없는 단어는 입 속에서 삼켜진다(swallowed)고 생각하라.
2. 문장의 모든 단어를 다 발음하려고 하지 마라.
3. 각 문장에서 강세가 오는 단어들을 발음하는 데 항상 초점을 맞춰라.
4. 강세가 오지 않는 단어는 미끄러지듯이 건너 뛰어라.
5. 매일 5~10분씩 소리 내어 읽는 연습을 꾸준히 하라.

▶ **발음 연습** 🎧 track 70

❶ 다음 예문을 소리 내어 읽으면서 발음 시간을 측정하세요.

	예 문	단어수	시간
1	The calm river appeared transfixed in the distance.	8	
2	She comes on Saturdays when she doesn't have to do any homework in the evening.	15	

❷ 내용어에 밑줄을 긋고 내용어의 개수를 세어 보세요.

❸ 밑줄 친 내용어를 강하게 발음하세요. 그 외의 단어들은 적절히 묶어서 약하게, 최대한 빨리 발음합니다.

❹ 내용어만 읽으면서 발음 시간을 측정합니다.

	예 문	내용어 개수	시간
1	The calm river appeared transfixed in the distance.		
2	She comes on Saturdays when she doesn't have to do any homework in the evening.		

❺ 녹음을 듣고 굵은 글씨체의 내용어를 강하게 발음하면서 따라 읽어 봅니다.

❻ 녹음된 문장의 발음시간을 측정합니다.

	예 문	내용어 개수	시간
1	The **calm river appeared transfixed** in the **distance**.		
2	She **comes** on **Saturdays** when she **doesn't** have to do any **homework** in the **evening**.		

○ 위 두 문장은 총 단어 개수상으로는 2배 가까이 차이가 나지만 영어 모국어 화자의 경우 두 문장의 발음 시간이 거의 동일하다. 바로 두 문장의 내용어 개수가 동일하기 때문이다. 영어 모국어 화자는 5개의 강세가 있는 단어에 초점을 맞추어 어떤 소리는 길게, 어떤 소리는 짧게, 혹은 아예 들리지 않게 발음한다.

○ 문장 단위에서는 물론이고 어휘 단위에서도 동일한 원칙이 적용된다.
calm(1음절)과 transfixed(2음절)는 음절수가 다르지만 강세가 1개이므로 발음 시간이 동일하다. 따라서 calm은 [kɑ:m]으로 모음 소리가 길어지고, transfixed[trænsfíkst]는 강세가 오는 첫 모음은 강하게, 나머지 소리는 약하고 짧게 발음한다. Part I&II 발음현상에서 학습한 내용이다.

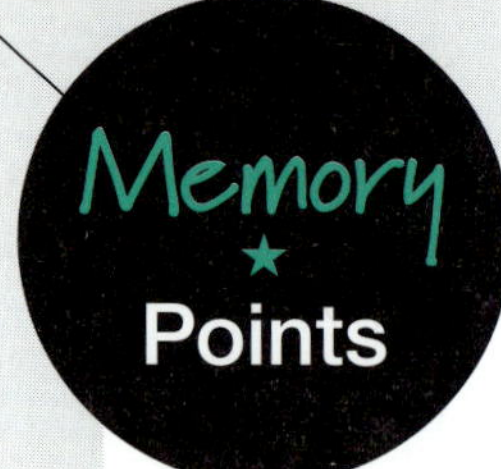

Part III 문제 풀이를 위한 전략 복습

연습문제를 풀기 전에 아래 절차를 다시 한 번 정리한 후 실전에 응용해 보세요.

1. 대화문의 내용어를 남녀 화자를 구분하여 메모한다.

2. 대화의 주제와 요점을 항상 생각한다.

3. 일반적으로 대화문 앞 부분에 대화의 주제와 요점이 나타난다.
   - 요지가 직접적으로 제시되지 않은 경우 대화의 전체 내용을 종합해야 한다.

4. 이후 대화에는 요점을 뒷받침하는 세부 내용이 나온다.

5. 질문을 들은 후에는 초점이 맞춰진 대화자의 발화에 좀더 주의를 기울인다.

6. 선택지의 내용어를 메모하고 대화의 전체 내용을 잘 담고 있는지 따져본다.

7. 정답에는 대화문의 요점 관련 내용어가 동의어나 새로운 단어로 제시된다.
   W: Cheer up. You'll get it next time. (격려/위로)
   M: Yeah, if I don't get fired. (낙심)
   W: … Think positive. I have faith in you. (격려/위로)
   → The woman is consoling the man.

8. 일부 정답 유형에서는 남녀 화자의 입장을 명확하게 구분하므로 각별히 신경 쓴다.
   (a) The man is asking the woman a favor.
   (b) The woman is asking the man for help.
   → 남녀의 입장을 구분하지 않은 경우 두 개의 선택지에서 정답을 고를 수 없다.

✓ Tips for taking notes 메모 요령

- 영어든 우리말이든 상관없다.
- 이해한 발화의 핵심 사항을 메모한다. (I'll call him back later. → 전화 나중에)
- 흔히 사용되는 단어는 약식으로 표기한다. (message → msg   towards → towds / twds)
- 모르는 단어는 일부 소리만, 혹은 ?로 메모한다. (wagon → 왜건? spectacular → spec? /태큘러?)
- 첫 화자가 남자인지 여자인지 표시한다.

Mini Test 8

Step 1　Listening-Only　🎧 track 71

대화문의 주요 단어를 메모하면서 문제를 풀어 보세요.
TEPS Part III의 대화문과 질문은 두 번, 선택지는 한 번 들려줍니다.

_ Part III　대화와 질문을 듣고 가장 적절한 응답을 고르시오.

1.　ⓐ　ⓑ　ⓒ　ⓓ
2.　ⓐ　ⓑ　ⓒ　ⓓ
3.　ⓐ　ⓑ　ⓒ　ⓓ
4.　ⓐ　ⓑ　ⓒ　ⓓ
5.　ⓐ　ⓑ　ⓒ　ⓓ
6.　ⓐ　ⓑ　ⓒ　ⓓ
7.　ⓐ　ⓑ　ⓒ　ⓓ
8.　ⓐ　ⓑ　ⓒ　ⓓ
9.　ⓐ　ⓑ　ⓒ　ⓓ
10.　ⓐ　ⓑ　ⓒ　ⓓ

Memo 주요 내용어 적기

난이도가 높은 문제를 다시 들으면서 빈칸에 들어갈 표현을 받아쓰세요.
그리고 질문에 가장 합당한 답을 선택지에서 고르세요.

_ Part III

3.   W: Morning traffic in this city is terrible!

M: ___________________________. I _________________ every day.

W: I'm not going to get to the airport on time, _____________ catch my flight.

M: Well, I'm _________________ to get into _____________________.

W: The main roads look hopeless. _______________________?

M: There is, but chances are it's _____________________, too.

W: At this point, I'll _________________ and go for the shortcut.

M: OK, _______________________.

Q.   What is the main topic of the conversation?

    (a) The morning traffic.

    (b) The distance to the airport.

    (c) _________________ the airport _______________.

    (d) What is causing the traffic.

5.   M: What are your plans for the weekend?

W: A _________________ and I'm _____________________.

M: Do you have anywhere _______________________?

W: Not really. We're just going to _________________.

M: You know the _________________ are always a good choice.

W: You're right. Thanks for the tip.

M: _________________ if you need any more information.

W: Thanks a lot. I'm glad I have someone _____________.

Q.   What is the conversation mainly about?

    (a) What to do on the weekend.

    (b) _________________ a visiting friend.

    (c) Old palaces in the city.

    (d) The best _______________________.

9. M: _____________ make a hotel _________________ for this weekend, please?

W: Sure. Have you _____________________________ summer _______________?

M: No, what is it?

W: It gives you an __________________ and unlimited water park admission.

M: Wow, ____________________________? What time does ___________________?

W: 10 p.m., and it opens at 8 a.m. every morning.

M: And how much does the package _______________?

W: It costs only $75 _______________.

Q. What is the __________ mainly trying to do?

  (a) Make a hotel reservation ___________.

  (b) Decide ______________________ a special ____________________.

  (c) Get unlimited admission to a water park.

  (d) Ask about the summer hours of the water park.

10. W: I _________________ anyone to watch my dog during my vacation this summer.

M: Really? I guess everyone must be busy.

W: Yeah, so I was _______________________________________ doing it.

M: Sorry, I've got a lot going on, too.

W: Come on. ______________ my _________________. I know how much you love dogs.

M: Fine. But you'd better bring me back a _________________.

Q. What is the _______________ mainly doing?

  (a) _________________ the ____________ a _______________.

  (b) Planning a vacation with a dog.

  (c) Trying to find a babysitter.

  (d) Getting advice on caring for her dog.

대본을 보면서 어떤 소리, 어떤 기능을 파악하지 못하였는지 확인하세요.

_ Part III

1.   W: Do you know where the financial aid office is?

      M: It's right next to the library.

      W: And where's the library?

      M: The library is at the top of this hill. You can take the shuttle bus there.

      W: Sorry, but where can I take the shuttle bus, then?

      M: Right here. It comes every 5 minutes.

      Q.   What is the conversation mainly about?

        (a) Taking the shuttle bus.
        (b) Giving directions to the library.
        (c) Asking directions to the financial aid office.
        (d) Walking up the hill.

2.   W: Excuse me. Could you tell me where the nearest phone booth is?

      M: There's one at the railway station.

      W: And, may I ask where the railway station is?

      M: Walk about two blocks from here, then turn right.

      W: So, should I follow this street?

      M: No. Go down to Simmons Road.

      Q.   What is the conversation mainly about?

        (a) Finding a railway station.
        (b) Going to a telephone company.
        (c) Locating a pay phone.
        (d) Driving to Simmons Road.

지피지기
오답을 정리하면서
자신의 약한 부분을 파악합시다.

● 놓친 소리 및 어휘

● 질의 기능과 표현

3.

W: Morning traffic in this city is terrible!

M: Tell me about it. I drive in it every day.

W: I'm not going to get to the airport on time, let alone catch my flight.

M: Well, I'm doing my best to get into the fastest lane.

W: The main roads look hopeless. Is there a shortcut?

M: There is, but chances are it's probably jammed, too.

W: At this point, I'll take my chances and go for the shortcut.

M: OK, if that's what you want.

Q. What is the main topic of the conversation?

(a) The morning traffic.
(b) The distance to the airport.
(c) How to get to the airport in time.
(d) What is causing the traffic.

4.

M: Good morning. Can I help you with anything?

W: I'm looking for a birthday gift for my boyfriend.

M: All right. Do you have anything specific in mind?

W: Not really. But, he does like baseball.

M: What team does he like most?

W: The Yankees. He's a huge fan.

M: Then come right this way, please.

Q. What is the conversation mainly about?

(a) Getting tickets for a Yankee's game.
(b) Buying a birthday present.
(c) Ordering a baseball uniform.
(d) Choosing the best baseball team.

● 놓친 소리 및 어휘

● 질의 기능과 표현

● 놓친 소리 및 어휘

5. M: What are your plans for the weekend?

W: A friend is visiting and I'm taking him sightseeing.

M: Do you have anywhere in particular in mind?

W: Not really. We're just going to play it by ear.

M: You know the old palaces are always a good choice.

W: You're right. Thanks for the tip.

M: Let me know if you need any more information.

W: Thanks a lot. I'm glad I have someone I can count on.

Q. What is the conversation mainly about?

(a) What to do on the weekend.
(b) Where to take a visiting friend.
(c) Old palaces in the city.
(d) The best tourist destinations.

6. M: Do you have anything to declare?

W: I don't think so.

M: No fresh fruits, vegetables, or meat products in your luggage?

W: Well, I do have some processed beef.

M: Can I take a look at it?

W: Sure, go ahead.

Q. What is the man mainly doing here?

(a) Buying groceries at the store.
(b) Training an airport security worker.
(c) Asking to look at a product.
(d) Checking for food in the woman's baggage.

7. M: How was your vacation to Europe?

W: Everything was great except for one incident in Milan.

M: Why? What happened?

W: I lost my camera while shopping.

M: Was the camera insured?

W: Yes, thankfully it was.

M: Then no problem. Your insurance should replace it for you.

Q. What is the woman mainly talking about?

(a) Her holiday in Europe.
(b) A camera she bought in Milan.
(c) Photos from her vacation.
(d) The need for insurance coverage.

8. M: Welcome to the Crown Hotel. Can I help you?

W: Yes, I have a reservation. My name is Olga Jeffries.

M: You requested a room for two nights. Correct?

W: That's right.

M: Did you bring any pets by chance?

W: Yes, two Persian cats.

M: We're extremely sorry. You'll have to leave them here at the front desk during your stay.

W: Well, I guess I don't have any other choice if that's your policy.

Q. What is mainly happening in the conversation?

(a) The man is explaining the policy on pets.
(b) The woman is checking in.
(c) The woman is arguing to keep her cats.
(d) The man is accommodating the woman.

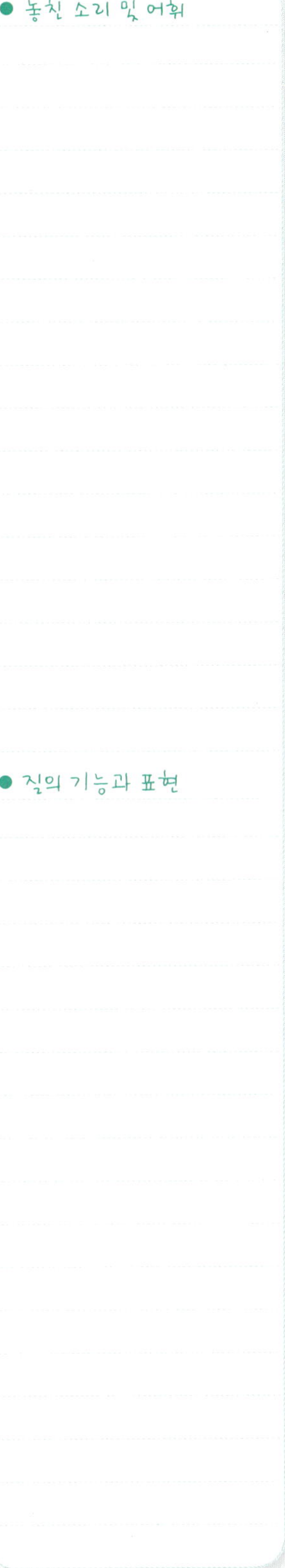

9.   M: Can I make a hotel reservation for this weekend, please?

      W: Sure. Have you heard of our new summer package?

      M: No, what is it?

      W: It gives you an ocean-view suite and unlimited water park admission.

      M: Wow, unlimited admission? What time does the park close?

      W: 10 p.m., and it opens at 8 a.m. every morning.

      M: And how much does the package cost?

      W: It costs only $75 extra.

      Q. What is the man mainly trying to do?

          (a) Make a hotel reservation online.

          (b) Decide whether to buy a special package deal.

          (c) Get unlimited admission to a water park.

          (d) Ask about the summer hours of the water park.

10. W: I haven't found anyone to watch my dog during my vacation this summer.

      M: Really? I guess everyone must be busy.

      W: Yeah, so I was wondering if you wouldn't mind doing it.

      M: Sorry, I've got a lot going on, too.

      W: Come on. You're my last hope. I know how much you love dogs.

      M: Fine. But you'd better bring me back a souvenir.

      Q. What is the woman mainly doing?

          (a) Asking the man a favor.

          (b) Planning a vacation with a dog.

          (c) Trying to find a babysitter.

          (d) Getting advice on caring for her dog.

표현 받아쓰기 8 : 정답

	표 현	뜻
1	Could you have him call me at 545-6789?	그에게 545-6789로 전화하라고 전해주시겠어요?
2	Go straight ahead and make a right.	곧장 가다가 오른쪽으로 꺾으세요.
3	Have her call me on Wednesday at 2:00.	그녀에게 수요일 2시에 내게 전화하라고 하세요.
4	He won't be back until three o'clock.	그는 세 시가 되어야 돌아올 겁니다.
5	Hold on. I'll put you through.	잠깐 기다리세요. 연결해 드리겠습니다.
6	I'll call him back later.	제가 나중에 그에게 전화하겠습니다.
7	I don't think he'll be hanging up anytime soon.	그는 금방 전화를 끊을 것 같지 않습니다.
8	I'll have him call you back in an hour.	한 시간 후에 전화 드리라고 하겠습니다.
9	Is it in walking distance?	걸어서 갈 수 있는 거리인가요?
10	Is there a recognizable landmark?	눈에 띄는 표지물이 있나요?
11	It'd take an hour on foot.	걸어서 1시간 걸릴 거예요.
12	It's not that easy to find.	찾기가 그리 쉽지 않습니다.
13	Keep heading this way.	이 길로 계속 가세요.
14	Keep your eyes peeled for the sign.	표지판을 주의 깊게 살피세요.
15	Lost and Found.	분실물 센터입니다.
16	May I have extension 509, please?	내선 509번 부탁합니다.
17	There's a motel just off the freeway.	고속도로를 막 벗어나면 모텔이 있습니다.
18	When do you expect him back?	그가 언제 돌아오는지 아세요?
19	You can't miss it.	쉽게 찾으실 거예요.
20	You should make a detour to avoid traffic jams.	교통 혼잡을 피하려면 우회로로 가야 합니다.

Unit 9 대의 2: 전화 · 직장 · 일상*

본 단원에서는 대의 문제 유형 중 직장 · 학교 · 병원 · 은행 등과 같이 공적인 장소에서 일어나는 대화 및 좀더 개인적인 상황에서 일어난 대화를 분류하여 수록하였다. 앞 단원에서 언급했듯이 이 분류는 대의 문제와 관련된 다양한 상황을 충분히 연습하기 위한 편의적인 방편이다. Part III에서 50% 가까이 출제되는 대의 문제의 여러 가지 상황과 다양한 주제 유형에 익숙해지면 대화문 내용을 듣고 이해하는 데 많은 도움이 된다.

전화 대화의 경우 찾는 상대방이 부재 중이어서 연락할 내용을 부탁하는 상황이 주로 나온다. 직장 · 학교 상황에서는 업무 실적, 승진, 전출, 도서 대출 관련 주제들이, 일상 상황에서는 생활 정보, 건강, 여가 · 취미 활동, 인간 관계 관련 주제들이 빈번하게 출제된다.

출제빈도 및 출제경향 매 시험 평균 3~4 문제

- Part III에서 대의 문제의 총 출제 비율은 약 43%로 보통 7문항이고 31번~37번에 제시된다.
- 이 단원에서 다루는 대화 상황의 출제 비율은 약 22%로 매 시험 평균 3~4문제 출제된다. 길 묻기 · 여행 상황과 거의 비슷한 출제 비율이다.

질문 내용	상황	주제
주제 화제 요지	전화 대화	병원 예약, 직장 · 학교로 건 전화, 부재중 통화
	직장	업무 조언, 승진, 실적 부진, 전보 발령
	학교	과제 제출 기한 놓침, 도서 대출
	일상	인간 관계, 여가 · 취미활동, 건강, 생활정보 교환, 교통, 이사

1 질문 · 상황 · 정답 유형

Unit 8 대의 1에서 설명하였듯이 대의의 질문 유형은 1) 대화문에 초점을 맞춘 질문, 2) 두 대화자를 포함한 질문, 3) 대화자 중 한 사람에 초점을 맞춘 질문 세 가지로 분류된다. 질문 유형이 어떻건 대의 문제 (31번~37번)를 푸는 방식에는 별로 차이가 없다.

주의할 질문 유형은 대화자 한 명에 초점을 맞춘 질문이다. 이 경우 남녀의 입장을 뒤바꾸어 놓은 오답을 제시하므로 주의해야 한다. 가끔씩 대화자 두 사람(the speakers)과 대화문(the conversation)에 초점을 맞춘 질문의 경우에도 남자와 여자의 입장을 구분하여 선택지를 제시한다. 따라서 모든 대화문에서 남자와 여자의 입장을 기억하는 것이 바람직하다. 아래 제시한 예를 보면서 어떤 주제가 주로 출제되는지, 정답 표현 방식은 어떠한지 알아본다.

초점	질문 유형
대화문	What is the main **subject [topic]** of the conversation? **What** is the conversation mainly **about**? **What** is **taking place** in the conversation?
두 대화자	What are **the speakers** talking about?
한 명의 대화자	What is **the man** doing in the conversation? What is **the man** trying to tell the **woman**?

상황	정답 유형
직장	The newly revised logo. 새로 수정된 (회사/상품의) 로고. How to meet the increased demand. 늘어난 주문량을 맞추기 위한 방법. The man's discontent with his current job. 현재 직업에 대한 남자의 불만. Why the woman was gone last week. 여자가 지난 주 결근한 이유. The man is organizing the workshop for employees. 남자가 직원 워크숍을 조직한다.
학교 병원	How to check out reserve materials. 관내 열람용 자료를 대출하는 방법. Why the man was unable to do his homework. 남자가 숙제를 끝내지 못한 이유. They are complaining about the number of assignments. 과제 수에 대해 불평한다. Checking in for seeing the doctor. 진찰 받으려고 접수하기. Scheduling a follow-up visit. 재진 날짜 잡기.
일상	Looking for a mechanic. 기술자 찾기. Features of the game they like. 그들이 좋아하는 게임의 특징. What childcare the woman found. 여자가 어떤 보육원을 찾았는가. What the man does to keep in shape. 남자가 몸을 관리하기 위해 하는 것. The man's guests caused a mess. 남자의 손님들이 너무 어질러 놓았다. The woman is allaying the man's homesickness. 여자가 남자의 향수병을 달래준다. He is explaining what he has decided. 그는 자신이 내린 결정 사항을 설명한다.

1. 정답은 대화에 나온 4~5개의 주요 단어를 활용하여 전체 내용을 요약한다.

2. 정답은 대화문의 주요 단어를 선택지에서 다른 단어로 대체한다.

상황 | 직장
주제 | 늘어난 주문 – 생산 기한 맞추기 – 초과 근무와 수당 지급
요지 | 늘어난 주문량을 맞추기 위한 방법 논의

> W: …**more orders** for digital cameras…
> M: …we'll have to gear up production…
> W: …able to **adjust in time**?
> M: …do my **best**.
> W: …hope…employees don't mind…**overtime**.
> M: …won't, as long as…**paid extra**.
> Q. What are the speakers talking about?
> (a) Why employees need overtime pay.
> (b) How to sell more digital cameras.
> (c) Why sales of digital cameras have increased.
> (d) **How** to **meet** the **increased demand** for digital cameras.

정답 늘어난 주문량을 맞추기 위한 방법에 대해 얘기하고 있으므로 (d)가 정답

▸ more orders → increased demand로, adjust in time → meet으로 대체.

▸ How는 세부 화제 '초과 근무 + 수당 지불(기한 맞추는 방법)'을 요약하는 단어.

3. 오답은 대화의 일부 내용을 이용하는데, 주로 대화 후반부에 나온 내용을 담고 있다.
   - 선택지 (a)처럼 중심 화제를 뒷받침하는 세부 내용만을 담고 있다.
   - 대화문에 나온 employees, overtime, pay(paid)를 그대로 활용한다.

풀이 요령

1. 대화문을 들을 때 명사 · 동사 · 형용사와 같은 내용어를 메모하고 주제를 생각한다.
   - 일반적으로 대화의 전반부에 중심 화제가 나타난다.
   - 이어지는 대화는 중심 화제를 뒷받침하는 구체적 사항이다.

2. 이어지는 대화의 주요 단어를 메모하면서 중심 화제와 연관 지어 생각한다.

3. 질문을 들을 때 초점이 누구(the man / the woman)에게 있는지 잘 듣는다.
   - 남성 · 여성 화자를 구분한 경우 각각의 입장을 정확히 구분해야 한다.
   - 질문에 the speakers가 사용되어도 정답은 남녀를 구분하여 제시할 수 있다.

4. 대화문을 다시 들을 때 초점이 된 화자의 말을 토대로 전체 내용을 종합한다.

2 유형 연습

Ⓐ Part III 직장 – 승진 탈락 🔘 track 73

Step ① Choose the option that best answers the question.

ⓐ ⓑ ⓒ ⓓ

Step ② Listen again and fill in the gaps.

M: I __________________________ this!

W: What's the matter? You look ______________.

M: Somehow I __________ get that ____________ I told you about.

W: But I thought you were the one they were going to promote.

M: Me, too, but I guess the boss had other plans.

W: ________________. You'll get it __________________.

M: Yeah, if I don't get fired.

W: Come on. __________________. I have faith in you.

Q. What is the __________________ of the conversation?

(a) The __________ is ______________ about his workload.

(b) The __________ is ______________ a colleague.

(c) The __________ is ______________ the man.

(d) The __________ is ______________ the supervisor.

| Script Reading |

M: I **can't believe** this!
W: What's the matter? You look **upset**.
M: Somehow I **didn't** get that **promotion** I told you about.
W: But I thought you were the one they were going to promote.
M: Me, too, but I guess the boss had other plans.
W: **Cheer up**. You'll get it **next time**.
M: Yeah, if I don't get fired.
W: Come on. **Think positive**. I have faith in you.

Q. What is the **main idea** of the conversation?
(a) The **man** is **complaining** about his workload.
(b) The **woman** is **congratulating** a colleague.
(c) The **woman** is **consoling** the man.
(d) The **man** is **criticizing** the supervisor.

정답 (c)

상황 | **직장**　　주제 | **승진 탈락**

질문 유형 | **대화의 중심 내용(the main idea)은 무엇인가?**

주제 및 요지 | **대화의 전체 내용을 담고 있는 선택지가 정답.**

▶ 전반부: 남자의 승진 탈락 사실과 실망 + 후반부: 남자의 낙심과 여자의 격려.

(a) (X) complaining… work load → 대화 내용과 관련 없는 어휘를 사용한 오답이다.

(b) (X) congratulating → 대화의 일부 어휘와 연관 지은 오답 함정이다.

(c) (O) console의 뜻을 몰라도 나머지 선택지의 주요어가 답이 될 수 없으므로 (c)가 정답임을 알 수 있다.

(d) (X) criticizing… supervisor → 대화 내용과 무관하다.

| 표현 연구 |

▶ console　　　　　　위로하다

▶ supervisor　　　　팀장, 감독

▶ workload　　　　　작업량, 업무량

▶ get a promotion　　승진하다

▶ get fired　　　　　해고당하다

B Part III 일상 – 유행의 회귀 🎧 track 74

Step ① Choose the option that best answers the question.

        ⓐ   ⓑ   ⓒ   ⓓ

Step ② Listen again and fill in the gaps.

M: Wow! You look ______________ in that ______________.

W: Thanks. Actually, this ______________________________.

M: Really? Wow! But it looks like what's ______________________.

W: Yeah, it seems the styles of the ______________________ are making a
______________.

M: Maybe someday I'll ______________________ my clothes to my son, then.

W: And then he'll get the compliment from somebody ______________.

Q.   What are ______________________ mainly talking about?

(a) How ______________________ themselves.

(b) What kinds of skirts are in style now.

(c) Which clothes the man should give to his son.

(d) Whether the current ______________________ will ______________.

| Script Reading |

M: Wow! You look **stunning** in that **skirt**.

W: Thanks. Actually, this **was my mother's**.

M: Really? Wow! But it looks like what's **in style now**.

W: Yeah, it seems the styles of the **seventies** are making a **comeback**.

M: Maybe someday I'll **pass down** my clothes to my son, then.

W: And then he'll get the compliment from somebody **in thirty years**.

Q.   What are **the speakers** mainly talking about?
(a) How **fashions repeat** themselves.
(b) What kinds of skirts are in style now.
(c) Which clothes the man should give to his son.
(d) Whether the current **fashion trend** will **last**.

정답 (a)

상황 | **일상**   주제 | **유행의 회귀**

질문 유형 | **대화자들이(the speakers) 주로 무엇을 이야기하는가?**

주제 및 요지 | **과거의 유행이 새로운 유행이 될 수 있다.**
▶ 첫 발화를 제외한 대부분의 화제.

(a) (O) 30년 전인 70년대 옷이 현재 유행과 비슷하니 30년 후에도 그럴 가능성이 있다.
→ 전체 내용을 잘 요약하였다.

(b) (X) 스커트 종류에 대한 화제는 없다.

(c) (X) 어떤 옷을 물려줄 것인지 언급하지 않았다.

(d) (X) '현재의 유행이 지속되느냐 않느냐'는 화제가 아니다.

| 표현 연구 |

▶ compliment   찬사, 칭찬(하다)
▶ stunning   근사한, 훌륭한
▶ in style   유행하는
▶ pass down A to B   A를 B에게 물려주다

3 상황별 빈출 표현 2: 공항 · 호텔 · 여행 🎧 track 75

공항

She is booking a flight.	그녀는 비행기 표를 예약하고 있어요.
How many bags are you checking in?	비행기에 실을 가방이 몇 개입니까?
Will a meal be served on this flight?	기내에서 식사가 제공됩니까?
Excuse me, can I pass through?	죄송한데, 먼저 가도 될까요?
Sorry, but you need to wait in line.	미안하지만, 줄을 서셔야 합니다.
My flight is already boarding!	제가 탈 비행기의 탑승이 시작되었어요.
Where is the Flying Sky Lounge located?	플라잉 스카이 라운지의 위치가 어디입니까?
It's on the second floor next to Gate F.	2층 F 탑승구 옆에 있습니다.
Is there anything to declare?	(세관에) 신고할 물품이 있습니까?
How long do you plan to stay in Australia?	호주에 얼마나 머물 계획입니까?
Where will you be staying?	어디에 묵으실 겁니까?
Have you scheduled a return flight?	돌아갈 항공 편은 정해져 있습니까?
Please step to the side.	옆으로 비켜 서 주세요.
Please fill out the customs declaration.	세관 신고서를 작성해 주세요.
She missed her connecting flight to Athens.	그녀는 아테네로 가는 연결 비행기를 놓쳤어요.
He was delayed getting to the baggage claim area.	그는 수하물 찾는 곳에 늦게 당도했어요.

호텔 · 여행

The man is checking in at a motel.	그 남자는 모텔에 투숙 절차를 밟고 있어요.
What is the rate per night?	하룻밤 요금이 얼마입니까?
Hotels in London are around $450 a night.	런던의 호텔은 하룻밤에 450달러 정도예요.
How could anyone afford it?	어떻게 그런 요금을 낼 수가 있겠어요?
The rates are moderate.	요금이 적절합니다.
Will you need accommodations?	숙박시설이 필요하십니까?
How many are in your party?	일행이 몇 명이세요?
The woman lost her identification card.	그 여자는 신분증을 잃어버렸어요.
She accidentally locked herself out of her room.	그녀는 실수로 열쇠를 방에 두고 문을 잠갔어요.
This room has a good view of the lake.	이 방에서는 호수 경치가 잘 보입니다.
I want to get away for a bit.	잠시 (일에서 벗어나) 휴식을 가지고 싶어요.
I'll be out of town.	전 여기 없을 거예요 [휴가를 떠나요].
I flew in late last night.	어젯밤 비행기로 늦게 도착했어요.
Sleep off the jet lag.	잠을 자서 시차를 이겨내세요.
How was your vacation?	휴가 어땠어요?
It was great apart from the traveling.	이동하는 것을 제외하곤 좋았어요.

표현을 잘 듣고 받아쓴 후 우리말 뜻을 적어 보세요.

	표 현	뜻
1		
2		
3		
4		
5		
6		
7		
8		
9		
10		
11		
12		
13		
14		
15		
16		
17		
18		
19		
20		

표현 받아쓰기 9

4 발음 연습 1

> **Review** 강세가 오는 내용어: 명사 · 동사 · 형용사 · 부사
> 강세가 오지 않는 기능어: 관사 · 대명사 · 조동사 · 전치사 · 접속사
> 강세가 없는 음절과 단어는 소리 나지 않는(muted) 속성을 지닌다.

▶ **발음 연습** track 77

❶ 다음 문장에서 강세가 오는 내용어에 밑줄을 그으세요.

예문
1   I hope global warming doesn't result in a worldwide catastrophe.
2   I think smoking should be banned in the entire building.
3   I'm upset the tree branch fell directly onto the windshield.

❷ 밑줄 친 내용어는 강하게, 그 외 단어는 건너뛰듯이 약하게 발음하면서 문장을 소리 내어 3번씩 읽습니다.

❸ 굵은 글씨체의 내용어 발음에 주의하면서 녹음을 따라 연습하세요.

예문
1   **I hope global warming doesn't** result in a **worldwide catastrophe**. 지구 온난화가 전세계에 재난을 초래하지 않기를 희망합니다.
2   **I think smoking** should be **banned** in the **entire building**. 흡연은 건물 전체에서 금지되어야 한다고 생각해요.
3   I'm **upset** the **tree branch fell directly** onto the **windshield**. 나뭇가지가 자동차 전면 유리에 바로 떨어져서 속상해.

❹ 녹음을 다시 들으면서 굵은 글씨체 부분의 발음을 확인하세요.

예문
1   resul**t in a** worl**d**wide **catas**trophe
2   banne**d in the entire** building
3   dire**ct**ly onto the wi**nd**shield

▶ **발음 현상 복습**

첫 음절 약화:	ca-TAS-trophe, en-TIRE
자음군 간소화, [d] [t] 생략:	WORL-wide, di-REC-ly, WIN-shield
연음:	re-SUL**T in a**[rizʌl tinə]
자음군 간소화 [ð] 생략+연음:	BANNe**d in**[bæn din]

Part III 문제 풀이를 위한 전략 복습

연습문제를 풀기 전에 아래 절차를 다시 한 번 정리한 후 실전에 응용해 보세요.

1. 대화문의 내용어를 남녀 화자를 구분하여 메모한다.
   - 각자 편리한 방법을 개발하라.

2. 대화의 주제와 요점을 항상 생각한다.

3. 일반적으로 대화문 앞 부분에 대화의 주제와 요점이 나타난다.
   - 요지가 직접적으로 제시되지 않은 경우 대화의 전체 내용을 종합한다.

4. 이후 대화에는 요점을 뒷받침하는 세부 내용이 나온다.

5. 질문을 들은 후에는 초점이 맞춰진 대화자의 발화에 좀더 주의를 기울인다.

6. 선택지의 내용어를 메모하면서 대화의 전체 내용을 잘 담고 있는지 꼼꼼히 따진다.

7. 정답에는 대화문의 요점 관련 내용어가 동의어나 새로운 단어로 제시된다.

8. 일부 정답 유형에서는 남녀 화자의 입장을 명확하게 구분하므로 각별히 신경쓴다.
   (a) The man is asking the woman a favor.
   (b) The woman is asking the man for help.
   → 남녀의 입장을 구분하지 않았다면 선택지가 이런 식으로 나올 경우 정답을 고를 수 없다.

Mini Test 9

Step 1 Listening-Only track 78

대화문의 주요 단어를 메모하면서 문제를 풀어보세요.
TEPS Part III의 대화문과 질문은 두 번, 선택지는 한 번 들려 줍니다.

_Part III 대화와 질문을 듣고 가장 적절한 응답을 고르시오.

1. ⓐ ⓑ ⓒ ⓓ
2. ⓐ ⓑ ⓒ ⓓ
3. ⓐ ⓑ ⓒ ⓓ
4. ⓐ ⓑ ⓒ ⓓ
5. ⓐ ⓑ ⓒ ⓓ
6. ⓐ ⓑ ⓒ ⓓ
7. ⓐ ⓑ ⓒ ⓓ
8. ⓐ ⓑ ⓒ ⓓ
9. ⓐ ⓑ ⓒ ⓓ
10. ⓐ ⓑ ⓒ ⓓ

Memo 주요 내용어 적기

난이도가 높은 문제를 다시 들으면서 빈칸에 들어갈 표현을 받아쓰세요.
그리고 질문에 가장 합당한 답을 선택지에서 고르세요.

_ Part III

6.
M: ___________________ to the ___________________ next door yet?

W: No. Is their ____________ any ________________?

M: I'm not sure, but we could ___________________ on Friday night.

W: Well, I think I'll have to pass.

M: Really? Why? Doesn't it look good to you?

W: Yes, but it looks a bit too expensive.

M: Don't worry. ___________________________.

W: Wow, thanks!

Q. What are the _______________ mainly talking about?
    (a) _______________ a new _______________.
    (b) ________________ a friend over for dinner.
    (c) _______________ for their _______________.
    (d) ___________________ to _________ for lunch.

8.
W: Oh, no! I can't pay for my coffee. I left my wallet in the office.

M: Don't worry. I'll ___________________. It's ___________________.

W: No, it's OK. I'll just cancel the order.

M: But ___________________ $5 the other day, ________________?

W: Did I? Oh… for the magazine.

M: Yes. I'm ___________________ my ___________________.

Q. What is the _____________ mainly doing?
    (a) _______________ a coffee.
    (b) ___________________ some _______________.
    (c) ___________________ for a magazine.
    (d) ___________________ for the woman.

9.   M: Christie, I _____________ you a big _______________.

      W: Why, what did you do?

      M: I _____________ your ________ as I was ___________ mine just now.

      W: Tell me you're joking.

      M: No, I'm not. I really _________________________________.

      W: How could you! I just bought it a week ago!

      M: I _______________ I'll _______________________. It'll be as good as new.

      W: OK. I guess we should be thankful no one got hurt.

      Q. What is the ___________ mainly doing?

          (a) _______________ his __________ in an _________________.
          (b) _______________ a car to a friend.
          (c) _______________ a parking _______________.
          (d) _______________ to __________ the woman's car.

10.   M: Hey, Julie. Do you know any good _________________________?

      W: Sure. Why do you ask?

      M: I have to __________________ of my ___________________. My lease expires soon.

      W: How about where I live? One of my neighbors is moving out.

      M: What kind of place is it?

      W: It's a ______________ one-bedroom unit on the second floor.

      M: Do you know how much it goes for?

      W: I think the rent is around $700 a month.

      Q. What is the _________________ of the conversation?

          (a) The ___________ is trying to _______________ her apartment.
          (b) The ___________ is ___________________ of her current place.
          (c) The __________ is remodeling his one-bedroom unit.
          (d) The __________ is looking for a _________________________ to live.

대본을 보면서 어떤 소리, 어떤 기능을 파악하지 못하였는지 확인하세요.

_ Part III

1. W: I'd like to make an appointment with Dr. Smith today, please.

M: Certainly. Dr. Smith is available at 5:00 this afternoon.

W: That's too late.

M: I'm afraid Dr. Smith's schedule this morning is already booked. How about Dr. Blackwell? She's available at 11:30.

W: That sounds better. Thanks.

M: Please come ten minutes beforehand.

W: OK, thanks.

Q. What is the main idea of the conversation?

(a) The woman is rescheduling her appointment.
(b) The man needs an appointment with Dr. Blackwell.
(c) The man is explaining Dr. Smith's schedule.
(d) The woman wants to see a doctor today.

2. W: How's work these days, Matt?

M: Crazy. I'm so busy I hardly have time to sleep.

W: That's not good.

M: And I have a huge deadline coming up.

W: I hope you're still getting enough rest.

M: I wish I were, but I usually have to work late.

W: Well, work is important, but don't forget that health comes first.

M: I know. I'll catch up on sleep as soon as the deadline passes.

Q. What is the woman mainly advising the man to do?

(a) To dedicate himself to his career.
(b) To spend more time with family.
(c) To make his health a priority.
(d) To reduce his workload.

지피지기
오답을 정리하면서
자신의 약한 부분을 파악합시다.

● 놓친 소리 및 어휘

● 질의 기능과 표현

3. M: Can I check out the book over there, please?

W: Sure. The return time is 8:15 p.m., and it must stay in the library.

M: Huh? That means I have only two hours from now?

W: Exactly. This book is on reserve, and so it can't be checked out for longer.

M: Oh, I guess I'll just come back tomorrow, then, when I have time to stay.

W: No problem.

Q. What are the speakers mainly talking about?

(a) Lending a book to the woman.
(b) Reserving a book in two hours.
(c) Borrowing a book at the library.
(d) Putting a book on reserve.

4. W: Dad, did you put on any sunscreen?

M: No. It's cloudy out there.

W: But sunlight can affect your skin even on cloudy days.

M: That's OK. Tanned skin looks healthier.

W: Come on, Dad. You were the one worrying about new wrinkles the other day.

M: What's a suntan got to do with wrinkles?

W: UV rays can cause wrinkles and even skin cancer.

M: Oh, I didn't know that.

Q. What is the main topic of the conversation?

(a) Preventing skin damage from sunlight.
(b) Getting a suntan to look healthy.
(c) Keeping seniors safe in cloudy weather.
(d) Wearing clothes to protect skin.

5. W: How was the movie last night?

M: It was great!

W: So, you and your girlfriend enjoyed it?

M: Well, Susan didn't like it as much as I did.

W: Huh? Why not?

M: The movie itself was great. But she didn't like the main actor.

Q. What are the speakers mainly talking about?

   (a) Why the woman did not like the movie.
   (b) How the man's movie date went.
   (c) Who the main actor in the movie was.
   (d) Which movie the man watched.

6. M: Have you been to the new restaurant next door yet?

W: No. Is their food any good?

M: I'm not sure, but we could check it out on Friday night.

W: Well, I think I'll have to pass.

M: Really? Why? Doesn't it look good to you?

W: Yes, but it looks a bit too expensive.

M: Don't worry. It'll be my treat.

W: Wow, thanks!

Q. What are the speakers mainly talking about?

   (a) Trying out a new eatery.
   (b) Inviting a friend over for dinner.
   (c) Paying for their meal.
   (d) Choosing where to go for lunch.

7.

W: Dave, what are you doing tonight after our class?

M: Nothing special. Why, what's up?

W: I bought two tickets to a new Broadway show, and I was wondering if you're interested.

M: Did you say you only have two tickets?

W: Yeah, why?

M: It's just that I'd invite Jane along as well if we had one more ticket.

W: I'm sorry, but I only have two.

Q. What is the woman mainly doing?

  (a) Discussing a Broadway show.

  (b) Inviting a classmate to attend a show.

  (c) Purchasing tickets to a performance.

  (d) Introducing a friend to a classmate.

8.

W: Oh, no! I can't pay for my coffee. I left my wallet in the office.

M: Don't worry. I'll pay for it. It's just a coffee.

W: No, it's OK. I'll just cancel the order.

M: But you lent me $5 the other day, remember?

W: Did I? Oh… for the magazine.

M: Yes. I'm repaying my debt now.

Q. What is the man mainly doing?

  (a) Ordering a coffee.

  (b) Paying back some money.

  (c) Borrowing money for a magazine.

  (d) Buying lunch for the woman.

● 놓친 소리 및 어휘

● 질의 기능과 표현

● 놓친 소리 및 어휘

9.   M: Christie, I owe you a big apology.

      W: Why, what did you do?

      M: I scratched your car as I was parking mine just now.

      W: Tell me you're joking.

      M: No, I'm not. I really don't know what to say.

      W: How could you! I just bought it a week ago!

      M: I promise I'll get it fixed. It'll be as good as new.

      W: OK. I guess we should be thankful no one got hurt.

      Q. What is the man mainly doing?

          (a) Confessing his role in an accident.
          (b) Reselling a car to a friend.
          (c) Disputing a parking violation.
          (d) Promising to fix the woman's car.

10.   M: Hey, Julie. Do you know any good apartments for rent?

      W: Sure. Why do you ask?

      M: I have to move out of my current place. My lease expires soon.

      W: How about where I live? One of my neighbors is moving out.

      M: What kind of place is it?

      W: It's a spacious one-bedroom unit on the second floor.

      M: Do you know how much it goes for?

      W: I think the rent is around $700 a month.

      Q. What is the main idea of the conversation?

          (a) The woman is trying to rent out her apartment.
          (b) The woman is moving out of her current place.
          (c) The man is remodeling his one-bedroom unit.
          (d) The man is looking for a new place to live.

표현 받아쓰기 9 : 정답

	표 현	뜻
1	Are you here on business?	여기 사업차 오셨나요?
2	Have you scheduled a return flight?	돌아갈 항공 편은 정해져 있습니까?
3	He's delayed getting to the baggage claim area.	그는 수하물 찾는 곳에 늦게 당도했어요.
4	How could anyone afford it?	어떻게 그런 요금을 낼 수가 있겠어요?
5	How many bags are you checking in?	실을 가방이 몇 개입니까?
6	I flew in late last night.	어젯밤 늦게 비행기로 도착했어요.
7	I want to get away for a bit.	잠시 휴식을 가지고 싶어요.
8	I'll be out of town.	제가 휴가를 떠나요.
9	Is there anything to declare?	신고할 물품이 있습니까?
10	My flight is already boarding!	제가 탈 비행기의 탑승이 시작되었어요.
11	Please fill out the customs declaration.	세관 신고서를 작성해 주세요.
12	Please step to the side.	옆으로 비켜 서 주세요.
13	She accidentally locked herself out of her room.	그녀는 실수로 열쇠를 방에 두고 문을 잠갔어요.
14	She missed her connecting flight to Athens.	그녀는 아테네로 가는 연결 비행기를 놓쳤어요.
15	Sleep off the jet leg.	잠을 자서 시차를 이겨내세요.
16	The rates are moderate.	요금이 적절합니다.
17	The woman lost her identification card.	그 여자는 신분증을 잃어버렸어요.
18	What is the rate per night?	하룻밤 요금이 얼마입니까?
19	Will a meal be served on this flight?	기내에서 식사가 제공됩니까?
20	Will you need accommodations?	숙박시설이 필요하세요?

Unit **10** 특정 정보

본 단원에서는 남녀간의 대화 중에 언급되는 세부적인 내용 파악 능력을 테스트하는 두 가지 문제 유형 중 특정 정보 문제를 학습한다. **특정 정보**를 묻는 질문은 먼저 대화의 흐름에 따라 한 번 들은 후, 두 번째 들을 때 질문에서 묻는 것과 관련된 사실이 나와 있는 부분을 중심으로 선별해서 들으면(selective listening) 비교적 쉽게 정답을 맞힐 수 있다. 이에 반하여 Unit 11에서 다루게 될 진위 문제는 특정 정보 문제보다 훨씬 더 주의 깊게 대화 전체를 들어야 한다.

Part III는 남자와 여자의 대화가 각 3~4번 교환되면서 총 6~8개 발화로 이루어진 긴 대화문이다. 그래서 짧은 대화인 Part I&II에서는 다룰 수 없는, 대화자 간에 몇 가지 정보를 계속 문의하고 응답하는 상황이 단골로 등장한다. 예를 들면 호텔 예약, 비행기표 예약, 은행 업무, 이사 계획 등이 있다. 특히 시간이나 날짜, 가격 등 숫자와 관련된 정보를 묻는 문제가 출제될 수 있으니 이를 염두에 두고 숫자 정보를 메모하면서 듣는다.

출제빈도 및 출제경향 매 시험 평균 3~4 문제

- Part III에서 세부 사항 질문 유형의 총 출제 비율은 약 38%로 평균 5~6문항이고 38번~42번에 제시된다.
- 세부 사항 문제는 특정 정보에 대해서 묻는 것(21%)과 진위 확인을 묻는 것(17%)으로 나뉘는데 본 단원에서 다루는 특정 정보 유형은 매 시험 평균 3~4문제 정도 출제된다. 특정 정보 관련 질문 내에서 대화 상황 · 주제별, 그리고 의문사 종류별 출제 비율은 아래와 같다.

대화 상황 · 주제	출제 비율(%)
여행 · 공항 · 상점	21
직장 · 전화 대화 · 기타 일상	79

의문사 종류	출제 비율(%)
이유(why)	37
대상(what, which)	63

1 질문 · 상황 · 정답 유형

특정 정보를 묻는 질문 유형(Question type)은 크게 두 가지로 분류된다.

(1) wh-의문사를 사용하여 구체적인 정보를 묻는 질문

Part III의 질문에는 **what, where, when, why, how** 같은 의문사가 쓰이는데, 이 중 **why**와 **what**이 특히 많이 출제된다. 한 명의 대화자가 다른 대화자에게 한 말이나 행동 등에 대한 이유(why)를 묻거나, 구체적으로 어떤(What) 의견, 조언, 요청 등을 구하거나 제시하는지를 묻는 상황이 많이 나오기 때문이다.

(2) 구체적 대상에 대한 진위를 묻는 질문

예를 들면 **Which is correct about the wallet?**과 같은 식이다. 전체를 주의 깊게 듣지 않아도 되고 선별 청취(selective listening)만으로도 정답을 고르는데 어려움이 없기 때문에 특정 정보 질문에 속한다. 이 경우 선택지의 주어는 질문에 언급된 구체적 대상과 모두 동일하게, 혹은 그것과 관련된 것으로 유사하게 주어진다.

<table>
<tr><td colspan="2" align="center">질문유형</td></tr>
<tr><td>

I.   **Why** is[was] the man [woman] ...?
    Why didn't the man [woman] like ...?
    What does the man [woman] want to do?
    What does the man [woman] ask [suggest] the woman [man] to do?

</td><td>

Why does the man [woman] want to ...?
Why can't the man [woman] ...?
What should the man [woman] do...?

</td></tr>
<tr><td colspan="2">

II. **Which** is correct about **the man [woman / 특정 대상]**?

</td></tr>
</table>

상황	질문예시	정답유형
은행 / 정비소	Why can't the woman cash the check at the bank? 여자는 왜 은행에서 수표를 현금으로 바꿀 수 없는가?	The bank only services their bank account holders. 그 은행은 은행 계좌를 가진 사람에게만 서비스를 한다.
	What does the woman ask the man to do? 여자는 남자에게 무엇을 하기를 요청하는가?	Check the tires. 타이어 정비하기.
직장	Why is the man complaining? 남자는 왜 불평을 하는가?	He had to do long hours of monitoring. 오랜 시간 (녹음) 감독을 해야 했다.
	What is the woman's impression of the new boss? 새 상사에 대한 여자의 느낌은 무엇인가?	He is competent. 그가 유능해 보인다.
전화 대화	[일상] Why was the woman sleeping when the man called? 남자가 전화했을 때 여자는 왜 자고 있었는가?	She is still used to a different time zone. 그녀가 여전히 다른 시간대에 익숙하기 때문에.
	[분실물 확인] What is the purpose of the man's phone call? 남자가 전화한 목적은 무엇인가? Which is correct about the wallet? 지갑에 대해 옳은 것은?	To find his purse. 지갑을 찾기 위하여. It contains a passport. 여권이 안에 들어있다.

1. 특정 정보 질문에서는 묻는 사항이 무엇인지 파악하여 그와 관련된 부분을 집중적으로 잘 들으면 된다. 정답은 대화문에 나온 해당 정보를 동의어나 유사 표현으로 바꾸어 제시된다.

   질문으로 제시된 특정 정보 | **남자가 기차 여행이 즐겁지 않은 이유**

   > W: Why? Didn't you enjoy the train ride?
   > M: I got a cheap ticket and **spent a restless night on one of those hard seats**.
   >   …
   > Q. Why didn't the man like traveling by train?

   정답 He slept poorly on a hard seat.
   > ▶ spent a restless night → slept poorly로 바뀌었다.

2. 오답은 대화에 언급된 내용 중에서 질문과 관련없는 부분을 제시한다.

풀이 요령

1. 대화문을 처음 들을 때 명사·동사·형용사와 같은 주요 단어를 메모하면서 대화 상황과 주제를 생각한다.

2. 질문을 들을 때는 의문사뿐만 아니라 어떠한 세부사항을 묻고 있는지 파악한다.

3. 대화문을 다시 들을 때는 질문에서 요구하는 사항을 중심으로 선별해서 듣는다.

2 유형 연습

Ⓐ Part III 직장 – 발표 불참 이유 🎧 track 80

Step ① Choose the option that best answers the question.

ⓐ　　ⓑ　　ⓒ　　ⓓ

Step ② Listen again and fill in the gaps.

W:　　I really ________________________________.

M:　　Don't sweat it. ______________? Were you sick?

W:　　No, it wasn't that.

M:　　______________________, then? Did you forget about it or something?

W:　　Well, I was ________________ at school.

M:　　And then something happened to your son?

W:　　No, I ________________.

Q.　　________________________ the presentation?

(a) She was sick.

(b) She forgot about it.

(c) She ________________.

(d) She ________________.

| Script Reading |

W:　　I really **feel bad about missing the presentation**.
M:　　Don't sweat it. **What happened?** Were you sick?
W:　　No, it wasn't that.
M:　　**Why did you miss it,** then? Did you forget about it or something?
W:　　Well, I was **dropping off my son** at school.
M:　　And then something happened to your son?
W:　　No, I **was in a car accident**.

Q.　　**Why did the woman miss** the presentation?
(a) She was sick.
(b) She forgot about it.
(c) She **had to drop off her son**.
(d) She **was involved in a collision**.

정답 (d)

상황 | **직장**   주제 | **발표 불참 이유**

질문 유형 | **여자가 발표를 놓친 이유(why)는?**

특정 정보 | **대화의 마지막에** 밝힌다.

▶ 상대방이 추측한 이유를 계속 부정하다가 여자는 마지막에 '내가 차 사고를 당했다'며 이유를 말한다.

(a) (X) 남자의 첫 번째 발화 내용인 Were you sick?을 이용했다.

(b) (X) 남자의 두 번째 발화 내용인 Did you forget…?을 이용했다.

(c) (△) 여자의 세 번째 발화 내용 ~dropping off my son…과 관련되어 있지만 직접적인 원인은 아님에 주의!

(d) (O) 직접적인 이유인 in a car accident를 involved in a collision으로 바꿔 표현한 정답이다.

| 표현 연구 |

▶ miss   ~을 놓치다

▶ sweat it   걱정하다, 고민하다

▶ drop off   차에서 내려주다

▶ collision   충돌

▶ be involved in   ~에 연루되다

B **Part III** 전화 대화 – 병원 예약 🎧 **track 81**

Step ① Choose the option that best answers the question.

        ⓐ   ⓑ   ⓒ   ⓓ

Step ② Listen again and fill in the gaps.

M: Mount Carmel Clinic. How may I help you?

W: Hi. I'd like to _______________________________, please.

M: Sure. Will this be your first time coming here?

W: No. _____________________. My name is Ruth Greenfield.

M: OK. Ms. Greenfield… Would you ___________________________, Dr. Hawthorne?

W: Yes, please.

M: Is _____________________?

W: Yes. Thanks.

Q.   Which is _____________________?

     (a) She needs _______________________________.

     (b) She wants to see _______________________________.

     (c) Her doctor is _____________.

     (d) Her appointment is _____________.

| Script Reading |

M: Mount Carmel Clinic. How may I help you?

W: Hi. I'd like to **schedule a regular check-up**, please.

M: Sure. Will this be your first time coming here?

W: No. **I've been there before**. My name is Ruth Greenfield.

M: OK. Ms. Greenfield… Would you **like to see the same doctor**, Dr. Hawthorne?

W: Yes, please.

M: Is **tomorrow at 10:15 OK with you**?

W: Yes. Thanks.

Q.   Which is **correct about the woman**?

     (a) She needs **to cancel her regular check-up**.

     (b) She wants to see **the doctor she saw last time**.

     (c) Her doctor is **unavailable**.

     (d) Her appointment is **for 10:50**.

정답 (b)

상황 | **전화 대화**　　주제 | **병원 예약**

질문 유형 | **중심 화자(the woman)에 대해서 옳은 것은?**

특정 정보 | 여자가 **정기 검진**을 원하며 이전과 **같은 의사**에게 내일 **10시 15분**에 예약하고 있다.

(a) (X) 정기 검진을 취소(cancel)하기를 원하는 것이 아니라 예약을 하고 있다.

(b) (O) like to see the same doctor를 wants to see the doctor she saw last time으로 바꾸어 표현했다.

(c) (X) 의사가 시간이 되지 않는다(unavailable)는 것은 대화 내용과 다르다.

(d) (△) 약속 시간을 발음이 비슷한 **10:50**으로 바꾸어 표현한 것에 주의!

| 표현 연구 |

▸ schedule　　　　　　　　　예정에 넣다, 일정을 정하다
▸ regular check-up　　　　　정기 건강 진단
▸ unavailable　　　　　　　시간이 되지 않는

3 상황별 빈출 표현 3: 직장 · 학교 · 은행　track 82

직장 · 학교

I've got a job interview today.	오늘 취업 면접이 있어요.
I didn't get promoted.	승진하지 못했어.
I'll be transferred to the branch office in New York.	저는 뉴욕 지점으로 전출될 거예요.
The company has been downsizing recently.	최근에 회사에서 인원 감축을 하고 있어요.
I'll work an hour longer each day.	매일 1시간 더 일을 하겠어요.
I'll work on weekends to make up for the loss.	손실을 메우기 위해 주말마다 일하겠어요.
My work never seems to end.	내 일이 끝날 것 같지 않아.
Please organize your work more efficiently.	일을 좀 더 효율적으로 조직하세요.
You need to set your priorities.	당신은 일의 우선 순위를 정해야 해요.
Let go of less important stuff.	덜 중요한 일들에서 손을 떼세요.
We exchanged cards.	우리는 명함을 주고 받았어요.
She gave me a project to work on.	그녀가 내게 프로젝트를 맡겼어.
How do you like your new assistant?	새로운 조교 어때요?
I think she'll work out.	그녀가 잘 할 거라고 생각해요.
This information will help you on your job.	이 정보는 당신의 일에 도움이 될 거예요.
You're new here, aren't you?	새로 오셨죠?
I'm working in sales.	저는 영업부에서 근무합니다.
What department do you work in?	어느 부서에서 근무하세요?
It's a real compliment coming from you.	너무 과찬이세요.
This can't happen again.	이런 일이 다시는 있어서는 안 됩니다.
Most jobs are sales or labor.	대부분이 영업직이나 노동직이야.
How can I check out articles from the reserve room?	관내 열람용 논문을 어떻게 대출할 수 있나요?

은행

I'd like to cash this check.	이 수표를 현금으로 바꾸고 싶어요.
Do you have an account with us?	저희 은행 계좌를 가지고 계세요?
Only certified checks can be cashed.	지불 보증 수표만 현금으로 바꾸실 수 있어요.
The check was issued by a different bank.	그 수표는 다른 은행에 의해 발행되었어요.
Next in line, please!	다음 분이요!

표현 받아쓰기 10

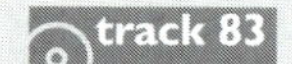

표현을 잘 듣고 받아쓴 후 우리말 뜻을 적어 보세요.

	표 현	뜻
1		
2		
3		
4		
5		
6		
7		
8		
9		
10		
11		
12		
13		
14		
15		
16		
17		
18		
19		
20		

4 발음 연습 2

▶ **발음 연습** 🔊 track 84

❶ 다음 문장에서 강세가 오는 내용어에 밑줄을 그으세요.

예문
1　I felt the same way when I first decided to immigrate.
2　Did you think our insurance would cover the damage?
3　Loud music can distract him while he's driving.

❷ 밑줄 친 내용어는 강하게, 그 외 단어는 건너뛰듯이 약하게 발음하면서 문장을 소리 내어 3번씩 읽습니다.

❸ 굵은 글씨체의 내용어 발음에 주의하면서 녹음된 소리를 따라 연습합니다.

예문
1　I **felt** the **same way** when I **first decided** to **immigrate**. 이민 가려고 처음 결심했을 때 나도 비슷하게 느꼈어요.
2　Did you **think** our **insurance** would **cover** the **damage**? 보험이 그 피해를 보상해 줄 거라고 생각했어요?
3　**Loud music** can **distract** him while he's **driving**. 시끄러운 음악은 운전하는 동안 그의 정신을 산만하게 할 수 있다.

❹ 녹음을 다시 들으면서 굵은 글씨체 부분의 발음을 확인하세요.

예문
1　fir**st d**ecided to immigrate
2　Di**d y**ou thin**k ou**r
3　musi**c c**an distract **h**im

▶ **발음 현상 복습**

자음군 간소화, [d], [t] 생략:	FIRS-decided
연음:	MU-sic **can**[mjúːzi kæn], thin**k our**[θiŋ kauər]
구개음화+연음:	Di**d y**ou[di dʒə]
[h] 생략+연음:	disTRACT **im**[distrǽk tim]

Part III 문제 풀이를 위한 전략 복습

연습문제를 풀기 전에 아래 절차를 다시 한 번 정리한 후 실전에 응용해 보세요.

1. 대화문의 주요 내용어를 남녀 화자를 구분하여 메모한다.

2. 대화의 상황과 주제를 항상 생각한다.

3. 질문을 듣고 나서는 질문에서 요구하는 특정 정보와 관련 있는 대화 내용에 초점을 맞추어 대화를 듣는다.

4. 선택지의 주요 내용어를 메모하면서 질문에 해당하는 내용을 잘 담고 있는지 꼼꼼히 따진다.

5. 정답은 특정 정보에 해당하는 대화문의 내용어를 동의어나 유사표현으로 바뀌어 제시된다.

6. 오답은 대화에 언급된 내용 중에서 질문의 특정 정보와 관련 없는 내용을 제시하므로 각별히 신경 쓴다.

Mini Test 10

Step 1   Listening-Only   🎧 track 85

대화문의 주요 단어를 메모하면서 문제를 풀어 보세요.
TEPS Part III의 대화문과 질문은 두 번, 선택지는 한 번 들려 줍니다.

_ Part III   대화와 질문을 듣고 가장 적절한 응답을 고르시오.

1.   ⓐ   ⓑ   ⓒ   ⓓ
2.   ⓐ   ⓑ   ⓒ   ⓓ
3.   ⓐ   ⓑ   ⓒ   ⓓ
4.   ⓐ   ⓑ   ⓒ   ⓓ
5.   ⓐ   ⓑ   ⓒ   ⓓ
6.   ⓐ   ⓑ   ⓒ   ⓓ
7.   ⓐ   ⓑ   ⓒ   ⓓ
8.   ⓐ   ⓑ   ⓒ   ⓓ
9.   ⓐ   ⓑ   ⓒ   ⓓ
10. ⓐ   ⓑ   ⓒ   ⓓ

Memo 주요 내용어 적기

난이도가 높은 문제를 다시 들으면서 빈칸에 들어갈 표현을 받아쓰세요.
그리고 질문에 가장 합당한 답을 선택지에서 고르세요.

_ Part **III**

3. M: I would like to ________________________ for tonight, please.

W: Certainly. May I have your name?

M: Douglas Thompson.

W: I'm afraid ____________________ under Thompson.

M: ____________________. I have the reservation number right here.

W: OK, let me check it. Umm…

M: ____________________.

W: Got it. You're right. The reservation was under Tompkins not Thompson.

Q. Why was the woman unable to find the reservation at first?

(a) The man did not have a reservation number.
(b) ____________________.
(c) She was not looking at the right reservation list.
(d) The name ____________________.

5. M: ____________, please!

W: Gosh, finally! ____________________!

M: Sorry, this time of day is always the busiest.

W: ________________ $500 into my account.

M: Certainly. And by the way, ____________________.

W: I know. But I want to make sure ____________________ immediately.

Q. Which is correct about the woman?

(a) She had been waiting for half an hour.
(b) ________________ $500 from her account.
(c) She did not know about the deposit box.
(d) She ____________________.

6. W: ____________________, Sam?

M: Terrible! I didn't get the job.

W: ___________________. So what are you going to do?

M: I don't know. ______________________.

W: Well, what kind of job ____________________?

M: I don't really know. I have no college degree, and __________________.

W: Well, you could apply for _________________.

Q. What does the woman think the man should do?

    (a) __________________.
    (b) Get more experience.
    (c) Apply again for the same job.
    (d) Try for ________________.

10. W: I _______________________ the other day.

M: What happened?

W: I left a casserole in the oven, and ______________________.

M: Were you all right?

W: I was fine, but I couldn't eat my dinner. ____________________________.

M: At least you're OK. ______________________.

W: Yeah, right.

Q. Which is correct about the woman?

    (a) She started a house fire.
    (b) Her fast food _______________.
    (c) She forgot to eat dinner.
    (d) Her casserole _______________.

대본을 보면서 어떤 소리, 어떤 기능을 파악하지 못하였는지 확인하세요.

_ Part III

1. W: Can you tell me where the art museum is?

M: Sure, it's down by the harbor on Jefferson.

W: Oh, is that far from here?

M: Not really. Just take Taft Street for about six blocks.

W: And then I make a left on Jefferson Avenue, right?

M: That's correct. It's right after Washington Parkway.

Q. Where is the art museum?

(a) By Harbor Street.
(b) Six blocks from Taft Street.
(c) On Jefferson Avenue.
(d) Right of Washington Parkway.

2. W: I would like to make a room reservation for this Saturday, please.

M: Certainly. How long are you going to stay?

W: For one night.

M: So, you are arriving on April 3rd and leaving the next day. Is that right?

W: Yes. And can I check out around 3?

M: In that case, there will be a late check-out fee of $20.

W: Fine. That's no problem.

Q. Which is correct about the woman?

(a) She is checking out on April 3rd.
(b) She is staying at the hotel this weekend.
(c) She is leaving tomorrow at 3.
(d) She is paying $20 for the room.

지피지기
오답을 정리하면서
자신의 약한 부분을 파악합시다.

● 놓친 소리 및 어휘

● 질의 기능과 표현

3. **M:** I would like to confirm my reservation for tonight, please.

   W: Certainly. May I have your name?

   M: Douglas Thompson.

   W: I'm afraid there's no reservation under Thompson.

   M: That can't be possible. I have the reservation number right here.

   W: OK, let me check it. Umm…

   M: Somebody probably misspelled my name.

   W: Got it. You're right. The reservation was under Tompkins not Thompson.

   Q. Why was the woman unable to find the reservation at first?

      (a) The man did not have a reservation number.
      (b) She misunderstood the man's name.
      (c) She was not looking at the right reservation list.
      (d) The name had been written incorrectly.

4. **M:** I'd like to buy a train ticket to Seattle.

   W: When do you wish to travel?

   M: On Tuesday. Are there any that arrive in Seattle by three?

   W: Yes, the one that leaves at twelve would arrive by then.

   M: Great. How much is a ticket?

   W: One way is thirty bucks.

   M: And how about for a round trip?

   W: That'd be fifty-five dollars.

   Q. Which is correct about the train?

      (a) It leaves on Tuesday.
      (b) It arrives in Seattle by twelve.
      (c) It leaves at three.
      (d) It costs fifty-five for a one-way ticket.

● 놓친 소리 및 어휘

● 질의 기능과 표현

● 놓친 소리 및 어휘

5. M: Next in line, please!

W: Gosh, finally! I've been waiting for thirty minutes!

M: Sorry, this time of day is always the busiest.

W: I just want to deposit $500 into my account.

M: Certainly. And by the way, you could've used the deposit box.

W: I know. But I want to make sure the balance is credited immediately.

Q. Which is correct about the woman?

(a) She had been waiting for half an hour.
(b) She is transferring $500 from her account.
(c) She did not know about the deposit box.
(d) She wants to check her balance.

6. W: How was your interview, Sam?

M: Terrible! I didn't get the job.

W: Sorry to hear that. So what are you going to do?

M: I don't know. It seems nobody wants me.

W: Well, what kind of job are you qualified for?

M: I don't really know. I have no college degree, and too little experience.

W: Well, you could apply for an entry-level position.

Q. What does the woman think the man should do?

(a) Get a college degree.
(b) Get more experience.
(c) Apply again for the same job.
(d) Try for a low-level position.

7. W: What kind of movies do you like to watch?

M: Oh, that's a hard question.

W: Well, do you like serious dramas?

M: No, I prefer something that makes me laugh.

W: What about documentaries?

M: Only if it's about animals.

Q. What type of films does the man like?

(a) Action movies.
(b) Comedies.
(c) Horror films.
(d) Historical documentaries.

8. M: Mm, your cooking smells delicious. What are you making?

W: It's a baked chicken dish.

M: Oh, my favorite, the kind with mushrooms?

W: I left those out this time.

M: Then, is it with carrots?

W: Nope. It's a broccoli recipe.

Q. What does the man like most?

(a) Plain baked chicken.
(b) Chicken and mushrooms.
(c) Carrots.
(d) Broccoli dishes.

9. M: How do you like my outfit?

W: Impressive. You look sharp.

M: Doesn't this shirt look too tight, though?

W: Not really. I'd say it's fine.

M: Well, when I wear a tie, I can hardly breathe.

W: Then don't tie it so tight.

M: It's not that. It's the neck size of the shirt.

W: Oh, that is a problem, then.

Q. What is too tight?

(a) The man's outfit.
(b) The shirt length.
(c) The man's tie.
(d) The shirt neck size.

10. W: I almost started a house fire the other day.

M: What happened?

W: I left a casserole in the oven, and completely forgot about it.

M: Were you all right?

W: I was fine, but I couldn't eat my dinner. I had to go get fast food.

M: At least you're OK. It could've been worse.

W: Yeah, right.

Q. Which is correct about the woman?

(a) She started a house fire.
(b) Her fast food was overcooked.
(c) She forgot to eat dinner.
(d) Her casserole was not edible.

표현 받아쓰기 10 : 정답

	표 현	뜻
1	Do you have an account with us?	저희 은행 계좌를 가지고 계세요?
2	How can I check out articles from the reserve room?	관내 열람용 논문을 어떻게 대출할 수 있나요?
3	I didn't get promoted.	승진하지 못했어요.
4	I'd like to cash this check.	이 수표를 현금으로 바꾸고 싶은데요.
5	I'll work on weekends to make up for the loss.	손실을 메우기 위해 주말마다 일하겠어요.
6	I'm being transferred to the branch office in New York.	저는 뉴욕 지점으로 전출될 거예요.
7	I think she'll work out.	그녀가 잘 할 거라고 생각해요.
8	It's a real compliment coming from you.	너무 과찬이세요.
9	Let go of less important stuff.	덜 중요한 일들에서 손을 떼세요.
10	My work never seems to end.	내 일이 끝날 것 같지 않아.
11	Next in line, please!	다음 분이요!
12	Only certified checks can be cashed.	지불 보증 수표만 현금으로 바꾸실 수 있어요.
13	Please organize your work more efficiently.	일을 좀 더 효율적으로 조직하세요.
14	The check was issued by a different bank.	그 수표는 다른 은행에 의해 발행되었어요.
15	The company has been downsizing recently.	최근에 회사에서 인원 감축을 하고 있어요.
16	This can't happen again.	이런 일이 다시는 있어서는 안됩니다.
17	This information will help you on your job.	이 정보는 당신의 일에 도움이 될 거예요.
18	We exchanged cards.	우리는 명함을 주고 받았어요.
19	What department do you work in?	어느 부서에서 근무하세요?
20	You need to set your priorities.	당신은 일의 우선 순위를 정해야 해요.

Unit 11 진위 *

본 단원에서는 대화문에 언급되는 세부적인 내용 파악 능력을 테스트하는 문제 유형 중 진위 문제를 살펴보기로 한다. Unit 10에서 공부한 **특정 정보**를 묻는 질문은 대화의 흐름 전체를 완전히 이해하지 못하더라도 두 번째 들을 때 질문에서 요구하는 내용을 중심으로 유의하여 들으면 비교적 쉽게 정답을 맞힐 수 있다. 반면에 진위 문제는 대화 전체를 주의 깊게 들어야 선택지의 각 내용이 대화와 일치하는지 판별할 수 있다.

진위 문제로 자주 등장하는 대화 상황은 **직장**이나 **상점, 공연 약속, 이사 계획** 등의 일상을 다룬 것이다. 특히 이러한 상황과 관련하여 **가격, 시간, 날짜** 등 숫자 정보가 대화와 선택지에 자주 등장하니 유의해서 듣고 가능하면 메모도 해두어야 한다. 또한 각 상황과 관련하여 특별히 자주 쓰이는 기능이 있으니(예: 상점 → 문의, 공연 관람 → 약속), 이러한 점을 염두에 두고 예측하여 들으면 정답을 맞힐 확률을 더 높일 수 있다.

- Part III에서 세부 사항 질문 유형의 출제 비율은 약 38% (평균 5~6문항)이고 38번~42번에 출제된다.
- 세부 사항 문제는 특정 정보에 대해서 묻는 것(21%)과 진위 여부를 묻는 것(17%)으로 나눌 수 있는데, 본 단원에서 다루는 진위 유형은 매 시험 평균 2~3문제가 출제된다.
- 진위 관련 질문의 대화 상황·주제별 출제 비율, 그리고 대화문에서 지주 언급되는 주요 발화의 기능은 아래와 같다.

대화 상황 · 주제	출제 비율(%)
상점(가게/식당) · 길 묻기	20
직장 · 전화 대화 · 기타 일상	80

	문의
	약속
	의견/견해/소감/기대
주요 발화 기능	불평/질책
	인사/칭찬
	요청/수락
	위로

1 질문 · 상황 · 정답 유형

진위 확인의 질문 유형은 **Which is correct according to the conversation?** 으로 정형화되어 있다. 진위 파악 문제는 대화 내용 전체를 이해해야 풀 수 있으므로 특정 정보 문제보다 난이도가 더 높다.

선택지의 특징을 보면, 선택지의 주어가 전부 다르게 나오는 것이 일반적이다. 정답은 대화의 내용과 일치하는 정보를 다른 단어로 바꾸어 제시되며 오답은 남녀 화자의 입장을 뒤섞거나 시제를 달리하는 등 대화의 내용과 살짝 어긋난 형태로 제시된다. 대화문의 특정 문장이나 표현이 선택지에서 어떻게 변경되는지를 아래 표를 보고 확인해 보자.

상황	대화문의 특정 문장	정 답 유 형
가게 / 식당	[물건 반품 가능 여부 문의] **This was on a clearance sale and no returns are allowed for such items.** 이건 창고정리 세일 품목이어서 반품이 안 됩니다. [음식 불평] **This sandwich seems like it was made yesterday.** 이 샌드위치는 어제 만든 것 같아요.	Clearance sales items cannot be returned. 창고정리 세일 품목은 반품될 수 없다. The sandwich did not taste fresh. 샌드위치 맛이 신선하지 않았다.

위 표에서 알 수 있듯이 진위 확인 문제의 정답은 크게 두 가지 유형으로 표현된다.

(1) 대화문의 두 개 이상의 문장을 하나의 문장으로 요약하는 유형

   예: This was on a clearance sale. + No returns are allowed for such items.

       → Clearance sales items cannot be returned.

(2) 문장에 내포된 의미를 다른 단어들을 이용하여 새롭게 표현하는 유형

   예: This sandwich seems like it was made yesterday.

       → The sandwich did not taste fresh.

아래 도표에서 예시한 정답 유형도 앞에서 설명한 방식과 유사하게 만들어졌음을 확인할 수 있다. 상황별로 특별히 자주 쓰이는 발화 기능이 어떤 것인지 숙지해 두기 바란다.

상황	대화문의 특정 문장	정답 유형
직장	[초면 인사] W: What department do you work in? 어느 부서에서 일하시죠? [발표 칭찬/문의] M: Your presentation was excellent. Where did you get all those statistics? 당신 발표 좋았어요. 그 통계 자료 모두 어디서 구한 건가요? [업무 지시 사항 확인/질책] W: Do you have the report for the Smith account? 스미스 건 보고서 가지고 있나요? M: Smith account? ...can I get it to you tomorrow? 스미스 건이요? ...내일 드려도 될까요? W: ...this can't happen again. 다시는 이런 일이 없도록 하세요.	The speakers work in different departments. 화자들은 다른 부서에서 일한다. The woman used statistics in her presentation. 여자는 발표에서 통계 자료를 사용하였다. The man is also responsible for the Smith account. 남자는 스미스 건도 맡고 있다.
일상 (공연 관람 약속/ 이사 계획)	[음악회 약속] M: I have concert tickets for Saturday. 토요일 음악회 표가 있어요. [음악회 약속] M: I won tickets for the Mariah Carey concert. 머라이어 캐리 콘서트 표가 생겼어요. W: ...and dinner will be on me! ...저녁은 제가 살게요! [이사 계획 문의] W: I'm moving in to my friend's apartment. 친구 아파트로 이사할 거예요. [이사 도움 요청/수락] W: Could you pack up the books for me? 책 포장 좀 해주시겠어요? M: OK, I'll come over Saturday night. 네, 토요일 밤에 갈게요.	The man already has the tickets. 남자는 표를 이미 가지고 있다. The woman will buy dinner for the man. 여자가 남자에게 저녁을 사 줄 것이다. The woman is going to live with her friend. 여자는 친구와 함께 살 예정이다. The man agrees to help the woman pack. 남자는 여자가 짐 싸는 것을 돕기로 동의하고 있다.

☑ 출제 포인트

1. 진위 확인 질문은 대화 전체 내용을 꼼꼼히 들으면서 각 선택지의 내용과 일치하는 사항이 무엇인지 파악해야 한다. 정답은 대화문을 동의어를 이용하여 바꿔 표현하거나 두 개 이상의 대화문을 한 문장으로 요약한 형태를 취한다.

예 | 상대방의 개가 죽은 것에 대한 위로

> W: My dog died last night.
> M: … Was it **unexpected**?
> W: **No**, he was 14 years old, and his **health** had been **deteriorating**.
> M: …at least he lived a **long** life.
>   …
> Q. **Which is correct** according to the conversation?

정답 The woman knew her dog was not healthy.
  ▸ unexpected?+No → knew로, health ..deteriorating → not healthy로 바꾸었다.

2. 오답은 남녀의 입장을 뒤바꾸거나, 대화문의 시제를 달리하기도 하고, 대화에 언급된 특정 단어나 표현을 그대로 사용하여 대화 내용과 일치하는 것처럼 들린다. 위 대화와 관련하여 The man has not seen the woman for a **long** time.과 같은 오답 문장이 제시될 수 있다.

풀이 요령

1. 대화문을 처음 들을 때는 명사 · 동사 · 형용사와 같은 주요 단어를 메모하면서 두 대화자의 관계, 상황과 주제를 파악한다.

2. 대화 상황에 따라 나올 수 있을 만한 발화 기능을 예측하며 듣는다.
   - 상점 → 가격/반납/영업 시간 문의
   - 직장 → 인사/칭찬/질책
   - 일상 (공연) → 시간 약속, 감상 소감 · 의견 문의

3. 질문을 듣고 진위 파악 문제임을 확인한 후 대화를 다시 들을 때에는 대화 전체 내용에 귀를 기울여야 한다.

4. 숫자와 관련된 정보(날짜, 시간, 가격 등)를 이용한 진위 파악 문제가 가끔씩 출제되니 대화에 언급되는 숫자는 메모를 해둔다.

5. 선택지의 주어를 메모하고 일치하는 정보를 찾아야 한다.

A Part III 여행 – 호텔 투숙 track 87

Step ① Choose the option that best answers the question.

ⓐ   ⓑ   ⓒ   ⓓ

Step ② Listen again and fill in the gaps.

M: Hi, I ____________________.

W: I'm sorry, sir. We __________________________.

M: That's all right. How much are they?

W: ________________________. It includes breakfast.

M: When is breakfast?

W: ____________.

M: OK, do you ____________________?

W: Of course. ____________________, please.

Q.   Which is correct according to the conversation?

(a) Single rooms ________________.

(b) __________________ in the price.

(c) Breakfast ________________.

(d) ______________________.

| Script Reading |

M: Hi, I **need a double suite**.
W: I'm sorry, sir. We **only have single rooms available**.
M: That's all right. How much are they?
W: **Eighty dollars per night plus tax**. It includes breakfast.
M: When is breakfast?
W: **Six to nine**.
M: OK, do you **take traveler's checks**?
W: Of course. Just fill out this form, please.

Q.   Which is correct according to the conversation?
(a) Single rooms **are fully booked**.
(b) **The tax is included** in the price.
(c) Breakfast **starts at seven**.
(d) **Traveler's checks are accepted**.

정답 (d)

◥ Listening Point

상황 | **여행**　주제 | **호텔 투숙**

질문 유형 | **대화에 따르면 옳은(correct) 내용은?**

진위 | **호텔 투숙을 위한 문의/답변 내용 중(방, 가격, 아침 식사, 결제 수단 등)에서 옳은 것 찾기.**

▶ 선택지 주어가 전부 다르므로 세심하게 들어야 한다.

(a) (X) only… single rooms available의 내용과 상이하다.

(b) (△) …plus tax .. includes breakfast를 이용해 정보를 섞어 놓아 얼핏 들으면 헷갈리니 유의!

(c) (X) 아침 식사 시작 시간을 잘못 바꾸어 놓음: six to nine →starts at seven

(d) (O) 마지막 대화 부분(여행자 수표 사용 가능성에 대한 문의와 답변 내용)을 accepted라는 새로운 단어를 사용하여 표현했다.

| 표현 연구 |

▶ double suite　　　　　2인실 스위트 룸

▶ traveler's check　　　　여행자 수표

▶ fill out　　　　　　　(양식을) 작성하다, 기입하다

▶ book　　　　　　　　예약하다

Step ① Choose the option that best answers the question.

ⓐ   ⓑ   ⓒ   ⓓ

Step ② Listen again and fill in the gaps.

W: Have you heard ________________________________?

M: They said ________________________________.

W: Oh, no! What about Sunday?

M: I think they said ______________. What's the matter?

W: My roommate and I are moving this weekend.

M: Oh, I see. Can't you ________________________________?

W: The ________________ this weekend is ______________.

M: Well, why don't you do it Sunday afternoon? ________________.

Q.   Which is correct according to the conversation?

(a) The weather is ______________________.

(b) The forecast ______________________.

(c) The woman's move ________________.

(d) The man ______________________ this weekend.

| Script Reading |

W: Have you heard **the weather forecast for this weekend**?
M: They said **thunderstorms are expected on Saturday**.
W: Oh, no! What about Sunday?
M: I think they said **it'll be drier**. What's the matter?
W: My roommate and I are moving this weekend.
M: Oh, I see. Can't you **postpone it until the weather improves**?
W: The **dormitory move-out** this weekend is **mandatory**.
M: Well, why don't you do it Sunday afternoon? **I'll give you a hand**.

Q.   Which is correct according to the conversation?
(a) The weather is **drier on Saturday than Sunday**.
(b) The forecast **predicts rain all weekend**.
(c) The woman's move **is compulsory**.
(d) The man **cannot help the woman move** this weekend.

정답 (c)

◤ Listening Point

상황 | **일상**   주제 | **이사 계획/날씨 예보 문의**

질문 유형 | **대화에 따르면 옳은(correct) 내용은?**

진위 | **이사를 계획하기 위해 일기 예보를 문의하는 내용 중 옳은 것 찾기.**

▶ 선택지 주어가 전부 다르게 제시되므로 세심하게 들어야 한다.

(a) (X) 일요일이 더 건조할 것(M: ~it'll be drier.)이라는 내용과 상이하다.

(b) (△) 토요일에 폭우 예보가 있다고 답변했고, 일요일에 갤 것이니 일요일 오후에 이사하라고 제안(Why don't you do it Sunday afternoon?)하므로 오답이다.

(c) (O) 주말 이사가 의무적(mandatory)이라는 내용을 compulsory라는 동의어로 바꿔 표현했다.

(d) (X) 남자가 마지막에 도움을 제안(I'll give you a hand.)했으므로 반대 내용이다.

| 표현 연구 |

▶ thunderstorm	폭우
▶ postpone	연기하다
▶ improve	좋아지다, 호전되다
▶ move-out	이사, 이주
▶ mandatory	의무적인(= compulsory)
▶ I'll give you a hand.	내가 도와줄게.

3 상황별 빈출 표현 4: 건강 · 상점 · 취미 · 자동차   ◉ **track 89**

건강 · 병원

How do you keep yourself looking so fit?	어떻게 몸매를 그렇게 날씬하게 관리하시나요?
I do stretches every day.	매일 스트레칭을 합니다.
How time-consuming it is to exercise!	운동하는 것이 얼마나 시간 소모가 많은지요!
Do you go to a gym regularly?	규칙적으로 운동하러 가나요?
You'd better put some sunscreen on.	선크림을 바르는 게 좋을 거예요.
I wonder how high the risk of cancer actually is.	암이 실제로 얼마나 위험한지 궁금해요.
I'm coming down with something.	몸이 안 좋아요.
The man is conscious about his health.	그 사람은 건강에 신경을 써요.
Have you seen the doctor before?	이전에 진료 받은 적 있습니까?
Do you need a follow-up visit?	재진료를 받으시려고요?
Is the doctor available at 3 p.m.?	의사 선생님을 3시에 뵐 수 있나요?
I'd like to make an appointment with Dr. House.	하우스 선생님과 예약을 하고 싶습니다.
I can fit you in tomorrow at 11.	내일 11시에 예약 가능합니다.
What do you want to come in for?	무슨 일로 오시는 건지요?
What seems to be the problem?	무슨 문제가 있으신가요?
I just want to get my eyes checked.	그냥 눈 검사를 받고 싶은데요.

상점

What are your hours?	영업 시간이 어떻게 되나요?
I'd like to return this shirt, please.	이 셔츠를 반품하고 싶은데요.
Do you have your receipt?	영수증 갖고 계신가요?
I charged it to my credit card.	신용카드로 결제했어요.
No returns are allowed for such items.	이런 품목은 반품이 안됩니다.
The store does not accept returned items.	그 가게는 반품을 받지 않아요.
The store only accepts cash.	그 가게는 현금만 받아요.
The man is looking for a second-hand laptop.	그 남자는 중고 휴대용 컴퓨터를 찾고 있어요.
The man is shopping at a thrift shop.	그 남자는 중고 할인점에서 쇼핑하고 있어요.
The man is purchasing new appliances.	그 남자는 새 가전 제품을 구입하고 있어요.

취미 · 여가

What did you think of the musical?	뮤지컬 어땠어?
I loved the plot and the set designs.	줄거리 전개와 무대 디자인이 좋았어.
Can't you have an usher go with me?	안내원이 저와 동행하도록 해줄 수 없나요?
I must have my ticket in the car.	내가 티켓을 차 안에 둔 게 분명해요.
What time is the show?	공연이 몇 시죠?
This is reserved seating only.	여기는 예약석만 있습니다.
Have you been to any amusement parks lately?	최근에 놀이공원에 간 적 있니?

자동차 · 이사

What is the year and mileage of this car?	이 차의 출고 연도와 주행거리가 어떻게 됩니까?
It's a 2004 with 45,000 miles on it.	2004년식에 45,000마일입니다.
Could you take a look at my radiator?	제 (차) 라디에이터 좀 봐주시겠어요?
You don't need to check the tires.	타이어는 점검할 필요가 없습니다.
Would you like a car wash?	세차도 원하시나요?
I had to have my car towed.	제 차를 견인시킬 수밖에 없었어요.
Which garage did they take it to?	어느 정비소로 가지고 갔나요?
You have to buy a lot of winter gear.	겨울철 장비를 많이 구입하셔야 해요.
I should've taken more notice of signs.	제가 신호를 더 주의해 봤어야 했는데요.
You wouldn't believe the traffic.	교통체증이 믿지 못할 정도로 심해요.
You should not drive recklessly.	무모하게 운전해서는 안됩니다.
Winter commuting is awful.	겨울철 통근은 끔찍해요.
When are you moving out?	언제 이사를 가세요?
Have you found a new place?	이사 갈 곳을 정했나요?
The apartment's in a great location.	아파트 위치가 좋아요.
I was wondering if you could help me move.	제가 이사하는 걸 도와주실 수 있는지 모르겠네요.
Could you pack up the books for me?	책 좀 포장해 주실래요?
I wouldn't move there even for a great job.	아무리 좋은 직장이라도 그곳으로 이사 가지 않을 거예요.

표현을 잘 듣고 받아쓴 후 우리말 뜻을 적어 보세요.

	표현	뜻
1		
2		
3		
4		
5		
6		
7		
8		
9		
10		
11		
12		
13		
14		
15		
16		
17		
18		
19		
20		

4 발음 연습 3

> Review 강세가 오는 내용어: 명사 · 동사 · 형용사 · 부사
> 강세가 오지 않는 기능어: 관사 · 대명사 · 조동사 · 전치사 · 접속사
> 강세 없는 음절과 강세 없는 단어는 발음되지 않는(muted) 속성을 가진다.

▶ **발음 연습** 🎧 track 91

❶ 다음 문장의 빈칸에 들어갈 내용어를 받아쓰세요.

예문
1 Did you _____ what the _______ _____ to our ______ _____ ______?
2 ________ a lot for _________ me _____ the ________ _________.
3 I'm __________ on _________ his __________.

❷ 굵은 글씨체로 된 내용어의 발음에 주의하면서 녹음을 따라 연습하세요.

예문
1 Did you **see** what the **storm did** to our **car last night**? 지난 밤 폭풍이 우리 차를 어떻게 해 놨는지 봤어?
2 **Thanks** a lot for **helping** me **put** the **report together**. 보고서 구성하는 것을 도와 주셔서 정말 고맙습니다.
3 I'm **planning** on **repainting** his **apartment**. 그의 아파트를 다시 칠할 계획이에요.

❸ 녹음을 다시 들으면서 굵은 글씨체로 된 부분이 어떻게 발음되는지 확인해 보세요.

예문
1 Di**d y**ou …la**st n**ight
2 Thank**s a** lot ….. repor**t t**ogether
3 repaint**ing h**is apartment

▶ **발음 현상 복습**

자음군 간소화, [t] 생략:	LAS-night
연음:	Thank**s a** [θæŋk sə], re-POR**T t**ogether [ripɔ́ːr təɡéðər]
구개음화＋연음:	Di**d y**ou [di dʒə]
[h] 생략＋연음:	rePAINT**ing i**s [riːpéintiŋ iz]

Part III 문제 풀이를 위한 전략 복습

연습문제를 풀기 전에 아래 절차를 다시 한 번 정리한 후 실전에 응용해 보세요.

1. 대화문의 주요 내용어를 남녀 화자를 구분하여 메모한다.

2. 대화의 상황과 주제를 항상 생각한다.

3. 대화 상황에 따라 나올 수 있을 만한 발화 기능을 예측하며 듣는다.

4. 질문을 듣고 진위 파악 문제임을 확인한 후에는 세심하게 대화 전체에 귀를 기울인다.

5. 대화 중 언급되는 중요한 숫자 정보를 메모한다.

6. 선택지의 주어를 메모하면서 각기 대화의 내용과 일치하는지 꼼꼼히 따진다.

7. 정답은 대화의 내용과 일치하는 정보를 동의어 혹은 몇 개의 정보를 결합한 형태로 제시된다.

8. 오답은 남녀 화자의 입장을 뒤바꾸거나, 시제를 어긋나게 하거나, 또는 대화에 언급된 것과 동일한 단어 등을 이용하여 제시된다는 점에 유의한다.

Mini Test 11

Step 1   Listening-Only   🎧 track 92

대화문의 주요 단어를 메모하면서 문제를 풀어 보세요.
TEPS Part III의 대화문과 질문은 두 번, 선택지는 한 번 들려 줍니다.

_ Part III   대화와 질문을 듣고 가장 적절한 응답을 고르시오.

1. ⓐ   ⓑ   ⓒ   ⓓ
2. ⓐ   ⓑ   ⓒ   ⓓ
3. ⓐ   ⓑ   ⓒ   ⓓ
4. ⓐ   ⓑ   ⓒ   ⓓ
5. ⓐ   ⓑ   ⓒ   ⓓ
6. ⓐ   ⓑ   ⓒ   ⓓ
7. ⓐ   ⓑ   ⓒ   ⓓ
8. ⓐ   ⓑ   ⓒ   ⓓ
9. ⓐ   ⓑ   ⓒ   ⓓ
10. ⓐ   ⓑ   ⓒ   ⓓ

Memo 주요 내용어 적기

Step 2   Listening & Dictating 🎧 track 93

난이도가 높은 문제를 다시 들으면서 빈칸에 들어갈 표현을 받아쓰세요.
그리고 질문에 가장 합당한 답을 선택지에서 고르세요.

Part III

3. W: _____________________. My name is Catherine.

M: How do you do? I'm Jim Macdonald.

W: I was _______________________________. So you were a paramedic before?

M: Yes. For five years. And I've always wanted to travel.

W: Good, because starting next month _________________________________.

M: Great. I'm _____________________________________.

Q. Which is correct according to the conversation?

(a) The woman has always wanted to travel.
(b) The man _______________________________.
(c) The woman ___________________.
(d) The man starts with the team next week.

6. W: So, who do you think ____?

M: Well, between Rictor Corp. and Truit Enterprises, ___________________________.

W: Why? Is there something you don't like about Rictor?

M: Well, I'm not sure that I like _________________________________.

W: I can see your point there. _______________________________, too.

M: On top of that, I get the impression _________________________________.

W: I'm glad I asked for your opinion on this matter. ___________________________.

M: _____________________.

Q. Which is correct according to the conversation?

(a) The woman ___________________.
(b) Truit practices aggressive marketing.
(c) _______________________________.
(d) Rictor supports the partnership 100%.

8. W: So, have you _________________________________?

M: Yes. I found more than fifty spyware programs on the hard drive.

W: Uh-oh. _________________________.

M: I don't know. I don't play Internet games, and _________________________.

W: Well, _________________________. It's best to _________________________.

M: Believe me, _________________________.

Q. Which is correct according to the conversation?

(a) _________________________.
(b) The woman _________________________.
(c) The man's Internet gaming caused the infection.
(d) The woman _________________________.

10. W: _________________________, please.

M: What _________________________, officer?

W: You _________________________.

M: Oh, did I? I was _________________________ that I didn't even see it.

W: You did what?

M: Oh, I'm a doctor, and I _________________________ from the hospital.

W: Still, _________________________.

M: I hope you're not going to _________________________.

Q. Which is correct according to the conversation?

(a) The man _________________________.
(b) The man got a call from his doctor.
(c) The woman _________________________.
(d) The woman wrote an extra ticket.

_ Part III

1. W: Excuse me. Could you tell me how to get to the Housing Office?

M: Are you going on foot?

W: No, my car is parked nearby.

M: OK, take this road until it ends, and you'll see a sign that'll lead you to the office.

W: Is it a long drive?

M: Not at all. It'll probably take you 5 minutes at most.

W: Thanks for your help.

M: No problem. Good luck.

Q. Which is correct according to the conversation?

(a) The Housing Office is 5 miles away.
(b) The woman must turn at the stop sign.
(c) The Housing Office is located on the left.
(d) The woman plans to drive to the Housing Office.

2. M: Here's your shrimp dinner, ma'am.

W: Oh, there must've been a mistake. This is not what I ordered.

M: I'm terribly sorry. But it says here that you ordered the shrimp and spaghetti dishes.

W: My husband did order the spaghetti, but I got the Vegetarian Special.

M: I don't understand. The waiter who took your order wrote down shrimp…

W: Don't you get it? I'm vegetarian, so there's no way I could've ordered shrimp!

M: Let me go check with the other server.

W: You know what? Forget it. We're leaving!

Q. Which is correct according to the conversation?

(a) The woman does not eat meat.
(b) The woman ordered the wrong meal.
(c) The diners did not order spaghetti.
(d) The waiter delivered the food late.

지피지기
오답을 정리하면서
자신의 약한 부분을 파악합시다.

● 놓친 소리 및 어휘

● 질의 기능과 표현

3. W: Welcome to the company. My name is Catherine.

M: How do you do? I'm Jim Macdonald.

W: I was so impressed reading your résumé. So you were a paramedic before?

M: Yes. For five years. And I've always wanted to travel.

W: Good, because starting next month you'll be traveling and saving lives.

M: Great. I'm looking forward to being part of the air rescue team.

Q. Which is correct according to the conversation?

(a) The woman has always wanted to travel.
(b) The man was a physician for five years.
(c) The woman read the man's CV.
(d) The man starts with the team next week.

4. W: Have you checked your pay?

M: Not yet. Is there something wrong?

W: I thought we'd be getting that bonus this month.

M: And we didn't?

W: No. It was only the usual amount.

M: Well, we could wait a day or two and see what happens.

W: But I need it because I've already spent it.

M: Don't tell me you bought yourself a new dress, again!

Q. Which is correct according to the conversation?

(a) The bonus has not been dispersed.
(b) The bonus amount was less than usual.
(c) The man's paycheck will be received in a day or two.
(d) The woman's whole paycheck was spent on a dress.

5.

M: I'm having some trouble finishing the project.

W: What seems to be the problem?

M: I can't seem to compute the exact statistical data for the final review.

W: Didn't you get the stats software from Katie?

M: What software are you talking about?

W: The program you need for computing it. Katie must've forgotten to pass it on.

M: That's a relief. I thought my incompetence was the problem.

W: Don't be so harsh on yourself. And, by the way, you should contact Katie for the program as soon as possible.

Q. Which is correct according to the conversation?

   (a) The man must get a hold of Katie.

   (b) The man was incompetent at his task.

   (c) Katie gave the man the wrong stats.

   (d) The woman forgot to ask Katie for the program.

6.

W: So, who do you think we should enter into a partnership with?

M: Well, between Rictor Corp. and Truit Enterprises, I'd choose Truit.

W: Why? Is there something you don't like about Rictor?

M: Well, I'm not sure that I like their aggressive approach to marketing.

W: I can see your point there. I'm starting to lean toward Truit, too.

M: On top of that, I get the impression they're not 100% behind this collaborative offer.

W: I'm glad I asked for your opinion on this matter. Thanks for your input.

M: The pleasure is all mine.

Q. Which is correct according to the conversation?

   (a) The woman prefers Rictor over Truit.

   (b) Truit practices aggressive marketing.

   (c) Both speakers think Truit is best.

   (d) Rictor supports the partnership 100%.

7. W: David, you know about computers, don't you?

M: I know a bit. Why?

W: I can't find my report file. Could you please help me?

M: Did you use the "search" function?

W: Yes. I already searched the whole computer.

M: And it didn't show up? Hmm…

W: Can you try to find it? My report is due in two days!

M: I'll see what I can do. Where's your computer?

Q. Which is correct according to the conversation?

(a) The woman cannot find the report she printed.
(b) The man agreed to find the computer.
(c) The report was due two days ago.
(d) The woman searched the files already.

8. W: So, have you figured out why your computer is so slow?

M: Yes. I found more than fifty spyware programs on the hard drive.

W: Uh-oh. I wonder how they all got there.

M: I don't know. I don't play Internet games, and I only go to certified sites.

W: Well, any computer can get infected. It's best to run a checkup regularly.

M: Believe me, from now on I'll be doing that.

Q. Which is correct according to the conversation?

(a) The man's computer was sluggish.
(b) The woman advised the man to run a checkup now.
(c) The man's Internet gaming caused the infection.
(d) The woman found spyware in the man's computer.

9. W: You know what? The Red Sailors are in town.

M: The jazz group you always listen to?

W: Yes. That's the one.

M: Are you planning to go to their concert?

W: Actually, I wanted to invite you. Would you like to come?

M: Wow. Really?

W: If you're free on Friday night.

M: Of course. Thank you!

Q. Which is correct according to the conversation?

(a) The concert tickets are free Friday night.
(b) The Red Sailors are coming to town this weekend.
(c) The woman wants the man to join her.
(d) Red Sailors is the name of a rock band.

10. W: License and registration, please.

M: What seems to be the problem, officer?

W: You jumped a stop sign at the intersection.

M: Oh, did I? I was so busy talking on the phone that I didn't even see it.

W: You did what?

M: Oh, I'm a doctor, and I had an emergency call from the hospital.

W: Still, you should've used a hands-free device.

M: I hope you're not going to give me an extra ticket for being honest.

Q. Which is correct according to the conversation?

(a) The man failed to notice a stop sign.
(b) The man got a call from his doctor.
(c) The woman asked for the man's insurance.
(d) The woman wrote an extra ticket.

표현 받아쓰기 11 : 정답

	표 현	뜻
1	Do you have your receipt?	영수증 갖고 계신가요?
2	Do you need a follow-up visit?	재진료를 받으시려고요?
3	Have you found a new place?	이사 갈 곳을 정했나요?
4	Have you seen the doctor before?	이전에 진료 받은 적 있습니까?
5	How do you keep yourself looking so fit?	어떻게 몸매를 그렇게 날씬하게 관리하시나요?
6	I charged it to my credit card.	신용카드로 결제했어요.
7	I'm coming down with something.	몸이 안 좋아요.
8	I should've taken more notice of signs.	제가 신호를 더 주의해 봤어야 했는데요.
9	I was wondering if you could help me move.	제가 이사하는 걸 도와주실 수 있는지 모르겠네요.
10	The apartment's in a great location.	아파트 위치가 좋아요.
11	The man is purchasing new appliances.	그 남자는 새 가전 제품을 구입하고 있어요.
12	The store does not accept returned items.	그 가게는 반품을 받지 않아요.
13	This is reserved seating only.	여기는 예약석만 있습니다.
14	What are your hours?	영업 시간이 어떻게 되나요?
15	What do you want to come in for?	무슨 일로 오시는 건지요?
16	What is the year and mileage of this car?	이 차의 출고 연도와 주행거리가 어떻게 됩니까?
17	What seems to be the problem?	무슨 문제가 있으신가요?
18	You'd better put some sunscreen on.	선크림을 바르는 게 좋을 거예요.
19	You don't need to check the tires.	타이어는 점검할 필요가 없습니다.
20	You wouldn't believe the traffic.	교통체증이 믿지 못할 정도로 심해요.

Unit 12 추론[*]

본 단원에서는 Part III의 마지막 질문 유형인 추론을 학습한다. 추론 문제는 대화문에 직접적으로 언급은 되지 않았으나 **특정 발화나 어휘에 함의된 정보를 유추하는 능력을 테스트**한다. 행간의 의미를 파악해야 하므로 어렵게 느껴지는 문제 유형이다. 게다가 세부사항 문제와 같이 대화문의 전체 내용을 주의 깊게 들어야 한다는 부담감이 작용하여 실제 난이도보다 몇 배 더 어려운 문제로 다가올 것이다.

하지만 추론 문제 역시 대화의 주제·화제, 대화 내용을 구성하는 발화의 주된 기능, 혹은 대화의 세부 내용 중 일부를 토대로 유추한다는 점에서 앞 단원에서 연습한 질문 유형과 크게 다르지 않다고 생각해도 무방하다. 추론의 질문 및 정답 유형, 오답의 특징, 자주 출제되는 대화 상황, 그리고 대화 상황별로 빈번하게 사용되는 주요 발화 기능을 숙지하고 있으면 추론 문제를 해결하기가 한결 수월해진다.

출제빈도 및 출제경향 매 시험 평균 3 문제

- Part III에서 추론 질문의 출제 비율은 약 19%로 평균 3문항이고 43번~45번에 출제된다.
- 자주 출제된 대화 상황은 일상 생활에 집중되어 있고, 주요 발화 기능은 아래 도표와 같다.

상황	출제 비율(%)	주요 발화 기능
일상	58.8	조언 / 수락, 제안 / 동의, 부탁 / 제안, 사과 / 불만 감사 / 문의, 불평 / 약속, 문의 / 정보 제공
여행·가게	23.5	문의 / 정보 제공
직장·병원	17.7	조언·권유 / 수락, 문의 / 정보제공

1 질문 · 상황 · 정답 유형

Part III 대화문에서 추론 문제의 구체적인 질문 유형은 크게 세 가지로 구분된다. 주된 추론 대상은 1) 대화문의 전반적 내용의 함의, 2) 화자가 하게 될 일 혹은 대화문 다음에 이어질 내용, 3) 화자의 어조 · 태도 · 의견이다. 이 중에서 대화문 전반에 함의된 내용을 묻는 질문이 2문항(76%)으로 출제 비율이 가장 높다. 그리고 대화 후에 화자가 할 일이 무엇인지 묻는 질문(18%: 0~1문항)과 특정 화자의 어조나 의견을 물어 보는 질문(6%: 0~1문항)은 번갈아 가면서 가끔씩 출제된다.

대화 상황은 이미 살펴본 바와 같이 일상적 상황이 50% 이상 출제된다. 부부, 친구, 직장 동료 사이에서 가능한 모든 대화가 출제된다. 궂은 날씨에 외출하는 것에 대한 조언, 새 가전 제품의 배치에 대한 제안, 데이트의 어려움에 대한 조언, 부모님이 자녀를 돌봐준 것에 대한 감사, 약속에 늦은 친구의 사과와 불만 등 일상의 대화 상황이 출제된다. 이렇게 대화 상황은 다양해도 그 중심 내용은 정보 및 의견 교환이다. 제공된 의견이 단순 문의에서부터 제안, 조언, 불만으로 다양하게 활용될 뿐이다. 따라서 대화문을 들을 때 두 화자의 관계를 생각하면서 각 화자의 입장과 주된 발화의 기능에 관심을 두는 것이 바람직하다.

대화의 전체적인 흐름을 파악하면서 어휘의 함의를 잡아내는 것이 추론 문제 해결의 관건이다. 즉 추론의 근거는 거의 대부분이 어휘의 함의에 있다. 다음 각 표에 제시한 질문 유형과 정답 유형을 훑어 보면서 어떤 주제가 출제되었는지, 그리고 대화의 어떤 내용이 어떻게 변형되는지를 살펴보자.

(1) 대화문의 함의 내용을 추론

질문 유형	What can be inferred from the conversation?
정답 유형	The man believes the admission fee is steep. 남자는 입장료가 비싸다고 생각한다. The man did not notice the woman's new dress. 남자가 여자의 새 옷을 알아보지 못했다. The man prefers basketball rather than movies. 남자는 영화보다 농구를 좋아한다. The woman forgot to call the man. 여자가 남자에게 전화하는 것을 잊어 버렸다. The woman's rent is paid for. 여자의 집세는 지급된다.

위 표의 정답 유형에 나온 문장들은 대화문의 몇 개 발화에 함의된 내용을 요약 제시한 것들이다. 다음 예시를 보면서 유형을 익혀보자.

[첫 발화: 특정 과목 강의 계획서를 받았는지 질문]

W: The course **syllabus** is so **long**. We're **never** going to **finish everything**.

M: I knew **Prof. Anderson** was **hard** but I **didn't expect** he'd be **this bad**.

[대화 후반부: 개인적인 어려움 등 반복 언급]

질문 What can be inferred from the conversation?

정답 The professor has a reputation for being demanding.
  ▶ 대화문에 나오지 않은 단어 demanding(너무 많은 요구를 하는)을 사용하여 두 화자의 대화 주제를 요약하였다.

[대화 전반부: 근황을 묻는 내용]

W: I **forgot** to **bring** my **purse** today.

M: Do you **need some money** right now?

W: **Yeah**, I have to **pay** the **parking fee**.

M: **How much** do you need?

질문 What can be inferred from the conversation?

정답 The man is likely to lend some money to the woman.
  ▶ 대화문에 나오지 않은 단어 lend money를 사용하여 대화 상황을 요약하였다.

오답 The woman is likely to pay the man's parking fee.
  ▶ 남녀의 입장을 뒤바꾸어 혼동을 유발한다.

M: **It sure is good to be home.** [중간 발화: 비슷한 내용 반복]

W: …**it's good to have you back safe and sound.**

M: Well…**It's been a long week, and I'm exhausted.**

질문 What can be inferred from the conversation?

정답 The man has been away for a while.
  ▶ 첫 발화 good to be home, 마지막 발화 a long week…exhausted
    → be away, for a while로 대체하여 남자의 상황을 요약하였다.

(2) 대화가 끝난 후 화자가 하게 될 일을 추론

질문 유형	What will the man [woman] probably do next? What will the man [woman] most likely do? What will the man [woman] probably do after the conversation?
정답 유형	He/She will look for a thermometer elsewhere. 그(녀)는 온도계를 구하러 다른 곳에 갈 것이다. He/She will stop by before the shop closes. 그(녀)는 상점이 문을 닫기 전에 들를 것이다. He/She will have to wait about 30 minutes. 그(녀)는 30분 정도 기다려야만 할 것이다. He/She will see the doctor in the afternoon. 그(녀)는 오후에 진찰을 받을 것이다. He/She will take the day off. 그(녀)는 하루 휴가를 낼 것이다.

대화 후 화자가 하게 될 일을 묻는 질문인 경우에는 마지막 발화에 주의하면 된다. 추론 문제에서 가장 쉬운 유형이다. 마지막 발화로는 Okay, if you say so. / Okay. That'll be fine. / Okay, I guess I can. 등과 같이 제안이나 조언을 수락하는 내용이 주로 제시된다.

함의 유형 대화 전체 내용을 종합하여 제시

> M: Excuse me, do you **sell thermometers here**?
> W: I'm **not sure**. If we had them, they'd be over here in the outdoor goods section.
> M: … but I **don't** seem to **see them anywhere**.
> W: I guess **we don't carry** them. You should **try Home Plan. The store might have** them.
> M: Thank you. **I'll check** with them.

질문 What will the man probably do next?

정답 The man will look for a thermometer elsewhere.
> ▶ 첫 발화에 나온 화제 thermometer, 다른 가게(Home Plan)로 갈 것 제안, 제안을 수락하는 내용을 종합하고 있다. Home Plan을 elsewhere로 대체하였다.

오답 대화에 나온 단어를 그대로 사용하여 제시하거나 상식적인 내용을 제시, 또는 대화의 주된 발화 기능을 틀리게 제시한다.

> ▶ Go to the outdoor goods section. 동일 단어를 그대로 제시(X)
> ▶ Come to the store again next time. 제품이 없을 경우의 일반적인 행동(X)
> ▶ Complain about the store's products. 제품에 대한 불평(X)

(3) 특정 화자의 태도 · 의견 · 느낌을 추론

질문 유형	What can be inferred about the man [woman / some topic]? What is the tone of the man's [woman's remarks]?
정답 유형	The man is still angry about the woman. 남자는 여자에게 여전히 화나있다. The woman is supportive of her son. 여자는 아들을 후원한다. Reproachful. / Disappointed. / Positive. / Sympathetic. 꾸짖는　　　　실망한　　　　긍정적인, 확신하는　　공감하는, 호의적인

질문을 들은 후에 대화문을 다시 들을 때 초점이 맞춰진 화자의 발화를 주의 깊게 듣는다.

함의 유형　대화 후반부의 특정 어휘에 함의된 내용을 제시

> [대화 전반부: 안부 인사 주고 받음]
>
> W:　I have to **moonlight** on **weekends**.
> M:　That's not much of a break.
> W:　Tell me about it. **It makes** my **weekdays** seem like **something easy**.

질문　What can be inferred about the woman?

정답　The woman's second job is more burdensome.
> ▶ weekdays…something easy → second job에 대한 화자의 의견을 easy의 반대 개념어 burdensome
> 으로 대체하여 제시했다.
>
> ▶ 대화문의 moonlight(야간에 부업을 하다)의 의미를 알면 쉽게 추론이 가능하다.

이상 몇 가지 사례에서 알 수 있듯이 추론 문제에서도 정답은 핵심어를 동의어나 다른 표현으로 바꾸어 제시하고 오답은 대화에 나온 어휘를 그대로 이용한다는 정답의 원리와 오답의 특징이 적용된다. 이를 활용하면 추론 문제의 정답률을 높일 수 있다.

✓ 출제 포인트

○ 추론 능력은 궁극적으로 어휘 변형 능력이다.

1. 대화의 전체 내용을 추론 대상으로 한다.

2. 추론 대상은 대화의 주요 화제 및 발화 기능, 화자의 상황과 직결된다.

3. 일반적으로 3~4개 발화에 나타난 함의를 묶어서 묻는다.

4. 남녀 화자의 입장을 구분한 선택지를 제시한다.

5. 정답은 표현 바꾸는 원칙(paraphrasing rule)을 기본적으로 적용한다.
   - 대화의 특정 어휘를 유의어나 반의어로 대체한다.
   - 특정 어휘의 함의를 새로운 단어로 표현한다.

6. 오답은 대화의 어휘를 그대로 사용하고 화자의 입장을 뒤바꾸어 놓는 특징이 있다.

풀이 요령

1. 대화문을 처음 들을 때 화자의 입장을 구분하여 주요 단어를 메모한다.

2. 단순한 단어 메모보다는 대화 상황과 화제, 발화 기능을 생각하면서 요약한다.
   - 발화를 2~3개씩 묶어 전반 · 중반 · 후반으로 나누어 대화의 화제, 화자의 상황을 요약한다.

3. 질문을 잘 듣고 추론할 내용을 파악한다.

4. 대화문을 다시 들을 때 선별 청취하면서 메모를 보완한다.
   - 특정 화자에 초점을 맞춘 질문: 그 화자의 대화를 주의 깊게 듣는다.
   - 대화 후 화자가 하게 될 일을 묻는 질문: 대화의 마지막 부분을 주의 깊게 듣는다.

5. 선택지의 주요어를 메모하여 정답의 원리와 오답의 특징을 적용한다.

6. 피해야 할 선택지 유형에 X 표를 한다.
   - 대화문에서 근거를 찾을 수 없는 내용 (X)
   - 대화에 언급된 어휘를 이용하여 사실만을 담은 내용 (X)

A Part III 여행 – 휴가 준비 🎧 track 94

Step ① Choose the option that best answers the question.

ⓐ　　ⓑ　　ⓒ　　ⓓ

Step ② Listen again and fill in the gaps.

M:　　So, do you like red or blue better?

W:　　Red. Why do you ask?

M:　　So I can get you the right color hanbok.

W:　　Wow. You're going to Korea?

M:　　Yes, in two days.

W:　　Excellent. __________ are you ___________ to the __________?

M:　　Actually, I've been meaning to ______________.

W:　　You don't even have to ask. It's the ___________________.

Q.　　What can be inferred from the conversation?

(a) The __________ will __________ the day after tomorrow.

(b) The __________ will __________ a __________ hanbok.

(c) The __________ will __________ to the _____________.

(d) The __________ already __________ of the __________.

| Script Reading |

M:　　So, do you like red or blue better?
W:　　Red. Why do you ask?
M:　　So I can get you the right color hanbok.
W:　　Wow. You're going to Korea?
M:　　Yes, in two days.
W:　　Excellent. **How** are you **getting** to the **airport**?
M:　　Actually, I've been meaning to **ask you**.
W:　　You don't even have to ask. It's the **least I can do**.

Q.　　What can be inferred from the conversation?
(a) The **man** will **leave Korea** the day after tomorrow.
(b) The **man** will **buy** a **blue** hanbok.
(c) The **woman** will **drive** to the **airport**.
(d) The **woman** already **knew** of the **man's trip**.

정답 (c)

↘ Listening Point

상황 | **여행**   **주제 |** **휴가 준비(문의 · 부탁–수락)**

질문 | **대화 후반부에 함의된 내용 유추**

○ 남자 · 여자 화자를 구분하여 함의를 묻기 때문에 각 화자의 입장 및 상황을 기억해야 한다.

(a) (X) going to Korea의 대체 표현은 leave Korea가 아니고 leave for Korea이다.

(b) (X) 선물을 받을 사람이 좋아하는 색상은 빨간색이다.

(c) (O) 대화문의 후반부 남녀 발화 (W-M-W)에 근거가 나와 있다.

공항에 바래다 주기를 남자가 부탁하고 여자가 수락하는 응답에 함의되어 있다.

(d) (X) You're going to Korea?라는 여자의 질문은 '여행 계획을 모르고 있다'는 사실을 함의한다.

| 표현 연구 |

▶ so (that) ~ can…   ~가 …하려고, ~할 수 있도록

▶ get to the airport   공항에 당도하다, 공항에 가다

▶ mean to do   ~하려고 생각하다, 의도하다

▶ It's the least I can do.   별것 아닙니다, 제가 할 수 있는 최소한의 일입니다.

Step ① Choose the option that best answers the question.

ⓐ ⓑ ⓒ ⓓ

Step ② Listen again and fill in the gaps.

M: Excuse me, waitress?

W: Yes, did you need something?

M: This is cream of onion. I ____________ clam chowder.

W: Oh, really? I'm awfully ____________ about that.

M: It's ______________. I'm sure it was someone in the kitchen who got confused.

W: I'll bring your clam chowder right away. And your __________________ __________.

M: ________________, really. But ____________ for the ___________, though.

W: You're welcome. I'll be ________________ with ______________.

Q.   What will the __________ most ______________?

(a) Talk to the manager about the waitress's mistake.

(b) Eat the cream of onion soup anyway.

(c) ______ the ______ even if the ________________________________.

(d) Change his order to something else.

| Script Reading |

M: Excuse me, waitress?

W: Yes, did you need something?

M: This is cream of onion. I **ordered** clam chowder.

W: Oh, really? I'm awfully **sorry** about that.

M: It's **no big deal**. I'm sure it was someone in the kitchen who got confused.

W: I'll bring your clam chowder right away. And your **meal is on the house**.

M: **It's OK**, really. But **thanks** for the **offer**, though.

W: You're welcome. I'll be **right back** with **your order**.

Q.   What will the **man** most **likely do**?

(a) Talk to the manager about the waitress's mistake.

(b) Eat the cream of onion soup anyway.

(c) **Pay** the **bill** even if the **waitress insists not to**.

(d) Change his order to something else.

정답 (c)

↘ Listening Point

상황 | **일상(식당)**   **주제** | **주문 처리 실수(제안/사양)**

질문 | **남자가 하게 될 일(대화 후반부에 함의된 내용)**

○ 대화 후 화자가 할 일: 대화 주제와 초점 화자의 마지막 발화를 주의 깊게 듣는다.

○ on the house의 뜻을 모르면 정답을 고르기 어렵다. 이럴 때는 확실한 오답을 제거해 나간다.

(a) (X) 종업원이 사과를 하자 남자가 괜찮다고 한 점으로 미루어 보아 지배인에게 종업원의 실수를 말한다는
     내용은 합당하지 않다.

(b) (X) 원래 주문한 음식을 내오는 것으로 합의를 했으므로 적합하지 않은 내용이다.

(c) (O) 음식값을 받지 않겠다는 종업원의 제안을 남자가 수락하지 않는 점으로 미루어 합당한 내용이다.

(d) (X) 원래 주문한 음식을 내오셨냐는 말은 수문 내용을 바꾸지 않음을 함의하므로 적합하지 않다.

| 표현 연구 |

▶ clam chowder   클램 차우더, 대합 조개에 감자와 양파를 넣은 수프

▶ insist not to   지불하지 않기를 주장한다 (앞에 나온 pay the bill을 생략한 표현)

▶ offer   제의, 제안

▶ on the house   공짜로, 식당에서 값을 내는

▶ It's no big deal.   별일 아니에요, 괜찮습니다.

부탁 · 초대 · 안부

How could you stand me up?	어떻게 날 바람맞힐 수가 있어요?
Can you give me a ride to the airport?	공항까지 태워 줄 수 있나요?
I can be there in 10 minutes.	10분 내로 거기에 갈 수 있어요.
There's enough time to make it there.	거기 도착할 시간은 충분해요.
I can't make it.	안됩니다 [할 수 없어요].
Can I ask you for some advice?	조언을 부탁해도 될까요?
Could you watch my kids?	우리 아이들을 봐주실 수 있으세요?
Does 7:00 sound all right?	7시 괜찮으세요?
Guess who's coming to visit!	누가 오는지 맞혀 보세요!
Dinner will be on me.	저녁은 제가 살게요.
Would you like a few appetizers?	전채(식전 음식) 좀 드실래요?
Would you like another drink?	음료수를 더 드시겠습니까?
I'm saving this port wine for a special occasion.	이 포르투갈산 와인을 특별한 때 쓰려고 남겨뒀어요.
I'm glad I bumped into you.	당신을 우연히 만나게 되어 기쁩니다.
I'm in a rush.	전 아주 급해요.
You look really beat.	너무 지쳐 보여요.
Why the long face?	왜 그렇게 우울해 보여요?
I'm always in the red.	난 항상 적자예요.
We didn't even have a break.	우린 휴식 시간조차 없었어요.
What are you doing back home so early?	이렇게 일찍 집에 와서 뭘 하고 있어요?
What's the occasion?	오늘 무슨 날이에요?
You're all dressed up.	당신 쫙 차려 입었네요.
These shoes are killing me.	이 신발이 너무 불편해요.
It must've been really tiring.	정말 피곤했겠네요.
The woman came home earlier than scheduled.	여자는 예정보다 일찍 집에 왔다.

의견 · 정보 제공

My mother is always supportive of me.	어머니께서는 항상 나를 후원해 주세요.
That's precisely what I like about her.	난 바로 그녀의 그런 점을 좋아해요.
A guy at work keeps asking me out.	동료가 계속 데이트 신청을 해요.
He might get the wrong idea.	그가 오해할지도 몰라요.
I can't wait to have it delivered.	그것이 빨리 배달되면 좋겠어요.
I couldn't wait two more days.	이틀을 더 기다릴 수가 없었어요.
Everybody is supposed to know the regulation.	그 규칙은 누구나 다 알고 있어야 하는 거예요.
You are not supposed to do that.	그런 짓을 하는 게 아니에요.
How am I supposed to know?	제가 어떻게 알겠어요?
Talk about hot! / Talk about good film!	덥기가 말도 못해요! / 터무니없는 영화에요!
Okay, if you say so.	그럼 그렇게 하지요.
That sounds like a good deal.	잘 된 결정 같네요 [잘 됐네요].
I didn't mean to.	일부러 그런 것이 아니에요.
Don't take it too hard.	너무 심각하게 생각하지 마세요.
I guess you couldn't help it.	당신은 어쩔 도리가 없었던 것 같네요.
I wouldn't bother going.	나는 굳이 가지 않을래요.
I've got to work up the courage.	용기를 내야겠지요.
It can happen to anyone.	누구한테나 있을 수 있는 일이에요.
It's easier said than done.	말보다 실천하는 게 어려워요.
That's the best you can do at the moment.	그게 지금 할 수 있는 최선이에요.
What a relief!	정말 다행이에요!
I was afraid you'd ask that.	당신이 부탁할까봐 걱정했어요.
I lost track of time.	시간 가는 줄 몰랐어요.
I was preoccupied with my homework.	전 숙제에 열중하고 있었어요.
We can't beat prices in London.	런던의 물가 [시세]가 더 비싸요.

track 97

표현을 잘 듣고 받아쓴 후 우리말 뜻을 적어 보세요.

	표 현	뜻
1		
2		
3		
4		
5		
6		
7		
8		
9		
10		
11		
12		
13		
14		
15		
16		
17		
18		
19		
20		

표현 받아쓰기 12
표현을 잘 듣고 받아쓴 후 우리말 뜻을 적어 보세요.

4 발음 연습 4

▶ 발음 연습 track 98

❶ 다음 문장의 빈칸에 들어갈 표현을 받아 쓰세요.

예 문
1 ________________ convenient ________________ exchange.
2 She's ________________________ the empty plates.
3 Many ________________ facing ________________ to ________________.

❷ 굵은 글씨체 어휘의 발음에 주의하면서 녹음을 따라 연습하세요.

예 문
1 **Money is a** convenient **medium of** exchange.
2 She's **got to clear away** the empty plates.
3 Many **wild species are** facing a **tough fight** to **avoid extinction**.

❸ 녹음을 다시 들으면서 굵은 글씨체로 된 부분이 어떻게 발음되는지 확인해 보세요.

예 문
1 Mo**ney is a** convenient **medium of** exchange.
2 She's **got to clear away** the empty plates.
3 Many wild **species are** facing a **tough fight** to **avoid extinction**.

▶ 발음 현상 복습

연음 [기능어 축약 · 약화] :   MOney is a [mʌ́nizə]
연음 [마지막 자음 + 모음] :   MEdium of [míːdiəməv], SPEcies are [spíːʃizər]
연음 [마지막 자음 + 모음] :   CLEAr aWAY [kliə rəwéi]
                                    aVOId exTINCtion [əvɔ́i dikstíŋkʃən]

동일자음 [t] 간소화 :   GOt to [gɑ tə]
동일자음 [f] 간소화 :   TOUgh Fight [tʌ fait]

Part III 문제 풀이를 위한 전략 복습

연습문제를 풀기 전에 아래 절차를 다시 한 번 정리한 후 실전에 응용해 보세요.

○ **추론 문제는 어휘 변형 파악 능력을 테스트한다.**

1. 대화문을 처음 들을 때 화자의 입장을 구분하여 주요 단어를 메모한다.

2. 발화를 2 ~ 3개씩 묶어 대화의 화제, 상황, 화자의 입장을 요약한다.

3. 질문을 잘 듣고 추론할 내용을 파악하여 선별 청취한다.

   • What can be inferred from the conversation?
    → 남녀 화자의 발화를 2 ~ 3개씩 묶어서 내용을 요약한다.
   (대화의 전반부, 대화의 중 · 후반부로 묶어 생각하면 도움이 된다.)

   • What will the man[woman] probably do next?
   → 대화문의 마지막 2 ~ 3개 발화에 주의한다.

   • What is the tone of the man's[woman's] remarks?
   → 형용사 · 부사 · 명사 등 특정 화자가 사용한 어휘에 주의한다.

4. 대화문을 다시 들을 때 메모를 보완한다.

5. 선택지의 주요어를 반드시 메모한다.

6. 추론 문제에서는 확실한 오답을 제외시키는 소거법이 효과적이다.

   오답 유형
   • 대화에 나온 어휘를 직접 사용하여 사실만을 담은 선택지
   • 대화에서 근거를 찾을 수 없는 어휘가 사용된 선택지
   • 상식적인 내용을 담은 선택지

   정답 유형
   • 대화의 특정 어휘가 유의어 또는 반의어로 대체
   • 특정 어휘의 함의를 새로운 단어로 표현

Mini Test 12

정답 및 해설: 해설집 73페이지

Step 1　Listening-Only　🎧 track 99

대화문의 주요 단어를 메모하면서 문제를 풀어 보세요.
TEPS Part III의 대화문과 질문은 두 번, 선택지는 한 번 들려 줍니다.

_ Part III　대화와 질문을 듣고 가장 적절한 응답을 고르시오.

1.　ⓐ　ⓑ　ⓒ　ⓓ
2.　ⓐ　ⓑ　ⓒ　ⓓ
3.　ⓐ　ⓑ　ⓒ　ⓓ
4.　ⓐ　ⓑ　ⓒ　ⓓ
5.　ⓐ　ⓑ　ⓒ　ⓓ
6.　ⓐ　ⓑ　ⓒ　ⓓ
7.　ⓐ　ⓑ　ⓒ　ⓓ
8.　ⓐ　ⓑ　ⓒ　ⓓ
9.　ⓐ　ⓑ　ⓒ　ⓓ
10.　ⓐ　ⓑ　ⓒ　ⓓ

Memo 주요 내용어 적기

난이도가 높은 문제를 다시 들으면서 빈칸에 들어갈 표현을 받아쓰세요.
그리고 질문에 가장 합당한 답을 선택지에서 고르세요.

_ Part III

3. W: Hi. Do you _____________________________?

M: Let me check… Yes, we have a chiffon dress and a dark green one.

W: That's good. _____________________ is the chiffon dress?

M: It's $299.

W: Um, that's _____________________ for my budget. _______________ the dark one?

M: That's _________________ from _____________________, only $59.

W: That's _______. It's for the St. Patrick's Day parade, so _____________ will be _______.

Q. What can be inferred about the _____________?

(a) She will play an important role in the parade.
(b) She wants to spend about $300.
(c) She does _______________ wearing _____________________.
(d) She _____________________ the ___________ dress _______________________.

8. W: So, are __________ still _______________________________?

M: No. I think she has _____________________ now.

W: Oh, good for you, but _____________________. She liked you a lot.

M: Maybe, but _______________ is a _______________.

W: True. But __________ was _______________, don't you think?

M: Angela!

W: Sorry.

Q. What can be inferred about _________?

(a) _____________ is _________________ to her.
(b) Angela thinks she is a criminal.
(c) The _________ will _______________ very much.
(d) The man plans to keep in touch with her.

9. W: Mike, I'm sorry I _____________________ to the ___________ last night.

M: I can't believe you _____________________ like that.

W: I know this is going to sound lame, but ___________ really _________ came up at work.

M: Like what?

W: My boss asked me to help find some files he lost and urgently needed.

M: That's _______________. But you could've _____________________ at least.

W: You're not going to believe this, but my cell phone died just as I was about to call you.

M: OK, I guess you _______________. But, remember, you still have to make this up to me.

Q. What can be inferred?

(a) The _________________ the _________________.
(b) The man will break up with the woman.
(c) The man will not wait for the woman again.
(d) The man was not happy with the concert.

10. M: This _________ from my ___________ to my _________ is driving me crazy!

W: What are you talking about?

M: Don't you find it hard to climb uphill every time we have to go teach?

W: Hold on, _______________ have you been ___________ for the past year?

M: The 1st-floor exit path uphill. Why, is there more than one?

W: _________________ about the _______________ from the 5th-floor exit?

M: How come nobody ever told me about that?

Q. What can be inferred?

(a) The man just got hired as a teacher.
(b) The _______________ and ___________ are in _____________________.
(c) The woman finds walking to classes tiring, too.
(d) The woman's office is on the 1st floor.

대본을 보면서 어떤 소리, 어떤 기능을 파악하지 못하였는지 확인하세요.

___ Part III

1. **W:** Good afternoon. Please climb aboard.

    M: I'm not sure if this is the right bus. Do you go to Queens Street?

    W: No. Don't take this bus. Take number 132.

    M: Where can I take the 132?

    W: Just stay at this stop. It'll come in ten minutes.

    M: Thanks. So that was 123?

    W: No, 132.

    Q. What will the man most likely do next?

    (a) Wait for the bus.
    (b) Take Highway 132.
    (c) Ride on bus 123.
    (d) Get off at the next stop.

2. **M:** Do you have anything to declare?

    W: No, I don't.

    M: Would you please put your suitcase on this table and open it?

    W: But I don't understand. I told you I have nothing to declare.

    M: Just open the suitcase, please.

    W: All right. Here, this box and clothes are all I have.

    M: What's in the box?

    W: It's a toy car, a gift for my little nephew.

    Q. What can be inferred about the woman?

    (a) She is a mother of young children.
    (b) She thinks the search is unnecessary.
    (c) She is planning to go shopping.
    (d) She needs a new suitcase.

지피지기
오답을 정리하면서
자신의 약한 부분을 파악합시다.

● 놓친 소리 및 어휘

● 질의 기능과 표현

3. W: Hi. Do you carry green dresses?

    M: Let me check… Yes, we have a chiffon dress and a dark green one.

    W: That's good. How much is the chiffon dress?

    M: It's $299.

    W: Um, that's too steep for my budget. How about the dark one?

    M: That's on sale from last season, only $59.

    W: That's better. It's for the St. Patrick's Day parade, so anything green will be fine.

    Q. What can be inferred about the woman?

        (a) She will play an important role in the parade.

        (b) She wants to spend about $300.

        (c) She does not mind wearing last year's style.

        (d) She will buy the green dress someplace else.

4. M: Can I get passes for two adults and two children, please?

    W: You mean a family pass? It's cheaper that way.

    M: All right. A family pass, then.

    W: Are you going to Playland as well? We have a family combo pass.

    M: Err… What's the difference in cost?

    W: A family pass is $85 and a combo is $130.

    M: I'd better talk to my wife first. One moment, please.

    W: Sure.

    Q. What can be inferred about the man?

        (a) He has been to this park many times.

        (b) He was not planning to visit Playland.

        (c) He thought child admission was free.

        (d) He needs to borrow money from his wife.

5. M: Let's hurry. The movie starts in 5 minutes.

W: Shall we get popcorn and soda?

M: OK, but I need to use the men's room real quick.

W: Then I'll go get the snacks.

M: Fine. Let's meet up at the entrance.

W: Sounds good.

M: Thanks. You know ours is theater #6, right?

W: Got it. See you in a bit.

Q. What can be inferred?

(a) The woman does not need to use the restroom.
(b) The woman did not know their theater number.
(c) The man will buy more food during the movie.
(d) The man will use the men's room by theater #6.

6. W: Hey Luke, did you see tonight's Tigers' game?

M: No, I'm still at the office working. Who won?

W: We did, 5 to 4. It was a close one, though.

M: Sounds like a real nail-biter.

W: It was. The game had to go into extra innings.

M: So, who was the MVP?

W: It was Thompson again. He batted in the game-winning run.

Q. What can be inferred?

(a) Thompson is the man's favorite player.
(b) The man and woman normally watch games together.
(c) The man and woman are fans of the same team.
(d) Tonight's game was the championship.

7.

W: I'm bored. Why don't we go out for dinner or something?

M: I'm watching TV.

W: Stop being such a couch potato! Let's do something!

M: I am doing something—watching TV.

W: You're always watching stupid sitcoms. It's a waste of time.

M: There's nothing wrong with a little comedy in your life.

Q. What is the tone of the woman's remarks?

    (a) Humorous.
    (b) Defensive.
    (c) Reproachful.
    (d) Indifferent.

8.

W: So, are you still hiding from Helen?

M: No. I think she has moved away now.

W: Oh, good for you, but pity on her. She liked you a lot.

M: Maybe, but stalking is a crime.

W: True. But she was cute, don't you think?

M: Angela!

W: Sorry.

Q. What can be inferred about Helen?

    (a) Angela is sympathetic to her.
    (b) Angela thinks she is a criminal.
    (c) The man will miss her very much.
    (d) The man plans to keep in touch with her.

9. W: Mike, I'm sorry I couldn't make it to the concert last night.

M: I can't believe you stood me up like that.

W: I know this is going to sound lame, but something really urgent came up at work.

M: Like what?

W: My boss asked me to help find some files he lost and urgently needed.

M: That's understandable. But you could've given me a call at least.

W: You're not going to believe this, but my cell phone died just as I was about to call you.

M: OK, I guess you had no choice. But, remember, you still have to make this up to me.

Q. What can be inferred?

(a) The man believes the woman's excuses.
(b) The man will break up with the woman.
(c) The man will not wait for the woman again.
(d) The man was not happy with the concert.

10. M: This walk from my office to my classes is driving me crazy!

W: What are you talking about?

M: Don't you find it hard to climb uphill every time we have to go teach?

W: Hold on, which route have you been taking for the past year?

M: The 1st-floor exit path uphill. Why, is there more than one?

W: Didn't you know about the shortcut from the 5th-floor exit?

M: How come nobody ever told me about that?

Q. What can be inferred?

(a) The man just got hired as a teacher.
(b) The man's office and classes are in different buildings.
(c) The woman finds walking to classes tiring, too.
(d) The woman's office is on the 1st floor.

표현 받아쓰기 12 : 정답

	표 현	뜻
1	Could you give me a ride to the airport?	공항까지 태워 줄 수 있습니까?
2	Could you watch my kids?	우리 아이들을 봐주실 수 있으세요?
3	Don't take it too hard.	너무 심각하게 생각하지 마세요.
4	He keeps asking me out.	그가 계속 데이트 신청을 해요.
5	How could you stand me up?	어떻게 날 바람맞힐 수가 있어요?
6	I couldn't wait two more days.	이틀을 더 기다릴 수가 없었어요.
7	I guess you couldn't help it.	어쩔 도리가 없었던 것 같네요.
8	I lost track of time.	시간 가는 줄 몰랐어요.
9	I was preoccupied with my homework.	전 숙제에 열중하고 있었어요.
10	I wouldn't bother going.	나는 굳이 가지 않을래요.
11	I'm glad I bumped into you.	당신을 우연히 만나게 되어 기쁩니다.
12	I've got to work up the courage.	용기를 내야겠지요.
13	It must've been really tiring.	정말 피곤했겠네요.
14	There's enough time to make it there.	거기 도착할 시간은 충분해요.
15	We can't beat prices in London.	런던의 물가[시세]가 더 비싸요.
16	We are supposed to know the regulation.	우리는 그 규칙을 알고 있어야 해요.
17	What's the occasion?	오늘 무슨 날이에요?
18	Why the long face?	왜 그렇게 우울해 보여요?
19	You look really beat.	당신 너무 지쳐 보여요.
20	You're all dressed up.	당신 쫙 차려 입었네요.

표현 받아쓰기 12 : 정답

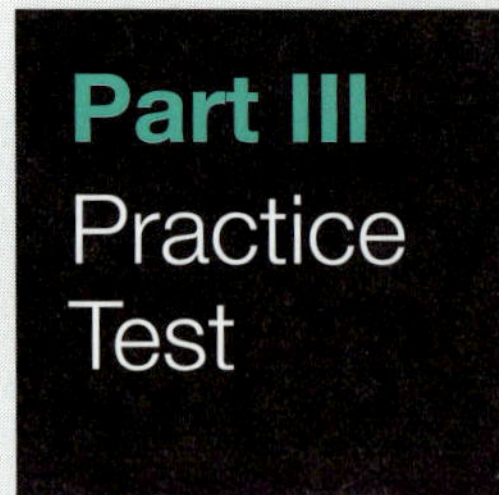

Review

Part III Practice Test를 풀기 전에 다음 사항을 다시 한 번 점검해 봅시다.

Part III: 15문항 (31~45)

- 대화문은 6~8개 정도의 발화로 구성된다.
- 대화문과 질문은 두 번 들려주고 선택지는 한 번 들려준다.
- 질문 유형은 대의, 세부사항, 추론으로 구성되고 이 순서대로 제시된다.
- 4개의 선택지를 들은 후 4초의 여유 시간 내에 정답을 고른다.

핵심 전략

1 대화문의 주요 내용어를 메모한다.
- 대화문을 처음 들을 때부터 주요 단어를 적는다.
- 남녀 대화자를 구분하는 표시를 한다.

2 문제 유형별로 선별 청취한다.
- 질문을 들은 후 관련 부분을 주의 깊게 듣는다.
- 대의 문제: 대화문의 전반부를 주의 깊게 듣는다.
- 특정 정보 문제: 질문에 나온 의문사나 특정 단어와 관련된 부분을 세심하게 듣는다.
- 진위 및 추론 문제: 대화문 전체를 세심하게 듣는다.

3 상황·주제를 파악하여 선별 청취한다.
- 일례로 전화 대화는 첫 발화에 전화 건 목적과 전화 받을 대상이 드러난다.
- 전화 건 용건은 대화문의 후반부에 나온다.

4 선택지의 주요 단어를 메모한다.

5 정답의 가능성이 없으면 ×, 그럴 듯 하면 △, 확실한 정답에는 ○을 표시한다.

6 정답의 원리와 오답의 특징을 생각하며 답을 고른다.
- 정답은 대화문의 주요 내용어를 선택지에서 다른 단어로 표현한다.
- 오답은 대화문의 주요 단어를 그대로 제시하는 경향이 있다.

You will now hear fifteen complete conversations. For each item, you will hear a conversation and its corresponding question which will be read twice. Then you will hear four options which will be read only once. Choose the option that best answers the question.

Now let's begin Part Three.

Memo 주요어

31. ⓐ   ⓑ   ⓒ   ⓓ

32. ⓐ   ⓑ   ⓒ   ⓓ

33. ⓐ   ⓑ   ⓒ   ⓓ

34. ⓐ   ⓑ   ⓒ   ⓓ

35. ⓐ   ⓑ   ⓒ   ⓓ

36. ⓐ   ⓑ   ⓒ   ⓓ

37. ⓐ   ⓑ   ⓒ   ⓓ

38. ⓐ   ⓑ   ⓒ   ⓓ

39. ⓐ   ⓑ   ⓒ   ⓓ

40. ⓐ   ⓑ   ⓒ   ⓓ

41. ⓐ   ⓑ   ⓒ   ⓓ

42. ⓐ   ⓑ   ⓒ   ⓓ

43. ⓐ   ⓑ   ⓒ   ⓓ

44. ⓐ   ⓑ   ⓒ   ⓓ

45. ⓐ   ⓑ   ⓒ   ⓓ

정답 및 해설: 해설집 77페이지

TEPS Part IV 공략

청해 Part IV는 TEPS 모든 영역에서 가장 힘겨운 공략 대상일 것이다. 소리를 듣는 능력 외에도 아주 수준 높은 어휘 지식과 다방면의 주제에 관한 풍부한 배경지식을 요구하기 때문이다. 실제로 상당수의 수험생이 Part IV를 난공불락의 요새로 간주하고 아예 포기해 버리기도 한다. 눈으로 아는 단어도 잘 들리지 않는 상황인 데다, 익숙하지 않은 전문적인 내용과 발음도 생소한 낯선 어휘까지 나오니 특정 단어를 듣고 그 뒤에 어떤 내용이 나올 것이라고 짐작하는 예견 청취(anticipation listening)를 하지 못하기 때문이다. 하지만 우리 교재의 기본 전략 '지피지기(知彼知己)'로 Part IV의 제반 특징을 파악하게 되면 절반 이상의 승리를 일궈낼 수 있다.

Part IV에서는 영어 사용 국가에서 영어 뉴스를 듣거나 강의를 듣는 것과 유사한 상황을 설정하여 내용을 구성한 담화문을 들려준다. 수험자가 이런 유형의 담화문을 얼마나 잘 이해하는지 측정하기 위하여 주제·화제·요지, 세부사항, 담화문의 내용을 근거로 한 추론 문제를 출제한다. 따라서 Part IV를 효율적으로 공략하는 방법은 질문 유형별로 접근하는 것과 담화문 종류를 파악하여 접근하는 것이다. 이미 Part III에서 익힌 질문 유형별 전략과 메모 방법, 여기에 담화문 관련 정보까지 추가하면 효율적 공략법이 완성된다.

본 교재에서 제시한 문제 접근법, 정답의 원리, 담화문 종류별 어휘, 그리고 담화문 기본 어휘 목록을 최대한 활용하면 분명히 점수를 올릴 수 있다고 확신한다. '나는 할 수 있다!'는 다짐을 하면서 끈기 있게 연습하기 바란다.

단원별 연습으로 들어가기 전에 Part IV의 출제 경향, 그리고 정답률을 높이는 학습 방법에는 어떤 것이 있는지 간략하게 살펴본다.

1 질문 유형

Part IV의 질문 유형(Question types)은 대의 질문, 세부사항 질문, 추론 질문 3가지 종류로 구분되고 질문 유형에 따라 문항 번호도 일정하게 정해져 있다. 대의 질문은 평균 7문항 (약 47%)으로 문항 번호 46번~52번에, 세부사항 질문은 평균 5문항(약 34%)이 53번~57번에, 마지막으로 추론 질문은 평균 3문항(약 19%)이 58번~60번에 제시된다.

Part III에서와 마찬가지로 질문 유형과 문항 배열 순서를 알고 있으면 담화문을 처음 들을 때부터 어느 부분을 집중해서 어느 정도 메모를 하면서 들어야 하는지를 판단할 수 있으므로 문제를 풀 때 많은 도움이 된다. 물론 담화문 내용 전체를 이해할 수 있다면 좋겠지만 학술 담화문은 어휘와 내용 자체가 상당한 수준이므로 알아듣지 못하는 단어가 꽤 있기 마련이다. 그런 경우라도 46번~52번 대의 문제에서는 담화문 서두의 핵심 단어만 이해할 수 있다면 이후에 모르는 단어가 나와도 주제나 요지를 파악하는 데는 큰 어려움이 없다. 반면, 53번~60번의 세부사항과 추론 문제는 담화문의 처음부터 끝까지 신경을 곤두세워 잘 듣고 메모를 해야 한다. 이런 식으로 질문 유형과 문항 번호의 배열을 알고 있으면 담화문의 어느 부분에 얼마만큼의 주의력을 기울여야 하는지 조절할 수 있다.

Part IV 질문 유형별 출제 경향

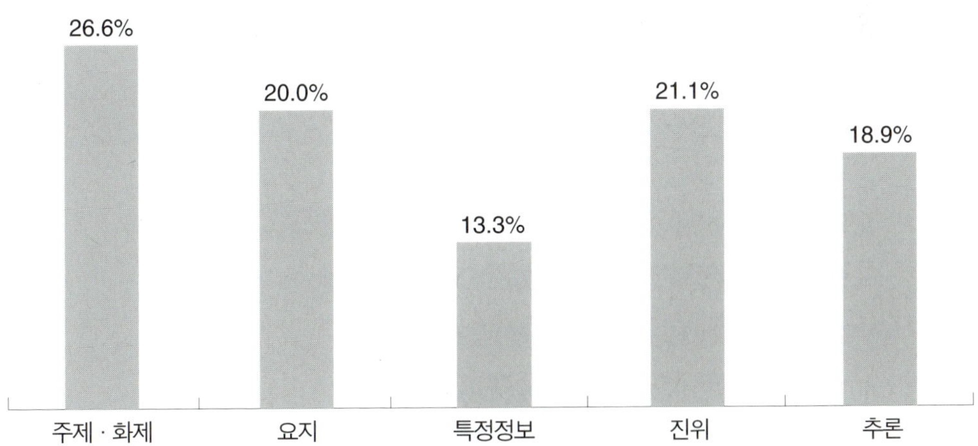

2 담화문 종류

(1) 담화문 종류별 출제 비율

Part IV에 빈번하게 출제된 담화문 종류와 세부 주제를 아래 표에 제시하였다. 담화문의 종류는 크게 두 가지, 실용 담화문과 전문·학술 담화문이고 출제 비율은 거의 50%씩이다. 실용 담화문의 종류와 출제 빈도는 공지·안내·광고, 뉴스·일기예보, 논의·회의, 자동응답 메시지 순이다. 전문·학술 담화문의 세부 종류와 출제 빈도는 인문학(교육·문학·예술 등), 사회학(역사·정치·경제 등), 보건·의학, 과학·기술 순이다.

Part IV 담화문 종류별 출제 경향

	담화문 종류	출제 비율(%)	
실용	공지·안내·광고	25.6	
	뉴스·일기예보	11.1	51.1
	논의·회의	10.0	
	자동응답 메시지	4.4	
전문·학술	[인문] 교육·문학·예술	18.9	
	[사회] 역사·경제·정치	11.1	48.9
	보건·의학	10.0	
	과학·기술	8.9	
합 계		100	

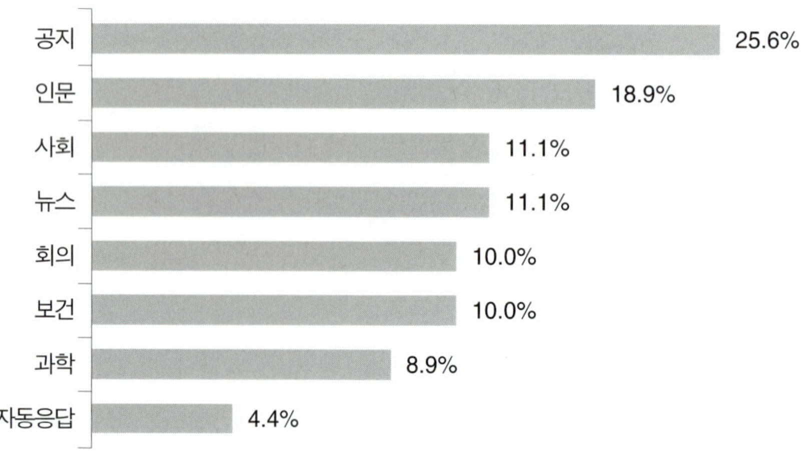

Part IV에서는 담화문 종류 및 질문 유형별로 빈번하게 출제된 것이 무엇인지 파악하고 있으면 문제 해결에 도움이 된다. 일례로 자동응답 메시지, 헤드라인 뉴스, 일기예보와 같은 담화문은 여러 가지 정보를 한꺼번에 제시하는 특성이 있기 때문에 세부사항(특정 정보와 진위 확인)을 묻는 문제의 단골 메뉴이다.

질문 유형과 담화문 종류의 상관 관계를 세부적으로 연습하면서 어떤 유형에 취약한지 파악해 그 부분을 집중적으로 공략하기를 바란다.

(2) 담화문 종류와 세부 주제

일반적으로 실용 담화문 청취에는 특별한 배경 지식이 필요하지 않다. 일상 생활 속에서 경험하는 내용이고 어휘가 비교적 평이하기 때문이다. 그러나 전문 · 학술 담화문은 사정이 다르다. 전문 주제 배경지식이 있느냐 없느냐는 바로 예견 청취 (anticipation listening) 기술로 이어진다. 일반적으로 인문사회학을 전공한 수험생은 의학 · 과학 · 기술 관련 전문 담화문을 들으면 머리 속이 하얗게 되는 경험을 했을 것이고 의학 · 과학 · 공학을 전공한 수험생은 인문학 특히 문학 · 문화 관련 담화문을 들으면 머리 속이 캄캄해지는 경험을 했을 것이다. 전문 주제에 관한 배경지식과 전문 용어를 몰라서 예견 청취가 이루어지지 않기 때문이다. 약간의 배경지식만 있으면 몇 개의 주제 관련 주요어 (key words)를 듣고서도 문제를 해결할 수 있다.

다음 페이지 도표에 담화문 종류와 빈출 세부 주제를 예시하였다. 이 자료를 활용하여 수험생 각자가 어느 분야에 취약한지를 파악하여 그 분야의 우리말 자료를 미리 읽어 두면 담화문 청취에 많은 도움이 된다.

✓ 부족한 배경지식 단기 해결책

1. TEPS 독해 지문이나 청해 Part IV 담화문의 우리말 해석을 먼저 읽는다.
2. 논의되는 주제, 주장, 논증 방식에 관심을 가진다.
3. 이해가 되지 않는 개념이 나오면 인터넷 자료를 찾아 보완한다.
4. 제공된 어휘와 표현을 익힌다.
5. 표현을 익힌 지 2~3일 후에 영어 원문을 읽거나 청해 음성 자료로 연습한다.

담화문 종류	세부 주제
공지 · 안내	[공항] 탑승, 출발 지연, 연착, 출입국 규정 [회사] 행사, 모임, 업무 규정 [학교] 도서관 이용, 학교 생활 오리엔테이션
광　고	할인 판매, 자동차 신제품, 의학 신제품 온라인 교육 상품, 은행 상품
뉴　스	사건 · 사고, 사회문제, 스포츠 경기 결과 일기예보, 날씨에 따른 주의사항
회의 · 논의 (Conference/Debate)	연사 소개, 주주 총회, 강연 후 일정 특정 주제에 대한 개인의 의견 · 주장
자동응답	병원 · 영화관 · 박물관 · 은행 · 음식점의 이용 및 서비스 안내
[인문] 교육 · 문학 · 예술	[인문] 심리, 철학, 문화 인류학, 인본적 내용; ㉐ 차별과 평등 [교육] 교육 방법의 장 · 단점, 영어교육, 아동의 언어 습득 [문학] 문학가 소개, 문학작품 소개, 문화 현상(페미니즘, 알파 걸) [예술] 영화 · 예술 작품 비평, 예술가 소개
[사회] 역사 · 경제 · 정치	[사회] 사회적 쟁점이 되는 현상(자살률, 이혼 가정) 비판 [역사] 미국 역사, 유럽 중세 역사, 고대 문명 역사 [경제] 경기 침체, 실업률, 경기 부양 [정치] 정치적 외교적 현안 및 정책 비판
보건 · 의학	의학 연구 결과 보고: 식품 · 약품의 유해성 현대인의 질병과 건강 조언: 당뇨병, 심장 질환, 우울증 일반적인 건강 조언
과학 · 기술	과학적 실험 결과 · 성취 및 의의 [동식물] 동물 · 해양생물 습성, 생태적 위기, 새로운 학설 [환경] 지구 온난화, 해저 환경, 허리케인, 지진 해일(쓰나미) [천문학] 우주 비행, 외계 생명체 이론, 신행성 발견 [기술] 신기술과 발명품, 작동 원리

Part IV 따라잡기

1 Part IV의 특징

Part IV의 담화문은 문어체 독해 지문을 구어체(spoken style)로 바꾸면서 길이를 조금 줄이고 어휘 수준을 약간 낮추어 놓은 '지문'이라고 생각하면 된다. 그래서 청해 Part IV는 담화문 구성은 물론이고 질문이나 선택지 유형 역시 독해와 아주 유사하다. 짧은 독해 지문을 소리로 듣는 것이라 생각하고 접근해야 한다.

Part IV의 후반부에 배치되는 세부사항과 추론 문제에서는 눈으로 읽는 독해 문제와 맞먹을 정도로 수준 높은 어휘 및 구문으로 구성된 담화문이 제시되기도 한다. 따라서 독해 지문의 구성 원리, 즉 단락(paragraph)의 구성에 관한 지식, 문법과 어휘 지식이 많으면 많을수록 이에 비례하여 더 잘 들을 수 있다. 단락 구성, 문법, 어휘 지식 중 앞의 두 가지는 단기간에 학습이 가능하지만 어휘는 평소에 꾸준히 외워야만 축적될 수 있다.

학술 담화의 경우 주제별 배경 지식이 있으면 몇 개의 핵심 단어(key words)만으로도 대의 문제의 정답을 훨씬 용이하게 찾아낼 수 있다. 따라서 인문, 사회, 예술, 과학 등 다양한 분야에서 현재의 시대 풍조(trend)와 관련된 논의 주제들에 익숙해질 필요가 있다.

2 핵심 전략 ⊙ TEPS 청해 Part IV의 정답률 높이기

1. 담화문의 모든 단어를 이해하지 않아도 된다.
2. 핵심 단어(key words)를 메모한다.
3. 처음 두 문장과 마지막 문장을 주의 깊게 듣고 메모한다.
4. 질문 유형이 무엇이든 **주제와 주장을 항상 생각**하고 메모한다.
5. 담화문에서 반복되는 동일 개념의 주요어가 무엇인지 파악한다.
6. 선택지를 메모하고 질문 유형별로 적용되는 정답의 원리와 오답의 특징을 활용한다.

메모 방식 예시

- 주제어: 밑줄이나 원으로 표시한다.
- 철자가 틀려도 되고, 영어를 우리말로 소리나는 대로 쓰거나 우리말 뜻으로 메모해도 무방하다.
- 모르는 내용어는 '?'로, 혹은 일부 소리를 우리말로 표시한다.

  <u>exposure</u> 쎄러피... first-line 심리치료... ? stress disorder. 환자 asked confront 기억...?
  ... imagining... But now, 가상현실 덕분... 가능... relive...vivid detail...

- 매일 30분씩 문장을 듣고 메모하는 연습을 해보자.

3 주제문 이해하기

영어 담화문의 전개 방식을 이해하고 있으면 내용 파악이 한결 쉬워져 정답을 고르는 데 도움이 된다. 모든 글이나 담화의 궁극적 목적은 읽는 사람과 듣는 사람에게 주장하는 내용을 효과적으로 전달하는 것이다. 그래서 전달하고자 하는 핵심 사항을 글이나 담화의 앞부분에 명확하게 제시한다. 그 다음에 핵심 주장의 타당성을 뒷받침하는 구체적 사실 정보를 제시하고 마지막으로 전체 내용을 요약한다. 이 중에서 내용 이해에 가장 중요한 역할을 하는 핵심 문장을 '주제문'이라고 한다.

주제문(topic sentence)

- **위치**　(1) 일반적으로(80% 이상) 담화문의 첫 문장에 주제문이 제시된다.
　　　　(2) But, However, Instead 등이 나오면 그 뒤에 나오는 내용이 주제문이다.
　　　　(3) 마지막 문장에 주제문이 제시되기도 한다.

- **구성**　(1) 주제문은 보통 주제와 주장으로 이루어진다.
　　　　(2) 일반적으로 문장의 주어가 주제이고, 문장의 나머지 부분이 주장이다.

주제문의 요소	
주제	**주장 · 의견 · 느낌**
문장의 주어	문장의 서술어
• A number of Koreans • Korea's culture	are extremely hospitable to Americans and Europeans. has a rich and varied history.

Part IV에 빈번하게 출제되는 담화문 종류별로 주제문의 위치를 살펴보면 일반적으로 아래와 같다.

담화문 종류	주제문 위치 및 담화문 구성 방식
강의 · 논증	서두에 논의할 주제나 주장을 언급한다.
광고	서두에 소비자의 관심을 끄는 광고대상의 매력적인 특징이나 기능을 언급한다. 그 뒤에 광고대상의 특징이나 기능을 구체적으로 제시한다.
학술(결과) 보고	서두에 연구 종류와 성과를 언급한다. 그리고 연구자, 실험대상, 실험과정, 주요 결과자료, 전망을 소개한다.
사건 보도 뉴스	서두에 사건의 요점을 전한다. 그 뒤에 사건의 구체적 사실을 육하원칙에 따라 언급한다.
헤드라인 뉴스 일기예보	주제문이 명시되지 않는다. 여러 가지 구체적 사실을 나열하여 하나의 담화문을 이룬다.

4 Part IV 출제 유형 맛보기

Part IV Choose the option that best answers the question.

Exposure therapy has long been **a first-line psychological treatment** for post-traumatic stress disorder. In this form of therapy, patients are asked to confront memories of a trauma by imagining and recounting it. But now, **thanks to virtual reality**, they **are able to relive it in vivid detail.** For instance, a simulation called Virtual Iraq helps Iraq war veterans reencounter sights, sounds, and smells that evoke painful memories. This allows them to reprocess traumatic events and become desensitized to them, minimizing war side effects like insomnia, nightmares, and flashbacks.

Q.   What is the **main idea** of the **lecture**?
(a) Post-traumatic stress disorder mainly affects war veterans.
(b) Virtual reality can have positive uses.
(c) Overcoming Iraq war trauma is extremely difficult.
(d) Exposure therapy is even more powerful with virtual reality.   정답 (d)

Listening Point

질문 유형 | **요지**   담화문 종류 | **보건 · 의학**

요지 | **주제문 내용과 세부 내용을 적절히 요약한다.**

주제문 | **첫 문장**

주제(topic)	주장(main idea)	정답: 단어를 바꾸어 표현한 주장
Exposure therapy	- has long been a **first line** treatment - thanks to **virtual reality** - able to **relive…in vivid detail**	→ is **more powerful** with virtual reality

(a) (X) **Post-traumatic stress disorder** mainly affects war veterans.
(b) (X) **Virtual reality** can have positive uses.
(c) (X) **Overcoming Iraq war trauma** is extremely difficult.
(d) (O) Exposure therapy is even more powerful with virtual reality.

오답 | (a) (b) (c) 각 선택지에서 굵은 글씨로 된 부분은 담화문의 주제가 아니다. '스트레스로 인한 장애, 가상 현실, 이라크 전쟁의 정신적 상흔 극복하기'는 담화문의 주제인 exposure therapy를 설명하기 위한 세부 화제이다.

▶	exposure therapy	노출 치료
▶	first-line	제1선의, 가장 우수한, 최고급의, 전선(前線)의
▶	psychological treatment	심리 치료
▶	post-traumatic stress disorder	정신적 쇼크 후 겪는 스트레스 장애
▶	confront	~에 직면하다, ~와 마주 대하다
▶	trauma	정신적 외상, 마음의 상처, 쇼크
▶	recount	이야기하다, 자세히 설명하다
▶	virtual reality	가상 현실
▶	relive	다시 체험하다, 회상하다
▶	in vivid detail	생생하게, 선명하게
▶	war veteran	참전용사, 재향군인
▶	reencounter	다시 직면하다
▶	evoke	(기억 · 감정을) 불러일으키다, 환기하다
▶	reprocess	재생하다
▶	traumatic	정신적 쇼크의, 상처 깊은, 잊지 못할
▶	desensitize	~에 대해 둔감하게 하다; 둔감해지다, 감수성이 줄다
▶	side effects	부작용
▶	insomnia	불면증
▶	flashback	장면 회상, 플래시 백

출제포인트 ➡ 요지 질문의 정답 원리

1) 담화문의 주제와 주장을 담고 있다.
2) 담화문 주제를 선택지의 주어로, 주장은 단어를 바꾸어 서술어 부분에 제시한다.
3) 요지는 문장으로 제시되고, 담화문의 전반적 내용을 담고 있다.

Unit 13 대의 1: 주제 · 화제 *

본 단원에서는 대의 문제 중에서 담화문의 주제 및 화제를 파악하는 유형을 학습한다. 이 분류는 대의 문제와 관련된 다양한 담화문 종류를 충분히 연습하기 위한 편의적인 방편이다. 대의 문제는 Part IV에서 거의 절반(15문항 중에서 7문항)을 차지하므로 출제된 담화문 종류와 정답 유형을 숙지하면 정답을 좀 더 쉽게 고를 수 있다.

주제 및 화제를 묻는 질문 유형은 Part IV에서 가장 풀기 쉬운 문제에 속한다. 담화문의 서두 부분에 핵심 내용이 대부분 제시되어 있고 또한 선택지의 길이가 요지 파악 질문에 비하여 짧은 편이어서 듣는 부담이 상대적으로 적기 때문이다.

출제빈도 및 출제경향 매 시험 평균 4 문제

Part IV에서 대의 문제의 출제 비율은 약 47%, 통상적으로 7문항이며 46번~52번에 제시된다. 이 중에서 주제 · 화제를 묻는 문제의 출제 비율은 약 27%로, 매 시험 평균 4문항 정도 출제된다.

주제 · 화제 질문 유형
4문항 (26.6%)

담화문 종류	
실용문	학술문
2~3문항	1~2문항

1 질문과 정답 유형

담화문의 주제나 화제를 묻는 질문에는 topic, subject, what ~ about?이 주로 사용된다. 가끔씩 제목(title)이나 담화문의 목적(what ~ for?)을 묻는 질문 유형도 출제된다. Part IV의 질문에서는 대부분 질문 자체에 담화문 유형이 제시된다. 공지(announcement), 안내(instructions), 뉴스(news report), 광고(advertisement), 담화(the talk) 등과 같은 표현을 질문에 넣어 담화문 유형을 밝혀준다. the talk로 제시된 담화문에는 학술 보고, 논증(debate), 강의(lecture)가 있고, 때로는 회의(conference)나 공지(announcement)가 포함되기도 한다.

담화문 종류를 알고 있으면 담화문 특성에 따라 주의 깊게 들어야 할 부분에 초점을 맞출 수 있다는 이점이 있다. 이를테면, 개인적 논증, 학술적 보고, 사건 뉴스는 주제문의 위치가 거의 서두에 있고, 광고의 경우 중간이나 끝부분에 광고 대상, 즉 주제가 언급된다. 이런 특성을 활용하면 처음 한두 문장 혹은 마지막 문장을 잘 듣기만 해도 주제·화제를 묻는 대의 질문의 정답을 고를 수 있다.

질문유형
What is the (main) **topic** of the news report [the talk]? What is the best **title** for this news report [this talk]? What is the (main) **subject** of the lecture?
What is the speaker talking **about**? / What is the talk [the message] (mainly) **about**? **What** is advertisement [announcement] (mainly) about? / **What** is being advertised? **What** is **promoted** in this announcement? / **What** are the instructions **for**?

담화문 종류	정답유형
공지 · 안내	A literary festival. 문학 축제. Guidelines for maintaining public safety. 치안 유지를 위한 지침. Severe, with 60% chance of rain. 극심한 날씨에 60% 비올 확률. Feeding a hamster. 햄스터에게 먹이 주기. To inform passengers of the delayed take-off. 이륙 지연을 승객에게 알리기 위한 것.
인문 · 사회	The definition of art. 예술의 정의. The advantages of home-schooling. 자택 학습의 장점. The correlation of concentration and time perception. 집중과 시간 인식의 상관관계. Types of education for better job opportunities. 더 나은 취업 기회를 위한 교육의 종류. A law allowing a new pet. 새로운 애완 동물을 허용하는 법안.
보건 · 과학	The characteristics of the Mississippi estuary. 미시시피강 하구의 특징. The effects on people with sore throats. 목에 염증이 있는 사람에게 미치는 효과. The positive effects of caffeine on the body. 카페인이 신체에 미치는 긍정적 효과. Multiple Players in the Fight against Globalization. 세계화 반대 투쟁의 다양한 참여자. What causes sneezing. 재채기를 일으키는 것.

☑ 출제 포인트

1. 주제문의 위치가 처음 한두 문장에 있는 담화문 출제 빈도가 70~80% 정도이다.

2. 정답은 주제문의 핵심 단어를 동의어나 유사어로 대체한다(paraphrasing rule).

3. 주제문이 직접 제시되지 않은 경우 정답은 몇 개의 주요 단어를 활용하여 전체 내용을 요약한다.

4. 오답은 담화문의 일부 내용, 주로 후반부에 나온 세부 내용을 담고 있다.

풀이 요령

○ 주제 · 제목 파악 문제는 세부 사항을 일일이 기억하지 않아도 된다.

1. 처음 두 문장의 명사 · 동사 · 형용사를 영어나 우리말로 메모한다.
   - 서두에 대부분 주제와 주장이 나타나 있다.
   - 일반적으로 문장의 주어가 주제 · 화제이고, 동사를 포함한 부분이 주장이다.

2. 메모한 내용어를 토대로 주제와 주장을 반드시 생각한다.
   - But, However, Instead 다음에 이어지는 문장이 주제문이다.
   - I think / I believe / I'm sure / I'd like to point out / In my opinion 다음에 이어지는 문장이 주제문이다.

3. 이후 이어지는 문장의 내용어를 메모하고 주장과 연관 지어 생각한다.
   - 영어 글쓰기의 한 원리인 어휘 변화(variation in words), 즉 주제 · 주장 관련 핵심어를 동의어로 다양하게 표현하는 원리를 활용한다.
   - 나열된 요소가 많을 경우 쉬운 단어로 된 항목에만 주목한다.

4. 마지막 문장을 주의 깊게 듣는다.
   - 주제문의 내용이 어휘와 구조가 바뀌어 다시 요약 제시된다.

5. 질문을 들은 후 담화문 유형에 따라 청취의 초점을 맞춘다.
   - 강의, 학술 보고, 사건 보도, 개인 주장 → 서두에 주장을 제시한다.
   - 광고 → 중간이나 후반에 광고 제품이 언급된다.

6. 선택지를 반드시 메모한다.
   - 정답에는 담화문의 주제 및 주장을 나타내는 문장에 언급된 단어나 표현의 동의어가 사용된다.
   - 오답에는 담화문 중간이나 후반에 나온 단어가 그대로 사용된다.

2 유형 연습

Ⓐ Part IV 인문 – 아동의 특성 track 102

Step ① Choose the option that best answers the question.

ⓐ   ⓑ   ⓒ   ⓓ

Step ② Listen again and fill in the gaps.

________________ are especially ______________ to ______________ during their formative ________________________. For instance, ________________ a ___________________ can be a ____________ experience. Meeting new classmates and teachers, getting good grades, socializing, and just being away from parents can all induce ____________ in students ______________ to school. The ______________ and ___________ can ______________ with children's ability to maintain a _____________________. It can also cause ________________________, excessive worry, and even physical symptoms such as _________________.

Q.   What is the main ____________ of the talk?

(a) Improving ___________________.

(b) Overcoming ____________________.

(c) The ____________ of a _________________.

(d) _________ children do not enjoy school.

| Script Reading |

Children are especially **susceptible** to **stress** during their formative **school years**. For instance, **starting** a **new school year** can be a **traumatic** experience. Meeting new classmates and teachers, getting good grades, socializing, and just being away from parents can all induce **stress** in students **returning** to school. The **anxiety** and **fear** can **interfere** with children's ability to maintain a **normal routine**. It can also cause **sleep problems**, excessive worry, and even physical symptoms such as **stomachaches**.

Q.   What is the main **topic** of the talk?
(a) Improving social skills.
(b) Overcoming sleep problems.
(c) The **anxieties** of a **new school year**.
(d) **Reasons** children do not enjoy school.

정답 (c)

◣ Listening Point

담화문 종류 | **인문**　　주제 | **아동의 특성**

질문 유형 | **중심 주제(main topic)**

주제문 | **첫 문장**

주제	주장
Children	are susceptible to stress during their formative school years.

○　For instance → 주장을 뒷받침하는 예시가 나온다는 것을 알려주는 연결어이다.

○　서두의 주제문에 사용된 **susceptible / formative / traumatic**의 뜻은 뒤에 반복되는 단어나 전체 내용으로 짐작한다.

○　나열된 요소는 기본 속성이 같으므로 한두 항목만 주목한다.

　　세 번째 문장 주어: 4항목 ①…new classmates…teachers ②…good grades ③… ④…

　　마지막 문장 목적어: 3항목 ① sleep problems ②… ③…stomachaches

(a) (X) '사회적 기술'은 담화문의 주제가 아니다.

(b) (X) '수면장애'는 '스트레스' 혹은 '근심과 두려움'으로 인한 구체적 증상 중 하나이다.

(c) (O) stress → anxieties : 담화문에 나온 유의어로 대체하여 주제문을 적절히 표현하고 있다.

(d) (X) '학교생활을 즐기지 못하는 이유'는 담화문의 주제가 아니다.

| 표현 연구 |

▸ susceptible	영향 받기 쉬운, ~하기 쉬운
▸ formative years	형성기
▸ traumatic	정신적 쇼크를 주는, 고통스런
▸ socialize	사회화하다, 교제하다
▸ induce	유도하다, 초래하다
▸ anxiety	불안
▸ interfere with	방해하다, 지장을 주다
▸ routine	일상
▸ excessive	과도한
▸ physical symptom	신체 증상

Step ① Choose the option that best answers the question.

ⓐ   ⓑ   ⓒ   ⓓ

Step ② Listen again and fill in the gaps.

As we all know, many ___________________________ are experiencing rapid ___________________ and ___________________________. This has contributed to _______________________________________, which has had a significant _______________ on _______________. Hundreds of ___________________________ are facing _______________. The biggest ___________________________ is _______________ of _______________, especially as forested land is cleared for logging, agriculture, or development. Pollution, hunting, and trade are also all taking a toll.

Q.   What is this _______________ on Asia mainly _______________?

    (a) How habitats are changing.

    (b) Which bird species are disappearing.

    (c) _______________________________________ is having on _______________.

    (d) _______________ countries experience population and economic growth.

| Script Reading |

As we all know, many **Asian countries** are experiencing rapid **population** and **economic growth**. This has contributed to **increased land development**, which has had a significant **impact** on **birds**. Hundreds of **bird species** are facing **extinction**. The biggest **reason for this** is **loss** of **habitat**, especially as forested land is cleared for logging, agriculture, or development. Pollution, hunting, and trade are also all taking a toll.

Q.   What is this **lecture** on Asia mainly **about**?
    (a) How habitats are changing.
    (b) Which bird species are disappearing.
    (c) **What effect development** is having on **birds**.
    (d) **Why** countries experience population and economic growth.   정답 (c)

◣ Listening Point

담화문 종류 | **과학(환경)**　　**주제** | **토지 개발의 폐해**

질문 유형 | **강의의 주제(What…the lecture…mainly about)**

주제문 | **두 번째 문장**

주제	주장
increased land development	has had a significant impact on birds

○　첫 문장의 내용(아시아 국가의 인구 및 경제성장)은 주제 및 주장을 이끌어 내기 위한 사실 정보이다.

(a) (X) habitats(서식 환경)는 담화문의 주제가 아니다.

(b) (X) bird species(새의 종)는 담화문의 주제가 아니다.

(c) (O) impact → effect로 대체하여 주제문의 내용을 적절히 표현하였다.

(d) (X) '국가가 인구 증가와 경제 성장을 하는 이유'는 주제가 아니다.

| 표현 연구 |

▶ population	인구
▶ land development	토지 개발
▶ significant	상당한, 주목할 만한
▶ have an impact on	~에 영향을 미치다
▶ hundreds of	수백의
▶ face	마주하다, 직면하다
▶ extinction	멸종, 소멸
▶ habitat	서식 환경, 거주지
▶ forested	숲으로 덮인
▶ clear	개간하다; 지우다
▶ logging	벌채, 벌목
▶ agriculture	농업
▶ pollution	오염
▶ take a toll	큰 피해[타격]을 주다

3 담화문 종류별 빈출 어휘 1 `track 104`

아는 만큼 더 들을 수 있습니다. 어휘를 소리 내어 읽으면서 익히기 바랍니다.

공지

agenda	의제, 협의사항
archive	공문서, 파일저장고
associate	동료, 조합원, 준회원
company	교제; 동행; 회사
chief executive officer	최고 경영 책임자, CEO
company secretary	총무 이사
director	임원, 중역
executive director	전무 이사
conference	회의
convene	소집하다, 모이다
convention	집회, 모임
cooperation	협조
distribution	분배, 배분
Limited (=Ltd.)	유한 책임의 (회사)
minutes	의사록
shareholder	주주
sick leave	병가
sign-up	등록
transaction	처리, 매매
unanimous consent	만장일치
intersection	교차로, 사거리
flight attendant	(비행기) 승무원
departure	출발
transfer ticket	갈아타는 표
descent	하강
delay	연기하다, 지연시키다
customs	세관
immigration office	출입국 관리소
declaration form	신고서
fill out	(양식지를) 기입하다, 작성하다

광고

accredited	공인된
package	일괄 거래; 짐 꾸러미
parcel	소포
postage scale	우편물 중량 저울
efficiency	효율, 능률
expense	비용, 지출
overpayment	과다 지불
reduced price	인하된 가격
computer application	컴퓨터 응용 프로그램
handheld	손에 쥘 만한 크기의 (컴퓨터)
spreadsheet	(소프트웨어) 스프레드시트
register	금전등록기; 등록하다, 기록하다
clearance sale	재고정리 세일
close-out sale	폐점 세일
bargain bin	할인 품목을 담아 놓은 상자
discount items	할인 품목
bargain hunter	저렴한 제품을 찾아 다니는 사람
selection	선택된 물품, 선별
living essentials	생활 필수품
browser	상품을 구경하고 다니는 사람
SUV(= sport utility vehicle)	레저용 차량
drive	(자동차의) 구동(驅動) 장치
all-wheel drive	4륜 구동
shipping and handling charges	(우편료 · 운임 · 보험 · 포장료 등) 발송 경비
warranty	(품질) 보증(서)
semi-annual	반년마다의, 연 2회의
back-to-school	신학기의
affix	첨부하다, 붙이다; 첨부물
outperform	~보다 성능이 우수하다
purchase	구입하다
fill orders	주문대로 완수하다, 납품하다
ship out	(배로) 보내다, 수송하다

allegedly	알려진 바에 따르면
apparently	명백히, 분명히
reportedly	보도된 바로는, 보도에 따르면
catastrophe	대참사, 재난
feature story	인기 기사, 주요 읽을 거리
casualty	희생자, 사상자
wildfire	산불
hit-and-run accident	뺑소니 사고
fraud	사기 행위, 부정 수단; 사기꾼
shoplifter	(가게 물건을) 슬쩍 훔치는 사람
smuggler	밀수범
homicide	살인 행위
victim	희생자
suspect	용의자
accomplice	공범자
witness	목격자; 목격하다
rescue	구조; 구조하다
authorities	당국
accusation	고발 고소
trial	재판, 공판
venue	장소, 개최지
verdict	(배심원의) 평결
client	의뢰인
jury	배심원
convict	죄인, 죄수; 유죄를 선고하다
death row inmate	사형수 수감자
probation	집행유예
release	석방, 면제; 풀어주다, 놓아주다
unsuspected	의심받지 않은, 생각지도 않은
vindicated	결백이 입증된
under investigation	수사 중인
under the jurisdiction of	~의 관할에 있는, ~의 지배를 받는
plead guilty	(심문에 대해 피고가) 죄상을 인정하다
plead not guilty	(심문에 대해 피고가) 죄상을 인정하지 않다
sentence	형을 선고하다
ensnare	함정에 빠뜨리다
evacuate	(집·건물을) 비우다, 피난시키다
unearth	발굴하다

be likely	~할 것 같다
a 90% chance of rain	비올 가능성 90%
forecast	예상, 예보; 예보하다
breeze	미풍
gust	강풍
top winds	최대 풍속
cold front	한랭 전선
cold wave	한파
highs / lows	최고 기온 / 최저 기온
temperature	기온
high pressure	고기압
low pressure	저기압
intermittent	간헐적인
overcast	흐린
chilly	쌀쌀한, 차가운
damp	습기가 있는, 축축한
humid	눅눅한, 습기가 많은
muggy	무더운, 후덥지근한
patches of cloud	(드문드문 떠 있는) 조각 구름
patches of ice	(드문드문 얼어 붙은) 빙판길
precipitation	강수량
rainfall / snowfall	강우량 / 강설량
drizzle	이슬비, 보슬비
shower	소나기
downpour	폭우, 호우
flash flood	(호우가 내린 뒤) 갑자기 밀어닥치는 홍수
thunderstorm	천둥을 수반한 폭우
tropical storm	열대 폭풍우
life-threatening	생명을 위협하는
severe	극심한, 악천후의
locally	국지적으로, 지역마다
statewide	주 전역에
clear up	(구름 등이) 걷히다
linger	머물다, 쉽게 사라지지 않다
scatter	드문드문 눈 · 비가 내리다

Part IV 문제 풀이를 위한 전략 복습

연습문제를 풀기 전에 아래 절차를 다시 한 번 정리한 후 실전에 응용해 보세요.

○ 주제 · 화제: 처음 한두 문장을 메모 또는 요약하면 정답을 쉽게 찾을 수 있다.

1. 담화문의 처음 두 문장을 반드시 메모하거나 요약한다.
   - 일반적으로 서두에 주제문이 제시된다.
   - 대체로 주제문의 주어가 주제이고 동사 부분이 주장이다.

2. 질문을 듣고 담화문 유형을 파악한 후 주의 깊게 들어야 할 부분에 귀를 기울인다.
   - 개인적 주장, 학술 보고, 사건 뉴스 → 주제문의 위치가 거의 서두이다.
   - 광고 → 서두에 제품의 효과 즉 주장을, 중간부터 끝부분에 제품의 특징을 상세히 열거한다.

3. 담화문의 마지막 문장도 주의 깊게 메모한다.
   - 보통 마지막 문장에 주제문의 내용을 다시 한 번 요약 제시한다.

4. 선택지의 내용을 메모하면서 담화문의 주제와 주장을 담고 있는지 파악한다.
   - 정답에는 담화문의 주제어가 제시된다.
   - 정답은 주장을 나타내는 단어를 동의어로 대체한다.
   - 오답에는 세부 사항의 어휘가 그대로 제시되는 경향이 있다.

5. 정답 후보는 보통 두 개로 압축된다.
   - 주제어가 있는 선택지는 일단 △ 표시하여 정답 후보로 남겨둔다.
   - 주제어가 없거나 세부적인 내용만을 담고 있는 선택지는 × 표시하여 정답 후보에서 제외한다.
   - 주장 관련 동의어가 있으면 ○를 표시하며 듣는다.

Mini Test 13

Step 1　Listening-Only　🎧 track 105

담화문의 주요 단어를 메모하면서 문제를 풀어 보세요.
TEPS Part IV의 담화문과 질문은 두 번, 선택지는 한 번 들려 줍니다.

_ Part IV　담화문과 질문을 듣고 가장 적절한 응답을 고르시오.

1. ⓐ　ⓑ　ⓒ　ⓓ
2. ⓐ　ⓑ　ⓒ　ⓓ
3. ⓐ　ⓑ　ⓒ　ⓓ
4. ⓐ　ⓑ　ⓒ　ⓓ
5. ⓐ　ⓑ　ⓒ　ⓓ
6. ⓐ　ⓑ　ⓒ　ⓓ
7. ⓐ　ⓑ　ⓒ　ⓓ
8. ⓐ　ⓑ　ⓒ　ⓓ
9. ⓐ　ⓑ　ⓒ　ⓓ

Memo 주요 내용어 적기

난이도가 높은 문제를 다시 들으면서 빈칸에 들어갈 표현을 받아쓰세요.
그리고 질문에 가장 합당한 답을 선택지에서 고르세요.

_ Part IV

6. ___________________ are becoming ___________________ and ______________
than _______________. This is because during the ___________________ there has been an
___________________ away ___________________ cooperative _____________ and
_____________. The result is that now we cannot really do anything for ourselves. Even though
we may be more highly educated than any generation before us, we ___________________ on
bureaucracies and on our own technological devices.

    Q.   What is the main topic of the lecture?
       (a) The ___________________ of ___________________.
       (b) The modern _______________ in _______________.
       (c) The ___________________ towards self-reliance.
       (d) The _______________ of cooperative _______________.

7. _______________ that in the course of ___________________ you have _______________ the grave
___________________ of _____________ to the ___________________. You should know
by now that if _______________ were to _______________, the terrestrial _______________ would
_______________ into _____________. Without pollinating insects, most of the flowering plants
would soon perish. The great majority of mammals, birds, and other land vertebrates would
also soon disappear as they would lose the specialized foliage and insect prey on which
they feed. _______________ would ___________________, _______________ to the edge of
_____________.

    Q.   What is the main topic of the lecture?
       (a) _______________ critical __________ in sustaining the _____________.
       (b) The impending _____________ of ___________________.
       (c) Various _______________ of _______________ species.
       (d) ___________________ that could occur.

8. To be able to _____________________________ is a _________________ for any _______________.
The _____________________ refers to imparting _________________________ to an _______________
or coining an entirely _______________________. No new breakthroughs are possible without
neologisms because every discovery requires new words, or new interpretations of old words
to describe and explain reality in new ways. For instance, how could Aristotle have developed
the logic of syllogisms or Newton the theory of dynamics without new vocabularies and
definitions?

Q. What is the main topic of the lecture?

    (a) The _______________ of neologism.
    (b) Why _______________ are neologists.
    (c) How new _________________ are _________________.
    (d) The _______________ and _________________ of neologism.

9. In today's class, we'll continue to discuss ___________________ in _________________________.
One rather __________ variety of _______________________________ used particularly in Korea
is _______________. It is _________________ to WiMax, but _______________ WiMax, WiBro is
designed to _____________________________. It can ____________ a _______________ at speeds
of up to 60 km per hour, whereas WiMax is __________ designed to be ____________ while
the __________ is _______________. _______________, WiBro can be thought of as "mobile
WiMax."

Q. What is the main topic of the lecture?

    (a) The _________________________ of WiBro.
    (b) ________ WiBro technology ________.
    (c) ________ WiBro may ____________ WiMax.
    (d) The _________________ of WiBro _______ WiMax.

대본을 보면서 놓친 소리,이해하지 못한 표현을 확인하세요.

_ Part IV

1. The Express-Tip is a small pen-sized scanner that enters text and numbers from paper documents into any computer application. Simply slide the Express-Tip over the information you need to enter in your favorite application, and in seconds you will capture text from books, newspapers, magazines, faxes, letters, and spreadsheets into your computer programs. It works much faster than keying in the text or numbers by hand.

   Q. What is mainly being advertised?

      (a) A handheld scanner.
      (b) A pen-sized keyboard.
      (c) A small digital camera.
      (d) A new computer application.

2. September is the new New Year's. With the kick-off of a new school year, it's a natural time to rethink and reorganize your home life. Whether you're in need of systematizing your laundry tasks, managing your bills, or arranging things in your garage, we have some clever tools to help you get started. Who says resolutions are best made in January? Start off the new season and new school year with a more organized life.

   Q. What is the advertisement mainly about?

      (a) Buying new school supplies.
      (b) Getting reorganized in the fall.
      (c) Making New Year's resolutions.
      (d) Finding new ways of doing laundry.

지피지기
오답을 정리하면서
자신의 약한 부분을 파악합시다.

● 놓친 소리 및 어휘

3. An online college degree is the best way for working professionals to earn the degree they need. That's why our website offers online degree programs from accredited colleges and universities. Find a degree program or college that meets your career goals. Choose a college degree at the associate, bachelors, masters, or PhD level. Whatever you choose, you can study on your time at your own pace from a top college and achieve the career you want. Check us out on the Net today!

Q. What is mainly being advertised?

    (a) Community college degrees.
    (b) A career in college admissions.
    (c) Financial aid for college students.
    (d) An Internet site for online degree programs.

4. Today's meeting has been convened to pay tribute to Andy Strickland. Andy is retiring from our IT Department on July 30. His 30-year career has focused on preparing research data archives and assisting scientists and researchers in using the data. Many people have benefited from the careful work and professional service Andy has always provided. Let's celebrate his success and wish him happiness in his retirement.

Q. What is the main purpose of the talk?

    (a) To honor a retiring employee.
    (b) To explain the work of the IT Department.
    (c) To announce an upcoming retirement party.
    (d) To welcome the newly hired Andy Strickland.

5. I'm glad to have been invited to speak today at this conference. I'd like to talk about staying safe when passing through intersections. One important tip is to look left and right. Many drivers just look straight ahead when the light is green. However, it is a good habit to give a quick look around before crossing. Another driver or pedestrian could try to cross by mistake, even if their light is red.

Q. What is the main topic of the talk?

    (a) Stopping at a stop sign.
    (b) Following the speed limit.
    (c) Avoiding injury in car accidents.
    (d) Driving safely through intersections.

6. I believe people are becoming less self-reliant and more dependent than ever before. This is because during the last century there has been an enormous shift away from self-reliance towards cooperative organization and specialization. The result is that now we cannot really do anything for ourselves. Even though we may be more highly educated than any generation before us, we helplessly rely on bureaucracies and on our own technological devices.

Q. What is the main topic of the lecture?

(a) The advancement of technology.
(b) The modern increase in dependence.
(c) The educational shift towards self-reliance.
(d) The breakdown of cooperative organization.

7. I hope that in the course of this semester you have realized the grave importance of insects to the Earth's ecosystems. You should know by now that if insects were to vanish, the terrestrial environment would collapse into chaos. Without pollinating insects, most of the flowering plants would soon perish. The great majority of mammals, birds, and other land vertebrates would also soon disappear as they would lose the specialized foliage and insect prey on which they feed. Humanity would suffer terribly, pushed to the edge of extinction.

Q. What is the main topic of the lecture?

(a) Insects' critical role in sustaining the planet.
(b) The impending threat of global extinction.
(c) Various benefits of insect species.
(d) Disaster scenarios that could occur.

8. To be able to develop neologisms is a vital skill for any intellectual. The term neologism refers to imparting new meaning to an old word or coining an entirely new word. No new breakthroughs are possible without neologisms because every discovery requires new words, or new interpretations of old words to describe and explain reality in new ways. For instance, how could Aristotle have developed the logic of syllogisms or Newton the theory of dynamics without new vocabularies and definitions?

Q. What is the main topic of the lecture?

(a) The history of neologism.
(b) Why scientists are neologists.
(c) How new theories are devised.
(d) The definition and importance of neologism.

9. In today's class, we'll continue to discuss recent developments in wireless technology. One rather new variety of mobile wireless broadband Internet access used particularly in Korea is WiBro. It is similar to WiMax, but unlike WiMax, WiBro is designed to maintain connectivity on the go. It can track a receiver at speeds of up to 60 km per hour, whereas WiMax is not designed to be used while the receiver is in motion. Essentially, WiBro can be thought of as "mobile WiMax."

Q. What is the main topic of the lecture?

(a) The various uses of WiBro.
(b) What WiBro technology is.
(c) Why WiBro may replace WiMax.
(d) The advantages of WiBro over WiMax.

Unit **14** 대의 2: 요지 *

본 단원에서는 담화문의 요지(main idea) 및 요점(main point)을 묻는 대의 질문 유형을 학습한다. 대의 유형을 주제·화제 질문과 요지·요점 질문으로 나누어 분류한 이유는 대의 문제와 관련된 다양한 담화문 종류를 효율적으로 연습하기 위해서이다. 대의 문제는 Part IV에서 거의 절반(7문항)을 차지하므로 출제된 담화문의 종류, 주제 유형, 정답 유형을 숙지하면 정답을 찾기가 훨씬 쉬워진다.

대의 문제 중에서 요지·요점을 묻는 문제가 주제·화제를 묻는 문제보다 상대적으로 난이도가 높다. 요지 문제는 주제나 어휘가 어려운 전문·학술 담화문에서 출제되는 경우가 많기 때문이다. 서두에 나온 주제문 내용은 물론이고 담화문의 전반적 흐름을 파악하여 요점을 종합해야 한다. 선택지 내용을 주의 깊게 듣고 주장을 종합적으로 표현하고 있는지 따져 가며 정답을 골라내야 한다.

출제빈도 및 출제경향 매 시험 평균 3 문제

- Part IV에서 대의 질문 유형의 총 출제 비율은 약 47%로 평균 7문항이고 46번~52번에 제시된다.
- 이 중에서 요지 파악의 출제 비율은 약 20%로 매 시험 평균 3문항 출제된다.

요지 질문 유형
3문항 (20.0%)

담화문 종류	
실용문	학술문
0~1문항	2~3문항

1 질문과 정답 유형

질문에 main idea, main point, speaker's view, summarize와 같은 표현이 사용되면 담화문의 요지·요점을 파악하는 문제이다. 질문을 듣고 요지·요점 파악 문제임을 확인한 후에 담화문을 다시 들을 때 주제문을 뒷받침하는 논지가 무엇인지 파악하는 데 전념해야 한다. 아래 질문 유형 도표에 밑줄로 표시한 것처럼 질문에 담화문에서 논의하는 주제를 제시하기도 한다. 이럴 경우 화자의 의도, 결론, 관점이 무엇인지 파악해야 한다.

요지·요점을 파악하는 대의 문제에서는 인문·사회·보건·과학을 주제로 하는 담화문의 출제 비율이 아주 높다. 이런 유형의 담화문은 주제와 주장이 서두에 제시되어도 주장을 뒷받침하는 구체적 논지에 대한 이해를 요구한다. 따라서 주제문은 물론이고 이후 언급되는 뒷받침 문장의 내용까지도 정확히 청취할 수 있어야 한다.

질문 유형
What is the **main idea** of the talk [the report / the news report]?
What is the **main point** of the talk [the speech / the lecture / the news report] here?
What is the speaker's main point?
What is the speaker's main point about Chopin [steroid / workaholics]?
What is the **speaker's view** on the Homeless Subsidy?
Which best **summarizes** the speaker's view?

담화문 종류	정답 유형
공지·뉴스	Do not leave bags unattended at the convention hall. 회의실에 가방을 방치하지 마라. The illegal trade in organs in Sudan is becoming serious. 수단에서 장기의 불법 거래가 심각해지고 있다.
인문·사회	The use of art in religion is powerful. 종교에서 예술의 활용은 강력하다. Superwoman is a faulty concept. 초인 여성은 잘못된 개념이다. The sense of guilt left an imprint on the poet's life. 죄의식이 시인의 삶에 강한 흔적을 남겼다. A child may copy what he sees on TV. 아동은 TV에서 본 것을 모방할 수 있다. There is great controversy over euthanasia. 안락사에 대한 큰 논쟁이 있다. It symbolizes two cities' close relations. 그것은 두 도시의 밀접한 유대를 상징한다. The government must enforce stricter gun controls. 정부는 더 강력한 총기 규제를 시행해야 한다.
보건·과학	Exercise prevents weight gain, not promoting weight loss. 운동은 체중 증가를 막아주고 체중 감소를 일으키지는 않는다. Health problems can result from mental fatigue. 건강 문제는 정신적 피곤에서 비롯될 수 있다. Side effects of caffeine are dangerous for minors. 카페인의 부작용은 미성년자에게 위험하다. Science should not influence moral decisions. 과학은 도덕적 결정에 영향을 미쳐서는 안된다. The power of science does not extend to human behavior. 과학의 힘이 인간 행동으로 연장되지 않는다.

☑ 출제 포인트

1. 배경지식과 어휘력이 필요한 학술적 담화의 출제 비율이 높다.

2. 요지는 담화문 전체 내용을 요약한다.
   • 주제문의 내용과 세부 화제로 언급한 내용을 적절하게 섞는다.

3. 정답은 담화문의 주제를 주어로 사용하고 주장 관련 핵심어를 동의어로 바꾼다.

4. 오답은 담화문의 세부 화제에 대한 내용만 담고 있다.

풀이 요령

1. 처음 두 문장의 내용어를 영어나 우리말로 메모한다.
   • 학술 담화는 대부분 서두에 주제와 주장이 제시된다.
   • 일반적으로 주제문의 주어가 담화문의 주제이고, 서술어 부분이 주장이다.

2. 메모한 내용어를 토대로 주제와 주장을 반드시 생각한다.
   • I think / I believe / I'm sure / In my opinion 다음에 이어지는 문장이 주제문이다.
   • But, However, Instead 다음에 이어지는 문장이 주제문이다.

3. 이후 이어지는 문장의 내용어를 메모하고 주장과 연관 지어 생각한다.
   • 영어 글쓰기의 한 원리인 어휘의 변화(variation in words)에 주목한다.
   • 주제 · 주장 관련 핵심어를 다양하게 바꾸어 표현하므로 반복해서 언급되는 유의어를 종합한다.

4. 마지막 문장을 주의 깊게 듣는다.
   • 화자의 주장, 의도, 결론이 다시 언급된다.

5. 선택지를 반드시 메모하고 담화문의 주제어가 사용되고 있는지 파악한다.
   • 정답은 담화문의 주제를 주어로 사용하고 주장 관련 내용을 동의어로 표현한다.
   • 오답은 담화문의 세부 화제를 주어로 사용하고 일부 내용만 담고 있다.

2 유형 연습

A **Part IV** 사회 – CCTV 카메라 ▶ **track 107**

Step ① Choose the option that best answers the question.

ⓐ   ⓑ   ⓒ   ⓓ

Step ② Listen again and fill in the gaps.

________________ CCTV cameras are __________ in ________________.
________________ often ________ that they __________________ and that
if you aren't doing anything wrong, you don't have anything to worry about.
________ there is ______________________ that they do reduce crime,
and in Europe and America there has been real debate about people's right to
privacy. __________ to ______________________ about the __________ and
__________ of ______________________.

Q.   What is the ______________ of the ____________?

(a) Privacy is a basic human right.

(b) CCTV is used in Europe and America.

(c) ________________ cameras does ______________________.

(d) ____________ cameras are ______ as __________ as __________.

| Script Reading |

I don't think CCTV cameras are **necessary** in **our country**. **Many people** often **assume** that they **reduce crime** and that if you aren't doing anything wrong, you don't have anything to worry about. **But** there is **no real evidence** that they do reduce crime, and in Europe and America there has been real debate about people's right to privacy. **We need** to **encourage debate** about the **rights** and **wrongs** of **this technology**.

Q.   What is the **main point** of the **speech**?
(a) Privacy is a basic human right.
(b) CCTV is used in Europe and America.
(c) **Using CCTV** cameras does **not reduce crime**.
(d) **Surveillance** cameras are **not** as **effective** as **believed**.   정답 (d)

담화문 종류 | **사회**　　**주제** | **CCTV 카메라(사용의 효용성)**

질문 유형 | **담화의 요점(main point)**

주제문 | **첫 문장과 끝 문장**

(a) (X) '사생활은 인간 기본 권리'라는 내용은 주제나 주장이 아니다.

(b) (X) '유럽과 미국 내 CCTV의 사용'은 주제나 주장이 아니다.

(c) (X) 'CCTV 사용이 범죄를 줄이지 않는다'는 내용은 논지의 한 가지 입장이다.
'범죄를 줄인다'는 반대 입장도 포괄해야만 정답이 될 수 있다.

(d) (O) 주제어인 CCTV camera를 surveillance camera로 대체했다. '범죄를 줄인다'는 입장과 '범죄를
줄이는 실제 증거는 없다'는 두 가지 입장을 종합하여 담화문의 요지를 적절히 표현했다.

| 표현 연구 |

▶ CCTV (= closed-circuit television)　　폐쇄회로 텔레비전

▶ assume　　간주하다, 가정하다, 당연하게 생각하다

▶ reduce　　경감하다, 완화하다, 줄이다

▶ debate　　논란, 논쟁

▶ right to privacy　　사생활에 대한 권리

▶ rights and wrongs　　시시비비, 옳고 그름

▶ encourage　　조장하다, 격려하다, 고무하다

▶ surveillance　　감시, 감독

▶ as ~ as believed　　생각하는 만큼 ~한

Ⓑ Part IV 보건 · 의학 – 우울증 track 108

Step ① Choose the option that best answers the question.

ⓐ   ⓑ   ⓒ   ⓓ

Step ② Listen again and fill in the gaps.

It's important to ______________________ very ____________. ____________________ should be __________________ to do what is necessary to ________________ its otherwise ________________________________. They should ____________, get ____________________________, and ____________________ their ____________________ with loved ones. However, if these things are inadequate to stop the onslaught of depression, they should seek ____________________________________. Depression responds well to professional treatment and allows people to ____________ their ____________________________.

Q.   What is the main point of the talk?

(a) It is hard to overcome depression.

(b) Depression affects exercise and sleep.

(c) ________________________________ must ________________________________.

(d) ________________________________ are ____________ for depression.

| Script Reading |

It's important to **take depression** very **seriously**. **Patients** should be **encouraged** to do what is necessary to **reverse** its otherwise **harmful course**. They should **exercise**, get **plenty of sleep**, and **discuss** their **feelings** with loved ones. However, if these things are inadequate to stop the onslaught of depression, they should seek **professional help**. Depression responds well to professional treatment and allows people to **resume** their **normal lives**.

Q.   What is the main point of the talk?
(a) It is hard to overcome depression.
(b) Depression affects exercise and sleep.
(c) **Depressed people** must **resume normal lives**.
(d) **Various treatments** are **available** for depression.   정답 (d)

담화문 종류 | **보건 · 의학**　　주제 | **우울증(환자가 해야 할 일)**

질문 유형 | **담화의 요지(main point)**

주제문 | **처음 두 문장** ▶ 우울증의 심각성을 생각하고 합당한 치료를 해야 한다.

(a) (X) '우울증 극복의 어려움'을 이야기 하고 있지 않다.

(b) (X) '우울증이 미치는 영향'에 대한 언급은 없다.

(c) (X) '우울증 환자가 정상 생활을 해야 한다'는 것은 주장이 아니다.

(d) (O) 대체 표현인 Various treatments에 환자가 해야 할 일들, exercise, plenty sleep, discussion of feelings, professional help가 잘 요약되어 있다.

| 표현 연구 |

▶ take ~ seriously	~을 심각하게 생각하다
▶ depression	우울증
▶ be encouraged to do	~하도록 격려 받다
▶ reverse	역으로 하다, 바꾸다
▶ otherwise	그렇지 않으면
▶ inadequate	부적당한, 불충분한
▶ onslaught	맹공격
▶ seek	추구하다
▶ respond well to	~에 효과를 잘 나타내다
▶ resume	재개하다, 다시 시작하다

3 담화문 종류별 빈출 어휘 2 🎧 track 109

아는 만큼 더 들을 수 있습니다. 어휘를 소리 내어 읽으면서 익히기 바랍니다.

인문

alpha girl	(신조어) 학업 · 운동 · 리더십 등 모든 면에서 뛰어난 엘리트 여성.
anthropologist	인류학자 *cf.* anthropology 인류학
archaeologist	고고학자 *cf.* archaeology 고고학
psychologist	심리학자 *cf.* psychology 심리학
humanities perspective	인문학적 시각 · 견해
advocate	주장[옹호]하는 사람, 지지자
intellectual	지식인
humanitarian	인도주의자, 박애주의자; 인도주의적인
utilitarian	실용주의자; 실용적인
rationalism	합리주의, 이성주의(철학)
empiricism	경험주의, 경험론(철학)
racial discrimination	인종차별
preoccupied notion	선입견
prejudice	편견
ideological divide	관념적인 구분, 이념상의 분열
ideological dispute	이념 논쟁
segregate	차별하다, 분리[격리]하다
segregation	(인종에 따른) 차별, 분리, 격리
ethnic ambiguity	민족적 정체성의 애매모호함
empathy	감정이입
factual account	사실에 입각한 설명
controversy	논쟁, 논란 *cf.* controversial 논쟁이 되는, 물의를 일으키는
dispute	논의, 논란, 논박, 반론
conviction	신념, 확신
morality	도덕성
self-sufficiency	자급자족
virtue	덕목
neologism	신조어
syllogism	3단 논법, 정교한 이론
indigenous	토착의, 원산지의, 타고난, 고유한
submissive	순종적인, 고분고분한
unambiguous	모호하지 않은, 명료한, 명확한
sophisticated	정교한, 복잡한, 고도로 세련된
coin / coining	(신어 · 새로운 표현을) 만들어 내다 / 주조, 만들어 냄
elicit	~을 (논리적으로) 이끌어내다, 불러일으키다
visualize	마음 속에 떠올리다, 형상화하다

<u>교육</u>

language acquisition	언어 습득
acquire	습득하다
infant	(보통 7세 미만) 유아
toddler	걸음마하는 유아
minor	미성년자
adolescent	청년, 젊은이
physical punishment	체벌
reinforcement	강화, 보강
motivation	동기
discipline	규율, 훈련
punctuality	시간 엄수
tolerance	관용, 아량, 포용력
formative years	성장기, 형성기
socialization	사회화
literacy	읽고 쓰는 능력
career	직업, 경력
authority figures	권위 있는 인물
college fair	대학 진학 설명회
bachelor's degree	학사 학위
Associate / Bachelor	단기대학 졸업생 / 학사
Master / Ph.D.(Doctor of philosophy)	석사 / 박사
semester	학기
bully	약한 자를 위협하다; 약자를 못살게 구는 사람
exercise	(힘을) 행사하다
equip	갖추다, 설비하다
imitate	모방하다
instruct	가르치다
indulge	(떠받들어) 버릇을 잘못 들이다; 탐닉하다
reshape	고쳐 만들다, 새 방면을 개척하다
strengthen	강화하다
earn a degree	학위를 받다
pay off	좋은 결과를 내다, 성과가 있다
make the cut	성공하다; 최종 명단에 들다
yield insight on	~을 통찰하다, 통찰력을 양산하다

문학 · 예술

fiction	소설, 허구, 꾸며낸 이야기
novel	소설; 새로운
poem	시
fantasy	공상, 환상적인 작품, 공상 같은 이야기
masterpiece	걸작, 명작
metaphor	은유
critic	비평가 *cf.* criticism 비평
novelist	소설가
poet	시인
photojournalist	사진기자
subject	주제
protagonist	(소설의) 주인공
heroine	(영화 · 소설의) 여주인공
veteran	노련한; 노련한 사람
portrayal	묘사, 기술
portrait	(인물의) 상세한 묘사; 초상화
precision	명확함, 정확, 정밀
scribbling	낙서, 휘갈겨 쓴 글씨
visual image	시각적 이미지
social convention	사회적 관행[관례]
quirk	버릇, 기행; (운명의) 급변, 급전
exaggeration	과장, 과장된 표현
release	(영화의) 개봉, 발표, 배포
critical	비판적인, 평론의, 중대한
extraordinary	비상한, 뛰어난
concise	간결한, 간명한
longing	갈망, 동경, 간절히 바라는, 동경하는
penetrating	관통하는, 통찰력 있는
spellbinding	매혹적인
anecdotal	일화의, 이야기 거리가 되는
bizarre	별난, 이상한, 기괴한
fanciful	기발한, 별난
obscene	음란한, 외설스러운
poignant [pɔ́injənt]	매서운, 날카로운, 신랄한
feature	(영화에) 주역을 맡다; 대서특필하다, ~ 특징이 있다
outdo	능가하다, 앞지르다
portray	표현하다, 그려내다
reveal	드러내다, 나타내다
star	(영화 · 연극에) 주역으로 나오다
fix the world's attention on	세계의 이목을 ~에 집중시키다

Part IV 문제 풀이를 위한 전략 복습

연습문제를 풀기 전에 아래 절차를 다시 한 번 정리한 후 실전에 응용해 보세요.

○ 요지 · 요점: 담화문의 주제와 더불어 구체적 사항의 함의를 담아야 한다.

1. **담화문의 처음 두 문장을 반드시 메모한다.**
   - 전문 · 학술 담화문은 일반적으로 서두에 주제문이 제시된다.
   - 대체로 주제문의 주어가 주제이고 동사 부분이 담화문의 요점이다.

2. **뒷받침 문장의 내용어를 메모하고 화자의 의도가 무엇인지 파악한다.**
   - 영어 글쓰기의 원리인 어휘 변화(variation in words)를 기억한다.
   - 주제 · 주장 관련 핵심어를 다양하게 바꾸어 표현하므로 반복하여 언급되는 유의어를 종합한다.

3. **담화문의 마지막 문장도 메모한다.**
   - 서두에 제시한 주제문의 내용이 반복되거나 화자의 입장, 의도, 결론이 분명하게 언급된다.

4. **각 선택지의 내용을 메모하면서 주제와 주장을 담고 있는지 따진다.**
   - 정답은 주제어를 사용하고 주장 관련 단어를 동의어로 대체한다.
   - 정답은 전체 내용을 요약한다.
   - 오답은 담화문의 주제나 요점을 뒷받침하는 세부 내용의 일부만을 담고 있다.

5. **정답 후보는 보통 두 개로 압축된다.**
   - 주제어가 있는 선택지는 일단 △ 표시하여 정답 후보로 남겨둔다.
   - 주제어가 없거나 세부 내용을 담은 선택지는 X 표시하여 정답 후보에서 제외한다.
   - 주장 관련 동의어가 있으면 O를 표시하며 듣는다.

Mini Test 14

Step 1 Listening-Only 🎵 track 110

담화문의 주요 단어를 메모하면서 문제를 풀어 보세요.
TEPS Part IV의 담화문과 질문은 두 번, 선택지는 한 번 들려 줍니다.

_Part IV 담화문과 질문을 듣고 가장 적절한 응답을 고르시오.

1. ⓐ ⓑ ⓒ ⓓ
2. ⓐ ⓑ ⓒ ⓓ
3. ⓐ ⓑ ⓒ ⓓ
4. ⓐ ⓑ ⓒ ⓓ
5. ⓐ ⓑ ⓒ ⓓ
6. ⓐ ⓑ ⓒ ⓓ
7. ⓐ ⓑ ⓒ ⓓ
8. ⓐ ⓑ ⓒ ⓓ
9. ⓐ ⓑ ⓒ ⓓ
10. ⓐ ⓑ ⓒ ⓓ
11. ⓐ ⓑ ⓒ ⓓ

Memo 주요 내용어 적기

난이도가 높은 문제를 다시 들으면서 빈칸에 들어갈 표현을 받아쓰세요.
그리고 질문에 가장 합당한 답을 선택지에서 고르세요.

_ **Part IV**

2. I'd like to ______________ our ______________________________ we'll be __________ in October.
First, in order to __________ membership ____________, customers will have to ______________
their membership ____________ to the sales associate ____________ the __________________
begins. We will ______________ be able to __________________________ the __________________
has finished. Likewise, when __________________, customers will have to __________ their
______________________________ making a ______________. Again, we will __________ be able to
__________________________ to their card ____________ they have __________________ for the order.

Q. What is the main point about __________________________?
(a) They are __________________________ for use.
(b) They are being __________________________ in October.
(c) They must be ____.
(d) They __________________ with __________________________.

5. Many feminists admire the supposed virtues of independence, self-sufficiency, and headstrong
leadership. __________________ such alpha females as ________________________________.
Each of their ____________ is ______________________________ so that she __________ can
__________ on her ______________________________. An alpha female may be __________ and
capable, ______ she has a __________________ for ____________. And if she has children,
they only come out between 7 and 8 p.m., washed, dressed and brought up by someone else,
a submissive husband or a hired nanny.

Q. Which best ______________ the speaker's __________ of __________________?
(a) They are ______ very ______________________.
(b) They are __________________ to superwomen.
(c) Their __________________ is appearing __________________.
(d) Their __________________ are __________________________.

8. As we discuss _____________________ today, I'd like to begin by _____________ out how _____________ can actually be _________________________________ by ________________ the _________. Larry Rosen, a California State University psychology professor, argues that for _________________________, cyberspace connections may ______________________ than negatives. Although Internet use can contribute to isolation, two-thirds of ___________ who _______ they're _________ in person ________________ being ________________. In addition, _________________________ and ______________ online that help them communicate more comfortably in person.

Q. What is the main point of the _________________?

   (a) Shy students do not like technology.
   (b) The ___________________ some _______________________.
   (c) Technology has a positive impact on young people.
   (d) The _____________________ to _____________________.

11. In _______________________________, major __________________________ were ___________ an _______________________________. This is because ___________________________ were _________ and _________________________ to ______________ their hunting and gathering _________. If a ______________ began to erupt, a tribe could easily move away with _________________________; if an ________________ struck, there were ____________________ to tumble onto sleeping children. Tsunamis and floods might claim casualties, but never in great numbers, simply because in their hunter-gatherer society ___________________________ ______________ congregated in _________________ at _________________.

Q. What is the main idea of the lecture?

   (a) ___________________ were _______________________ in _______________.
   (b) ___________________ did ________________ often in ___________________.
   (c) Humankind in early years depended on hunting and gathering.
   (d) Hunting and gathering activities require geographic dispersal.

Step 3 Listening & Reading 🎧 track 110

_ Part IV

1. May I have your attention, please? The departure of Jetstream Airlines Flight 38 for Tokyo is being delayed because of bad weather conditions. The airport is currently under very thick fog and we're going to have to wait a little while for it to clear up. We apologize for the delay in our flight and ask for your kind understanding and cooperation. Thank you.

   Q. What is the main point of the announcement?

     (a) The flight will take off soon.
     (b) Bad weather is delaying departure.
     (c) The flight is being canceled because of fog.
     (d) Passengers must fasten seat belts immediately.

2. I'd like to announce our new company policies we'll be starting in October. First, in order to earn membership points, customers will have to present their membership card to the sales associate before the transaction begins. We will no longer be able to add points after the transaction has finished. Likewise, when shopping online, customers will have to give their card number before making a purchase. Again, we will not be able to add points to their card after they have confirmed payment for the order.

   Q. What is the main point about membership cards?

     (a) They are now available for use.
     (b) They are being discontinued in October.
     (c) They must be used before finalizing sales.
     (d) They earn points with every online purchase.

지피지기
오답을 정리하면서
자신의 약한 부분을 파악합시다.

● 놓친 소리 및 어휘

3. A shocking story comes to us today from the home of movie star Al Johnson. Two dogs belonging to the actor apparently attacked a man and killed him at the star's home on Friday. The 40-year-old victim was a caretaker at the home for about two years and lived on the property. He was responsible for caring for the dogs. The incident is still under investigation.

Q. What is the main idea of the news report?
   (a) An actor had a fight.
   (b) A man was killed by dogs.
   (c) Dogs were used in a movie.
   (d) Police arrested a 40-year-old man.

4. For our feature story today, we're going to take a look at a healthy trend in summer fair food. Known for their corn dogs and french fries, summer fairs have long been a haven for greasy food. But that may now be changing. The Indiana State Fair has become the first to ban trans fats from the menu. This is the first time they are being prohibited at this kind of venue.

Q. What is the main idea of this report on the Indiana State Fair?
   (a) It is the most famous US summer fair.
   (b) It has become the first to forbid trans fats.
   (c) It is using a new kind of trans-fat-free oil.
   (d) It has decided to stop serving french fries.

5. Many feminists admire the supposed virtues of independence, self-sufficiency, and headstrong leadership. But I see such alpha females as inhuman rather than superwomen. Each of their lives is ordered by employees so that she herself can focus on her own achievements. An alpha female may be talented and capable, but she has a reduced capacity for empathy. And if she has children, they only come out between 7 and 8 p.m., washed, dressed and brought up by someone else, a submissive husband or a hired nanny.

Q. Which best summarizes the speaker's view of alpha females?
   (a) They are not very realistic role models.
   (b) They are not superior to superwomen.
   (c) Their main concern is appearing powerful.
   (d) Their achievements are not satisfying.

6. As future doctors, class, you should tell patients not to use smokeless tobacco, the kind that is chewed. There are numerous harmful effects associated with using this kind of tobacco. Like cigarettes, chewing tobacco delivers harmful nicotine. Nicotine is highly addictive and has been proven to speed up the growth of cancer. So although putting tobacco between cheek and gum may not give off the offensive smoke as cigarettes do, it is still just as harmful.

Q. What is the speaker's main point about smokeless tobacco?

    (a) It contains nicotine.
    (b) Its use should be discouraged.
    (c) It is chewed by many doctors' patients.
    (d) Its harmful effects are not that serious.

7. Research on the effects of drinking coffee has yielded mixed results. On the positive side, some studies have shown that it can reduce the risk of various diseases, such as Alzheimer's, heart disease, and diabetes. But on the negative side, it can also affect health in less positive ways, mostly due to its caffeine content. Research suggests that it can stiffen arterial walls. Some studies suggest that it may even impact short-term memory in some bad ways, too.

Q. What is the speaker's main point about coffee?

    (a) It can cause various diseases.
    (b) It is not as healthy as believed.
    (c) It may both benefit and harm the body.
    (d) It mainly has a positive effect on health.

8.	As we discuss Internet use today, I'd like to begin by pointing out how some can actually be positively influenced by surfing the Net. Larry Rosen, a California State University psychology professor, argues that for more timid students, cyberspace connections may offer more positives than negatives. Although Internet use can contribute to isolation, two-thirds of students who say they're shy in person report not being shy online. In addition, introverts build skills and confidence online that help them communicate more comfortably in person.

Q.	What is the main point of the lecture?

(a) Shy students do not like technology.
(b) The Internet helps some express themselves.
(c) Technology has a positive impact on young people.
(d) The Internet contributes to behavioral problems.

9.	As journalism students, you all need to know that a journalist's job is solely to be a professional recorder of the news, to convey to his audience an unambiguous factual account of what's happening. It's up to the audience to decide their own point of view and then act on this information. It's not a journalist's job to force or elicit action. To attempt to present things to gain a particular effect one way or another is the job of a propagandist.

Q.	What is the speaker's main point about journalists?

(a) They should be propagandists.
(b) They have a duty to help the world.
(c) They should report news objectively.
(d) They need to report without omitting details.

10. When do children gain an ability to visualize things based on what they've been told? A recent study shows that kids can picture what they're told by 24 months. In the experiment, a group of children was told that a toy animal had become soaking wet because someone spilled a bucket of water. When asked to retrieve the toy from the next room, the 24-month-olds went for the wet toy, while the 19-month-olds did not.

Q. What is the main point of the talk?

(a) It is difficult for children to think clearly.
(b) Children can picture objects by age two.
(c) Parents need to help children do simple tasks.
(d) Children's thinking is based on what is visible.

11. In humankind's early years, major natural disasters were not an urgent concern. This is because social groups were small and geographically dispersed to suite their hunting and gathering lifestyle. If a volcano began to erupt, a tribe could easily move away with no sense of loss; if an earthquake struck, there were no heavy buildings to tumble onto sleeping children. Tsunamis and floods might claim casualties, but never in great numbers, simply because in their hunter-gatherer society significant numbers of humans never congregated in one place at one time.

Q. What is the main idea of the lecture?

(a) Prehistoric humans were spared large-scale deaths in disasters.
(b) Natural disasters did not occur often in ancient times.
(c) Humankind in early years depended on hunting and gathering.
(d) Hunting and gathering activities require geographic dispersal.

Unit 15 특정 정보[*]

본 단원에서는 세부적인 내용 파악 능력을 테스트하는 두 가지 문제 유형 중 **특정 정보** 문제를 학습한다. **특정 정보**를 묻는 질문에 답하기 위해서는 Part III의 특정 정보 문제를 풀 때와 비슷한 접근법을 사용하면 된다. 즉, 담화문을 두 번째 들을 때 질문에서 요구하는 특정 정보를 언급하는 부분을 중심으로 선별해서 들으면(selective listening) 비교적 쉽게 정답을 맞힐 수 있다.

특정 정보 문제는 매 시험 평균 2문항 정도로 출제 문항 수는 적지만 상대적으로 쉽게 정답을 고를 수 있는 유형이므로 어떤 종류의 담화문이 출제되며 질문 유형과 정답 유형은 어떠한 지를 숙지하여 두면 도움이 된다.

출제빈도 및 출제경향 매 시험 평균 2 문제

- Part IV에서 세부사항 질문 유형의 총 출제 비율은 약 34%로, 평균 5문항이며 53번~57번에 제시된다.
- 세부사항 문제는 특정 정보에 대해서 묻는 것(약 13%)과 진위 여부를 파악하는 문제(약 21%)로 나뉜다.
- 특정 정보 관련 질문의 담화문 종류별, 그리고 의문사별 출제 비율은 아래와 같다. 특정 정보에서는 광고, 공지, 뉴스 보도 등 실용문이 자주 등장한다.

담화문 종류	출제 비율(%)
실용문 1~2문항	75
학술문 0~1문항	25

의문사 종류	출제 비율(%)
대상(what, which)	66
이유(why)	16
장소(where)	9
방법(how)	9

질문과 정답 유형

특정 정보의 질문 유형(Question type)은 Part III 대화문의 경우와 유사하다. 주로 wh-의문사를 사용하여 담화문에 언급된 구체적인 정보를 묻는다. Part III에서는 **what**과 **why**가 특히 많이 나왔고, Part IV에서도 크게 다르지는 않지만 **where, how**로 묻는 문제도 간혹 출제된다. 한편 **Which is correct about 특정 화제?**와 같이 질문에 언급된 특정 화제 주변만 주의해서 들어도 되는 질문은 Part IV에서는 아주 드물게 출제된다.

특정 정보 질문도 담화문 종류를 알고 나면 다시 들을 때 담화문 특성에 따라 주의 깊게 들어야 할 부분에 초점을 맞출 수 있다. 예를 들어 사건 뉴스 보도는 때(when), 장소(where), 대상(what) 등 특정 정보가 거의 전반부에 언급된다. 한편 전화 음성 안내 메시지의 경우 얻고자 하는 정보와 눌러야 하는 번호를 연관시키는 상황을 이용하여 특정 정보가 종종 출제된다. 이 경우, 위치와 관련 없이, 정보는 골고루 분포되어 있으므로 질문을 잘 듣고 선별해서 들어야 한다.

질문 유형
What happened to ...? / **What** is on sale? / **What** is the problem with ...? **What** should callers do to find out about ... / if they want to ...?
Why did 특정 화제 ...? / **What makes [=Why is]** 특정 화제 ...?
Where did 특정 화제 occur?
How will 특정 화제 be conducted?
Which is correct about 특정 화제?

담화문 종류	질문 예시	정답 유형
공지 · 뉴스	What is the forecaster's recommendation? 날씨 예보자가 권고하는 것은 무엇인가?	Drive carefully on icy roads. 빙판길에서 운전 주의하기.
	What should a caller do to find out about upcoming events? 발신자는 다가올 행사에 대해 알아보려면 무엇을 해야 하는가?	Check the web site. 웹사이트 확인하기.
	According to the report, where did the train crash occur? 보도에 따르면 기차 충돌 사고가 어디서 발생했는가?	Near New York. 뉴욕 근처에서.
	How will the classes be conducted? 수업은 어떻게 이루어질 것인가?	Over the phone. 전화상으로.
인문 · 사회	Why did the crusading knights wear the coat of arms? 십자군 기사들은 왜 문장(紋章)을 사용했는가?	To identify themselves and their arms. 그들 자신과 자신의 무기들을 구별하려고.
보건 · 과학	What makes ThinkPlus so effective? 왜 ThinkPlus가 그렇게 효과적인가?	The mixing of the ingredients is precise. 성분들의 혼합이 정확하다.
	Which is correct about type A lubricant? A형 윤활유에 대해서 옳은 것은 무엇인가?	It could damage the engine. 엔진을 상하게 할 수도 있다.

☑ 출제 포인트

1. Part IV의 특정 정보 질문에는 공지나 뉴스 보도와 같은 실용문이 많이 출제된다. 특히 육하원칙에 따라 보도되는 뉴스는 특정 정보(때, 장소)를 묻는 문제를 내기 적합하기 때문에 출제 비중이 높다.

2. 또한 은행이나 극장 등의 전화 음성 안내 메시지에서는 발신자가 원하는 정보를 얻고 싶을 때 눌러야 하는 여러 번호가 제시되기 때문에 특정 정보 혹은 진위 파악 문제가 자주 출제된다.

3. 정답은 특정 정보(wh-의문사) 질문에 합당한 내용을 담화문에서 나온 단어를 활용하여 일부 변경하여 제시한다(paraphrasing rule).

4. 오답은 질문에서 요구하는 특정 정보와 상관 없는 내용을 담화문의 일부 내용을 그대로 이용하여 제시한다.

풀이 요령

1. 처음 들을 때 명사·동사·형용사와 같은 주요 단어를 영어나 우리말로 메모한다.

2. 메모한 내용을 토대로 담화문 유형과 주제를 생각한다.

3. 질문을 들을 때는 어떠한 세부사항을 묻고 있는지 파악한다.

4. 의문사(What, When, Where, Why, How)에 주의해서 듣는다.

5. 두 번째 들을 때는 담화문 종류별 특성과 질문에서 요구하는 사항을 중심으로 선별해서 듣는다.
   - 뉴스, 사건 보도 → 때, 장소, 대상 등 중요한 특정 정보들은 주로 전반에 우선 제시되고 이후 구체적인 설명이 뒤따른다.
   - 전화 음성 안내 메시지 → 질문에서 요구하는 정보가 분산되어 있다.

6. 선택지를 반드시 메모한다.
   - 정답은 특정 정보에 해당하는 담화 내용이 동의어로 제시된다.
   - 전화 음성 안내 메시지의 경우에는 질문에 담화문의 내용을 그대로 언급하거나 약간 변경해서 제시되고 정답을 비롯한 선택지는 별다른 변형 없이 담화문 내용 그대로 쓰이는 것이 일반적이다. (예: Check the website, Press 1, Press 2, Stay on the line. 등)
   - 오답은 질문과 관련 없는 담화문의 일부 내용을 그대로 사용하여 제시된다.

2 유형 연습

A Part IV 뉴스 보도 – 화재 현장 구조 track 112

Step ① Choose the option that best answers the question.

ⓐ   ⓑ   ⓒ   ⓓ

Step ② Listen again and fill in the gaps.

This is Agnes Bellevue, 103.7 WGBV radio ________________ reporter. I'm at the scene of a miraculous __________ that ____________________ involving a ________, a 6-month-old ________, and his __________. The fire ________________ at a four-story building __________________. Everyone was believed to have been evacuated to safety; however, witnesses were reportedly shocked when they saw a dog pulling the baby to safety. The baby and the dog were both ________ __________________________. Doctors say they are both in stable condition and may be __________________.

Q. __________ did this event occur?
- (a) In the __________.
- (b) In the __________.
- (c) In the __________.
- (d) __________.

| Script Reading |

This is Agnes Bellevue, 103.7 WGBV radio **afternoon news** reporter. I'm at the scene of a miraculous **rescue** that **occurred earlier today** involving a **fire**, a 6-month-old **baby**, and his **dog**. The fire **broke out** at a four-story building **this morning**. Everyone was believed to have been evacuated to safety; however, witnesses were reportedly shocked when they saw a dog pulling the baby to safety. The baby and the dog were both **taken to the hospital by evening**. Doctors say they are both in stable condition and may be **released tonight**.

Q. **When** did this event occur?
- (a) In the **morning**.
- (b) In the **afternoon**.
- (c) In the **evening**.
- (d) **Tonight**.

정답 (a)

◣ Listening Point

담화문 종류 | **뉴스 보도**　　주제 | **화재 현장 구조**

질문 유형 | **이 사건이 발생한 때(when)는?**

특정 정보 | **사건이 일어난 때, 장소, 대상 – 주로 담화문의 전반부**
　　▶ 질문을 듣고 난 후 때(when)에 초점을 맞추어 들으면 사건이 일어난 시점을 알려주는 표현들을 쉽게 찾을 수 있다.

○　두 번째 문장: ...occurred earlier today...

○　세 번째 문장: ...broke out... this morning

(a) (O) 두 표현을 종합할 때 사건은 아침(in the morning)에 발생한 것이 명백하다.

(b) (X) 뉴스 보도 시간(첫 번째 문장의 afternoon news)을 이용한 함정.

(c) (X) 병원으로 이송된 시간(taken to the hospital by evening)을 이용한 오답.

(d) (X) 퇴원 가능한 시점(released tonight)을 이용한 오답.

| 표현 연구 |

▶ miraculous　　　　　기적적인

▶ rescue　　　　　　　구조

▶ involving　　　　　　~와 관련한, ~을 수반하는

▶ break out　　　　　　(화재, 전쟁 등이) 발발하다, 발생하다

▶ evacuate　　　　　　비우다, 피난시키다

▶ witness　　　　　　　목격자

▶ reportedly　　　　　　보도에 의하면

▶ stable　　　　　　　　안정된

▶ release　　　　　　　퇴원하다

Step ① Choose the option that best answers the question.

ⓐ   ⓑ   ⓒ   ⓓ

Step ② Listen again and fill in the gaps.

Hello. Thank you for __________ Savoy __________. For movies that __________ __________, please __________________. If you would like to hear what movies __________________, please __________. If you would like to hear __________, please __________. For __________ to the theater, please __________. __________, please ________________ and one of our associates will be with you shortly.

Q. _______ should a caller do to find out about ____________________?

(a) ____________________.

(b) Press 1.

(c) Press 2.

(d) ____________________.

| Script Reading |

Hello. Thank you for **calling** Savoy **Theater**. For movies that **are soon to be released**, please **check our website**. If you would like to hear what movies **are playing now**, please **press 1**. If you would like to hear **showtimes**, please press 2. For **directions** to the theater, please **press 3**. **Otherwise**, please **stay on the line** and one of our associates will be with you shortly.

Q. **What** should a caller do to find out about **upcoming movie releases**?
(a) **Check the website**.
(b) Press 1.
(c) Press 2.
(d) **Stay on the line**.

정답 (a)

◤ Listening Point

담화문 종류 | **전화 메시지**   **주제** | **극장 안내**

질문 유형 | 전화 건 사람이 **곧 개봉될 영화**를 알고 싶으면 **무엇(what)**을 해야 하는가?

특정 정보 | Hello. Thank you for ~에서 **전화 음성 안내 메시지**임을 파악한다.

- ○ 전화 음성 안내 메세지의 통상적 구성: website 소개 → 구체적 내용과 눌러야 할 번호 안내 → (기타 다른 용건인 경우) stay on the line.
- ○ 처음 들을 때 특정 정보와 해야 할 일(눌러야 할 번호 등)을 연결시켜 간단히 메모를 해 두면 도움이 된다.
- ○ 질문을 듣고 난 후 구하고자 하는 정보(upcoming movie releases)를 얻기 위해 해야 할 일에 초점을 맞춰 들으면 해답을 쉽게 구할 수 있다.

특정 정보	해야 할 일
movies that are soon to be released	check our website

(a) (O) 본문에 나온 표현 movies that are soon to be released를 질문에서는 upcoming movie releases로 바꾸어 놓음.
(b) (X) 현재 상영 중인 영화(what movies are playing now)에 대한 정보이므로 오답.
(c) (X) 상영 시간(showtimes)에 대한 정보를 이용한 오답.
(d) (X) 다른 용건인 경우(Otherwise) 해야 할 일이므로 오답.

| 표현 연구 |

- ▸ release — 개봉하다
- ▸ press — 누르다
- ▸ showtime — 상영시간
- ▸ directions to the theater — 극장으로 오는 길 안내
- ▸ stay on the line — 끊지 말고 기다리다
- ▸ associate — 동료, 조합원, 직원

3 담화문 종류별 빈출 어휘 3 track 114

아는 만큼 더 들을 수 있습니다. 어휘를 소리 내어 읽으면서 익히기 바랍니다.

정치 · 선거

authority	권한, 권위; (복수형으로) 당국
autonomy	자치, 자치권; 자치단체
bureaucracy	관료제 (정치) *cf.* bureaucratic 관료정치의, 관료적인
chamber	(상하 양원 중 한 쪽) 의원; 회의실
embassy	대사관
institution	제도, 관습; 협회, 단체
legislation	법률 제정, 입법; (제정된) 법률
municipal	자치도시의; 시의
opposition party	야당
rally	(특히 정치적) 집회, 대회; (어떤 목적을 위해) 모이다; 불러모으다
regime	정치 체제, 정권; 사회 제도
ruling party	여당
sanction	재가, 승인; 제재(조치)
sovereignty	주권; 독립국
aide	보좌관, 측근; 조수, 조력자
dictator	독재자
incumbent	현직의, 재직 중의; 재직자
opponent	적수, 반대편
propagandist	선전원, 선전 기관의 일원
candidate	후보자, 지원자
constituent	선거구민; 구성 요소; 선거권을 갖는
electorate	(집합적) 유권자, 선거민
landslide	(선거에서의) 압도적 승리; 산사태
nomination	지명, 추천; 임명
referendum	(특정한 문제에 대한) 국민투표
suffrage	투표권, 참정권
cast a ballot	투표를 하다 *cf.* ballot 비밀(무기명) 투표; (무기명) 투표 용지
coalition	(정치상의) 제휴, 연립; 연합
corruption	부패, 부정; 타락
clout	(정치적인) 영향력
inauguration	취임[개시]식
enforce	(규칙 · 법률 등을) 시행[집행]하다; 강요하다
execute	(명령 · 계획을) 실행하다, (법률을) 집행하다; 사형에 처하다
lobby	~의 통과 운동을 하다, 청원하다
overthrow	(정부 등을) 전복시키다; 타도, 전복

flex time	근무 시간 자유 선택 제도
promptness	신속함, 재빠름
retailer	소매상인
sales representative	영업 사원
work permit	노동 허가증
jobless rate	실업률
layoff	일시[강제] 해고[휴직]
restructuring	구조조정
bear market	주가가 불황인 시장
bull market	주가가 호황인 시장
market economy	시장 경제
niche market	틈새 시장
budget	예산
currency	(화폐의) 통용, 유통
deficit	적자, 부족
embargo	통상[수출]금지
invoice	송장, 송품장
late charge	연체료
prosperity	번영, 호황
recession	불황, 경기 침체
spiral	소용돌이, 악순환
well-being	복지
coverage	(보험의) 보상 범위; (언론의) 보도
policy	보험 증권
surrender	보험 해약
subsidy	보조금
tariff	관세
taxation	세금, 과세
boost	~의 경기를 부양하다; 향상시키다
donate	기증하다, 기부하다
downsize	축소하다
exponentially	전형적으로, 기하급수적으로
manufacture	제작하다, 생산하다

사회 · 역사

connections	관계, 유대
cultural area	문화권
cyberspace	사이버 공간, 가상 공간
district	지구, 구역
diversity	다양성
environs	환경, 근교, 교외
gated communities	출입을 통제하는 주거 공간
globalization	세계화
immigrant	이민, 이주민
isolation	고립
outskirts	변두리, 교외
population	인구
workforce	노동력, 노동 인구
gentrified	고급화한, 세련된
indigenous	토착의, 지역 고유의
feminism	여성 해방[여권 신장] 운동
reverse discrimination	역차별
anachronism	시대착오
crusade	십자군
expedition	원정, 탐험
excavate	발굴하다
feudal age	봉건 시대
great age	전성기
knight	(중세의) 기사
extinct	멸종한
Neolithic	신석기 시대의
prehistoric	선사시대의
primeval	태고의, 원시의
surf the net	인터넷을 검색하다
systematize	조직화하다, 체계를 세우다

Part IV 문제 풀이를 위한 전략 복습

연습문제를 풀기 전에 아래 절차를 다시 한 번 정리한 후 실전에 응용해 보세요.

1. 담화문의 주요 내용어를 메모한다.

2. 담화의 종류와 주제를 항상 생각한다.

3. 질문을 들은 후에는 질문에서 요구하는 특정 정보를 담화문에서 찾아 듣는다.

4. 선택지의 주요 내용어를 메모하면서 질문에 해당하는 내용을 잘 담고 있는지 따진다.

5. 정답은 특정 정보에 해당하는 담화문의 내용어가 동의어로 제시된다.

6. 오답은 담화에 언급된 정보이긴 하지만 질문에서 요구하는 특정 정보와 관련 없는 내용을 제시하므로 각별히 신경 쓴다.

정답 및 해설: 해설집 95페이지

Step 1　Listening-Only　🎧 track 115

담화문의 주요 단어를 메모하면서 문제를 풀어 보세요.
TEPS Part IV의 담화문과 질문은 두 번, 선택지는 한 번 들려 줍니다.

_Part IV　담화문과 질문을 듣고 가장 적절한 응답을 고르시오.

1. ⓐ ⓑ ⓒ ⓓ
2. ⓐ ⓑ ⓒ ⓓ
3. ⓐ ⓑ ⓒ ⓓ
4. ⓐ ⓑ ⓒ ⓓ
5. ⓐ ⓑ ⓒ ⓓ
6. ⓐ ⓑ ⓒ ⓓ
7. ⓐ ⓑ ⓒ ⓓ
8. ⓐ ⓑ ⓒ ⓓ
9. ⓐ ⓑ ⓒ ⓓ
10. ⓐ ⓑ ⓒ ⓓ

Memo 주요 내용어 적기

Step 2   Listening & Dictating track 116

난이도가 높은 문제를 다시 들으면서 빈칸에 들어갈 표현을 받아쓰세요.
그리고 질문에 가장 합당한 답을 선택지에서 고르세요.

_ Part IV

3. The WonderPro XS-77 is the ___________________ on the planet. Designed by WonderPro's own innovative research team, the shoes have been manufactured ___________________ by ____________ the damaging ___________________ on a runner's body. In testing, the ___________________ of conventional materials coupled with elastic soles __________ marathon runners ________ around four minutes ___________________.

Q. According to the _______________, ______ can the shoes do?
(a) ___________________ when walking.
(b) Reduce runners' __________________.
(c) ___________________.
(d) __________ soothing vibrations.

5. As you read ___________________, class, I believe you'll find the author's essay ____________ and ___________________, at least with respect to the ____________ of most students in ___________ nowadays. The author concisely identifies the ___________________ and _________________ of high school students. Her ___________________________ and portrayals of each character type is very _____________. You should also note as you read, how she ___________________ so that it does not influence readers.

Q. ________ is correct about __________?
(a) It focuses on ___________________.
(b) ___________________________________.
(c) It identifies the characteristics of ___________________.
(d) It ____________ its portrayal of student types.

7. Until recently, archaeologists could ______________________________ in North America older than 12,000 years. The ____________ of the assumed ________________ were believed to be Clovis Points, ______________________ which the first Americans used to kill big game. The Clovis hunters were __________ by most archaeologists as ___________________. ___________, Niède Guidon, a Brazilian archaeologist, has ______________________ of what she thinks are ________________. She has also found ________________ of charcoal dating from 23,000 to 48,500 years ago.

Q. ____________________ has been found?

    (a) Clovis Points.
    (b) ____________ used for hunting.
    (c) ____________ of the first Americans.
    (d) ________________________.

9. Australia is ____________________ continent. Long hours of ______________ and ____________ give the country an extremely high rate of ______________. It is __________ that approximately 87% of Australia's ____________ is lost through evaporation, ______________ just over 60% in Africa. In many parts of Australia, dams and puddles ______________, and some rainfall barely ________________. The reason for this is that the moisture is __________________________.

Q. ______ does rainfall hardly soak into the ground?

    (a) Because the soil ____________.
    (b) Because ______________ drink it.
    (c) Because the __________ is too hot.
    (d) ________________________.

Step 3 Listening & Reading track 115

대본을 보면서 놓친 소리, 이해하지 못한 표현을 확인하세요.

_ Part IV

1. Welcome to the Royal Museum of Military Engineers. As we begin this tour of the museum today, you will see that the collection we have here provides a fascinating record of the characters, the daily work, and the military adventures of Britain's soldier engineers from AD 1066 to WWII. Besides the fine displays of medals, uniforms, and scientific and engineering equipment, the museum features a surprisingly rich collection of military pieces from all over the world.

   Q. What does this museum contain?

      (a) Animal bones.
      (b) Soldier uniforms.
      (c) Modern engineering inventions.
      (d) Art pieces from all over the world.

2. Imagine yourself free from worrying about how to maintain your blood sugar level. Well, now that's possible. With Diabetros you can rest easy knowing that it will help keep levels normal. Diabetros consists of naturally potent target nutrients that make it effective, yet still safe enough to take everyday. It contains no chemically generated compounds, fillers, or artificial additives. And unlike pharmaceutical drugs, it does not require a prescription and has zero negative side effects.

   Q. According to the advertisement, what makes Diabetros so effective?

      (a) It can be taken daily.
      (b) It is composed of natural ingredients.
      (c) It requires no prescription.
      (d) It has no negative side effects.

지피지기
오답을 정리하면서
자신의 약한 부분을 파악합시다.

● 놓친 소리 및 어휘

3. The WonderPro XS-77 is the fastest track shoe on the planet. Designed by WonderPro's own innovative research team, the shoes have been manufactured to increase performance by reducing the damaging effects of vibrations on a runner's body. In testing, the breakthrough combination of conventional materials coupled with elastic soles allowed marathon runners to slice around four minutes off their overall time.

   Q. According to the advertisement, what can the shoes do?

     (a) Provide greater comfort when walking.
     (b) Reduce runners' foot pain.
     (c) Increase runners' speed.
     (d) Give off soothing vibrations.

4. Ladies and gentlemen, may I have your attention? We'll be arriving at Chicago's O'Hare airport in about forty minutes. The time in Chicago right now is ten minutes past nine, and the temperature on the ground is 78 degrees Fahrenheit. At the airport, all passengers will have to go through Immigration and Customs. Please fill out your declaration forms and have your passport ready. We will start our descent soon, so please fasten your seat belts. Thank you for your flying with us.

   Q. What were passengers asked to do?

     (a) Complete a declaration form.
     (b) Get out their passports now.
     (c) Pick up luggage at Gate 78.
     (d) Return to their seats.

5. As you read tonight's assignment, class, I believe you'll find the author's essay spellbinding and extraordinarily accurate, at least with respect to the experience of most students in high school nowadays. The author concisely identifies the characteristic traits and behavioral patterns of high school students. Her precision in the descriptions and portrayals of each character type is very penetrating. You should also note, as you read, how she eliminates her own bias so that it does not influence readers.

Q.   Which is correct about the essay?

    (a) It focuses on private school students.
    (b) It describes personalities with accuracy.
    (c) It identifies the characteristics of school administrators.
    (d) It is biased in its portrayal of student types.

6. I would like to encourage you all to submit contributions to the new journal being launched by our department. The journal encourages academic subjects, but it is primarily aimed at those working in the field, so simple and clear language is essential. Articles should be between 1,500 and 2,500 words. We hope to cover a wide range of topics in each issue, so we also welcome book reviews, letters, and news items. Please contact our department secretary, Valerie Lawson, if you are interested.

Q.   What kind of audience is the journal intended for?

    (a) Scholars.
    (b) Practitioners.
    (c) Students.
    (d) Department staff.

7. Until recently, archaeologists could not find any human settlements in North America older than 12,000 years. The only traces of the assumed oldest occupants were believed to be Clovis Points, long stone spear tips which the first Americans used to kill big game. The Clovis hunters were accepted by most archaeologists as the first Americans. However, Niède Guidon, a Brazilian archaeologist, has unearthed charcoal remains of what she thinks are early campfires. She has also found successive layers of charcoal dating from 23,000 to 48,500 years ago.

Q. What new evidence has been found?

(a) Clovis Points.
(b) Stone tools used for hunting.
(c) Bodily remains of the first Americans.
(d) Prehistoric campfire sites.

8. Good evening. Here's the weather for tomorrow. Throughout most of the East, there will be heavy rain with up to 700 mm expected to fall. Highs will be in the mid 80s. In the West, locally heavy rain is expected with temperatures in the low 80s. In the Midwest, the weather will continue to be very warm and sunny with temperatures climbing to 98 degrees. In the South, you can expect partly cloudy skies with a 50 percent chance of showers and highs in the 80s and 90s.

Q. What will the weather be like in the East?

(a) Temperatures in the 90s.
(b) Warm and sunny.
(c) Dry and cloudy all day.
(d) Heavy precipitation.

9. Australia is the driest inhabited continent. Long hours of hot sunshine and warm winds give the country an extremely high rate of evaporation. It is estimated that approximately 87% of Australia's rainfall is lost through evaporation, compared with just over 60% in Africa. In many parts of Australia, dams and puddles dry up rapidly, and some rainfall barely penetrates the soil. The reason for this is that the moisture is absorbed by thirsty plants.

Q. Why does rainfall hardly soak into the ground?

  (a) Because the soil is too hard.
  (b) Because thirsty animals drink it.
  (c) Because the sunshine is too hot.
  (d) Because plants suck it up.

10. Hello, you've reached the C-Tech Company call center. If you wish to obtain information about broadband Internet, please press one. For voicemail service, please press two. For information about your messages, please press three. For problems with your telephone connections, please press four. If you have any other inquires, please press five. To hear these options again, please press six.

Q. What should you do if there is something wrong with your telephone?

  (a) Press one.
  (b) Press four.
  (c) Press five.
  (d) Press six.

본 단원에서는 담화문의 세부내용 파악 능력을 테스트하는 문제 중 진위 문제 유형을 학습한다. 진위 문제는 담화문 전체를 주의 깊게 들어야 선택지의 각 내용이 담화와 일치하는지 판별할 수 있다.

담화문의 특정 정보 및 진위 문제를 풀기 위해서는 어휘력을 길러두는 것이 매우 중요하다. 큰 뼈대만 잡아서 대략적인 내용만 파악해도 비교적 쉽게 풀 수 있는 대의 문제와 달리 세부 내용까지 이해해야 하기 때문이다.

출제빈도 및 출제경향 매 시험 평균 3 문제

- Part IV에서 세부사항 질문 유형의 총 출제 비율은 약 34%로, 평균 5문항이며 53번~57번에 제시된다.
- 세부사항 문제는 특정 정보에 대해서 묻는 것(약 13%)과 진위 여부를 묻는 것(약 21%)으로 나뉘는데 진위 유형은 매 시험 평균 3문항 정도 출제된다.
- 담화문 종류별 출제 비율은 실용문(47%)과 학술문(53%)이 비슷하다.

진위 질문 유형
3문항 (21.1%)

담화문 종류	
실용문	학술문
1~2문항	1~2문항

1 질문과 정답 유형

(1) 질문 유형

Part IV 진위 확인의 질문 유형은 크게 두 가지로 제시된다.

A Which is correct according to 담화문 종류?

Part III 대화문에서는 **Which is correct according to the conversation?**으로 질문 유형이 정형화되어있는 반면 Part IV에서는 아래 도표에서와 같이 대체로 질문 자체에 담화문 종류가 제시된다. 하지만 간혹 **Which is correct according to the speaker?**라는 질문이 제시되기도 하고, 가끔은 공지나 학술적 보고를 **the talk**으로 표현하기도 한다. 담화문 유형을 알고 난 후 다시 들을 때 담화문 특성에 따라 주의 깊게 들으면 정답률을 높일 수 있다.

B Which is correct about 주제(Topic)?

Which is correct about 특정 화제?의 유형은 담화문 전체를 이해하지 못하여도 질문에 제시한 특정 화제를 위주로 들어도 되기 때문에 특정 정보로 분류했다. 그러나, 특정 화제가 아닌 주제(Topic) 자체를 질문에 제시한 경우는 담화문 내용 모두를 주의 깊게 들어야 하므로 진위 문제로 분류된다.

▶ 간혹 두 가지 유형을 합한 형태로 질문이 제시되기도 한다.
  Which is correct about 주제(Topic) according to 담화문 종류?
  (예: Which is correct about black holes according to the lecture?)

질문 유형		
담화문 종류	실용문 (공지·안내·뉴스)	Which is correct according to the talk [the message / the news (outlines) / the (news) report / the announcement]?
	학술문 (강의·보고문)	Which is correct according to the talk [the lecture / the study]?
담화문 주제	광고·공지	Which is correct about the Student Advantage Card?
	인문·사회·예술	Which is correct about information power? Which is correct about the "good girl" character? Which is correct about the children of divorced parents? Which is correct about Godfather according to the speaker?

(2) 정답 유형

선택지의 특징은 질문 유형에 따라 크게 두 가지로 나타난다.

Ⓐ Which is correct according to 담화문 종류?

선택지 주어가 전부 다르거나, 대부분이 다른 것이 일반적이다. 특정 대상이 아닌 담화문 내 어떠한 사항에 대해서도 내용과 일치하는지를 물을 수 있기 때문에 주의 깊게 들어야 한다.

Ⓑ Which is correct about 주제(Topic)?

선택지의 주어는 질문으로 제시된 주제(Topic)를 He / She / It / They 등의 대명사로 받아 동일하게 제시하는 것이 일반적이다. 예를 들면, 질문에 제시된 주제(Topic)가 the children of divorced parents라면 선택지 4개의 주어는 모두 They가 되는 식이다. 적어도 선택지의 주어는 동일하게 주어진다는 것을 예상하면서, 각 선택지의 서술어 부분을 귀기울여 듣는다면 Ⓐ번 유형보다는 상대적으로 쉽게 정답을 고를 수 있다. 하지만 담화문에 언급된 하나의 특정 정보를 묻는 것이 아니라 담화문의 주제(Topic)에 대한 질문이므로 정답을 맞히려면 담화문 내용 전체를 이해할 수 있어야 한다.

정답은 담화문에 언급된 어휘나 표현을 동일한 의미를 전달하는 다른 단어나 표현으로 바꾸어 제시되는 것이 일반적이다. 담화문의 특정 문장이나 표현이 선택지에서 어떻게 변경되는지 아래 표를 보고 확인해 보자.

담화문의 특정 문장	정 답 유 형
[뉴스] 일기예보 Most of the South had to endure a hot and dry weekend and more of the same is expected for this Monday. 남부지방 대부분은 덥고 건조한 주말이 지속되었으며 이번 월요일에도 같은 날씨가 예상됩니다.	Which is correct according to the report? → The South will continue to be hot. 남부지방은 계속 날씨가 더울 것이다.
[사회] 이혼 문제 …the problem they suffer is the loss of safety and trust. …그들이 겪는 문제는 안정과 신뢰감의 상실이다.	Which is correct about the children of divorced parents? → They lose their sense of trust and safety. 그들은 신뢰와 안정감을 상실한다.

위 표에서 보듯이 진위 확인의 정답 유형은 크게 두 가지 형식으로 표현된다.

1) 담화문의 두 개(혹은 그 이상) 문장의 내용을 하나로 표현해 주는 방식

- Most of the South had to endure a hot and dry weekend.
   + More of the same is expected for this Monday.
   → The South will continue to be hot.

2) 어순을 바꾸거나 새로운 단어를 사용하여 담화문 문장의 내용을 표현하는 방식

- …the problem they suffer is the loss of safety and trust.
   → They lose their sense of trust and safety.

☑ 출제 포인트

1. 진위 파악 문제로 출제되는 담화문은 실용문과 학술문의 비율이 비슷하다.

2. 전화 음성 안내 메시지는 진위 파악 문제로 출제되는 빈도가 높은 담화문이므로 메시지에서 안내하는 여러 정보에 해당하는 버튼 번호를 메모해 두는 것이 좋다.

3. 정답은 담화문에 언급된 단어나 표현을 동의어나 유사 표현으로 바꾸어(Paraphrasing rule) 제시된다.

4. 오답은 문장의 시제를 달리하거나 담화문에 언급된 동일한 단어를 이용하여 제시되는 특징이 있다.

풀이 요령

1. 담화문을 처음 들을 때는 명사·동사·형용사와 같은 내용어 위주로 메모한다. 메모를 할 때는 영어든 우리말이든 각자 편한 방식을 택한다.

2. 메모한 내용을 토대로 담화문의 종류와 주제를 파악한다.

3. 담화문을 듣고 난 후 질문을 처음 들을 때는 의문사와 질문의 내용을 파악하는 데 중점을 둔다. 질문을 통해 담화문의 종류와 주제(Topic)를 알 수 있기 때문이다.

4. 질문을 들은 후 담화문을 두 번째 들을 때는 질문을 듣고 파악한 담화문 종류의 특징(내용 전개 방식)과 주제를 파악하는데 집중하면서 질문의 답을 찾는다.

5. 선택지의 주어가 질문에 제시된 담화의 주제를 언급하는 것인지를 파악한다.
   - 질문에 담화문 종류가 제시되었을 때 → 선택지 주어는 대부분 다르게 제시된다.
   - 질문에 주제(Topic)가 제시되었을 때 → 선택지 주어는 대체로 동일한 대명사로 제시된다.

6. 전화 음성 안내 메시지 외에도 숫자와 관련된 정보(날짜, 시간, 가격, 거리, 연도 등)가 많이 언급되는 담화문에서는 숫자를 이용한 진위 문제가 출제될 가능성이 있으니 숫자는 가능한 한 메모를 한다.

7. 선택지는 한 번만 들을 수 있으므로 반드시 메모한다.
   - 정답은 담화문에 사용된 단어나 표현을 동의어나 유사 표현으로 바꾸어 쓰거나 연관성 있는 두 가지 이상의 담화문 내용을 요약한 형태로 제시된다.
   - 오답은 담화문에 언급된 핵심 단어나 표현을 그대로 사용하여 담화의 내용과는 어긋나는 뜻으로 제시된다.

2 유형 연습

A Part Ⅳ 공지 · 안내 – 대학 웹사이트 로그인 하는 방법 track 117

Step ① Choose the option that best answers the question.

ⓐ   ⓑ   ⓒ   ⓓ

Step ② Listen again and fill in the gaps.

Since many of you have asked how to ________________________________ for our university's website, I'd like to briefly explain the procedure. The first step is to ____. You can do that simply by clicking "login" and then selecting "new user" ________________________. You will then be asked a series of questions. You will ________________ ________________ and ________________________. After setup is complete, you ________________________________.

Q. ________ is correct according to ________________?

(a) Students can ________________________.

(b) The user name is ________________________.

(c) ____.

(d) The user name is ____________ the student ID.

| Script Reading |

Since many of you have asked how to **obtain a user name and password** for our university's website, I'd like to briefly explain the procedure. The first step is to **sign up for a university web-mail account**. You can do that simply by clicking "login" and then selecting "new user" **on the university homepage**. You will then be asked a series of questions. You will **need to choose a user name** and **enter your student ID**. After setup is complete, you **will be emailed a password**.

Q. **Which** is correct according to **the instructions**?
(a) Students can **choose their password**.
(b) The user name is **automatically assigned**.
(c) **The login can be accessed from the homepage.**
(d) The user name is **the same as** the student ID.

정답 (c)

◢ Listening Point

담화문 종류 | **공지 · 안내**   **주제** | **대학 웹사이트 로그인 하는 법**

질문 유형 | 지시사항에 따르면 **옳은(correct)** 내용은?

진위 | **대학 홈페이지 사용자명과 암호를 얻기 위한 절차 안내 중 옳은 것 찾기**
▶ 선택지 주어의 대부분이 다르게 나타나므로 세심하게 들어야 한다.

(a) (X) will be emailed a password의 내용과 상이하다.

(b) (X) need to choose a user name과 다른 내용이므로 오답.

(c) (O) 로그인을 대학 홈페이지에서 할 수 있다는 본문 내용을 can be accessed from이라는 다른 표현을
사용하여 제시함.

(d) (X) 사용자 명은 선택해야 하는 것이고 학생 ID를 입력(enter your student ID)하는 것이므로 오답.

| 표현 연구 |

▶ obtain   획득하다

▶ procedure   절차

▶ sign up   등록하다

▶ account   계정

Step ① Choose the option that best answers the question.
      ⓐ   ⓑ   ⓒ   ⓓ

Step ② Listen again and fill in the gaps.

Ladies and gentlemen of ______, today I want to talk to you about ______, Jeremy Davis, who is _________________. Mr. Davis, a former gang member, an aspiring musician, and ______________ in __________________, was convicted and ______________ simply __________________. Ensnared in a Texas law that makes _________ subject to ___________________, Mr. Davis ______________________ if you do not act now. On his behalf, I _________ his _______.

Q.   _______ is correct about ___________?

    (a) He killed _______ an accomplice.

    (b) He is ______ a death row inmate.

    (c) _________________________.

    (d) He _________________ in San Antonio.

| Script Reading |

Ladies and gentlemen of **the jury**, today I want to talk to you about **my client**, Jeremy Davis, who is **facing lethal injection**. Mr. Davis, a former gang member, an aspiring musician, and **now a prison poet** in **San Antonio**, was convicted and **sentenced to die** simply **for abetting a killing**. Ensnared in a Texas law that makes **accomplices** subject to **the death penalty**, Mr. Davis **will become a death row inmate** if you do not act now. On his behalf, I **plead for** his **release**.

Q.   **Which** is correct about **Jeremy Davis**?
    (a) He killed **without** an accomplice.
    (b) He is **now** a death row inmate.
    (c) **He writes poetry in prison**.
    (d) He **committed the murder** in San Antonio.

정답 (c)

↘ **Listening Point**

담화문 종류 | **논평**　　주제 | **피고 변호**

질문 유형 | Jeremy Davis에 대하여 **옳은(correct)** 내용은?

진위 |　**내용 중 옳은 것 찾기**

▶ 살인 교사죄로 곧 사형수 수감동 수감자가 될 운명의 피고를 변호하는 내용인데, 진위 확인의 대상인 **Jeremy Davis**는 특정 소재라기보다는 글 전체의 **Topic** 역할을 하고 있다. 따라서 선택지 주어가 동일하게 나타나더라도 글 전체를 세심하게 들어야 풀 수 있는 진위 문제이다.

(a) (X) sentenced to die for abetting a killing이라는 담화문 내용과 다름.

(b) (X) will become a death row inmate…라고 언급했으므로 시제가 일치하지 않는다. 시제가 어긋난
　　　오답은 헷갈리기 쉬우니 조심해야 한다.

(c) (O) now a prison poet →writes poetry in prison으로, 감옥에서 시를 쓴다는 내용을 다른 표현으로
　　　바꿨다.

(d) (X) San Antonio라는 지명을 다른 정보와 관련시켰다. 수감 장소(San Antonio) → 살인 장소

| 표현 연구 |

▶ jury	배심원
▶ client	의뢰인
▶ lethal injection	독극물 주입
▶ aspiring	포부를 가진
▶ convicted	유죄선고를 받은
▶ sentenced	형을 선고 받은
▶ abet a killing	살인을 교사하다
▶ ensnare	함정에 빠뜨리다
▶ accomplice	공범자
▶ death penalty	사형
▶ death row inmate	사형수 수감자
▶ on one's behalf	~을 위해, ~을 대신하여
▶ plead	간청하다
▶ release	석방, 구제

3 담화문 종류별 빈출 어휘 4 🎧 track 119

아는 만큼 더 들을 수 있습니다. 어휘를 소리 내어 읽으면서 익히기 바랍니다.

건강 · 의학

allergy	알레르기, 이상 민감증
depression	우울증
diabetes	당뇨병
insomnia	불면증
measles	홍역
physical symptom	신체 증상
stress disorder	스트레스 장애
addictive	중독성의, 중독되기 쉬운
offensive	해로운, 공격적인
susceptible to	~에 걸리기 쉬운, 영향 받기 쉬운
traumatic	외상의, 정신적 쇼크를 주는
itch	가렵다, 근질근질하다
sneeze	재채기하다
stiffen	굳어지게 하다, 경직시키다
artificial additive	인공 첨가물
blood sugar level	혈당치
chemically generated compounds	화학 합성물
fat tissue	지방 조직
greasy food	기름진 음식
short-term memory	단기 기억
trans fat	트랜스 지방
vascular system	혈관계
antidote	해독제, 항생제
alternative medicine	대체 의학
exposure therapy	노출 치료
genetic manipulation	유전자 조작 *cf.* gene 유전자
medication	약물치료, 의약
metabolism	신진대사
negative side effects	부작용
pharmaceutical drug	조제약, 약
prescription	처방전
over-the-counter	처방 없이 살 수 있는
potent	강력한, 효력이 있는
soothing	진정시키는
desensitize	민감성을 없애다
manipulate	조작하다
reprocess	재생하다

Part IV 문제 풀이를 위한 전략 복습

연습문제를 풀기 전에 아래 절차를 다시 한 번 정리한 후 실전에 응용해 보세요.

1. 담화문을 들을 때는 주요 내용어(명사, 동사, 형용사) 위주로 메모한다.

2. 담화문의 종류와 주제를 파악하는데 중점을 둔다.

3. 진위 파악 문제는 담화문에 언급되는 여러 세부 정보를 파악해야 하므로 담화문 내용 전체를 세심히 청취해야 한다.

4. 주요 내용어와 더불어 헷갈리기 쉬운 중요 숫자 정보도 메모한다.

5. 선택지의 주어를 메모하면서 담화의 내용과 일치하는지 꼼꼼히 따진다.

6. 정답은 담화의 내용과 일치하는 정보를 동의어로 바꿔 표현하거나 담화문에 제시된 몇 개의 정보를 요약 정리한 형태로 제시된다.

7. 오답은 담화문의 표현과 시제가 어긋나거나, 동일 단어를 그대로 사용하여 담화의 내용과 일치하지 않게 제시된다.

Mini Test 16

Step 1 Listening-Only 🎧 track 120

담화문의 주요 단어를 메모하면서 문제를 풀어 보세요.
TEPS Part IV의 담화문과 질문은 두 번, 선택지는 한 번 들려 줍니다.

_Part IV 담화문과 질문을 듣고 가장 적절한 응답을 고르시오.

1. ⓐ ⓑ ⓒ ⓓ
2. ⓐ ⓑ ⓒ ⓓ
3. ⓐ ⓑ ⓒ ⓓ
4. ⓐ ⓑ ⓒ ⓓ
5. ⓐ ⓑ ⓒ ⓓ
6. ⓐ ⓑ ⓒ ⓓ
7. ⓐ ⓑ ⓒ ⓓ
8. ⓐ ⓑ ⓒ ⓓ
9. ⓐ ⓑ ⓒ ⓓ
10. ⓐ ⓑ ⓒ ⓓ

Memo 주요 내용어 적기

Step 2   Listening & Dictating 🎧 track 121

난이도가 높은 문제를 다시 들으면서 빈칸에 들어갈 표현을 받아쓰세요.
그리고 질문에 가장 합당한 답을 선택지에서 고르세요.

_ **Part IV**

5.   Bullying among school-age girls is a serious problem. _______________ can wage intricate and _______________________ with other girls of similar age. They _______________ their own _______________ by _________ the other girls' friendships, relationships, and _________. The bullies identify and _______ their _____________________, mercilessly _______________ _________ whoever doesn't make the cut.

   Q.   Which is correct about _______________ according to the _____?
   (a) They are mainly focused on _______________.
   (b) They are _______________ by teachers.
   (c) _________________________________.
   (d) They _________ others' weaknesses.

6.   The ___________ played an _______________ in many of the greatest _______________, such as those in China, Egypt, Mesopotamia, Persia, India, and Rome. It was a _______________ linking the Far East with Europe and the Arab world and _______________ 8,000 kilometers on land and sea. The _______________ allowed merchants to _______________ between economies, in effect _______________ that people needed. For example, _______________ dating as far back as 1070 B.C. has even been _______________________.

   Q.   Which is correct about _______________?
   (a) It was ________ in 1070 BC.
   (b) It was ___________ discovered.
   (c) It was _______________ 8,000 km.
   (d) _____________________.

9. Black holes are very _____________________. They can use their _________________ to suck in material in surrounding space and then _______________________ at such temperatures that the resulting __________________ entire galaxies. Recently, scientists have also theorized that they can produce _______________ as well. These __________________ are believed to _______ at speeds of about 4,000 kilometers _____________, much _______________ the most _________________ on Earth.

Q. Which is correct about ____________ according to ____________?

    (a) They blow winds of 4,000 kilometers __________.
    (b) They _________________ of entire galaxies.
    (c) They _________________ on Earth.
    (d) ____.

10. The hot __________ of __________________ today is not without _____________. In ____________, vaccine inventors were the _______ of American innovation. Maurice Hilleman _______________ for flu, measles, and other illnesses, getting credit for saving more lives than any medical innovator in history. By ___________________, however, innovation in vaccines had virtually _____________________. Only a handful of companies even tried to develop new ones. But _________________ are once _______________ dozens of vaccines, ____________ by some recent ___________________.

Q. Which is correct according to ____________?

    (a) The mid-90s marked the ____________ in vaccinology.
    (b) Respect for innovative scientists is ____________ .
    (c) ____.
    (d) Flu and measles vaccines _________________ in the 90s.

Step 3　Listening & Reading　track 120

대본을 보면서 놓친 소리, 이해하지 못한 표현을 확인하세요.

_Part IV

1. Stop in and visit the Union Bookstore at 47 West Roxbury Street in Morristown. We have over 50,000 academic, reference, technical, and literature titles, as well as used textbooks of all kinds. The Author's Corner located on the second floor provides the perfect atmosphere for browsing. Or visit us online where you can buy and sell used textbooks directly with other students. Come by for a real or virtual visit soon!

   Q.　Which is correct according to the advertisement?

   (a) The Author's Corner sells discount items.
   (b) Used textbooks can also be purchased online.
   (c) The bookstore has 50,000 academic titles.
   (d) Science books are on the second floor.

2. I think women who enter the workforce are often misunderstood by other women. As a working mother myself, I have felt this firsthand. Moms who stay at home often ask me why I prefer working to being home with my kids. They seem to imply that I don't love my kids. But that isn't true. I just don't show my love the same way as they do. They do it by spending time volunteering at school or driving their kids to activities. I do it by providing money for their education.

   Q.　Which is correct about the speaker?

   (a) She prefers working to being with her kids.
   (b) She is a stay-at-home mother.
   (c) She shows love by volunteering.
   (d) She shows love by paying for education.

3. This year's Photojournalist of the Year Award goes to Arthur Phillips, a twenty-year veteran reporter. He is best known for producing a photography book that fixed the world's attention on the horrors of the Vietnam War, but all the fame that resulted from that work has not changed his humble spirit. In a recent interview, he confessed that he still has difficulty in photographing people in the street because he feels sensitive and shy when sticking his lens into strangers' faces.

Q.   Which is correct about Arthur Phillips?

   (a) He takes pictures of sensitive, shy people.
   (b) He finds some aspects of photography hard.
   (c) He became famous as a soldier in Vietnam.
   (d) He interviews his subjects before photographing.

4. Studies have revealed that, when watching TV, children are more active participants than was believed. Recent research among children aged eight to thirteen showed that children learned social customs, facts about events in the outside world, and how to deal with parents from TV. They regard the screen as a friendly presence—a convenient source of amusement, a common talking point, and something from which they learn. Children don't simply watch impassively.

Q.   Which is correct according to the talk?

   (a) Children prefer to watch TV alone.
   (b) The research primarily included teenagers.
   (c) Not all children react to TV in the same way.
   (d) The research showed children learned from TV.

5. Bullying among school-age girls is a serious problem. Female bullies can wage intricate and highly personalized battles with other girls of similar age. They aim to sustain their own popularity and status by damaging the other girls' friendships, relationships, and reputations. The bullies identify and exploit their opponents' weaknesses, mercilessly excluding from their group whoever doesn't make the cut.

Q.   Which is correct about female bullies according to the talk?

(a) They are mainly focused on earning respect.
(b) They are often not noticed by teachers.
(c) They keep others out of their groups.
(d) They overlook others' weaknesses.

6. The Silk Road played an important role in many of the greatest early civilizations, such as those in China, Egypt, Mesopotamia, Persia, India, and Rome. It was a key trade route linking the Far East with Europe and the Arab world and extended over 8,000 kilometers on land and sea. The passageway allowed merchants to transport goods between economies, in effect distributing resources that people needed. For example, Chinese silk dating as far back as 1070 B.C. has even been found as far away as Egypt.

Q.   Which is correct about the Chinese silk?

(a) It was found in 1070 BC.
(b) It was the oldest silk discovered.
(c) It was transported for exactly 8,000 km.
(d) It was brought to Egypt.

7. Here are the latest news headlines: Greek fire victims crowd into a bank to receive a government subsidy. Vindicated terrorist suspect Richard Parmelotti dies of natural causes. Actor Valerie Carson is arrested for a hit-and-run accident. Salmonella finding prompts a spinach recall. And a cholera outbreak spreads through the Northwest. These stories and more, next.

Q.   Which is correct according to the report?

(a) The terrorist suspect died of cholera.
(b) Sandwiches were recalled for salmonella.
(c) Valerie Carson had a car crash.
(d) A Greek mob raided a bank.

8. Tropical Storm Bertha dumped heavy rain along the southwestern coast of Mexico, the National Hurricane Center said. Up to 15 inches fell in some places, causing life-threatening flash floods and mudslides. The storm is about 120 miles west of Acapulco, Mexico, moving west-northwest at about 12 mph. It had top winds of 45 mph and could strengthen to hurricane status in the next day or so, according to the hurricane center.

Q.   Which is correct about the tropical storm?

(a) It has caused several deaths.
(b) It is approaching Mexico.
(c) It is expected to become a hurricane.
(d) It has top winds of 120 mph.

9. Black holes are very powerful entities. They can use their massive gravity to suck in material in surrounding space and then whip out superheated gas at such temperatures that the resulting light can outshine entire galaxies. Recently, scientists have also theorized that they can produce cyclonic winds as well. These galactic gusts are believed to blow at speeds of about 4,000 kilometers per second, much stronger than the most intense cyclones on Earth.

Q. Which is correct about black holes according to the lecture?

(a) They blow winds of 4,000 kilometers per hour.
(b) They absorb the light of entire galaxies.
(c) They influence cyclones on Earth.
(d) They produce very high-temperature gas.

10. The hot pursuit of new vaccines today is not without precedent. In the 1950s, vaccine inventors were the stars of American innovation. Maurice Hilleman created vaccines for flu, measles, and other illnesses, getting credit for saving more lives than any medical innovator in history. By the mid-1990s, however, innovation in vaccines had virtually come to a halt. Only a handful of companies even tried to develop new ones. But innovators today are once again chasing dozens of vaccines, stimulated by some recent high-profile successes.

Q. Which is correct according to the speaker?

(a) The mid-90s marked the golden era in vaccinology.
(b) Respect for innovative scientists is increasing.
(c) The prospect of profit drives vaccinology today.
(d) Flu and measles vaccines were discovered in the 90s.

Unit 17 추론

본 단원에서는 Part IV 담화문의 마지막 유형인 추론 문제를 학습한다. 추론 문제는 난이도가 제일 높다. 담화문에 주어진 정보를 바탕으로 하여 이끌어낼 수 있는(inferred) 사실이 무엇인지를 묻기 때문에 담화문의 내용 전체를 완전히 이해하지 못하면 정답을 맞히기가 어렵다.

따라서 추론 문제를 풀기 위해서는 담화문의 세부 내용을 전부 이해할 수 있어야 할 뿐만 아니라 이해한 내용을 토대로 하여 다음에 이어질 수 있는 내용까지도 유추할 수 있는 능력이 필요하다. 자주 출제되는 추론 문제 유형, 정답과 오답의 특징, 그리고 담화문 종류를 숙지한다면 정답률을 높일 수 있다.

출제빈도 및 출제경향 매 시험 평균 3 문제

- Part IV에서 추론 질문 유형의 총 출제 비율은 약 19%로, 평균 3문항이며 58번~60번에 출제된다.
- 추론 관련 질문 내에서 담화문 종류별, 그리고 질문 유형별 출제 빈도는 아래와 같다. 추론에서는 강의, 논평 등 학술문이 자주 등장한다.

담화문 종류	출제 비율(%)
실용문	30 (0~1 문항)
학술문	70 (2~3 문항)

질문 유형	출제 비율(%)
함의된 내용	52.9
화자의 주장 · 태도 / 어조	35.3
뒤에 이어질 내용	11.8

1 질문과 정답 유형

(1) Part IV 추론 질문 유형

Part IV에서 추론 질문 유형은 크게 다음 세 가지로 제시된다.

A 담화문에 함의된 내용을 묻는 형

What can be inferred from the talk [lecture / report]?가 가장 일반적인 질문 형태이다. 질문에 담화문 종류 또는 주제가 제시된다. 추론 문제 유형 중 출제 비율이 가장 높으며, 매 시험 1~2문항 정도 출제된다.

B 화자의 주장 · 태도 / 어조를 묻는 형

특정 주제에 대한 화자의 주장이나 태도, 어조를 묻기 때문에 주로 1인칭 주어언 I가 사용된 담화문에서 출제되며, 아래 표에 예시한 것처럼 질문에 the speaker라는 말이 제시되는 것이 일반적이다. 매 시험 평균 1문항 정도 출제된다.

간혹 What can be inferred from the talk?처럼 질문에 the speaker가 언급되지 않은 경우에도 선택지의 주어를 The speaker로 시작하여 화자의 의견을 묻기도 한다.

C 뒤에 이어질 내용을 묻는 형

가끔 출제되는 유형으로 담화문을 듣고 이어질 만한 내용이나 앞으로 일어날 일 등을 추론하는 문제이다. 질문에 likely to follow next / most probably happen next / most likely talk about next 같은 어구가 들리면 담화문의 마지막 문장을 잘 들을 필요가 있다.

종종 What can be inferred from the talk [report]? 같은 질문으로 앞으로 일어날 일을 골라내도록 선택지들이 제시되기도 하니 유의하자.

질문 유형	
담화문에 함의된 내용을 묻는 형	What can be inferred from the talk [lecture / (news) report]? What can be inferred about 주제(Topic)? What can we conclude about 주제(Topic)?
화자의 주장 · 태도/어조를 묻는 형	What can be inferred about the speaker? What does the speaker imply? What does the speaker think of 주제(Topic)? What is the speaker's opinion about 주제(Topic)? What is the speaker's attitude toward 주제(Topic)?
뒤에 이어질 내용을 묻는 형	What is likely to follow next in this speech? What will most probably happen next? What will the speaker most likely talk about / discuss next?

(2) 선택지의 특징

선택지의 특징은 질문 유형에 따라 약간씩 다르게 나타난다.

Ⓐ 담화문에 함의된 내용을 묻는 형

- 질문에 담화문 종류가 제시된 경우(What can be inferred from the talk [lecture / (news) report]?)
  ▶ 선택지 주어가 다르게 제시되는 것이 일반적이다.

- 질문 자체에 담화문 주제가 제시된 경우(What can be inferred about 주제(Topic)? / What can we conclude about 주제(Topic)?)
  ▶ 선택지 주어가 주제를 받는 대명사 they, (s)he, it 등으로 동일하게 나타난다.

Ⓑ 화자의 주장·태도 / 어조를 묻는 형

- 질문에 담화문 종류 혹은 the speaker가 제시된 경우(What can be inferred from the talk?/ What can be inferred about the speaker?/ What does the speaker imply?)
  ▶ 선택지 주어가 The speaker로 동일하게 시작하거나, 다른 주어로 나타나도 화자의 주장이나 의견에 관련된 내용으로 제시된다.

- 질문에 담화문 주제와 the speaker가 제시된 경우(What does the speaker think of 주제(Topic)? / What is the speaker's opinion about 주제(Topic)?)
  ▶ 선택지 주어가 주제를 받는 대명사 they 혹은 it 등으로 동일하게 시작하는 것이 일반적이다.

- 질문에 the speaker's attitude라는 어구를 제시하여 담화문 주제에 대한 화자의 입장을 묻는 경우(What is the speaker's attitude toward 주제(Topic)?)
  ▶ 선택지 주어가 It으로 동일하게 시작한 후 (혹은 주어를 생략하고 직접) 네 개의 다른 속성을 나타내는 형용사를 제시한다.

Ⓒ 뒤에 이어질 내용을 묻는 형

이 경우 담화문에 뒤이어 일어나거나 논의될 만한 것들이 각기 다른 네 개의 어구(phrase)로 선택지에 제시되는 것이 일반적이다.

(3) 정답 제시 유형

정답은 담화문의 내용에서 이끌어 낼 수 있는 정보를 다른 단어로 바꾸어 제시된다. 질문 유형에 따라 담화문의 특정 문장이나 표현이 선택지에서는 어떻게 변경되는지 살펴보자.

담화문의 특정 문장	정답 유형
[뉴스보도] 벌레에 쏘여 생기는 알레르기 반응 Allergic reactions to insect stings cause many deaths… There are also a large number of less deadly allergic reactions to stings… 벌레에 쏘여 생기는 알레르기 반응으로 많은 사망자가 생긴다… 또한 덜 치명적인 알레르기 반응도 많다…	What can be inferred from the talk? → Not all insect stings cause death. 벌레에 쏘이는 것이 모두 죽음을 일으키는 것은 아니다.
[사회] 이민 문제 People who are against immigration claim that it threatens job security….In reality, … most newcomers take up jobs that no one else wants. These jobs are necessary and contribute to the economy… 이민에 반대하는 사람들은 그것이 직업 안정성을 위협한다고 주장한다… 실제로는, …새로 오는 사람 대부분이 아무도 원하지 않는 일을 한다. 이러한 일들은 꼭 필요하고 경제에도 기여한다…	What is the speaker's attitude toward immigration? → Favorable. 호의적이다.
[논의] 난자 매매 문제 Have you ever dreamed of having a child that looks like a movie star? … Fashion photographer Calvin Moore …has gone as far as to host an auction for the eggs of beautiful women. …however, this is morally and ethically wrong… 영화배우처럼 생긴 아이를 갖기를 꿈꿔 본 적이 있는가? …패션 사진작가 캘빈 무어는 아름다운 여성의 난자를 경매에 붙이기에 이르렀다… 그러나, 이것은 도덕적, 윤리적으로 옳지 못하다…	What will the speaker most likely talk about next? → Criticism against Calvin Moore's idea. 캘빈 무어의 생각에 대한 비판.

위 표에 정리한 것처럼 추론 문제의 정답 유형은 크게 세 가지 형식으로 표현된다.

1) 담화문의 두 개 이상의 문장 내용을 바탕으로 하나의 내용을 이끌어 내는 방식

  - Allergic reactions to insect stings cause many deaths…

    + There are also a large number of less deadly allergic reactions to stings…

    → Not all insect stings cause death.

2) 담화문 전체에서 느껴지는 화자의 입장 · 태도를 새로운 단어 · 문장으로 표현하는 방식

  - …against immigration… it threatens job security… In reality, … these jobs are necessary and contribute to the economy….

    → Favorable.

3) 마지막 문장을 바탕으로 이어질 내용을 이끌어 내어 어구로 표현하는 방식

  - …Calvin Moore… has gone as far as to host an auction… however, this is morally and ethically wrong…

    → Criticism against Calvin Moore's idea.

1. 광고, 공지 등 실용문보다는 주로 강의, 논평, 학술 보고 등의 학술문에서 추론 문제가 출제된다.

2. 1인칭 주어로 시작하는 담화문은 화자의 주장이나 입장이 드러나기 때문에 추론 문제의 출제 빈도가 높다. 주로 화자의 주장·태도를 묻는다.

3. 정답은 담화문에 언급된 내용의 일부 표현을 동의어로 바꾸거나 두 문장 이상의 내용을 한 문장으로 요약한 형태로 제시된다.

4. 오답은 담화문에 언급된 단어나 정보를 사용하여 담화의 세부 내용 일부를 그대로 제시하거나 어긋난 내용으로 바꾼다. 혹은 담화의 내용을 근거로 한 추론이라고 볼 수 없는 내용을 담고 있다.

풀이 요령

1. 담화문을 처음 들을 때는 명사·동사·형용사와 같은 내용어 위주로 메모한다. 메모를 할 때는 영어든 우리말이든 각자 편한 방식을 택한다.

2. 메모한 내용을 토대로 담화문의 종류와 주제를 파악한다.

3. 질문을 들을 때는 담화문 종류는 무엇이고 주제(Topic)가 무엇인지 파악한다.

4. 담화문을 두 번째 들을 때는 질문을 듣고 파악한 담화문 종류의 특징과 주제를 생각하면서 추론할 수 있는 사항이 무엇인지 파악한다.

5. 선택지의 주어가 질문에 제시된 담화의 주제를 언급하고 있는지를 확인하면서 담화문에서 관련 사항을 이끌어 낼 수 있는 정보를 찾아야 한다.
   - 질문에 담화문 종류가 언급될 때 → 선택지 주어는 대부분 다르게 제시된다.
   - 질문에 주제(Topic)가 언급될 때 → 선택지 주어는 대체로 동일한 대명사로 제시된다.
   - 질문에 the speaker만 언급될 때 → 선택지 주어는 대부분 The speaker로 동일하게 제시된다.
   - 질문에 the speaker's opinion about 주제(Topic)가 언급될 때 → 선택지 주어는 대체로 주제를 받는 동일한 대명사로 제시된다.
   - 질문에 the speaker's attitude toward 주제(Topic)가 언급될 때 → 주어는 대체로 생략되고 네 개의 다른 형용사가 선택지로 제시된다.
   - 질문에 likely to follow next / most likely talk about next와 같은 표현이 언급될 때 → 선택지는 문장이 아닌 어구(phrase)로 제시된다.

6. 선택지는 한 번만 들을 수 있으므로 반드시 메모한다.
   - 정답은 담화문의 내용 일부를 요약하거나 동의어 또는 유사 표현으로 바뀌어 제시된다.
   - 오답은 담화문에서 이끌어내기 힘든 내용을 이용하여 제시된다.

2 유형 연습

A Part IV 강의 – 인류학의 두 가지 관점 track 122

Step ① Choose the option that best answers the question.

ⓐ ⓑ ⓒ ⓓ

Step ② Listen again and fill in the gaps.

The field of ________________ is taking __________________ in modern times. There is a __________________ between scholars who approach the study from a ____________________ and those who approach it ________________. Those who study within a humanities framework are ________________ with ______________ societies, ________ the others are ______________ and ________ societies that __________________.

Q. ________ can be inferred about ______________ from __________?

(a) It is __________________ among scholars.

(b) It ______________ from other fields.

(c) ______________________________________.

(d) It mainly focuses on ________________.

| Script Reading |

The field of **anthropology** is taking **two main directions** in modern times. There is a **widening ideological divide** between scholars who approach the study from a **humanities perspective** and those who approach it **as purely science**. Those who study within a humanities framework are **more concerned** with **currently existing** societies, **while** the others are **more data-driven** and **focus on** societies that **no longer exist**.

Q. **What** can be inferred about **anthropology** from **the lecture**?
(a) It is **gaining popularity** among scholars.
(b) It **borrows terms** from other fields.
(c) **It can be approached from different viewpoints**.
(d) It mainly focuses on **extinct societies**.

정답 (c)

담화문 종류 | **강의**　　주제 | **인문 · 사회(인류학의 두 가지 관점)**

질문 유형 | 강의로부터 인류학에 대해 무엇을 **추론(inferred)**할 수 있는가?

추론 | **강연에서 이끌어낼 수 있는 내용 찾기**

　▶ 인류학의 두 가지 관점과 그에 대한 구체적인 예시를 하는 강연이다.

(a) (X) 언급되지 않은 내용이므로 오답.

(b) (X) 언급되지 않은 내용이므로 오답.

(c) (O) 인류학의 두 가지 관점에 대한 본문 내용을 **can be approached from different viewpoints**라는 다른 표현을 사용하여 제시한 정답이다.

(d) (X) 본문에 언급되기는 했으나 인류학의 두 가지 입장 중 한 가지에만 해당하는 사항이므로 오답.

| 표현 연구 |

▶	anthropology	인류학
▶	direction	경향, 동향, 추세
▶	widening	커져가는, 벌어지고 있는
▶	ideological divide	관념적 분열, 이념적 분열
▶	those who	~하는 사람들
▶	approach	접근하다
▶	humanities perspective	인문학적 관점
▶	framework	구조, 틀, 체제
▶	be concerned with	~에 관심 있다
▶	currently	현재, 지금
▶	data-driven	데이터에 의해 처리되는, 데이터 위주의
▶	focus on	~에 초점을 두다
▶	popularity	인기, 유행
▶	extinct	사라진, 멸종된

B **Part IV** 학술 보고 – 상어에 대한 잘못된 판단 🔊 **track 123**

Step ① Choose the option that best answers the question.
ⓐ   ⓑ   ⓒ   ⓓ

Step ② Listen again and fill in the gaps.

___________ have been objects of _____________________ since man first ___________ _________________. They've been ___________ in literary ___________________, and popular culture has _______________ the image of a _________________ waterborne _______________. That's the _______________________ of the shark, ________ it's clear that _______________ them. They're actually _________________________ with extraordinary _____________________, and they play an important part in _______________________ of nature. ___________, they ___________ much more properly be _____________________.

Q.   _______ will the speaker _____________________?
(a) Shark _________ on humans.
(b) _________________________________.
(c) The image of sharks _________.
(d) Sharks as _____________________.

| Script Reading |

Sharks have been objects of **fear and hatred** since man first **ventured into the sea**. They've been **villains** in literary **works and films**, and popular culture has **hyped up** the image of a **bloodthirsty** waterborne **killer**. That's the **traditional view** of the shark, **but** it's clear that **we've misjudged** them. They're actually **wonderful creatures** with extraordinary **sensory powers**, and they play an important part in **maintaining the balance of** nature. **In fact**, they **should** much more properly be **regarded as victims**.

Q.   **What** will the speaker **most likely discuss next**?
(a) Shark **attacks** on humans.
(b) **The environmental threats to sharks**.
(c) The image of sharks **as killers**.
(d) Sharks as **wonderful creatures**.

정답 (b)

담화문 종류 | **학술 보고**　　주제 | **과학(상어에 대한 잘못된 판단)**

질문 유형 | 화자가 **이어서 무엇에 대해 논의할 것(most likely discuss next)** 같은가?

추론 | **상어에 대해 일반적으로 알려진 부정적 견해와 다른 긍정적 측면.**

▶ 이어질 만한 내용을 고르는 추론 문제는 마지막 문장을 잘 듣는 것이 중요.

(a) (X) 본문 내용의 방향과 반대이므로 오답.

(b) (O) 상어가 오히려 희생자로서 간주되어야 한다는 마지막 문장과 자연스럽게 연결되는 정답.

(c) (X) 상어에 대해 잘못 알려진 전통적인 견해라고 했으므로 오답.

(d) (X) 본문 후반에 상어의 긍정적 측면을 논하면서 언급한 사항일 뿐 앞으로 논의될 얘기는 아니므로 오답.

| 표현 연구 |

▶ venture　　　　위험을 무릅쓰고 ~하다, 모험을 하다

▶ villain　　　　악당

▶ literary　　　　문학의

▶ hype　　　　과대 선전하다, 선동하다

▶ bloodthirsty　　피에 굶주린

▶ waterborne　　물에 떠 있는

▶ misjudge　　　오해하다

▶ sensory　　　감각상의

▶ victim　　　희생자

3 담화문 종류별 빈출 어휘 5 🎧 track 124

아는 만큼 더 들을 수 있습니다. 어휘를 소리 내어 읽으면서 익히기 바랍니다.

자연

basin	유역, 분지
deposit	침적물, 퇴적층
estuary	하구, 만
marine	바다의, 해양의
Atlantic	대서양
Pacific	태평양
Mediterranean	지중해의, 지중해인
moisture	수분
mouth	강 어귀, 입구
ocean floor	해저 바닥
puddle	웅덩이
foliage	잎
forestry	삼림지; 임학
fossilized	화석화된
rainforest	열대 우림
terrestrial	지구상의, 육지의
galactic gust	은하계 돌풍, 거대한 돌풍
galaxy	은하
insect	곤충
amphibian	양서 동물[식물]; 양서류의
mammal	포유류
reptile	파충류 동물
vertebrate	척추동물
natural disaster	자연 재해
avalanche	눈사태
drought	가뭄
heat wave	폭염
tsunami	(해저 지진에 의한) 해일
erupt	(화산이) 폭발하다

determinism	결정론
ethanol	에탄올
fatty acid	지방산
lubricant	윤활유, 윤화제
petroleum	석유
elastic	탄력 있는
evaporation	증발
gravity	지구 인력, 중력
ignition	점화, 발화; (엔진 등의) 점화 장치
injection	(연료) 분사, 주입
vibration	진동, 흔들림
artificial intelligence	인공지능
breakthrough	획기적인 발전, 돌파
broadband	광대역(의)
connectivity	접속 가능성, 상호 통신 능력
telecommuting	자택 근무
video conferencing	화상 회의
virtual reality	가상 현실
voice recognition	음성 인식
wireless technology	무선 기술
anti-virus program	바이러스 방지 프로그램
attached file	첨부 파일
CPU(central processing unit)	중앙 처리 장치
laptop	휴대용 컴퓨터
compact vehicle	작고 경제적인 차
navigation system	(자동차의) 운행 유도 시스템
nuclear weapon	핵무기
state-of-the-art	최신식의, 최첨단 기술의
technological devices	기계 장치
track a receiver	수신기를 추적하다

환경

alternative energy	대체 에너지
ecologist	생태학자
ecosystem	생태계
habitat	환경, 서식지
deforestation	산림 벌채
exploitation	개발, 착취
extinction	멸종, 소멸
land development	토지 개발
logging	벌채
reforestation	산림 재생
acid rain	산성비
carbon dioxide	이산화탄소
corrosion	(금속의) 부식
discharge	배출, 방출
emission	방출
pollution	오염
fallout	방사능 낙진
fossil fuel	화석 연료
garbage disposal	쓰레기 처리
greenhouse effect	온실 효과
nuclear waste	핵 폐기물
ozone layer	오존층
radiation	방사선
freshwater	담수
oil leak	원유 누출
red tide	적조 현상
clear	지우다; 개간하다
contaminate	오염시키다
recycle	재활용하다
Greenpeace	그린피스(국제 환경 보호 운동단체)

Part IV 문제 풀이를 위한 전략 복습

연습문제를 풀기 전에 아래 절차를 다시 한 번 정리한 후 실전에 응용해 보세요.

○ **추론: 담화문 내용과 일치하는 방향으로 무리 없이 이끌어 낼 수 있어야 한다.**

1. 담화문의 주요 내용어를 메모한다.

2. 담화의 종류와 주제를 파악한다.

3. 질문 유형이 무엇인지 귀담아 듣는다.

4. 담화문을 두 번째 들을 때는 전체 내용을 이해하는 데 중점을 두면서 질문 유형별로 특별히 신경을 써서 들어야 할 부분에 초점을 더 둔다.

5. 선택지의 주어를 메모하면서 질문 유형별로 적용되는 선택지의 특성, 정답의 원리와 오답의 특징을 활용한다.

6. 정답은 본문의 내용에서 몇 개의 정보를 결합하여 이끌어 낸 새로운 정보 형태로 제시된다.

7. 오답은 담화문에 언급된 단어 등을 이용하여 담화 내용과 일치하지 않거나 담화문의 세부 내용이 그대로 제시된다.

8. 정답 후보는 보통 두 개로 압축된다.
   - 담화문의 내용과 일치하는 선택지는 일단 △
   - 담화문 내용과 어긋나거나 질문의 방향과 다른 세부 내용 선택지는 ×
   - 담화문 내용과 일치하며 질문의 방향대로 이끌어진 내용의 정보가 있으면 ○ 표시를 하며 듣는다.

Mini Test 17

Step 1 Listening-Only 🎧 track 125

담화문의 주요 단어를 메모하면서 문제를 풀어 보세요.
TEPS Part IV의 담화문과 질문은 두 번, 선택지는 한 번 들려 줍니다.

_Part IV 담화문과 질문을 듣고 가장 적절한 응답을 고르시오.

1. ⓐ ⓑ ⓒ ⓓ
2. ⓐ ⓑ ⓒ ⓓ
3. ⓐ ⓑ ⓒ ⓓ
4. ⓐ ⓑ ⓒ ⓓ
5. ⓐ ⓑ ⓒ ⓓ
6. ⓐ ⓑ ⓒ ⓓ
7. ⓐ ⓑ ⓒ ⓓ
8. ⓐ ⓑ ⓒ ⓓ
9. ⓐ ⓑ ⓒ ⓓ
10. ⓐ ⓑ ⓒ ⓓ

Memo 주요 내용어 적기

난이도가 높은 문제를 다시 들으면서 빈칸에 들어갈 표현을 받아쓰세요.
그리고 질문에 가장 합당한 답을 선택지에서 고르세요.

_ Part IV

6. When you read Matthew Turner's _______________________ this semester, you will notice some
_________________ about his ___________________. While Turner _____________________ which country
in particular he was writing about, he did _________________ enough _____________________
behind to _______________________. In fact, critics say that was _______________ all along. Read
the book and see if you can guess what country he ___________________.

Q. What can be ___________ from _________?
    (a) Turner was a _________________.
    (b) Portrait of a Country is _____________________.
    (c) Turner wrote about a ___________________.
    (d) ____.

7. Today, I'd like to talk about ___________________. Determinism is the view that all events arise
_________________ from ___________________. Implicit in this view is the notion that _____________
_____________________ at the moment of the creation of the Universe. If we can _______ the mind
of _________________, then, we should be able to _________ successfully ___________ that will ever
occur. So if an ___________________ occurs, it is because either we _____________________
_______________ the natural chains of ___________________, or we didn't _____________________
to our observations.

Q. Which statement would the speaker ___________________?
    (a) Though events are ____________, their effect is ____________.
    (b) ____.
    (c) The true shape of the Universe is ____________.
    (d) The rate of change in nature is ____________.

8. In today's class, we will examine the ________________ where millions live in the __________ ________, in the twilight ______________ and _________. We will look at citizens for whom the American Dream is _____________, despite their ____________________. Struggling simply to survive, they live so ________________ of poverty that a ________________, such as a car breakdown or a temporary illness, can lead to a _____________________ that can prove __________________.

Q.   What can be _________ about ___________________ in class?

   (a) _______________________________________.
   (b) They receive _____________________________.
   (c) They are a ___________________.
   (d) They are ___________________ often.

10. In the __________________ for this course, we will attempt as a class to ________________ the amount of _________ laid down by _________. We will study __________ of mice, __________ _________ of one group and then ____________________. If we are successful, the group that has received the genetic manipulation will be _________ and have _________________ fat cells. They will also be better able to _____________ and _____________ metabolism. And if we succeed, this experiment could yield _____________________ for humans.

Q.   How could this experiment _______________________?

   (a) People will be able to ___________________.
   (b) People will not need _______________.
   (c) _______________________________________.
   (d) People will have new medicines for _______________.

대본을 보면서 놓친 소리, 이해하지 못한 표현을 확인하세요.

_Part IV

1. Attention shoppers, Tesmart has just reduced prices on several items. Men's and women's winter coats, children's shoes, and some DVD movies have all been discounted by as much as 50%. The discount will be applied at the register. You may find the items in the bargain bins near the front entrance of the store. Hurry! This sale will not last long, so purchase the items quickly before they're gone!

Q. What can be inferred from the announcement?
   (a) The sale was advertised by mail.
   (b) There are a limited number of sale items.
   (c) The store is going out of business.
   (d) Shoppers can purchase the items next week.

2. Cleanliness, low cost, and high mileage are just some of the benefits of V50 FlexiFuel. When you put this mix of 15% petrol and 85% ethanol into your car, the blend in the tank will automatically modify both injection and ignition to achieve top performance. Furthermore, when running on V50 FlexiFuel, emissions of the greenhouse gas carbon dioxide are up to 80 percent lower than when running on regular gasoline.

Q. What can be inferred about V50 FlexiFuel?
   (a) It is friendly to the environment.
   (b) It costs the same as regular gasoline.
   (c) It is designed for compact vehicles.
   (d) It removes corrosion from engine parts.

3. I believe that recent generations have lost the ability to behave like mature adults. We live in a state of suspended adolescence, dressing, acting, and thinking like teenagers in need of authority figures. Women are still imitating young fashion. And instead of exercising the power they have as parents and teachers, adults are shying away from instructing kids in basic manners. If we don't exercise our power, we will lose it.

Q. Which statement would the speaker most likely agree with?

(a) Children lack the motivation to succeed.
(b) Adults have too much authority.
(c) Adolescents are copying adults nowadays.
(d) Adults are not being role models for children.

4. We all want our parents to have the best care possible. But it is not easy to provide the level of quality care they need. As age increases, some parents can have difficult medical problems. They may need to be supervised around the clock and receive help with their medications. They may even require a 24-hour connection to medical equipment. So at some point, a decision has to be made on whether to get outside medical help to meet their needs.

Q. What will the speaker most likely talk about next?

(a) How many parents need family care.
(b) What kinds of medical help can be used.
(c) Why caring for parents is difficult.
(d) Which diseases commonly affect the elderly.

5. Education and literacy serve very important functions in society. They reshape communities and strengthen economies. For instance, education is a powerful solution in the fight against poverty and injustice. Well-educated children can help create a world of opportunity and tolerance and are equipped for a hopeful future. Strong schools that emphasize basic skills and broad knowledge enable nations to prosper and the ideals of liberty to flourish.

Q. Which statement would the speaker most likely agree with?

(a) Most illiterate adults simply chose not to learn.
(b) Crime is a problem among both the educated and uneducated.
(c) Educated children are better able to handle life's challenges.
(d) Mothers make better educators than teachers.

6. When you read Matthew Turner's *Portrait of a Country* this semester, you will notice some well-placed clues about his chosen subject. While Turner never revealed which country in particular he was writing about, he did try to leave enough suspicious hints behind to keep readers guessing. In fact, critics say that was his strategy all along. Read the book and see if you can guess what country he intended to portray.

Q. What can be inferred from the talk?

(a) Turner was a mystery writer.
(b) Portrait of a Country is confusing to readers.
(c) Turner wrote about a fictional country.
(d) The speaker believes the clues were intentional.

7. Today, I'd like to talk about determinism. Determinism is the view that all events arise unambiguously from well-defined causes. Implicit in this view is the notion that the future was programmed at the moment of the creation of the Universe. If we can unravel the mind of Mother Nature, then, we should be able to predict successfully every event that will ever occur. So if an unanticipated event occurs, it is because either we didn't sufficiently understand the natural chains of cause and effect, or we didn't pay enough attention to our observations.

Q.   Which statement would the speaker most likely agree with?

(a) Though events are random, their effect is predictable.
(b) Mother Nature runs like an automated machine.
(c) The true shape of the Universe is unknowable.
(d) The rate of change in nature is not constant.

8. In today's class, we will examine the forgotten America where millions live in the shadow of prosperity, in the twilight between poverty and well-being. We will look at citizens for whom the American Dream is out of reach, despite their willingness to work hard. Struggling simply to survive, they live so close to the edge of poverty that a minor obstacle, such as a car breakdown or a temporary illness, can lead to a downward financial spiral that can prove impossible to reverse.

Q.   What can be inferred about the people being studied in class?

(a) They cannot get out of poverty on their own.
(b) They receive government assistance.
(c) They are a shrinking minority.
(d) They are prone to getting sick often.

9. Two years of lobbying from the French embassy has finally paid off. Next month, the first French-English dual-language programs will begin at three schools in New York City. But not all parents are pleased with the new offering. Some parents were unconvinced that French was useful for more than watching art films or reading a wine list.

Q.   What can be inferred from the news report?

(a) Some parents think French is too hard.
(b) The program will expand to more schools.
(c) The embassy will supply the teachers.
(d) French is not appreciated equally by all.

10. In the laboratory experiment for this course, we will attempt as a class to successfully alter the amount of fat tissue laid down by mice. We will study two groups of mice, manipulating the genes of one group and then comparing the outcomes. If we are successful, the group that has received the genetic manipulation will be leaner and have diabetes-resistant fat cells. They will also be better able to control insulin and blood sugar metabolism. And if we succeed, this experiment could yield very beneficial results for humans.

Q.   How could this experiment most likely benefit humans?

(a) People will be able to exercise longer.
(b) People will not need organ transplants.
(c) People will suffer less diabetes and obesity.
(d) People will have new medicines for mental illness.

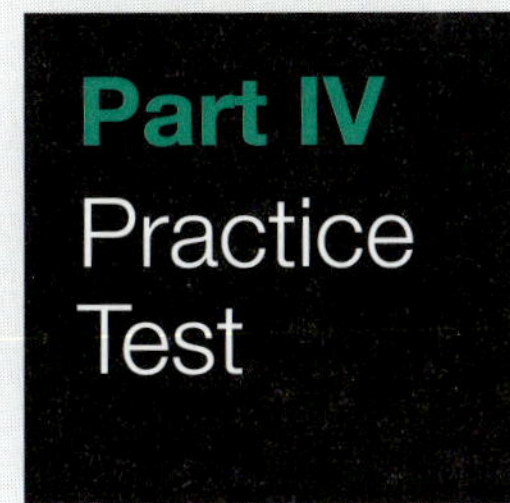

Review

Part IV Practice Test를 풀기 전에 다음 사항을 다시 한 번 점검하기 바랍니다.

Part IV: 15문항 (46~60)

- 담화문 종류는 실용문과 전문 · 학술문으로 나뉘고 거의 반반씩 출제된다.
- 담화문과 질문은 두 번 들려주고 선택지는 한 번 들려준다.
- 질문 유형은 크게 대의, 세부사항, 추론으로 구성되고 이 순서대로 제시된다.
- 4개의 선택지를 들은 후 4초 내에 정답을 고른다.

핵심 전략

1 담화문의 처음 두 문장의 내용어를 메모한다.
   - 주제와 주장을 구분하여 생각한다.

2 문제 유형별로 선별 청취한다.
   - 질문을 들은 후 관련 부분을 주의 깊게 듣는다.
   - 대의 문제: 담화문의 전반부를 주의 깊게 듣는다.
   - 특정 정보 문제: 질문에 나온 의문사나 특정 단어와 관련된 부분을 세심하게 듣는다.
   - 진위 및 추론 문제: 담화문 전체를 세심하게 듣는다.

3 담화문 종류를 파악하여 선별 청취한다.
   - 대부분의 담화문은 서두에 주제와 주장이 나온다.
   - 대부분의 광고는 담화문의 중 · 후반에 광고 대상이 언급된다.
   - 일기예보는 거의 모든 내용을 세세히 들어야 한다.
     – 지역별, 요일 및 시간대별 일기예보 내용에 주의한다.

4 선택지의 주요 단어를 메모한다.

5 정답의 가능성이 없으면 ×, 그럴 듯 하면 △, 확실하면 ○을 표시한다.

6 정답 유형의 원칙에 따른다.
   - 정답은 담화문의 주요 내용어를 다른 단어로 표현한다.
   - 오답은 담화문의 주요 단어를 그대로 제시하는 경향이 높다.

You will now hear fifteen spoken monologues. For each item, you will hear a monologue and its corresponding question will be read twice. Then you will hear four options which will be read only once. Choose the option that best answers the question.

Now let's begin Part Four.

Memo 주요어

46. ⓐ   ⓑ   ⓒ   ⓓ

47. ⓐ   ⓑ   ⓒ   ⓓ

48. ⓐ   ⓑ   ⓒ   ⓓ

49. ⓐ   ⓑ   ⓒ   ⓓ

50. ⓐ   ⓑ   ⓒ   ⓓ

51. ⓐ   ⓑ   ⓒ   ⓓ

52. ⓐ   ⓑ   ⓒ   ⓓ

53. ⓐ   ⓑ   ⓒ   ⓓ

54. ⓐ   ⓑ   ⓒ   ⓓ

55. ⓐ   ⓑ   ⓒ   ⓓ

56. ⓐ   ⓑ   ⓒ   ⓓ

57. ⓐ   ⓑ   ⓒ   ⓓ

58. ⓐ   ⓑ   ⓒ   ⓓ

59. ⓐ   ⓑ   ⓒ   ⓓ

60. ⓐ   ⓑ   ⓒ   ⓓ

LISTENING COMPREHENSION

DIRECTIONS

1. In the Listening Comprehension section, all content will be presented orally rather than in written form.

2. This section contains 4 parts. In parts I and II, each passage will be read only once. In parts III and IV, each passage and its corresponding question will be read twice. But in all sections, the options will be read only once. After listening to the passage and question, listen to the options and choose the best answer.

3. More specific directions will be given at the beginning of each part of this section.

You will now hear fifteen items, each made up of a single spoken statement followed by four possible spoken responses. Choose the most appropriate response to the statement.

Now let's begin Part One.

You will now hear fifteen dialogue fragments, each made up of three spoken statements followed by four spoken responses. Choose the most appropriate response to complete the conversation.

Now let's begin Part Two.

Part III **Questions 31~45** 

You will now hear fifteen complete conversations. For each item, you will hear a conversation and its corresponding question which will be read twice. Then you will hear four options which will be read only once. Choose the option that best answers the question.

Now let's begin Part Three.

Part IV **Questions 46~60** 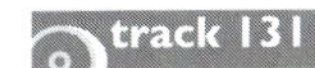

You will now hear fifteen spoken monologues. For each item, you will hear a monologue and its corresponding question will be read twice. Then you will hear four options which will be read only once. Choose the option that best answers the question.

Now let's begin Part Four.

Test of English Proficiency
Seoul National University

teps

수험번호

성 한글
명 한자

좌 석 번 호

A B C D E
1 2 3 4 5 6 7

청 해
Listening Comprehension

문 법
Grammar

어 휘
Vocabulary

독 해
Reading Comprehension

고 사 실 란

감독관 만족도

0 0 100
1 1 90
2 2 80
3 3 70
4 4 60
5 5 50
6 40
7 30
8 20
9 10

문제지번호

답안수정개수

감독관확인란

⟨답안작성시 유의사항⟩

1. 답안 작성은 반드시 **컴퓨터용 싸인펜**만을 사용하셔야 합니다.

2. 답안을 정정할 경우 수정테이프(수정액 불가)를 사용하여야 합니다.

3. 본 답안지는 컴퓨터로 처리되므로 훼손하시면 안되며, 답안지 하단의 타이밍마크(Ⅲ)를 찢거나, 낙서 등을 하시면 본인에게 불이익이 발생할 수 있습니다.

4. 답안은 문항당 정답을 1개만 골라 ● 와 같이 정확히 기재하여야 하며, 필기구 오류나 본인의 부주의로 잘못 표기한 경우에는 당 관리위원회의 OMR판독기의 판독결과에 따르며, 그 결과는 본인이 책임집니다.

Good ● Bad Ⓘ ⦿ Ⓧ Ⓥ

5. 감독관의 확인이 없는 답안지는 무효처리됩니다.

⟨부정행위 처리규정⟩

1. 모든 부정행위 적발 및 이에 대한 조치는 TEPS 관리위원회의 처리규정에 따라 이루어집니다.

2. 부정행위는 현장적발 뿐만 아니라 사후에도 적발될 수 있으며 모두 동일한 조치가 취해집니다.

3. 부정행위 적발 시 당해 성적은 무효화되며 사안에 따라 최대 5년까지 TEPS관리위원회에서 주관하는 모든 시험의 응시자격이 제한됩니다.

4. 문제지 이외에 메모를 하는 행위와 시험문제의 일부 또는 전부를 유출하거나 공개하는 경우 부정행위로 처리됩니다.

5. 각 파트별 시간을 준수하지 않거나, 시험 종료 후 답안 작성을 계속할 경우 부정행위로 처리됩니다.

서 약 본인은 필기구 및 기재오류와 답안지 훼손으로 인한 책임을 지고, 부정행위 처리규정을 준수할 것을 서약합니다.

teps　teps　teps

성	영문	
명	서명	

응시일자 : 20　년　월　일

수 험 번 호

PASSWORD

성　　명 (성 · 이름순으로 기재)

EX HONG GIL DONG

A B C D E F G H I J K L M N O P Q R S T U V W X Y Z

주 민 등 록 번 호

단체구분

학생	일반

질 문 란

1. 귀하의 TEPS 응시목적은?
a 입사지원　　b 인사정책
c 개인실력측정　　d 입시
e 국가고시 지원　　f 기타

2. 귀하의 영어권 체류 경험은?
a 없다　　b 6개월 미만
c 6개월 이상 1년 미만　　d 1년 이상 3년 미만
e 3년 이상 5년 미만　　f 5년 이상

3. 귀하께서 응시하고 계신 고사장에 대한 만족도는?
a 0점　　b 1점
c 2점　　d 3점
e 4점　　f 5점

4. 최근 2년내 TEPS 응시횟수는?
a 없다　　b 1회
c 2회　　d 3회
e 4회　　f 5회 이상

학 력

재학 / 졸업

초등학교
중학교
고등학교
전문대학
대학교
대학원

전 공

인 문 학
사회과학 · 법학
경제학 · 경영학
자 연 과 학
의학 · 약학 · 간호학
공 학
교 육 학
음악 · 미술 · 체육
기 타

직 업

공 무 원
고시준비
교 사
군 인
의 료 인
자 영 업
학 생
회 사 원
무 직
기 타

직 종

고 위 임 직 원
전문직(과학 공학)
전 문 직(교육)
전문직(법률.회계.금융)
기 술 직
영 업
홍 보
총 무
인 경
기 구

무 역
외 환
자 금
공 무
업 무
품 질 관 리
전 산
행 정 직
생 산 관 리
서 비 스
회 계
매

직 책

임 원
부 장
차 장
과 장
대 리
계 장
사 원
인 턴
기 타

The TEPS

서울대 언어교육원 외국어교육센터 지음

정답 및 해설

다락원

The TEPS LC

정답 및 해설

다락원

CONTENTS

The TEPS

Listening
Comprehension

청 해

정 답 및 해 설

TEPS Part I & II 공략

출제 유형 맛보기

Part I

W: How long does it take to walk to work?
M: _______________________

(a) I'm not walking to work today.
(b) That depends if I drive or go by bus.
(c) It takes about 20 minutes.
(d) It's very close to work.

W: 걸어서 출근하는 데 얼마나 걸리나요?
M: _______________________

(a) 오늘은 걸어서 출근하지 않을 겁니다.
(b) 운전을 하느냐 버스를 타느냐에 따라 다릅니다.
(c) 약 20분 걸립니다.
(d) 직장은 아주 가깝습니다.

Part II

M: Are you done with your homework?
W: I'm still working on the chemistry report.
M: Are you sure you can meet the deadline?
W: _______________________

(a) Yes, I reported it.
(b) Well, I'll try.
(c) No, I couldn't meet him.
(d) Don't worry. I'm finished.

M: 숙제 끝냈니?
W: 아직 화학 보고서를 하고 있어.
M: 마감일을 맞출 수 있니?
W: _______________________

(a) 응, 그것을 보고했어.
(b) 글쎄, 애써 봐야지.
(c) 아니, 그를 만날 수 없었어.
(d) 걱정 마. 끝냈어.

Unit 1 사회적 예의

유형연습 스크립트 & 번역

Part I
A

M: I appreciate your concern. It's very kind of you.
W: _______________________

(a) You can say that again.
(b) Don't mention it.
(c) Just let me know.
(d) It's no concern of yours.

M: 관심에 감사합니다. 매우 고맙습니다.
W: _______________________

(a) 맞아요.
(b) 뭘요.
(c) 알려줘요.
(d) 상관하지 말아요.

B

W: Professor Smith, I'm sorry I was late again.
M: _______________________

(a) Try to be on time from now on.
(b) You're so punctual all the time.
(c) That's not something to debate about.
(d) There's always a first time for everything.

W: 스미스 교수님, 또 지각해서 죄송합니다.
M: _______________________

(a) 앞으로는 제시간에 오너라.
(b) 넌 항상 시간을 잘 지키지.
(c) 그건 논의할 게 아니야.
(d) 모든 일에는 처음이 있기 마련이지.

Part II
C

M: Haven't we met before?
W: Yes, I know you. You're Nathan, aren't you?
M: That's right. Hi! How's it going?
W: _______________________

(a) Fine, and Nathan?
(b) Couldn't be better.
(c) Sorry, you looked familiar.
(d) It's going to be great.

M: 우리 전에 만난 적 없나요?
W: 네, 뵌 적 있어요. 네이쓴 아닌가요?
M: 그래요. 안녕하세요. 어떻게 지내나요?
W: _______________________

(a) 괜찮아요, 네이쓴은요?
(b) 아주 좋아요.
(c) 미안해요, 낯익어 보이셔서.
(d) 굉장할 거예요.

D

M: Hi, Dorothy. Nice to meet you.
W: Same here. I've heard so much about you from Sam.
M: Me, too. You're just as I expected.
W: _______________
   (a) I guess you're right.
   (b) Yeah, I'm just like you.
   (c) I hope that's OK with you.
   (d) Oh, you shouldn't have.

M: 안녕하세요, 도로시. 만나서 반가워요.
W: 저도요. 쌤에게서 얘기 많이 들었어요.
M: 저도 역시. 제가 예상했던 대로 이시네요.
W: _______________
   (a) 당신이 맞아요.
   (b) 네, 난 당신과 아주 흡사해요.
   (c) 괜찮다는 말로 생각하겠습니다.
   (d) 어, 이러지 않아도 되는데.

Mini Test 1 정답 및 해설

Part I
1. **(b)**　　2. **(c)**　　3. **(b)**　　4. **(d)**　　5. **(b)**
6. **(b)**　　7. **(c)**　　8. **(a)**　　9. **(d)**

Part II
10. **(a)**　　11. **(a)**　　12. **(b)**　　13. **(d)**　　14. **(b)**
15. **(a)**　　16. **(c)**

Part I

1

M: What a nice **surprise** to **see you here**!
W: _______________
   (a) Sorry, I don't see it.
   (b) Hey, long time no see!
   (c) I'm not too surprised.
   (d) I'm fine, thanks.

M: 어머나 너를 여기서 만나다니!
W: _______________
   (a) 미안한데, 저는 잘 모르겠어요.
   (b) 이봐, 오랜만이야.
   (c) 난 그리 놀랍지 않은데.
   (d) 난 잘 지내, 고마워.

질의 | **인사** (뜻밖의 만남)
응답 | **관례적 응답**
　▶ 뜻밖의 만남에 대한 관례적인 응답 표현에는 Long time no see! / Some coincidence! / It's a small world!가 있다.
표현 | **What a surprise!** 놀라워!, 어머나!
see it 이해하다, 납득하다
not too 그다지 ~하지 않은

2

M: Hi, **do we know each other?** You look so familiar.
W: _______________
   (a) Nice seeing you. I'm Ruth Parker.
   (b) That's because I got a makeover.
   (c) Yeah, we met at Andrea's party.
   (d) People say I look like her.

M: 안녕하세요, 우리 아는 사이인가요? 아주 낯이 익어서요.
W: _______________
   (a) 만나서 반가워요. 저는 루스 파커입니다.
   (b) 인상을 바꾸었기 때문이에요.
   (c) 네, 안드레아가 연 파티에서 우리 만났지요.
   (d) 사람들이 내가 그녀와 닮았대요.

질의 | **인사** (구면인지 확인하는 질문)
응답 | **긍정**
　▶ 구면인지 확인하는 질문이므로 '만난 적이 있다, 없다'는 식의 답변이 가장 적절하다.
표현 | **familiar** 잘 알고 있는, 친숙한
makeover (전문가에 의한) 인상 개조, 공들인 화장

3

W: Excuse me, **have we met before?**
M: _______________
   (a) Nice to finally meet you.
   (b) Uh, I'm terrible with remembering.
   (c) I'm afraid I couldn't go to the meeting.
   (d) No, I haven't ever been there.

W: 실례지만, 우리 전에 만난 적 있나요?
M: _______________
   (a) 드디어 당신을 만나게 되어 반가워요.
   (b) 어, 제가 기억력이 형편 없어요.
   (c) 저는 그 모임에 갈 수 없을 것 같아요.
   (d) 아뇨, 거기에 가본 적이 없어요.

질의 | **첫 대면** (만난 적이 있는지 질문)
응답 | **부정** (우회적 응답)
　▶ (a), (b), (c)와 같이 첫 번째 발화에 언급된 단어와 발음이 비슷한 단어나 동일한 단어를 사용한 선택지는 오답일 확률이 높다는 점에 유의하자.
표현 | **be terrible with** ~에 매우 서툴다, ~가 엉망이다
have been ~에 가본 적이 있다
I'm afraid ~인 것 같다, ~해서 안됐어요

4

M: We're throwing a **party tonight.** Can you **join us?**
W: _______________
   (a) It's going to be a great party.
   (b) I was too busy at work last night.
   (c) Oh, I don't mind who comes.
   (d) Count me in.

M: 오늘 밤에 파티를 열 거예요. 함께 할래요?
W: ________________

(a) 대단한 파티가 될 거예요.
(b) 지난 밤에 일 하느라 너무 바빴어요.
(c) 누가 오는지 개의치 않아요.
(d) 나도 끼워줘요.

질의 |　**초대** (파티 참석 권유)
응답 |　**수락** (관용표현)

▶ (a) **(X)** 파티를 여는 남자가 할 수 있는 발화이다. → 응답자의 입장을 생각하지 않고 들으면 빠지기 쉬운 함정 선택지이므로 주의해야 한다.

표현 |　**throw a party** 파티를 열다
join 합류하다, 함께 하다, 참가하다
count in 같은 패에 넣어주다, 끼워주다

5

M: I'm terribly **sorry** I came **late**.
W: ________________

(a) He must be upset.
(b) That's OK.
(c) We'll be there soon.
(d) I promise I won't do it again.

M: 늦게 와서 정말 미안해.
W: ________________

(a) 그는 기분이 상한 게 분명해.
(b) 괜찮아.
(c) 우리 곧 도착할거야.
(d) 다시는 그렇게 하지 않을게.

질의 |　**사과** (지각)
응답 |　**이해** (관례적 응답)

▶ (d) **(X)** 남자가 할 수 있는 발화이다. → 정답을 선택할 때 어느 화자가 할 말인지를 반드시 고려한다.

표현 |　**upset** 당황한, 걱정하는; 당황하게 하다
be there 도착하다; 거기에 있다

6

M: My **apologies** for **missing** your **graduation**.
W: ________________

(a) At least we graduated together.
(b) I'm sure you would've come if you could.
(c) Sorry, I'll come earlier next time.
(d) No problem. I'm going to reschedule it.

M: 당신의 졸업식에 가지 못해 미안해요.
W: ________________

(a) 적어도 우리는 함께 졸업했잖아요.
(b) 당신이 올 수 있었다면 왔을 거라고 생각해요.
(c) 미안해요. 다음 번엔 제가 좀 더 일찍 올게요.
(d) 괜찮아요. 일정을 변경하겠습니다.

질의 |　**사과** (졸업식 불참)
응답 |　**이해** (가정법 표현)

▶ 가정법은 난이도 높은 문제에서 자주 사용되는 응답 유형이니 문장을 통째로 암기한다.

표현 |　**My apologies for** ~에 대해 사과합니다
miss 놓치다
reschedule 일정을 변경하다

7

M: That **necklace** looks really **good on you**. It **matches** your **eyes**.
W: ________________

(a) Sorry, but this necklace isn't good.
(b) Oh, it took a long time to match them.
(c) Thanks. You've made my day!
(d) What a lovely thought!

M: 목걸이가 당신에게 정말 잘 어울려요. 당신 눈과 조화가 잘 되요.
W: ________________

(a) 미안한데 이 목걸이는 좋지 않아요.
(b) 그것들을 조화시키느라 시간이 많이 걸렸어요.
(c) 고마워요. 기분 좋은데요.
(d) 정말 좋은 생각이에요!

질의 |　**칭찬** (목걸이)
응답 |　**감사 + 기쁨의 관용 표현**

▶ (a), (b) **(X)** 첫 번째 발화에 사용된 단어(necklace, match)를 그대로 사용한 동어 반복 함정이다.

▶ make my day (나를 즐겁게 하다; 기분좋다)를 암기한다. 이 표현은 미국 영화배우 Clint Eastwood가 *Dirty Harry* 시리즈에서 사용하면서 대중화되었다.

표현 |　**necklace** 목걸이
look good on someone ~에게 잘 어울리다
match 어울리다, 맞추다, 겨루다
make one's day ~을 즐겁게 하다

8

W: Mr. Horton, I'm very **grateful for my** recent **promotion**.
M: ________________

(a) Well, you deserved it.
(b) I agree. Mr. Horton is a hard worker.
(c) Good luck finding a new job.
(d) I'd be glad to provide a recommendation.

W: 호튼 씨, 최근 저의 승진에 대해 매우 감사하게 생각합니다.
M: ________________

(a) 뭘요, 당신이 그만한 자격이 있었지요.
(b) 동의해요. 호튼 씨는 아주 열심히 일하지요.
(c) 새로운 직업을 찾는 데 행운이 있기를.
(d) 추천을 하게 되면 제가 기쁘죠.

질의 |　**감사** (승진 도움)
응답 |　**관례적 응답** (겸손)

▶ You deserved it. (그럴 자격이 있었다; 그럴 만 했다; 그럴 줄 알았다)를 암기한다. 상대방에게 생긴 좋은 일이나 나쁜 일에 대해 자신의 의견을 나타낼 때 쓰는 표현이다.

표현 |　**be grateful for** ~에 대해 감사하다
promotion 승진
deserve ~할 만하다, ~할 자격이 있다

recommendation 추천
well (문두에 사용) ① 원 이거, 뭘, 그런데, 글쎄 → 놀라움, 망설임, 의심, 약간의 이의(disagreement)를 표현
② 자, 이제, 우선 → 이야기[대화]가 계속 이어짐을 표현

9

M: I **really appreciate** you **helping me** with my science project.

W: _______________________

(a) Yes, science is my favorite subject.
(b) No thanks, I'm already done with my project.
(c) I couldn't have finished it without your help.
(d) I'm certain you would've done the same for me.

M: 제 과학 프로젝트에 도움을 주셔서 정말 감사합니다.
W: _______________________

(a) 네, 과학은 제가 좋아하는 과목이에요.
(b) 괜찮아요, 이미 제 프로젝트를 마쳤어요.
(c) 당신 도움 없이는 그것을 끝내지 못했을 거예요.
(d) 당신도 분명히 제게 똑같이 해 줬을 텐데요.

질의 | 감사 (프로젝트 거들어 준 것)
응답 | 겸손 표현 (조동사 이용)

▶ (c) (X) 도움을 준 사람인 여자가 할 말이 아니라 도움을 받은 사람인 남자가 할 수 있는 말이다.

표현 | **appreciate** 감사하다, 고맙게 여기다; 감상하다
subject 과목, 주제
be done with ~을 끝내다

Part II

10

W: Hi, Chad.
M: Hi, Sally! **What have you been up to lately?**
W: I've been doing well. How about you?
M: _______________________

(a) Same as usual.
(b) Suits me fine.
(c) It's up to you.
(d) Everything will be OK.

W: 안녕, 채드.
M: 안녕, 샐리! 최근 뭐하고 지냈니?
W: 잘 지냈어. 너는 어때?
M: _______________________

(a) 늘 똑같지.
(b) 내겐 좋아.
(c) 너에게 달려있어.
(d) 모든 것이 잘 될 거야.

질의 | 안부 (근황)
응답 | 관례적 표현

▶ (d) (X) 현재의 안부를 묻는 질문에 위로 표현은 부적절하다. 하지만 Everything is OK. 처럼 현재 시제로

응답했다면 답이 될 수 있다. → 응답의 시제가 질의와 일치하는지 파악해야 한다.

표현 | **be up to something** ~에 종사하다, ~을 하다
It's up to you. 너에게 달려있다.
Everything will be OK. (주로 위로할 때) 모든 게 잘 될 거예요.
(That) suits me fine. (약속을 정할 때) 좋습니다, 저는 괜찮아요.
· How about 6 o'clock? 여섯 시 어때요?
  – Suits me fine. 저는 괜찮아요.

11

W: So what have you been up to this year, Harry?
M: I've been mainly **focusing** on my **studies**.
W: And **how did things go?**
M: _______________________

(a) Not bad. I finished up my Ph.D.
(b) As usual, I was late to class.
(c) I saved enough money to pay tuition.
(d) They want to go study abroad.

W: 올해 뭐하고 지냈어, 해리?
M: 주로 공부에 집중했어.
W: 그래서 어떻게 되었는데?
M: _______________________

(a) 나쁘지 않아. 박사 과정을 끝냈어.
(b) 평소처럼 난 수업에 늦었어.
(c) 학비를 지불할 수 있을 만큼의 돈을 모았어.
(d) 그들은 해외 유학을 가고 싶어해.

질의 | 안부 (학업의 성과)
응답 | 정보 제공

▶ 남자가 언급한 studies와 관련있는 내용의 응답이어야 한다. 대화에 사용된 단어를 그대로 언급한 선택지는 오답인 경우가 많다.

▶ (d) (X) go, study를 그대로 사용한 전형적인 오답 유형이다.

표현 | **focus on** ~에 집중하다
How did things go? 어떻게 되었어?
tuition 수업료
Ph.D. 박사 학위 (과정)
abroad 외국으로, 해외로

12

W: That was an **excellent recital!**
M: Thanks, I'm honored you could attend.
W: I really **enjoyed every minute.** You did **a great job.**
M: _______________________

(a) I wish I could've gone to the recital.
(b) I appreciate your saying so.
(c) I'm looking forward to it.
(d) Yeah, the job only took a minute.

W: 훌륭한 독주회였어요!
M: 고마워요. 참석해 주어서 영광이에요.
W: 연주 내내 정말 즐거웠어요. 대단했어요.

M: ___________

(a) 독주회에 갈 수 있었다면 좋을 텐데요.
(b) 그렇게 말씀해 주셔서 감사합니다.
(c) 그것을 기대하고 있겠습니다.
(d) 예, 그 일은 금방이었어요.

질의 | 칭찬 (훌륭한 연주)
응답 | 감사 (관례적 표현)

▶ (a), (d) (X) 대화 중에 언급된 recital, job, minute를 그대로 사용한 함정 선택지에 유의하자.

▶ (c) (X) 앞으로 recital을 할 거라는 정보를 들은 경우에 가능한 응답이다. → 대화 내용이 과거의 일이므로 미래의 일을 기대한다는 선택지는 오답이다. 대화의 시제에도 유의하자.

표현 | **recital** 연주회, 독주회
be honored 영광이다
look forward to ~을 기대하다, ~을 기다리다
attend 참석하다

13

M: Thank you so much for your **inspirational speech**, Dr. Jackson.
W: I'm flattered. I hope it was worth your time.
M: It sure was. I **enjoyed every minute** of it.
W: ___________

(a) What can I say? You were an inspiration.
(b) I wouldn't have missed your speech for the world.
(c) Actually, many people are afraid of public speaking.
(d) I always enjoy an appreciative audience.

M: 고무적인 연설 매우 감사합니다, 잭슨 박사님.
W: 영광입니다. 보람 있는 시간이었기를 바랍니다.
M: 그럼요. 연설 내내 아주 즐거웠어요.
W: ___________

(a) 뭐라고 할까? 당신은 영감을 주는 사람입니다.
(b) 저는 당신의 연설을 절대 놓치지 않았을 거예요.
(c) 사실 많은 사람이 연설을 두려워합니다.
(d) 안목이 뛰어난 청중이 있어 제가 항상 즐거워요.

질의 | 칭찬 (훌륭한 연설)
응답 | 감사 (겸손 표현: 상대방에게 감사를 돌림)

▶ (d) (O) 상대방의 칭찬에 Thank you.와 같이 직접적으로 고맙다고 말하지 않고 간접적으로 고마움을 표현하는 응답 유형이다. 난이도가 높은 문제이다.

▶ 난이도 높은 문제를 풀 때는 확실한 오답 선택지를 하나씩 제외하며 정답을 찾는 소거법이 효율적이다.

표현 | **inspirational** 고무적인, 영감을 주는
inspiration 영감, 영감을 주는 사람
be flattered 우쭐하다, 기분이 좋다, 영광이다
be worth ~의 가치가 있다
What can I say? 뭐라고 말해야 할까?; (함의) 뭐라고 설명하기가 어렵다.
for the world (부정문에서) 결코
public speaking 강연, 연설
appreciative 감식력 있는, 안목 있는

audience 청중

14

W: **Congratulations** on **winning** your first real **court case**.
M: Thanks, Elaine. But I was just lucky.
W: What are you talking about? **Your defense** was **impeccable**!
M: ___________

(a) Let's hope you're right.
(b) That's an honor, coming from you.
(c) Courting someone can be so tedious!
(d) Thanks. It was my first time playing defense.

W: 첫 실전 법정 소송에서 이긴 것을 축하합니다.
M: 감사합니다, 엘레인. 그저 운이 좋았어요.
W: 무슨 말씀이세요? 당신의 변론은 나무랄 데가 없었어요.
M: ___________

(a) 당신이 옳기를 바랍시다.
(b) 당신에게 그런 말을 듣다니 영광인데요.
(c) 누군가의 비위를 맞추는 것은 몹시 지루할 수 있죠!
(d) 고마워요. 수비 역할을 한 것은 처음이었어요.

질의 | 칭찬 (훌륭한 변론)
응답 | 감사 (관례적 표현)

▶ impeccable (나무랄 데 없는)의 뜻을 모르더라도 첫 발화에 나온 Congratulations, winning, court case로 미루어 긍정적인 의미일 것이라고 짐작하면 답을 찾는 데 어려움은 없다. → 대화의 흐름(문맥)을 통해 모르는 단어의 뜻을 유추하자.

▶ (d) (X) 동일 단어 defense를 이용한 오답. play defense는 스포츠 경기에서 사용하는 표현이다.

표현 | **court case** 법정 소송
defense 변호, 방어
impeccable 나무랄 데 없는 (= flawless, perfect)
court 비위를 맞추다, 구애하다; 법정
tedious 지루한, 따분한
play defense 수비를 맡다, 수비 역할을 하다

15

W: **Sorry I couldn't make it** here on time.
M: What happened? You're usually so punctual.
W: I was **babysitting** for my sister and I **couldn't leave any sooner**.
M: ___________

(a) Well, I was starting to get worried.
(b) Really? I didn't know you had kids.
(c) I lost track of time, I guess.
(d) This is becoming a bad habit.

W: 제시간에 도착하지 못해 미안해.
M: 무슨 일 있었니? 넌 항상 시간 잘 지키잖아.
W: 언니 대신 아이를 돌보느라 더 일찍 나올 수가 없었어.
M: ___________

(a) 그랬구나. 걱정되기 시작했어.

(b) 정말? 너에게 아이들이 있는지 몰랐어.

(c) 시간 가는 줄 몰랐던 것 같아.

(d) 이것은 나쁜 버릇이 되어가고 있어.

질의 | **사과 · 변명** (지각)

응답 | **이해** (염려 표시)

▶ Part II의 사과 대화 패턴: 사과 → 이유 질문 → 이유 · 변명 → 이해 혹은 불만 · 질책

▶ 대화 상황과 발화 기능으로 정답을 고른다.

▶ (a) (O) 첫 발화에 나온 Sorry, couldn't make it, on time을 듣고 약속 시간에 늦은 것을 사과하는 대화 상황임을 파악 → 대화 패턴을 생각하면서 청취하면 정답을 쉽게 찾을 수 있다.

▶ (b), (c), (d) (X) 동어 반복을 하지 않았지만 모두 대화 내용에 적절하지 않은 응답이다.

표현 | **make it** 도착하다; 해내다

on time 제시간에, 정각에

punctual 시간을 지키는

babysit 아이를 돌보다

any sooner 좀 더 빨리

any (비교급에서) 조금은; (부정문) 조금도 (~않다)

lose track of time 시간 가는 걸 잊어버리다, 일에 빠져 있다

16

> M: Mary, I'm so glad you're still here.
>
> W: I can't believe you're showing up an hour late!
>
> M: **I couldn't help it.** The **traffic** was **impossible**.
>
> W: ___________________
>
> (a) Well, I guess we'll be late.
>
> (b) Sorry I'm always behind schedule.
>
> (c) At least you could've called.
>
> (d) I know. That's why I'm upset.

M: 메리, 네가 아직 여기 있어서 너무 기뻐.

W: 한 시간이나 늦게 오다니 믿을 수가 없어.

M: 어쩔 수 없었어. 교통이 마비되어서.

W: ___________________

(a) 글쎄, 우리 지각할 것 같은데.

(b) 항상 예정보다 늦어서 미안해.

(c) 적어도 전화는 할 수 있었잖아.

(d) 알아. 그게 내가 화가 난 이유야.

질의 | **변명** (1시간 지각)

응답 | **불만** (가정법 이용)

▶ (c) (O) You could've called. → '전화를 하지 않아 유감'이라는 함의를 담고 있다.

표현 | **show up** 나타나다

I couldn't help it. 어쩔 수 없었어.

be behind schedule 예정보다 늦다

 **조동사 완료형**

○ could've / should've / shouldn't have가 사용된 표현은 과거의 어떤 사실과 관련하여 후회, 유감, 질책 등을 나타낸다.

○ 상대방이나 자신의 행위에 대해 질책, 유감, 후회를 표현하는 응답 표현으로 자주 출제된다.

- It **could've been** much better.

훨씬 더 나을 수도 있었는데. (그렇지 않아 **유감**이다)

- You **should've come** to the party last night, Mandy. 어제 파티에 왔어야지, 맨디.

(당연히 와야 하는데 오지 않은 것에 대한 **유감** 혹은 약간의 **질책**)

- I guess you brought this on yourself, didn't you? 이건 네가 자초한 일이잖아, 안 그래?

– Yeah, I **shouldn't have had** that noodle in small hours. 그래, 새벽에 우동을 먹지 말았어야 했는데. (공연히 먹어서 몸 상태가 좋지 않은 것에 대한 **자책**)

* in small hours 새벽에 (밤 12시에서 새벽 2~3시 사이)

- **must've p.p.**: 과거 사실에 대한 확신
- There's no food left. 남은 음식이 없네.

– We **must've eaten** it all. 우리가 다 먹어 치운 게지. (**확신의 의견**)

Unit 2 세부정보 질문

유형연습 스크립트&번역

A

> W: How come you don't have to pay for parking when you drive to campus?
>
> M: ___________________
>
> (a) Parking on campus can be difficult at times.
>
> (b) The reason is I pay for parking in cash.
>
> (c) Because the university is short on parking spaces.
>
> (d) I purchased a university parking permit.

W: 당신은 왜 교내에 차를 가지고 왔을 때 주차비를 낼 필요가 없죠?

M: ___________________

(a) 캠퍼스에 주차하는 것이 때로는 힘들 수 있어요.

(b) 제가 주차비를 현금으로 지불해서 그래요.

(c) 대학이 주차 공간이 부족해서요.

(d) 대학 주차 허가증을 샀거든요.

B

M: How do you drop a class after the add/drop deadline?

W: _____________________

(a) You need to check the deadline.
(b) Just drop it immediately.
(c) It's best if you add a class instead.
(d) You'd better ask your academic advisor.

M: 수강 신청 추가/취소 기간이 끝난 후에는 어떻게 강의를 취소하죠?

W: _____________________

(a) 마감일을 확인해야 해요.
(b) 그냥 당장 취소하세요.
(c) 대신 수업을 추가하면 제일 좋지요.
(d) 지도교수님께 여쭤워 보는 게 나을 거예요.

C

W: Do you know anyone who might like to sub-lease my apartment this summer?

M: There's a female exchange student who might.

W: Sounds great! How long is she staying here?

M: _____________________

(a) I can't stay long.
(b) Until the end of August.
(c) She will sign the lease tomorrow.
(d) She only stayed two months.

W: 이번 여름에 내 아파트를 빌려 쓸 만한 사람 알고 있니?
M: 교환 학생으로 온 여학생이 있긴 한데.
W: 잘 됐다! 여기 얼마나 머무를 거래?
M: _____________________

(a) 나는 오래 머무를 수 없어.
(b) 8월 말까지래.
(c) 내일 임대 계약서에 서명할 거래.
(d) 단지 두 달만 머물렀어.

D

M: May I take your order, ma'am?

W: I'll have the chef's special.

M: OK, with onion soup or green salad?

W: _____________________

(a) Something to drink?
(b) The salad will do.
(c) Yes, with some dressing.
(d) Chicken, please.

M: 주문을 하시겠습니까, 손님?
W: 주방장 특선 메뉴로 할게요.
M: 네, 양파 스프와 그린 샐러드 중에서는 어떤 것으로 하시겠어요?
W: _____________________

(a) 뭐 마실 것 필요하세요?
(b) 샐러드가 좋겠는데요.
(c) 네, 소스도 좀 같이 주세요.
(d) 닭고기로 부탁합니다.

Mini Test 2 정답 및 해설

Part I

1. (d)	2. (d)	3. (c)	4. (d)	5. (b)
6. (b)	7. (b)	8. (c)	9. (a)	10. (a)
11. (c)				

Part II

12. (c)	13. (b)	14. (b)	15. (a)	16. (c)
17. (d)	18. (d)	19. (b)	20. (c)	

Part I

1

W: **How long** will you be **staying** in our **hotel**?

M: _____________________

(a) We're checking in tomorrow.
(b) We're open till midnight.
(c) It's getting pretty late.
(d) Five days.

W: 저희 호텔에서 얼마나 오래 머무를 예정이십니까?

M: _____________________

(a) 내일 체크인 할 거예요.
(b) 저희는 자정까지 문을 엽니다.
(c) 매우 늦어지네요.
(d) 5일 간이요.

질의 | 기간

응답 | 정보 제공

▶ How long ~?은 어떤 동사가 쓰이느냐에 따라 거리를 묻기도 하고, 기간이나 길이를 묻는 질문이기도 하다. staying in our hotel까지 듣고서 체류 기간을 묻고 있음을 파악한다면, (d) Five days.를 쉽게 정답으로 고를 수 있다.

표현 | **check in** (호텔의) 투숙절차를 밟다, 체크인하다

2

M: **When will** Mr. Anderson **come back** from his business trip?

W: _____________________

(a) For about ten days.
(b) Just last year.
(c) More than a month ago.
(d) The day after tomorrow.

M: 앤더슨 씨가 출장에서 언제 돌아오나요?

W: _____________________

(a) 약 10일 동안이요.
(b) 작년에요.
(c) 한 달 이상 전에요.
(d) 내일모레요.

질의 | 때

응답 | 정확한 시점

▶ (b), (c) (X) → 미래 시제로 물은 질문에 과거시점으로 응답했음으로 부적절하다. When의문문에서는 동사의 시제 파악이 중요하다.

표현 | **business trip** 출장

3

W: Sorry to bug you, but **what time** is it?
M: ________________
(a) No problem, you're just on time.
(b) Sorry, I don't have time right now.
(c) It's half past eleven.
(d) I'm having a great time.

W: 귀찮게 해서 죄송합니다만, 지금 몇 시인가요?
M: ________________
(a) 괜찮아요, 정각에 오셨잖아요.
(b) 미안해요, 제가 지금 시간이 없어요.
(c) 11시 30분입니다.
(d) 즐거운 시간을 보내고 있어요.

질의 | 시각
응답 | 합당한 정보 제공
▶ (b) (X) → 몇 시인지 묻는 질문에 시간이 없다는 표현은 부적절하다.
▶ 대화의 동일 단어 time이 들어 있는 (a), (b), (d) 선택지에 주의한다.

표현 | **bug** 귀찮게 굴다, 방해하다
on time 정시에, 정각에
No problem 문제없어, 괜찮아

4

M: Excuse me. **Where** can I **find** an **ATM**?
W: ________________
(a) Sorry, I'm short of cash myself.
(b) You can cash your check at the bank.
(c) I found one for you.
(d) Actually, there's one across the plaza.

M: 실례합니다. 현금 자동입출금기가 어디에 있나요?
W: ________________
(a) 죄송해요, 저도 현금이 부족해요.
(b) 당신은 은행에서 수표를 현금으로 바꿀 수 있어요.
(c) 제가 당신을 위해 하나 찾아뒀어요.
(d) 사실, 상점가 건너편에 있어요.

질의 | 장소
응답 | 합당한 정보 제공
▶ 대화에 언급된 find의 과거형인 found가 들어 있는 (c) 같은 선택지를 피한다.

표현 | **ATM** (automated teller machine) 현금 자동입출금기
be short of cash 현금이 부족하다
cash one's check 수표를 현금으로 바꾸다
across ~의 저편으로, 가로질러
plaza 쇼핑 센터, 상점가

5

M: **Why isn't** Angela **in** any of your **pictures** from summer break?
W: ________________
(a) She was in bed yesterday with the flu.
(b) She's very camera shy.
(c) We had a great break this summer.
(d) The camera wasn't working properly.

M: 왜 안젤라는 여름 휴가에서 찍은 네 사진 어디에도 없지?
W: ________________
(a) 그녀는 독감으로 어제 자리에 누워 있었어.
(b) 그녀는 사진 찍히는 걸 매우 싫어해.
(c) 우리는 이번 여름에 대단한 휴가를 보냈지.
(d) 사진기가 제대로 작동하지 않았어.

질의 | 이유
응답 | 합당한 정보 제공
▶ 대화의 동일 단어 break, summer가 들어 있는 (c) 같은 선택지를 피한다.

표현 | **break** 짧은 휴식
flu 독감
camera shy 사진 찍히기를 싫어하는
work 작동하다

6

W: **How would you like your steak?**
M: ________________
(a) I'm OK, thanks.
(b) I'd like it rare, please.
(c) Yes, I like it very much.
(d) Sure, I'd love to.

W: 스테이크를 어떻게 해 드릴까요?
M: ________________
(a) 저는 괜찮아요, 감사합니다.
(b) 덜 익혀 주세요.
(c) 네, 저는 그것을 아주 좋아해요.
(d) 물론이죠, 그러고 싶어요.

질의 | 조리 방법
응답 | 합당한 정보 제공
▶ How would you like your + 음식?은 대개는 조리 방법을 묻는 질문이다. 하지만 상황에 따라 steak 맛이 어떤지 상대방의 의견을 묻는 질문이 될 수도 있으므로 (c)는 Yes가 없다면 '아주 마음에 들어요.'라는 적절한 응답이 될 수도 있다.

표현 | **How would you like your steak?** 스테이크를 어떻게 해드릴까요?
rare 덜 익은, 설익은

7

> W: **What's** for **lunch** today?
> M: _______________
>
> (a) It smells delicious.
> (b) Fried shrimp.
> (c) Yes, I can cook it.
> (d) It's at 12 o'clock.

W: 오늘 점심이 뭐야?
M:
____
(a) 맛있는 냄새가 나는데.
(b) 튀긴 새우야.
(c) 그래, 나는 그것을 요리할 수 있어.
(d) 12시에 점심이야.

질의 | **대상** (식사 메뉴)
응답 | **합당한 정보 제공**

> ▶ (a)와 (c)는 질문의 lunch와 관련 있는 단어인 delicious, cook을 이용한 오답 함정이다.

표현 | **What's for lunch** 점심이 뭐야?
cook 요리하다

8

> M: **How much** did this laptop **cost** you?
> W: _______________
>
> (a) How did you guess?
> (b) It must have cost a fortune.
> (c) Around 1,000 dollars.
> (d) I bought it yesterday.

M: 이 노트북 비용이 얼마나 들었어요?
W:
____
(a) 어떻게 추측했어요?
(b) 틀림없이 가격이 비쌌을 것 같은데요.
(c) 약 1,000달러요.
(d) 그것을 어제 샀어요.

질의 | **가격**
응답 | **합당한 정보 제공**

> ▶ (b) (X) 가격을 묻는 화자, 즉 남자가 할 수 있는 발화이다. 내용상으로 자연스러우면서 다른 화자가 할 수 있는 발화를 제시한 오답을 주의한다.

표현 | **laptop** 노트북 컴퓨터
cost a fortune 상당한 금액이 들다

9

> W: **How often** does the bus run from here to campus?
> M: _______________
>
> (a) Once every 10 minutes.
> (b) Get off at University Station.
> (c) It's about 5 miles from here.
> (d) It's a fairly new bus service.

W: 이 버스가 여기에서 캠퍼스까지 얼마나 자주 다니나요?
M:
____
(a) 10분마다 한 번씩이요.
(b) 대학 정거장에서 내리세요.
(c) 여기에서 약 5마일 떨어져 있어요.
(d) 이것은 꽤 새로운 버스 편이에요.

질의 | **빈도**
응답 | **합당한 정보 제공**

> ▶ 빈도를 묻는 질문의 응답은 주로 '횟수+ 시간 단위(once, twice, three times + a day / week / month)' 형식으로 제시됨을 기억하자.

표현 | **get off** (차에서) 내리다
station 역, 정거장
fairly 꽤
bus service 버스 편, 버스 운행

10

> M: **What are the odds** of Grant winning a gold medal at the Olympics?
> W: _______________
>
> (a) Chances are very slim.
> (b) Good luck to you!
> (c) Maybe next time.
> (d) Yes, he is odd.

M: 그랜트가 올림픽에서 금메달을 딸 가능성은 어느 정도지요?
W:
____
(a) 가능성이 매우 적지요.
(b) 행운을 빌어요.
(c) 아마도 다음 번에는요.
(d) 그래요, 그는 이상해요.

질의 | **정도**
응답 | **합당한 정보 제공**

> ▶ 대화의 동일 단어 odd가 들어 있는 (d) 같은 선택지를 피한다.

표현 | **What are the odds of~?** ~할 가능성은 어떠한가?
chance 가능성
slim (가능성이) 희박한, 얼마 안 되는, 적은
odd 이상한; **odds** 가능성

11

> M: **Shall we** get going **or do you want** to stick around a bit longer?
> W: _______________
>
> (a) This stick is a bit longer.
> (b) I'm sure it will start soon.
> (c) Why don't we stay till 10?
> (d) I enjoyed your company.

M: 우리 갈까요, 아니면 좀 더 머무르고 싶나요?
W:
____
(a) 이 막대기는 조금 더 길어요.
(b) 그것이 곧 시작할 거라고 확신해요.
(c) 10시까지 머무르는 것이 어때요?
(d) 당신과 함께 있어서 즐거웠어요.

질의 |　선택형 질문

응답 |　합당한 정보 제공

　　▶ 선택형 질문은 선택의 대상인 A or B 중 하나를
　　　선택하여 응답을 주는 것이 관례이지만 간혹 다른 식으로
　　　(추가적으로) 정보를 주는 정답이 출제되기도 한다.

표현 |　**stick around** 부근을 어슬렁거리다

　　stick 막대기

　　company 함께 있음; 교제

Part II

12

> W: Good morning. I'd like a return ticket to Madrid.
> M: For **when** would you like it?
> W: For today. **As soon as possible.**
> M: ___________________________
>
> (a) OK, that'll work for me.
> (b) It's too soon to tell.
> (c) There's one at 11.
> (d) But I hardly saw you.

W: 안녕하세요. 마드리드 행 왕복표를 사고 싶습니다.

M: 언제로 해 드릴까요?

W: 오늘 것으로요. 가능한 빠른 것 부탁합니다.

M: ___________________________

　(a) 좋아요, 그것이 저에게 좋겠습니다.

　(b) 말씀 드리기에는 너무 이르군요.

　(c) 11시에 표가 있습니다.

　(d) 하지만 저는 거의 당신을 보지 못했어요.

질의 |　때, 시각

응답 |　합당한 정보 제공

　　▶ 대화의 동일 단어 soon이 들어 있는 (b) 같은 선택지를
　　　피한다.

표현 |　**return ticket** 왕복표; 돌아가는 차표

13

> W: Do you want to go out for lunch, Mike?
> M: Sure, I'm hungry.
> W: Great. **Where** shall we go?
> M: ___________________________
>
> (a) Let's leave at noon.
> (b) Anywhere is fine.
> (c) That sounds good.
> (d) Go right ahead.

W: 점심 밖에 나가서 먹고 싶니, 마이크?

M: 물론이지, 나 배고파.

W: 좋아. 어디로 갈까?

M: ___________________________

　(a) 정오에 떠나자.

　(b) 어느 곳이든 좋아.

　(c) 그거 좋게 들리는데.

　(d) 어서 해.

질의 |　장소

응답 |　구체적 정보 비제공

　　▶ (b) (O) 대개는 구체적인 장소를 언급한 응답이
　　　정답이지만 가끔씩 구체적인 정보를 제공하지 않는 것이
　　　정답으로 출제된다.

표현 |　**Go (right) ahead** 말씀하세요; 자, 어서 하세요; 먼저 하세요

14

> M: What would you like to have?
> W: Just coffee is fine with me.
> M: **How would you like** your coffee?
> W: ___________________________
>
> (a) No, thanks.
> (b) Decaf, please.
> (c) It smells good.
> (d) Sure, I'd love to.

M: 무엇을 드시고 싶으세요?

W: 커피 주세요.

M: 커피를 어떻게 해 드릴까요?

W: ___________________________

　(a) 아니요, 감사합니다.

　(b) 카페인을 뺀 커피 부탁합니다.

　(c) 냄새가 좋은데요.

　(d) 물론, 그러고 싶어요.

질의 |　(조리) 방법

응답 |　합당한 정보 제공

표현 |　**How would you like ~?** ~을 어떻게 해 드릴까요?

　　decaf 카페인을 뺀 (커피)

15

> M: Joanne, I heard there was a break-in at your place last night.
> W: Yes, a couple of items were stolen from the living room.
> M: **Did you find** out **how** it **happened**?
> W: ___________________________
>
> (a) I think the burglars entered through the kitchen.
> (b) The police are still after the thieves.
> (c) You should've checked the locks.
> (d) The robbers didn't get away with much.

M: 조안, 너네 집에 지난 밤 도둑이 들었다고 들었어.

W: 그래, 거실에 있는 두서너 가지 물건을 도난당했어.

M: 그것이 어떻게 일어났는지 알아냈니?

W: ___________________________

　(a) 내 생각에 도둑이 주방을 통해 들어온 것 같아.

　(b) 경찰이 도둑들을 아직 뒤쫓고 있어.

　(c) 네가 문이 잠겼는지 점검했어야지.

　(d) 도둑이 많이 훔쳐가지는 않았어.

질의 |　경위 (도둑이 침입한 경위를 아는 지)

응답 |　합당한 정보 제공

표현 |　**break-in** 침입

burglar 강도, 도둑
be after 뒤쫓다
robber 강도, 도둑
should have p.p. ~했어야 했는데
get away with ~을 가지고 달아나다; (벌 따위를) 교묘히 피하다

16

W: McKinley Dental Clinic. How can I help you?
M: I'd like to make an appointment.
W: **What** seems to be **the problem**?
M: ____________________
   (a) I'm afraid it can't be arranged today.
   (b) Yes, I'll say.
   (c) I think I have a cavity.
   (d) No, it's no problem at all.

W: 맥킨리 치과입니다. 무엇을 도와드릴까요?
M: 검진 예약을 하고 싶습니다.
W: 어디가 안 좋으신데요?
M: ____________________
   (a) 죄송하지만, 오늘은 정할 수 없습니다.
   (b) 네, 물론입니다.
   (c) 충치가 있는 것 같아요.
   (d) 아니요, 아무 문제 없습니다.

질의 | 대상 (검진을 받아야 하는 문젯거리 질문)
응답 | 합당한 정보 제공
표현 | **make an appointment** 검진 날짜를 정하다
arrange 정하다, 준비하다
I'll say. (구어) 말 그대로이다, 물론이지.
cavity 충치

17

M: How am I doing, Doctor?
W: Everything seems to be fine at this point.
M: **What about** my **blood pressure**?
W: ____________________
   (a) How are the blood tests?
   (b) Don't worry. I'll be fine.
   (c) I'm turning the pressure off.
   (d) It's within the normal range.

M: 제가 어떤가요, 의사 선생님?
W: 지금 시점에서는 모든 것이 좋아 보입니다.
M: 제 혈압은 어떻습니까?
W: ____________________
   (a) 혈액 검사는 어떻습니까?
   (b) 걱정 마세요. 저는 괜찮을 거예요.
   (c) 압박감을 떨쳐내고 있어요.
   (d) 정상 범위에 있습니다.

질의 | 대상, 수치
응답 | 합당한 정보 제공
  ▶ 대화에 언급된 fine, blood, pressure가 들어 있는 (a), (b), (c) 같은 선택지를 피한다.
표현 | **blood pressure** 혈압
within the normal range 정상 범위에 있는

18

M: Helen, I've got great news!
W: What is it?
M: Gerard's invited us to Paris for a visit. So **what do you say?**
W: ____________________
   (a) I'd love to have Gerard come for a visit.
   (b) You should have asked me first.
   (c) I sincerely appreciate your invitation.
   (d) That'd be fun. I'm all for it!

M: 헬렌, 대단한 소식이 있어!
W: 뭔데?
M: 제라드가 우리를 파리에 방문하도록 초청했어. 어떻게 생각해?
W: ____________________
   (a) 나는 기꺼이 제라드가 방문하도록 하겠어.
   (b) 나에게 먼저 물어봤어야지.
   (c) 진심으로 너의 초대를 감사하게 생각해.
   (d) 그거 재미있겠는데. 나는 찬성이야.

질의 | 대상, 의견
응답 | 합당한 정보 제공
  ▶ 초대한 주체가 상대방 화자가 아니므로 (c)는 정답이 아니다.
  ▶ I'm all for it.을 암기한다.
표현 | **What do you say~?** 어떨까요? 어떻게 하시겠습니까?
should have p.p. ~했어야 했는데, ~했어야지
sincerely 진정으로, 진실로
I'm all for it. 난 찬성이에요.

19

W: Are all items on sale?
M: No, only those in the outdoor goods section.
W: Oh, **what's the** sale **price?**
M: ____________________
   (a) That's not a big deal.
   (b) It's 20% off.
   (c) It must have been a good bargain.
   (d) All items are the same price.

W: 모든 품목이 할인 중인가요?
M: 아니요, 옥외 상품 부문에 있는 것들만 할인 중입니다.
W: 아, 그럼 세일 가격이 얼마인가요?
M: ____________________
   (a) 그거 별것 아닌데요.
   (b) 20% 할인가입니다.
   (c) 싸게 잘 산 물건임에 틀림없습니다.
   (d) 모든 품목이 동일 가격입니다.

질의 | 가격
응답 | 합당한 정보 제공
  ▶ 대화에 언급된 동일 단어 good, price가 들어 있는 (c), (d) 같은 선택지를 피한다.
표현 | **on sale** 할인 판매 중인
That's not a big deal. 그게 뭐 대수라고; 별것 아니야.
bargain 싼 물건, 잘 산 물건

M: What do you say we have a barbeque this weekend?
W: I'd love that.
M: **How many** people should we have over?
W: _______________
   (a) Let's just cook three or four burgers.
   (b) You said the guest list has thirty.
   (c) Any number is fine, as long as you clean up.
   (d) We have over twenty people.

M: 이번 주말에 바비큐 파티를 하는 것이 어때?
W: 그거 정말 좋은데.
M: 몇 명이나 초대해야 할까?
W: _______________
   (a) 햄버거 서너 개만 요리하자.
   (b) 손님 명단의 인원이 30명이라고 했지.
   (c) 네가 뒤처리를 한다면 몇 명이든 상관 없지.
   (d) 20명 이상이 있어요.

질의 | 수
응답 | 구체적 정보 비제공

▶ (c) (O) 의문사 내용(How many)에 맞는 구체적 수치를 주지 않고 다른 식으로 의견을 덧붙여 응답한 경우이다.

▶ 대화의 한 화자가 막 파티를 제안한 상황에서 두 화자가 의논을 하는 것이므로 선택지 (d)처럼 구체적인 숫자와 현재시제로 응답하는 것은 부자연스럽다. 또한, (d)에서 over는 have ~ over(~을 초대하다)의 의미가 아니고 over twenty(20명 이상)의 의미이다.

표현 | **What do you say ~?** ~이 어떨까? ~을 어떻게 생각해?
barbecue 바비큐 파티
have ~ over ~을 초대하다, 손님으로 맞이하다
as long as ~하는 한
clean up 치우다, 뒤처리하다

Unit 3 긍정 · 부정 질문

유형연습 스크립트&번역

A

M: Did you hear about the plane crash?
W: _______________
   (a) Oh, how terrible!
   (b) Don't worry. We won't crash.
   (c) Yes, I'm pretty sure about it.
   (d) No, I missed that plane.

M: 비행기 추락 소식 들었니?
W: _______________
   (a) 그래, 너무 끔찍했어!
   (b) 걱정 마. 우리는 추락하지 않을 거야.
   (c) 응, 그것에 대해 확신해.
   (d) 아니, 그 비행기를 놓쳤어.

B

W: You've met my daughter, Katie, haven't you?
M: _______________
   (a) Yes, I've had the pleasure.
   (b) I'm looking forward to meeting you.
   (c) That's so nice of you!
   (d) Sorry, I didn't recognize her.

W: 내 딸 케이티를 만난 적 있지요?
M: _______________
   (a) 네, 만난 적이 있어요.
   (b) 당신을 만나길 고대하고 있어요.
   (c) 너무 고마워요!
   (d) 미안해요, 제가 그녀를 알아보지 못했어요.

C

W: You seem to be behind in your work these days.
M: Don't worry about it.
W: Are you sure you can handle it?
M: _______________
   (a) No problem.
   (b) I can't help it.
   (c) Sure, sounds good.
   (d) It's really not heavy for me.

W: 요즘음 일이 늦어지는 것 같습니다.
M: 그건 걱정하지 마세요.
W: 해낼 수 있겠어요?
M: _______________
   (a) 물론이지요.
   (b) 어쩔 수 없어요.
   (c) 좋은데요.
   (d) 내겐 별로 무겁지 않아요.

D

M: May I speak to Mrs. Schofield, please?
W: I'm sorry, but she's stepped out.
M: OK, do you know when she'll be back?
W: _______________
   (a) She should be back from lunch.
   (b) Try again around 4:30.
   (c) She'll be back in three days.
   (d) I'll ask her when she comes in.

M: 쇼필드 씨와 통화할 수 있을까요?
W: 죄송하지만, 잠깐 자리를 비우셨어요.
M: 그래요, 언제 돌아오는지 아십니까?
W: _______________
   (a) 점심 식사 마치고 틀림없이 돌아올 겁니다.
   (b) 4시 30분경에 다시 전화 주세요.
   (c) 3일 후에 돌아오십니다.
   (d) 들어오시면 물어보겠습니다.

Mini Test 3 정답 및 해설

Part I

1. (c)	2. (a)	3. (b)	4. (b)	5. (c)
6. (c)	7. (c)	8. (c)	9. (a)	

Part II

10. (c)	11. (a)	12. (b)	13. (a)	14. (c)
15. (b)	16. (d)	17. (b)	18. (b)	

Part I

1

> W: **Can I book** a **table** for two?
> M: _______________
>   (a) Do you have any window seats left?
>   (b) I'm afraid the books are already sold out.
>   (c) Certainly, just tell me when you'd like it.
>   (d) Sorry, I'm expecting company.

W: 두 사람 자리 예약할 수 있나요?
M: _______________
  (a) 창가 자리가 남아 있나요?
  (b) 그 책들은 이미 다 팔렸는데요.
  (c) 물론입니다. 원하는 시간을 말씀하세요.
  (d) 미안합니다. 일행을 기다리고 있어요.

질의 | Can 의문문 (예약 문의)
응답 | Yes 변이형 + 요청

▶ 예약이 가능할 경우 손님에게 예약시간을 물어 보는 내용이 나와야 한다.
▶ (a) (X) 예약하는 사람, 즉 여자가 물어볼 수 있는 내용이다.
▶ (b) (X) 동일 단어 book을 이용한 함정 선택지이다.
▶ (d) (X) 다른 상황에서 여자가 할 수 있는 말이다.

표현 | **book** 예약하다
company 일행, 동석한 사람; 교제
be sold out 매진이다, 다 팔리다

2

> M: **Is there** any **interesting news** in the paper today?
> W: _______________
>   (a) Not that I know of.
>   (b) I'll look for the ad.
>   (c) That sounds interesting.
>   (d) Tell me about it.

M: 오늘 신문에 뭐 재미있는 뉴스 있어?
W: _______________
  (a) 내가 아는 바로는 없어.
  (b) 광고를 찾아 봐야겠다.
  (c) 그거 재미있게 들리네.
  (d) 그러게 말이야.

질의 | Be 의문문 (사실 문의)

응답 | 부정 (No 변이형 사용)

▶ 관용 표현인 Not that I know of.를 암기한다.

표현 | **Not that I know of.** 내가 알기로는 없다.
ad 광고
Tell me about it. (맞장구 · 동의 표현) 맞아, 그러게, 누가 아니래

관용적 동의 표현
**I'll say! / Tell me about it. / You can say that again. /
You're telling me. / You said it.** (친구간에 사용)
A: How stupid of me to lend her that money!
  그 여자에게 그 돈을 빌려주다니 내가 너무 어리석었어!
B: You said it! 그러게.

3

> W: **Do you understand** what I've explained so far?
> M: _______________
>   (a) I wouldn't say that.
>   (b) Sorry, I didn't catch the last part.
>   (c) I'm afraid I don't agree.
>   (d) OK so far?

W: 지금까지 설명한 것 이해하니?
M: _______________
  (a) 난 그렇게 생각하지 않아.
  (b) 미안한데, 마지막 부분을 이해하지 못했어.
  (c) 난 동의하지 않아.
  (d) 지금까지는 괜찮아?

질의 | Do 의문문 (Do you understand~?)
응답 | Sorry + 사실 제공

▶ (b) (O) 의사 전달이 제대로 되고 있는지 확인하는 질문에서 부정 응답일 경우 주로 Sorry를 사용한다.
▶ Sorry, you've lost me. / Sorry, I don't follow you. (미안한데 이해가 되지 않아요.)도 (b)와 같은 뜻을 나타내는 표현이다.

표현 | **I wouldn't say that.** (비동의) 그렇게 생각하지 않아, 동의하지 않아
catch 이해하다, 파악하다
I'm afraid ~라고 생각하다 (주로 부정적인 내용을 표현할 때 사용)

4

> M: **Did you have to work** on Christmas Day?
> W: _______________
>   (a) Yes, I went Christmas shopping.
>   (b) No, I spent time with family.
>   (c) I thought it was on Tuesday.
>   (d) I'm looking forward to the time off.

M: 크리스마스에 일해야 했니?
W: _______________
  (a) 응, 크리스마스 쇼핑을 하러 갔었어.
  (b) 아니, 가족과 함께 지냈어.
  (c) 그게 화요일이었던 것 같은데.
  (d) 비번을 학수고대하고 있어.

질의 | Did 의문문 (사실 문의)
응답 | No + 사실 제공

▶ (b) (O) '가족과 함께 지냈다'는 말은 '크리스마스에 일하지 않았다'를 의미한다.

▶ 정답의 원리: 동일한 내용을 단어와 구조를 바꾸어 표현한다.

표현 │ **go shopping** 쇼핑하러 가다
the time off 비번, 일이 없는 시간, 한가한 시간

5

M: **Do you like** going to **amusement parks**?
W: ___________________
(a) No, I'm not really a nature-lover.
(b) I don't find it amusing at all.
(c) Definitely, and roller coasters are my favorite.
(d) There's a park near my house.

M: 놀이 공원에 가는 거 좋아해?
W: ___________________
(a) 아니, 사실 난 자연을 좋아하는 사람이 아니야.
(b) 난 그것이 재미있다고 전혀 생각하지 않아.
(c) 당연하지, 그리고 롤러코스트는 내가 좋아하는 거야.
(d) 내 집 근처에 공원이 있어.

질의 │ Do 의문문 (취향 질문)
응답 │ Yes 변이형 + 사실 제공

▶ (a) (X) 질의에 나온 park(공원)를 nature(자연)와 관련 지은 함정 선택지이다.

▶ (b), (d) (X) 질의에 나온 단어와 유사한 소리를 이용한 오답이다.

표현 │ **amusement park** 놀이 공원
nature-lover 자연을 사랑하는 사람
amusing 재미있는, 즐거운
definitely 물론이지, 분명히, 아무렴
roller coaster 롤러코스터

6

M: The **milk smells funny**. **Have** you **tasted it**?
W: ___________________
(a) If you clean it, it will smell better.
(b) That doesn't sound funny to me.
(c) Yes, it must've gone bad.
(d) I'm not really thirsty, thanks.

M: 우유에서 이상한 냄새가 나. 마셔 봤어?
W: ___________________
(a) 그것을 청소하면 더 나은 냄새가 날 거야.
(b) 그거 나에게 재미있게 들리지 않는데.
(c) 응, 그거 상한 게 분명해.
(d) 고맙지만, 나는 목이 마르지 않아.

질의 │ Have 의문문 (경험 질문)
응답 │ Yes + 의견 제공

▶ must've p.p.(틀림없이 ~했다, 분명히 ~였다)는 의견을 제공하는 표현으로 출제되는 비율이 아주 높다. 문장을 무조건 외운다.

표현 │ **smell funny** 이상한 냄새가 나다
taste 맛을 보다
go bad 썩다, 상하다
thirsty 목이 마른

7

W: Gosh, Carrie **looks** so relaxed and **tanned**, **doesn't she**?
M: ___________________
(a) Yes, she does look like her.
(b) I had a very relaxing weekend.
(c) She must've had a good vacation.
(d) Thanks for the compliments.

W: 어머, 캐리가 아주 편안해 보이고 햇볕에 탄 것 같지?
M: ___________________
(a) 그래, 두 여자가 닮았어.
(b) 나는 아주 느긋하게 주말을 보냈어.
(c) 그녀가 휴가를 잘 보낸 게 틀림없어.
(d) 칭찬 고마워.

질의 │ 부가의문문 (~, doesn't she?)
응답 │ Yes 없이 의견 제공

▶ (c) (O) relaxed, tanned → vacation의 함의로 이어진다.

▶ (b), (d) (X) 제3자인 Carrie가 화제인데 I와 관련된 내용의 응답은 적절치 않다.

▶ 과거 내용에 대한 확신을 나타내는 must've p.p. 구문은 무조건 외운다.

▶ 적절 응답을 고를 때 항상 단어의 함의를 생각한다.

표현 │ **gosh** (놀람, 기쁨) 어머, 아이고
relaxed 느슨한, 편안한, 태평한 (보통 사람을 수식)
relaxing 느긋한, 편안한 (보통 사물을 수식)
tanned 햇볕에 탄
compliment 칭찬

8

W: You **checked** the **gas** and **lights** before we left, **right**?
M: ___________________
(a) Of course I turned on the gas before leaving.
(b) No, gas and electricity are checked monthly.
(c) Don't worry, I even checked the window locks.
(d) Yes, they seemed to be working fine.

W: 우리 나오기 전에 가스와 전등을 네가 확인했지?
M: ___________________
(a) 물론 나오기 전에 가스를 켰어.
(b) 아니, 가스와 전기는 매달 점검해.
(c) 걱정 마. 창문 고리까지 확인했어.
(d) 응, 그것들 제대로 작동하는 것 같았어.

질의 │ 부가의문문 (~, right? 사실 확인)
응답 │ Yes 대용표현 + 사실 제공

▶ (c) (O) 동일 단어 checked가 사용되었어도 질의 내용에

합당하므로 정답이다.

▶ 걱정스러운 일을 확인하는 내용을 담은 부가의문문인 경우 강한 긍정의 응답으로 Don't worry를 사용한다.

표현 | **gas** 가스
light 조명
electricity 전기
monthly 달마다, 매달의
lock 자물쇠, 잠금 장치; 잠그다

9

M: **Did you hear** that Tim **blamed** the **divorce** on **you**?

W: ＿＿＿＿＿＿＿＿＿＿＿

(a) I couldn't care less.
(b) I don't think it's your fault.
(c) I'm going to get a divorce.
(d) I'm not blaming you for it.

M: 팀이 이혼을 네 탓이라고 한다는 얘기 들었니?
W: ＿＿＿＿＿＿＿＿＿＿＿

(a) 전혀 신경 안 써.
(b) 나는 그게 네 잘못이라고 생각하지 않아.
(c) 나 이혼할거야.
(d) 나는 그것에 대해 너를 탓하지 않아.

질의 | Did 의문문 (Did you hear~?)
응답 | 의견 제공

▶ Did you hear~?: Yes / No 없이 바로 의견을 제공하거나 놀라움이나 공감을 표현하는 응답이 자주 출제된다. 들었느냐 듣지 않았느냐의 사실 여부가 중요한 것이 아니고 전달된 내용에 대해 '어떻게 생각하니?'가 초점인 경우가 많기 때문이다.

▶ 비교급이 들어 있는 부정 표현은 무조건 외운다. 출제 비율이 아주 높다.

표현 | **blame something on someone** ~의 책임을 …에게 지우다[돌리다]
Couldn't care less. 조금도 개의치 않다.
get a divorce 이혼하다

비교급 관용 표현

○ 'couldn't + 비교급'은 최상급 내용을 함의한다.

○ 내용어(content word)인 형용사, 부사, 동사의 의미에 초점을 두면 이해하기 쉽다.

- -

· Couldn't **be better.** 더 이상 좋을 수 없다. →아주 좋아.

· Couldn't **be busier.** 더 이상 바쁠 수 없다. →너무 바빠.

· Couldn't **be worse.** 더 이상 나쁠 수 없다. →최악이야.

· Couldn't **agree more.** 더 이상 동의할 수 없다. → 전적으로 동의한다.

· Couldn't **care less.** 조금도 개의치 않다.

· Couldn't **work harder.** 아주 열심히 일해.

Part II

10

M: Lauren, are you waiting for someone?
W: Yes, have you seen Todd?
M: No. But **doesn't his class start** soon?
W: ＿＿＿＿＿＿＿＿＿＿＿

(a) No, he wouldn't do that.
(b) Yes, he had the class yesterday.
(c) That's true, but he said he'd see me first.
(d) Well, they don't mind if I'm late.

M: 로렌, 누구를 기다리고 있어?
W: 응, 토드 봤어?
M: 아니. 그런데 곧 그의 수업이 시작되지 않아?
W: ＿＿＿＿＿＿＿＿＿＿＿

(a) 아니, 그는 그렇게 하지 않을 거야.
(b) 그래, 그는 어제 수업이 있었어.
(c) 맞아, 하지만 먼저 나를 만나겠다고 했어.
(d) 글쎄, 내가 늦어도 그들은 상관하지 않아.

질의 | 부정의문문 (사실 확인)
응답 | Yes 대용 표현 + 이유 제공

▶ 남자의 두 번째 질문은 '수업이 곧 시작되는데 왜 만나려고 하니?'를 함의한다. 따라서 그 이유를 설명하는 (c)가 정답이다.

표현 | **mind** ~에 신경을 쓰다, ~에 조심하다, 유의하다, 걱정하다, 신경 쓰다
· Mind your language. 말 조심해라.
· Mind my words. 내 말을 명심해라.
· Never mind him. 그 사람 말에 신경 쓸 것 없다.

11

W: So, what's new at the office since I left?
M: Nothing, really. The team is the same.
W: **Are you still enjoying** your work?
M: ＿＿＿＿＿＿＿＿＿＿＿

(a) To be honest, it's getting a bit old.
(b) I'm still working there.
(c) Yes, there are so many changes.
(d) You'd really enjoy it.

W: 그래, 제가 떠난 이후 사무실에 뭐 새로운 일이 있나요?
M: 없어요. 그 팀은 똑같아요.
W: 당신은 여전히 일을 즐기시나요?
M: ＿＿＿＿＿＿＿＿＿＿＿

(a) 솔직히 말하면, 좀 따분해지고 있어요.
(b) 저는 여전히 거기서 일하고 있어요.
(c) 예, 참 많은 변화가 있지요.
(d) 당신은 그것을 정말로 즐기게 될 거예요.

질의 | Be 의문문 (의견 질문)
응답 | No 대용어 + 의견 제공

▶ 대화 내용의 일관성에 초점을 둔다.
여자의 질문: '새로운 것'에 대한 화제 → 남자의 첫 응답 내용이 'Nothing / same' 이다. 남자의 두 번째 응답 역시 '새로운 것이 없다'는 내용이어야 한다.

▶ (a) (O) 우회적인 부정 응답이다. 실제 대화에서 'No, I'm not.(아니, 즐기지 않아)'과 같은 직설적 응답을 하기 어렵다.

표현 | **So** (문두에서 말의 시작을 나타내는 기능) 그래, 그래서, 그 이유로, 그러면
What's new? 뭐 새로운 일 있어?
to be honest 정직하게 말하면
old 신선하지 않은, 새롭지 않은, 따분한

12

W: Alan, is it true you got a traffic ticket?
M: Yes, I ran a red light.
W: So **you didn't get** it for speeding?
M: _______________________
(a) Yes, the other driver was speeding.
(b) No, I was under the limit.
(c) I'm sorry. It won't happen again.
(d) Please be more careful.

W: 앨런, 너 교통 위반 딱지 뗐다는 게 사실이야?
M: 응, 빨간 불을 무시하고 달렸어.
W: 그럼 과속 위반이 아니었어?
M: _______________________
(a) 그래, 상대 운전자가 과속을 하고 있었어.
(b) 아니, 제한 속도 이하로 달렸어.
(c) 미안해. 다시는 그런 일이 없을 거야.
(d) 좀 더 주의하도록 하렴.

질의 | **부정문의 끝을 올린 의문문** (사실 질문)
응답 | **No + 사실 제공**

▶ 부정의문문에 대답을 할 때 한국 사람은 Yes / No 사용에 혼란을 겪는다. 우리말 대답 '네 / 아니요'가 아닌 영어 응답으로 생각해야 한다.
▶ 응답 내용이 부정문이면 No, 긍정문이면 Yes이다.

표현 | **get a traffic ticket** 교통 위반 딱지를 떼다
run a red light 빨간 불을 무시하고 달리다
speed 과속하다
under the limit 제한 속도 이하의

13

M: Hi, Mom. How do you feel today?
W: Not too good. I've got some **pain** in **my back**.
M: **Didn't you sleep well?**
W: _______________________
(a) I tossed and turned all night.
(b) I think you're right about that.
(c) I'm going to ask the doctor.
(d) Well, thanks for your concern.

M: 안녕, 엄마. 오늘은 좀 어떠세요?
W: 그다지 좋지 않구나. 등에 통증이 좀 있어.
M: 잘 주무시지 못하셨어요?
W: _______________________
(a) 밤새 뒤척였어.
(b) 그 점에 대해서는 네가 옳았어.
(c) 내가 의사에게 물어볼 거야.
(d) 글쎄. 걱정해줘서 고맙다.

질의 | **부정의문문** (사실 질문)
응답 | **No없이 이유 제공**

▶ 등이 아픈 이유가 잠을 제대로 못 자서인지 묻는 질문의 적절 응답은 잠을 설쳤다는 관용 표현 toss and turn이다.
▶ 선택지에 모르는 표현이 나올 경우에 대비해 소거법을 습관화한다. 오답이라 생각되는 선택지에 잊지 말고 ×표시를 한다.

표현 | **How do you feel~?** 좀 어떠세요?
back 등
toss and turn 뒤척이다
toss 뒹굴다, 뒤치락거리다
ask the doctor 의사에게 묻다
concern 염려

14

M: I never knew you were such a talented painter!
W: Stop it. You're making me blush.
M: I mean it, though. **Did you learn** it **in school**?
W: _______________________
(a) No, I went to art school as an undergrad.
(b) Yes, I've been playing music since I was a kid.
(c) Not really. I'm self-taught.
(d) Actually, I love painting.

M: 네가 그렇게 그림을 잘 그리는지 몰랐어!
W: 그만해. 얼굴 빨개지잖아.
M: 진심이야. 너 그걸 학교에서 배웠니?
W: _______________________
(a) 아니, 학부생일 때 미대에 다녔어.
(b) 응, 내가 어렸을 때부터 음악을 연주했어.
(c) 아니, 독학했어.
(d) 사실, 그림 그리는 것 좋아해.

질의 | **Did 의문문** (사실 확인)
응답 | **No 대용어 + 사실 제공**

▶ (c) (O) Not really / Actually는 No를 대용하는 표현으로 자주 쓰인다. '학교에서 배우지 않았다'는 말을 '독학했다'로 표현한 것에 주목한다.

표현 | **talented** 재능 있는
blush 얼굴을 붉히다
I mean it. 정말이야, 진심이야.
undergrad 학부 학생, 학부 과목
self-taught 독학한, 자습의

15

W: So how did you like living in Bangalore?
M: It was marvelous. I lived there for ten years.
W: Ten years? Wow! **Didn't you ever get homesick**?
M: _______________________
(a) No, I loved living at home.
(b) Not much. I was too busy.
(c) I did get sick occasionally.
(d) Yes, I definitely miss Bangalore.

W: 방갈로에서 생활하는 것 어땠어요?
M: 아주 좋았어요. 10년간 거기에서 살았어요.
W: 10년이나요? 왜 향수병에 걸린 적은 없었나요?
M: ______________________________
(a) 아니요, 집에서 사는 것을 좋아했지요.
(b) 별로. 매우 바빴거든요.
(c) 때때로 병에 걸렸지요.
(d) 예, 방갈로가 정말 그리워요.

질의 | **부정의문문** (사실 질문)
응답 | **No 대용어 + 이유 제공**

▶ (b) (O) 외국에서 10년간 사는 동안 고향이 그립지
않았느냐는 질문에 그립지 않았다는 부정 응답과 그
이유를 말하고 있다.

표현 | **Not much.** 별로, 그다지
How did you like ~? ~은 어땠습니까?
Bangalore 방갈로(인도의 IT 중심도시로 거대한 실리콘 밸리를 형성)
marvelous 놀라운, 경탄할 만한
homesick 향수병에 걸린
get sick 병들다
miss 그리워하다

16

M: Have you **ever climbed** North Point?
W: Is that the hill overlooking Park City?
M: That's right. **Have you ever scaled** it?
W: ______________________________
(a) I have never seen such a thing.
(b) Sure, thanks for telling me.
(c) Not that I know of.
(d) Back when I was younger I did.

M: 노스 포인트에 올라가 봤나요?
W: 파크 시티가 내려다보이는 언덕 말이에요?
M: 맞아요. 거기 올라가 본 적 있어요?
W: ______________________________
(a) 그러한 것은 한 번도 본 적이 없어요.
(b) 물론이죠. 제게 말씀해 주셔서 고마워요.
(c) 제가 아는 바로는 없어요.
(d) 예전에 제가 어렸을 때 올라가 봤어요.

질의 | **Have 의문문** (경험 질문)
응답 | **Yes 없이 사실 제공**

▶ (c) (X) 자신의 경험에 대해 '내가 아는 바로는 없다'고
말하지는 않는다.

▶ 모르는 단어는 문맥으로 유추한다. scale의 뜻을
모르더라도 첫 발화에 나온 climb, 두 번째 발화의 hill로
미루어 climb과 동일한 뜻임을 짐작할 수 있어야 한다.

▶ Part II 특징: 대화 내용의 일관성이 유지된다.

▶ 고유명사의 의미는 생각할 필요가 없다. 모두 임의 기호
N, P, X로 대체하여 듣는다.

표현 | **overlooking** ~을 내려다 보는
scale 오르다 (= climb)
Not that I know of. 내가 알기로는 없어.

17

W: I'm sorry I've been missing class.
M: Well, you not only missed classes but also a midterm.
W: But **you're going to let me make up the test, right?**
M: ______________________________
(a) Of course you can make up the classes.
(b) Unfortunately, I don't allow makeups.
(c) You should've studied harder the first time.
(d) That's not a good enough reason.

W: 계속 수업에 빠져서 죄송합니다.
M: 자네는 수업만이 아니라 중간고사도 놓친 거야.
W: 추가 시험을 치르게 해주실 거죠?
M: ______________________________
(a) 물론 자네는 수업 보강을 할 수 있네.
(b) 안되었지만 나는 재시험을 허용하지 않네.
(c) 자네는 애초 더 열심히 공부했어야 했네.
(d) 그건 합당한 이유가 아니군.

질의 | **부가의문문** (~, right?)
응답 | **No 대용 표현 + 사실 제공**

▶ (b) (O) 의문문의 내용에 따라 질의에 나온 핵심어가
들어간 선택지가 정답일 가능성이 높다.

▶ midterm (중간고사), makeup (추가 시험)의 뜻을 모를
경우 (a)를 선택할 가능성이 있다. 평소에 어휘를 많이
익히는 것이 최선책이다.

표현 | **miss** 놓치다, 빠지다
midterm 중간고사
make up 메우다, 만회하다
makeup 재시험, 추가시험, 보강

18

W: I'd like to exchange these jeans. They're too tight around the waist.
M: I'm sorry, but we don't carry that model any longer.
W: **Do you know where** I can find them then?
M: ______________________________
(a) Look in aisle 7.
(b) You might have luck online.
(c) We'll get more in tomorrow.
(d) No, that's our most popular size.

W: 이 청바지를 교환하고 싶습니다. 허리가 너무 꽉 껴서요.
M: 죄송합니다만, 저희는 그 모델을 더 이상 판매하지 않습니다.
W: 그럼 제가 어디서 그것을 찾을 수 있는지 아세요?
M: ______________________________
(a) 7번 통로 쪽을 찾아 보세요.
(b) 인터넷에서는 가능할 겁니다.
(c) 내일 더 많이 들여올 거예요.
(d) 아뇨, 그게 저희 가게의 최고 인기 사이즈에요.

질의 | **Do 의문문** (Do you know 의문사)

응답 | 제안

▶ Do you know where [when] ~?: 의문사 where에 초점을 두고 적절 응답을 골라야 한다.

▶ (a) (X) 가게에 제품이 있을 경우 사용할 수 있는 응답이다.

▶ (c), (d) (X) 의문사 where에 해당하는 정보를 담고 있지 않다.

표현 | **jeans** 청바지
tight 꽉 끼는
waist 허리
carry (물품을) 판매하다, 팔다
aisle 통로
have luck 운이 좋다

Unit 4 요청

유형연습 스크립트&번역

A

W: May I speak to Mr. Cole, please?
M: ________________________
   (a) Certainly. Have a good day, Mr. Cole.
   (b) I'd like his phone number, please.
   (c) This is he.
   (d) It's kind of personal.

W: 코울 씨와 통화할 수 있을까요?
M: ________________________
   (a) 물론입니다. 좋은 하루 보내세요, 코울 씨.
   (b) 그의 전화번호를 얻고 싶은데요.
   (c) 전데요.
   (d) 좀 개인적인 일인데요.

B

M: Could you help me with faxing these documents?
W: ________________________
   (a) Sorry, I'm tied up now.
   (b) Here are your documents.
   (c) My fax number is on my business card.
   (d) Thank you for sending me the fax.

M: 이 서류를 팩스로 보내는 것을 도와주실 수 있어요?
W: ________________________
   (a) 죄송해요, 제가 지금 바빠서요.
   (b) 여기 당신 서류들이 있어요.
   (c) 제 팩스 번호는 명함에 쓰여 있어요.
   (d) 저한테 팩스 보내주셔서 감사합니다.

C

M: How long have you been married?
W: Three years.
M: How did you like your husband when you first met him?
W: ________________________
   (a) I still like him.
   (b) I met him through a matchmaker.
   (c) I thought he was very sweet.
   (d) He asked me on a date.

M: 결혼한 지 얼마나 되셨어요?
W: 3년이요.
M: 처음 만났을 때 남편 분이 어떠셨나요?
W: ________________________
   (a) 저는 여전히 그를 좋아해요.
   (b) 중매하는 사람을 통해서 만났어요.
   (c) 매우 친절하다고 생각했죠.
   (d) 저한테 데이트 신청을 했어요.

D

W: Excuse me, can I ask you a question?
M: Yes, how can I help you?
W: I need to renew my driver's license.
M: ________________________
   (a) I forgot to bring my ID card.
   (b) Oh, that's news to me.
   (c) Sorry, the driver is not finished yet.
   (d) Okay, please fill out this form.

W: 실례지만, 질문 하나 해도 될까요?
M: 네, 어떻게 도와 드릴까요?
W: 제 운전 면허증을 갱신해야 하는데요.
M: ________________________
   (a) 깜빡 잊고 신분증을 안 가져 왔어요.
   (b) 오, 그거 금시초문인데요.
   (c) 죄송합니다, 운전사가 아직 일이 안 끝났어요.
   (d) 네, 이 양식을 작성해 주세요.

Mini Test 4 정답 및 해설

Part I

1. (b)	2. (b)	3. (d)	4. (a)	5. (a)
6. (b)	7. (b)	8. (d)	9. (d)	

Part II

10. (d)	11. (a)	12. (d)	13. (a)	14. (b)
15. (c)	16. (c)	17. (c)		

Part I

1

M: **Hello, I'm trying to reach** Steven Grant.
W: ___________________
(a) Did you want to leave a message?
(b) He just stepped out for lunch.
(c) Thank you for trying.
(d) I'll let you know what he says.

M: 여보세요, 스티븐 그랜트와 통화를 하려고 합니다.
W: ___________________
(a) 메시지를 남기고 싶었나요?
(b) 그는 방금 점심 먹으러 나갔어요.
(c) 시도해 주셔서 감사합니다.
(d) 그가 뭐라고 하는지 알려 드릴게요.

질의 | **전화 대화** (평서문을 사용한 요청)
응답 | **부재중일 때 하는 관례적 응답**
　▶ 대화의 동일 단어 trying이 들어 있는 (c)와 같은 선택지를 피한다.
표현 | **reach** 연락하다
leave a message 메시지를 남기다

2

M: **How do you like** the new assistant?
W: ___________________
(a) I think she likes you.
(b) She's fantastic.
(c) She's not available now.
(d) You'll really like her.

M: 새 조교는 어때요?
W: ___________________
(a) 그녀가 당신을 좋아하는 것 같아요.
(b) 그녀는 멋져요.
(c) 그녀는 지금 시간이 나지 않습니다.
(d) 당신은 정말 그녀를 좋아할 거예요.

질의 | **의견 요청** (의문사 사용)
응답 | **의견 제공**
　▶ How do you like the new ~?는 의견을 묻는 요청 기능의 의문문임을 기억하자.
　▶ 대화의 동일 단어 like가 들어 있는 (a), (d) 같은 선택지를 피한다.
표현 | **How do you like ~?** ~은 어떻습니까?
assistant 조교, 조수
fantastic 환상적인, 멋진
available 이용할 수 있는, 만날 수 있는

3

W: **Could you tell me where** the local gym is?
M: ___________________
(a) You can buy gin over there.
(b) Sorry, I lost my locker key.
(c) I don't like the local gym.
(d) It's one block away, on Parkland Street.

W: 지역 체육관이 어디에 있는지 알려주시겠습니까?
M: ___________________
(a) 진은 저쪽에서 살 수 있습니다.
(b) 미안합니다만, 저는 제 사물함 열쇠를 잃어버렸어요.
(c) 나는 지역 체육관이 마음에 들지 않아요.
(d) 그것은 한 블록 떨어져서 파크랜드 거리에 있습니다.

질의 | **정보 요청** (조동사 could 사용)
응답 | **정보 제공**
　▶ (a) (X) gym과 발음이 유사한 단어 gin을 이용한 함정이다.
　▶ 동일 단어 local gym이 들어 있는 (c) 같은 선택지를 피한다.
표현 | **gym** 체육관
gin 진, 증류수
locker 사물함

4

W: **Do you think I need to** dress up for Tom's party?
M: ___________________
(a) Of course. It's a formal occasion.
(b) Yes, I'd love to join you and Tom.
(c) That depends on whose party it is.
(d) No, costumes are not required.

W: 내가 톰의 파티에서 옷을 차려입을 필요가 있다고 생각해요?
M: ___________________
(a) 물론이죠. 그것은 격식을 차린 행사잖아요.
(b) 네, 저는 당신이랑 톰과 함께하고 싶습니다.
(c) 누구의 파티인가에 달렸죠.
(d) 아니요, 의상은 필요하지 않습니다.

질의 | **의견 요청** (조동사 do 사용)
응답 | **긍정** (정보 제공)
　▶ 정답 (a)와 관련하여 What's the occasion?이라는 표현을 외워두자. 상대방이 옷을 잘 차려 입었을 때 '무슨 일이야?, 무슨 특별한 일 있어?'라고 묻는 말이다.
표현 | **dress up** 정장하다, 갖추어 입다
formal occasion 격식을 차린 행사
depend on ~에 달려 있다
costume 의상, 가장 의복
require 필요로 하다, 요구하다

5

M: **Can you pay** for my entrance fee? I'll pay you back later.

W: _______________

(a) Sure. Good thing I stopped by the ATM.
(b) No problem, I won't charge you.
(c) OK, I'll just write you a check now.
(d) Well, I'll make sure to bring my wallet next time.

M: 내 입장료를 내 주겠니? 내가 나중에 갚을게.

W: _______________

(a) 물론이지. 다행히도 내가 ATM에 들렀었거든.
(b) 괜찮아. 내가 너를 비난하지는 않을 거야.
(c) 좋아, 내가 지금 너에게 수표를 써 주겠어.
(d) 다음 번에는 틀림없이 내 지갑을 가지고 오겠어.

질의 | **도움 / 호의 요청** (조동사 can 사용)
응답 | **수락**

▶ (d) (X) 도움을 요청하는 화자, 즉 남자가 할 수 있는 발화이다. 상황적으로 다른 화자가 할 수 있는 발화를 제시한 오답을 주의한다.

표현 | **entrance fee** 입회비, 입장료
stop by ~에 들르다
charge 청구하다; 비난하다
make sure 확인하다, 확실히 ~하다
write a check 수표를 써 주다

6

M: Mom, **can I borrow** your new car to give my friends a ride to the movie?

W: _______________

(a) Yes, your friends may go watch a movie.
(b) Not on your life!
(c) I'll tell my friends to get ready.
(d) That's not a good movie.

M: 엄마, 제 친구를 영화 보는 데에 태워주려고 하는데 엄마의 새 차를 빌려도 될까요?

W: _______________

(a) 그래, 너의 친구들은 영화 보러 가도 좋아.
(b) 절대로 안돼!
(c) 내 친구들에게 준비하라고 말하겠어.
(d) 그건 좋은 영화가 아닌데.

질의 | **허락 요청** (조동사 can 사용)
응답 | **거절**

▶ (b) (O) 상대방의 요청을 거절하는 Not on your life!라는 표현을 알아둔다.

▶ 동일 단어 friends, movie가 들어 있는 (a), (c), (d) 같은 선택지는 정답이 될 확률이 낮다.

표현 | **borrow** 빌리다
give a person a ride 누구를 태워주다
Not on your life! 절대로 안돼!
get ready 준비되다, 준비하다

7

M: **I was wondering if you could** give me a hand with moving this weekend.

W: _______________

(a) Sure, that's wishful thinking.
(b) I'd love to, but I have a prior commitment.
(c) I truly appreciate your help.
(d) No problem, you can always do it later.

M: 제가 이번 주말에 이사하는 것을 도와주실 수 있으신지요?

W: _______________

(a) 물론이죠, 그것은 희망적인 관측인데요.
(b) 그러고 싶지만, 선약이 있습니다.
(c) 도움을 주셔서 정말 감사합니다.
(d) 괜찮아요. 그건 나중에 해도 좋습니다.

질의 | **도움 / 호의 요청** (평서문 사용)
응답 | **거절** (이유 설명)

▶ 선택지 (a)의 Sure와 (d)의 No problem은 정답으로 가능하지만, 이어지는 응답 내용이 질의에 맞지 않는다. 선택지를 끝까지 잘 들어야 오답 함정을 피할 수 있다.

표현 | **I was wondering if you could~** ~해 주실 수 있으신지요?
give someone a hand with ~가 …하는 것을 도와주다
wishful thinking 희망적 관측, 기대
prior commitment 선약
No problem. 문제없어요, 그러죠

8

M: **Will you let me** crash on your couch for a few nights until my new lease begins?

W: _______________

(a) No way, my lease hasn't expired yet.
(b) Sure, I was going to renew my lease anyway.
(c) I can't believe you crashed again!
(d) You can stay as long as you want.

M: 새 임대 기간이 시작될 때까지 며칠 밤만 네 소파에서 지내면 안될까?

W: _______________

(a) 절대 안돼, 내 임대 기간이 아직 만료되지 않았어.
(b) 물론이지, 나는 어쨌든 내 계약을 갱신할 거였어.
(c) 네가 또 충돌했다는 것을 믿을 수가 없어!
(d) 네가 원하는 만큼 오래 머물러도 돼.

질의 | **도움 / 호의 요청** (조동사 will 사용)
응답 | **수락**

▶ 동일 단어 crash, lease가 들어 있는 (a), (b), (c) 같은 선택지는 오히려 정답이 될 확률이 낮다.

표현 | **crash** 돌진하다, 충돌하다, 무너지다
couch 소파, 긴 의자
lease 임차권, 임대 기간, 임대차 계약
No way 절대 안돼
expire 만기가 되다
renew 갱신하다

9

> W: Tom, **you seem worn out** today.
> M: ______________________
> (a) I know it's worn out, but I'll fix it.
> (b) Are you OK?
> (c) Let's hope you get better soon.
> (d) I didn't sleep a wink last night.

W: 톰, 너 오늘 지쳐 보인다.
M: ______________________
(a) 나도 그것이 닳아 해진 것을 알아. 하지만 그걸 고칠 거야.
(b) 너 괜찮니?
(c) 네가 곧 나아질 거라는 희망을 갖자.
(d) 난 지난 밤에 한숨도 못 잤어.

질의 | **정보 요청** (평서문 사용)

응답 | **정보 제공**
> ▶ 평서문을 사용한 정보 요청은 난이도 높은 문제에 속하니 유형을 잘 익혀두자.
> ▶ 동일 표현 worn out이 들어 있는 선택지를 피한다.
> ▶ (b)는 정보를 요청하는 화자, 즉 여자가 이어서 할 수 있는 발화이므로 오답이다.

표현 | **worn out** 지친, 닳아 해진
fix 고치다, 수선하다
get better 호전되다, 나아지다
not sleep a wink 한숨도 못 자다

Part II

10

> M: Susan, would you do me a favor?
> W: It depends on what it is.
> M: **Could you lend me** your camcorder?
> W: ______________________
> (a) Sorry, I'll return it soon.
> (b) I wish I could, but I don't have the money.
> (c) Sure, I'd be glad to film for you.
> (d) I would, but my sister borrowed it.

M: 수잔, 부탁 하나 들어줄래?
W: 그게 무엇이냐에 달렸지.
M: 네 캠코더를 빌려주겠니?
W: ______________________
(a) 미안해, 내가 곧 그걸 돌려 줄게.
(b) 그러고 싶지만, 나는 돈이 없어.
(c) 물론이야. 기꺼이 너를 위해 촬영하겠어.
(d) 그러고 싶지만, 내 여동생이 그걸 빌려 갔어.

질의 | **도움 / 호의 요청** (조동사 could 사용)

응답 | **거절** (이유 설명)
> ▶ 요청을 거절하는 응답은 보통 합당한 이유 설명이 같이 온다. (a), (b), (c)는 각기 거절 혹은 수락 표현으로 시작했지만 후반부 표현이 내용과 어울리지 않아 오답.

표현 | **Would you do me a favor?** 부탁 하나 드려도 되겠습니까?
return 반환하다

film 필름에 담다, 촬영하다

11

> M: How about hiking sometime?
> W: Hiking is too tiring for me.
> M: Then, **would you consider** going fishing?
> W: ______________________
> (a) Actually, I don't like outdoor activities.
> (b) Well, I considered that one.
> (c) I doubt you would.
> (d) This lake looks like a good spot.

M: 조만간 하이킹 하는 것이 어떨까요?
W: 하이킹은 나에게 너무 힘들어요.
M: 그럼, 낚시하러 가는 것을 고려해 볼래요?
W: ______________________
(a) 사실, 저는 야외 활동을 좋아하지 않아요.
(b) 글쎄, 저는 그것을 고려했어요.
(c) 당신이 그럴 것 같지 않은데.
(d) 이 호수는 좋은 장소 같아 보이는데요.

질의 | **의견 요청** (조동사 would 사용)

응답 | **부정** (의견 제공)
> ▶ 대화의 동일 단어 consider가 들어 있는 (b) 같은 선택지는 피한다.
> ▶ (d)는 의견 요청을 하는 화자, 즉 남자의 발화 마지막 단어 fishing과 연관시켜 만든 오답이다.

표현 | **How about ~?** ~하는 것이 어때?
hiking 하이킹, 도보 여행
tiring 고된, 지루한
consider 고려하다, 생각하다
outdoor activities 옥외 활동, 야외 활동
doubt 의문스럽게 생각하다
spot 장소

12

> M: What time do we have to be at the airport?
> W: Seven o'clock sharp.
> M: Really? It's already six. **Do you think** we can make it?
> W: ______________________
> (a) Sure, we only have to make one more.
> (b) I wish that were true.
> (c) We'll make sure to leave by seven.
> (d) I don't know, but we'd better hurry.

M: 우리가 공항에 몇 시까지 도착해야 하지?
W: 7시 정각에.
M: 정말? 벌써 6시야. 우리가 제시간에 도착할 수 있을까?
W: ______________________
(a) 물론이지, 우리는 하나만 더 만들면 돼.
(b) 그게 사실이라면 좋겠다.
(c) 우리는 틀림없이 7시까지는 떠날 거야.
(d) 모르겠어. 하지만 서두르는 것이 좋겠어.

질의 | **의견 요청** (조동사 do 사용)

 의견 제공

▶ (d) (O) 긍정/부정 질문으로 의견을 물어본 경우 특별히 어느 한쪽으로 대답하지 않고 다른 의견을 제공하며 응답한 경우이다.

▶ 대화의 동일 단어 make, seven이 들어 있는 (a), (c) 같은 선택지는 피한다.

표현 | **be at** + **장소** ~에 있다, 도착하다
sharp 정각에, 제시간에
make it 시간에 대다, 제시간에 도착하다
make sure 틀림없이 ~하다
had better ~하는 편이 좋겠다

13

M: Gina, did you go to Professor McConnell's class on Monday?
W: Yes, I did. Why?
M: **I need** the notes for tomorrow's quiz. **Do you mind?**
W: ___________________
   (a) I actually copied Holly's, so ask her first.
   (b) I highly recommend McConnell's class.
   (c) Thanks to your notes, I passed the quiz.
   (d) Don't miss my class again, please.

M: 지나, 월요일에 맥코넬 교수님 수업에 갔었니?
W: 응, 그랬어. 왜?
M: 나 내일 퀴즈를 위해 노트가 필요한데. 빌려주겠니?
W: ___________________
   (a) 나는 사실 홀리 것을 복사했어. 그러니 그녀에게 먼저 물어봐.
   (b) 나는 맥코넬 교수님 수업을 강력히 추천해.
   (c) 네 노트 덕분에, 나 퀴즈 통과했어.
   (d) 내 수업을 다시는 빠지지 마세요.

질의 | **도움 / 호의 요청** (평서문 + do you mind?)
응답 | **거절** (이유 설명)

▶ 거절하는 응답은 보통 거절 이유 설명으로 주어진다.
▶ 대화의 동일 단어 McConnell's class, notes가 들어 있는 (b), (c), (d) 같은 선택지는 정답이 될 확률이 낮다.

표현 | **Do you mind ~?** ~해줄래?
copy 복사하다
recommend 추천하다
pass 통과하다
miss 놓치다

14

M: Could I use your car just for the afternoon tomorrow?
W: You can, but I need it by five for an appointment.
M: **Couldn't I have** it a bit longer? **I'll** fill up the tank.
W: ___________________
   (a) All right, I'll bring the tank.
   (b) Well, I really can't wait.
   (c) Thanks for the gas.
   (d) Sorry. I can't let you borrow it.

M: 내일 오후에만 네 차를 사용할 수 있을까?
W: 사용해도 돼, 하지만 약속이 있어서 5시쯤에는 그 차가 필요해.
M: 내가 조금만 더 오래 네 차를 쓸 수는 없을까? 탱크에 기름을 가득 채워 둘게.
W: ___________________
   (a) 좋아, 내가 탱크를 가져오지.
   (b) 글쎄, 난 정말 기다릴 수 없어.
   (c) 기름을 넣어주어서 고마워.
   (d) 미안해. 너에게 그것을 빌려줄 수 없어.

질의 | **도움 / 호의 요청** (조동사 couldn't 사용 + 제안)
응답 | **거절** (이유 설명)

▶ 여자의 두 번째 발화에서 빌려줄 수 있다고 했으므로 (d)는 오답이다.
▶ 대화의 동일 단어 tank가 들어 있는 (a) 같은 선택지는 가급적 피한다.

표현 | **fill up the tank** 탱크에 기름을 가득 채우다

15

W: What else do I have to send in with the application?
M: Just an essay and a letter of recommendation.
W: OK. Well, **would you be able to review** my essay?
M: ___________________
   (a) It'd be my pleasure to mail it for you.
   (b) I really think you should write it.
   (c) Any time. I'd be delighted.
   (d) Sure. Here's an essay for your review.

W: 지원서와 함께 또 무엇을 제출해야 하나요?
M: 에세이와 추천서만 내시면 됩니다.
W: 알겠어요. 저, 제 에세이를 검토해 줄 수 있으신가요?
M: ___________________
   (a) 당신을 위해 그것을 우편으로 보내면 기쁘겠어요.
   (b) 당신이 그것을 써야 한다고 난 생각해요.
   (c) 언제든지요. 기꺼이.
   (d) 물론이죠. 당신이 검토할 에세이 여기 있어요.

질의 | **도움 / 호의 요청** (조동사 would 사용)
응답 | **수락**

▶ 요청을 수락하는 응답 표현으로 많이 쓰이는 Any time.을 알아두자.
▶ 선택지 (d)의 후반 내용은 도움을 요청하는 화자, 즉 여자가 이어서 할 수 있을 발화이므로 오답이다.

표현 | **send in** 제출하다
application 지원서
letter of recommendation 추천서
review 검토하다
mail 우송하다, 우편에 부치다
Any time. 언제든지요.
delighted 기쁜, 즐거운

W: **Could I** ask for a favor?
M: Sure, what do you need?
W: **My car won't start.**
M: ___________________

(a) That's OK. It'll start soon.
(b) I'll call you when it's fixed.
(c) No problem. I can give you a ride.
(d) I was planning to walk, anyway.

W: 부탁 하나 해도 될까요?
M: 물론이죠. 무엇이 필요하신가요?
W: 제 차가 시동이 안 걸려요.
M: ___________________

(a) 괜찮아요. 곧 출발할 겁니다.
(b) 그것을 다 고치면 제가 전화 드릴게요.
(c) 어려울 거 없죠. 제가 태워 드릴게요.
(d) 어쨌든 저는 걸어갈 생각이었어요.

질의 | **도움/호의 요청** (평서문 사용)
응답 | **수락**

▶ 대화 처음에 could를 사용하여 도움을 요청하고 있으므로 마지막 발화는 요청을 수락하거나 거절하는 응답이 되어야 한다.

▶ 동일 단어 start가 들어 있는 (a) 같은 선택지는 가급적 피한다.

표현 | **won't (will not)** ~하려 하지 않는다
give someone a ride ~을 태워 주다

17

W: This is impossible. I can't get it open.
M: What are you trying to do?
W: **I'm trying to** remove this bottle cap. **Can you do it?**
M: ___________________

(a) Yes, I'm sure you can do it.
(b) Sorry, I don't have one.
(c) OK, I'll give it a shot.
(d) Just leave it there when you're done.

W: 이거 안되겠는데. 열 수가 없네.
M: 뭐 하려고 하는데?
W: 이 병마개를 따려고 하고 있어. 네가 할 수 있겠니?
M: ___________________

(a) 그래, 나는 네가 그걸 할 수 있을 거라 확신해.
(b) 미안해, 나는 그게 없어.
(c) 좋아, 내가 한 번 해볼게.
(d) 다 하고 나면 거기에 그냥 놔둬.

질의 | **도움 요청** (평서문 + Can you do it?)
응답 | **수락**

▶ I'll give it a shot. 을 암기해 두자.

표현 | **remove** 제거하다, 떼어 내다
bottle cap 병마개
give it a shot 시도하다, 한 번 해보다
leave 놓아두다, 남겨 놓다

Unit 5 정보 제공

유형연습 스크립트&번역

A

M: Did you hear the news? Erica got laid off this morning.
W: ___________________

(a) You're kidding me, right?
(b) What? You can't fire me!
(c) I'm very sorry for your loss, Erica.
(d) No, I haven't seen Erica all morning.

M: 소식 들었니? 에리카가 오늘 아침 해고되었어.
W: ___________________

(a) 농담이지?
(b) 뭐라고? 네가 나를 해고할 순 없지!
(c) 네가 직장을 잃게 되어 정말 유감이야, 에리카.
(d) 아니, 에리카를 오전 내내 보지 못했어.

B

M: Guess what? I was named valedictorian of our class of 200 students.
W: ___________________

(a) You must be quite impressed.
(b) Now that calls for a celebration!
(c) I always knew you were a good athlete.
(d) Please pass along my congratulations.

M: 있잖아, 내가 200명 학생의 고별사 대표로 뽑혔다.
W: ___________________

(a) 감명 받은 게 틀림없어.
(b) 축하할 일이네!
(c) 네가 좋은 운동선수였다는 것을 알고 있었어.
(d) 내 축하의 말을 전해줘

C

M: Thanks for your positive remarks on my proposal for the merger.
W: It had exactly what I was looking for.
M: That's good to know. I just hope the merger turns out to be a success.
W: ___________________

(a) Yes, the merger was a great success.
(b) Don't worry about everyone's remarks.
(c) Sounds good. Let's draft a proposal.
(d) Well, we're heading in the right direction.

M: 제 합병 제안서에 대해 좋은 말씀 해 주셔서 감사합니다.
W: 제가 원하던 바를 잘 제시하였더군요.
M: 다행입니다. 그저 합병이 성공적으로 이루어지기를 바랍니다.
W: ___________________

(a) 네, 합병은 대단한 성공이었어요.
(b) 사람들의 말에 대해 염려하지 말아요.

(c) 잘 되었어요. 제안서를 작성합시다.
(d) 우리는 제대로 가고 있어요.

D

W: I regret dropping out of writing class in college.
M: Oh, you wish you were a better writer?
W: Yes. I wish I could've become a journalist.
M: ______________________

(a) It's hard to see far into the future.
(b) I didn't know you majored in journalism.
(c) That's OK. Not everyone finishes college.
(d) It must be so difficult for you as a journalist.

W: 대학에서 작문 강좌를 마치지 못한 게 후회스러워.
M: 이런, 더 나은 작가가 되지 못하여 유감스러운가 보지?
W: 그래, 저널리스트가 될 수도 있었을 텐데.
M: ______________________

(a) 앞 일을 멀리 내다 보는 것 쉽지 않지.
(b) 네가 저널리즘을 전공했는지 몰랐어.
(c) 괜찮아. 모든 사람이 대학 과정을 끝내지는 않지.
(d) 그건 저널리스트인 네게 너무 힘들겠다.

Mini Test 5 정답 및 해설

Part I
1. (c) 2. (c) 3. (d) 4. (b) 5. (d)
6. (b) 7. (a) 8. (d)

Part II
9. (b) 10. (a) 11. (c) 12. (c) 13. (a)
14. (b) 15. (c) 16. (b)

Part I

1

W: I'm **thinking** of **changing** my **career**.
M: ______________________

(a) It's better than nothing.
(b) I don't know which one.
(c) Are you sure that's what you want?
(d) Either a businessman or a teacher.

W: 직업을 바꾸어볼까 생각 중이에요.
M: ______________________

(a) 없는 것보다는 낫지요.
(b) 어느 것인지 모르겠어요.
(c) 그게 당신이 원하는 거라고 확신해요?
(d) 사업가나 교사 둘 중 하나에요.

질의 | **사실 제공** (직업 변경)
응답 | **질문** (관심 표명)

▶ 사실·의견을 전달하는 평서문은 단순한 정보 전달이
아니라 상대방에게 의견을 요청하는 기능을 가진다.
따라서 적절 응답은 제공된 정보에 대한 합당한 의견을
담아야 한다.

표현 | **change one's career** 직업을 바꾸다
better than nothing 없는 것보다 나은, 그나마 다행인

2

W: Wow, I didn't know this **museum was so big.**
M: ______________________

(a) That's big of you to say that.
(b) Yes, it's just like I imagined, too.
(c) It's one of the world's three largest.
(d) There are other sizes, if you'd prefer.

W: 와, 이 박물관이 이토록 큰 줄 몰랐어요.
M: ______________________

(a) 그렇게 말씀하시다니 관대하시군요.
(b) 네, 그것 역시 제가 상상했던 것과 같군요.
(c) 세계 3대 박물관 중 하나입니다.
(d) 원하시면, 다른 사이즈가 있습니다.

질의 | **의견 제공** (놀라움)
응답 | **사실 제공**

▶ Wow, I didn't know…/ I can't believe…는 놀라움을
나타내는 표현이다. 모른다거나 믿지 못한다는 사실을
전달하지 않는다. 따라서 적절 응답은 놀라움의 대상이나
내용과 관련된 사실·의견을 제공해야 한다.

표현 | **big** 분별이 있는; 관대한; 중요한
prefer ~을 좋아하다, 선호하다

3

W: I **hear** you had **a huge party** at **your place**
last night.
M: ______________________

(a) Let me know how it goes.
(b) I'm glad you enjoyed it.
(c) I wish I could've come.
(d) Sorry I forgot to invite you.

W: 어제 밤 너희 집에서 성대한 파티를 했다고 들었어.
M: ______________________

(a) 어떻게 되어가는지 알려줘.
(b) 네가 그것을 즐겼다니 기쁘구나.
(c) 나도 갈 수 있었다면 좋을 텐데.
(d) 미안해, 너를 초대하는 걸 잊었어.

질의 | **불만** (초대받지 못한 것)
응답 | **사과 + 이유**

▶ 여기서 I hear…는 단순히 들었다는 내용이 아니고
불만을 나타낸다. '파티를 하면서 왜 나를 초대하지
않았어'를 함의한다. 적절 응답은 사과하고 그 이유를
설명하는 발화이다.

표현 | **huge** 큰, 굉장한, 거대한
place 거처, 숙소, 집
Let me know. 알려주세요.
I wish I could've come. = I'm sorry I didn't [couldn't] come.
가지 못해서 유감이야.

4

M: I **have something for you**. It's from my trip to
India.

W: _______________

    (a) That's a good buy.
    (b) You shouldn't have.
    (c) Can you gift-wrap it?
    (d) It's beyond my price range.

M: 너한테 줄 게 있어. 인도 여행에서 산 거야.
W: _______________

    (a) 잘 산 물건이네.
    (b) 이러지 않아도 되는데.
    (c) 그걸 선물포장해 줄 수 있나요?
    (d) 제가 지불할 수 없는 값이에요.

질의 | **선물 제공 + 사실 제공** (선물 구입 경위)
응답 | **감사** (관례적 표현)

  ▶ I have something for you.는 선물을 줄 때 쓰는 관례적
표현이다. 적절 응답은 감사의 표현이다. 관례적 겸손
표현인 You shouldn't have.를 암기한다.

표현 | **a good buy** 잘 산 물건
gift-wrap 선물용으로 포장하다
beyond my price range 너무 비싼, 내 가격 범위 밖에 있는
You shouldn't have. (호의 · 친절에 대해) 이러지 않아도 되는데,
뭐 이렇게까지

You shouldn't have의 두 가지 기능

1) You shouldn't have ~: 해서는 안 되는 일을 한 경우
유감 · 나무람 · 질책

- You **shouldn't have eaten** the last piece of
apple pie. 애플 파이 마지막 조각을 네가 먹지 말았어야 했어.
(먹었다니 유감이다. / 왜 먹었어라는 **질책**)

2) You shouldn't have: 친절이나 호의에 대한 **감사**

- This is my small gift for you.
너한테 주는 작은 선물이야.
   - You **shouldn't have**. 이러지 않아도 되는데. (이렇게
    고마울 수가.)

- It's very kind of you, but you really **shouldn't
have bothered**.
고마워요. 그런데 이렇게 수고하지 않아도 되는데.

5

M: Your **order** will be **delivered tomorrow**.
W: _______________

    (a) We don't deliver on weekends.
    (b) I'm afraid that's the soonest possible.
    (c) I'll send an invoice on tomorrow, too.
    (d) Could you have it delivered around 4?

M: 주문 상품이 내일 배달될 겁니다.
W: _______________

    (a) 우리는 주말에 배달하지 않습니다.
    (b) 그게 가장 빠른 방법이라 생각합니다.
    (c) 내일 청구서도 보내겠습니다.
    (d) 4시경에 배달해 주실 수 있나요?

질의 | **사실 제공** (배달 안내)
응답 | **요청** (Could you…?)

  ▶ (a), (b), (c) (X) 여자가 할 수 있는 응답이 아니고, 남자가
할 수 있는 발화이다.

표현 | **invoice** 청구서, 송장
have it delivered 그것을 배달하다
I'm afraid S +V (유감이지만) ~라고 생각한다, ~을 섭섭하게 여기다

6

M: **Guess what!** I'm going to **start working** for
Tri-tech **next week**.
W: _______________

    (a) I'll show you around.
    (b) I knew you'd get the job!
    (c) Can you start right now?
    (d) Don't worry about working there.

M: 있잖아! 나 다음 주부터 트라이테크에서 근무하게 되었어.
W: _______________

    (a) 내가 구경시켜 줄게.
    (b) 네가 취직할 줄 알았어!
    (c) 지금 바로 시작할 수 있니?
    (d) 거기에서 일하는 것 걱정하지마.

질의 | **사실 제공** (취직)
응답 | **의견 제공** (능력 인정)

  ▶ Tri-tech와 같은 고유명사의 상당수는 임의로 만든 것이니
관심을 가질 필요가 없다.

표현 | **Guess what** (놀라운 소식, 기쁜 소식을 전할 때 사용하는 서두어)
있잖아, 맞혀봐

7

M: **I wish I were** as **smart** as **Bob**.
W: _______________

    (a) Tell me about it.
    (b) You deserve it.
    (c) I agree with you, Bob.
    (d) I appreciate the compliment.

M: 내가 봅만큼 똑똑하면 좋겠어.
W: _______________

    (a) 그러게.
    (b) 너는 그럴 자격이 있어.
    (c) 봅, 나도 너와 같은 생각이야.
    (d) 칭찬 고마워.

질의 | **의견 제공** (가정법)
응답 | **맞장구 · 동의**

  ▶ I wish ~는 출제 빈도가 높은 표현이니 반드시 그 의미를
외워둔다. 바람을 나타내는 의견에 동의를 해주는 것이

가장 적절한 응답이다.

표현 | **You deserve it.** 너는 그럴 자격이 있다.
appreciate 감사하다, 고맙게 여기다
compliment 칭찬
Tell me about it. 그러게 말이야, 누가 아니래

8

> M: I **think** our **textbook** is a bit **outdated**.
> W: ______________________
> (a) No, it's not overdue yet.
> (b) Yes, we'd better set a new date.
> (c) There are plenty more in the bookstore.
> (d) It's actually not, if you check the copyright.

M: 우리 교재는 좀 오래된 것 같아.
W: ______________________
(a) 아니, 아직 기한이 지나지 않았어.
(b) 그래, 새로운 날짜를 잡는 게 낫겠다.
(c) 서점에 더 많이 있어.
(d) 저작권을 확인해보면 실제 그렇지 않아.

질의 | 의견 제공 (I think…)
응답 | 비동의 (사실 제공)

▶ (a) (X) 상대방의 의견에 동의하지 않는 비동의 기능(No)은 적당하지만 overdue (기한이 지난)가 적절하지 않다.

▶ (b) (X) outdated와 발음이 비슷한 date를 사용한 함정.

▶ (c) (X) textbook과 관련 있는 단어인 bookstore를 이용한 함정 선택지 이다.

▶ 선택지에 ×, △, ○ 표시하여 오답을 제외하면 좀 더 수월하게 정답을 고를 수 있다.

표현 | **outdated** 시대에 뒤진, 진부한, 구식의
overdue (지급) 기한이 지난
set a new date 새 날을 잡다
copyright 판권, 저작권

Part II

9

> W: Excuse me. **Do you know where** First Bank is located?
> M: First Bank? Oh, yes. It's on Stoughton Street.
> W: **Sorry**?
> M: ______________________
> (a) That's OK.
> (b) I said Stoughton Street.
> (c) It's called First Bank.
> (d) I didn't catch that.

W: 실례합니다. 퍼스트 은행이 어디에 있는지 아시나요?
M: 퍼스트 은행이요? 아, 네. 스토우튼 거리에 있습니다.
W: 네?
M: ______________________
(a) 괜찮아요.
(b) 스토우튼 거리라고 했어요.
(c) 퍼스트 은행이라고 불려요.

(d) 제가 알아듣지 못했어요.

질의 | 길 묻기 상황에서 반문 (Sorry?)
응답 | 정보 제공

▶ Part II는 발화 기능과 더불어 상황을 이해하면 좀 더 용이하게 정답을 고를 수 있다.

▶ 길이나 건물의 위치를 묻는 대화 상황: 길을 알려주는 대화자의 말을 정확히 알아듣지 못해 되묻는 발화에 대한 적절 응답에는 대화에 언급된 도로명이나 건물명과 같은 핵심어가 그대로 이용된다.

표현 | **located** 위치한
catch 이해하다, 알아듣다
Sorry? 뭐라고요? 다시 말해 줄래요?

'다시 말해 줄래요?'라는 뜻의 다양한 되묻기 표현
Sorry?
I'm sorry?
Pardon?
I beg your pardon?
Say it again, please.

10

> M: You'll **never believe what happened** to me yesterday.
> W: What happened?
> M: A **bug** flew into **my mouth** while **jogging**!
> W: ______________________
> (a) That must've been disgusting.
> (b) I know. Wasn't that disgusting?
> (c) You should watch where you step.
> (d) That's a terrible thing to do to someone.

M: 어제 내게 무슨 일이 있었는지 넌 절대 모를 거야.
W: 무슨 일이 있었는데?
M: 조깅하고 있는데 벌레가 입 안으로 날아 들어왔어!
W: ______________________
(a) 아이고 역겨웠겠다.
(b) 나도 알아. 역겹지 않았어?
(c) 발 조심해야 해.
(d) 그건 다른 사람에게 행하기엔 끔찍한 짓이다.

질의 | 사실 제공 (강한 의견 함의)
응답 | 의견 제공 (공감 표현)

▶ 사실을 전달하는 평서문이지만 강한 의견이 내포되어 있다.

▶ (b) (X) 남자가 '역겨웠다'는 함의를 담고 말을 하고 있으므로 '끔찍하지 않았냐'고 묻는 것은 적절하지 않다.

표현 | **disgusting** 역겨운
watch 주의하다, 조심하다
step 걸음을 옮기다, 발을 내딛다
I know. (상대방 말에 동의) 그래, 맞아
A: He's awful. 그 사람 끔찍해.
B: I know. He's dreadful. 맞아. 불쾌하지.

11

W: Have you seen **Tom's new house**?
M: Yes, it's quite a place.
W: I was **surprised how spacious** it is.
M: _______________
(a) I'm very happy for you.
(b) Thanks. I'm glad you like it.
(c) That's for sure. It's got room to spare.
(d) Tom was always interested in space stuff.

W: 톰의 새 집을 봤니?
M: 응, 아주 좋은 집이더라.
W: 얼마나 넓은지 놀랐다니까.
M: _______________
(a) 아주 다행이다.
(b) 고마워. 마음에 든다니 기뻐.
(c) 확실히 그래. 여분의 공간이 있더군.
(d) 톰은 우주같은 것에 항상 관심이 있었어.

질의 | **의견 제공** (집이 넓은 것에 놀람)
응답 | **동의 + 사실 제공**

▶ (b) (X) 집 소유자인 Tom이 할 수 있는 응답이다.

▶ (c) (O) spacious를 room to spare로 바꿔 표현한 적절
　 응답이다.

▶ 정답의 원리(Paraphrasing rule): 대화에 나온 어휘를
　 동의어로 대체한다.

표현 | **spacious** 넓은, 광범위한
to spare 여분의
room (관사 없이) 공간, 여유; (관사 사용) 방
space 우주, 공간
stuff (막연히) 물건, 것 *cf.* garden stuff 야채류
That's for sure. (강한 동의) 그건 확실해, 확실히 그래.
I'm happy for you. 잘 됐다, 다행이다(네게 생긴 좋은 일에 대해 내가
기쁘다).
A: I made it to the college. 나 대학에 합격했어.
B: I'm so happy for you. 정말 잘됐다.

12

M: Uh, oh. Look at the **front tire**. It's almost **flat**.
W: It does look pretty bad. Do we have **a spare**?
M: **No**, and I **don't think we** can **continue** in this
　 condition.
W: _______________
(a) I have some to spare.
(b) I'm sure it'll be over soon.
(c) Let's find a mechanic nearby.
(d) Don't worry about making it better.

M: 이런. 앞 바퀴를 봐. 바람이 거의 다 빠졌어.
W: 아주 나빠 보이는군. 예비 타이어 있어?
M: 아니, 그러니 이 상태로 계속 갈 수는 없을 거 같아.
W: _______________
(a) 내가 여분을 좀 가지고 있어.
(b) 곧 끝나리라 확신해.
(c) 가까운 정비소를 찾아 보자.

(d) 상태를 낮게 하는 일에 대해 걱정하지마.

질의 | **의견 제공** (I don't think ~)
응답 | **제안** (Let's ~)

▶ 타이어에 펑크가 났고 예비 타이어가 없는 상황에서 할 수
　 있는 일을 예상한다. 보험회사 고객센터에 전화를 걸거나
　 근처 정비소를 찾아 보자고 제안할 수 있다.

▶ (a) (X) 같이 차를 타고 가는 사람이 할 수 있는 말이 아니다.

▶ (b) (X) 타이어가 펑크난 상황은 자연적으로 끝나지 않는다.

표현 | **flat** (타이어의) 바람이 빠진, 펑크가 난
spare 예비 타이어
be over 끝나다, 회복되다
mechanic 정비사, 기능공
make it better 향상시키다

M: Hey, did I tell you **I'm being transferred to
　 our New York office?**
W: No. That's **terrific**! When was this decided?
M: I **found out** about it just **a couple of days ago.**
W: _______________
(a) I'm so happy for you.
(b) Well, have a good flight.
(c) But I didn't even get to say goodbye.
(d) I wanted to tell you as soon as possible.

M: 이봐, 내가 뉴욕 지사로 전근 가게 되었다는 얘기 자네에게 했나?
W: 아니. 대단해! 언제 결정된 거야?
M: 나도 겨우 이틀 전에 알게 되었어.
W: _______________
(a) 정말 잘 됐다.
(b) 그럼, 즐거운 비행이 되기를.
(c) 그런데 난 작별 인사조차도 하지 못했어.
(d) 가능한 한 빨리 네게 알려주고 싶었어.

질의 | **정보 제공** (전출 소식)
응답 | **의견 제공** (축하)

▶ Did I tell you~? 소식을 전한다는 의미.

▶ (b) (X) 뉴욕으로 출발하는 상황이 아니다.

▶ (c), (d) (X) 대화 상황과 발화 기능에 맞지 않는다.

▶ 남자가 전하는 소식에 여자의 첫 반응은 terrific이라는
　 말로 반가움(축하)을 표하고 있다. 두 번째 반응도
　 일관되게 축하하는 쪽이어야 한다.

▶ TEPS Part II에서는 첫 번째 화자보다 두 번째 화자의
　 반응에 좀 더 주목해야 한다. 수험생이 대화 반응의
　 일관성을 파악하고 있는지를 테스트하기 때문이다.

표현 | **be transferred to** ~로 전임하다, 전근하다
terrific 대단한, 멋진
get to do ~하게 되다
well ① (놀라움) 이것 참, 원 이거 ② (망설임) 그런데, 글쎄
　　　③ (안도감) (자) 이제
・ Well, well, it's a small world we live in! 이것 참, 세상이 정말 좁군.
・ Can you do that? 할 수 있겠어?
　　 – Well, I'm afraid not. 글쎄, 아무래도 못할 것 같아.
・ Well, I'm through now. 자, 이제 끝났다.

14

> M: I heard **people** are **boycotting** the corner **store** in front of our office.
> W: Why is that?
> M: The **owner raised prices ridiculously high.**
> W: ________________________
>   (a) I've been comparing all the prices.
>   (b) That's not fair to customers.
>   (c) I knew the food at that store was bad.
>   (d) In that case, we'll make more money.

M: 우리 사무실 앞 길모퉁이 가게에 대해 사람들이 불매운동을 한대요.
W: 왜요?
M: 주인이 가격을 터무니없이 인상했어요.
W: ________________________
   (a) 저는 가격을 죄다 비교하고 있어요.
   (b) 그건 소비자에게 공정하지 않지요.
   (c) 그 가게 음식이 나쁘다는 것 알고 있었어요.
   (d) 그럴 경우 우리가 돈을 더 벌겠군요.

질의 | **사실 제공** (불매운동과 가격인상)
응답 | **의견 제공**

▶ 핵심 내용어 people, boycott, store, owner, price, ridiculously high를 토대로 대화 내용을 파악한다.

표현 | **boycott** 불매운동을 하다, (회의) 참가를 거부하다
raise prices 가격을 인상하다
ridiculously 말도 안되게, 우스꽝스럽게, 터무니없이
fair 공평한, 공정한

15

> W: I'm thinking of **organizing a fundraiser.**
> M: That sounds ambitious. What's the cause?
> W: It'd be for the **education** of **needy children** in our community.
> M: ________________________
>   (a) Wow, that's rather excessive.
>   (b) How is the fundraiser going?
>   (c) That's very admirable of you.
>   (d) I had no idea you were a teacher.

W: 모금 행사를 준비하고 있어요.
M: 야심 차게 들리는데. 목적이 뭐지요?
W: 우리 지역의 빈곤층 아이들의 교육을 위한 거예요.
M: ________________________
   (a) 와, 그거는 좀 과하네요.
   (b) 모금행사는 어떻게 되어가요?
   (c) 정말 훌륭해요.
   (d) 교사였는지 몰랐어요.

질의 | **사실 제공** (모금행사)
응답 | **의견 제공** (칭찬)

▶ 여자가 전하는 소식에 남자의 첫 반응이 ambitious를 사용한 감탄(칭찬)이다. 두 번째 반응도 일관되어야 한다.

표현 | **fundraiser** 기금 마련 행사, 모금 담당자
organize (행사 등을) 준비하다, 기획하다

ambitious (일이) 대규모인, 야심적인
cause 명분, 대의, 이유
needy 빈곤한, 궁핍한
excessive 과도한, 지나친
admirable 훌륭한, 칭찬할 만한
have no idea 모르다

16

> M: **I think schools should** be **made unisex.**
> W: **You do?** Why?
> M: **Kids don't concentrate** as well in a **coed environment.**
> W: ________________________
>   (a) Then let's go study someplace else.
>   (b) I'm not sure I agree.
>   (c) Don't worry. Just do your best.
>   (d) You're right. Girls concentrate better than boys.

M: 학교는 남녀 따로따로 다녀야 한다고 생각해요.
W: 그래요? 왜요?
M: 아이들이 남녀공학 환경에서는 주의 집중을 잘 못하니까요.
W: ________________________
   (a) 그러면 다른 곳으로 공부하러 가요.
   (b) 저는 동의하지 않아요.
   (c) 걱정 말아요. 그냥 최선을 다하세요.
   (d) 맞아요. 여학생이 남학생보다 집중을 더 잘 하지요.

질의 | **의견 제공** (I think ~should…)
응답 | **비동의**

▶ 강한 주장을 제공하고 상대방의 의견을 묻고 있는 상황이다.

▶ 듣는 사람의 첫 반응인 You do? Why?에는 선뜻 동의하지 않는 태도가 나타나 있다.

▶ Part II 대화의 특징이 일관된 반응을 유지하는 것이므로 동의하지 않는다는 내용이 적절 응답이다.

표현 | **unisex** (학교) 남녀 별도로; (의상) 남녀 공용의, 남녀 구별을 하지 않는
concentrate 집중하다
coed 남녀공학의, 남녀 다 채용하는
You do? (= You think so?)

의견 제공 표현
I believe [think] politics should be more human.
정치는 더 인간적이어야 한다고 생각해요.
It seems to me that democracy is the solution for developing countries. 민주주의는 개발 도상국에게 필요한 해결책인 것 같습니다.
I feel the world is getting smaller than ever before.
세계가 이전보다 더 작아지고 있는 것 같아요.

동의 (Agreeing) 표현
I can't agree more. 저는 전적으로 동의합니다.
I couldn't agree more. 저는 전적으로 동의합니다.
My view about this idea is positive.
이 생각에 대한 제 의견은 긍정적입니다.
Your idea is absolutely right. 당신 생각이 절대적으로 옳습니다.

비동의 (Disagreeing) 표현
I'm afraid I can't agree (with this idea).

(이 생각에) 동의할 수가 없네요.

I'm not sure I agree (with this idea).

(이 생각에) 동의할 수가 없네요.

Well, that's just one way of looking at it.

글쎄요, 그건 하나의 관점일 뿐이죠.

I think we should avoid over generalization.

일반화는 피해야 한다고 생각하는데요.

Unit 6 제안 · 충고

유형연습 스크립트&번역

A

W: Circulation desk. May I help you?

M: ____________________

   (a) My room needs more air circulation.

   (b) Yes, can you check when my books are due?

   (c) I'd like to check out.

   (d) The library closes at 10:00 p.m.

W: 도서관 대출 창구입니다. 무엇을 도와 드릴까요?

M: ____________________

   (a) 제 방은 공기 순환이 필요해요[환기를 좀 시켜야 되요].

   (b) 네, 제가 대출한 도서의 반납 기한이 언제인지 확인해 주시겠어요?

   (c) 책을 대출하고 싶은데요.

   (d) 도서관은 10시에 문을 닫습니다.

B

W: You should try a little weight training to stay in shape.

M: ____________________

   (a) That's easier said than done.

   (b) I don't need training. I already know how.

   (c) There's no harm in waiting a little.

   (d) My personal trainer is too hard.

W: 몸매를 유지하기 위해서 당신은 웨이트 트레이닝을 좀 하셔야 해요.

M: ____________________

   (a) 그게 말이야 쉽지요.

   (b) 저는 훈련이 필요 없어요. 어떻게 하는 지 이미 알고 있어요.

   (c) 좀 기다린다고 해서 나쁠 건 없잖아요.

   (d) 제 개인 트레이너가 너무 혹독해요.

C

M: That was a great dinner.

W: Yeah, that was the tastiest steak I've ever had!

M: Shall we split the bill?

W: ____________________

   (a) Thanks for the treat.

   (b) They passed a new bill.

   (c) No, let's pay later.

   (d) Let me pick up the tab.

M: 저녁 식사 정말 좋았어요.

W: 네, 이제껏 먹어본 스테이크 중 제일 맛있었어요.

M: 계산을 각자 할까요?

W: ____________________

   (a) 대접해 주셔서 감사합니다.

   (b) 그들이 새로운 법안을 통과시켰어요.

   (c) 아니요, 나중에 지불하죠.

   (d) 제가 계산할게요.

D

W: How's your new job, Jake?

M: It's long hours. I really pour a lot of time into it.

W: Don't forget about your personal life.

M: ____________________

   (a) Yes, those were some good memories.

   (b) I don't take it personal.

   (c) I'm trying to find the right balance.

   (d) It's a lot of work for one person.

W: 제이크, 새 직업이 어때요?

M: 근무 시간이 길어요. 정말 많은 시간을 쏟아 붓고 있어요.

W: 당신 개인 생활에 대해서도 신경을 쓰세요.

M: ____________________

   (a) 네, 그건 좋은 기억들이에요.

   (b) 저는 그것을 심각하게 생각하지 않아요.

   (c) 저도 균형을 잘 잡으려 하고 있어요.

   (d) 그것은 한 사람이 하기엔 너무 많은 일이에요.

Mini Test 6 정답 및 해설

Part I

1. (b)   2. (c)   3. (a)   4. (b)   5. (c)
6. (a)   7. (b)   8. (c)

Part II

9. (c)   10. (a)   11. (d)   12. (d)   13. (a)
14. (c)   15. (d)

Part I

1

W: **Let's study together** for our Spanish final.

M: ____________________

   (a) I'm glad finals are over.

   (b) I kind of like that idea.

   (c) I owe my good grade to you.

   (d) I don't know how to speak Spanish.

W: 우리 스페인어 기말고사를 위해 함께 공부하자.

M: ____________________

   (a) 기말고사가 끝나서 기뻐.

   (b) 그 생각 좋은 것 같은데.

   (c) 내 좋은 성적은 네 덕분이야.

   (d) 스페인어를 어떻게 말해야 할지 모르겠어.

질의 | 제안 (let's 사용)
응답 | 동의

▶ 대화의 동일 단어 final, Spanish가 들어 있는 (a), (d) 같은 선택지는 피한다.

표현 | final 기말고사
be over 끝나다
kind of 다소, 말하자면
owe A to B A는 B 덕분이다

2

M: **I'll give you a hand** when you move out.
W: ＿＿＿＿＿＿＿＿＿＿＿＿

(a) When are you going to move?
(b) I'll try to find someone.
(c) That will be a great help.
(d) I don't know where to start.

M: 이사 갈 때 내가 도와줄게요.
W: ＿＿＿＿＿＿＿＿＿＿＿＿

(a) 언제 이사 가는데요?
(b) 내가 누군가를 찾아 볼게요.
(c) 그러면 큰 도움이 될 거예요.
(d) 어디서 시작해야 할지 모르겠어요.

질의 | 도움 제안 (평서문 사용)
응답 | 감사 (관례적 응답)

▶ (C) (O) 도움을 제안받았을 때 관례적으로 쓰는 감사의 표현 중 하나인 That will be a great help.를 암기해 두자.

▶ 선택지 (a)는 도움을 제안하는 남자가 할 수 있는 발화이므로 오답이다.

표현 | give someone a hand ~를 도와주다
move out 이사 가다
a great help 큰 도움

3

M: **What do you say** we go to a nice dinner on Friday?
W: ＿＿＿＿＿＿＿＿＿＿＿＿

(a) That would be lovely.
(b) Great, let's order in Chinese.
(c) Their food is excellent.
(d) Just give me a minute to get ready.

M: 금요일에 근사한 저녁 식사 하러 가는 건 어때요?
W: ＿＿＿＿＿＿＿＿＿＿＿＿

(a) 그거 좋겠는데요.
(b) 좋아요, 중국 음식을 주문해요.
(c) 그들의 음식은 훌륭해요.
(d) 나에게 준비할 시간 좀 주세요.

질의 | 의견 제안 (What do you say 사용)
응답 | 동의

▶ 외식하러 나가자고 했는데 좋다고 한 후, 주문을 하자고 했으므로 (b)는 오답이다. 선택지를 끝까지 잘 들어야 오답을 피할 수 있다.

표현 | What do you say ~? ~하는 것이 어때?
order in (물건을 주문하여) 입수하다
a minute 잠시, 잠깐

4

W: Justin, **don't you think we should go** to Hawaii instead of Moscow this winter?
M: ＿＿＿＿＿＿＿＿＿＿＿＿

(a) I didn't know you enjoyed traveling so much.
(b) Sorry, I already bought the tickets.
(c) No, I insist that we go to Hawaii.
(d) Yes, Moscow is much better.

W: 저스틴, 우리가 이번 겨울에 모스크바 대신 하와이에 가야 한다고 생각하지 않아?
M: ＿＿＿＿＿＿＿＿＿＿＿＿

(a) 네가 여행을 그렇게나 많이 즐기는지는 몰랐어.
(b) 미안하지만, 내가 이미 표를 구입했어.
(c) 아니, 우리는 하와이에 가야 해.
(d) 그래, 모스크바가 훨씬 더 나아.

질의 | 의견 제안 (don't you think 사용)
응답 | 거절 (이유 설명)

▶ 선택지 (c), (d)는 각기 지명을 반대로 어긋나게 제시해서 만든 함정이다. (c)는 Moscow, (d)는 Hawaii를 사용하면 각기 정답이 될 수 있다.

표현 | instead of ~대신에

5

M: **How about going** to the movies tonight, Suzanne?
W: ＿＿＿＿＿＿＿＿＿＿＿＿

(a) You always return your movies late.
(b) Great, I love renting movies.
(c) Can I take a rain check?
(d) Yes, I've been wanting to see that one.

M: 오늘 밤 영화 보러 가는 거 어때, 수잔?
W: ＿＿＿＿＿＿＿＿＿＿＿＿

(a) 너는 항상 영화를 늦게 반납하는구나.
(b) 좋아, 난 영화 비디오를 빌리고 싶어.
(c) 다음으로 미룰 수 있을까?
(d) 그래, 나는 그 영화를 보고 싶었어.

질의 | 의견 제안 (How about V-ing 사용)
응답 | 거절 (후일을 기약)

▶ 제안에 대해 거절하는 방법 중 하나는 다음으로 약속을 미루는 것이다. Can I take a rain check?이라는 표현을 암기해 두자.

▶ 동일 단어 movies가 들어 있는 (a), (b) 같은 선택지는 오히려 정답이 될 확률이 낮다. 둘 다 영화 비디오 대여에 관련된 내용이므로 오답이다.

표현 | How about V-ing? ~하는 것이 어때?
return 반환하다, 반납하다
rent movies 영화 비디오를 빌리다

rain check 후일의 약속, 다음 기회; (우천으로 경기가 연기될 때 주는) 우천 순연권
Can I take a rain check? 다음에 하면 안될까?

6

> W: **Cigarettes should be made legal** for all ages.
> M: _________________
>
> (a) That's irresponsible in my opinion.
> (b) Do you agree with that?
> (c) You should quit smoking first.
> (d) It's illegal to sell cigarettes to minors.

W: 담배는 모든 연령대에서 합법화 되어야 해요.
M: _________________
(a) 제 생각엔 그것은 무책임한 처사입니다.
(b) 당신은 그것에 동의합니까?
(c) 당신이 먼저 담배를 끊어야 합니다.
(d) 미성년자에게 담배를 판매하는 것은 불법이에요.

질의 | **의견 제안** (평서문 + should 사용)
응답 | **비동의**
  ▶ (a) (O) 평서문으로 표현한 상대방의 의견에 동의하지 않음을 밝힌 경우.
  ▶ 대화의 동일 단어 cigarettes가 들어 있는 (d) 같은 선택지를 피한다.
표현 | **legal** 합법의, 적법의
  irresponsible 무책임한
  in my opinion 내 생각으로는
  quit 끊다, 그만두다
  illegal 불법의
  minor 미성년자

7

> W: **You should cut down on** work and get some rest.
> M: _________________
> (a) I'm too tired to work right now.
> (b) I know. I am a bit of a workaholic.
> (c) You really should take it easy on yourself.
> (d) But I'm working so hard these days.

W: 당신은 일을 줄이고 휴식을 좀 취해야 해요.
M: _________________
(a) 저는 너무 피곤해서 지금 당장은 일할 수 없어요.
(b) 알아요. 제가 좀 일 중독이긴 하죠.
(c) 좀 쉬어가면서 하세요.
(d) 하지만 저는 요즘 매우 열심히 일하고 있어요.

질의 | **조언/충고** (평서문 You should 사용)
응답 | **동의/긍정**
  ▶ (b) (O) 상대방의 조언에 대해 동의를 표한 경우.
  ▶ 선택지 (a), (d)는 질의의 내용과 반대로, 오히려 일을 하라는 발화에 대한 응답이 될 수 있으므로 오답이다.
표현 | **cut down on** 줄이다, 삼가다
  get some rest 휴식을 취하다

workaholic 일중독자, 일 벌레
Take it easy on yourself. 좀 쉬어가면서 하세요.

8

> W: Peter, **I think you'd be better off** with Leah than with Tracy.
> M: _________________
> (a) She is better off than me.
> (b) I have nothing against either one of you.
> (c) But I think Tracy is the one for me.
> (d) I had no idea you preferred Tracy.

W: 피터, 난 네가 트레이시보다는 리아와 함께 하는 것이 나을 거라 생각해.
M: _________________
(a) 그녀는 나보다 더 부유해.
(b) 나는 너희 누구에게도 악 감정이 없어.
(c) 그렇지만 나는 트레이시가 나하고 딱 맞는 사람이라고 생각해.
(d) 나는 네가 트레이시를 더 좋아하는지 몰랐어.

질의 | **조언/충고** (평서문 I think you'd be better off 사용)
응답 | **비동의**
  ▶ 여기서 the one은 '바로 ~을 위한 그 사람'이란 뜻으로 영화 매트릭스에서는 인류를 구원할 '그(the One)'라는 의미로 쓰이기도 했다.
표현 | **be better off** ~하는 편이 낫다; ~보다 잘 살다
  have nothing against ~에 대해 반감이 없다
  have no idea 모르다
  prefer 선호하다

Part II

9

> W: Did you finish your project?
> M: I sure did.
> W: **Why don't we have a quick drink** to celebrate?
> M: _________________
> (a) After I get it done.
> (b) What's the occasion?
> (c) That sounds great.
> (d) Yes, that was some party.

W: 프로젝트 끝냈니?
M: 확실히 끝냈지.
W: 기념으로 술이나 한 잔 하는 게 어때?
M: _________________
(a) 내가 이거 마치고 나서.
(b) 무슨 일이야?
(c) 그거 좋겠는데.
(d) 그래, 대단한 파티였어.

질의 | **의견 제안** (Why don't we ~ 사용)
응답 | **동의** (관례적 응답)
  ▶ (C) (O) 제안에 대해 동의하는 관례적 응답이다.
  ▶ 선택지 (b)는 무슨 특별한 일이 있는지를 새삼스레 묻고 있으므로 앞의 대화 상황과 맞지 않아서 오답이다.
표현 | **celebrate** 축하하다, 기념하다

have a quick drink 간단하게 한 잔 하다
What's the occasion 무슨 일이죠?
That was some party. 대단한 파티였어.

10

> M: I have no idea what to study for the final exam.
> W: Yeah, it's hard to know where to start.
> M: **How about forming** a study group?
> W: _____________
>
> (a) I'll go for that.
> (b) Good luck with studying.
> (c) Yes, I heard about the group.
> (d) Only two or three students at most.

M: 기말고사를 위해 무엇을 공부해야 할지 모르겠어.
W: 그래, 어디에서 시작해야 할지 알기 어려워.
M: 스터디 그룹을 만들어 보면 어떨까?
W: _____________

(a) 좋아, 그렇게 하자.
(b) 공부 잘 하도록 행운을 빌어.
(c) 그래, 나는 그 그룹에 대해 들었어.
(d) 기껏해야 두세 학생들 뿐이야.

질의 | **방법/의견 제안** (How about V-ing? 사용)

응답 | **동의**

▶ 동의하는 표현 I'll go for that.을 알아두자.

▶ 대화의 동일 단어 study, group이 들어 있는 (b), (c) 같은 선택지는 피한다.

표현 | **form** 형성하다, 만들다
I'll go for that. 좋아, 그렇게 하자.
at most 기껏해야

11

> W: Good afternoon, sir. May I help you?
> M: Yes, I've booked a room. The name is Dr. Baker.
> W: Here you are. Room 525. **Shall I call the bellboy?**
> M: _____________
>
> (a) You can call me Larry.
> (b) I'd rather you screen my calls.
> (c) What time is checkout?
> (d) Thanks, but I've only got one bag.

W: 안녕하세요, 손님. 무엇을 도와 드릴까요?
M: 네, 제가 방을 예약했습니다. 이름은 베이커이고요.
W: 여기 있습니다. 525호입니다. 급사를 부를까요?
M: _____________

(a) 저를 래리라고 부르시면 됩니다.
(b) 제 전화를 선별해 받아 주세요.
(c) 체크아웃은 몇 시인가요?
(d) 고맙지만, 가방이 하나 뿐인걸요.

질의 | **도움 제안** (Shall I~? 사용)

응답 | **감사** (+거절)

▶ 도움 제안을 거절할 때는 일단 감사를 표하고 이유나 상황을 설명하는 것(Thanks, but..)이 일반적이다.

▶ 대화의 동일 단어 call이 들어 있는 (a), (b) 같은 선택지는 피한다.

표현 | **bellboy** 벨보이, 급사
screen my calls 전화를 선별하여 받다
I'd rather 차라리 ~하겠다, ~했으면 한다
checkout (호텔의) 퇴실 절차, 체크아웃

12

> W: Did you remember that the exterminator is coming today?
> M: Oh, no! I won't be getting back till late.
> W: **I can let him** into your apartment **if you'd like.**
> M: _____________
>
> (a) I'd love to have you over tonight.
> (b) Sorry, but I don't have the key.
> (c) Yes, come in any time.
> (d) Thanks, you're a lifesaver.

W: 오늘 해충 없애러 사람이 오기로 한 거 기억해요?
M: 저런! 난 늦게까지 돌아오지 않을 텐데요.
W: 당신이 괜찮다면 내가 당신 아파트로 그를 들여보낼 수 있어요.
M: _____________

(a) 당신을 오늘 밤 초대하고 싶어요.
(b) 미안하지만, 나는 열쇠가 없어요.
(c) 네, 아무 때나 들어오세요.
(d) 고마워요, 당신 때문에 살았어요.

질의 | **도움 제안**

응답 | **동의** (+감사)

▶ 남의 도움을 받았을 때 감사를 나타내는 관용적 표현의 하나로 You're a lifesaver.를 암기하자.

표현 | **exterminator** 해충 구제업자
have ~ over 초대하다
lifesaver 생명의 은인

13

> M: Are you still unsure what to do after graduation?
> W: Yes, I can't decide between pursuing another degree and getting a job.
> M: Well, **I'd stay in school, if possible.**
> W: _____________
>
> (a) I suppose you're right.
> (b) Exactly. It doesn't hurt to try.
> (c) Don't worry. You won't get kicked out.
> (d) But all three options sound good to me.

M: 졸업 후에 뭐 할지 아직 모르겠니?
W: 응, 또 다른 학위 과정을 밟는 것과 직업을 구하는 것 사이에서 결정을 못 내리고 있어.
M: 글쎄, 나는 가능하다면 학교에 남을 텐데.
W: _____________

(a) 네가 옳은 것 같다.

(b) 맞아. 시도해서 나쁠 건 없지.
(c) 걱정 마. 너는 쫓겨나지 않을 테니까.
(d) 그렇지만 세 가지 선택사항이 모두 나에게는 좋아 보여.

| 질의 | 의견 제안 |
| 응답 | 동의 |

| 표현 | **pursue** 추구하다 |

suppose 가정하다, 생각하다
It doesn't hurt to try. 시도해서 나쁠 건 없지.
get kicked out 쫓겨나다
option 선택사항

14

M: What kind of job would you like?
W: I'd like a job where I get to travel without worrying about jet lag.
M: Well, **maybe you could try a cruise ship.**
W: _______________________
(a) Oh, I can't afford to go on a cruise.
(b) I don't think it'll help me get over my jet lag.
(c) Yeah, I'll think about that.
(d) That'd be a wonderful vacation.

M: 어떤 직업을 원하세요?
W: 저는 시차로 인한 피로를 걱정하지 않고 여행 다니는 직업을 원합니다.
M: 그럼, 유람선을 시도해볼 수 있겠네요.
W: _______________________
(a) 저는 선박 여행을 할 만한 경비가 없습니다.
(b) 제 생각에 그것은 제가 시차로 인한 피로를 극복하는 데 도움을 줄 것 같지 않군요.
(c) 그래요, 그것에 대해 생각해 봐야 겠어요.
(d) 그것은 멋진 휴가가 될 거예요.

| 질의 | 방법 제안 |
| 응답 | 동의 |

▶ (a)는 유람선 여행을 권하는 제안에 대한 응답으로 할 수 있는 발화이다.

▶ 대화의 동일 단어 cruise, jet lag이 들어 있는 (a), (b) 같은 선택지는 오히려 정답이 될 확률이 낮다.

| 표현 | **jet lag** 시차로 인한 피로 |

go on a cruise 선박 여행을 하다
cruise ship 순항선, 관광선, 유람선
afford (경제적, 시간적) 여유가 있다
get over 극복하다

15

M: Does that old cell phone still work?
W: Sort of. But it has really bad reception.
M: Then **you should get a new one.**
W: _______________________
(a) Thanks, but you really shouldn't have.
(b) There's no need. It works just fine.
(c) But I don't want to cancel the reception.
(d) I know. I've just been delaying the inevitable.

M: 그 오래된 휴대 전화가 아직도 작동이 되나요?
W: 어느 정도는요. 하지만 수신이 정말 잘 안돼요.
M: 그러면 새 것을 구입하셔야 되겠네요.
W: _______________________
(a) 고맙지만, 정말 그러지 않으셨어도 되었을 텐데.
(b) 그럴 필요 없어요. 그것은 잘 작동하거든요.
(c) 그렇지만 저는 그 환영회를 취소하고 싶지 않습니다.
(d) 알아요. 제가 피할 수 없는 것을 계속해서 미루고 있었죠.

| 질의 | 방법 제안 |
| 응답 | 긍정 (상황 설명) |

▶ 대화의 동일 단어 reception이 선택지 (c)에서는 환영회라는 다른 의미로 쓰였다. 이처럼 발음은 같지만 뜻이 다른 동음이의어도 오답을 만들기 위해 많이 사용된다.

| 표현 | **cell phone** 휴대 전화 |

work 작동하다
sort of 어느 정도, 약간
reception 수신(율); 환영회, 접대
shouldn't have (p.p.) ~하지 말았어야 했는데
cancel 취소하다
delay 연기하다
inevitable 피할 수 없는 것
There's no need. 필요 없어.

Unit 7 염려 · 불만

유형연습 스크립트&번역

A

M: There's only warm beer in the house.
W: _______________________
(a) Actually it's pretty cold in here.
(b) Drinks are on the house.
(c) It's not warm enough.
(d) Why don't you put it in the fridge then?

M: 집에 미지근한 맥주 밖에 없어요.
W: _______________________
(a) 사실 여기는 상당히 추워요.
(b) 음료수가 공짜에요.
(c) 충분히 따뜻하지 않아요.
(d) 그럼 냉장고에 넣어두지 그래요?

B

W: When you swim here, be careful of stray fishing line.
M: _______________________
(a) Don't worry. I won't go fishing.
(b) I'll do it right away.
(c) Thanks for the warning.
(d) I don't know how to swim.

W: 여기서 수영할 때, 흐트러진 낚싯줄을 조심하세요.

M: ___________________________

(a) 걱정 마세요. 낚시하러 안 갈 거예요.

(b) 즉시 할게요.

(c) 경고해 줘서 고마워요.

(d) 저는 수영할 줄 몰라요.

C

M: Alice, are you still between jobs?

W: Yeah, I haven't had an interview in six months.

M: I'm getting worried about you.

W: ___________________________

(a) I know. But there's not much more I can do.

(b) Please take care of yourself.

(c) What kind of job is it?

(d) Don't worry. My work is not too hard.

M: 앨리스, 당신 여전히 실직 중이에요?

W: 네, 여섯 달 동안 면접 한 번 못 해봤어요.

M: 걱정이 되네요.

W: ___________________________

(a) 알아요. 하지만 제가 할 수 있는 게 더 없네요.

(b) 제발 자신을 돌보세요.

(c) 어떤 종류의 일인데요?

(d) 걱정 마세요. 제 일은 그리 힘들지 않아요.

D

M: What do you think of all the celebrities who were caught with fake degrees?

W: I'm disappointed, but I have mixed feelings about them.

M: Mixed feelings? Aren't you being too generous?

W: ___________________________

(a) OK, I take it back. Faking is wrong, period!

(b) Not exactly. What you see is what you get.

(c) I hate it when people mix work with pleasure.

(d) But there's no excuse for having a fake degree.

M: 학위 위조로 붙잡힌 유명인사들에 대해 어떻게 생각해요?

W: 실망했지만, 약간 복합적인 감정이 들어요.

M: 복합적인 감정이라고요? 당신 너무 관대한 거 아니에요?

W: ___________________________

(a) 알았어요, 제 말 취소할게요. 위조는 나쁜 거예요, 이상입니다!

(b) 반드시 그렇지는 않아요. 보시는 대로입니다.

(c) 사람들이 일과 재미를 혼동하는 것이 싫어요.

(d) 하지만 학위 위조에 대해서는 변명의 여지가 없어요.

Mini Test 7 정답 및 해설

Part I

1. (b) 2. (b) 3. (a) 4. (c) 5. (d)

6. (a) 7. (a) 8. (d)

Part II

9. (a) 10. (b) 11. (c) 12. (a) 13. (a)

14. (c) 15. (d) 16. (c)

Part I

1

M: **I'm so nervous about** my presentation tomorrow.

W: ___________________________

(a) Can we make it another time?

(b) Don't worry. Just be yourself.

(c) You have a lot of nerve.

(d) I wish I could, but I can't make it.

M: 내일 발표 때문에 매우 긴장 되요.

W: ___________________________

(a) 우리 다른 때로 약속을 잡아도 될까요?

(b) 걱정하지 마세요. 그냥 평소대로 하세요.

(c) 당신은 참 뻔뻔스러워요.

(d) 저도 그랬으면 좋겠지만, 저는 갈 수가 없어요.

질의 | **우려** (발표에 대한 걱정)

응답 | **격려** (관례적 표현)

▶ (c) (X) 유사 발음 단어 nerve가 들어 있는 선택지를 피한다.

표현 | **Can we make it another time?** 다른 때로 잡아도 될까요?
Just be yourself. 평소처럼 행동하라.; 진정해라.
have a lot of nerve 뻔뻔스럽다
make it 시간에 대다, 제시간에 도착하다

2

W: **You're always asking** for favors.

M: ___________________________

(a) Don't worry, what is it?

(b) Sorry, I owe you.

(c) I don't want to be bothered.

(d) It's OK. It's not too hard for me.

W: 너는 항상 부탁만 하는구나.

M: ___________________________

(a) 걱정하지 마, 뭔데?

(b) 미안해, 너한테 신세만 지네.

(c) 방해 받고 싶지 않아.

(d) 괜찮아. 나한테는 그렇게 어려운 일도 아니야.

질의 | **불만/비난** (상대방의 잦은 도움 요청)

응답 | **사과/감사**

▶ (c) (X) 여자가 할 수 있는 발화이다.

▶ 내용상으로 자연스러우나 다른 화자가 할 수 있는 발화를 제시한 오답 유형을 주의한다.

▶ (d) (X) 상대방이 도움을 청했을 때 할 수 있는 발화이다.

표현 | **ask for favors** 도움을 청하다, 부탁하다
owe 신세(빚) 지다
bother 귀찮게 하다, 성가시게 하다

3

> M: The history **exam was** so **difficult**. I think **I blew it.**
>
> W: ___________________________
>
> (a) Join the club.
> (b) When is the exam?
> (c) I hope you've studied for it.
> (d) It's none of your business.

M: 역사 시험이 너무 어려웠어. 망친 것 같아.
W: ___________________________
(a) 나도 마찬가지야.
(b) 시험이 언젠데?
(c) 네가 그것을 대비해서 공부했기를 바란다.
(d) 네 일이나 잘 해.

질의 | **불만** (어려운 시험)
응답 | **동의/맞장구**

▶ (a) (O) 상대방과 같거나 비슷한 처지에 있는 것을 나타내는 표현 Join the club!(= Welcome to the club!)을 알아두자.

▶ (b) (X) 이미 본 시험에 대해 시험이 언제냐고 물어보는 표현은 부적절하다.

▶ 질의와 응답의 시제 일관성을 주의한다.

표현 | **blow it** (기회, 시험 등을) 망치다
Join the club! (같은 입장의 사람에 대해) 나도 마찬가지야!
나 역시 그래!
It's none of your business. 남의 일에 신경 쓰지 마세요,
당신 일이나 잘 하세요.

4

> M: **I'm worried that** our dog will die of old age soon.
>
> W: ___________________________
>
> (a) Don't worry. Dogs age quicker than humans.
> (b) I'm sure she'll be a good dog.
> (c) Well, the vet told me she's as healthy as can be.
> (d) Please accept my sympathy.

M: 우리 개가 나이가 들어서 이제 곧 죽게 되지 않을까 걱정이야.
W: ___________________________
(a) 걱정 마. 개는 사람보다 더 빨리 노화하는 거니까.
(b) 그 개는 좋은 개가 되리라 확신해.
(c) 글쎄, 수의사 말이 우리 개는 아주 건강하대.
(d) 유감이야.

질의 | **호소/우려** (개의 건강 염려)
응답 | **격려/위로**

▶ (a), (b) (X) 대화의 동일 단어 worry, dog가 들어 있는 선택지를 피한다.

표현 | **die of old age** 노령으로 죽다
vet 수의사
Please accept my sympathy. 유감입니다.

5

> W: **I can't keep up with** all my coursework. **I'm always behind.**
>
> M: ___________________________
>
> (a) Good question. I wish I knew.
> (b) I'm sure you can finish it tomorrow.
> (c) Please check the deadline for timely submission.
> (d) Try talking to your teacher about it.

W: 난 모든 과목을 따라갈 수가 없어. 늘 뒤쳐지고 있어.
M: ___________________________
(a) 좋은 질문이네. 나도 알고 있으면 좋겠어.
(b) 네가 내일 그것을 끝마칠 수 있다고 확신해.
(c) 정해진 기일에 제출하려면 마감 기일을 확인해.
(d) 그것에 대해 선생님께 말씀드려 봐.

질의 | **호소/우려** (학업이 뒤쳐짐)
응답 | **격려/제안**

▶ (a), (b), (c) (X) 새로운 단어가 사용되고 있어도 대화 내용과 관련 없는 선택지이다.

▶ (d) (O) 상대방의 우려에 대해 가끔씩 제안이나 충고로 적절 응답이 주어진다.

표현 | **coursework** 학습과제, 학업
keep up with 따라가다
behind (~보다) 뒤쳐져, 못하여
deadline 마감 기일
timely 때맞춘, 적시의
submission 제출

6

> W: **Ever since John left, my workload** has been **unbearable.**
>
> M: ___________________________
>
> (a) Well, I'm enjoying his absence.
> (b) That's not true. John's a good worker.
> (c) I'm sure it'll get better once he's gone.
> (d) Don't worry. I can handle the workload.

W: 존이 떠난 이후로 내가 해야 할 일이 견딜 수 없이 많아졌어.
M: ___________________________
(a) 글쎄, 나는 그가 없는 걸 즐기고 있는데.
(b) 그건 사실이 아니야. 존은 일을 잘 해.
(c) 일단 그가 떠나면 상황이 더 나아질 거야.
(d) 걱정 마. 내가 그 일을 처리할 수 있어.

질의 | **불만/비난** (작업량 증가)
응답 | **비동의**

▶ (a) (O) 상대방의 불만에 동의하지 않는 경우로 John이 떠난 것(left)을 his absence로 바꿔 표현했다.

▶ (b), (d) (X) 유사어와 동일 단어 worker, workload가
들어 있는 선택지를 피한다.

표현 | **workload** 작업량
unbearable 견딜 수 없는
handle 처리하다

7

> W: **I'm sorry my son doesn't do better** in
> school. He's trying so hard.
> M: _______________________
>
> (a) Well, there's more to life than grades.
> (b) Don't blame the teacher for it.
> (c) I recommend you enroll him in school.
> (d) I hope he's in my class next year.

W: 제 아들이 학교에서 더 잘하지 못해 유감입니다. 아주 열심히 노력하고
있는데도 말이에요.

M: _______________________

(a) 글쎄요, 삶에는 성적보다 중요한 것이 있습니다.
(b) 그것에 대해 교사를 탓하지 마세요.
(c) 그 아이를 학교에 입학시킬 것을 권합니다.
(d) 그가 내년에 제 반에 들어오기를 바라요.

질의 | **호소/우려** (아이의 학업 부진)
응답 | **비동의/위로**

▶ (c) (X) 대화의 동일 표현 in school이 들어 있는 선택지를
피한다.

표현 | **grade** 성적
recommend 권하다, 추천하다
enroll 등록하다, 입학시키다

8

> M: **I'm so fed up with** all these telemarketers.
> W: _______________________
>
> (a) Tell them I'm not here right now.
> (b) Me, too. I feel stuffed.
> (c) Sorry, I didn't mean to bother you.
> (d) Try screening them out with caller ID.

M: 이 텔레마케팅 하는 사람들한테 질렸어요.
W: _______________________

(a) 제가 지금 여기 없다고 말하세요.
(b) 저도 그래요. 배가 부른데요.
(c) 미안해요, 당신을 귀찮게 할 생각은 없었어요.
(d) 발신자 아이디로 가려내 보세요.

질의 | **불만/불평** (지나친 텔레마케팅)
응답 | **제안**

▶ (b) (X) 대화의 단어 fed와 연관 지어 feel
stuffed(배부르다)라고 응답한 오답이다.

▶ (d) (O) telemarketer와 연관하여 caller ID라는 새로운
단어를 적절하게 사용하여 상대방의 불만에 대한
해결책을 제안했다.

표현 | **be fed up with** 물리다, 싫증나다
feel stuffed 배부르다
bother 귀찮게 하다, 방해하다

screen 가려내다, 차단하다, 선별적으로 받다

Part II

9

> W: **I want to have a word** with the manager.
> M: I'm afraid she's busy now.
> W: But **this is urgent.**
> M: _______________________
>
> (a) If you insist.
> (b) Then call 911.
> (c) Don't be alarmed.
> (d) That sounds important.

W: 매니저와 잠깐 이야기를 하고 싶습니다.
M: 죄송하지만, 지금 바쁘세요.
W: 하지만 매우 급한 일인데요.
M: _______________________

(a) 정 그러시다면요.
(b) 그러면 911로 전화하세요.
(c) 놀라지 마세요.
(d) 중요하게 들리는데요.

질의 | **불만** (매니저와 긴급한 만남 요구)
응답 | **동의**

▶ (a) (O) 상대방의 (불만 섞인) 주장이나 요청에 대해 할 수
있는 응답 표현이다.

▶ (b) (X) 대화의 urgent와 연관하여 만든 오답.

표현 | **have a word with** ~와 잠깐 이야기하다
urgent 긴급한
be alarmed 놀라다

10

> W: **Isn't that assignment** for our history class
> **tough?**
> M: Which assignment?
> W: **The one about** analyzing a lot of textbooks.
> M: _______________________
>
> (a) Don't worry. I give generous grades.
> (b) Yeah, it'll probably take ages.
> (c) Wow, I'm really impressed.
> (d) I'm glad I'm not in that class.

W: 우리 역사 수업 숙제가 어렵지 않아?
M: 어떤 숙제?
W: 교재 여러 개를 분석하는 것 말이야.
M: _______________________

(a) 걱정하지 마. 나는 점수를 후하게 주니까.
(b) 그래, 그거 시간이 한참 걸릴 거야.
(c) 와, 나 정말 감명받았어.
(d) 내가 그 수업 안 들어서 다행이야.

질의 | **불만** (어려운 과제)
응답 | **동의/맞장구**

▶ (a) (X) 선생이 할 수 있는 발화이다. 같은 수업을 듣는 두
화자 간의 대화이므로 오답.

▶ (b) (O) 과제를 하는데 시간이 많이 걸릴 것이라며 상대방의 말에 맞장구를 하는 적절 응답이다. It'll take ages.라는 표현을 알아두자.

표현 |　**assignment** 숙제
　　　tough 어려운
　　　take ages 아주 시간이 많이 걸리다, 한참 걸리다
　　　impressed 감명을 받은

'오랜 시간'을 나타내는 ages

- ages는 나이, 연령이라는 뜻 외에도 '오랜 시간'이라는 뜻으로도 자주 쓰인다.
- 어떠한 일을 끝마치는 데 시간이 너무 많이 걸릴 것이라는 불만조의 표현에서 많이 쓰인다.
- 오랜만에 만나 인사를 하는 발화에서 출제 빈도가 아주 높다.
- 의미 차이는 거의 없지만 in ages는 부정문에서, for ages는 긍정문 · 부정문에서 모두 쓰일 수 있음을 알아두자.

- -

- It'll probably take **ages**.
  아마 시간이 아주 많이 걸릴 거야.(불만)
- I haven't seen you **for ages**.
  = I haven't seen you **in ages**.
  오랫동안 보지 못했네요. (오랜만의 인사)

cf.
- I have studied English **for ages**. (O)
  오랫동안 영어 공부를 해왔어요.
- I have studied English **in ages**. (X)

11

M:　**We'd better get going,** or we'll be late.
W:　**Hang on a minute.** I have to make a quick call.
M:　OK. But **if we're late, don't blame me.**
W:　_________________________
　　(a) Calm down. You did the right thing.
　　(b) Why is all the blame on me?
　　(c) Don't worry. I'll be quick.
　　(d) I know it wasn't your fault.

M:　우리 가는 것이 좋겠어, 아니면 늦을 거야.
W:　잠깐 기다려. 나 전화 좀 잠깐 해야 돼.
M:　좋아. 하지만 만일 우리가 늦으면 내 탓 하지마.
W:　_________________________
　　(a) 진정해. 옳은 일을 한 거야.
　　(b) 왜 모든 책임이 나에게만 돌아오지?
　　(c) 걱정 마. 빨리 할 거야.
　　(d) 네 잘못이 아니었다는 것을 알아.

질의 |　**우려/불만** (상대방의 지연으로 인한 지각 우려)
응답 |　**위로/안심** (관례적 표현)

▶ (a) (X) You did the right thing.이 대화 내용과 어긋나므로 오답이다.
▶ (b) (X) 대화의 동일 표현 blame이 들어 있는 선택지를 피한다.
▶ (c) (O) 상대방의 우려에 대해 안심시키는 가장 관례적인 표현은 Don't worry.이다.

표현 |　**had better** ~하는 것이 좋겠다
　　　hang on 기다리다
　　　make a quick call 짧게 통화하다
　　　calm down 진정하다
　　　be quick 서두르다, 빨리 하다

12

W:　I'm worried **I may end up being single** all my life.
M:　Then **why don't you start** looking for someone?
W:　I'm trying, but **I haven't had any luck** in that department.
M:　_________________________
　　(a) Maybe you're being too picky.
　　(b) You'll have better luck after marriage.
　　(c) That's because they're in the other department.
　　(d) Don't rush me. I'm not ready to marry.

W:　내가 결국 평생을 혼자 살게 될까 봐 걱정이야.
M:　그럼 누군가를 찾기 시작하지 그래?
W:　나도 노력하고 있지만 그 방면에는 운이 없었어.
M:　_________________________
　　(a) 아마 네가 너무 까다롭게 구는가 보구나.
　　(b) 결혼 후에는 더 운이 좋아질 거야.
　　(c) 그들이 다른 부서에 있기 때문에 그래.
　　(d) 재촉하지 마. 난 결혼할 준비가 안됐어.

질의 |　**호소/우려** (독신 생활)
응답 |　**제안**

▶ (b) (X) after marriage라는 표현이 대화 상황과 어긋난다.
▶ (c) (X) 다른 의미로 쓰인 department가 들어 있는 선택지를 피한다. 동음이의어를 사용한 오답 선택지에 유의하자.

표현 |　**end up V-ing** 결국 ~하게 되다
　　　look for 찾다
　　　department 부문, 분야; 부서
　　　picky 까다로운, 까다롭게 구는
　　　rush 재촉하다, 열렬히 구애하다

13

M:　**Does anyone know** where Daniel is?
W:　He said he'd be five minutes late.
M:　But **our meeting was supposed to start** ten minutes ago.
W:　_________________________
　　(a) We can get started then, I suppose.
　　(b) I'm sorry I was late.
　　(c) I think he's falling behind.
　　(d) Let's make sure to begin on time.

M: 다니엘이 어디에 있는지 누구 아세요?
W: 5분쯤 늦을 거라고 말 했는데요.
M: 하지만 우리 회의가 10분 전에 시작하기로 되어 있었잖아요.
W: _______________________
(a) 그럼 시작해도 될 것 같아요.
(b) 늦어서 죄송합니다.
(c) 그가 뒤쳐지는 것 같아요.
(d) 틀림없이 시간 맞춰 시작하도록 하죠

질의 | **불만/불평** (회의 지각)
응답 | **제안**

▶ (a) (O) 동일 단어 start가 들어 있지만 상황과 어울리는 적절 응답이다. 대화와 동일 단어를 포함한 선택지는 오답인 확률이 높지만, 가끔씩 정답으로 제시되기도 함을 기억하자.

▶ (b) (X) 제3자인 Daniel이 할 수 있는 발화이므로 오답.

▶ (c) (X) fall behind는 일 따위가 늦어지고 뒤쳐지는 경우에 쓰이는 말이므로 적절치 않다.

▶ (d) (X) 정시에 일을 시작하기에는 이미 10분이나 늦은 상황이므로 오답.

표현 | **be supposed to** ~하기로 (예정) 되어 있다
fall behind 뒤쳐지다, (지불, 일 따위가) 늦어지다
make sure to 틀림없이 ~하다

14

W: **I wish you wouldn't answer** your phone in meetings.
M: Sorry if it bothers you. It never crossed my mind.
W: It's **just not good manners**, and it **looks unprofessional.**
M: _______________________
(a) I won't call you during your meetings anymore.
(b) It's important to use good phone manners.
(c) I'll try to be more considerate.
(d) Can't we block those calls at work?

W: 당신이 회의 중에 전화를 받지 않았으면 좋겠어요.
M: 방해했다면 죄송합니다. 미처 그 생각을 못했어요.
W: 그것은 좋은 매너가 아닐뿐 아니라, 전문가답지 않아 보여요.
M: _______________________
(a) 당신 회의 동안 다시는 전화하지 않을게요
(b) 전화 예절을 잘 지키는 것이 중요해요.
(c) 제가 좀 더 사려 깊게 처신하도록 노력하겠습니다.
(d) 근무 중에 그런 전화를 막을 수 없을까요?

질의 | **불만/충고** (회의 중 전화 수신)
응답 | **수긍/약속**

▶ (a) (X) 회의 중 전화 받은 상황을 전화 거는 상황으로 바꿔 놓은 오답.

▶ (b) (X) 대화의 동일 표현 good manners가 들어 있는 선택지를 피한다.

▶ (c) (O) 상대방의 불만 섞인 충고에 대한 가장 적절한 응답 표현은 수긍/약속(I'll try to be ~)을 하는 것이다.

표현 | **answer one's phone** 전화를 받다
cross one's mind 떠오르다, 생각나다

manners 예의
unprofessional 전문가답지 않은
considerate 사려 깊은, 신중한
block 막다, 봉쇄하다

15

M: **I heard you're taking all the credit** for the textbook we co-authored.
W: What? That's not true at all.
M: But I hear you've been **telling students you did most of the work.**
W: _______________________
(a) Shouldn't the author get all the credit?
(b) No way! The students are doing all the work.
(c) I actually really do like your textbook.
(d) You can't believe everything you hear.

M: 우리가 공동 집필한 교재에 대해 당신이 모든 공을 차지하고 있다고 들었어요.
W: 뭐라고요? 그것은 전혀 사실이 아니에요.
M: 하지만 학생들한테 대부분을 당신이 했다고 얘기했다고 하던데요.
W: _______________________
(a) 저자가 모든 공을 차지해서는 안되나요?
(b) 말도 안돼요! 학생들이 일을 다 하고 있어요.
(c) 사실 당신 교재가 정말 마음에 들어요.
(d) 들은 것 전부를 믿어서는 안 돼요.

질의 | **불만** (공동 작업의 공을 상대방이 독차지)
응답 | **비동의/비난**

▶ (a), (b), (c) (X) 대화의 동일 표현 author, all the credit; students, the work; textbook이 들어 있는 선택지를 피한다.

▶ (d) (O) 학생들 말이 사실이 아님을 돌려 표현함. 간접적인 응답 유형은 난이도 높은 문제에 자주 출제된다.

표현 | **take the credit for** ~에 대한 공을 차지하다, ~을 자기의 명예로 삼다
co-author 공동 집필하다
No way! 말도 안돼!

16

M: Margaret, I need your opinion on my new house design.
W: I thought you were already done with your proposal.
M: I am, but I feel like there's something missing in the blueprints.
W: _______________________
(a) Well, I'm glad to hear we finally agree.
(b) The architect is missing the blueprints.
(c) Don't second-guess yourself. It's probably fine.
(d) It's not missing anymore. I found it.

M: 마가렛, 내가 새롭게 작업한 집 설계디자인에 대한 의견을 듣고 싶어요.
W: 당신이 이미 계획을 다 마쳤다고 생각했는데요.
M: 그렇기는 해요. 하지만, 청사진에 뭔가가 빠져 있는 것 같이 느껴져요.

W: _______________________________

(a) 글쎄요, 마침내 의견의 일치를 보았다니 기뻐요.
(b) 설계자가 청사진을 못찾고 있어요.
(c) 이미 지난 일을 가지고 스스로를 탓 하지 마세요. 괜찮을 거예요.
(d) 그것은 더 이상 없어진 게 아니에요. 내가 찾았어요.

질의 | **염려** (자신의 일에 대해 불완전하다고 느낌)
응답 | **위로**

▶ (b) (X) 대화의 동일 표현 missing, blueprints가 들어 있는 선택지를 피한다.

▶ (c) (O) 상대방의 자책, 염려에 대해 위로하는 표현.

▶ (d) (X) 동음이의어 missing이 들어 있는 선택지를 피한다.

표현 | **be done with** ~을 끝내다, 마치다
proposal 계획, 제안
blueprint 청사진, 설계도
architect 건축가, 설계자
miss 빠뜨리다
second-guess 나중에 비판하다, (지난 일을) 비판하다, 예언하다, 예단하다

Part I&II Practice Test

Part I

1. (b)	2. (c)	3. (c)	4. (a)	5. (d)
6. (a)	7. (a)	8. (a)	9. (a)	10. (b)
11. (b)	12. (b)	13. (c)	14. (b)	15. (d)

Part II

16. (b)	17. (b)	18. (d)	19. (b)	20. (d)
21. (a)	22. (c)	23. (b)	24. (a)	25. (c)
26. (a)	27. (d)	28. (b)	29. (a)	30. (a)

Part I

1

W: This **hamburger** is **terrible**!
M: _______________________________

(a) Try it and see.
(b) It does taste awful.
(c) I already finished it.
(d) Would you like fries, too?

W: 이 햄버거 맛이 끔찍해요!
M: _______________________________

(a) 한번 먹어보고 확인해 봐요.
(b) 정말 맛이 형편없네요.
(c) 저는 이미 다 먹어 치웠어요.
(d) 감자 튀김도 드시겠습니까?

질의 | **불만**
응답 | **동의** (의견 제공)

▶ 음식 맛에 대한 불만을 표현한 경우 거의 대부분 동의하는 반응이 정답이다.

표현 | **try** 먹어보다, 시도해 보다
awful 지독한, 끔찍한
finish (음식을) 다 먹어 치우다; 끝내다
fries 감자튀김

2

W: **I wish I hadn't seen** that movie.
M: _______________________________

(a) Sorry, no refunds allowed.
(b) It has a famous actor in it.
(c) I agree. It was a waste of time.
(d) Don't worry. We'll watch something else.

W: 그 영화를 보지 않았더라면 좋았을걸.
M: _______________________________

(a) 죄송하지만, 환불은 안됩니다.
(b) 그 영화에 유명한 배우가 나왔어요.
(c) 동감이에요. 시간 낭비였어요.
(d) 걱정 마세요. 우리는 다른 것을 볼 거예요.

질의 | **의견 제공** (가정법)
응답 | **동의**

▶ I wish I hadn't seen that movie.는 영화가 형편없었다는 것을 함의한다. 가정법은 문장을 통째로 외우고 함의를 기억한다.

표현 | **I wish I hadn't seen that movie. (= I regret I saw that movie.)**
(함의: 괜히 봤어)
refund 환불; 반품하다, 환불하다

3

W: How do you like your new apartment?
M: _______________________________

(a) I moved on Saturday.
(b) I think you'll love it.
(c) It's been great all around.
(d) The rent is due on the 1st.

W: 새 아파트는 어떻습니까?
M: _______________________________

(a) 토요일에 이사 했어요.
(b) 당신 마음에 들 거라 생각해요.
(c) 전반적으로 다 근사해요.
(d) 임대료는 1일에 냅니다.

질의 | **의견 요청** (How do you like~?)
응답 | **의견 제공**

▶ 새 아파트에 대한 의견을 물으면 '좋다'는 대답이 일반적이다.

표현 | **How do you like ~?** ~이 어떻습니까?
around 이곳 저곳 (= here and there in a house)
all around 집안 모든 곳, 전체적으로, 완전히; 다재 다능한
cf. Jordan is an all-around athlete. 조던은 만능 운동 선수이다.
rent 집세, 임대료
due 지급 기일이 된

4

M: Did you mail the letter?
W: ________________________

(a) Just like you requested.
(b) We didn't receive any mail today.
(c) There's a mailbox down the street.
(d) Sorry, I've been too busy to respond.

M: 편지 부쳤나요?
W: ________________________

(a) 요청한 대로 했어요.
(b) 오늘 어떤 우편물도 받지 않았어요.
(c) 저 아래에 우체통이 있어요.
(d) 죄송해요, 너무 바빠서 답장을 하지 못했어요.

질의 | Did 의문문 (사실 확인)
응답 | (Yes / No 없이) 긍정

▶ 편지 발송 여부를 묻는 것은 부탁을 했기 때문이다. 그 함의를 담은 선택지가 적절 응답이다.

표현 | **mail** 우편으로 보내다; 우편물
mailbox 우체통
down the street 길을 따라 가면, 길을 지나면, 저 아래에
request 요청하다, 원하다
respond 답장하다, 응답하다

5

M: **Care to join** me for lunch?
W: ________________________

(a) Any time is fine.
(b) Let's do it together.
(c) No thanks. I don't really care.
(d) Certainly, if you can wait a sec.

M: 나랑 점심 같이 할래?
W: ________________________

(a) 언제든 좋아.
(b) 그거 같이 하자.
(c) 괜찮아. 정말 개의치 않아.
(d) 좋아, 잠시만 기다려 주면.

질의 | 초대 (의문문)
응답 | 수락

▶ (a) (X) 약속 시간을 정하는 상황에서 가능한 응답이다.
▶ 거절하는 경우 Sorry / I'm afraid라는 기본 표현 다음에 가지 못하는 이유를 제공한다.

표현 | **care to** ~하고 싶다, ~하기를 원하다
care 마음을 쓰다, 신경 쓰다

6

M: **Sorry** for getting upset at you.
W: ________________________

(a) No harm done.
(b) You should go apologize.
(c) But I'm not upset at you.
(d) It's none of your business.

M: 당신에게 화를 내서 미안해요.
W: ________________________

(a) 괜찮아요.
(b) 당신은 가서 사과해야 합니다.
(c) 하지만 저는 당신에게 화나지 않았어요.
(d) 당신이 관여할 일이 아니에요.

질의 | 사과
응답 | 이해 (관용 표현)

표현 | **get upset at** ~에게 화를 내다
No harm done. 괜찮아요., 아무 해가 없어요.
be upset at ~에게 화나다
It's none of your business. 네 일에나 신경 써라, 네가 관여할 바 아니다.

사과를 받아들이는 표현
No harm done. / Don't mention it.
Forget about it. / It doesn't matter.
I quite understand. / Never mind.
That's all right. / That's OK.
You can't help it. 어쩔 수 없었겠지요.

7

M: **Would you recommend** I take the job?
W: ________________________

(a) I would if I were you.
(b) Let us know when you can start.
(c) You should schedule an interview.
(d) No way. I don't want to work there.

M: 내게 그 직업을 택하라고 권하시겠어요?
W: ________________________

(a) 내가 당신이라면 그렇게 할 겁니다.
(b) 당신이 언제부터 시작할 수 있는지 알려주세요.
(c) 당신은 면접 일정을 잡아야 합니다.
(d) 싫어요. 저는 거기에서 일하고 싶지 않습니다.

질의 | 의견 요청 (Would you…?)
응답 | 조언 (가정법)

▶ (a) (O) 조언을 할 때 가정법을 많이 사용한다.
▶ (d) (X) 듣는 사람과 관련된 사실이 아니다.

표현 | **recommend** 권하다, 충고하다
schedule 일정을 잡다
No way. (No 변이형) 싫어, 안돼

8

W: Hello? Is Jessica home?
M: ________________________

(a) You just missed her.
(b) Yes, it's nice to meet you.
(c) No, I'm her husband, Daniel.
(d) You're right. She does live here.

W: 여보세요. 제시카 집에 있나요?
M: ________________________

(a) 막 나갔어요.
(b) 네, 만나게 되어 반갑습니다.
(c) 아니요, 저는 남편 다니엘입니다.
(d) 당신 말이 맞아요. 그녀는 정말 여기에 삽니다.

질의 | **Be 의문문** (전화 대화)
응답 | (Yes-No없이) **정보 제공**

> ▶ 전화 대화에서는 전화 받을 상대가 자리에 없다는 응답이 주로 출제된다.

표현 | **miss** 놓치다
She does live. She lives를 강조하는 구문

9

> W: Are you traveling alone, sir?
> M: ___________________
>
> (a) It's just me.
> (b) I'm traveling on business.
> (c) No, I'm making several stops.
> (d) Sorry, I only bought one ticket.

W: 혼자 여행하시는 건가요, 손님?
M: ___________________

(a) 저 혼자입니다.
(b) 사업차 여행 중입니다.
(c) 아니요, 저는 여러 곳을 거쳐 갈 겁니다.
(d) 미안한데, 표 한 장만 구입했어요.

질의 | **Be 의문문**
응답 | (Yes-No 없이) **긍정 응답**

> ▶ 질의: 호텔 투숙을 할 때 안내데스크의 직원이 손님에게 할 수 있는 발화이다.

표현 | **on business** 사업차, 사업 목적으로
make several stops 여러 곳을 경유하다, 중간중간 여러 곳에 내리다

10

> M: Will a meal be served on this flight?
> W: ___________________
>
> (a) We are happy to serve you.
> (b) Only snacks will be provided.
> (c) I hope you're right. I'm starving.
> (d) Yes, you have a choice of take-out or dine-in.

M: 이 비행기에는 식사가 제공되나요?
W: ___________________

(a) 우리는 당신을 모시게 되어 기쁩니다.
(b) 스낵만 제공됩니다.
(c) 당신 말이 맞으면 좋겠어요. 몹시 배가 고프거든요.
(d) 예, 가지고 가시거나 식당에서 드실 수 있습니다.

질의 | **Will 의문문**
응답 | (Yes-No없이) **정보 제공**

> ▶ 기내식 제공 유무에 관한 질문이므로 (b)를 제외한 선택지는 대화 내용에 맞지 않다.

표현 | **meal** 식사
on this flight 이 비행편(비행기)에는
serve (음식을) 내다, 제공하다; 봉사하다
starving 배가 몹시 고픈
take-out 포장해 가는 음식
dine-in 식당 안에서 먹는 음식

11

> W: That **looks heavy**. May I **get it**?
> M: ___________________
>
> (a) I'm trying to lift it.
> (b) Thanks, but I can manage.
> (c) Of course. I got it myself.
> (d) When can you help?

W: 그거 무거워 보이는데. 제가 들어 줄까요?
M: ___________________

(a) 그것을 들어 올리려고 애쓰고 있어요.
(b) 고맙지만, 제가 할 수 있어요.
(c) 물론이죠. 제가 그것을 해냈어요.
(d) 언제 도와줄 수 있나요?

질의 | **도움 제공**
응답 | **감사 + 사양**

> ▶ (d) (X) 말하는 사람이 지금 도움을 제공하고 있는데 언제 도와줄 거냐고 질문할 수 없다.
>
> ▶ 도움을 사양할 때 사용하면 좋은 표현 I can manage. (내가 할 수 있어요.)를 기억한다.

표현 | **lift** 들어 올리다
manage 처리하다, (어려운 일을) 해결하다
· Don't worry us. We'll mange! 걱정하지 말아요. 우린 해낼 수 있어요!

12

> M: **Kudos** on your **recital**, Kathy!
> W: ___________________
>
> (a) I should hope so.
> (b) I'm honored you could attend.
> (c) I'd rather not be at the recital.
> (d) Thanks, you can say that again.

M: 캐시, 당신의 독주회에 찬사를 보냅니다!
W: ___________________

(a) 그러길 바라야지요.
(b) 참석해 주셔서 영광입니다.
(c) 그 연주회에 가지 않는 것이 좋겠어요.
(d) 감사합니다. 당신 말씀이 맞아요.

질의 | **축하** (Kudos on ~)
응답 | **감사**

> ▶ Kudos를 모르더라도 your recital이라는 단어로 상황을 짐작할 수 있어야 한다. 연주회가 화제인 경우 당연히 축하나 칭찬의 말을 하고 있을 것이므로 이에 대한 적절 응답은 감사이다.

표현 | **kudos** (뛰어난 성취를) 칭찬, 찬사, 명예
cf. He received kudos from everyone on his performance.
그는 모든 사람들로부터 그의 공연에 대한 찬사를 받았다.
recital 독주회, 독창회, 연주회; 암송, 낭송
be honored 영광이다
I'd rather not ~하지 않는 게 낫겠어요
You can say that again. 당신 말이 맞습니다, 동감입니다.

13

M: Pardon me. I'm **looking for** Woodland **Parkway**.

W: ______________________

(a) You can't park there.
(b) Well, good luck finding it.
(c) Forgive me, but I'm new here.
(d) No problem. You should find it soon.

M: 실례합니다. 우드랜드 파크웨이를 찾고 있는데요.

W: ______________________

(a) 거기에 주차할 수 없습니다.
(b) 글쎄, 그걸 찾는 데 행운이 있기를.
(c) 죄송합니다만, 저도 여기 처음입니다.
(d) 물론이죠. 곧 찾으실 거예요.

질의 | **정보 요청** (길 묻기)
응답 | **비제공** (사과 + 이유)

▶ 평서문 I'm looking for ~는 '~을 알려주시겠어요?'의 함의를 가진 요청이다.

▶ 길 묻기 상황의 관례적 응답의 하나인 'I'm new here / I am a stranger here 저도 여기가 처음입니다' 표현을 기억해 둔다.

표현 | **Pardon me.** 실례합니다, 죄송합니다.
park 주차하다; 공원
Good luck. 행운을 빈다.
No problem.
① 물론이죠, 문제없어요. (요청을 수락)
· Can you get me to the station by 11:00? – No problem.
② 뭘요, 괜찮아요. (감사에 대한 응답)
· Thanks for the lift. – No problem.

14

W: Luke, what a pleasant surprise!

M: ______________________

(a) Surprise! It's Luke.
(b) I'm taken aback, myself.
(c) Sure, I'll be there soon.
(d) Yes, it's more than I expected.

W: 루크, 여기서 너를 만나다니 놀랐는걸!

M: ______________________

(a) 웬일이야! 루크잖아.
(b) 나도 깜짝 놀랐어.
(c) 물론, 곧 거기에 갈 거야.
(d) 그래, 그건 내가 기대한 것 이상이야.

질의 | **인사** (뜻밖의 만남)
응답 | **관례적 응답** (관용 표현)

▶ 관용 표현인 be taken aback을 모르더라도 소거법을 이용하면 적절 응답을 고를 수 있다.

▶ (a) (X) 상대방이 이미 이름을 불렀는데 이름을 밝히는 응답은 적절하지 않다.

▶ (c) (X) 인사 표현에 도착을 약속하는 응답은 부적절하다.

▶ (d) (X) 뜻밖의 만남에 놀라는 사람에게 '기대 이상'이라고 말하지 않는다.

표현 | **What a surprise!** 웬일이야! 어머나!
be taken aback 깜짝 놀라다, 당황하다
more than I expected 기대 이상인
take sb aback ~을 깜짝 놀라게 하다, 당혹스럽게 하다
· The news really took aback all of us.
그 소식은 우리 모두를 당황스럽게 했다.
· I was a little taken aback at her abrupt manner.
그녀의 돌연한 태도에 난 약간 충격을 받았다.

15

W: Turn here. **This road** looks **promising**.

M: ______________________

(a) OK, I promise I'll do it.
(b) Thanks. You're quite a visionary.
(c) I'm sure it'll turn out in the end.
(d) But there's no telling where it'll lead.

W: 여기서 방향을 바꿔요. 이 길로 가면 될 것 같아요.

M: ______________________

(a) 좋아요. 제가 그 일을 한다고 약속하지요.
(b) 고마워요. 당신은 대단한 몽상가예요.
(c) 결국에는 드러날 것으로 생각해요.
(d) 하지만 그게 어디로 통하는지 알 수 없잖아요.

질의 | **의견 제공**
응답 | **(반대) 의견 제공**

▶ Part I&II 문제는 우리말 해석에 맞추어 응답을 선택하면 2~3개의 선택지가 답이 될 것 같이 보이는 경우가 있다. 대화 상황에 맞는 적절 응답을 쉽게 고르려면, 질의나 응답이 전달하는 기본적인 기능(function)이 무엇인지 판단하여 문제를 풀어야 한다.

표현 | **promising** 가망이 있는, 전망 있는, 좋은
visionary 몽상적인, 통찰력 있는; 공상가
turn out 판명되다, 드러나다
in the end 결국에는
lead ~로 이어지다, ~로 통하다
There's no telling ~을 알 수 없다
cf. There is no telling about the weather.
날씨라는 것은 알 수가 없어.

Part II

16

M: Hey, **isn't** that **my mug**?
W: Um, it is?
M: Yeah. You **should ask** before taking things.
W: ______________________

(a) Sorry, it's already been taken.
(b) I didn't know it belonged to you.
(c) Thanks, I'll return it when I'm done.
(d) Not a problem. You can borrow it anyway.

M: 야, 그것 내 머그 컵 아냐?
W: 어, 네 거야?
M: 그래. 물건을 가져가기 전에 물어봐야지.

W: ___________________________

(a) 미안해, 그것 이미 맡아 놓은 자리야.

(b) 그게 네 것인 줄 몰랐어.

(c) 고마워, 내가 끝나면 그것을 돌려줄게.

(d) 괜찮아, 어쨌든 그걸 빌려 가도 돼.

질의 | 비난 (should)

응답 | 사과 (이유설명)

▶ (a) (X) 사과 표현 Sorry는 합당하지만 뒤에 나온 이유가 적절치 않다.

▶ (b) (O) 직접적인 사과의 표현 Sorry가 없어도 이유 설명이 합당하다.

표현 | **mug** 원통형 찻잔, 손잡이 있는 컵

taken 사용 중인, 자리를 맡아 놓은 (= occupied)

belong to ~에게 속하다, ~의 것이다

borrow 빌리다

Not a problem. 문제될 게 없다.

17

W: **Mind if** I **open** your **bag**?

M: Fine, but it's just clothing.

W: Do you **have any liquids** in here?

M: ___________________________

(a) The clothes are all dry.

(b) Only some bottled water.

(c) I am quite thirsty, actually.

(d) I'm afraid I already drank it.

W: 가방을 열어봐도 되겠습니까?

M: 그러세요. 하지만 의류뿐이에요.

W: 이 안에 액체류가 있나요?

M: ___________________________

(a) 옷은 모두 건조되었습니다.

(b) 병에 든 물만 조금 있습니다.

(c) 사실 저는 매우 목이 말라요.

(d) 제가 이미 그것을 마셨습니다.

질의 | Do 의문문

응답 | (Yes / No 없이) 정보 제공

▶ 상황 파악이 문제 해결의 관건이다. 가방을 열어보겠다는 발화를 사용할 수 있는 상황은 세관 (Customs)이나 공항 보안 검색 (security check)이다.

표현 | **Mind if ~?** ~해도 되겠어요? 괜찮을까요?

clothing (집합적) 의류, 의복

clothes 옷

liquid 액체

bottled 병에 든

세관 통과 관련 표현

Do you have anything to declare? 신고할 것 있습니까?

Please hand me the customs declaration form. 세관 신고서를 주십시오.

Open your baggage please. 가방을 열어 보세요.

입국심사 관련 표현

May I see your passport please? (여권 제시)

Where are you from? (국적)

What is the purpose of your visit? (입국 목적)

How long are you going to stay? (체류 기간)

Where are you going to stay? (체류 장소)

18

M: Hello. Do you **have a reservation**?

W: Yes, it's under Carol Thompson.

M: **May I have** your **confirmation number**, please?

W: ___________________________

(a) Sorry, I'll have to pay cash.

(b) Here is my credit card number.

(c) Sure, let me get out my license.

(d) One moment, please. It's in my purse.

M: 안녕하세요? 예약 하셨나요?

W: 예, 캐롤 톰슨 이름으로 되어 있어요.

M: 예약 번호를 말씀해 주시겠어요?

W: ___________________________

(a) 죄송하지만, 현금으로 지불해야겠습니다.

(b) 제 신용카드 번호입니다.

(c) 물론이죠, 면허증을 꺼내겠습니다.

(d) 잠시만요. 지갑 안에 있어요.

질의 | 요청 (May I~?)

응답 | 수락

▶ 예약 번호 요청과 제시 상황: 난이도가 낮은 문제이다. 관례적인 절차만 이해하고 있으면 된다.

표현 | **have a reservation** 예약이 되어 있다

be under one's name ~의 이름으로 되어 있다

confirmation number 예약 번호, 확인 번호, 인가 번호

pay cash 현금으로 지불하다

license 면허증, 허가증

19

M: That's a **nice cell phone**. Is it **new**?

W: Yes, I **got it** on **Saturday**.

M: It looks like it's got **a lot of features**.

W: ___________________________

(a) OK. I think I'll buy this one.

(b) It does. I'm still learning to use it.

(c) We're currently running a special.

(d) There are even more features than that.

M: 멋진 휴대 전화기네. 새 거야?

W: 응, 토요일에 샀어.

M: 기능이 많아 보이는데.

W: ___________________________

(a) 좋아. 이 걸로 살게.

(b) 그래. 아직도 사용법을 배우고 있는 중이야.

(c) 저희는 현재 특설 매장을 운영하고 있습니다.

(d) 그보다 훨씬 더 많은 특징이 있어.

질의 | 의견 제공

응답 | 동의 + 정보 제공

▶ 대화 상황을 현실적으로 생각하면 적절 응답을 쉽게 예상할 수 있다. 구입한지 2~3일밖에 되지 않은

(‘토요일에 구입했다’에 함축) 휴대폰에 ‘많은 특징이 있어 보인다’는 의견 제공 → 적절 응답은 ‘보기와 달리 꼭 그렇지도 않다’ 혹은 ‘실제 특징적인 기능이 많다’는 사실 제공이다.

▶ (d) (X) ‘that’으로 지시될 수 있는 내용이 이전 발화에 없다.

표현 | **cell phone** 휴대 전화
feature 특징, 특색
currently 현재, 지금
special 특가품; 임시 열차; 호외; 특별 요리

20

> M: I **wish** I **had a car**.
> W: You don't have one?
> M: No, but I **could really use one**.
> W: ____________________
> (a) Right, used ones are cheaper.
> (b) It's a brand new model, actually.
> (c) Yes, you should drive more often.
> (d) You can borrow mine if you'd like.

M: 차가 있으면 좋으련만.
W: 차 없어?
M: 없어. 그런데 실은 차가 필요할지도 몰라.
W: ____________________
(a) 맞아, 중고 제품은 값이 더 저렴하지.
(b) 사실 이것은 아주 신품이야.
(c) 그래, 너는 더 자주 운전을 해야 해.
(d) 네가 원하면, 내 차를 빌려가도 돼.

질의 | **부탁** (조동사 평서문)
응답 | **제안 · 허락**

▶ 함의가 많은 간접적인 부탁이다. 가정법과 조동사 표현의 함의를 파악해야 정답을 고를 수 있다.

▶ (a) (X) 대화에 나온 use one의 소리를 이용한 함정 선택지(used ones)이다.

표현 | **used** 중고의
brand new 신품의, 아주 새로운, 갓 만들어진
could (추측) ~할지도 모른다
· It could be (so). 아마 그럴지도 몰라.
· I could smack his face! 그의 얼굴을 한 대 갈기고 싶을 정도다 (그만큼 화가 난다).

21

> W: Hi, I'm Wendy.
> M: Rob Davis. Nice to meet you.
> W: Davis? Oh, **are you Lance's brother**?
> M: ____________________
> (a) You guessed it.
> (b) No, that's Rob, R-O-B.
> (c) Yeah, we're both from Davis.
> (d) I have two brothers, actually.

W: 안녕? 나는 웬디야.
M: 롭 데이비스야. 만나서 반가워.

W: 데이비스? 아, 랜스와 형제인가?
M: ____________________
(a) 맞아.
(b) 아니, R-O-B, 롭이야.
(c) 응, 우린 둘 다 데이비스에서 왔어.
(d) 실은 형이 두 명이야.

질의 | **인사**(첫 대면)/**Be의문문**
응답 | **(Yes-No 없이) 긍정**

▶ (c) (X) 고유명사 Davis를 이용한 함정 선택지이다.

표현 | **You guessed it.** 맞혔군요, 맞아요
be from ~ 출신이다, ~에서 왔다

22

> W: Hello. **Welcome** to GenStar Industries.
> M: Is **Gary** Cooper **in**?
> W: **He's available by appointment** only.
> M: ____________________
> (a) Great. Send him right in.
> (b) I'll come back later, then.
> (c) Then I'd like to make one.
> (d) I can't reschedule my appointment.

W: 안녕하세요. 젠스타 사에 오신 것을 환영합니다.
M: 게리 쿠퍼가 안에 있나요?
W: 약속을 하셔야만 만나실 수 있습니다.
M: ____________________
(a) 좋아요. 그를 바로 들여 보내요.
(b) 그러면 나중에 다시 올게요.
(c) 그러면 약속을 잡을게요.
(d) 제 약속 일정을 변경할 수 없는데요.

질의 | **정보 제공** (요청)
응답 | **수락**

▶ ‘약속을 해야만 만날 수 있다’는 사실 제공의 평서문에는 약속을 하라는 요청이 함의되어 있다.

표현 | **available** 만날 시간이 있는; 활용할 수 있는
Are you available? 시간 있으세요? 뵐 수 있을까요?
by appointment 약속을 하여
reschedule 일정을 변경하다

23

> M: I'm **going cave exploring** this summer.
> W: Really? Have you ever done that before?
> M: No, but I **think it'll be fun**.
> W: ____________________
> (a) You should try it sometime.
> (b) Be careful. It sounds dangerous.
> (c) Thanks, but I think I'll stay home.
> (d) I hope it's more fun than last time.

M: 저는 이번 여름에 동굴 탐사를 갑니다.
W: 그래요? 이전에 해본 적 있나요?
M: 없어요, 하지만 재미있을 것 같아요.
W: ____________________
(a) 당신은 언젠가 그걸 해 봐야 해요.

(b) **조심해요. 위험한 것 같은 생각이 드네요.**
(c) 고맙지만, 저는 집에 있을 생각이에요.
(d) 지난 번보다 더 재미있기를 바랍니다.

질의 | 정보/의견 제공
응답 | 조언 (주의 + 의견 제공)

▶ 여자의 첫 반응에 놀라움(Really?)과 신중함(경험 확인)이 함축되어 있다. 두 번째 반응도 일관되어야 한다.

표현 | **go ~ing** ~하러 가다 *cf.* go swimming 수영하러 가다
cave exploring 동굴 탐사
sometime 언젠가

24

> W: Hello, Fresh Goods Market.
> M: Hi, are you still hiring?
> W: Yes, sir. But you'll **have to apply in person**.
> M: _______________________
>
> **(a) Thanks. I'll come in then.**
> (b) No problem. Here's my ID.
> (c) Great. I'll send in my résumé.
> (d) OK, which person should I call?

W: 여보세요, 프레시 구즈 마켓입니다.
M: 안녕하세요, 아직 직원을 채용 중인가요?
W: 예. 하지만 직접 오셔서 지원하셔야 합니다.
M: _______________________

(a) 감사합니다. 그럼 제가 들르겠습니다.
(b) 가능합니다. 제 ID입니다.
(c) 좋습니다. 제가 이력서를 제출하겠습니다.
(d) 알겠어요, 어떤 분에게 전화를 해야 하나요?

질의 | 정보 제공 (전화 대화)
응답 | 감사+약속

▶ in person이 정답의 실마리이다.

▶ (c) (X) in person을 파악하지 못한 경우 빠질 수 있는 함정이다.

표현 | **hire** 고용하다
apply 지원하다
in person 직접, 스스로. 직접 와서
send in (신청서 · 사표를) 내다, 제출하다
résumé 이력서

25

> W: Kevin, come quick!
> M: I'm here now. What is it?
> W: **I just saw a mouse** scurry under there.
> M: _______________________
>
> (a) OK, I'm coming to see it.
> (b) No, all I could see was the tail.
> **(c) Come on, you're pulling my leg!**
> (d) That's a cute mouse in the cage.

W: 케빈, 빨리 와!
M: 여기 왔어. 무슨 일이야?
W: 방금 쥐 한 마리가 저 아래로 쏜살같이 지나가는 것을 봤어.
M: _______________________

(a) 좋아, 내가 그것을 보러 간다.
(b) 아니야, 내가 볼 수 있었던 것은 꼬리가 다야.
(c) 이봐, 너 나를 놀리는 것 아니야!
(d) 그것은 우리 안의 귀여운 쥐야.

질의 | 정보 제공 (평서문 사용)
응답 | 비동의 (상대방의 말을 믿지 않음)

▶ (c) 상대방이 놀리는 것 같은 상황에서 할 수 있는 말 You're pulling my leg.이 상황과 적절히 어울려 정답이다. 동일 단어 come이 들어있으나 come on은 '이봐'라는 다른 의미를 이룬다.

▶ (a), (d) (X) 동일 단어 come, mouse가 들어 있는 선택지를 피한다.

표현 | **scurry** 황급히 달리다
tail 꼬리
You're pulling my leg. 나를 놀리는 거죠?

26

> W: **Going somewhere**?
> M: Yeah, but I'll be back soon.
> W: **Where are you headed?**
> M: _______________________
>
> **(a) I'm off to Peter's.**
> (b) I'm aiming for the top.
> (c) It shouldn't take very long.
> (d) I'm heading in the right direction.

W: 어디 가니?
M: 응, 하지만 곧 돌아올 거야.
W: 어디 가는데?
M: _______________________

(a) 피터 집에 가.
(b) 나는 정상을 목표로 가고 있어.
(c) 시간이 얼마 걸리지 않을 거야.
(d) 나는 옳은 방향으로 가고 있어.

질의 | 장소 (세부정보 질문)
응답 | 합당한 정보 제공

▶ (c) (X) 다녀오는데 시간이 얼마나 걸릴 지 묻는 질문에 할 수 있는 발화이다.

▶ (d) (X) 동일 단어 head가 들어 있는 선택지를 피한다.

표현 | **be back** 돌아오다
Where are you headed? 어디 가세요?
be off to ~로 가다
aim for ~을 목표로 하여 나아가다

27

> M: **Did you drive to work** today?
> W: No, my **husband dropped me** off.
> M: Oh, **does he work near here?**
> W: _______________________
>
> (a) It's nearly the same.
> (b) He works for a law firm.
> (c) He and his boss are close.
> **(d) Just a stone's throw away.**

M: 오늘 운전해서 출근했어요?
W: 아니요, 제 남편이 저를 내려 줬어요.
M: 아, 그가 여기 가까운 곳에서 일하나 보죠?
W: _______________________
　(a) 그것은 거의 같습니다.
　(b) 그는 법률 회사에서 근무합니다.
　(c) 그와 그의 상관은 가까운 사이에요.
　(d) 매우 가까운 거리에 있지요.

질의 |　**긍정 · 부정 질문** (Do 의문문)
응답 |　**Yes 생략 + 사실 제공**

　▶ (d) (O) 대화문의 near here에 해당하는 관용적 표현을
　　사용한 적절 응답이다.

　▶ (b) (X) 동일 단어 work가 들어 있는 선택지를 피한다.

표현 |　**drop off** 내려 주다
　　nearly 거의
　　law firm 법률 회사
　　Just a stone's throw away 매우 가까운 거리

28

M: This **map is** so **confusing**.
W: Where are you trying to go?
M: **I'm looking for** Kimball Square.
W: _______________________
　(a) I'd recommend buying a map.
　(b) That's at the Elliot Park stop.
　(c) The next stop is on your right.
　(d) Meet me there and I'll show you.

M: 이 지도는 너무 헷갈려요.
W: 어디로 가려고 하시는데요?
M: 킴볼 광장을 찾고 있습니다.
W: _______________________
　(a) 지도를 살 것을 권합니다.
　(b) 그곳은 엘리엇 공원 정거장에 있습니다.
　(c) 다음 정거장은 당신 오른쪽에 있습니다.
　(d) 거기서 만나요, 그러면 제가 당신에게 길을 안내할게요.

질의 |　**정보 요청** (평서문 사용)
응답 |　**정보 제공**

　▶ (a) (X) 동일 단어 map이 들어 있는 선택지를 피한다.

　▶ (d) (X) 대화의 this map이라는 어휘로 두 화자가 같이
　　있는 상황임을 판단할 때 오답이다.

표현 |　**confusing** 혼란스러운, 헷갈리는
　　square 광장
　　stop 정거장, 정류장

29

W: Oh, no! I think **I just lost a friend.**
M: What do you mean? What happened?
W: **I dropped Michelle's laptop.**
M: _______________________
　(a) She'll probably get over it.
　(b) Don't worry. I'm not angry.
　(c) She should say she's sorry.
　(d) I'm not sure that I can fix it.

W: 오, 세상에! 내가 막 친구를 잃어버린 것 같아.
M: 무슨 뜻이야? 무슨 일인데?
W: 내가 미쉘의 노트북 컴퓨터를 떨어뜨렸어.
M: _______________________
　(a) 그녀는 아마 그것을 이해할 거야.
　(b) 걱정하지 마. 나는 화나지 않았어.
　(c) 그녀는 미안하다고 말해야 해.
　(d) 내가 그것을 고칠 수 있는지 확신할 수 없어.

질의 |　**사실 제공** (평서문 사용)
응답 |　**위로**

　▶ (b) (X) 전반부 내용은 맞지만 후반부 내용이 어긋난다.
　　선택지는 끝까지 유의해서 들어야 한다.

　▶ (c) (X) She를 You로 바꿔 쓰면 정답으로 가능한 발화이다.

표현 |　**laptop** 노트북 컴퓨터
　　get over 넘기다, 잊어버리다, 극복하다
　　fix 고치다

30

W: Bummer! All **the photos** I took **came out unfocused**.
M: **Something** must have **happened to** the camera.
W: More likely, **it's the photographer**.
M: _______________________
　(a) Don't blame yourself for it.
　(b) You can have a full refund.
　(c) I'll take the photo again for you.
　(d) Right, you should buy a new camera.

W: 짜증나! 내가 찍은 사진 모두 초점이 맞지 않게 나왔어.
M: 틀림없이 카메라에 문제가 있나 보구나.
W: 그 보다는, 사진 찍은 사람에게 문제가 있는 것이지.
M: _______________________
　(a) 자책하지는 마!
　(b) 너는 전액 환불 받을 수 있어.
　(c) 내가 너를 위해 다시 사진을 찍어 주겠어.
　(d) 맞아, 너는 새 카메라를 사야 해.

질의 |　**불만/질책** (자책)
응답 |　**위로**

　▶ (c) (X) 동일 단어 photo가 들어 있는 선택지를 피한다.

　▶ (b), (d) (X) 사진이 잘 나오지 않은 탓을 대화 내용과
　　다르게 각기 다른 대상(사진 현상소 혹은 사진기)에
　　돌리고 있으므로 오답이다.

표현 |　**bummer** 실망; 짜증나는 물건이나 사람
　　unfocused 초점이 맞지 않는
　　likely 있을 법한, 할 것 같은
　　blame 탓하다
　　refund 환불

TEPS Part III 공략

Part III 따라잡기

출제 유형 맛보기

A

> W: Hello. I'd like to speak to Mr. Carrington, please.
> M: I'm afraid he's not here right now. Would you like to leave a message?
> W: All right. This is Samantha from Sunshine Travel Agency.
> M: Samantha, Sunshine Travel—got it.
> W: I'm calling about his trip to Paris. He's got my number.
> M: OK. I'll pass along the message.

Q. What is the main purpose of the woman's call?

(a) To ask the man to go with her to Paris.
(b) To give her phone number to Mr. Carrington.
(c) To speak with Mr. Carrington about his trip.
(d) To arrange a meeting abroad.

W: 여보세요. 캐링턴 씨와 통화하고 싶은데요.
M: 지금 여기 없습니다. 메시지를 남기시겠습니까?
W: 네. 저는 썬샤인 여행사의 사만사입니다.
M: 사만사, 썬샤인 여행사 — 알겠습니다.
W: 캐링턴 씨의 파리 여행에 대해 말씀드리려고 전화를 했어요. 제 전화번호는 알고 계십니다.
M: 알겠습니다. 제가 메시지를 전하겠습니다.

Q. 여자가 전화를 건 목적은 무엇인가?

(a) 남자에게 그녀와 함께 파리에 가자고 부탁하기 위하여.
(b) 그녀의 전화 번호를 캐링턴 씨에게 알리기 위하여.
(c) 캐링턴 씨와 그의 여행에 대해 이야기 하기 위하여 .
(d) 해외에서의 모임을 정하기 위하여.

B

> W: Honey, which sweater do you think looks better on me, red one or green one?
> M: Hmm, it's hard to say. Both colors would look good on you.
> W: I'm flattered, but that really doesn't help me in making a decision.
> M: Well, which one are you leaning more towards?
> W: That's what I've been trying to figure out for the past 15 minutes.
> M: I suppose the green one makes you look more business-like.
> W: You think so? OK, I'll buy that one, then.

Q. What can be inferred?

(a) The woman wants to look professional.
(b) The man will buy the red sweater for the woman.
(c) The woman is buying the clothes as a gift.
(d) The man does not like shopping for clothes.

W: 여보, 빨간색과 초록색 중 어떤 것이 내게 어울리는 것 같아요?
M: 음, 어려운데. 두 색 다 잘 어울리는 것 같아.
W: 기분은 좋긴 하지만 결정하는 데 도움이 되지 않아요.
M: 그럼, 당신은 어느 쪽으로 더 마음이 기울고 있지?
W: 바로 그 때문에 15분 동안이나 고심하고 있잖아요.
M: 내 생각엔 초록색이 당신을 좀 더 전문가로 보이게 하는 것 같아.
W: 그래요? 좋아요. 그러면 그 걸로 살게요.

Q. 추론 가능한 것은 무엇인가?

(a) 여자는 전문가로 보이기를 원한다.
(b) 남자는 여자에게 빨간 스웨터를 사줄 것이다.
(c) 여자가 선물로 옷을 구입하고 있다.
(d) 남자는 옷 쇼핑을 좋아하지 않는다.

Unit 8 대의 1: 길묻기 · 여행

유형연습 스크립트 & 번역

A

> M: Susie, are you free later on this month?
> W: Why do you ask?
> M: I'm going on vacation, and I need to find someone to water my plants.
> W: When will you be gone?
> M: I'm leaving the 24th and coming back on the 31st.
> W: Oh, that coincides with my vacation plans.
> M: In that case, I guess I'll have to find someone else.
> W: Sorry I couldn't help you.

Q. What is the main point of the conversation?

(a) The man is asking the woman a favor.
(b) The woman is asking the man for help.
(c) The man and woman are discussing vacation plans.
(d) The man and woman are arguing over their plants.

M: 수지, 이번 달 말에 시간 있니?
W: 왜 물어?
M: 휴가를 가려고 하는데 내 화분에 물 줄 사람을 찾아야 하거든.
W: 언제 가는데?

M: 24일에 떠나서 31일에 돌아와.

W: 이런, 내 휴가 계획과 겹치는구나.

M: 그러면 다른 사람을 찾아 봐야겠구나.

W: 도와주지 못해 미안해.

Q. 이 대화의 요지는 무엇인가?

(a) 남자가 여자에게 부탁을 하고 있다.

(b) 여자가 남자에게 도움을 요청하고 있다.

(c) 남자와 여자는 휴가 계획에 대해 토론하고 있다.

(d) 남자와 여자는 그들의 식물을 두고 논쟁하고 있다.

B

W: Good morning. Can I help you with anything?

M: Yes, I'm looking for a used station wagon.

W: You've come to the right place. We've got plenty.

M: I'm interested in something with a lot of storage space, but not too big.

W: In that case I would recommend that one over there.

M: That looks like what I had in mind. How many miles does it have on it?

W: A little over 50,000. It's in great condition.

M: Do you mind if I take it on a test drive?

Q. What is the man mainly doing?

(a) Trying to find a car dealer.

(b) Discussing payment for a used car.

(c) Preparing to purchase a used automobile.

(d) Test-driving a friend's station wagon.

W: 안녕하세요. 뭘 도와드릴까요?

M: 네, 중고 스테이션 왜건을 찾고 있는데요.

W: 제대로 오셨습니다. 저희 가게에 많습니다.

M: 짐 실을 공간은 많으면서 너무 크지 않은 것에 관심이 있습니다.

W: 그러면 저 쪽에 있는 차를 권해드리겠습니다.

M: 제가 생각하고 있던 차 같군요. 차의 주행 거리는 얼마나 되지요?

W: 50,000 마일 조금 넘습니다. 상태가 아주 좋습니다.

M: 제가 시운전을 해 봐도 되겠습니까?

Q. 남자는 주로 무엇을 하고 있는가?

(a) 자동차 중개 상인을 찾기.

(b) 중고차 가격 지불에 대해 토론하기.

(c) 중고차를 구입하기 전 조사하기.

(d) 친구의 스테이션 왜건을 시운전하기.

Mini Test 8 정답 및 해설

1. (c)	2. (c)	3. (c)	4. (b)	5. (b)
6. (d)	7. (a)	8. (b)	9. (b)	10. (a)

1

W: Do you know **where the financial aid office is**?

M: It's right next to the library.

W: And where's the library?

M: The library is at the top of this hill. You can take the shuttle bus there.

W: Sorry, but where can I take the shuttle bus, then?

M: Right here. It comes every 5 minutes.

Q. What is the conversation mainly about?

(a) Taking the shuttle bus.

(b) Giving directions to the library.

(c) Asking directions to the financial aid office.

(d) Walking up the hill.

W: 재정보조 사무실이 어디에 있는지 아세요?

M: 도서관 바로 옆에 있어요.

W: 그런데 도서관은 어디에 있나요?

M: 도서관은 이 언덕 꼭대기에 있어요. 거긴 셔틀 버스를 타고 가면 됩니다.

W: 미안한데, 그럼 셔틀 버스는 어디에서 타나요?

M: 바로 여기에서요. 5분마다 옵니다.

Q. 대화는 주로 무엇에 관한 것인가?

(a) 셔틀 버스 타기.

(b) 도서관 가는 길 안내하기.

(c) 재정보조 사무실 가는 길 묻기.

(d) 언덕을 걸어 올라가기.

질문 | **중심 화제**

상황 | **길 묻기** (Asking directions)

주제 | **사무실 위치와 가는 방법 묻기**

▶ 여자의 첫 발화에 화제가 제시되어 있다.

▶ (c) (O) 대화 상황을 asking directions로 표현하였다.

표현 | **financial aid office** 재정보조 사무실(학자금 대출, 장학금 등과 관련된 일을 하는 곳)

shuttle bus (근거리) 왕복 운행 버스

every five minutes 5분 마다

2

W: Excuse me. **Could you tell me where the nearest phone booth is?**

M: There's one at the railway station.

W: And, may I ask where the railway station is?

M: Walk about two blocks from here, then turn right.

W: So, should I follow this street?

M: No. Go down to Simmons Road.

Q. What is the conversation mainly about?

(a) Finding a railway station.

(b) Going to a telephone company.

(c) Locating a pay phone.

(d) Driving to Simmons Road.

W: 실례지만, 가장 가까운 공중전화가 어디에 있습니까?

M: 기차역에 있습니다.

W: 그러면 기차역은 어디에 있는지 여쭤봐도 되나요?

M: 여기에서 두 블록을 걸어가서 오른쪽으로 돌면 됩니다.

W: 그러면 제가 이 길을 따라가면 되나요?

M: 아니요. 시몬즈 로(路) 쪽으로 내려가야 합니다.

Q. 대화는 주로 무엇에 관한 것인가?

(a) 기차역 찾기.

(b) 전화국에 가기.

(c) 공중전화 찾기.

(d) 시몬즈 로(路)로 운전해 가기.

질문	중심 화제
상황	길 묻기
주제	공중전화 위치 묻기

▶ 여자의 첫 발화에 화제가 제시되어 있다.

▶ (c) (O) 대화문의 phone booth를 pay phone으로 대체하였고 동사 locate로 대화 상황을 요약하였다.

표현	**phone booth** 공중전화 부스
	turn right 우회전하다
	follow this street 이 길을 따라 가다
	locate ~의 위치를 알아내다, ~을 찾다
	pay phone (동전 투입) 공중 전화

3

W: Morning traffic in this city is terrible!

M: Tell me about it. I drive in it every day.

W: I'm not going to **get to the airport on time,** let alone **catch my flight.**

M: Well, I'm doing my best to get into the **fastest lane.**

W: The main roads look hopeless. Is there a **shortcut**?

M: There is, but chances are it's probably jammed, too.

W: At this point, I'll take my chances and **go for the shortcut.**

M: **OK,** if that's what **you want.**

Q. What is the main topic of the conversation?

(a) The morning traffic.

(b) The distance to the airport.

(c) How to get to the airport in time.

(d) What is causing the traffic.

W: 이 도시의 아침 교통량이 끔찍하네요!

M: 맞아요. 제가 매일 이 도시에서 운전합니다.

W: 제시간에 공항에 당도하지도 못할 것 같네요. 비행기를 타는 것은 말할 것도 없고요.

M: 제가 최선을 다해 빠른 차선으로 들어가겠습니다.

W: 큰 길은 어찌해 볼 도리가 없어 보이는데요. 지름길이 있나요?

M: 있지만 아마 그곳도 막힐 겁니다.

W: 지금, 되든 안되든 지름길로 들어 갈래요.

M: 좋아요, 원한다면.

Q. 대화의 주된 주제는 무엇인가?

(a) 오전의 교통량.

(b) 공항까지의 거리.

(c) 제시간에 공항에 도착하는 법.

(d) 무엇 때문에 교통이 막히는가.

질문	중심 주제
상황	자동차 안 (공항 도착의 지연 우려)
주제	제시간에 공항에 당도하는 방법 의논

▶ 질문에 main topic / mainly about이 들어 있는 경우

대화문에 2개의 다른 화제가 나올 수 있다. 이때 반복되는 어휘와 개념어를 토대로 어느 화제가 중심 화제인지 파악한다.

▶ 이 대화문에서 남녀 첫 발화의 화제(아침 교통량)는 상황 도입 화제이다. 그 다음 여자의 말, 세 번째 발화에 중심 화제(제시간에 공항 도착하기)가 제시되었고 이후 대화는 이 화제와 관련이 있다.

표현	**let alone** ~은 말할 것도 없고, ~은 물론이고
	catch one's flight 비행기를 타다
	lane 차선
	main road 큰 길, 대로
	hopeless 가망 없는, 절망적인
	shortcut 지름길
	Chances are ~ 아마 ~일 것이다
	jammed 붐비는, 꽉 찬
	take one's chances 결연히 해보다, 되든 안되든 해보다
	at this point 지금, 현 시점에서

4

M: Good morning. Can I help you with anything?

W: I'm **looking for a birthday gift** for my boyfriend.

M: All right. Do you have anything specific in mind?

W: Not really. But, he does like baseball.

M: What team does he like most?

W: The Yankees. He's a huge fan.

M: Then come right this way, please.

Q. What is the conversation mainly about?

(a) Getting tickets for a Yankee's game.

(b) Buying a birthday present.

(c) Ordering a baseball uniform.

(d) Choosing the best baseball team.

M: 안녕하세요? 무얼 도와드릴까요?

W: 남자 친구에게 줄 생일 선물을 찾고 있습니다.

M: 그러세요. 뭐 특별하게 마음에 두고 계신 것이 있나요?

W: 아니요. 하지만 그가 야구를 정말 좋아해요.

M: 어느 팀을 가장 좋아하나요?

W: 양키즈요. 대단한 팬이에요.

M: 그러면 바로 이쪽으로 와 보시죠.

Q. 대화는 주로 무엇에 관한 것인가?

(a) 양키즈 팀의 경기 입장권을 구입하기.

(b) 생일 선물을 구입하기.

(c) 야구 유니폼을 주문하기.

(d) 최고의 야구팀을 선정하기.

질문	중심 화제
상황	상점 (생일 선물 구입)
주제	남자 친구에게 줄 생일 선물 구입

▶ 여자의 첫 발화에 가게에 온 이유가 드러나 있다.

▶ (b) (O) '상점'이라는 대화 상황과 구입 목적을 종합하여 제시한 선택지이다. 대화문의 gift를 동의어 present로 대체하였다.

표현	**have ~ in mind** ~을 고려하고 있다, ~을 마음에 두다
	specific 구체적인, 특별한
	huge 굉장한, 대단한

a huge success 대성공
right this way 바로 이쪽으로

5

M: What are your plans for the weekend?
W: **A friend is visiting and I'm taking him sightseeing.**
M: Do you have anywhere in particular in mind?
W: Not really. We're just going to play it by ear.
M: You know the old palaces are always a good choice.
W: You're right. Thanks for the tip.
M: Let me know if you need any more information.
W: Thanks a lot. I'm glad I have someone I can count on.

Q. What is the conversation mainly about?

(a) What to do on the weekend.
(b) Where to take a visiting friend.
(c) Old palaces in the city.
(d) The best tourist destinations.

M: 주말 계획이 어떻게 되니?
W: 친구가 놀러와서 관광을 시켜줄까 해.
M: 특별히 마음에 두고 있는 장소가 있니?
W: 없어. 그냥 사정 되는 대로 하려고.
M: 고궁이 항상 좋은 선택이잖아.
W: 맞아. 조언 고마워.
M: 다른 정보가 더 필요하면 알려 줘.
W: 정말 고마워. 의논할 수 있는 사람이 있어 좋아.

Q. 대화는 주로 무엇에 관한 것인가?

(a) 주말에 무엇을 할 것인가.
(b) 놀러 온 친구를 어디로 데리고 갈 것인가.
(c) 도시의 고궁.
(d) 가장 좋은 관광지들.

질문 | 중심 화제
상황 | 주말 휴가
주제 | 놀러온 친구에게 관광시켜주기

▶ 주말 계획에 관한 질문인 남자의 첫 발화는 상황 도입이다. 중심 화제는 여자의 응답(친구의 방문, 관광)과 관련이 있다.

▶ (a) (△) '주말에 무엇을 할 것인가'라는 이 주제는 여자의 첫 발화에 나온 friend, visiting, sight-seeing의 내용을 포괄하지 못한다.

표현 | **sightseeing** 관광
play (it) by ear 임기응변하다, 형편에 따라 하다
old palace 고궁
tip 조언
Let me know. 알려줘.
count on 의존하다, 믿다, 의지하다

6

M: Do you have **anything to declare?**
W: I don't think so.
M: No fresh fruits, vegetables, or meat products in your luggage?
W: Well, I do have some processed beef.
M: Can I take a look at it?
W: Sure, go ahead.

Q. What is the man mainly doing here?

(a) Buying groceries at the store.
(b) Training an airport security worker.
(c) Asking to look at a product.
(d) Checking for food in the woman's baggage.

M: 신고할 것 있습니까?
W: 없습니다.
M: 가방에 생 과일이나 야채, 육류 제품은 없습니까?
W: 음, 가공 처리한 쇠고기가 좀 있습니다.
M: 좀 봐도 되겠습니까?
W: 물론이죠. 그렇게 하세요.

Q. 남자는 여기에서 주로 무엇을 하고 있는가?

(a) 가게에서 식료품 구입하기.
(b) 공항 안전 요원을 훈련하기.
(c) 상품 살펴볼 것을 요청하기.
(d) 여자의 짐에서 음식물 확인하기.

질문 | **남자의 주요 행동** (중심 주제)
상황 | **여행** (세관 통과)
주제 | **반입 금지된 식품 확인**

▶ 질문(Question)에서 남자 혹은 여자를 지시한 경우 대화문을 다시 들을 때 그 화자의 발화에 초점을 맞춘다.

▶ 남자의 첫 발화 anything to declare?에 대화 상황이 제시되어 있다.

▶ (d) (O) 대화문에 나온 fresh fruits, vegetables, meat products를 개념어(concept word) food(음식물)로, 남자의 행위를 check for로 표현하였다.

표현 | **declare** 신고하다, 선언하다
luggage 여행 가방, 짐
product 생산품, 공업 제품 *cf.* produce 농산물, 천연 제품
processed beef 가공 처리한 쇠고기
grocery 식료품(점)

7

M: How was **your vacation to Europe?**
W: Everything was **great except** for **one incident** in Milan.
M: Why? What happened?
W: I **lost** my **camera** while shopping.
M: Was the camera insured?
W: Yes, thankfully it was.
M: Then no problem. Your insurance should replace it for you.

Q. **What is the woman mainly talking about?**

(a) Her holiday in Europe.
(b) A camera she bought in Milan.
(c) Photos from her vacation.
(d) The need for insurance coverage.

M: 유럽에서의 휴가는 어땠어?
W: 밀란에서의 한 가지 사건만 빼곤 모든 게 다 좋았어.
M: 왜? 무슨 일이 있었는데?
W: 쇼핑 도중에 카메라를 잃어버렸어.
M: 그 카메라를 보험에 가입했니?
W: 응. 다행히도 그랬지.
M: 그럼 별 문제 없지. 보험에서 교체해 줄 테니까.

Q. **여자는 주로 무엇에 관해 이야기하고 있는가?**

(a) 유럽에서의 휴가.
(b) 밀란에서 구입한 카메라.
(c) 휴가에서 찍은 사진.
(d) 보험 보상의 필요.

질문 | **여자의 중심 화제**
상황 | **여행** (휴가 소감)
주제 | **휴가 중에 겪은 일**

▶ 주제 · 화제는 대화문의 초반에 제시된다.
▶ 오답의 특징: (c), (d)처럼 대화의 세부 내용, 특히 대화문 후반에 나오는 단어를 그대로 이용하는 사례가 많다.

표현 | **insure** 보험을 들다, 보험에 가입하다
insurance 보험
thankfully 다행히, 고맙게도
replace 교환하다, 교체하다
coverage (보험의) 적용 범위, 보증 범위

8

M: **Welcome** to the Crown **Hotel. Can I help you**?
W: Yes, I **have a reservation**. My name is Olga Jeffries.
M: You **requested** a **room for two nights**. Correct?
W: That's right.
M: Did you bring any pets by chance?
W: Yes, two Persian cats.
M: We're extremely sorry. You'll have to leave them here **at the front desk during your stay**.
W: Well, I guess I don't have any other choice if that's your policy.

Q. **What is mainly happening in the conversation?**

(a) The man is explaining the policy on pets.
(b) The woman is checking in.
(c) The woman is arguing to keep her cats.
(d) The man is accommodating the woman.

M: 크라운 호텔에 오신 것을 환영합니다. 무엇을 도와드릴까요?
W: 예약이 되어 있어요. 제 이름은 올가 제프리즈에요.
M: 이틀 쓸 방을 요청하셨군요. 맞습니까?
W: 맞아요.
M: 혹시 애완동물을 데리고 오셨나요?
W: 예. 페르시안 고양이 두 마리입니다.

M: 대단히 죄송합니다. 머무르시는 동안 고양이를 여기 안내 프런트에 맡기셔야 합니다.
W: 글쎄, 그게 방침이라면 다른 방법이 없겠네요.

Q. **대화에서 주로 일어나고 있는 일은 무엇인가?**

(a) 남자가 애완동물 방침을 설명하고 있다.
(b) 여자가 호텔 투숙 절차를 밟고 있다.
(c) 여자가 자기 고양이들을 데리고 있으려고 따지고 있다.
(d) 남자가 여자에게 숙식을 제공하고 있다.

질문 | **주요 행위** (중심 주제)
상황 | **여행** (호텔 투숙절차 밟기)
주제 | **호텔의 애완동물 규정**

▶ (a) (△) 남자의 설명은 호텔 체크인(투숙)시 일어나는 세부 행위 중 하나이다.
▶ (b) (O) 정답 원리: '주제' 질문의 정답은 대화 상황을 요약해야 한다.

표현 | **by chance** 혹시, 우연히
extremely 극도로, 대단히
leave ~을 남겨두다, 맡기다
policy 방침, 규정, 정책
check in (호텔 · 공항에 도착하여) 체크인하다
check out (호텔 · 슈퍼마켓에서) 계산을 하고 나가다
argue 논쟁하다, 따지다, 항변하다
accommodate 호의를 베풀다, 방과 음식을 제공하다

9

M: Can I make a **hotel reservation** for this weekend, please?
W: Sure. Have you heard of **our new summer package**?
M: No, **what is it**?
W: It gives you an ocean-view suite and unlimited water park admission.
M: Wow, unlimited admission? **What time** does the **park close**?
W: 10 p.m., and it opens at 8 a.m. every morning.
M: And **how much** does the package cost?
W: It costs only $75 extra.

Q. **What is the man mainly trying to do?**

(a) Make a hotel reservation online.
(b) Decide whether to buy a special package deal.
(c) Get unlimited admission to a water park.
(d) Ask about the summer hours of the water park.

M: 이번 주말 호텔 예약이 가능한가요?
W: 물론이죠. 우리 호텔의 새로운 여름 패키지에 대해 들어 보셨습니까?
M: 아니요. 그게 뭔데요?
W: 바다가 내려다 보이는 스위트룸과 수상 공원 무제한 입장권을 줍니다.
M: 와, 무제한 입장권요? 공원은 몇 시에 문을 닫는데요?
W: 밤 10시에 닫고 매일 아침 8시에 엽니다.
M: 그런데 그 패키지 가격이 얼마예요?
W: 75달러만 추가로 내시면 됩니다.

Q. **남자는 주로 무엇을 하려고 하는가?**

(a) 인터넷으로 호텔 예약하기.

(b) 특별 패키지 구입 여부를 결정하기.

(c) 수상 공원의 무제한 입장권 구입하기.

(d) 수상 공원의 여름 개장 시간 물어보기.

질문	**남자의 주된 행위** (중심 주제)
상황	**여행** (호텔 예약)
주제	**특별 패키지 권유와 구입 결정 여부**

▶ (a) (X) online이 함정이다. 인터넷 예약에서는 위와 같은 대화가 일어날 수 없다.

▶ (b) (O) 남자가 호텔 패키지에 관해 문의하는 것은 구입을 할지 말지 결정하기 위함이다.

| 표현 | **make a reservation** 예약을 하다
| | **unlimited** 무제한의, 제약이 없는
| | **admission** 입장권, 입장료, 입장 허용
| | **ocean-view** 바다가 내려다 보이는
| | **suite** 스위트룸(침실 외에 거실 · 응접실이 붙어 있는 호텔 객실)
| | **extra** 추가 요금, 별도 요금
| | **whether to buy** 구입을 할지 말지

10

W: I haven't found **anyone** to **watch my dog** during my **vacation** this summer.

M: Really? I guess everyone must be busy.

W: Yeah, so I was wondering if **you wouldn't mind doing it.**

M: Sorry, I've got a lot going on, too.

W: Come on. You're my last hope. I know how much you love dogs.

M: Fine. But you'd better bring me back a souvenir.

Q. What is the woman mainly doing?

(a) Asking the man a favor.

(b) Planning a vacation with a dog.

(c) Trying to find a babysitter.

(d) Getting advice on caring for her dog.

W: 이번 여름 휴가 기간 동안 내 개를 돌봐줄 사람을 찾지 못했어.

M: 그래? 모두 바쁜가 보네.

W: 응, 그래서 말인데 내 개를 돌봐줄 수 있겠니?

M: 미안하지만 나도 해야 할 일이 많아.

W: 제발. 네가 마지막 희망이야. 네가 개를 얼마나 좋아하는지 알고 있단 말이야.

M: 좋아. 하지만 기념품 사다 줘야 해.

Q. 여자는 주로 무엇을 하고 있는가?

(a) 남자에게 부탁하기.

(b) 개와 함께 휴가 보낼 계획 세우기.

(c) 아이를 돌봐줄 사람 찾기.

(d) 개 돌보는 것에 관하여 조언 얻기.

질문	**여자의 주된 행위** (중심 주제)
상황	**여행** (휴가 준비)
주제	**애완견 돌보기 부탁**

▶ (a) (O) 대화의 핵심 기능인 부탁하기(asking a favor)를 요약해 놓았다.

| 표현 | **I was wondering if** ~인지 궁금하다
| | **I was wondering if you wouldn't mind doing sth** (정중한 부탁) ~을 해주기 바랍니다.

come on (설득 · 간청) 제발(= please); (재촉) 어서, 서둘러(= hurry)

had better ~하는 것이 좋다, ~해라

souvenir 기념품

Unit 9 대의 2: 전화 · 직장 · 일상

유형연습 스크립트 & 번역

A

M: I can't believe this!

W: What's the matter? You look upset.

M: Somehow I didn't get that promotion I told you about.

W: But I thought you were the one they were going to promote.

M: Me, too, but I guess the boss had other plans.

W: Cheer up. You'll get it next time.

M: Yeah, if I don't get fired.

W: Come on. Think positive. I have faith in you.

Q. What is the main idea of the conversation?

(a) The man is complaining about his workload.

(b) The woman is congratulating a colleague.

(c) The woman is consoling the man.

(d) The man is criticizing the supervisor.

M: 믿을 수가 없어!

W: 무슨 일이에요? 기분이 좋아 보이지 않아요.

M: 제가 말했던 승진을 하지 못했어요.

W: 하지만 당신이 승진할 거라고 생각했는데.

M: 저도요. 하지만 우리 상사는 다른 계획이 있었나 봐요.

W: 기운 내요. 다음 번엔 승진을 하게 될 거예요.

M: 예, 해고되지 않는다면 말이죠.

W: 이봐요. 긍정적으로 생각해요. 나는 당신을 믿어요.

Q. 이 대화의 요지는 무엇인가?

(a) 남자가 작업량에 대해 불평하고 있다.

(b) 여자가 동료를 축하하고 있다.

(c) 여자가 남자를 위로하고 있다.

(d) 남자가 팀장을 비난하고 있다.

B

M: Wow! You look stunning in that skirt.

W: Thanks. Actually, this was my mother's.

M: Really? Wow! But it looks like what's in style now.

W: Yeah, it seems the styles of the seventies are making a comeback.

M: Maybe someday I'll pass down my clothes to my son, then.

W: And then he'll get the compliment from somebody in thirty years.

Q. What are the speakers mainly talking about?

(a) How fashions repeat themselves.
(b) What kinds of skirts are in style now.
(c) Which clothes the man should give to his son.
(d) Whether the current fashion trend will last.

M: 와! 그 스커트를 입으니 근사해 보이는데요.
W: 고마워요. 사실, 이거 어머니 옷이었어요.
M: 정말이요? 왜 지금 유행하는 스타일 같아 보이는데.
W: 예, 70년대 스타일이 다시 돌아오는 것 같아요.
M: 그러면, 언젠가 저도 제 옷을 아들에게 물려줄까 봐요.
W: 그리고 아드님이 30년 후에 누군가에게 찬사를 받겠죠.

Q. 화자들은 무엇을 주로 이야기하고 있는가?

(a) 패션이 반복되는 방식.
(b) 현재 유행하는 스커트 종류.
(c) 남자가 아들에게 물려 줄 옷 종류.
(d) 현재의 패션 경향이 지속될지 여부.

Mini Test 9 정답 및 해설

1. (d)	2. (c)	3. (c)	4. (a)	5. (b)
6. (a)	7. (b)	8. (b)	9. (a)	10. (d)

1

W: I'd like to **make an appointment with Dr. Smith today**, please.
M: Certainly. Dr. Smith is available at 5:00 this afternoon.
W: That's too late.
M: I'm afraid Dr. Smith's schedule this morning is already booked. How about Dr. Blackwell? She's available at 11:30.
W: That sounds better. Thanks.
M: Please come ten minutes beforehand.
W: OK, thanks.

Q. What is the main idea of the conversation?

(a) The woman is rescheduling her appointment.
(b) The man needs an appointment with Dr. Blackwell.
(c) The man is explaining Dr. Smith's schedule.
(d) The woman wants to see a doctor today.

W: 스미스 선생님과 오늘 예약을 하고 싶습니다.
M: 예. 스미스 선생님은 오늘 오후 5시에 시간이 되십니다.
W: 그건 너무 늦는데요.
M: 스미스 선생님의 오늘 아침 일정이 이미 다 잡혀 있습니다. 블랙웰 선생님은 어떨까요? 그 분은 오전 11시 30분에 시간이 가능합니다.
W: 그게 나은 것 같아요. 고맙습니다.
M: 10분 일찍 오십시오.
W: 예, 감사합니다.

Q. 이 대화의 요지는 무엇인가?

(a) 여자가 예약 시간을 변경하고 있다.

(b) 남자는 블랙웰 선생님과 예약하려 한다.
(c) 남자는 스미스 선생님의 일정을 설명하고 있다.
(d) 여자는 오늘 진료를 받고 싶어한다.

질문	대화의 요지
상황	병원
주제	진료 예약

▶ 선택지에 남녀 화자 입장을 구분하여 제시할 수 있으니 대화문을 들을 때 화자의 각 입장에 초점을 두어야 한다.

▶ 여자의 첫 발화에 대화문의 주제가 나타나 있다. 의사를 바꾸는 것은 '오늘' 진료를 받기 위함이다.

표현	**make an appointment** 약속을 정하다
	available 이용할 수 있는, 시간이 있는
	booked 예약이 된

2

W: How's work these days, Matt?
M: Crazy. I'm so busy I hardly have time to sleep.
W: That's not good.
M: And I have a huge deadline coming up.
W: I hope you're still getting **enough rest**.
M: I wish I were, but I usually have to work late.
W: Well, work is important, but **don't forget that health comes first**.
M: I know. I'll catch up on sleep as soon as the deadline passes.

Q. What is the woman mainly advising the man to do?

(a) To dedicate himself to his career.
(b) To spend more time with family.
(c) To make his health a priority.
(d) To reduce his workload.

W: 매트, 요즘 일은 어때?
M: 미치겠어. 너무 바빠서 잠잘 시간이 거의 없어.
W: 좋지 않네.
M: 게다가 막대한 원고 마감일이 다가오고 있어.
W: 그래도 충분한 휴식을 취하길 바래.
M: 그러고 싶은데, 보통 밤 늦게까지 일해야만 해.
W: 글쎄, 일도 중요하지만 건강이 우선이라는 것을 잊지마.
M: 알아. 마감일만 지나면 잠을 보충하려고 해.

Q. 여자는 남자에게 충고하고 있는 것은 무엇인가?

(a) 그의 일에 전념하기.
(b) 가족과 함께 더 많은 시간을 보내기.
(c) 건강을 우선 순위에 놓기.
(d) 작업량 줄이기.

질문	중심 화제 (여자의 주된 충고 내용)
상황	직장
주제	일보다 건강에 유의하기

▶ (c) (O) 여자의 마지막 말 health comes first를 make health a priority로 표현을 바꾸었다.

표현	**catch up on** 만회하다, 채우다
	dedicate oneself to 열중하다, 전념하다
	priority 먼저임, 보다 중요함, 우선권
	workload 작업량, 노동량

3

M: Can I **check out the book** over there, please?
W: Sure. The return time is 8:15 p.m., and it must stay **in the library.**
M: Huh? That means I have only two hours from now?
W: Exactly. **This book** is **on reserve**, and so it **can't be checked out for longer.**
M: Oh, I guess I'll just come back tomorrow, then, when I have time to stay.
W: No problem.

Q. What are the speakers mainly talking about?

(a) Lending a book to the woman.
(b) Reserving a book in two hours.
(c) Borrowing a book at the library.
(d) Putting a book on reserve.

M: 저 쪽에 있는 책을 대출할 수 있나요?
W: 그럼요. 반납 시간은 오후 8시 15분이고, 도서관 밖으로 가지고 나가지 못합니다.
M: 예? 그러면 지금부터 2시간만 대출이 된다는 말씀이세요?
W: 그렇습니다. 이 책은 참고 도서로 지정되어 있어서 (지정 시간보다) 더 오래 대출이 되지 않습니다.
M: 그러면, 도서관에 있을 여유가 있는 내일 다시 와야겠네요.
W: 그러세요.

Q. 화자들은 주로 무엇에 대해 이야기하고 있는가?

(a) 책을 여자에게 빌려주기.
(b) 2시간 후에 책을 예약하기.
(c) 도서관에서 **책 빌리기.**
(d) 책을 참고 도서로 지정하기.

질문 | (화자들의) **중심 화제**
상황 | 학교 도서관
주제 | 도서 대출

▶ (c) (O) check out을 borrow로 대체하여 대화 상황을 제시하였다.

표현 | **check out** 대출하다
return time 반납 시간
on reserve 참고 도서로 지정된, 관내열람용인, 예약된

4

W: Dad, did you put on any **sunscreen**?
M: No. It's cloudy out there.
W: But **sunlight** can **affect** your **skin** even on cloudy days.
M: That's OK. Tanned skin looks healthier.
W: Come on, Dad. You were the one worrying about new wrinkles the other day.
M: What's a suntan got to do with wrinkles?
W: **UV rays** can **cause wrinkles** and even **skin cancer.**
M: Oh, I didn't know that.

Q. What is the main topic of the conversation?

(a) Preventing skin damage from sunlight.
(b) Getting a suntan to look healthy.
(c) Keeping seniors safe in cloudy weather.
(d) Wearing clothes to protect skin.

W: 아빠, 선크림 바르셨어요?
M: 아니. 밖에 구름 꼈어.
W: 그렇지만 햇볕은 구름 낀 날에도 피부에 영향을 줄 수 있어요.
M: 괜찮아. 햇볕에 탄 피부가 더 건강해 보이잖아.
W: 그러지 마요, 아빠. 일전에 새 주름살 걱정하신 분이면서.
M: 햇볕에 그을리는 것과 주름살이 무슨 관계야?
W: 자외선은 주름살의 원인이 될 수 있고 피부암까지 일으킬 수 있어요.
M: 오, 내가 그걸 몰랐구나.

Q. 이 대화의 주제는 무엇인가?

(a) 햇빛으로부터 피부 손상을 예방하기.
(b) 건강해 보일 목적으로 선탠하기.
(c) 구름 낀 날씨에 노인들을 안전하게 보호하기.
(d) 피부를 보호하기 위한 옷 입기.

질문 | (대화문의) **중심 주제**
상황 | **일상**
주제 | **햇볕 차단제 바르기**

▶ 첫 발화에 주제가 제시되어 있고 이후 대화는 햇볕 차단제를 발라야 하는 이유를 제공한다.

표현 | **put on [apply] sunscreen** 햇볕 차단제를 바르다
tanned 햇볕에 탄
wrinkle 주름(살)
get to do with ~와 관계가 있다
UV rays 자외선
skin cancer 피부암
senior 어른, 연장자, 고참

5

W: **How was the movie** last night?
M: It was great!
W: So, you and **your girlfriend enjoyed it**?
M: Well, **Susan didn't like** it as much as I did.
W: Huh? Why not?
M: **The movie** itself was **great**. But **she didn't like** the **main actor.**

Q. What are the speakers mainly talking about?

(a) Why the woman did not like the movie.
(b) How the man's movie date went.
(c) Who the main actor in the movie was.
(d) Which movie the man watched.

W: 어제 밤 영화는 어땠어?
M: 아주 좋았어!
W: 그래, 너와 여자 친구는 영화를 즐겼니?
M: 글쎄, 수잔은 그 영화를 나만큼 좋아하지 않았어.
W: 그래? 왜?
M: 영화 자체는 좋았어. 그런데 수잔은 주인공을 좋아하지 않았어.

Q. 화자들은 무엇에 대해 주로 이야기하고 있는가?

(a) 여자가 영화를 좋아하지 않은 이유.

(b) 남자의 영화 데이트가 어떠하였는지.

(c) 영화의 주인공이 누구였는지.

(d) 남자가 어떤 영화를 보는지.

질문 | (화자들의) **중심 화제**
상황 | **일상**
주제 | **영화 데이트 소감**

▶ (a) (X) 대화문의 화자인 여자와 대화 화제에 등장하는 남자의 여자 친구를 뒤섞어 놓았다. 선택지가 Why **the man's girlfriend** did not like the movie로 바뀐 경우라도 대화의 세부 화제 중 하나이고 중심 화제는 아니므로 오답이다.

표현 | **main actor** 주인공

6

M: Have you been to the **new restaurant** next door yet?

W: No. Is their food any good?

M: I'm not sure, but **we could check it out** on Friday night.

W: Well, I think I'll have to pass.

M: Really? Why? Doesn't it look good to you?

W: Yes, but it **looks a bit too expensive**.

M: Don't worry. It'll be **my treat**.

W: Wow, **thanks**!

Q. What are the speakers mainly talking about?

(a) Trying out a new eatery.

(b) Inviting a friend over for dinner.

(c) Paying for their meal.

(d) Choosing where to go for lunch.

M: 바로 옆에 새로 생긴 음식점에 벌써 가 봤니?

W: 아니. 음식이 좀 괜찮은가?

M: 잘 몰라, 금요일 밤에 확인해보지 뭐.

W: 저기, 난 빠져야 할 것 같아.

M: 정말? 왜? 그 식당이 네겐 좋아 보이지 않나 봐?

W: 좋아 보이기는 해. 하지만 음식 값이 너무 비싸 보여.

M: 걱정 마. 내가 살게.

W: 와, 고마워!

Q. 화자들은 무엇에 대해 주로 이야기하고 있는가?

(a) 새로운 식당의 음식 먹어 보기.

(b) 친구를 저녁 식사에 초대하기.

(c) 그들의 식사비를 계산하기.

(d) 점심 식사 장소 선택하기.

질문 | (화자들의) **중심 화제**
상황 | **일상**
주제 | **새로 생긴 음식점 가보기**

▶ 화제가 첫 발화에 제시되어 있다.

▶ (a) (O) Trying out → 대화의 중심 주제를 요약; restaurant → eatery로 대체되었다.

표현 | **Have you been to~?** ~에 가 보았니? ~에 갔다 왔니?
any 조금, 좀

It'll be my treat. 내가 내겠습니다.
eatery 음식점
try out 시험해 보다, 엄밀히 시험하다, 효과를 테스트해 보다

7

W: Dave, **what are you doing** tonight **after our class**?

M: Nothing special. Why, what's up?

W: I **bought two tickets** to a **new** Broadway **show**, and I was **wondering** if **you're interested**.

M: Did you say you only have two tickets?

W: Yeah, why?

M: It's just that I'd invite Jane along as well if we had one more ticket.

W: I'm sorry, but I only have two.

Q. What is the woman mainly doing?

(a) Discussing a Broadway show.

(b) Inviting a classmate to attend a show.

(c) Purchasing tickets to a performance.

(d) Introducing a friend to a classmate.

W: 데이브, 수업 끝나고 오늘 밤 뭐 할거니?

M: 별 계획 없어. 왜, 무슨 일 있어?

W: 새로 공연하는 브로드웨이의 연극 입장권 두 장을 샀는데, 네가 관심 있는지 궁금해서.

M: 표가 두 장뿐이라고 했니?

W: 그래, 왜?

M: 표가 한 장 더 있으면 제인도 함께 초대하려고.

W: 미안한데 두 장 밖에 없어.

Q. 여자는 주로 무엇을 하고 있는가?

(a) 브로드웨이 연극에 대해 토론하기.

(b) 동급생을 연극 관람에 초대하기.

(c) 공연 관람권 구매하기.

(d) 동급생에게 친구 소개하기.

질문 | **중심 주제** (여자의 주요 행위)
상황 | **일상**
주제 | **연극 초대**

▶ (b) (O) 여자의 첫 발화에 나온 after our classs → 두 화자의 관계가 classmate임을 함의; 여자의 두 번째 발화에 주된 행위(친구를 연극 관람에 초대)가 함의되어 있다.

표현 | **What's up?** 무슨 일인데? 어떻게 지내?
invite along 함께 초대하다
as well 또한, 게다가
purchase 구매하다
Why (이음말) 저; (뜻밖임) 아니, 저런, 어머; (반론·항의) 뭐야
· Why, yes. I think I would. 글쎄요, 해도 좋겠군요.
· Why, what's the harm? 뭐야, 그게 어디가 나쁜가?

8

W: Oh, no! I can't pay for my coffee. I left my wallet in the office.
M: Don't worry. **I'll pay for it**. It's just a coffee.
W: No, it's OK. I'll just cancel the order.
M: But you lent me $5 the other day, remember?
W: Did I? Oh… for the magazine.
M: Yes. **I'm repaying my debt** now.

Q. **What is the man mainly doing?**

(a) Ordering a coffee.
(b) **Paying back some money.**
(c) Borrowing money for a magazine.
(d) Buying lunch for the woman.

W: 아이고! 커피 값을 못 내겠네요. 사무실에 지갑을 두고 왔어요.
M: 걱정 마세요. 제가 지불하지요. 커피 한 잔인데요 뭐.
W: 아니, 괜찮아요. 그냥 주문을 취소할래요.
M: 일전에 제게 5달러를 빌려줬잖아요, 기억나요?
W: 그랬나요? 아… 잡지 살 때.
M: 예. 지금 그 빚을 갚는 거예요.

Q. **남자는 주로 무엇을 하고 있는가?**

(a) 커피 주문하기.
(b) 돈 갚기.
(c) 잡지 살 돈 빌리기.
(d) 여자에게 점심 사기.

질문 | **중심 주제** (남자의 주요 행위)
상황 | **직장**
주제 | **커피값 내주기**

▶ (b) (O) 남자의 발화에 초점을 둔다. repaying, debt → paying back, money로 대체하였다.

표현 | **cancel** 취소하다
repay 돈을 갚다, 보답하다
debt 빚

9

M: Christie, I owe you **a big apology**.
W: Why, what did you do?
M: **I scratched your car** as I was parking mine just now.
W: Tell me you're joking.
M: No, I'm not. I really **don't know what to say**.
W: How could you! I just bought it a week ago!
M: I promise I'll get it fixed. It'll be as good as new.
W: OK. I guess we should be thankful no one got hurt.

Q. **What is the man mainly doing?**

(a) **Confessing his role in an accident.**
(b) Reselling a car to a friend.
(c) Disputing a parking violation.
(d) Promising to fix the woman's car.

M: 크리스티, 네게 크게 사과할 일이 있어.
W: 왜, 뭘 어쨌길래?
M: 지금 막 차를 주차하다가 네 차를 긁었어.
W: 농담이겠지.
M: 아니, 농담 아니야. 정말 할 말이 없어.
W: 어떻게 그럴 수 있니! 그 차 일주일 전에 산 건데.
M: 내가 꼭 수리를 맡길게. 새 것과 다름 없을 거야.
W: 좋아. 아무도 다치지 않은 것에 감사해야겠지.

Q. **남자는 주로 무엇을 하고 있는가?**

(a) 그가 사고 낸 것 고백하기.
(b) 친구에게 차를 다시 팔기.
(c) 주차 위반에 대해 논쟁하기.
(d) 여자의 차를 고치겠다고 약속하기.

질문 | **중심 화제** (남자의 주요 행위)
상황 | **일상**
주제 | **차 사고 낸 것 사과**

▶ (a) (O) 차 긁은 것을 accident로, 그것을 알려주고 사과하는 행위를 confess로 표현하였다.

▶ (d) (X) 차 수리 약속은 핵심 주제의 세부 항목이다. 또한 대화문의 get it fixed(수리를 맡긴다)와 선택지의 fix the car(남자가 직접 수리한다)는 일치하지 않는 내용이다.

표현 | **I owe you an apology** 네게 사과할 것이 있다.
scratch 긁다
get it fixed (수리를 맡겨) 고치다
as good as ~이나 다름없는, 거의 ~인
get hurt 다치다
dispute 논쟁하다, 토론하다

10

M: Hey, Julie. **Do you know any good apartments for rent?**
W: Sure. Why do you ask?
M: **I have to move out of my current place**. My lease expires soon.
W: How about where I live? One of my neighbors is moving out.
M: What kind of place is it?
W: It's a spacious one-bedroom unit on the second floor.
M: Do you know how much it goes for?
W: I think the rent is around $700 a month.

Q. **What is the main idea of the conversation?**

(a) The woman is trying to rent out her apartment.
(b) The woman is moving out of her current place.
(c) The man is remodeling his one-bedroom unit.
(d) **The man is looking for a new place to live.**

M: 이봐, 줄리. 혹시 좋은 임대 아파트 알고 있니?
W: 물론이지. 왜 묻는데?
M: 현재 거처에서 나가야 해. 임대 계약이 곧 만료되거든.
W: 내가 사는 곳은 어떠니? 이웃 중 한 명이 나가거든.
M: 어떤 곳인데?
W: 넓은 1인실에 2층이야.
M: 얼마쯤 하는지 아니?

W: 임대료는 한 달에 700달러 정도로 알고 있어.

Q. **이 대화의 요지는 무엇인가?**

(a) 여자는 자신의 아파트를 임대하고 있다.

(b) 여자는 그녀의 현재 거처에서 나가려고 한다.

(c) 남자는 자신의 1인실을 개조하고 있다.

(d) 남자는 새 거처를 찾고 있다.

질문 | (대화문의) 요지

상황 | 일상

주제 | 새 거처 구하기

▶ 남녀 화자의 입장을 구분하여 요지를 제시하는 경우가 많으므로 각 화자의 입장을 기억해야 한다.

▶ (b) (X) 이사 나가는 것은 여자의 입장이 아니고 남자의 입장이다.

표현 | **for rent** 임대용

rent out 임대하다

current 현재의

lease 임대차 계약, 임대권

expire 만료되다

spacious 넓은

remodel 개조하다

Unit 10 특정 정보

유형연습 스크립트 & 번역

A

W: I really feel bad about missing the presentation.

M: Don't sweat it. What happened? Were you sick?

W: No, it wasn't that.

M: Why did you miss it, then? Did you forget about it or something?

W: Well, I was dropping off my son at school.

M: And then something happened to your son?

W: No, I was in a car accident.

Q. **Why did the woman miss the presentation?**

(a) She was sick.

(b) She forgot about it.

(c) She had to drop off her son.

(d) She was involved in a collision.

W: 그 발표를 놓친 것이 정말 속상해요.

M: 걱정하지 말아요. 무슨 일이에요? 몸이 아팠나요?

W: 아니요. 그런 것이 아니에요.

M: 그럼 왜 발표를 놓쳤나요? 잊어버리기라도 한 거예요?

W: 저, 아들을 차로 학교에 바래다 주었어요.

M: 그리고 나서 당신 아들에게 무슨 일이 일어났나요?

W: 아니요, 제가 차 사고를 당했어요.

Q. **여자는 왜 발표를 놓치게 되었는가?**

(a) 그녀는 아팠다.

(b) 그녀는 발표에 대해 잊어버렸다.

(c) 그녀는 아들을 차로 데려다 줘야 했다.

(d) 그녀는 자동차 충돌에 연루되었다.

B

M: Mount Carmel Clinic. How may I help you?

W: Hi. I'd like to schedule a regular check-up, please.

M: Sure. Will this be your first time coming here?

W: No. I've been there before. My name is Ruth Greenfield.

M: OK. Ms. Greenfield… Would you like to see the same doctor, Dr. Hawthorne?

W: Yes, please.

M: Is tomorrow at 10:15 OK with you?

W: Yes. Thanks.

Q. **Which is correct about the woman?**

(a) She needs to cancel her regular check-up.

(b) She wants to see the doctor she saw last time.

(c) Her doctor is unavailable.

(d) Her appointment is for 10:50.

M: 마운트 카멜 병원입니다. 무엇을 도와드릴까요?

W: 안녕하세요? 정기 건강 검진 예약을 하려고 하는데요.

M: 좋습니다. 이번이 여기 처음 오시는 건가요?

W: 아니요. 이전에 갔었어요. 제 이름은 루스 그린필드입니다.

M: 예. 그린필드 양… 지난 번과 똑같이 닥터 호손께 검진 받으시겠습니까?

W: 네, 그렇게 해주세요.

M: 내일 10시 15분에 괜찮으신가요?

W: 네. 감사합니다.

Q. **여자에 관한 옳은 진술은 무엇인가?**

(a) 그녀는 정기 건강 검진을 취소하려 한다.

(b) 그녀는 지난 번에 진료를 받은 의사에게 검진 받고 싶어한다.

(c) 그녀의 의사는 시간이 되지 않는다.

(d) 그녀의 약속 시간은 10시 50분이다.

Mini Test 10 정답 및 해설

1. (c)	2. (b)	3. (d)	4. (a)	5. (a)
6. (d)	7. (b)	8. (b)	9. (d)	10. (d)

1

W: Can you tell me **where the art museum is?**

M: Sure, it's **down by the harbor on Jefferson.**

W: Oh, is that far from here?

M: Not really. Just take Taft Street for about six blocks.

W: And then I **make a left on Jefferson Avenue**, right?

M: That's correct. It's right after Washington Parkway.

Q. Where is the art museum?

(a) By Harbor Street.
(b) Six blocks from Taft Street.
(c) On Jefferson Avenue.
(d) Right of Washington Parkway.

W: 미술관이 어디에 있는지 말씀해 주시겠습니까?
M: 물론이죠, 아래 쪽 제퍼슨가 항구 옆에 있어요.
W: 아, 여기서 먼가요?
M: 그렇게 멀지는 않아요. 여섯 블록 정도 태프트 거리를 따라 가십시오.
W: 그리고 나서 제퍼슨가에서 좌회전하면 되지요?
M: 맞습니다. 워싱턴 공원도로 바로 다음에 있습니다.

Q. 미술관은 어디에 있는가?

(a) 하버 거리 옆에.
(b) 태프트 거리에서 6블록 가서.
(c) 제퍼슨 거리에.
(d) 워싱턴 공원도로의 오른쪽에.

질문 | **특정 정보** (장소)
상황 | **길 묻기**
주제 | **미술관 가는 길 묻기**

▸ (c) (O) 남자의 첫 번째 발화와 여자의 마지막 확인 질문에서 나타나듯이 미술관은 제퍼슨가에 위치해 있음을 알 수 있다.

표현 | **art museum** 미술관
make a left 좌회전하다
parkway 공원도로

2

M: I would like to **make a room reservation** for **this Saturday,** please.
M: Certainly. How long are you going to stay?
W: For one night.
M: So, you are **arriving on April 3rd** and **leaving the next day.** Is that right?
W: Yes. And can I **check out around 3?**
M: In that case, there will be **a late check-out fee of $20.**
W: Fine. That's no problem.

Q. Which is correct about the woman?

(a) She is checking out on April 3rd.
(b) She is staying at the hotel this weekend.
(c) She is leaving tomorrow at 3.
(d) She is paying $20 for the room.

W: 이번 주 토요일에 쓸 방을 예약하고 싶은데요.
M: 네. 얼마나 묵으실 예정인가요?
W: 하루 밤이에요.
M: 그러면 4월 3일에 도착하셔서 다음 날 떠나시겠군요. 맞습니까?
W: 네. 그런데 3시경에 체크아웃을 해도 될까요?
M: 그런 경우에는 늦게 체크아웃 하는 것에 대한 요금 20달러를 내셔야 합니다.
W: 좋습니다. 그건 괜찮아요.

Q. 여자에 대해 옳은 것은 무엇인가?

(a) 4월 3일에 체크아웃을 할 것이다.
(b) 이번 주말에 호텔에 묵을 예정이다.
(c) 내일 3시에 떠날 것이다.
(d) 방 값으로 20달러를 지불할 것이다.

질문 | **특정 정보 (중심 화자–여자)에 대해 옳은 것**
상황 | **호텔**
주제 | **방 예약과 체크아웃 시간 문의**

▸ 구체적 대상(여자)에 한정하여 진위를 물은 경우는 선택지 주어가 모두 동일(she)하게 제시될 것을 예상하며 들을 수 있다.

▸ (b) (O) 대화문 첫 번째 발화에서 이번 토요일에 쓸 방을 구한다고 했으므로 this Saturday → this weekend로 대체한 (b)가 정답이다.

▸ (a) (X) 4월 3일에 호텔에 도착할 것이다.

▸ (c) (X) 4월 3일 다음날 3시경에 떠날 것이다.

▸ (d) (X) 늦게 체크아웃할 때 추가요금이 20달러이다.

표현 | **make a room reservation** 방을 예약하다
check out 퇴숙 절차를 하다, 체크아웃 하다
late fee 연체료, 지체료

3

M: I would like to **confirm my reservation for tonight,** please.
W: Certainly. May I have your name?
M: Douglas Thompson.
W: I'm afraid **there's no reservation under Thompson.**
M: That can't be possible. I **have the reservation number** right here.
W: OK, Let me check it. Umm…
M: Somebody probably **misspelled my name.**
W: Got it. You're right. **The reservation was under Tompkins not Thompson.**

Q. Why was the woman unable to find the reservation at first?

(a) The man did not have a reservation number.
(b) She misunderstood the man's name.
(c) She was not looking at the right reservation list.
(d) The name had been written incorrectly.

M: 오늘 밤 예약을 확인하고 싶은데요.
W: 네. 성함이 어떻게 되시죠?
M: 더글라스 톰슨입니다.
W: 죄송하지만 톰슨이라는 이름으로는 예약된 것이 없는데요.
M: 그럴 리가 없어요. 바로 여기 예약 번호가 있잖아요.
W: 알겠습니다, 확인해보지요. 음…
M: 누군가 제 이름의 철자를 틀리게 썼나 봅니다.
W: 찾았어요. 당신 말씀이 맞습니다. 예약이 톰슨이 아니라 톰킨스로 되어 있군요.

Q. 여자가 처음에 예약사항을 찾지 못했던 이유는 무엇인가?

(a) 남자가 예약 번호를 가지고 있지 않아서.
(b) 여자가 남자의 이름을 잘못 알아들어서.
(c) 여자가 제대로 된 예약 리스트를 보고 있지 않아서.

(d) 이름이 부정확하게 기입되어 있어서.

질문 | 특정 정보 (이유)
상황 | 호텔
주제 | 다른 이름으로 객실이 예약되어 있음

▶ (d) (O) 대화문 후반에 나타나는 것처럼 예약이 다른 이름으로 잘못 기재되어 있었다. misspelled → written incorrectly로 대체되었다.

표현 | **confirm** 확인하다
reservation number 예약 번호
misspell 철자를 틀리다

4

M: I'd **like to buy a train ticket** to Seattle.
W: **When** do you **wish to travel?**
M: **On Tuesday.** Are there **any that arrive in Seattle by three?**
W: Yes, the **one that leaves at twelve** would arrive by then.
M: Great. How much is a ticket?
W: **One way** is **thirty bucks.**
M: And how about for a **round trip?**
W: That'd be **fifty-five dollars.**

Q. Which is correct about the train?

(a) It leaves on Tuesday.
(b) It arrives in Seattle by twelve.
(c) It leaves at three.
(d) It costs fifty-five for a one-way ticket.

M: 시애틀까지 가는 기차 표를 사고 싶습니다.
W: 언제 여행하고 싶으신가요?
M: 화요일이요. 세 시까지 시애틀에 도착하는 것이 있나요?
W: 네, 12시에 출발하는 열차가 그 때까지는 도착할 겁니다.
M: 좋아요. 표가 얼마인가요?
W: 편도는 30달러입니다.
M: 왕복표는 얼마나 하나요?
W: 55달러가 될 거예요.

Q. 기차에 관해 옳은 것은 무엇인가?

(a) 화요일에 출발한다.
(b) 12시까지는 시애틀에 도착한다.
(c) 3시에 출발한다.
(d) 편도로 55달러가 든다.

질문 | 특정 정보 (중심 화제-기차)에 대해 옳은 것
상황 | 여행
주제 | 기차표 예매를 위한 문의

▶ 특정 정보 질문에는 기차표나 비행기표 예약, 호텔 예약 등 몇 가지 질문을 계속 묻고 대답하는 상황이 단골로 출제되니 세심하게 듣고 내용에 일치하는 것을 골라야 한다.

▶ (a) (O) 대화 전반부에 화요일에 떠나는 기차표를 구하고 있음이 나타난다.

▶ (b), (c) (X) 12시에 출발하여 3시까지는 시애틀에 도착할 것이다.

▶ (d) (X) 왕복표가 55달러이다.

표현 | **buck** 달러
one way 편도의
round trip 왕복의, 왕복표

5

M: Next in line, please!
W: Gosh, finally! I've been **waiting for thirty minutes!**
M: Sorry, this time of day is always the busiest.
W: I just **want to deposit $500** into my account.
M: Certainly. And by the way, you **could've used the deposit box.**
W: **I know.** But I want to **make sure the balance is credited immediately.**

Q. Which is correct about the woman?

(a) She had been waiting for half an hour.
(b) She is transferring $500 from her account.
(c) She did not know about the deposit box.
(d) She wants to check her balance.

M: 다음 분이요!
W: 아, 드디어 제 차례군요! 30분 동안이나 기다렸어요!
M: 죄송합니다. 항상 이 시간대가 가장 바쁘지요.
W: 제 계좌로 500달러를 예금하고 싶습니다.
M: 네. 그런데 입금 박스를 이용할 수도 있었을 텐데요.
W: 알아요. 하지만 잔액이 즉시 기입되도록 확실히 하고 싶어요.

Q. 여자에 대해 옳은 것은 무엇인가?

(a) 30분 동안 기다리고 있었다.
(b) 그녀의 계좌에서 500달러를 이체하고 있다.
(c) 입금 박스에 대해 알지 못했다.
(d) 잔액을 확인하고 싶어한다.

질문 | 특정 정보(중심 화자-여자)에 대해 옳은 것
상황 | 은행
주제 | 오래 기다린 고객에게 입금 박스에 관한 정보를 줌

▶ (a) (O) 대화 전반부에 여자가 오래 기다린 것에 대해 불평하는 부분에서 thirty minutes → half an hour로 바꿔 제시한 (a)가 정답이다.

▶ (b) (X) 500달러를 입금(deposit)하고 있다.

▶ (c) (X) 입금 박스에 대해 알고(I know.) 있었다.

▶ (d) (X) 잔액이 즉시 기입(credited immediately)되도록 하고 싶어 했다.

표현 | **deposit** 예금하다
account 계좌
deposit box 입금 박스(수표 따위를 입금할 때 봉투에 넣어 봉한 후 집어 넣을 수 있도록 한 상자. 입금만 하려는 고객이 줄을 설 필요 없이 쉽게 이용할 수 있음.)
balance 예금 잔고
credit 금액을 ~에 기입하다
immediately 즉시
make sure 확인하다
transfer (돈을) 이체하다, 옮기다

6

W: How was your interview, Sam?
M: Terrible! I didn't get the job.
W: Sorry to hear that. So what are you going to do?
M: I don't know. It seems nobody wants me.
W: Well, what kind of job are you qualified for?
M: I don't really know. I have no college degree, and too little experience.
W: Well, **you could apply for an entry-level position.**

Q. **What does the woman think the man should do?**

(a) Get a college degree.
(b) Get more experience.
(c) Apply again for the same job.
(d) Try for a low-level position.

W: 샘, 인터뷰 어땠어?
M: 엉망이었어! 일자리를 얻지 못했어.
W: 그 말을 들으니 안됐구나. 그래서 뭐 할 예정이니?
M: 나도 모르겠어. 아무도 날 원하지 않는 것 같아.
W: 글쎄, 어떤 종류의 직업에 자격이 있는데?
M: 나도 정말 모르겠어. 대학 학위도 없고 경험도 너무 적어서.
W: 그럼, 초보적인 자리에 지원해 볼 수 있을 것 같은데.

Q. **여자는 남자가 무엇을 해야 한다고 생각하는가?**

(a) 대학 학위를 취득한다.
(b) 더 많은 경험을 얻는다.
(c) 같은 직업에 다시 지원한다.
(d) 낮은 위치의 자리에 지원한다.

질문 | 특정 정보 (대상)
상황 | 일상
주제 | 학위와 경험이 없는 화자(남자)의 일자리 찾기

▶ (d) (O) 학위도 없고 경험도 적어서 일자리를 얻지 못하는 남자에게 대화의 마지막에 여자가 하는 제안은 초보적인 낮은 위치의 자리에 지원해보라는 것이다. apply → try; entry-level → low-level로 대체되었다.

표현 | **be qualified for** ~에 자격이 있다, 적임자이다
apply for ~에 지원하다
college degree 대학 학위
entry-level 초보적인, 견습적인

7

W: **What kind of movies do you like to watch?**
M: Oh, that's a hard question.
W: Well, do you like serious dramas?
M: No, **I prefer something that makes me laugh.**
W: What about documentaries?
M: Only if it's about animals.

Q. **What type of films does the man like?**

(a) Action movies.
(b) Comedies.

(c) Horror films.
(d) Historical documentaries.

W: 어떤 종류의 영화 보는 걸 좋아하세요?
M: 오, 그거 어려운 질문인데요.
W: 글쎄, 진지한 드라마를 좋아하세요?
M: 아니요. 저는 웃기는 것을 더 선호합니다.
W: 다큐멘터리는 어떤가요?
M: 동물에 대한 것이라면요.

Q. **남자는 어떤 종류의 영화를 좋아하는가?**

(a) 액션 영화.
(b) 코미디.
(c) 공포 영화.
(d) 역사 다큐멘터리.

질문 | 특정 정보 (대상)
상황 | 일상
주제 | 남자가 좋아하는 영화 종류

▶ (b) (O) 진지한 드라마는 싫고 자기를 웃게 만드는 것이 좋다고 했으므로 something that makes me laugh → comedies로 대체한 (b)가 적절 응답이다.

▶ (d) (X) 다큐멘터리는 동물에 대한 것만 좋다고 했으므로 오답이다.

표현 | **serious** 심각한, 진지한
documentary 기록 영화, 기록물
only if 오직 ~라면, ~인 경우에만

8

M: Mm, your cooking smells delicious. **What are you making?**
W: It's **a baked chicken dish.**
M: Oh, **my favorite, the kind with mushrooms?**
W: I left those out this time.
M: Then, is it with carrots?
W: Nope. It's a broccoli recipe.

Q. **What does the man like most?**

(a) Plain baked chicken.
(b) Chicken and mushrooms.
(c) Carrots.
(d) Broccoli dishes.

M: 음, 요리에서 맛있는 냄새가 나는데요. 뭘 만들고 있나요?
W: 구운 닭 요리에요.
M: 오, 제가 좋아하는 음식, 버섯이 들어간 것 말인가요?
W: 이번에는 버섯은 뺐어요.
M: 그러면, 당근이 들어갔나요?
W: 아니요. 브로콜리 조리법이에요.

Q. **남자가 가장 좋아하는 것은 무엇인가?**

(a) (다른 것이 첨가되지 않은) 평범한 구운 닭.
(b) 닭과 버섯 요리.
(c) 당근.
(d) 브로콜리 요리.

질문 | 특정 정보 (대상)

주제 | 남자가 좋아하는 요리

▶ (b) (O) 대화 전반부에 여자가 닭 요리를 만드는 것을 알고 자기가 좋아하는 버섯이 들어간 것이냐고 되묻는 질문에서 쉽게 답을 찾을 수 있다.

표현 | **baked chicken dish** 구운 닭 요리
mushroom 버섯
leave out 빼다, 생략하다
recipe 조리법, 요리법

9

M: How do you like my outfit?
W: Impressive. You look sharp.
M: **Doesn't this shirt look too tight**, though?
W: Not really. I'd say it's fine.
M: Well, when I wear a tie, **I can hardly breathe**.
W: Then **don't tie it so tight**.
M: It's not that. **It's the neck size of the shirt.**
W: Oh, that is a problem, then.

Q. What is too tight?

(a) The man's outfit.
(b) The shirt length.
(c) The man's tie.
(d) The shirt neck size.

M: 내 옷이 어때?
W: 멋있다. 샤프해 보여.
M: 그렇지만, 이 셔츠가 너무 꽉 껴 보이지 않니?
W: 그렇지는 않은데. 좋아 보여.
M: 글쎄, 내가 타이를 맬 때 숨을 거의 쉴 수가 없어.
W: 그럼 타이를 너무 꽉 매지 마.
M: 그게 아니야. 문제는 셔츠의 목 사이즈라고.
W: 오, 그럼 그건 문제구나.

Q. 무엇이 꽉 끼는가?

(a) 남자의 옷.
(b) 셔츠 길이.
(c) 남자의 타이.
(d) 셔츠의 목 사이즈.

질문 | 특정 정보 (대상)
상황 | 일상
주제 | 꽉 껴서 불편한 남자의 셔츠

▶ (d) (O) 남자의 마지막 발화에 나타나 있다. the neck size of the shirt → the shirt neck size로 어순만 바꿔서 제시되었다.

표현 | **How do you like ~?** ~은 어떻습니까?
outfit 의복
impressive 인상적인 *cf.* That's impressive. 굉장하다, 멋있다.
sharp (윤곽이) 뚜렷한, 날카로운, 예리한
tight 꽉 끼는

10

W: I **almost started a house** fire the other day.
M: What happened?
W: I **left a casserole in the oven**, and completely **forgot about it**.
M: Were you all right?
W: I was fine, but I **couldn't eat my dinner. I had to go get fast food.**
M: At least you're OK. It could've been worse.
W: Yeah, right.

Q. Which is correct about the woman?

(a) She started a house fire.
(b) Her fast food was overcooked.
(c) She forgot to eat dinner.
(d) Her casserole was not edible.

W: 제가 며칠 전에 집에 불을 낼 뻔 했어요.
M: 무슨 일이 있었는데요?
W: 오븐에 찜 요리를 두고는 완전히 잊어버린 거예요.
M: 당신 괜찮았어요?
W: 저는 괜찮았지만, 저녁을 먹을 수 없었죠. 나가서 패스트 푸드를 사와야 했어요.
M: 적어도 당신은 괜찮잖아요. 상황이 더 나빴을 수도 있어요.
W: 네, 맞아요.

Q. 여자에 대해 옳은 것은 무엇인가?

(a) 집에 불을 냈다.
(b) 패스트 푸드가 지나치게 조리되었다.
(c) 저녁 먹는 것을 잊어버렸다.
(d) 찜 요리는 먹을 수 없었다.

질문 | 특정 정보 (중심 화자—여자)에 대해 옳은 것
상황 | 일상
주제 | 오븐 요리를 하다가 집에 불 낼 뻔한 상황

▶ (d) (O) 찜 요리를 오븐에 두고 잊어버려 먹을 수 없게 되었다고 했으므로 couldn't eat → not edible로 대체한 (d)가 정답이다.

▶ (a), (b), (c) (X) 대화문에 나온 동일 단어들을 이용해 내용과 어긋나게 제시한 오답들이다.

표현 | **the other day** 일전에, 며칠 전에
casserole 찜 냄비, 찜 요리
It could've been worse. 상황이 더 나빴을 수도 있어.
overcooked 지나치게 삶은[구운]
edible 먹을 수 있는

유형연습 스크립트 & 번역

A

M: Hi, I need a double suite.
W: I'm sorry, sir. We only have single rooms available.
M: That's all right. How much are they?
W: Eighty dollars per night plus tax. It includes breakfast.
M: When is breakfast?
W: Six to nine.
M: OK, do you take traveler's checks?
W: Of course. Just fill out this form, please.

Q. Which is correct according to the conversation?

(a) Single rooms are fully booked.
(b) The tax is included in the price.
(c) Breakfast starts at seven.
(d) Traveler's checks are accepted.

M: 안녕하세요? 2인실 스위트 룸이 필요합니다.
W: 죄송합니다. 1인실만 사용 가능한데요.
M: 괜찮습니다. 방 값이 얼마지요?
W: 하루 밤 80달러에 세금은 별도입니다. 아침 식사까지 포함된 금액이에요.
M: 아침 식사 시간은 언제인가요?
W: 6시부터 9시까지입니다.
M: 좋습니다. 여행자 수표도 받으시나요?
W: 물론이죠. 이 양식을 작성해 주세요.

Q. 대화에 따르면 옳은 것은 무엇인가?

(a) 1인실은 다 예약이 되어 있다.
(b) 세금은 가격에 포함되어 있다.
(c) 아침 식사는 7시에 시작한다.
(d) 여행자 수표도 받는다.

B

W: Have you heard the weather forecast for this weekend?
M: They said thunderstorms are expected on Saturday.
W: Oh, no! What about Sunday?
M: I think they said it'll be drier. What's the matter?
W: My roommate and I are moving this weekend.
M: Oh, I see. Can't you postpone it until the weather improves?
W: The dormitory move-out this weekend is mandatory.
M: Well, why don't you do it Sunday afternoon? I'll give you a hand.

Q. Which is correct according to the conversation?

(a) The weather is drier on Saturday than Sunday.
(b) The forecast predicts rain all weekend.
(c) The woman's move is compulsory.
(d) The man cannot help the woman move this weekend.

W: 이번 주말 일기 예보 들었니?
M: 토요일에 폭우가 예상된다고 하더라고.
W: 저런! 일요일은 어때?
M: 그보다는 건조해진다고 했던 것 같아. 왜?
W: 내 룸메이트와 내가 이번 주말에 이사를 할 예정이거든.
M: 아, 그렇구나. 날씨가 좋아질 때까지 연기할 수 없니?
W: 이번 주 기숙사 이사는 의무적이야.
M: 그럼, 일요일 오후에 이사하는 것이 어때? 내가 도와줄게.

Q. 대화에 따르면 다음 중 옳은 것은?

(a) 날씨는 일요일보다 토요일에 좀 더 건조해질 것이다.
(b) 일기 예보는 주말 내내 비가 내릴 것으로 예측한다.
(c) 여자의 이사는 의무적이다.
(d) 남자는 이번 주말에 여자가 이사하는 것을 도울 수 없다.

Mini Test 11 정답 및 해설

1. (d)	2. (a)	3. (c)	4. (a)	5. (a)
6. (c)	7. (d)	8. (a)	9. (c)	10. (a)

1

W: Excuse me. Could you tell me **how to get to the Housing Office**?
M: Are you **going on foot**?
W: **No, my car is parked nearby.**
M: OK, take this road until it ends, and **you'll see a sign that'll lead you to the office.**
W: Is it a long drive?
M: Not at all. It'll probably **take you 5 minutes** at most.
W: Thanks for your help.
M: No problem. Good luck.

Q. Which is correct according to the conversation?

(a) The Housing Office is 5 miles away.
(b) The woman must turn at the stop sign.
(c) The Housing Office is located on the left.
(d) The woman plans to drive to the Housing Office.

W: 실례합니다. 기숙사 사무실에 어떻게 가는 지 알려주시겠습니까?
M: 걸어서 가시게요?
W: 아니요. 제 차를 근처에 주차해 놓았습니다.
M: 네, 길이 끝날 때까지 이 길을 따라 가세요. 그러면 사무실로 안내하는 표지를 발견하실 거예요.
W: 오래 운전해 가야 하나요?
M: 그렇지 않아요. 기껏해야 5분 정도 걸릴 겁니다.
W: 도와주셔서 감사합니다.
M: 천만에요. 행운을 빌어요.

Q. 대화에 따르면 다음 중 옳은 것은?

(a) 기숙사 사무실은 5마일 떨어져 있다.

(b) 여자는 정지 표지에서 차를 돌려야 한다.

(c) 기숙사 사무실은 왼쪽에 위치해 있다.

(d) 여자는 기숙사 사무실까지 운전해 갈 계획이다.

질문 | 진위

상황 | 길 묻기

주제 | 기숙사 사무실 가는 길 묻기

▶ (d) (O) 대화문의 전반에 사무실로 걸어갈 것이냐는 질문에 차를 근처에 주차해 놓았다고 했으므로 운전해 갈 계획임을 알 수 있다.

표현 | **housing office** 기숙사 사무실

on foot 걸어서

at most 기껏해야

stop sign (도로의) 일시 정지 표지

be located ~에 위치해 있다

2

M: Here's **your shrimp dinner**, ma'am.

W: Oh, there must've been a mistake. **This is not what I ordered**.

M: I'm terribly sorry. But it says here that you ordered the shrimp and spaghetti dishes.

W: **My husband did order the spaghetti**, but **I got the Vegetarian Special**.

M: I don't understand. The waiter who took your order wrote down shrimp…

W: Don't you get it? **I'm vegetarian**, so there's no way I could've ordered shrimp!

M: Let me go check with the other server.

W: You know what? Forget it. We're leaving!

Q. Which is correct according to the conversation?

(a) The woman does not eat meat.

(b) The woman ordered the wrong meal.

(c) The diners did not order spaghetti.

(d) The waiter delivered the food late.

M: 손님, 여기 새우 요리가 나왔습니다.

W: 오, 뭔가 잘못 된 것 같군요. 저는 이 요리를 주문하지 않았어요.

M: 정말 죄송합니다. 하지만 여기에는 손님이 새우와 스파게티 요리를 주문한 것으로 적혀 있는데요.

W: 제 남편이 스파게티를 주문한 것은 맞지만, 저는 채식주의자 특별 요리를 시켰다고요.

M: 잘 이해가 되지 않네요. 손님 주문을 받은 웨이터는 새우 요리로 적어 놓았는데…

W: 이해가 되지 않나요? 나는 채식주의자라고요. 그러니 내가 새우를 시켰을리가 없잖아요.

M: 다른 웨이터에게 확인해 보겠습니다.

W: 저 말이에요, 없던 걸로 하세요. 우리 나가겠어요.

Q. 대화에 따르면 다음 중 옳은 것은?

(a) 여자는 고기를 먹지 않는다.

(b) 여자는 식사를 잘못 주문했다.

(c) 손님들은 스파게티를 주문하지 않았다.

(d) 웨이터는 음식을 늦게 가져왔다.

질문 | 진위

상황 | 식당

주제 | 주문과 다르게 나온 요리

▶ (a) (O) 식당에서 주문한 음식이 나오지 않아 여자가 화를 내는 상황이다. 대화문 중반에 자신은 채식주의자 특별요리를 시켰고 자신이 채식주의자라고 밝히는 부분에서 여자는 고기를 먹지 않음을 알 수 있다. vegetarian → does not eat meat로 바꿔 제시하였다.

표현 | **shrimp** (작은) 새우

vegetarian 채식주의자

server 웨이터

diner 식사하는 사람, 정찬의 손님

3

W: **Welcome to the company.** My name is Catherine.

M: How do you do? I'm Jim Macdonald.

W: I was **so impressed reading your résumé.** So you were a **paramedic** before?

M: Yes. **For five years**. And **I've always wanted to travel.**

W: Good, because starting **next month you'll be travelling and saving lives.**

M: Great. I'm looking forward to **being part of the air rescue team.**

Q. Which is correct according to the conversation?

(a) The woman has always wanted to travel.

(b) The man was a physician for five years.

(c) The woman read the man's CV.

(d) The man starts with the team next week.

W: 저희 회사에 오신 것을 환영합니다. 제 이름은 캐서린입니다.

M: 안녕하세요? 저는 짐 맥도날드입니다.

W: 당신의 이력서를 읽고 매우 감명을 받았어요. 예전에 낙하산 부대 위생병이었다고요?

M: 네. 5년 동안이요. 저는 언제나 여행을 하고 싶어했습니다.

W: 좋습니다. 다음 달부터 당신은 여행하면서 생명을 구하게 될 테니까요.

M: 좋습니다. 항공 구조 팀의 일원이 되는 것을 기대하고 있거든요.

Q. 대화에 따르면 다음 중 옳은 것은?

(a) 여자는 항상 여행하고 싶어했다.

(b) 남자는 5년 동안 내과의사였다.

(c) 여자는 남자의 이력서를 읽었다.

(d) 남자는 다음 주에 항공 구조 팀에서 일을 시작한다.

질문 | 진위

상황 | 직장

주제 | 신입사원 면담

▶ (c) (O) 대화문 초반에 여자가 남자의 이력서를 읽고 감명받았다는 부분에서 정답을 쉽게 찾을 수 있다. résumé → CV로 바꿔 제시하였다.

▶ (a) (X) 항상 여행을 하고 싶어했던 이는 남자이다.

▶ (b) (X) 5년 동안 낙하산 부대 위생병이었다.

▶ (d) (X) 다음 달에 일을 시작한다.

be impressed 감명받다
résumé 이력서
paramedic 낙하산 부대 위생병
look forward to ~을 학수고대하다
air rescue team 항공 구조 팀
physician 내과의사
CV(curriculum vitae) 이력서

4

W: **Have you checked your pay?**
M: Not yet. Is there **something wrong?**
W: **I thought we'd be getting that bonus** this month.
M: And we didn't?
W: No. It was only the usual amount.
M: Well, we **could wait a day or two** and see what happens.
W: But I need it because **I've already spent it.**
M: **Don't tell me** you **bought** yourself **a new dress**, again!

Q. **Which is correct according to the conversation?**

(a) The bonus has not been dispersed.

(b) The bonus amount was less than usual.

(c) The man's paycheck will be received in a day or two.

(d) The woman's whole paycheck was spent on a dress.

W: 월급 확인했어요?
M: 아직 안 했어요. 뭐가 잘못됐나요?
W: 이번 달에 보너스를 받을 거라고 생각했었는데요.
M: 그런데 안 들어왔나요?
W: 안 들어왔어요. 원래 금액뿐이었어요.
M: 글쎄요, 하루 이틀 기다리고 지켜보지요.
W: 하지만 저는 그 돈이 필요해요. 벌써 써 버렸거든요.
M: 또 새 드레스를 샀다고는 말하지 마세요!

Q. 대화에 따르면 다음 중 옳은 것은?

(a) 보너스는 지급되지 않았다.

(b) 보너스 금액은 보통 때 받던 것 보다 적었다.

(c) 남자의 월급은 하루 이틀 후에 나올 것이다.

(d) 여자의 월급 전부가 드레스를 사는 데에 소비되었다.

질문 | 진위
상황 | 직장
주제 | 보너스가 지급되지 않음

▶ 특정 대상에 대한 진위 여부가 아닌 대화 전체에서 진위를 가리는 문제는 선택지 주어가 다 다르게 나타나는 경향이 높아 대화 전체를 세심하게 들어야 하므로 상대적으로 난이도가 높다.

▶ (a) (O) 여자가 보너스를 받을 거라고 생각했는데 원래 월급만 받았다(only the usual amount)고 하는 부분에서 보너스가 지급되지 않았다(the bonus has not been dispersed)는 것을 알 수 있다.

▶ (b), (c), (d) (X) 각기 대화문과 동일한 단어(usual, a day or two, a dress)를 이용하여 내용과 어긋나게 제시한 오답들이다.

amount 양
disperse 흩어지게 하다; 보급하다
paycheck 급료 지불 수표; 급료, 봉급

5

M: I'm having some trouble finishing the project.
W: What seems to be the problem?
M: **I can't seem to compute the exact statistical data** for the final review.
W: **Didn't you get the stats software from Katie?**
M: What software are you talking about?
W: The program you need for computing it. **Katie must've forgotten to pass it on.**
M: That's a relief. **I thought my incompetence was the problem.**
W: Don't be so harsh on yourself. And, by the way, **you should contact Katie** for the program as soon as possible.

Q. **Which is correct according to the conversation?**

(a) The man must get a hold of Katie.

(b) The man was incompetent at his task.

(c) Katie gave the man the wrong stats.

(d) The woman forgot to ask Katie for the program.

M: 프로젝트를 끝내는 데 어려움을 겪고 있어.
W: 뭐가 문제인데?
M: 최종 검토를 위한 정확한 통계 자료를 계산할 수 없는 것 같아.
W: 케이티로부터 통계 소프트웨어를 받지 못했니?
M: 무슨 소프트웨어를 말하는 거야?
W: 그 데이터를 계산하는 데 필요한 프로그램 말이야. 케이티가 그걸 전해주는 걸 잊어버렸나 보구나.
M: 다행이다. 나는 내가 무능력한 것이 문제라고 생각했어.
W: 너 자신에게 그렇게 가혹하게 하지마. 그런데 가능하면 빨리 그 프로그램을 얻기 위해 케이티와 연락해야 할 거야.

Q. 대화에 따르면 다음 중 옳은 것은?

(a) 남자는 케이티와 연락이 되어야 한다.

(b) 남자는 그의 업무에 무능하였다.

(c) 케이티는 남자에게 잘못된 통계 자료를 주었다.

(d) 여자를 케이티에게 그 프로그램을 달라고 부탁하는 것을 잊었다.

질문 | 진위
상황 | 직장/학교
주제 | 업무 처리를 위한 통계 프로그램

▶ (a) (O) 대화문 마지막에 여자가 남자한테 빨리 케이티와 연락하라고 권하는 부분에서 contact → get hold of로 바꿔 제시된 (a)가 정답이다.

▶ (b) (X) 남자가 스스로 무능력하다고 생각했었던 것이지 실제 그런 것은 아니다. 유사 발음 단어 incompetent를 이용한 오답이다.

표현 | **compute** 계산하다
statistical 통계적인
final review 최종 검토

stats 통계(학)
pass on 전하다, 넘겨주다
incompetence 무능력
harsh on oneself 스스로에게 가혹한
get a hold of ~을 잡다, ~와 연락이 되다, ~을 입수하다

approach to ~에의 접근법
marketing 마케팅
point 논점
I see your point. 무슨 말인지 알겠습니다.
lean toward ~로 기울다
on top of that 게다가
impression 인상, 느낌
behind 지원하여, 지지하여
matter 사안
input (의견 등의) 제시

6

W: So, **who** do you think **we should enter into a partnership with?**
M: Well, between Rictor Corp. and Truit Enterprises, **I'd choose Truit.**
W: Why? Is there **something you don't like about Rictor?**
M: Well, I'm not sure that I like **their aggressive approach to marketing.**
W: I can see your point there. **I'm starting to lean toward Truit, too.**
M: On top of that, I get the impression **they're not 100% behind this collaborative offer.**
W: I'm glad I asked for your opinion on this matter. Thanks for your input.
M: The pleasure is all mine.

Q. Which is correct according to the conversation?
(a) The woman prefers Rictor over Truit.
(b) Truit practices aggressive marketing.
(c) Both speakers think Truit is best.
(d) Rictor supports the partnership 100%.

W: 자, 당신은 우리가 누구와 협력해야 한다고 생각하십니까?
M: 글쎄요, 릭터 사와 트룻 회사 사이에서 저라면 트룻을 선택하겠습니다.
W: 왜요? 릭터에 대해 마음에 안 드는 점이 있나요?
M: 글쎄, 마케팅에 대한 그들의 공격적인 접근법을 좋아할 수 없습니다.
W: 무슨 말인지 알겠어요. 저도 트룻 쪽으로 기울기 시작했어요.
M: 게다가 그들이 이 제휴 제안을 100% 지지하지는 않는다는 느낌을 받아요.
W: 이 문제에 대해 당신의 의견을 물어본 것이 기쁘군요. 의견 주셔서 감사합니다.
M: 제가 기쁘지요.

Q. 대화에 따르면 다음 중 옳은 것은?
(a) 여자는 트룻보다 릭터를 더 좋아한다.
(b) 트룻은 공격적인 마케팅을 실행하고 있다.
(c) 두 화자 모두 트룻이 최상의 선택이라고 생각한다.
(d) 릭터는 제휴를 100% 지지한다.

질문 | 진위
상황 | 직장
주제 | 제휴 회사 결정에 대한 의견 문의

▶ (c) (O) 어느 회사와 협력해야 할 지 두 화자가 의견을 나누는 대화문에서 두 화자 모두 트룻이 낫다고 생각하고 있다. 남자의 첫 발화(I'd choose Truit.)와 여자의 세 번째 발화(I'm starting to lean toward Truit, too.)에서 Both speakers think Truit is best.가 적절 응답임을 알 수 있다.

표현 | enter into a partnership with ~와 협력하다, 제휴하다
aggressive 공격적인, 저돌적인

7

W: David, you know about computers, don't you?
M: I know a bit. Why?
W: **I can't find my report file.** Could you please help me?
M: Did you use the "search" function?
W: Yes. **I already searched the whole computer.**
M: And it didn't show up? Hmm…
W: Can you try to find it? **My report is due in two days!**
M: I'll see what I can do. Where's your computer?

Q. Which is correct according to the conversation?
(a) The woman cannot find the report she printed.
(b) The man agreed to find the computer.
(c) The report was due two days ago.
(d) The woman searched the files already.

W: 데이빗, 컴퓨터에 대해서 좀 알죠?
M: 좀 아는데요. 왜요?
W: 제 보고서 파일을 찾을 수가 없어요. 저 좀 도와주시겠어요?
M: '검색' 기능을 사용해 봤어요?
W: 네. 이미 컴퓨터 전체를 다 찾아봤어요.
M: 그런데 안 나와요? 음…
W: 당신이 좀 찾아 보겠어요? 제 보고서 기한이 2일 남았어요!
M: 제가 할 수 있는 게 뭔지 좀 볼게요. 당신 컴퓨터 어디에 있죠?

Q. 대화에 따르면 다음 중 옳은 것은?
(a) 여자는 그녀가 인쇄한 보고서를 찾을 수 없다.
(b) 남자는 컴퓨터를 찾아보기로 동의하였다.
(c) 보고서는 이틀 전에 마감 기한이 지났다.
(d) 여자는 이미 파일들을 검색해 보았다.

질문 | 진위
상황 | 일상
주제 | 컴퓨터 파일 찾기

▶ (d) (O) 여자가 컴퓨터에 저장된 보고서 파일을 찾을 수 없어 도움을 요청하는 상황이다. 이미 컴퓨터 전체를 다 찾아봤다고 했으므로 searched the whole computer → searched the files로 바꿔 표현한 (d)가 정답이다.

▶ (a) (X) 프린트를 한 보고서가 아니라 컴퓨터에 저장된 보고서 파일을 찾을 수 없는 것이다.

▶ (b) (X) 컴퓨터가 아닌 파일 찾는 것을 도와주기로 한 것이다.

▶ (c) (X) 보고서 기한은 이틀 전이 아니라 이틀 후이다.

표현 | **due** 기한이 된; ~하기로 되어 있는

search 찾다, 검색하다

8

> W: So, have you figured out **why your computer is so slow?**
> M: Yes. **I found more than fifty spyware programs** on the hard drive.
> W: Uh-oh. I wonder how they all got there.
> M: I don't know. **I don't play Internet games**, and I only go to certified sites.
> W: Well, any computer can get infected. **It's best to run a checkup regularly.**
> M: Believe me, from now on I'll be doing that.

Q. Which is correct according to the conversation?

(a) The man's computer was sluggish.
(b) The woman advised the man to run a checkup now.
(c) The man's Internet gaming caused the infection.
(d) The woman found spyware in the man's computer.

W: 그래서 당신 컴퓨터가 왜 그렇게 느린지 알아내셨나요?
M: 네. 하드 드라이브에서 50개 이상의 스파이웨어 프로그램을 찾았어요.
W: 저런. 그것들이 어떻게 컴퓨터에 들어갔는지 궁금하네요.
M: 저도 모르죠. 인터넷 게임도 하지 않고 공인된 사이트만 방문하는데 말이에요.
W: 글쎄요, 어떤 컴퓨터도 감염될 수 있지요. 정기적으로 검사를 하는 것이 최선이에요.
M: 이제 보세요, 앞으로는 계속 그렇게 할 테니까요.

Q. 대화에 따르면 다음 중 옳은 것은?

(a) 남자의 컴퓨터는 느렸다.
(b) 여자는 남자에게 지금 검사를 해보라고 조언했다.
(c) 남자가 인터넷 게임을 한 것이 감염의 원인이 되었다.
(d) 여자는 남자의 컴퓨터에서 스파이웨어를 발견했다.

질문 | 진위
상황 | 일상
주제 | 감염된 컴퓨터

▶ (a) (O) 대화문 첫 발화에 나온 것처럼 남자의 컴퓨터가 느린 상황이다. so slow → sluggish로 대체한 (a)가 정답이다.

▶ (b) (X) 검사를 정기적으로(regularly)하라는 것을 지금(now)하라는 것으로 바꿔 놓은 오답이다.

표현 | **figure out** 알아내다

certified 공인된

get infected 감염되다

run a checkup 검사하다, (바이러스) 검사를 실행하다

regularly 정기적으로

sluggish 게으른, 나태한, 둔한

9

> W: You know what? **The Red Sailors are in town.**
> M: The **jazz group** you always listen to?
> W: Yes. That's the one.
> M: Are you planning to go to their concert?
> W: Actually, **I wanted to invite you. Would you like to come?**
> M: Wow. Really?
> W: **If you're free on Friday night.**
> M: Of course. Thank you!

Q. Which is correct according to the conversation?

(a) The concert tickets are free Friday night.
(b) The Red Sailors are coming to town this week-end.
(c) The woman wants the man to join her.
(d) Red Sailors is the name of a rock band.

W: 그거 알아요? 레드 세일러스가 왔어요.
M: 당신이 항상 듣는 그 재즈 그룹 말이에요?
W: 네, 바로 그 그룹이에요.
M: 콘서트에 갈 계획인가요?
W: 사실은 당신을 초대하고 싶어요. 가시겠어요?
M: 와, 정말이요?
W: 금요일 밤에 시간이 되신다면요.
M: 물론이죠. 고맙습니다!

Q. 대화에 따르면 다음 중 옳은 것은?

(a) 콘서트 티켓은 금요일 밤에 무료이다.
(b) 레드 세일러스가 이번 주말에 온다.
(c) 여자는 남자가 그녀와 함께 가길 바란다.
(d) 레드 세일러스는 락 밴드의 이름이다.

질문 | 진위
상황 | 일상
주제 | 음악회 초대

▶ (c) (O) 여자가 남자를 음악회에 초대하고 있는 상황이다. 여자의 세 번째 발화에 나타난 초대 표현으로 정답을 비교적 쉽게 고를 수 있다.

▶ (a), (b) (X) 여자는 남자가 금요일 밤에 시간이 있는지(free) 물었으므로 동일한 발음(free: 무료의)을 이용한 (a)와 주말(this weekend)에 그룹이 온다고 한 (b)는 각기 오답이다.

▶ (d) (X) 레드 세일러스는 재즈 그룹이다.

W: **License and registration**, please.

M: What seems to be the problem, officer?

W: **You jumped a stop sign** at the intersection.

M: Oh, did I? I was so busy talking on the phone that **I didn't even see it.**

W: You did what?

M: Oh, I'm a doctor, and **I had an emergency call from the hospital.**

W: Still, you should've used a hands-free device.

M: **I hope you're not going to give me an extra ticket** for being honest.

Q. Which is correct according to the conversation?

(a) The man failed to notice a stop sign.

(b) The man got a call from his doctor.

(c) The woman asked for the man's insurance.

(d) The woman wrote an extra ticket.

W: 운전면허증과 차량등록증을 보여주세요.

M: 경관님, 뭐가 문제인가요?

W: 교차로에서 정지 신호를 무시하고 지나가셨습니다.

M: 아, 제가 그랬나요? 전화 통화하느라 바빠서 신호를 보지 못했어요.

W: 뭘 하셨다고요?

M: 아, 제가 의사인데, 병원에서 긴급 호출을 받았거든요.

W: 그래도 핸즈프리 장치를 사용하셨어야죠.

M: 정직한 것에 대해서 추가 티켓을 주시지는 않았으면 합니다.

Q. 대화에 따르면 다음 중 옳은 것은?

(a) 남자는 정지 신호를 보지 못했다.

(b) 남자는 그의 의사로부터 전화를 받았다.

(c) 여자는 남자의 보험증을 요구했다.

(d) 여자는 추가 티켓을 발급하였다.

질문 | 진위

상황 | 일상

주제 | 교통 신호 위반

▶ (a) (O) 남자가 정지 신호를 보지 못하여 신호 위반으로 걸린 상황이다. 남자의 두 번째 발화 didn't even see it [= a stop sign] → failed to notice a stop sign으로 바꿔 제시한 (a)가 정답이다.

▶ (b) (X) 의사인 남자가 병원에서 온 전화를 받은 것이므로 오답이다.

▶ (c) (X) 여자는 운전면허증과 차량등록증을 요구하였다.

▶ (d) (X) 아직 추가 티켓을 발급하지 않은 상황이다. 시제상으로도 맞지 않는 오답이다.

표현 | **License and registration, please.** 운전면허증과 차량등록증을 보여주십시오.

intersection 네거리, 교차로

jump 뛰어넘다

stop sign 정지 신호, 멈춤 신호

emergency call 긴급 호출, 긴급 통화

should have p.p. ~했어야 했다

hands-free device 핸즈프리 장치

insurance 보험

Unit 12 추론

유형연습 스크립트 & 번역

A

M: So, do you like red or blue better?

W: Red. Why do you ask?

M: So I can get you the right color hanbok.

W: Wow. You're going to Korea?

M: Yes, in two days.

W: Excellent. How are you getting to the airport?

M: Actually, I've been meaning to ask you.

W: You don't even have to ask. It's the least I can do.

Q. What can be inferred from the conversation?

(a) The man will leave Korea the day after tomorrow.

(b) The man will buy a blue hanbok.

(c) The woman will drive to the airport.

(d) The woman already knew of the man's trip.

M: 빨강색과 파란색 중 더 좋아하는 것은요?

W: 빨강색인데. 왜 물어보세요?

M: 잘 맞는 색깔의 한복을 사다 주려고요.

W: 와! 한국에 가는 거예요?

M: 네. 이틀 후에요.

W: 좋겠다. 공항에 어떻게 갈 거예요?

M: 사실은 당신에게 부탁할 생각이었어요.

W: 부탁할 필요가 없지요. 별일 아닌데요.

Q. 대화에서 추론할 수 있는 것은?

(a) 남자는 내일 모레 한국을 떠날 것이다.

(b) 남자는 파란색 한복을 구입할 것이다.

(c) 여자가 공항까지 운전할 것이다.

(d) 여자는 남자의 여행에 대해 이미 알고 있다.

B

M: Excuse me, waitress?

W: Yes, did you need something?

M: This is cream of onion. I ordered clam chowder.

W: Oh, really? I'm awfully sorry about that.

M: It's no big deal. I'm sure it was someone in the kitchen who got confused.

W: I'll bring your clam chowder right away. And your meal is on the house.

M: It's OK, really. But thanks for the offer, though.

W: You're welcome. I'll be right back with your order.

Q. What will the man most likely do?

(a) Talk to the manager about the waitress's mistake.

(b) Eat the cream of onion soup anyway.

(c) Pay the bill even if the waitress insists not to.

(d) Change his order to something else.

M: 잠깐만요.
W: 예, 뭐 필요한 거 있으세요?
M: 이건 양파 크림이잖아요. 저는 대합조개 스프를 주문했는데요.
W: 정말이요? 대단히 죄송합니다.
M: 괜찮아요. 주방에 있는 사람이 착각한 거잖아요.
W: 당장 대합조개 스프를 갖다 드리겠습니다. 그리고 손님의 식사는 저희가 부담하겠습니다.
M: 정말 괜찮아요. 하지만 그 제안은 고마워요.
W: 아닙니다. 손님께서 주문하신 음식을 곧 가지고 오겠습니다.

Q. 남자가 무엇을 하게 될 것 같은가?
(a) 종업원의 실수에 대해 매니저에게 이야기한다.
(b) 양파 크림 스프를 먹는다.
(c) 종업원이 그럴 필요 없다고 하는데 음식 값을 지불한다.
(d) 주문을 다른 것으로 바꾼다.

Mini Test 12 정답 및 해설

1. (a)	2. (b)	3. (c)	4. (b)	5. (a)
6. (c)	7. (c)	8. (a)	9. (a)	10. (b)

1

W: Good afternoon. Please climb aboard.
M: I'm not sure if this is the right bus. Do you go to Queens Street?
W: No. Don't take this bus. Take number 132.
M: **Where can I take the 132?**
W: **Just stay at this stop. It'll come in ten minutes.**
M: **Thanks.** So that was 123?
W: No, 132.

Q. **What will the man most likely do next?**
(a) Wait for the bus.
(b) Take Highway 132.
(c) Ride on bus 123.
(d) Get off at the next stop.

W: 안녕하세요? 승차하십시오.
M: 이 버스가 맞는지 잘 모르겠는데, 퀸즈 가로 가나요?
W: 아니요. 이 버스를 타지 마시고 132번 버스를 타세요.
M: 132번은 어디에서 타나요?
W: 이 정류소에 그대로 있으세요. 10분 후면 올 겁니다.
M: 고맙습니다. 그런데 123번이라고 하셨던가요?
W: 아니요, 132번입니다.

Q . 남자는 이후 무엇을 할 것 같은가?
(a) 버스를 기다린다.
(b) 132번 고속도로를 탄다.
(c) 123번 버스를 탄다.
(d) 다음 정거장에서 내린다.

질문 | 남자가 대화 후에 할 일
상황 | 여행
주제 | 교통편(버스) 문의

▶ (a) (O) 대화문의 중반 이후에 함의되어 있다. 화제인 bus를 사용하였고 Stay at this stop ~ come in ten minutes → Wait for the bus로 표현하였다.

표현 | **aboard** (열차·버스·비행기를) 타고
take the bus 버스를 타다
stop 정류소, 정거장

2

M: Do you have anything to declare?
W: No, I don't.
M: Would you please put your suitcase on this table and open it?
W: **But I don't understand. I told you I have nothing to declare.**
M: Just open the suitcase, please.
W: All right. Here, this box and clothes are all I have.
M: What's in the box?
W: It's a toy car, a gift for my little nephew.

Q. **What can be inferred about the woman?**
(a) She is a mother of young children.
(b) She thinks the search is unnecessary.
(c) She is planning to go shopping.
(d) She needs a new suitcase.

M: 신고할 것 있습니까?
W: 아니요, 없습니다.
M: 탁자에 가방을 올리고 열어 주시겠습니까?
W: 이해가 되지 않네요. 제가 신고할 것이 없다고 했잖아요.
M: 그냥 여행가방을 열어 주십시오.
W: 좋습니다. 자요, 이 상자와 옷들이 제가 가진 전부입니다.
M: 상자 안에는 뭐가 들어 있지요?
W: 장난감 차요, 어린 조카에게 줄 선물입니다.

Q. 여자에 대해 추론할 수 있는 것은 무엇인가?
(a) 그녀는 어린 아이들의 어머니이다.
(b) 그녀는 검색이 불필요하다고 생각한다.
(c) 그녀는 쇼핑을 하러 갈 계획이다.
(d) 그녀에겐 새 여행가방이 필요하다.

질문 | 여자 화자에 대한 추론
상황 | 여행(세관 통과)
주제 | 휴대 물품 확인

▶ 초점 화자인 여자의 발화를 잘 들으면서 상황·태도 등을 요약한다.

표현 | **declare** (세관에서) 신고하다
suitcase 여행가방

3

W: Hi. Do you carry green dresses?

M: Let me check… Yes, we have a chiffon dress and a dark green one.

W: That's good. How much is the chiffon dress?

M: It's $299.

W: Um, that's too steep for my budget. How about the dark one?

M: That's on sale from last season, only $59.

W: **That's better.** It's for the St. Patrick's Day parade, so **anything green will be fine.**

Q. What can be inferred about the woman?

(a) She will play an important role in the parade.

(b) She wants to spend about $300.

(c) She does not mind wearing last year's style.

(d) She will buy the green dress someplace else.

W: 안녕하세요? 녹색 드레스 있나요?

M: 확인해 볼게요… 예, 쉬폰 드레스와 어두운 녹색 드레스가 있습니다.

W: 잘 됐군요. 시폰 드레스는 얼마에요?

M: 299달러입니다.

W: 그건 제 예산에 비해 너무 비싸요. 어두운 색은 얼마죠?

M: 지난 시즌부터 할인 판매 중이라서 59달러입니다.

W: 그게 더 낫군요. 성 패트릭 데이 퍼레이드에 입을 옷이니 초록색 옷이면 어떤 것이든 상관 없어요.

Q. 여자에 대해 추론할 수 있는 것은 무엇인가?

(a) 그녀는 퍼레이드에서 중요한 역할을 맡을 것이다.

(b) 그녀는 300달러 정도 쓰기를 원한다.

(c) 그녀는 작년 스타일의 옷을 입는 것을 상관하지 않는다.

(d) 그녀는 녹색 드레스를 다른 곳에서 살 것이다.

질문 | 여자 화자에 대한 추론

상황 | 가게

주제 | 옷 구입

▶ 대화문의 후반부 발화의 함의를 묻고 있다.

▶ (c) (O) last season → last year's style로 대체하였고 anything green will be fine → don't mind wearing으로 표현을 바꾸었다.

표현 | **chiffon** 얇은 천, 견(絹) 모슬린

steep (가격 등이) 터무니없는, 엄청난

budget 예산, 생활비

on sale 싸게 팔려고 내놓은, 할인 판매하는

St. Patrick's Day (3월17일) 아일랜드에 그리스도교를 처음 전파한 성 패트릭(389–461)을 기리는 기념일. 녹색은 아일랜드의 상징 색깔이다.

4

M: Can I get passes for two adults and two children, please?

W: You mean a family pass? It's cheaper that way.

M: All right. A family pass, then.

W: **Are you going to Playland as well?** We have a family combo pass.

M: **Err… What's the difference in cost?**

W: A family pass is $85 and a combo is $130.

M: **I'd better talk to my wife first.** One moment, please.

W: Sure.

Q. What can be inferred about the man?

(a) He has been to this park many times.

(b) He was not planning to visit Playland.

(c) He thought child admission was free.

(d) He needs to borrow money from his wife.

M: 어른 둘, 아이 둘 입장권 주세요?

W: 가족 입장권 말씀이시죠? 그게 더 쌉니다.

M: 좋아요. 그럼 가족 입장권으로 하지요.

W: 플레이랜드에도 가실 건가요? 가족 콤보 입장권이 있습니다.

M: 어… 가격 차이가 어떻게 되지요?

W: 가족 입장권은 85달러이고 콤보는 130달러입니다.

M: 아내와 먼저 상의하는 것이 좋겠군요. 잠시만 기다려 주세요.

W: 그러세요.

Q. 남자에 대해 무엇을 추론할 수 있는가?

(a) 그는 이 공원에 여러 번 왔다.

(b) 그는 플레이랜드를 방문할 계획은 없었다.

(c) 그는 아동 입장은 무료라고 생각했다.

(d) 그는 아내에게 돈을 빌릴 필요가 있다.

질문 | 남자 화자에 대한 추론

상황 | 여행 (휴가)

주제 | 놀이공원 입장권 구입

▶ (b) (O) 대화문의 중반부 발화의 함의를 묻고 있다. 여자의 질의 Are you going to Playland as well? + 남자의 응답 Err…What's the difference in cost? → 남자는 Playland에 갈 생각을 하지 않았다는 것을 함의한다. 또한 남자의 마지막 발화 '부인과 상의하겠다'에도 함의되어 있다.

표현 | **pass** 입장권, 승차권

5

M: Let's hurry. The movie starts in 5 minutes.

W: Shall we get popcorn and soda?

M: OK, but I need to use the men's room real quick.

W: Then I'll go get the snacks.

M: Fine. Let's meet up at the entrance.

W: Sounds good.

M: Thanks. You know ours is theater #6, right?

W: Got it. See you in a bit.

Q. What can be inferred?

(a) The woman does not need to use the restroom.

(b) The woman did not know their theater number.

(c) The man will buy more food during the movie.

(d) The man will use the men's room by theater #6.

M: 서두르자. 영화가 5분 후에 시작해.

W: 팝콘과 탄산음료를 살까?

M: 좋아. 하지만 난 급히 화장실에 가야 하는데.

W: 그럼 내가 스낵을 사러 갈게.

M: 좋아. 입구에서 만나기로 하자.

W: 그래.

M: 고마워. 6번 상영관인 건 알고 있겠지?

W: 알고 있어. 잠시 후에 보자.

Q. 추론 가능한 것은 무엇인가?

(a) 여자는 화장실을 이용할 필요가 없다.

(b) 여자는 상영관 번호를 알지 못했다.

(c) 남자는 영화가 상연되는 동안 더 많은 음식을 살 것이다.

(d) 남자는 6번 상영관 옆 남자 화장실을 사용할 것이다.

질문	대화문의 함의
상황	일상
주제	영화 데이트

▶ 대화문 전체 내용을 잘 들어야 하는 추론 문제:
  ① 2~3개 발화의 상황이나 주제를 요약하기
  ② 남녀 화자의 입장을 기억하기.

▶ 영화 시작 5분전 / W: 먹을 것? / M: 화장실 / W: 구입 / M: 입구에서 만나자, 극장 번호 6 확인? / W: 긍정

▶ (b) (X) 번호 확인 질문에 여자는 긍정의 대답을 했다.

▶ (c), (d) (X) 함의의 근거가 없다.

| 표현 | **men's room** 남자 화장실
real 정말로, 매우, 아주 *cf.* We had a real good time. 정말로 즐거웠다.
go get 가지러 가다, 사러 가다
go see 만나러 가다
entrance 입구
in a bit 곧

6

W: Hey Luke, did you see tonight's **Tigers' game**?
M: No, I'm still at the office working. **Who won?**
W: **We did**, 5 to 4. It was a close one, though.
M: Sounds like a real nail-biter.
W: It was. The game had to go into extra innings.
M: So, who was the MVP?
W: It was Thompson again. He batted in the game-winning run.

Q. What can be inferred?

(a) Thompson is the man's favorite player.

(b) The man and woman normally watch games together.

(c) The man and woman are fans of the same team.

(d) Tonight's game was the championship.

W: 이봐 루크, 오늘 밤 타이거즈 경기 봤니?
M: 아니, 아직 사무실에서 일하고 있어. 누가 이겼어?
W: 우리가 이겼어, 5대 4로. 막상막하였어.
M: 손에 땀을 쥐게 하는 경기였나 보군.
W: 정말 그랬어. 연장전을 했거든.
M: 그리고, 누가 MVP가 되었어?
W: 또 톰슨이었어. 게임을 승리로 이끈 홈런을 쳤으니까.

Q. 무엇을 추론할 수 있는가?

(a) 톰슨은 남자가 좋아하는 선수이다.

(b) 남자와 여자는 보통 경기를 함께 본다.

(c) 남자와 여자는 같은 팀의 팬이다.

(d) 오늘 밤 경기는 선수권 대회였다.

질문	대화문의 함의
상황	일상
주제	야구 경기 결과

▶ 대화문 초반의 함의를 묻고 있다. did you see tonight's Tiger's game? —Who won? — We did에 추론의 근거가 제시되어 있다. 타이거즈의 우승을 두고 '우리가 이겼어'라는 응답에는 두 사람이 같은 팀을 지지한다는 내용이 함의되어 있다.

| 표현 | **It was a close one.** 막상막하였어.
nail-biter 손에 땀을 쥐게 하는 경기
extra inning (야구, 크리켓의) 연장전, 연장 이닝
game-winning run 게임을 승리로 이끈 홈런, 끝내기 홈런
championship 선수권, 결승전

7

W: I'm **bored**. Why don't we go out for dinner or something?
M: I'm watching TV.
W: **Stop being such a couch potato!** Let's do something!
M: I am doing something—watching TV.
W: **You're always watching stupid sitcoms.** It's a **waste of time.**
M: There's nothing wrong with a little comedy in your life.

Q. What is the tone of the woman's remarks?

(a) Humorous.

(b) Defensive.

(c) Reproachful.

(d) Indifferent.

W: 따분해. 저녁 외식하거나 뭐 딴일 하러 나가지 않을래?
M: 나 TV보고 있어.
W: 늘 TV만 보는 생활은 이제 그만해. 다른 뭐 좀 해보자.
M: 난 뭐 좀 하고 있잖아, 바로 TV보는 것.
W: 넌 항상 멍청한 시트콤이나 보잖아. 시간 낭비야.
M: 네 생활에 코미디 좀 보탠다고 나쁠 건 없잖아.

Q. 여자가 말하는 어조는 어떠한가?

(a) 익살맞은.

(b) 방어적인.

(c) 비난하는.

(d) 무관심한.

질문	여자 화자의 어조
상황	일상
주제	TV 보는 여가 활동에 대한 의견

▶ 질문을 들은 후에 초점이 맞춰진 여자가 사용한 단어들의 뉘앙스를 정리한다. bored, stop, couch potato, stupid sitcoms, waste of time은 불만, 비난을 함의한다.

표현 | **couch potato** TV를 보면서 여가를 보내는 사람, 게으르고 비활동적인
사람
humorous 익살맞은
defensive 변호적인, 항변하는
reproachful 비난하는, 책망하는
indifferent 무관심한

8

W: So, are you still hiding from Helen?
M: No. I think she has moved away now.
W: Oh, good for you, **but pity on her. She liked you a lot.**
M: Maybe, but stalking is a crime.
W: True. **But she was cute, don't you think?**
M: Angela!
W: Sorry.

Q.   What can be inferred about Helen?

(a) Angela is sympathetic to her.
(b) Angela thinks she is a criminal.
(c) The man will miss her very much.
(d) The man plans to keep in touch with her.

W: 그래, 아직도 헬렌을 피해 다니니?
M: 아니. 그녀는 이제 이사간 것 같아.
W: 야, 네겐 다행이다. 하지만 그녀가 안됐어. 널 많이 좋아했잖아.
M: 그랬겠지만 스토킹은 범죄야.
W: 맞아. 그런데 그녀가 귀엽지 않았어?
M: 안젤라!
W: 미안해.

Q.   헬렌에 대해 추론할 수 있는 것은?

(a) 안젤라는 그녀에게 동정적이다.
(b) 안젤라는 그녀가 범죄자라고 생각한다.
(c) 남자는 그녀를 매우 많이 그리워할 것이다.
(d) 남자는 그녀와 계속 연락을 할 계획이다.

질문 | **특정 정보 추론** (제삼자 Helen)
상황 | **일상**
주제 | **헬렌의 행동에 대한 의견**

▶ 화제인 Helen에 대한 화자들의 태도를 질문하고 있다.
여자 화자인 Angela의 입장은 Helen을 이해하는 쪽이다
(pity on her, she was cute). 남자의 입장은 Helen을
끔찍하게 생각하고 있다(stalking, crime).

표현 | **pity on her** 그녀가 안되었군요
sympathetic 동정적인, 공감하는
keep in touch with ~와 연락을 유지하다; (시세 따위에) 뒤쳐지지 않다

9

W: Mike, I'm sorry I couldn't make it to the concert last night.
M: I can't believe you stood me up like that.
W: I know this is going to sound lame, but something really urgent came up at work.

M: Like what?
W: My boss asked me to help find some files he lost and urgently needed.
M: **That's understandable.** But you could've given me a call at least.
W: You're not going to believe this, but my cell phone died just as I was about to call you.
M: **OK,** I guess **you had no choice.** But, remember, you still have to make this up to me.

Q.   What can be inferred?

(a) The man believes the woman's excuses.
(b) The man will break up with the woman.
(c) The man will not wait for the woman again.
(d) The man was not happy with the concert.

W: 마이크, 어젯밤 음악회에 가지 못해서 미안해.
M: 그런 식으로 날 바람맞혔다는 게 믿기지가 않아.
W: 궁색하게 들리겠지만, 직장에 아주 다급한 일이 생겼어.
M: 어떤 일이?
W: 상사가 급히 필요한 분실 파일 찾는 일을 도와달라고 요청했어.
M: 이해할 만 하다. 하지만 적어도 전화를 줄 수는 있었잖아.
W: 믿기지 않겠지만, 네게 막 전화하려고 하는데 핸드폰의 배터리가
나갔어.
M: 좋아. 다른 수가 없었겠네. 하지만 기억해. 넌 내게 이번 일을 보상해야 해.

Q.   무엇을 추론할 수 있는가?

(a) 남자는 여자의 변명을 믿는다.
(b) 남자는 여자와 헤어질 것이다.
(c) 남자는 여자를 또 기다리지는 않을 것이다.
(d) 남자는 음악회에 만족하지 않았다.

질문 | **대화문의 함의**
상황 | **일상**
주제 | **약속 어긴 것 사과**

▶ 대화의 상황 · 주제 · 발화의 기능에 함의된 내용이 추론
대상이 된다.

▶ 여자: 연주회에 불참한 것을 사과 · 변명
남자: 여자의 사과와 변명을 수긍 · 이해

▶ 남자가 사용한 understandable, OK, you had no
choice에 그의 태도에 대한 함의가 제시되어 있다.

표현 | **make it** (약속을) 지키다, 제시간에 도착하다
stand somebody up ~를 바람맞히다
sound lame 궁색하게 들리다
lame 어설픈, 재미없는, 하찮은 *cf.* a lame excuse 서투른 변명
urgent 긴급한, 절박한
come up 생기다, 다가오다, 직면하다
like what 이를테면 (어떤)
be about to 막 ~하려 하다
make up 보상하다, 벌충하다
break up with ~와 결별하다, 헤어지다

10

M: This walk from my office to my classes is driving me crazy!

W: What are you talking about?

M: Don't you find it hard to climb uphill every time we have to go teach?

W: Hold on, which route have you been taking for the past year?

M: The 1st-floor exit path uphill. Why, is there more than one?

W: Didn't you know about the shortcut from the 5th-floor exit?

M: How come nobody ever told me about that?

Q. **What can be inferred?**

(a) The man just got hired as a teacher.

(b) **The man's office and classes are in different buildings.**

(c) The woman finds walking to classes tiring, too.

(d) The woman's office is on the 1st floor.

M: 연구실에서 교실까지 이렇게 걸어 가느라 미칠 지경이에요.

W: 무슨 말이에요?

M: 수업하러 갈 때마다 위로 올라가는 것이 힘들지 않나요?

W: 잠깐만요, 작년에 어떤 길로 다녔는데요?

M: 1층 출구 통로 오르막 길이오. 그런데, 또 다른 길이 있나요?

W: 5층 출구 쪽 지름길을 몰랐나요?

M: 왜 아무도 내게 그걸 얘기해주지 않았죠?

Q. **무엇을 추론할 수 있는가?**

(a) 남자는 교사로 막 채용되었다.

(b) **남자의 연구실과 교실은 다른 건물에 있다.**

(c) 여자도 교실까지 걸어가는 것이 힘들다고 생각한다.

(d) 여자의 사무실은 1층에 있다.

질문 | **대화문의 함의**

상황 | **직장**

주제 | **교실로의 이동 불편함 호소**

▶ (a) (X) 근거가 없거나 논리의 비약이 심한 추론이다. '작년(the past year)에 어느 길로 다녔냐?'는 말이 '작년에 고용되었다'를 함의하지 않는다.

▶ (c) (X) 남자의 '힘들다'는 호소에 '무슨 말이야?'로 반응하는 여자의 태도와 지름길을 말해주는 것으로 미루어 남자와 반대되는 입장임을 유추할 수 있다.

▶ (d) (X) 추론의 근거가 없다.

표현 | **climb uphill** 오르막길로 가다, 위로 오르다
exit path 출구 통로
shortcut 지름길
How come 어째서, 왜

31. (b)	32. (c)	33. (b)	34. (b)	35. (d)
36. (c)	37. (b)	38. (a)	39. (d)	40. (d)
41. (a)	42. (d)	43. (c)	44. (c)	45. (d)

31

M: Hello, this is tech support.

W: Hi, I'd like to **return my monitor.**

M: What's the problem with it?

W: The colors aren't right.

M: We can have a technician look at it.

W: Thanks, but I'd rather **just return it.**

Q. **What does the woman want to do?**

(a) Get her monitor fixed.

(b) **Send her monitor back.**

(c) Adjust the colors of her monitor.

(d) Have a technician look at her monitor.

M: 여보세요, 기술 지원 팀입니다.

W: 안녕하세요, 제 모니터를 반품하고 싶습니다.

M: 모니터에 무슨 문제가 있나요?

W: 색상이 제대로 나오지 않습니다.

M: 기술자에게 살펴보라고 할 수 있는데요.

W: 고맙습니다만, 그냥 반품하는 것이 좋겠습니다.

Q. **여자는 무엇을 하고 싶어 하는가?**

(a) 모니터 수리를 맡기기.

(b) 모니터를 반품하기.

(c) 모니터의 색상을 조정하기.

(d) 기술자에게 모니터를 보이기.

질문 | **주제** (여자가 하고 싶어하는 일)

상황 | **전화 대화**

주제 | **모니터 반품**

▶ 여자의 첫 발화와 마지막 발화에 나타나 있다.

▶ (b) (O) 대화문의 return → send back으로 대체하였다.

표현 | **tech support** 기술지원팀
return 반환하다
technician 기술자
I'd rather 차라리 ~하는 게 낫겠다
get ~ fixed ~을 수선하다, 수리하다
adjust 조정하다, 맞추다

32

W: Hi, Jack. Glad you're back.

M: I know. It seems like it's been **so long** since I **was at work.**

W: What happened? Where were you?

M: **Just at home.** I was **out sick all week.**

W: That's no fun. Glad you're better.

M: Yeah, me, too.

Q. What is the man mainly talking about?

(a) How he is feeling now.
(b) What happened at work.
(c) Why he was gone last week.
(d) The kind of sickness he had.

W: 안녕, 잭. 네가 다시 돌아와서 기뻐.
M: 그래. 근무했던 게 아주 오래 전인 것만 같아.
W: 무슨 일 있었어? 어디 있었어?
M: 그냥 집에. 일 주일 내내 아파서 결근한 거야.
W: 안됐네. 나아져서 다행이야.
M: 나도 그래.

Q. 남자는 주로 무엇에 대해 이야기하고 있는가?

(a) 현재 그가 느끼는 상태.
(b) 직장에서 일어난 일.
(c) 지난 주 출근하지 않은 이유.
(d) 그가 앓은 병의 종류.

질문 | 남자의 주된 화제
상황 | 직장
주제 | 일주일 결근한 사유

▶ 남자의 발화(일 한지 오래된 것 같다 / 아파서 일주일 집에 있었다)에 초점을 맞춘다. 이 내용을 요약한 선택지를 고른다.

표현 | **at work** 일하고 있는, 직장에서
be out sick 병으로 결근하다 (miss work due to illness)
be gone 결근하다

33

M: Hi, **I'm here to see Dr. Williams.**
W: OK. Your name, please?
M: Paul. I have an appointment at 2 o'clock.
W: Is it Jeffries? Paul Jeffries?
M: That's correct.
W: Have a seat, please. I'll let him know you're here.

Q. What is the man mainly trying to do?

(a) See Paul Jeffries.
(b) Check in for his doctor's visit.
(c) Change the time of an appointment.
(d) Make an appointment to see the doctor.

M: 안녕하세요, 윌리엄스 선생님께 진료 받으러 왔습니다.
W: 예, 성함이 어떻게 되시죠?
M: 폴이에요. 2시로 약속을 잡았습니다.
W: 제프리스 씨인가요? 폴 제프리스?
M: 맞습니다.
W: 앉으세요. 오셨다고 선생님께 알리겠습니다.

Q. 남자는 주로 무엇을 하고자 하는가?

(a) 폴 제프리스를 만난다.
(b) 의사의 진료를 받기 위해 접수를 한다.
(c) 약속 시간을 변경한다.
(d) 검진 받을 예약을 한다.

질문 | 주제 (남자가 하려는 일)
상황 | 병원
주제 | 진료를 받기 위한 접수

▶ 남자의 첫 발화에 주제가 나타나 있다. 병원에 접수하는 절차를 check in으로 표현한다는 것을 기억해 둔다.

표현 | **see Dr. williams** 윌리엄즈 의사에게 검진을 받다
have an appointment 약속이 되어 있다, 선약이 있다

34

W: Do you still have that nice **barbecue grill?**
M: Yeah, it's in my garage.
W: Great. **Do you suppose I could borrow it?**
M: Of course. When's the cookout?
W: Saturday. I'm **having friends over.**
M: Well, you can stop by anytime.
W: Thanks. I'll give you a call.

Q. What is the main idea of the conversation?

(a) The man is arranging to pick up a grill.
(b) The woman wants to borrow the man's grill.
(c) The man is helping to plan a party.
(d) The woman is inviting the man to a cookout.

W: 아직도 그 멋진 바비큐 그릴을 가지고 있니?
M: 응, 차고에 있어.
W: 잘됐다. 내가 그것 좀 빌려도 될까?
M: 물론이지. 야외 파티가 언젠데?
W: 토요일이야. 친구들을 부를 거야.
M: 그럼, 아무 때나 들러.
W: 고마워. 전화할게.

Q. 이 대화의 요지는 무엇인가?

(a) 남자는 그릴을 가져가려고 협의하고 있다.
(b) 여자는 남자의 그릴을 빌리고 싶어한다.
(c) 남자는 파티를 계획하는 데 도움을 주고 있다.
(d) 여자는 남자를 야외 요리 파티로 초대하고 있다.

질문 | 요지
상황 | 일상 (친구 관계)
주제 | 바비큐 그릴 빌리기

▶ 대화문의 요지: 남녀 화자의 입장이 바뀌어 제시된 선택지를 고르지 않도록 주의한다.

▶ (a) (X) 여자의 입장에 해당되는 내용이다.

▶ (c), (d) (X) 대화에 나온 단어만 이용하고 있을뿐 내용이 맞지 않다.

표현 | **barbecue grill** 바비큐 그릴
garage 차고
borrow 빌리다
cookout 야외 요리 (파티)
have friends over 친구들을 부르다, 초대하다
stop by 들르다
arrange 합의하다, 준비하다
pick up 집어 올리다; (사람, 물건 등을) 태우다

35

W: Tom, you look pensive. Are you OK?
M: I'm fine. Just feeling nostalgic.
W: Oh, that's not good. What are you reminiscing about?
M: Old friends I used to hang out with.
W: You'll make new ones soon. New places are always hard at first.
M: I like this country. I just wish I could share the experience.

Q. What is the main idea of the conversation?

(a) The man wants to leave and return home.

(b) The man and woman are recalling fond memories.

(c) The woman is asking the man about his nostalgia.

(d) The woman is allaying the man's homesickness.

W: 톰, 수심에 잠겨있는 것 같은데. 괜찮아?
M: 괜찮아. 그냥 향수에 젖어 있는 거야.
W: 저런, 그거 좋지 않은데. 뭘 추억하고 있는데?
M: 옛날에 어울려 지내던 친구들.
W: 곧 새로운 친구를 사귀게 될 거야. 새로운 장소는 처음에 항상 힘들지.
M: 이 나라가 좋아. 그저 경험을 나눌 수 있으면 좋겠다는 생각하고 있어.

Q. 대화의 요지는 무엇인가?

(a) 남자는 고향으로 돌아가고 싶어한다.

(b) 남자와 여자는 기분 좋은 기억을 회상하고 있다.

(c) 여자는 남자에게 그의 그리움에 대해 묻고 있다.

(d) 여자는 남자의 향수병을 누그러뜨리고 있다.

질문 | 요지
상황 | 일상 (친구 관계)
주제 | 친구의 향수를 달래주기

▶ 요지: 남녀 화자의 입장을 구분하여 제시하였다.

▶ (d) (O) nostalgic, old friends, new places로 미루어 남자가 집을 떠나 있는 입장, 그 상태를 homesickness로 표현하였고, 위로하고 있는 여자의 입장을 allay로 표현하였다.

표현 | **pensive** 수심에 잠긴, 명상에 잠긴
nostalgic 향수를 불러일으키는
reminisce 추억하다, 추억에 잠기다
hang out with 어울리다, 가까이 지내다
recall 생각해내다, 상기하다
fond 애정 어린, 무른, 분별없는
nostalgia 향수, 그리움
allay 가라앉히다, 누그러뜨리다

36

M: You've been to that **new Thai restaurant**, right?
W: Yeah, it's got great food.
M: Is it on Belleview Lane?
W: No, take Commercial Avenue to Park Street.
M: And **make a left on Park?**
W: **Yes**, it's two blocks before Winchester Road.
M: Great. Thanks.

Q. Where is the Thai restaurant?

(a) On Belleview Lane.

(b) On Commercial Avenue.

(c) On Park Street.

(d) On Winchester Road.

M: 새로 생긴 타이 레스토랑에 가봤지?
W: 응, 음식이 맛있더라.
M: 그것이 벨뷰 길에 있나?
W: 아니, 파크 가까지 카머셜 대로를 타고 가지.
M: 그리고 파크 가에서 좌회전을 하면 되니?
W: 응, 윈체스터 로 전에 두 블록 가면 되.
M: 좋아. 고마워.

Q. 타이 레스토랑은 어디에 있는가?

(a) 벨뷰 길.

(b) 카머셜 대로.

(c) 파크 가.

(d) 윈체스터 가.

질문 | 특정 정보
상황 | 길 묻기
주제 | 타이 레스토랑 위치

▶ (c) (O) Part Street에서 좌회전하여 두 블록쯤 가면 있다고 하였으므로 (c)가 정답이다. 나머지 선택지들은 대화 중에 언급된 거리 이름들을 이용하여 오답으로 제시된 것이다.

표현 | **have been to** ~에 가본 적이 있다
make a left 좌회전하다

37

M: I'm sorry I **missed the deadline**, Ms. Carlton.
W: I gave you three weeks. **Was that too little time?**
M: No, I just underestimated how much work it'd require.
W: **Next time please start on it right away.**
M: You can count on that.
W: Thanks. That's what I like to hear.
M: **I'll be sure to work faster** next time.

Q. Which is correct about the man?

(a) He needs more time for this project.

(b) He did not complete work promptly.

(c) The woman has a new project for him.

(d) Three weeks was too little time to finish.

M: 칼튼 씨, 마감일을 놓쳐서 죄송합니다.
W: 3주를 주었는데 시간이 너무 적었나요?
M: 아니요, 그 일에 걸릴 시간을 제가 과소평가하였습니다.
W: 다음부터는 즉시 일을 시작하세요.
M: 믿으셔도 돼요.
W: 고마워요. 내가 듣고 싶은 대답이에요.
M: 다음에는 틀림없이 더 빠르게 일할게요.

Q. 남자에 대해 옳은 것은 무엇인가?

(a) 남자는 이 프로젝트에 시간이 더 필요하다.

(b) 남자는 시간에 맞추어 일을 끝내지 못했다.

(c) 여자는 그에게 맡길 새로운 프로젝트를 가지고 있다.

(d) 3주는 일을 끝내기에 너무 부족한 시간이었다.

질문	진위
상황	직장
주제	마감을 지키지 못한 것 질책

▶ (b) (O) 남자가 마감일을 놓친 것(missed the deadline)에 대해 질책을 받자 다음에는 더 빨리 일하겠다(work faster)고 했으므로 이러한 상황을 다른 표현으로 제시한 (b)가 정답이다.

표현
deadline 기한, 마감시간
underestimate 과소평가하다
require 필요하다, 요구하다
count on 의존하다, 믿다
be sure to 틀림없이 ~하다
promptly (시간을 잘 지켜) 정확히

38

M: Good evening. May I help you?
W: Hi, I'm Melissa Mayfield. I **have a room booked** for tonight.
M: Ms. Mayfield? Umm, yes. **Room 337.**
W: Does it **have a good view** of the lake?
M: Well, **not as good as** across the hall.
W: **Can I switch** then?
M: Certainly. Your **new room will be 338.**

Q. Which is correct?

(a) The original booking was changed.

(b) The woman wants to be in Room 337.

(c) The booking was under her first name.

(d) The room with the view is more expensive.

M: 안녕하세요. 무얼 도와드릴까요?
W: 안녕하세요, 저는 멜리사 메이필드입니다. 오늘 밤에 묵을 방을 예약했는데요.
M: 메이필드 양? 음, 네. 337호실이에요.
W: 그 방에서 호수 경치가 잘 보이나요?
M: 글쎄요, 홀 맞은 편 만큼 전망이 좋지는 않은데요.
W: 그럼 방을 바꿀 수 있나요?
M: 물론입니다. 새로운 방은 338호입니다.

Q. 다음 중 옳은 것은?

(a) 처음 예약했던 것이 변경되었다.

(b) 여자는 337호에 있길 원한다.

(c) 예약은 그녀의 (성이 아니라) 이름으로 되어 있다.

(d) 전망 좋은 방이 더 비싸다.

질문	진위
상황	호텔
주제	예약한 방 변경하기

▶ (a) (O) 원래 예약한 방의 전망이 좋지 않아서 방을 변경(switch)하겠다고 했으므로 다른 표현(changed)을 사용한 (a)가 정답이다.

▶ (c) (X) 예약 기록을 찾을 때 대화에서 존칭을 사용해서(Ms. Mayfield?)을 말했으므로 오답이다.

표현
book 예약하다
view 전망, 경치
across the hall 홀 맞은 편에
switch 바꾸다

39

M: How are things with **the apartment you're renting out**?
W: Good. The tenants really like it.
M: So you'll rent it to them long-term then?
W: We'll see. It's a one-year lease.
M: It's important to have someone you like in there.
W: I know. **I just don't know if they plan on staying.**
M: Do you have **plans to reward them if they would re-sign**?
W: Yes, I'm going to **deduct half a month's rent**.

Q. Which is correct?

(a) The woman will discount half of the signing fee.

(b) The tenants do not plan on staying.

(c) The apartment is being rented out long-term.

(d) The woman will provide incentives for renewing.

M: 당신이 임대하는 아파트 건은 어떻게 되어 갑니까?
W: 잘 되고 있어요. 세입자들이 정말 좋아합니다.
M: 그래서 그들에게 아파트를 장기간 임대할 건가요?
W: 두고 보지요. 1년 계약입니다.
M: 그곳에 당신이 좋아하는 사람을 들이는 것이 중요해요.
W: 저도 알아요. 전 단지 그들이 계속 머물 계획인지 모를 뿐이에요.
M: 그들이 계약을 갱신하면 보상을 줄 계획이 있나요?
W: 네, 반달 치 임대료를 공제해주려 합니다.

Q. 다음 중 옳은 것은?

(a) 여자는 계약금의 반을 할인할 것이다.

(b) 세입자는 계속 머물 계획이 없다.

(c) 아파트는 장기 임대 중이다.

(d) 여자는 계약의 갱신에 대해 인센티브를 제공할 것이다.

질문	진위
상황	일상 (하는 일 얘기)
주제	아파트 임대(료) 관련

▶ (d) (O) 세입자가 계약을 갱신하면(re-sign) 보상(reward)으로 임대료 일부를 공제해준다는 내용을 각기 renewing, incentive라는 단어로 새롭게 표현한 (d)가 정답이다.

▶ (a) (X) 계약금의 반이 아닌 반달 치 임대료를 공제해준다고 하였다.

▶ (b) (X) 세입자들이 계속 머무를 계획인지는 모른다고 했으므로 오답.

표현 | **rent out** 임대하다

표현 |
rent out 임대하다
tenant 임차인, 임대 거주인
long-term 장기간
lease 임대차 계약
reward 보상하다, 보답하다
re-sign (계약을) 갱신하다
deduct 빼다, 공제하다
rent 방세, 임대료
signing fee 계약금
incentive 유인, 동기
renew 갱신하다

40

M: Dr. Miller, I **read your book**.
W: Great. Did you **like it**?
M: Indeed, **especially** your discussion on **the role of literature.**
W: I was **afraid it'd be too clichéd.**
M: **Not at all. The chapter on authors' personas was completely new.**
W: Critics say it's too avant-garde.
M: They don't like change, that's all.

Q. Which is correct about the book?

(a) The clichés add to the writing style.
(b) Critics say it rehashes familiar themes.
(c) It is mainly about the role of literature.
(d) **Its content on writers is unprecedented.**

M: 밀러 씨, 저는 당신 책을 읽었어요.
W: 좋군요. 그 책이 마음에 들었나요?
M: 네, 특히 문학의 역할에 대한 당신의 논의 부분이 좋았어요.
W: 그 부분이 너무 진부할거라고 생각했는데.
M: 전혀 그렇지 않았어요. 작가들의 등장인물들에 대한 장은 완전히 새로웠는걸요.
W: 비평가들은 그것이 지나치게 전위적이라고 하던데요.
M: 그들은 변화를 좋아하지 않지요. 그 뿐이에요.

Q. 책에 대해 옳은 것은 무엇인가?

(a) 상투어가 글 쓰는 스타일에 첨가되었다.
(b) 비평가들은 그 책이 익숙한 주제를 재탕한다고 지적한다.
(c) 그 책은 주로 문학의 역할에 대한 것이다.
(d) **작가들에 대한 그 책의 내용은 새로운 것이다.**

질문 | 진위
상황 | 일상 (관심사 얘기)
주제 | 상대방이 집필한 책 얘기[감상]
▶ (d) (O) 진위 문제는 대화의 세세한 부분까지 귀 기울여 들어야 한다. 전혀 상투적이지 않고 작가의 등장인물들에 대한 부분이 새롭다고(new) 했으므로 unprecedented를 사용한 (d)가 정답이다.

표현 | **indeed** 정말로, 말할 것도 없이
clichéd 진부한
persona (연극, 소설의) 등장인물
critic 비평가, 평론가
avant-garde 전위적인, 과격한
rehash 재탕하다, 고쳐 말하다

unprecedented 전례가 없는, 참신한

41

W: Excuse me, can I pass through?
M: Sorry ma'am, but you need to wait in line.
W: But **my flight is already boarding!**
M: May I see your ticket, please?
W: Here you are.
M: You're right. **Come with me.**

Q. What is the man most likely going to do next?

(a) **Lead her to the plane.**
(b) Ask her to pay for her ticket.
(c) Take her to find her luggage.
(d) Walk with her to the end of the line.

W: 실례지만 제가 통과해도 될까요?
M: 죄송합니다만, 줄을 서서 기다리셔야 합니다.
W: 하지만 제 비행기가 이미 탑승 중이에요!
M: 표를 보여주시겠습니까?
W: 여기 있어요.
M: 그렇군요. 저와 함께 가시죠.

Q. 남자는 다음에 무엇을 할 것 같은가?

(a) **그녀를 비행기로 안내한다.**
(b) 그녀에게 표 값을 내라고 요구한다.
(c) 그녀가 짐을 찾을 수 있도록 데려간다.
(d) 줄의 끝까지 그녀와 걸어간다.

질문 | **추론** (대화 후 남자가 하게 될 일)
상황 | **공항** (탑승)
주제 | **탑승 시간을 맞추기 위한 도움**
▶ 추론 문제: 대화의 상황과 주제를 파악하고 있어야 한다. 질문에 likely to do next가 있으면 해당 화자의 마지막 발화를 주의 깊게 듣는다.

표현 | **pass through** 통과하다, 빠져나가다
wait in line 줄 서서 기다리다
flight 비행, 비행편
board 탑승하다
luggage 짐, 화물

42

W: Are you ready for your vacation?
M: I still have to find transportation.
W: I thought you were flying there.
M: I am. But the island has no public buses.
W: **Maybe taxis or a rental** might be **best.**
M: Maybe, but **not taxis**. They'd be **too costly.**

Q. How will the man most likely travel on the island?

(a) By plane.
(b) By public bus.
(c) By taxi.
(d) **By rental car.**

W: 휴가 준비는 다 되었니?
M: 아직 교통 수단을 알아봐야 해.
W: 거기까지 비행기를 탈 거라 생각했는데.
M: 그럴 거야. 하지만 그 섬에 버스가 없어.
W: 아마 택시나 차를 빌리는 것이 가장 나을 거야.
M: 그럴 거야. 하지만 택시는 아니야. 너무 비쌀 테니까.

Q. 섬에서 남자가 어떤 교통수단을 이용할 것 같은가?

(a) 비행기.

(b) 버스.

(c) 택시.

(d) 대여한 차.

질문	**추론** (남자가 하게 될 일)
상황	**여행** (휴가 계획)
주제	**여행지의 교통편 알아보기**

▶ 남녀 화자의 마지막 대화에 추론의 근거가 나타나 있다.

표현	**vacation** 휴가
	transportation 교통수단
	rental 차 대여
	costly 값비싼

43

M: Do you know a good person to head up human resources?
W: Alex is pretty bright.
M: He's a bit inexperienced, though. Anyone else you'd recommend?
W: How about Stacy? She's been around a while.
M: Good thinking. I hadn't considered her.
W: Plus she'd be good at interviewing new candidates.

Q. What can be inferred?

(a) The woman is a close friend of Stacy.

(b) The man disagrees that Alex is bright.

(c) The woman thinks highly of both Alex and Stacy.

(d) The man fired the previous head of human resources.

M: 인사과를 총괄할 적임자를 아십니까?
W: 알렉스가 꽤 똑똑해요.
M: 하지만 경험이 좀 부족하지요. 추천할 다른 사람은요?
W: 스테이시는 어떤가요? 그녀는 한동안 여러 가지 경험을 쌓았어요.
M: 괜찮은 생각이에요. 그녀를 생각하지 못했어요.
W: 덧붙이자면 그녀는 새로운 지원자들을 면접하는 일에 능숙할 겁니다.

Q. 무엇이 추론 가능한가?

(a) 여자는 스테이시의 절친한 친구이다.

(b) 남자는 알렉스가 똑똑하다는 것에 동의하지 않는다.

(c) 여자는 알렉스와 스테이시 둘 다 높이 평가한다.

(d) 남자가 전임 인사부장을 해고했다.

질문	**추론** (함의)
상황	**직장**
주제	**직원 추천**

▶ 2~3개 발화를 묶어 상황·주제, 남녀의 입장을 메모한다.

▶ M: 추천 부탁 / W: 알렉스-bright / M: 반대-경험 적음-다른 사람?

W: 스테이시? / M: Good / W: Plus-good-interviewing

▶ (c) (O) 여자가 두 사람을 추천함 → 둘을 모두 괜찮게 생각하고 있다는 함의. 이 함의를 think highly of로 표현하였다.

표현	**head up** ~을 지휘[총괄]하다
	human resources 인적 자원; 인사과
	inexperienced 경험이 없는, 미숙한
	have been around (구어) 여러 가지 경험을 쌓고 있다, 세상 일을 잘 알고 있다(= have much worldly experience)
	candidate 지원자
	think highly of ~을 높이 평가하다

44

W: I hate Fridays.
M: What's so bad about them?
W: It means the weekend is about to start.
M: I take it you don't like weekends?
W: **I have to moonlight on weekends.**
M: That's not much of a break.
W: Tell me about it. It makes **my weekdays seem like a cinch.**

Q. What can be inferred from the conversation?

(a) The woman does not like her weekday job.

(b) The man did not know the woman worked during the week.

(c) The woman's second job is more taxing.

(d) The man's weekends are usually spent relaxing.

W: 난 금요일이 싫어.
M: 금요일이 뭐가 그리 나쁜데?
W: 주말이 곧 시작된다는 의미잖아.
M: 그건 주말을 좋아하지 않는다는 뜻으로 받아 들여야 하나?
W: 난 주말마다 부업을 해야만 해.
M: 휴식을 많이 취하지 못하겠구나.
W: 맞아. 그 때문에 평일이 편하게 느껴져.

Q. 대화에서 추론할 수 있는 것은 무엇인가?

(a) 여자는 평일에 하는 일을 좋아하지 않는다.

(b) 남자는 여자가 일주일 동안 일했다는 것을 몰랐다.

(c) 여자의 부업이 더 힘들다.

(d) 남자의 주말은 주로 휴식을 취하는데 소비된다.

질문	**추론** (함의)
상황	**직장**
주제	**여자가 금요일을 싫어하는 이유**

▶ 추론 능력은 어휘 능력이다(moonlight? Cinch?).

▶ 뜻을 모르는 단어가 들리는 대화문: 소거법을 이용한다.

▶ (a) (X) 여자는 평일 업무가 아니라 금요일이 싫다고 하였다.

▶ (b) (X) 대화문의 내용은 '금요일이 왜 싫은가'이다.

일주일 간 일을 했다는 사실에 관한 내용이 아니다.

▶ (c) (O) 새로운 단어 second job, taxing이 나온다면 대화문 어딘가에 근거가 있다고 생각해도 된다.

▶ (d) (X) 남자의 주말에 관한 대화가 아니다.

표현 | **be about to** 막 ~하려 하다
take 간주하다, 받아 들이다
moonlight 부업을 하다, 아르바이트를 하다
break 휴식
cinch 편한 일, 쉬운 일
taxing 힘든, 혹사하게 하는

in favor 찬성하여, 지지하여
all the time 줄곧, 언제나
Don't tell me! 설마!, 바보 같은 소리 마라!
tabloid 타블로이드판 신문, 그림을 넣은 소형신문
(선정적 · 충격적 · 섬뜩한 이야기 거리를 주로 수록하는 신문)
credible 믿을만한, 설득력이 있는
avid 열심인, 열광적인
carry weight 중요하다, 영향력이 있다

45

W: Do you think there's life on other planets?
M: Sure, I think that's possible.
W: What makes you so convinced?
M: It's just a hunch, but I think the odds are in favor.
W: So you believe in UFOs then?
M: Well, people do see them all the time.
W: **Don't tell me you believe the tabloids.**
M: **UFOs are different; there's credible evidence, I think.**

Q. **What can be inferred from the conversation?**

(a) The woman will probably start believing in UFOs, too.
(b) The man is an avid reader of tabloids.
(c) The woman does not believe the man is serious.
(d) The man thinks some evidence carries more weight than others.

W: 다른 행성에 생명체가 존재한다고 생각하니?
M: 물론이지. 가능성이 있다고 생각해.
W: 왜 그렇게 확신해?
M: 그냥 직감이긴 해도 그 가능성이 꽤 높다고 생각해.
W: 그러면 UFO도 믿니?
M: 글쎄, 줄곧 사람들이 UFO를 정말 봤다고 하잖아.
W: 설마 타블로이드판 기사를 믿는다는 건 아니겠지.
M: UFO는 달라. 난 믿을만한 근거가 있다고 생각해.

Q. **대화에서 추론할 수 있는 것은 무엇인가?**

(a) 여자 역시 UFO를 믿기 시작할지도 모른다.
(b) 남자는 타블로이드 신문의 열광적인 독자이다.
(c) 여자는 남자가 진지하지 않다고 생각한다.
(d) 남자는 어떤 증거는 다른 것보다 더 중요하다고 생각한다.

질문 | **추론** (함의)
상황 | **일상** (관심사 얘기)
주제 | **외계생명체와 UFO의 존재 가능성**

▶ (d) (O) 마지막 2개 발화의 함의를 담고 있다.

▶ 여자가 사용한 tabloid의 일반적 함의(근거가 없는, 믿을 수 없는, 중요하지 않은)와 남자의 응답인 'UFO의 경우는 다르다; 믿을 만하다'는 의견에 대비되어 있는 행간의 함의를 읽어내야 한다.

표현 | **hunch** 예감, 직감
odds 가능성, 확률

Part IV 따라잡기

출제 유형 맛보기

Exposure therapy has long been a first-line psychological treatment for post-traumatic stress disorder. In this form of therapy, patients are asked to confront memories of a trauma by imagining and recounting it. But now, thanks to virtual reality, they are able to relive it in vivid detail. For instance, a simulation called Virtual Iraq helps Iraq war veterans reencounter sights, sounds, and smells that evoke painful memories. This allows them to reprocess traumatic events and become desensitized to them, minimizing war side effects like insomnia, nightmares, and flashbacks.

Q. What is the main idea of the lecture?
(a) Post-traumatic stress disorder mainly affects war veterans.
(b) Virtual reality can have positive uses.
(c) Overcoming Iraq war trauma is extremely difficult.
(d) Exposure therapy is even more powerful with virtual reality.

노출 치료는 심리적 외상 후 겪는 스트레스 장애 치료를 위해 오래도록 사용된 뛰어난 심리적 치료법이다. 이 치료법에서 환자들은 심리적 외상의 기억들을 상상하고 이야기함으로써 그것과 직면하도록 요구 받는다. 그러나 이제 가상 현실 덕분에 환자들은 외상의 기억을 생생하게 다시 체험할 수 있다. 예를 들어 '가상의 이라크'라 불리는 시뮬레이션은 이라크 전쟁 참전용사들이 고통스러운 기억을 떠올리게 하는 광경, 소리, 냄새를 다시 직면하도록 도와준다. 이렇게 함으로써 그들은 외상을 초래하는 사건들을 재생하면서 그 사건들에 둔감해지게 되고, 불면증, 악몽, 플래시백과 같은 전쟁 관련 부작용을 최소화한다.

Q. 강의의 요지는 무엇인가?
(a) 심리적 외상 후 스트레스 장애는 주로 참전용사에게 영향을 미친다.
(b) 가상현실은 긍정적으로 사용될 수 있다.
(c) 이라크 전쟁으로 인한 심리적 외상을 극복하는 것은 대단히 어렵다.
(d) 노출 치료는 가상 현실을 활용하여 훨씬 더 강력해졌다.

Unit 13 대의 1: 주제 · 화제

유형연습 스크립트 & 번역

A

Children are especially susceptible to stress during their formative school years. For instance, starting a new school year can be a traumatic experience. Meeting new classmates and teachers, getting good grades, socializing, and just being away from parents can all induce stress in students returning to school. The anxiety and fear can interfere with children's ability to maintain a normal routine. It can also cause sleep problems, excessive worry, and even physical symptoms such as stomachaches.

Q. What is the main topic of the talk?
(a) Improving social skills.
(b) Overcoming sleep problems.
(c) The anxieties of a new school year.
(d) Reasons children do not enjoy school.

아이들은 학교생활 형성 시기에 특히 스트레스에 민감합니다. 일례로 새 학년을 시작하는 것은 정신적 충격을 주는 경험일 수 있습니다. 새로운 학우들과 교사들을 만나는 것, 좋은 성적을 받는 것, 교제하는 것, 그리고 부모와 떨어져 있는 것이 모두 학교로 돌아가는 학생들에게 스트레스를 야기할 수 있습니다. 불안과 두려움은 평범한 일상을 유지할 수 있게 하는 아이들의 능력에 지장을 줄 수 있습니다. 그것은 또한 수면 장애, 과도한 근심, 그리고 심지어 복통과 같은 신체 증상의 원인이 되기도 합니다.

Q. 담화의 주된 화제는 무엇인가?
(a) 사회적 기술을 향상시키는 것.
(b) 수면 장애를 극복하는 것.
(c) 새 학년의 불안.
(d) 아이들이 학교 생활을 즐기지 못하는 이유.

B

As we all know, many Asian countries are experiencing rapid population and economic growth. This has contributed to increased land development, which has had a significant impact on birds. Hundreds of bird species are facing extinction. The biggest reason for this is loss of habitat, especially as forested land is cleared for logging, agriculture, or development. Pollution, hunting, and trade are also all taking a toll.

Q. What is this lecture on Asia mainly about?

(a) How habitats are changing.
(b) Which bird species are disappearing.
(c) What effect development is having on birds.
(d) Why countries experience population and economic growth.

우리 모두가 알고 있듯이 많은 아시아 국가들은 빠른 인구 성장과 경제 성장을 겪고 있다. 이는 토지개발 증가에 기여하고, 토지 개발 증가는 새들에게 상당한 영향을 미친다. 수백 종의 새들이 멸종에 직면해 있다. 이것의 가장 큰 이유는 서식 환경의 소멸인데, 특히 산림이 벌목, 농경, 혹은 개발을 위해 개간되기 때문이다. 오염과 사냥, 상업 역시 모두 큰 피해를 준다.

Q. 아시아에 대한 이 강의는 주로 무엇에 대한 것인가?

(a) 서식지가 어떻게 변해가는가.
(b) 어떤 새의 종들이 사라져 가는가
(c) 개발이 새에 어떤 영향을 미치는가.
(d) 국가들은 인구 증가와 경제 성장을 왜 겪는가.

Mini Test 13 정답 및 해설

1. (a)	2. (b)	3. (d)	4. (a)	5. (d)
6. (b)	7. (a)	8. (d)	9. (b)	

1

The Express-Tip is **a small pen-sized scanner** that enters text and numbers from paper documents into any computer application. Simply slide the Express-Tip over the information you need to enter in your favorite application, and in seconds you will capture text from books, newspapers, magazines, faxes, letters, and spreadsheets into your computer programs. It works much faster than keying in the text or numbers by hand.

Q. What is mainly being advertised?

(a) A handheld scanner.
(b) A pen-sized keyboard.
(c) A small digital camera.
(d) A new computer application.

익스프레스-팁은 펜 크기의 작은 스캐너로 문서의 본문과 숫자들을 컴퓨터 응용프로그램에 입력해 넣습니다. 여러분이 애용하는 프로그램에 입력해 넣고자 하는 정보 위를 익스프레스-팁으로 훑고 지나가기만 하세요. 그러면 몇 초 후에 책, 신문, 잡지, 팩스, 편지, 스프레드시트의 본문을 컴퓨터 프로그램에 입력해 넣게 됩니다. 이 스캐너는 본문이나 숫자를 손으로 입력하는 것보다 훨씬 빠르게 작동합니다.

Q. 무엇이 광고되고 있나?

(a) 손에 쥘 수 있는 스캐너.
(b) 펜 크기의 키보드.
(c) 소형 디지털 카메라.
(d) 새로운 컴퓨터 프로그램.

담화 | 광고
질문 | 주제 (광고 대상)
주제 | 소형 스캐너

▶ (a) (O) 첫 번째 문장의 small pen-sized를 handheld로

바꿔 표현하였다.

표현 | **enter** 기록하다, 입력시키다
slide 미끄러지다, 훑고 지나가다
capture 포착하다, 입력하다
spreadsheet 스프레드시트 (도표 계산용 소프트웨어)
key (데이터를) 입력하다

2

September is the new New Year's. With the kick-off of a new school year, it's **a natural time to rethink and reorganize your home life.** Whether you're in need of systematizing your laundry tasks, managing your bills, or arranging things in your garage, we have some clever tools to help you get started. Who says resolutions are best made in January? Start off the new season and new school year with a more organized life.

Q. What is the advertisement mainly about?

(a) Buying new school supplies.
(b) Getting reorganized in the fall.
(c) Making New Year's resolutions.
(d) Finding new ways of doing laundry.

9월은 또 다른 새해입니다. 새 학년의 시작과 더불어, 여러분의 가정 생활을 다시 생각하고 재구성하기에 자연스러운 시기입니다. 세탁 일 분류하기, 청구서 관리하기, 차고의 물건 정리하는 일을 여러분이 필요로 하건 하지 않건, 여러분이 시작하는 걸 도와 줄 멋진 도구들을 저희가 갖추고 있습니다. 결심은 1월에 하는 것이 최고라고 누가 그러던가요? 새로운 계절과 새 학년을 더 체계적인 생활로 시작하십시오.

Q. 광고는 주로 무엇에 대한 것인가?

(a) 새로운 학용품을 구입하기.
(b) 가을에 생활을 재조직하기.
(c) 새해 결심 세우기.
(d) 새로운 세탁 방식 찾기.

담화 | 광고
질문 | 주제 (광고 대상)
주제 | 9월에 생활 설계하기

▶ (b) (O) 첫 문장에 제시한 주제 September → fall로 대체하였고 명시적으로 주장을 드러낸 두 번째 문장의 동사 reorganize를 그대로 활용하였다.

표현 | **new** 새로 추가된, 또 다른
kick-off 시작, 개시, 첫 시작, 첫 단계
reorganize 재구성하다, 재편하다
be in need of ~이 필요하다
systematize 분류[조직]하다, 체계를 세우다
manage 관리하다, 다루다
arrange 정리하다, 배열하다
resolution 결심, 결의, 작심
New Year's resolution 새해 결심
organized 정리된, 조직화된

3

> An **online college degree** is the **best way for working professionals** to earn the degree they need. That's **why our website offers online degree programs** from accredited colleges and universities. Find a degree program or college that meets your career goals. Choose a college degree at the associate, bachelors, masters, or Ph.D. level. Whatever you choose, you can study on your time at your own pace from a top college and achieve the career you want. Check us out on the Net today!

Q. What is mainly being advertised?

(a) Community college degrees.
(b) A career in college admissions.
(c) Financial aid for college students.
(d) An Internet site for online degree programs.

온라인 대학 학위는 전문 직장인이 원하는 학위를 취득하는 최선의 방법입니다. 바로 그 때문에 저희 웹사이트가 인가된 전문대학과 종합대학의 온라인 학위 과정을 제공하고 있습니다. 여러분의 직업경력 목표를 충족시킬 만한 학위 과정이나 대학을 찾으세요. 단기 졸업 증서, 학사, 석사, 혹은 박사 학위를 선택하세요. 무엇을 선택하건, 당신이 편한 시간에 당신의 페이스대로 최고의 대학에서 공부하고 당신이 원하는 경력을 달성할 수 있습니다. 오늘 인터넷에서 우리 프로그램을 확인하십시오.

Q. 무엇을 주로 광고하고 있나?

(a) 지역 전문 대학 학위.
(b) 대학 입학 경력.
(c) 대학생을 위한 재정 보조.
(d) 온라인 학위 과정의 인터넷 사이트.

담화 | **광고**

질문 | **주제** (광고대상)

주제 | **온라인 학위 과정 제공 사이트**

▶ (d) (O) 첫 문장과 두 번째 문장에 주제와 주장이 나타나 있고 그 중 광고 대상과 관련된 핵심어(online degree programs, our website)를 뽑아서 정답으로 제시하였다.

표현 | **earn the degree** 학위를 취득하다
accredited 공인된
meet 충족시키다
career 직업, 경력, 출세, 성공
associate 단기 대학 졸업 증서
bachelor 학사
master 석사
Ph.D. 박사 (Philosophiae Doctor; Doctor of Philosophy)

4

> Today's meeting has been convened **to pay tribute to Andy Strickland.** Andy is **retiring** from our IT Department on July 30. His 30-year career has focused on preparing research data archives and assisting scientists and researchers in using the data. Many people have benefited from the careful work and professional service Andy has always provided. **Let's celebrate his success and wish him happiness in his retirement.**

Q. What is the main purpose of the talk?

(a) To honor a retiring employee.
(b) To explain the work of the IT Department.
(c) To announce an upcoming retirement party.
(d) To welcome the newly hired Andy Strickland.

오늘 모임은 앤디 스트릭랜드에게 경의를 표하기 위해 소집되었습니다. 앤디는 7월 30일에 우리 IT 부서에서 은퇴하십니다. 그의 30년 경력은 연구 자료 집적소를 입안하는 일에, 그리고 과학자와 연구자들이 그 자료를 활용할 수 있도록 조력하는 일에 바쳐졌습니다. 많은 사람들이 앤디가 제공해 온 면밀한 작업과 전문적인 서비스의 혜택을 받았습니다. 그의 성공을 축하하고 행복한 은퇴가 되기를 빌어줍시다.

Q. 담화의 주된 목적은 무엇인가?

(a) 은퇴하는 직원에게 경의를 표하기.
(b) IT 부서의 업무를 설명하기.
(c) 다가올 은퇴 기념 파티를 공지하기.
(d) 새로 입사한 앤디 스트릭런드를 환영하기.

담화 | **회의** (conference)

질문 | **목적** (purpose)

주제 | **직원의 은퇴 기념식**

▶ (a) (O) 첫 문장의 pay tribute to → honor로 대체 하였고 Andy is retiring from our IT Department on July 30.를 a retiring employee로 요약하였다.

표현 | **convene** 소집하다, 모이다
pay tribute to 경의를 표하다, ~을 칭찬하다
prepare 입안하다, 작성하다, 채비하다
archive 공문서[파일] 저장고, 집적소
benefit from ~에서 이익[덕]을 보다

5

> I'm glad to have been invited to speak today at this conference. I'd like to **talk about staying safe when passing through intersections.** One important tip is to look left and right. Many drivers just look straight ahead when the light is green. However, it is a good habit to give a quick look around before crossing. Another driver or pedestrian could try to cross by mistake, even if their light is red.

Q. What is the main topic of the talk?

(a) Stopping at a stop sign.
(b) Following the speed limit.
(c) Avoiding injury in car accidents.
(d) Driving safely through intersections.

오늘 이 회의에서 연설을 하도록 초대되어 기쁩니다. 교차로를 지날 때 안전을 지키는 것에 대해 말씀 드리겠습니다. 한 가지 중요한 요령은 좌우를 살피는 것입니다. 신호등이 녹색일 때 많은 운전자들은 그저 정면만 바라보고 있습니다. 그러나 교차로를 가로지르기 전에 주위를 빠르게 둘러보는 것이 좋은 습관입니다. 다른 운전자나 보행자가 각자의 신호등이 빨간 불인데도 무심코 건너갈 수 있으니까요.

Q. 담화의 중심 주제가 무엇인가?

(a) 정지 신호에서 멈추기.
(b) 속도 제한을 지키기.
(c) 차 사고에서 부상을 피하기.
(d) 교차로를 안전하게 운전하기.

담화 | 회의 (conference)
질문 | 주제
주제 | 교차로에서 안전 유지

▶ (d) (O) 두 번째 문장의 pass through → drive through 로, staying safe → safely로 대체하였다.

표현 | conference 회의
intersection 교차로, 사거리
tip 조언, 요령
give a quick look around 빠르게 주위를 둘러보다
pedestrian 보행자, 도보여행자
by mistake 무심코, 실수로, 잘못하여
stop sign 정지 신호

6

I believe **people** are becoming **less self-reliant** and **more dependent than ever before.** This is because during the last century there has been an enormous shift away from self-reliance towards cooperative organization and specialization. The result is that now we cannot really do anything for ourselves. Even though we may be more highly educated than any generation before us, we helplessly rely on bureaucracies and on our own technological devices.

Q. **What is the main topic of the lecture?**

(a) The advancement of technology.
(b) The modern increase in dependence.
(c) The educational shift towards self-reliance.
(d) The breakdown of cooperative organization.

그 어느 때보다도 사람들의 자립성이 약해지고 의존성은 커지고 있다고 저는 생각합니다. 그 이유는 지난 세기에 자립에서 벗어나 협동 조직과 전문화로의 엄청난 변동이 일어났기 때문입니다. 그 결과 이제 우리는 스스로의 힘으로는 아무 것도 할 수 없게 되었습니다. 우리는 이전 어떤 세대보다도 고도의 교육을 받았지만, 관료제도와 우리가 만들어 낸 기술 설비에 무력하게 의존하고 있다.

Q. 강의의 중심 주제는 무엇인가?

(a) 기술공학의 발전.
(b) 현대의 의존성 증가.
(c) 자립을 향한 교육적 변화.
(d) 협동 조직의 와해.

담화 | 강의 (인문사회)
질문 | 주제
주제 | 현대인의 특징

▶ (b) (O) 첫 문장의 (becoming) more dependent → increase in dependence로 대체, than ever before → modern으로 변형하였다.

표현 | self-reliant 자립적인
shift from A towards B A에서 B로 변화[이동/변동]

cooperative 협동의, 협동조합의
organization 조직(체)
specialization 특수화, 전문화
helplessly 무력하게, 어찌할 도리 없이, 힘없이
rely on ~에 의존하다
bureaucracy 관료제도, 관료주의
technological devices 기계장치, 기술공학 설비
breakdown 붕괴, 와해

7

I hope that in the course of this semester you have realized the **grave importance of insects to the Earth's ecosystems.** You should know by now that if insects were to vanish, the terrestrial environment would collapse into chaos. Without pollinating insects, most of the flowering plants would soon perish. The great majority of mammals, birds, and other land vertebrates would also soon disappear as they would lose the specialized foliage and insect prey on which they feed. Humanity would suffer terribly, pushed to the edge of extinction.

Q. **What is the main topic of the lecture?**

(a) Insects' critical role in sustaining the planet.
(b) The impending threat of global extinction.
(c) Various benefits of insect species.
(d) Disaster scenarios that could occur.

저는 이번 학기에 여러분이 지구 생태계에 미치는 곤충의 중요성을 깨달았기를 바랍니다. 지금쯤 여러분은 만일 곤충들이 사라지면 지구 환경이 혼돈 상태로 붕괴된다는 사실을 알고 있어야 합니다. 수분 곤충이 없으면 대부분의 관상식물이 곧 소멸할 것입니다. 대다수의 포유류와 조류, 그 외 육상 척추동물들 역시 곧 사라질 것입니다. 이유는 그들의 먹이인 특수한 잎과 곤충들을 상실하기 때문입니다. 인류는 끔찍한 고통을 겪으면서 멸종으로 내몰리게 될 것입니다.

Q. 강의의 중심 주제는 무엇인가?

(a) 지구를 지탱하는 데 곤충이 하는 중요한 역할.
(b) 지구 종말의 절박한 위협.
(c) 곤충류가 주는 다양한 혜택.
(d) 발생 가능한 재앙 시나리오.

담화 | 강의 (과학)
질문 | 주제
주제 | 곤충의 중요한 역할

▶ (a) (O) 첫 문장에 명시된 grave importance of insects to the Earth's ecosystems를 곤충의 활동에 역점을 둔 표현으로 바꾸었다. grave importance → critical, the earth → the planet로 대체하였고, 뒷받침 문장의 모든 내용을 sustain the planet으로 요약하였다.

표현 | grave 중대한
insect 곤충
ecosystem 생태계
vanish 없어지다, 사라지다
terrestrial 지구상의, 육지의
collapse into chaos 혼돈 상태로 무너지다
pollinate ~에 가루받이하다, 수분(受粉)하다

pollinating insects 수분곤충, 꽃가루를 나르는 곤충
flowering plant 관상식물, 화훼(花卉)
perish 죽다, 소멸하다
mammal 포유류
vertebrate 척추동물
specialized 분화된, 특수화된
foliage (집합) 잎, 군엽(群葉)
prey 먹이
extinction 멸종, 사멸, 절멸
sustain 지탱하다, 유지하다
critical 중대한
impending 임박한, 닥쳐오는, 절박한

8

To be able to develop **neologisms** is a **vital skill** for any intellectual. **The term neologism refers to** imparting new meaning to an old word or coining an entirely new word. No new breakthroughs are possible without neologisms because every discovery requires new words, or new interpretations of old words to describe and explain reality in new ways. For instance, how could Aristotle have developed the logic of syllogisms or Newton the theory of dynamics without new vocabularies and definitions?

Q. **What is the main topic of the lecture?**

(a) The history of neologism.
(b) Why scientists are neologists.
(c) How new theories are devised.
(d) The definition and importance of neologism.

신조어를 만들어 낼 수 있는 것은 모든 지식인에게 꼭 필요한 기술이다. '신조어'라는 용어는 기존 낱말에 새로운 의미를 부여하거나 완전히 새로운 낱말을 주조하는 것을 의미한다. 어떤 새로운 발전도 신조어 없이는 가능하지 않다. 왜냐하면 모든 발견은 새로운 낱말, 혹은 현실을 새로운 방식으로 묘사하고 설명하기 위해 기존 낱말에 대한 새로운 해석을 요구하기 때문이다. 예를 들어, 새로운 어휘와 정의가 없었다면 아리스토텔레스가 3단 논법의 논리를 어떻게 발전시킬 수 있었을 것이며 뉴턴이 역학 이론을 어떻게 발전시킬 수 있었겠는가?

Q. **강의의 중심 주제는 무엇인가?**

(a) 신조어의 역사.
(b) 과학자가 신조어 주조자인 이유.
(c) 새로운 이론이 고안되는 방식.
(d) 신조어의 정의와 중요성.

담화 | **강의** (인문)
질문 | **주제**
주제 | **신조어의 개념과 중요성**

▶ (d) (O) 담화의 첫 문장은 neologism의 중요성을, 두 번째 문장은 neologism의 의미와 정의를 설명하고 있다.

▶ (a) (X) 신조어의 '역사' 논의가 주제가 되기 위해서는 과거와 현대에 이르는 시간 표현(예: 3세기, 신조어의 기원, 18세기-융성, 21세기-절정)이 있어야 한다.

▶ (b) (X) '과학자'는 주제가 아니고 예시 자료이다.

▶ (c) (X) '새로운 이론'은 주제가 아니다.

표현 | **neologism** 신조어
vital 아주 중요한, 불가결한, 반드시 있어야 하는
intellectual 지식인
term 용어
refer to ~을 이르다, ~라 부르다
impart 부여하다
coin (신어 · 새로운 표현을) 만들어 내다; (화폐를) 주조하다
breakthrough 발전, 돌파, 타개
syllogism 3단 논법

9

In today's class, we'll continue to discuss recent developments in wireless technology. One rather **new variety** of mobile wireless broadband Internet access used particularly in Korea is **WiBro**. **It** is similar to WiMax, but unlike WiMax, **WiBro** is designed to maintain connectivity on the go. **It** can track a receiver at speeds of up to 60 km per hour, whereas WiMax is not designed to be used while the receiver is in motion. Essentially, **WiBro** can be thought of as "mobile WiMax."

Q. **What is the main topic of the lecture?**

(a) The various uses of WiBro.
(b) What WiBro technology is.
(c) Why WiBro may replace WiMax.
(d) The advantages of WiBro over WiMax.

오늘 수업에서 우리는 무선 기술의 최근 개발품에 대해 계속 토론하겠습니다. 무선 광역 모바일 인터넷 접속의 다소 새로운 변이형으로 한국에서 특히 많이 활용되고 있는 것이 와이브로입니다. 이것은 와이맥스와 유사하지만, 와이맥스와는 달리 이동 중에 접속을 유지하도록 설계되었습니다. 이것은 최고 시속 60킬로미터의 속도에서도 수신자를 추적합니다. 이에 반하여 와이맥스는 수신자가 이동 중일 때 사용하도록 설계되지 않았습니다. 본질적으로, 와이브로는 '이동하는 와이맥스'로 간주됩니다.

Q. **강의의 중심 주제는 무엇인가?**

(a) 와이브로의 다양한 용도.
(b) 와이브로 기술이 무엇인가.
(c) 와이브로가 와이맥스를 대체하게 될 이유.
(d) 와이브로가 와이맥스보다 뛰어난 점.

담화 | **강의** (과학기술)
질문 | **주제**
주제 | **와이브로 기술의 정의**

▶ (b) (O) 담화문 구성: 최근 개발품인 와이브로가 어떤 것인지, 그 개념을 쉽게 설명하기 위하여 기존 기술인 와이맥스를 활용하고 있다. 담화 문장의 거의 모든 주어, 즉 주제가 Wibro(→ it)이다.

▶ (d) (X) 와이브로가 와이맥스와 본질적으로 비슷하다는 주장에 위배된다. 그리고 '다른 점'이 한 가지 제시되었을 뿐 '장점들'은 언급되지 않았다.

표현 | **wireless technology** 무선 기술
variety 종류; 이종(異種), 변종, 품종, 변형체
broadband 광대역(의), 광역
be designed to ~하도록 고안되다
connectivity 접속가능성, 상호통신능력

on the go 이동하고 있는, 끊임없이 활동하여

track 추적하다

be thought of as ~로 생각되다, 간주되다, 여겨지다

Unit 14 대의 2: 요지

유형연습 스크립트&번역

A

I don't think CCTV cameras are necessary in our country. Many people often assume that they reduce crime and that if you aren't doing anything wrong, you don't have anything to worry about. But there is no real evidence that they do reduce crime, and in Europe and America there has been real debate about people's right to privacy. We need to encourage debate about the rights and wrongs of this technology.

Q. What is the main point of the speech?

(a) Privacy is a basic human right.

(b) CCTV is used in Europe and America.

(c) Using CCTV cameras does not reduce crime.

(d) **Surveillance cameras are not as effective as believed.**

저는 CCTV 카메라가 우리나라에 필요하다고 생각하지 않습니다. 많은 사람들은 종종 CCTV 카메라가 범죄를 줄이고, 당신이 잘못을 하지 않는다면 염려할 것이 없다고 생각합니다. 그러나 CCTV 카메라가 범죄를 줄인다는 실제 증거는 없습니다. 그리고 유럽과 미국에서는 사람들의 사생활의 권리에 대해 실제 논란이 있습니다. 우리는 이 기술의 옳고 그름에 대한 논의를 고무할 필요가 있습니다.

Q. 이 담화의 요지는 무엇인가?

(a) 사생활의 자유는 인간의 기본적인 권리이다.

(b) CCTV는 유럽과 미국에서 사용된다.

(c) CCTV 카메라 사용이 범죄를 줄이지 않는다.

(d) 감시 카메라는 생각하는 것만큼 효과적이지는 않다.

B

It's important to take depression very seriously. Patients should be encouraged to do what is necessary to reverse its otherwise harmful course. They should exercise, get plenty of sleep, and discuss their feelings with loved ones. However, if these things are inadequate to stop the onslaught of depression, they should seek professional help. Depression responds well to professional treatment and allows people to resume their normal lives.

Q. What is the main point of the talk?

(a) It is hard to overcome depression.

(b) Depression affects exercise and sleep.

(c) Depressed people must resume normal lives.

(d) **Various treatments are available for depression.**

우울증을 심각하게 받아들이는 것이 중요합니다. 환자들은 우울증을 심각하게 생각하지 않을 경우 해롭게 진행될 과정을 역전시키기 위해 필요한 것을 하도록 고무되어야 합니다. 그들은 운동을 하고 충분한 수면을 취하고 사랑하는 사람들과 자신의 감정에 관하여 이야기해야 합니다. 그러나 만일 이러한 일들이 불충분하여 우울증의 맹공격을 멈추게 할 수 없다면 전문적인 도움을 받아야 합니다. 우울증은 전문적인 치료에 효과가 잘 나타내고 사람들이 정상적인 삶을 재개할 수 있게 해줍니다.

Q. 담화의 요지는 무엇인가?

(a) 우울증을 극복하는 것이 어렵다.

(b) 우울증은 운동과 수면에 영향을 미친다.

(c) 우울증을 앓는 사람들은 정상적인 삶을 다시 시작해야 한다.

(d) 다양한 치료법이 우울증에 이용 가능하다.

Mini Test 14 정답 및 해설

1. (b)	2. (c)	3. (b)	4. (b)	5. (a)
6. (b)	7. (c)	8. (b)	9. (c)	10. (b)
11. (a)				

1

May I have your attention, please? The **departure of Jetstream Airlines Flight 38 for Tokyo is being delayed because of bad weather** conditions. The airport is currently under very thick fog and we're going to have to wait a little while for it to clear up. We apologize for the delay in our flight and ask for your kind understanding and cooperation. Thank you.

Q. What is the main point of the announcement?

(a) The flight will take off soon.

(b) Bad weather is delaying departure.

(c) The flight is being canceled because of fog.

(d) Passengers must fasten seat belts immediately.

안내 말씀 드립니다. 도쿄 행 제트스트림 항공사 38 비행기의 출발이 기상 조건이 좋지 않아서 지연되고 있습니다. 공항에는 현재 매우 짙은 안개가 끼어 있어 안개가 걷히는 동안 잠시 기다려야만 합니다. 비행이 지연된 점 사과 드리며 여러분의 친절한 이해와 협조 부탁 드립니다. 감사합니다.

Q. 안내 방송의 요점은 무엇인가?

(a) 비행기가 곧 이륙할 것이다.

(b) 날씨가 나빠 출발이 지연되고 있다.

(c) 비행이 안개로 인해 취소되고 있다.

(d) 승객은 즉시 안전 벨트를 매야 한다.

담화 | 안내 (공항)

질문 | 요점

주제 | 출발 지연

▶ (b) (O) 담화문 두 번째 문장에 제시되어 있다.

표현 | **departure** 출발
delay 지연시키다, 연기하다
currently 현재, 지금
clear up (구름, 안개가) 걷히다
flight 비행
cooperation 협조

2

I'd like to announce our new company policies we'll be starting in October. First, in order to **earn membership points**, customers will have to **present** their membership **card** to the sales associate **before** the **transaction begins**. We will no longer be able to add points after the transaction has finished. Likewise, when shopping online, customers will have to **give** their **card number before** making a **purchase**. Again, we will not be able to add points to their card after they have confirmed payment for the order.

Q. What is the main point about membership cards?

(a) They are now available for use.

(b) They are being discontinued in October.

(c) They must be used before finalizing sales.

(d) They earn points with every online purchase.

10월에 시행할 새로운 회사 방침을 알려드립니다. 첫째, 멤버십 포인트를 받으려면 고객들은 거래가 시작되기 전에 멤버십 카드를 판매 직원에게 제시해야 합니다. 거래가 완료된 후에는 더 이상 포인트를 가산해 줄 수 없습니다. 마찬가지로 온라인 구매를 할 때도 구매를 하기에 앞서 고객은 카드 번호를 제공해야 합니다. 다시 말씀 드리지만 주문 결제를 승인한 후에는 카드에 포인트를 가산해 줄 수 없습니다.

Q. 멤버십 카드에 대한 요점은 무엇인가?

(a) 지금 사용 가능하다.

(b) 10월에 중지될 것이다.

(c) 구매를 완결하기 전에 사용해야 한다.

(d) 모든 온라인 구입에 포인트가 축적된다.

담화 | **공지**

질문 | **요지**

주제 | **카드 포인트에 관한 새로운 규정**

▸ (c) (O) 첫 문장에 주제(새로운 회사 방침)만 포괄적으로 제시되었다. 그것에 관한 요점은 이후 문장에서 공통적으로 반복되는 내용이다. transaction / purchase → sales로, finish / confirm → finalize로 대체하였다.

▸ main point / main idea를 묻는 문제일 때 주제문의 내용과 이후 문장의 내용을 적절히 요약한다.

표현 | **announce** 알리다, 고지하다
associate 동료, 직원, 조합원, 준회원
transaction 거래, 처리, 매매
confirm 확정하다, 승인하다
finalize 완성하다, 완결 짓다, 최종적으로 승인하다

3

A **shocking story** comes to us today from the home of movie star Al Johnson. **Two dogs** belonging to the actor apparently **attacked** a **man** and **killed** him at the star's home on Friday. The 40-year-old victim was a caretaker at the home for about two years and lived on the property. He was responsible for caring for the dogs. The incident is still under investigation.

Q. What is the main idea of the news report?

(a) An actor had a fight.

(b) A man was killed by dogs.

(c) Dogs were used in a movie.

(d) Police arrested a 40-year-old man.

오늘 충격적인 소식이 영화 배우 알 존슨의 집에서부터 우리에게 전해졌습니다. 금요일에 배우의 집에서 그의 소유인 개 두 마리가 한 남자를 공격하여 살해한 것 같습니다. 40세의 희생자는 약 2년간 그 집의 관리인으로서 그곳에 살았습니다. 그는 개를 돌보는 책임을 맡고 있었습니다. 사건은 아직 조사 중입니다.

Q. 뉴스 보도의 요지는 무엇인가?

(a) 한 배우가 싸움을 하였다.

(b) 한 남자가 개에 의해 살해되었다.

(c) 개들이 영화에서 사용되었다.

(d) 경찰은 40세 남자를 체포하였다.

담화 | **뉴스 보도** (사건)

질문 | **요지**

주제 | **남자가 개의 공격을 받고 사망**

▸ (b) (O) 사건 보도 뉴스는 처음 두 문장에 사건의 개요가 모두 제공된다. 핵심어를 잘 파악할 필요가 있다.

표현 | **apparently** 명백히, 분명히; (외견상) ~인 것 같다
attack 공격하다
victim 희생자
caretaker 관리인
property 소유지, 건물
under investigation 수사 중인

4

For our feature story today, we're going to take a look at a **healthy trend in summer fair food**. Known for their corn dogs and French fries, summer fairs have long been a haven for greasy food. But that may now be changing. The **Indiana State Fair** has become **the first to ban trans fats from the menu**. This is the first time they are being **prohibited** at this kind of venue.

Q. What is the main idea of this report on the Indiana State Fair?

(a) It is the most famous US summer fair.

(b) It has become the first to forbid trans fats.

(c) It is using a new kind of trans-fat-free oil.

(d) It has decided to stop serving French fries.

오늘의 주요 기사로, 여름 전시회 음식에서 건강 추세를 살펴보겠습니다. 콘도그와 프렌치 프라이로 알려져 있는 여름 전시회는 오래도록 기름진 음식의 안식처였습니다. 그런데 그것이 이제 바뀌고 있는 듯합니다. 인디아나 주립 전시회는 최초로 메뉴에서 트랜스 지방을 금지하였습니다. 이번에 처음으로 트랜스 지방이 이런 종류의 개최지에서 금지되었습니다.

Q. 인디아나 주립 전시회에 관한 이 보도의 요지는 무엇인가?

(a) 그것은 가장 유명한 미국의 여름 전시회이다.

(b) 그것은 트랜스 지방을 금지한 첫 번째 전시회가 되었다.

(c) 그것은 트랜스 지방이 없는 새로운 종류의 기름을 사용하고 있다.

(d) 그것은 프렌치 프라이 제공을 그만두기로 결정했다.

담화	뉴스 보도 (보건)
질문	요지
주제	음식 전시회의 추세

▶ (b) (O) ban / prohibit → forbid로 대체하였다.

표현 | **feature story** 인기 기사, 주요 읽을 거리
fair 전시회, 박람회
trend 경향, 추세, 시대 풍조, 유행의 양식
known for ~으로 알려진, 유명한
corn dog 콘도그(꼬챙이에 끼운 소시지를 옥수수 빵으로 싼 핫도그)
French fries (성냥개비처럼 썬) 감자 튀김
haven 피난처, 안식처
greasy food 기름진 음식
ban 금지하다
trans fat 트랜스 지방
venue 장소, 개최지

5

Many feminists admire the supposed virtues of independence, self-sufficiency, and headstrong leadership. **But I see such alpha females as inhuman** rather than superwomen. Each of their lives is ordered by employees so that she herself can focus on her own achievements. An alpha female may be talented and capable, but she has a **reduced capacity for empathy**. And if she has children, they only come out between 7 and 8 p.m., washed, dressed and brought up by someone else, a submissive husband or a hired nanny.

Q. Which best summarizes the speaker's view of alpha females?

(a) They are not very realistic role models.

(b) They are not superior to superwomen.

(c) Their main concern is appearing powerful.

(d) Their achievements are not satisfying.

많은 페미니스트들은 독립심, 자부심, 강인한 지도력으로 생각되는 덕목을 찬탄합니다. 그러나 저는 그러한 알파 여성을 초인적 여성이라기보다 비인간적이라고 생각합니다. 그들의 모든 생활은 고용인들에 의해 관리되고 그녀는 자신만의 성취에 전념합니다. 알파 여성은 타고난 재능이 있고 유능할지는 모르지만 다른 입장을 이해하는 능력이 부족합니다. 그래서 그녀에게 아이가 있는 경우 그 아이는 저녁 7시에서 8시 사이에 밖으로 나오고, 유순한 남편이나 고용 보모와 같은 다른 누군가에 의해 씻겨지고 입혀지고 키워집니다.

Q. 알파 여성에 대한 화자의 견해를 가장 잘 요약한 것은?

(a) 그들은 그다지 현실적인 역할 모델은 아니다.

(b) 그들은 초인적인 여성들보다 뛰어나지 않다.

(c) 그들의 주요 관심사는 강하게 보이는 것이다.

(d) 그들의 성취는 그다지 만족스럽지 않다.

담화	논증 (debate: 인문사회)
질문	요지 (화자의 견해)
주제	알파 여성의 특징

▶ 주제문: But I see such alpha females as inhuman rather than superwomen. 첫 문장은 주제·주장을 도입하기 위한 일반론이다. 많은 페미니스트는 알파 여성의 덕목을 감탄, 즉 '다른 여성들의 role model'이라고 생각한다.

▶ (a) (O) 화자의 견해는 inhuman, reduced capacity for empathy에 직접적으로 명시되어 있다. 따라서 화자는 알파 여성이 '감탄의 대상(role model)'이 아니라고 생각한다.

표현 | **feminist** 페미니스트, 남녀 동권주의자, 여권 주창자
supposed 가정된, 가상의
virtue 덕목
self-sufficiency 자급자족
headstrong 완고한, 고집불통의
see A as B A를 B라고 간주(생각)하다
alpha 뛰어난, 최고의, 지배적인, 우두머리의
order ~을 관리하다, 정돈하다 (=manage)
talented 재능 있는, 재주 있는
capacity 수용능력
empathy 감정이입, 공감
submissive 순종적인, 고분고분한, 유순한

6

As future doctors, class, you should **tell patients not to use smokeless tobacco**, the kind that is chewed. There are numerous harmful effects associated with using this kind of tobacco. Like cigarettes, chewing tobacco delivers harmful nicotine. Nicotine is highly addictive and has been proven to speed up the growth of cancer. So although putting tobacco between cheek and gum may not give off the offensive smoke as cigarettes do, it is still just as harmful.

Q. What is the speaker's main point about smokeless tobacco?

(a) It contains nicotine.

(b) Its use should be discouraged.

(c) It is chewed by many doctors' patients.

(d) Its harmful effects are not that serious.

미래의 의사로서, 학생 여러분은 환자들에게 무연담배, 즉 씹는 종류의 담배를 사용하지 말라고 말을 해야 합니다. 이런 종류의 담배 사용과 관련된 해로운 영향이 많습니다. 담배와 마찬가지로, 씹는 담배는 해로운 니코틴을 우리 몸에 전달합니다. 니코틴은 중독성이 아주 강하고 암의 성장 속도를 빠르게 하는 것으로 입증되었습니다. 따라서 볼과 잇몸 사이에 씹는 담배를 무는 것은 담배처럼 해로운 연기를 내지는 않더라도 마찬가지로 해롭습니다.

Q. 무연 담배에 대한 화자의 요점은 무엇인가?

(a) 그것은 니코틴을 함유하고 있다.

(b) 그것의 사용이 저지되어야 한다.

(c) 의사가 돌보는 많은 환자들이 그것을 씹는다.

(d) 그것의 해로운 영향은 그다지 심각하지 않다.

담화 | 보건 (건강)

질문 | 화자의 요점

주제 | 무연 담배의 영향

▶ (b) (O) 첫 번째 문장의 should tell ~ not to use smokeless tobacco → Its use should be discouraged. 로 변형되었다.

표현 | smokeless tobacco 무연담배

associated with ~와 관련된, ~로 연상된

chewing tobacco 씹는 담배

deliver 나르다, 전달하다, 배달하다

addictive 중독성의, 중독되기 쉬운

speed up 가속하다, 촉진하다

gum 잇몸

give off 내다, 풍기다, 발하다

offensive 해로운, 공격적인

as cigarettes do (= as cigarettes give off the offensive smoke)
담배가 해로운 연기를 내는 것처럼
→ (씹는 담배가 주어인 문장에서) 담배와는 달리

just as harmful (=just as harmful as cigarettes) 마찬가지로 해로운

7

Research on the **effects of drinking coffee** has **yielded mixed results. On the positive side**, some studies have shown that it can reduce the risk of various diseases, such as Alzheimer's, heart disease, and diabetes. But **on the negative side**, it can also affect health in less positive ways, mostly due to its caffeine content. Research suggests that it can stiffen arterial walls. Some studies suggest that it may even impact short-term memory in some bad ways, too.

Q. **What is the speaker's main point about coffee?**

(a) It can cause various diseases.

(b) It is not as healthy as believed.

(c) It may both benefit and harm the body.

(d) It mainly has a positive effect on health.

커피를 마시는 효과에 대한 연구는 혼재된 결과를 산출하였다. 긍정적인 측면으로는, 커피가 알츠하이머 병, 심장 질환, 당뇨병과 같은 다양한 질병의 위험을 줄일 수 있는 것으로 일부 연구에서 나타났다. 그러나 부정적인 측면으로는, 커피가 주로 카페인 성분 때문에 덜 긍정적인 방법으로 건강에 영향을 미칠 수도 있다. 연구에 의하면 커피는 동맥 경화를 일으킬 수 있다. 일부 연구는 커피는 심지어 단기 기억에 나쁜 영향을 끼칠 수도 있음을 시사한다.

Q. 커피에 대한 화자의 요점은 무엇인가?

(a) 다양한 질병을 유발할 수 있다.

(b) 사람들이 믿는 것처럼 건강한 음료가 아니다.

(c) 인체에 도움을 줄 수도 해를 입힐 수도 있다.

(d) 건강에 주로 긍정적인 효과를 준다.

담화 | 보고 (보건)

질문 | 화자의 요점

주제 | 커피의 상반된 효과

▶ (c) (O) 첫 번째 문장의 mixed results에 주장이 제시되어 있다. 이후 긍정적인 면과 부정적인 면을 논의하고 있으므로 이 내용을 포괄하는 (c)가 정답이다.

표현 | yield 산출하다, 내다, 가져오다

diabetes 당뇨병

stiffen 굳어지게 하다, 경직시키다

arterial wall 동맥의 벽

impact 영향을 미치다

short-term memory 단기 기억

8

As we discuss **Internet use** today, I'd like to begin by pointing out how **some** can actually be **positively influenced by surfing the Net**. Larry Rosen, a California State University psychology professor, argues that for more timid students, cyberspace connections may offer more positives than negatives. Although Internet use can contribute to isolation, two-thirds of students who say they're shy in person report **not being shy online**. In addition, **introverts build skills** and **confidence online** that help them communicate more comfortably in person.

Q. **What is the main point of the lecture?**

(a) Shy students do not like technology.

(b) The Internet helps some express themselves.

(c) Technology has a positive impact on young people.

(d) The Internet contributes to behavioral problems.

오늘 우리가 인터넷 사용에 대해 논하게 되는데, 저는 일부 사람들이 실제로 어떻게 인터넷 검색에 긍정적인 영향을 받는가를 지적하면서 논의를 시작하고자 합니다. 캘리포니아 주립 대학의 심리학 교수인 래리 로젠은 소심한 학생들에게 사이버공간에서의 유대관계는 부정적인 효과보다는 긍정적인 효과를 제공할 수 있다고 주장합니다. 인터넷 사용이 고립의 원인이 될 수도 있지만, 사람들 속에서 부끄러움을 탄다고 말한 학생들 중 3분의 2가 온라인 상에서는 부끄러워하지 않는다고 밝혔습니다. 게다가 내향적인 사람들은 온라인 상에서 그들이 대인 관계에서 좀 더 편안하게 소통할 수 있도록 도와주는 기술과 자신감을 쌓습니다.

Q. 강의의 요점은 무엇인가?

(a) 부끄러움이 많은 학생들은 기술공학을 싫어한다.

(b) 인터넷은 일부 사람들이 자신을 표현하는 데 도움을 준다.

(c) 기술공학은 젊은 사람들에게 긍정적인 영향을 미친다.

(d) 인터넷은 행동 장애의 원인이 된다.

담화 | 강의 (인문사회)

질문 | 요지

주제 | 인터넷의 긍정적 효과

▶ (a) (X) shy students는 담화의 주제가 아니다.

▶ (c) (X) technology는 주제가 아니고 young people도 세부 화제가 아니다. Internet, shy person으로 바꾸면

정답이 될 수 있다.

▶ (d) (X) behavioral problems는 전혀 언급되지 않았다.

표현 | **timid** 소심한
cyberspace 사이버 공간, 가상 공간
connections 관계, 유대
contribute to 기여하다, ~의 원인이 되다
isolation 고립
introvert 내향적인 사람
express oneself 의견을 나타내다, 자신을 표현하다
have an impact on ~에 영향을 미치다
surf the net 인터넷을 검색하다

9

As journalism students, you all need to know that a **journalist's job** is solely to be **a professional recorder of the news**, to convey to his audience an **unambiguous factual account of what's happening**. It's up to the audience to decide their own point of view and then act on this information. It's not a journalist's job to force or elicit action. To attempt to present things to gain a particular effect one way or another is the job of a propagandist.

Q.　**What is the speaker's main point about journalists?**

(a) They should be propagandists.
(b) They have a duty to help the world.
(c) They should report news objectively.
(d) They need to report without omitting details.

신문방송학과 학생들로서 여러분 모두는, 언론인의 임무는 오직 뉴스의 전문적인 기록자가 되는 것, 즉 청중에게 어떤 일이 일어나고 있는지를 사실에 입각하여 정확한 설명을 제공하는 것임을 알아둘 필요가 있습니다. 자신의 관점을 결정한 후 이러한 정보에 입각하여 행동하는 것은 청중에게 달려 있습니다. 행동을 강요하거나 유도하는 것은 언론인의 임무가 아닙니다. 어떤 방식으로든 특정 효과를 얻기 위하여 사물을 제시하는 것은 선동가의 임무입니다.

Q.　**언론인에 대한 화자의 요지는 무엇인가?**

(a) 선동가가 되어야 한다.
(b) 세상을 도울 의무가 있다.
(c) 뉴스를 객관적으로 보도해야 한다.
(d) 세부사항을 빠뜨리지 않고 보도할 필요가 있다.

담화 | **강의** (인문사회)
질문 | **화자의 요점**
주제 | **언론인의 임무**

▶ (c) (O) factual → objective로 대체되었다.

▶ 추상적이고 관념적인 어휘가 많이 사용되고 있어 난이도가 상당히 높은 문제이다. 그렇기는 하여도 첫 문장의 factual account, what's happening만 들을 수 있으면 소거법으로라도 정답 선택이 가능하다.

표현 | **journalism** 신문방송학, 언론학과
job 임무, 의무, 일
solely 오직, 단지
convey 전달하다, 제공하다, 운반하다
unambiguous 명료한, 명확한

factual account 사실에 입각한 설명
be up to ~에게 달려 있다
act on ~에 입각하여 행동하다
one way or another 어떻게든, 그럭저럭
force 강요하다
elicit 이끌어내다, 유도하다
present 제시하다
propagandist 선동가, 선전원

10

When do **children** gain an **ability** to **visualize things** based on what they've been told? A recent study shows that **kids can picture** what they're told **by 24 months**. In the experiment, a group of children was told that a toy animal had become soaking wet because someone spilled a bucket of water. When asked to retrieve the toy from the next room, the 24-month-olds went for the wet toy, while the 19-month-olds did not.

Q.　**What is the main point of the talk?**

(a) It is difficult for children to think clearly.
(b) Children can picture objects by age two.
(c) Parents need to help children do simple tasks.
(d) Children's thinking is based on what is visible.

들은 내용에 근거하여 사물을 마음 속에 그리는 능력을 아이들은 언제 가지게 되는가? 최근의 연구가 보여준 바로는 아이들은 24개월이 되어야 들은 내용을 마음 속에 그릴 수 있다. 실험에서 한 집단의 아이들은 누군가가 물통을 엎질러서 장난감 동물이 흠뻑 젖었다는 얘기를 들었다. 옆 방에 가서 그 장난감을 찾아오라는 요청을 받았을 때, 생후 24개월된 아이들은 젖은 장난감을 향해 갔던 반면에, 19개월된 아이들은 그렇게 하지 않았다.

Q.　**담화의 요점은 무엇인가?**

(a) 아이들이 명확하게 사고하기는 어렵다.
(b) 아이들은 2살이 되어야 사물을 마음 속에 그릴 수 있다.
(c) 부모는 아이들이 단순 과업 하는 것을 도와줄 필요가 있다.
(d) 아이들의 사고는 눈으로 보는 것에 기초한다.

담화 | **보고**
질문 | **요점**
주제 | **아동의 심상 능력 형성 시기**

▶ 정답: 처음 두 문장에 주제와 주장이 명시되어 있다.

▶ (b) (O) visualize → picture로, things → objects로, 24 months → age two로 바꿔 표현했다.

표현 | **visualize** 생생하게 마음에 그리다, 상상하다
based on ~에 근거하여
be told 듣다
picture 그리다, 마음 속에 그리다
soak 흠뻑 젖다
spill 엎지르다
retrieve 회수하다, 찾아서 가져오다

In **humankind's early years**, major **natural disasters** were **not an urgent concern**. This is because social groups were small and geographically dispersed to suite their hunting and gathering lifestyle. If a volcano began to erupt, a tribe could easily move away with no sense of loss; if an earthquake struck, there were no heavy buildings to tumble onto sleeping children. Tsunamis and floods might claim casualties, but **never in great numbers,** simply because in their hunter-gatherer society significant numbers of humans **never congregated** in **one place** at **one time**.

Q. What is the main idea of the lecture?

(a) Prehistoric humans were spared large-scale deaths in disasters.

(b) Natural disasters did not occur often in ancient times.

(c) Humankind in early years depended on hunting and gathering.

(d) Hunting and gathering activities require geographic dispersal.

인류의 초기 시대에는 주요 자연재해가 위급한 사안이 아니었다. 사회 집단이 소규모였고 사냥과 수렵 생활 양식에 맞도록 지리적으로 흩어져 있었기 때문이다. 화산이 분출하기 시작해도, 부족민은 상실감 없이 쉽게 이주할 수 있었다. 지진이 일어나도, 잠자는 아이 위로 무너져 내릴 무거운 건물이 없었다. 해일과 홍수가 사상자를 초래했겠지만, 많은 수의 사상자는 결코 아니었다. 왜냐하면 사냥과 채집 사회에서는 상당수의 사람이 한 장소에 동시에 무리 지어 있지 않았기 때문이다.

Q. 강의의 요지는 무엇인가?

(a) 선사시대 인간은 자연재해에서 대규모로 생명을 잃지 않았다.

(b) 자연재해가 고대 시대에서는 자주 발생하지 않았다.

(c) 초기 시대의 인류는 사냥과 수렵에 의존하였다.

(d) 사냥과 수렵 활동은 지리적 분산을 요구하였다.

담화 | **강의** (과학)

질문 | **요지**

주제 | **인류 초기의 자연재해로 인한 피해**

▶ (a) (O) 첫 번째 문장에 제시된 주제문과 뒷받침 문장의 내용을 요약하였다.

▶ 주제문: 주제(natural disasters) + 주장(not urgent in human kind's early years); 어떤 점에서 'not urgent'하다는 의미인지 이해가 되지 않는 경우 이하 내용에서 반복되는 세부 정보의 공통점을 파악하여야 한다.

▶ 담화문이든 대화문이든 모든 단어를 다 듣지 않아도 전달 내용을 파악할 수 있다는 사실을 잊지 않기 바란다.

표현 | **natural disaster** 자연재해

urgent 긴급한

concern 관심사, 사항

disperse 흩어지다, 분산되다

suite 적합하게 하다

gathering 채집

erupt (화산이) 폭발하다

tribe 부족

sense of loss 상실감

strike 발발하다

tumble onto 무너져 내리다, 굴러 떨어지다

tsunami (해저 지진에 의한) 해일, 쓰나미

claim casualties 사상자를 내다

significant numbers of 상당수의

congregate 모이다, 집합하다

prehistoric 선사시대의

spare 당하지 않게 하다, 면하게 하다

be spared ~을 면하다, 당하지 않다

large-scale 대규모의, 대량의

dispersal 분산

Unit 15 특정정보

유형연습 스크립트&번역

A

This is Agnes Bellevue, 103.7 WGBV radio afternoon news reporter. I'm at the scene of a miraculous rescue that occurred earlier today involving a fire, a 6-month-old baby, and his dog. The fire broke out at a four-story building this morning. Everyone was believed to have been evacuated to safety; however, witnesses were reportedly shocked when they saw a dog pulling the baby to safety. The baby and the dog were both taken to the hospital by evening. Doctors say they are both in stable condition and may be released tonight.

Q. When did this event occur?

(a) In the morning.

(b) In the afternoon.

(c) In the evening.

(d) Tonight.

103.7 WGBV 라디오 오후 뉴스의 아그네스 벨르뷰 기자입니다. 저는 화재와 6개월 된 아기, 아기의 애완견과 관련하여 오늘 일찍 발생한 기적적인 구조 현장에 와 있습니다. 화재는 오늘 아침 4층 건물에서 발생하였습니다. 모두가 안전하게 대피되었다고 여겨졌습니다. 하지만, 목격자들은 개가 아기를 안전한 곳으로 끌고 오는 것을 보았을 때 매우 놀랐다고 합니다. 아기와 개는 모두 저녁 때쯤 병원으로 이송되었습니다. 의사들 말로는 둘 다 안정된 상태이고 오늘밤 퇴원할 수 있을 것이라고 합니다.

Q. 이 사건은 언제 일어났는가?

(a) 아침에.

(b) 오후에.

(c) 저녁에.

(d) 오늘밤에.

B

Hello. Thank you for calling Savoy Theater. For movies that are soon to be released, please check our website. If you would like to hear what movies are playing now, please press 1. If you would like to hear showtimes, please press 2. For directions to the theater, please press 3. Otherwise, please stay on the line and one of our associates will be with you shortly.

Q. What should a caller do to find out about upcoming movie releases?

(a) Check the website.
(b) Press 1.
(c) Press 2.
(d) Stay on the line.

안녕하세요. 사보이 극장에 전화 주셔서 감사합니다. 곧 개봉될 영화를 알고 싶으시면 우리 웹사이트를 확인해 주십시오. 지금 상영되고 있는 영화가 무엇인지 듣고 싶으시면 1번을 누르세요. 상영 시간을 듣고 싶으시면 2번을 눌러 주세요. 극장으로 오는 길 안내를 받고 싶으시면 3번을 누르십시오. 그 외의 목적이시라면, 끊지 말고 기다리시면 저희 직원 중 한 사람이 곧 당신과 통화할 것입니다.

Q. 전화한 사람이 곧 개봉될 영화를 알고 싶으면 무엇을 해야 하는가?

(a) 웹사이트를 확인한다.
(b) 1번을 누른다.
(c) 2번을 누른다.
(d) 전화를 끊지 않고 기다린다.

Mini Test 15 정답 및 해설

1. (b)	2. (b)	3. (c)	4. (a)	5. (b)
6. (b)	7. (d)	8. (d)	9. (d)	10. (b)

1

Welcome to the Royal Museum of Military Engineers. As we begin this tour of the museum today, you will see that the collection we have here provides a fascinating record of the characters, the daily work, and the military adventures of Britain's soldier engineers from AD 1066 to WWII. Besides **the fine displays of medals, uniforms, and scientific and engineering equipment**, the museum features a surprisingly rich collection of military pieces from all over the world.

Q. What does this museum contain?

(a) Animal bones.
(b) Soldier uniforms.
(c) Modern engineering inventions.
(d) Art pieces from all over the world.

왕립 공병대 박물관을 방문하신 것을 환영합니다. 오늘 박물관 관람을 시작하게 되면, 여러분은 우리가 이곳에 보유하고 있는 소장품이 기원후 1066년부터 2차세계대전까지의 영국군 공병대의 특징, 일상적인 일들, 군사 모험에 대한 매혹적인 기록을 제공한다는 것을 알게 될 것입니다. 메달, 군복, 과학 및 공학 장비 등을 전시하는 것 말고도, 박물관은 전 세계로부터의 수집한 놀라울 정도로 많은 군사 용품을 전시하고 있습니다.

Q. 이 박물관은 무엇을 보유하고 있는가?

(a) 동물 뼈.
(b) 군복.
(c) 현대 공학 발명품.
(d) 전 세계의 예술품.

담화 | 안내 (박물관)

질문 | 특정 정보 (박물관이 보유하고 있는 것)

주제 | 박물관 소장품 안내

▶ (b) (O) 마지막 문장에 전시품들을 설명하는 부분에서 uniforms를 soldier uniforms로 대체하였다.

▶ (d) (X) 예술품(art pieces)이 아니라 군사 용품(military pieces)을 전시하고 있다.

표현 | **fascinating** 매혹적인, 매료하는
equipment 장비
feature 특색을 이루다, 특집으로 다루다

2

Imagine yourself free from worrying about how to maintain your blood sugar level. Well, now that's possible. With Diabetros you can rest easy knowing that it will help keep levels normal. **Diabetros consists of naturally potent target nutrients that make it effective**, yet still safe enough to take everyday. It contains no chemically generated compounds, fillers, or artificial additives. And unlike pharmaceutical drugs, it does not require a prescription and has zero negative side effects.

Q. According to the advertisement, what makes Diabetros so effective?

(a) It can be taken daily.
(b) It is composed of natural ingredients.
(c) It requires no prescription.
(d) It has no negative side effects.

당신이 혈당치를 유지하는 법에 대한 걱정에서 해방된 것을 상상하십시오. 자, 이제 그것이 가능해졌습니다. 다이아베트로스와 함께라면 당신은 그것이 혈당치를 정상으로 유지하도록 도와줄 것이라는 것을 알기에 편히 쉴 수 있습니다. 다이아베트로스는 그것을 효과적으로 만들어 주면서 매일 복용해도 될 만큼 안전한 천연적으로 효능 있는 해당 영양소들로 구성되어 있습니다. 그것은 화학 합성물, 혼합물, 인공 첨가물이 전혀 없습니다. 또한 조제약과는 달리, 처방전이 필요 없고 부작용도 전혀 없습니다.

Q. 이 광고에 따르면 무엇이 다이아베트로스를 그토록 효과적으로 만들어 주는가?

(a) 매일 복용 가능하다.
(b) 천연 재료로 이루어졌다.
(c) 처방전이 필요 없다.

(d) 부작용이 전혀 없다.

담화 | 광고 (의약품)
질문 | 특정 정보 (다이아베트로스가 효과적인 이유)
주제 | 천연 성분으로 이루어진 당뇨병약

▶ (b) (O) 네 번째 문장에 명시된 consists of naturally potent target nutrients를 표현을 바꾸어 제시하였다. consists of → is composed of로, naturally potent target nutrients → natural ingredients로 대체하였다.

▶ (a), (c), (d) (X) 각기 담화문에 제시된 내용이기는 하지만 특별히 다이아베트로스를 효과적으로 만들어 주는 부분이라고는 할 수 없다.

표현 | free from ~에서 자유로운, ~이 없는
blood sugar level 혈당치
consist of 구성되다, ~을 이루다
potent 강력한, 효력이 있는
take 복용하다
chemically generated compounds 화학 합성물
filler 혼합물, 충전물
artificial additive 인공 첨가물
pharmaceutical drug 조제약, 약
prescription 처방전
negative side effects 부작용

3

The WonderPro XS-77 is the fastest track shoe on the planet. Designed by WonderPro's own innovative research team, **the shoes have been manufactured to increase performance** by reducing the damaging effects of vibrations on a runner's body. In testing, the breakthrough combination of conventional materials coupled with elastic soles **allowed marathon runners to slice around four minutes off** their overall time.

Q. According to the advertisement, what can the shoes do?

(a) Provide greater comfort when walking.
(b) Reduce runners' foot pain.
(c) Increase runners' speed.
(d) Give off soothing vibrations.

원더프로 XS-77은 지구 상 가장 빠른 운동화입니다. 원더프로의 혁신적 연구팀에 의해 고안되어 이 신발은 육상 선수의 신체에 대한 해로운 진동 효과를 줄임으로써 경기 수행력을 증진시키도록 제작되었습니다. 실험에서, 탄력성 있는 밑창과 함께 전통적인 소재를 새롭게 혼합하니 마라톤 선수가 전체 주행 시간 중 4분 정도를 단축할 수 있었습니다.

Q. 광고에 따르면 이 신발은 무엇을 할 수 있는가?

(a) 걸을 때 더 편안한 착용감을 준다.
(b) 달리기 선수의 발의 통증을 줄여 준다.
(c) 달리기 선수의 속도를 증가시킨다.
(d) 편안한 진동을 일으킨다.

담화 | 광고 (운동화)
질문 | 특정 정보 (운동화가 할 수 있는 것)
주제 | 속도 증진 운동화

▶ (c) (O) 두 번째 문장에 경기 수행력을 증진(increase performance)시킬 수 있도록 제작되었다고 했고, 마지막 부분에 선수의 주행시간을 단축해 준다고 했으니 이를 합한 정보인 (c) Increase runners' speed가 정답이다.

표현 | track shoe (육상선수의) 운동화
innovative 혁신적인
manufacture 제작하다, 생산하다
vibration 진동, 흔들림
breakthrough 획기적인 발전; 돌파
conventional 전통적인, 상투적인
coupled with ~와 더불어, ~와 연관되어
elastic 탄력 있는
sole 구두창, 밑바닥
slice 잘라내다, 베어내다
give off 발하다
soothing 진정시키는

4

Ladies and gentlemen, may I have your attention? We'll be arriving at Chicago's O'Hare airport in about forty minutes. The time in Chicago right now is ten minutes past nine, and the temperature on the ground is 78 degrees Fahrenheit. At the airport, all passengers will have to go through Immigration and Customs. **Please fill out your declaration forms and have your passport ready.** We will start our descent soon, so please fasten your seat belts. Thank you for your flying with us.

Q. What were passengers asked to do?

(a) Complete a declaration form.
(b) Get out their passports now.
(c) Pick up luggage at Gate 78.
(d) Return to their seats.

신사 숙녀 여러분, 잠깐 주목해 주시겠습니까? 우리는 약 40분 후에 시카고 오헤어 공항에 도착하게 됩니다. 시카고의 현재 시간은 9시 10분이며, 지상 기온은 화씨 78도입니다. 공항에서 모든 승객은 출입국관리소와 세관을 통과하셔야 합니다. 여러분의 신고서를 기입하시고 여권을 준비해 주십시오. 우리는 곧 하강할 것이니 안전벨트를 착용해 주시기 바랍니다. 우리 항공을 이용해 주셔서 감사합니다.

Q. 승객들은 무엇을 하도록 요구 받았는가?

(a) 신고서 작성하는 것.
(b) 여권을 당장 꺼내는 것.
(c) 78번 출구에서 짐을 찾는 것.
(d) 좌석으로 돌아가는 것.

담화 | 안내 (공항)
질문 | 특정 정보 (승객들이 해야 할 일)
주제 | 신고서 작성 등 착륙 수속 준비 요청

▶ (a) (O) 신고서를 작성하고 여권을 준비해 둘 것을 요청한 다섯 번째 문장에서 fill out → complete로 대체했다.

▶ (b) (X) 여권을 준비해 두라(have your passport ready)고는 했으나 즉시 꺼내라고 하지는 않았으므로 오답이다.

표현 |
표현 |
Fahrenheit 화씨 온도
immigration 출입국 관리실
customs 세관
fill out 기입하다, 작성하다
declaration form 신고서
passport 여권
start one's descent 하강하다
fasten one's seat belt 안전벨트를 매다

concisely 간결하게, 간명하게
trait 특성, 특징
precision 명확함, 정확, 정밀
portrayal 묘사, 기술
penetrating 관통하는, 통찰력 있는
eliminate 제거하다
bias 편견; 한쪽으로 치우치게 하다, 편견을 품게 하다
administrator 행정가

5

As you read tonight's assignment, class, I believe you'll find the author's essay spellbinding and extraordinarily accurate, at least with respect to the experience of most students in high school nowadays. The author concisely **identifies the characteristic traits** and behavioral patterns **of high school students.** Her **precision in the descriptions and portrayals of each character type** is very penetrating. You should also note as you read, how she eliminates her own bias so that it does not influence readers.

Q. Which is correct about the essay?

(a) It focuses on private school students.

(b) It describes personalities with accuracy.

(c) It identifies the characteristics of school administrators.

(d) It is biased in its portrayal of student types.

오늘밤 과제 글을 읽으면서, 여러분은 적어도 오늘날 고등학교 대다수 학생들의 경험에 대해 작가의 에세이가 매혹적이고 비상하리만큼 정확하다는 것을 발견할 것입니다. 작가는 고등학교 학생들의 특징적인 면과 행동 양식을 간명하게 파악합니다. 각 캐릭터 유형을 묘사하고 그려내는 데에서 보이는 그녀의 정밀함은 매우 통찰력이 있습니다. 여러분은 읽으면서 그녀가 독자에게 영향을 미치지 않도록 어떻게 스스로의 편견을 제거해 가는지도 눈여겨봐야합니다.

Q. 이 에세이에 대해 옳은 것은 무엇인가?

(a) 사립학교 학생들을 다루고 있다.

(b) 정확하게 성격을 묘사하고 있다.

(c) 학교 행정가들의 특성을 파악하고 있다.

(d) 학생 유형을 그려내는 데에 편견을 담고 있다.

담화 | **강의** (문학)
질문 | **특정정보** (에세이에 대해 옳은 것)
주제 | **과제로 내준 에세이에 대한 설명**

▶ (b) (O) 두 번째 문장과 세 번째 문장에서 작가가 캐릭터를 잘 파악하고 묘사한다는 내용이 나온다. 특히 세 번째 문장에서 precision in the descriptions ~ of each character type이 어순과 표현이 바뀌어 선택지에 제시되었다. precision → accuracy로, descriptions → describes로, each character type → personalities로 대체되었다.

표현 | **spellbinding** 매혹적인, 눈길을 끄는
extraordinarily 비상하게, 엄청나게
with respect to ~에 관해서는

6

I would like to encourage you all to submit contributions to the new journal being launched by our department. **The journal** encourages academic subjects, but it **is primarily aimed at those working in the field**, so simple and clear language is essential. Articles should be between 1,500 and 2,500 words. We hope to cover a wide range of topics in each issue, so we also welcome book reviews, letters, and news items. Please contact our department secretary, Valerie Lawson, if you are interested.

Q. What kind of audience is the journal intended for?

(a) Scholars.

(b) Practitioners.

(c) Students.

(d) Department staff.

저는 여러분 모두에게 우리 과에서 시작하는 새 학술지에 투고를 하도록 장려하고 싶습니다. 그 학술지는 학문적인 주제를 권장하지만, 주로 그 분야에서 일하는 사람들을 겨냥한 것이고, 따라서 간단하면서도 명료한 언어가 필수적입니다. 논문은 1,500에서 2,500 단어 사이의 분량이어야 합니다. 우리는 각 이슈에서 광범위한 주제를 다루고 싶어서 서평, 편지, 뉴스 기사도 환영합니다. 관심이 있으시면 우리 과 직원 발레리 로슨에게 연락하십시오.

Q. 이 학술지는 어떤 유형의 독자를 염두에 두고 있는가?

(a) 학자.

(b) 직업 실무자.

(c) 학생.

(d) 과 직원.

담화 | **공지** (학술지)
질문 | **특정 정보** (학술지 독자 유형)
주제 | **잡지 기고 요청**

▶ (b) (O) 두 번째 문장에 학술지가 주로 그 분야에서 일하는 사람들을 대상으로 하고 있다고 했으므로 those working in the field → practitioners로 대체한 (b)가 정답이다.

표현 | **submit** 제출하다
contribution 기고, 투고
launch 진수하다, 시작하다
cover 다루다, 망라하다
news item 기사거리
practitioner 전문가, 직업 실무자

Until recently, archaeologists could not find any human settlements in North America older than 12,000 years. The only traces of the assumed oldest occupants were believed to be Clovis Points, long stone spear tips which the first Americans used to kill big game. The Clovis hunters were accepted by most archaeologists as the first Americans. However, Niède Guidon, **a Brazilian archaeologist**, has **unearthed charcoal remains of what** she thinks **are early campfires**. She has also found successive layers of charcoal dating from 23,000 to 48,500 years ago.

Q.　What new evidence has been found?

(a) Clovis Points.
(b) Stone tools used for hunting.
(c) Bodily remains of the first Americans.
(d) Prehistoric campfire sites.

최근까지, 고고학자들은 북미 대륙에서 12,000년보다 오래된 어떤 인류 정착지도 찾지 못했다. 가장 오래된 것으로 추정되는 거주자들의 유일한 흔적은 크로비스 포인트라고 믿어져 왔는데, 이는 최초의 아메리카인들이 큰 사냥감을 사냥하기 위해 사용한 긴 돌 창 촉이다. 클로비스 사냥꾼들은 대부분의 고고학자들에 의해 최초의 아메리카인들로 받아들여졌다. 그러나, 니에드 귀동이라는 브라질 고고학자가 옛날 모닥불이었을 것으로 추정하는 목탄 잔해를 발굴했다. 그녀는 또한 23,000년에서 48,500년 전까지 거슬러 올라가는 목탄으로 된 연속 지층을 발견하였다.

Q.　어떤 새로운 증거가 발견되었는가?

(a) 클로비스 포인트.
(b) 사냥에 사용된 석기.
(c) 최초 아메리카인들의 유해
(d) 선사시대의 모닥불 자리.

담화 | **보고** (인문)
질문 | **특정 정보** (새로 발견된 증거)
주제 | **선사시대 캠프파이어 터 발견**

　▶ (d) (O) 담화문 후반에 새로운 발견물(remains of... early campfires)에 대한 내용이 기술되어 있다.

　▶ (a), (b) (O) 담화 전반에 나오는 크로비스 포인트에 대한 내용은 질문 내용과 관련 없다.

　▶ 두 번째 들을 때 후반에 귀를 기울여 들어야 한다.

표현 | **archaeologist** 고고학자
settlement 정착지
trace 자취, 흔적
occupant 거주자
tip 촉, 끝
unearth 발굴하다
charcoal 목탄, 숯
remain 잔해
layer 층, 지층
dating from ~에서 거슬러 올라가

Good evening. Here's the weather for tomorrow. **Throughout most of the East, there will be heavy rain** with up to 700mm expected to fall. **Highs will be in the mid 80s.** In the West, locally heavy rain is expected with temperatures in the low 80s. In the Midwest, the weather will continue to be very warm and sunny with temperatures climbing to 98 degrees. In the South, you can expect partly cloudy skies with a 50 percent chance of showers and highs in the 80s and 90s.

Q.　What will the weather be like in the East?

(a) Temperatures in the 90s.
(b) Warm and sunny.
(c) Dry and cloudy all day.
(d) Heavy precipitation.

안녕하세요? 내일 날씨입니다. 동부 지방 대부분에 걸쳐 예상 강우량 700mm 정도의 폭우가 내리겠습니다. 최고기온은 80도 대의 중반 정도에 이르겠습니다. 서부에는, 80도 대 초반 정도의 기온과 함께 국지적으로 폭우가 예상됩니다. 중서부에서는 기온이 98도까지 오르면서 따뜻하고 화창한 날씨가 계속되겠습니다. 남부지방에는 군데군데 구름이 끼고 소나기가 내릴 가능성이 50퍼센트이며 최고기온이 80도에서 90도 사이가 될 것으로 예상합니다.

Q.　동부 지역의 날씨는 어떻겠는가?

(a) 90도 대의 기온.
(b) 따뜻하고 맑음.
(c) 하루 종일 건조하고 구름 낌.
(d) 많은 강수량.

담화 | **뉴스** (날씨)
질문 | **특정 정보** (동부 지역의 날씨)
주제 | **내일 일기 예보**

　▶ 특정 정보 문제는 관련된 부분만 선별 청취하면 쉽게 답을 맞힐 수 있는 경우가 종종 있다.

　▶ (d) (O) 동부 지역 날씨는 전반에 먼저 보도되었다.
　　heavy rain → heavy precipitation으로 대체되었다.

표현 | **high** 최고 기온
locally 국지적으로, 국부적으로
heavy rain 폭우
precipitation 강수량

Australia is the driest inhabited continent. Long hours of hot sunshine and warm winds give the country an extremely high rate of evaporation. It is estimated that approximately 87% of Australia's rainfall is lost through evaporation, compared with just over 60% in Africa. In many parts of Australia, dams and puddles dry up rapidly, and **some rainfall barely penetrates the soil. The reason for this is that the moisture is absorbed by thirsty plants.**

Q. Why does rainfall hardly soak into the ground?

(a) Because the soil is too hard.
(b) Because thirsty animals drink it.
(c) Because the sunshine is too hot.
(d) Because plants suck it up.

호주는 사람이 살고 있는 대륙 중 가장 건조하다. 장시간의 뜨거운 햇빛과 따뜻한 바람으로 인해 호주는 매우 높은 증발률을 갖게 되었다. 추정되기로 호주 강우의 약 87%가 증발로 인해 사라지는데, 이는 아프리카에서 증발로 사라지는 강우가 60%를 웃도는 것과 비교된다. 호주의 많은 지역에서, 댐과 웅덩이들은 빠르게 마르고, 일부 강우는 토양 안으로 침투하지도 못한다. 그 이유는 수분이 목마른 식물들에 의해 흡수되기 때문이다.

Q. 왜 강우가 땅으로 거의 스며들지 못하는가?

(a) 흙이 너무 단단해서.
(b) 목마른 동물들이 마셔서.
(c) 햇빛이 너무 뜨거워서.
(d) 식물들이 물을 빨아들여서.

담화 | **보고** (과학/환경)
질문 | **특정 정보** (비가 땅으로 스미지 않는 이유)
주제 | **호주의 메마른 지형**

▶ 마지막 문장에 비가 땅에 스며들지 못하는 이유가 나와있다.

▶ (d) (O) The reason is that → Because로, is absorbed by → suck it up으로 바꾸었으며 수동태 문장을 능동태로 어순을 바꾸어 제시하였다.

표현 | **inhabit** 거주하다
continent 대륙, 육지
evaporation 증발
estimate 추정하다
approximately 약, 대략
rainfall 강우(량)
puddle 웅덩이
moisture 수분
absorb 흡수하다
soak 스며들다, 스미다
suck ~을 흡수하다, 빨다

10

Hello, you've reached the C-Tech Company call center. If you wish to obtain information about broadband Internet, please press one. For voicemail service, please press two. For information about your messages, please press three. **For problems with your telephone connections, please press four.** If you have any other inquires, please press five. To hear these options again, please press six.

Q. What should you do if there is something wrong with your telephone?

(a) Press one.
(b) Press four.
(c) Press five.
(d) Press six.

여보세요. 당신은 C-테크 사 콜 센터에 연결되셨습니다. 광대역 인터넷에 대한 정보를 얻고 싶으시면 1번을 누르세요. 음성메일 서비스를 원하시면 2번을 누르세요. 당신 메시지에 대한 정보를 위해서는 3번을 누르세요. 전화 연결에 문제가 있으시면 4번을 누르세요. 이 외에 다른 문의 사항이 있으시면 5번을 누르세요. 선택 사항에 대한 안내를 다시 듣고 싶으시면 6번을 누르십시오.

Q. 전화에 문제가 생겼다면 무엇을 해야 하는가?

(a) 1번을 누른다.
(b) 4번을 누른다.
(c) 5번을 누른다.
(d) 6번을 누른다.

담화 | **안내** (전화 메시지)
질문 | **특정 정보** (전화에 문제가 생겼을 때 할 일)
주제 | **테크놀로지 회사 자동 메시지 안내**

▶ 전화 음성 안내 메시지는 특정 정보나 진위를 묻는 세부정보 문제로 최근 자주 출제되고 있다. 각각의 정보를 얻기 위해 눌러야 할 숫자 번호를 잘 연관시켜 듣는 것이 관건이다.

▶ (b) (O) 다섯 번째 문장에 전화 연결에 문제가 있을 때 4번을 누르라고 했다.

표현 | **reach** 닿다, 연결되다
Tech (technology) 과학 기술, 테크놀로지
obtain 획득하다
broadband 광대역의
voicemail 음성메일
connection 연결

Unit 16 진위

유형연습 스크립트&번역

A

Since many of you have asked how to obtain a user name and password for our university's website, I'd like to briefly explain the procedure. The first step is to sign up for a university webmail account. You can do that simply by clicking "login" and then selecting "new user" on the university homepage. You will then be asked a series of questions. You will need to choose a user name and enter your student ID. After setup is complete, you will be emailed a password.

Q. Which is correct according to the instructions?

(a) Students can choose their password.
(b) The user name is automatically assigned.
(c) The login can be accessed from the home-page.
(d) The user name is the same as the student ID.

여러분 중 많은 사람들이 우리 대학 웹사이트를 사용하기 위한 사용자명과 암호를 얻는 방법을 문의했기 때문에 그 절차를 간략히 설명하려고 합니다. 첫 번째 단계는 대학 웹메일 계정을 신청하는 것입니다. 여러분은 대학 홈페이지에서 '로그인'을 클릭한 후 '새로운 사용자'를 선택하시면 계정 등록을 할 수 있습니다. 그 다음에 여러분은 일련의 질문을 받게 될 것입니다. 여러분은 사용자명을 선택하고 학생 ID를 입력해야 합니다. 절차가 완료되면 여러분은 이메일로 암호를 받게 될 것입니다.

Q. 지시에 따르면 무엇이 옳은 진술인가?

(a) 학생들은 암호를 선택할 수 있다.
(b) 사용자명은 자동적으로 부여된다.
(c) 홈페이지에서 로그인 할 수 있다.
(d) 사용자명은 학생 ID와 동일하다.

B

Ladies and gentlemen of the jury, today I want to talk to you about my client, Jeremy Davis, who is facing lethal injection. Mr. Davis, a former gang member, an aspiring musician, and now a prison poet in San Antonio, was convicted and sentenced to die simply for abetting a killing. Ensnared in a Texas law that makes accomplices subject to the death penalty, Mr. Davis will become a death row inmate if you do not act now. On his behalf, I plead for his release.

Q. Which is correct about Jeremy Davis?

(a) He killed without an accomplice.
(b) He is now a death row inmate.
(c) He writes poetry in prison.
(d) He committed the murder in San Antonio.

배심원 여러분, 오늘 저는 여러분에게 사형 집행을 앞두고 있는 저의 의뢰인 제레미 데이비스에 대해 말하고 싶습니다. 전직 갱단 일원이면서 포부가 큰 음악가이고, 지금은 산 안토니오의 죄수 시인인 데이비스 씨는 단지 살인을 도왔다는 이유로 유죄 판결되어 사형 선고를 받았습니다. 공범자들을 사형시키는 텍사스 법률의 함정에 빠졌기 때문에, 여러분이 지금 행동하지 않는다면 데이비스 씨는 사형수 수감동의 수감자가 될 것입니다. 그를 대신하여 저는 그의 구제를 간청합니다.

Q. 제레미 데이비스에 대해 무엇이 옳은가?

(a) 그는 공범자 없이 살인을 하였다.
(b) 그는 지금 사형수 수감동의 수감자이다.
(c) 그는 감옥에서 시를 쓴다.
(d) 그는 산 안토니오에서 살인을 하였다.

Mini Test 16 정답 및 해설

1. (b)	2. (d)	3. (b)	4. (d)	5. (c)
6. (d)	7. (c)	8. (c)	9. (d)	10. (c)

1

Stop in and visit the Union Bookstore at 47 West Roxbury Street in Morristown. We have over 50,000 academic, reference, technical, and literature titles, as well as used textbooks of all kinds.

The Author's Corner located on the second floor provides the perfect atmosphere for browsing. Or **visit us online where you can buy and sell used textbooks directly** with other students. Come by for a real or virtual visit soon!

Q. Which is correct according to the advertisement?

(a) The Author's Corner sells discount items.
(b) Used textbooks can also be purchased online.
(c) The bookstore has 50,000 academic titles.
(d) Science books are on the second floor.

모리스타운의 웨스트 록스베리 가 47번지에 있는 유니언 서점을 들러서 방문하십시오. 우리는 모든 종류의 중고 교재뿐 아니라 5만 권이 넘는 학술서, 참고서, 공학 서적, 문학 서적을 보유하고 있습니다. 2층에 위치한 작가 코너는 마음 내키는 대로 읽을 수 있는 완벽한 분위기를 제공합니다. 혹은 당신이 다른 학생들과 직접 중고 교재를 사고 팔 수 있는 인터넷으로 우리를 방문하십시오. 실제로 들리시든지 인터넷 상으로 곧 방문하시길 바랍니다.

Q. 광고에 따르면 옳은 것은 무엇인가?

(a) 작가 코너는 할인 품목을 판다.
(b) 중고 교재는 인터넷 상에서도 구입 가능하다.
(c) 서점은 5만 권의 학술 서적을 보유하고 있다.
(d) 과학 도서는 2층에 있다.

담화	광고 (서점)
질문	진위 (광고에 따르면 옳은 것)
주제	서점 이용 안내

▶ 네 번째 문장에 온라인(online)으로도 중고 교재를 구입할 수 있음을 안내하고 있다.

▶ (b) (O) You can buy and sell used textbooks. → Used textbooks can be purchased.로 어휘 표현(buy → purchase) 및 어순을 바꾸어 제시하였다.

표현	stop in 들르다
	reference 참고
	title 책, 출판물
	located 위치한
	atmosphere 분위기
	browse 마음 내키는 대로 읽다
	virtual 가상의
	discount items 할인 품목

2

I think women who enter the workforce are often misunderstood by other women. As a working mother myself, I have felt this firsthand. Moms who stay at home often ask me why I prefer working to being home with my ki ds. They seem to imply that I don't love my kids. But that isn't true. I just don't show my love the same way as they do. They do it by spending time volunteering at school or driving their kids to activities. **I do it by providing money for their education.**

Q. Which is correct about the speaker?

(a) She prefers working to being with her kids.

(b) She is a stay-at-home mother.

(c) She shows love by volunteering.

(d) She shows love by paying for education.

나는 직업 전선에 나간 여성들이 종종 다른 여성들에게 오해를 받는다고 생각합니다. 나 자신이 일하는 어머니로서, 이 점을 직접 느꼈습니다. 집에 있는 어머니들은 종종 나에게 묻습니다. 왜 일하는 것을 내 아이들과 함께 집에 있는 것보다 더 좋아하느냐고. 그들은 내가 내 아이들을 사랑하지 않는다고 넌지시 말하는 듯 합니다. 그러나 그것은 사실이 아닙니다. 나는 단지 내 사랑을 그들과 다른 방법으로 보여줄 뿐입니다. 그들은 학교에서 자원봉사를 하거나 아이들이 방과후 활동을 하는 곳으로 차를 태워 주는데 시간을 보냄으로써 사랑을 보여줍니다. 나는 아이들의 교육을 위한 돈을 제공해 줌으로써 사랑을 보여줍니다.

Q. 화자에 대해 옳은 것은 무엇인가?

(a) 일하는 것을 아이들과 함께 있는 것보다 좋아한다.

(b) 집에 머무는 어머니이다.

(c) 자원봉사를 함으로써 사랑을 보여준다.

(d) 교육비를 지불함으로써 사랑을 보여준다.

담화 | **논증** (debate: 인문사회)

질문 | **진위** (화자에 대해 옳은 것)

주제 | **일하는 여성의 입장**

▶ (d) (O) 마지막 문장의 providing money for education → paying for education으로 바꿔 제시하였다.

▶ (a) (X) 사람들이 물어본 내용이지 실제 사실이 아니다.

표현 | **workforce** 노동력, 노동 인구

misunderstood 오해 받는

firsthand 직접

imply 암시하다, 넌지시 비치다; 내포하다, 함축하다

volunteer 자원하다

prefer A to B B보다 A를 더 좋아하다

3

This year's Photojournalist of the Year Award goes to Arthur Phillips, a twenty-year veteran reporter. He is best known for producing a photography book that fixed the world's attention on the horrors of the Vietnam War, but all the fame that resulted from that work has not changed his humble spirit. In a recent interview, he confessed that **he still has difficulty in photographing people in the street** because he feels sensitive and shy when sticking his lens into strangers' faces.

Q. Which is correct about Arthur Phillips?

(a) He takes pictures of sensitive, shy people.

(b) He finds some aspects of photography hard.

(c) He became famous as a soldier in Vietnam.

(d) He interviews his subjects before photo-graphing.

금년의 '올해의 사진기자 상'은 20년 베테랑 기자인 아서 필립에게 돌아갑니다. 그는 세계의 이목을 베트남 전쟁의 공포에 고정시킨 사진 책을

낸 것으로 가장 잘 알려져 있지만, 그 작업의 결과로 얻은 모든 명성이 그의 겸손한 마음을 전혀 변화 시키지 않았습니다. 최근 한 인터뷰에서 그는 낯선 이들의 얼굴에 렌즈를 들이댈 때 예민해지고 수줍어지기 때문에 거리에서 사람들의 사진을 찍는 것이 여전히 어렵다고 고백했습니다. .

Q. 아서 필립에 대해 옳은 것은 무엇인가?

(a) 예민하고 부끄러움을 타는 사람들의 사진을 찍는다.

(b) 사진 찍는 것의 어떤 측면은 힘들게 느낀다.

(c) 베트남 전쟁의 군인으로서 유명해졌다.

(d) 사진을 찍기 전에 대상자들을 인터뷰한다.

담화 | **예술**

질문 | **진위** (아서 필립에 대해 옳은 것)

주제 | **사진기자 상을 받은 기자에 대한 소개**

▶ (b) (O) 마지막 문장에서 수줍음이 있어 사진 찍을 때 여전히 어려움이 있다고 했으므로 has difficulty in photographing → finds ~ photography hard로 대체한 (b)가 정답이다.

▶ (a), (c), (d) (X) 각기 본문에 나온 동일 단어를 이용해 내용과 어긋나게 제시한 오답이다.

표현 | **photojournalist** 사진기자

veteran 노련한; 노련한 사람

be known for ~으로 유명하다

fix the world's attention on 세계의 이목을 ~에 고정시키다

horror 공포

fame 명성

humble 겸손한

confess 고백하다

stick 찌르다; ~을 놓다

4

Studies have revealed that, when watching TV, children are more active participants than was believed. Recent research among children aged eight to thirteen showed that **children learned** social customs, facts about events in the outside world, and how to deal with parents **from TV. They regard the screen as** a friendly presence—a convenient source of amusement, a common talking point, and **something from which they learn.** Children don't simply watch impassively.

Q. Which is correct according to the talk?

(a) Children prefer to watch TV alone.

(b) The research primarily included teenagers.

(c) Not all children react to TV in the same way.

(d) The research showed children learned from TV.

연구에 따르면 TV를 시청할 때 아이들은 사람들이 믿는 것보다 좀 더 적극적인 참여자가 되는 것으로 드러났다. 8세부터 13세 아이들을 대상으로 한 최근 연구는 아이들이 사회 관습과 바깥 세계의 사건에 대한 사실, 그리고 부모를 어떻게 대해야 할지를 TV로부터 배운다는 것을 보여주었다. 아이들은 TV 화면을 하나의 다정한 존재로 여긴다—편리한 오락의 원천이나 흔한 화제, 그들이 그로부터 무언가를 배우는 어떤 존재로. 아이들은 무표정하게 그저 바라보고만 있는 것이 아니다.

Q. 담화에 따르면 옳은 것은 무엇인가?

(a) 아이들은 혼자 TV 보는 것을 선호한다.
(b) 연구는 주로 10대들을 포함시켰다.
(c) 모든 아이들이 TV에 같은 식으로 반응하는 것은 아니다.
(d) 연구는 아이들이 TV로부터 학습한다는 것을 보여주었다.

담화 | 인문 (교육)
질문 | 진위 (담화에 따르면 옳은 것)
주제 | 아이들 TV 시청의 학습 효과

▶ 담화 전체를 통하여 아이들이 TV를 통해 무언가 배우고 있음을 논하고 있으므로 흐름을 따라가면 비교적 쉽게 정답을 고를 수 있다.

▶ 두 번째 문장과 세 번째 문장에 각기 명시적으로(children learned ~ from TV) 혹은 표현을 살짝 바꿔서(regard the screen as ~ something from which they learn) 제시하고 있다.

표현 | **participant** 참가자
social customs 사회 관습
regard A as B A를 B로 간주하다[여기다]
amusement 재미, 오락, 놀이
talking point 화제
impassively 무감동하게, 무표정하게

5

Bullying among school-age girls is a serious problem. Female bullies can wage intricate and highly personalized battles with other girls of similar age. They aim to sustain their own popularity and status by damaging the other girls' friendships, relationships, and reputations. **The bullies** identify and exploit their opponents' weaknesses, **mercilessly excluding from their group whoever doesn't make the cut.**

Q. **Which is correct about female bullies according to the talk?**

(a) They are mainly focused on earning respect.
(b) They are often not noticed by teachers.
(c) They keep others out of their groups.
(d) They overlook others' weaknesses.

학교 다니는 소녀들 사이에 벌어지는 따돌림은 심각한 문제이다. 여학생 따돌림은 비슷한 또래의 다른 여자아이들과 복잡하고도 매우 개인화된 전투를 하는 것과 같다. 그들은 상대 여학생들의 우정, 관계, 명성에 손상을 입힘으로써 자신들의 인기와 지위를 유지하고자 한다. 따돌리는 아이들은 그들의 적이 갖고 있는 약점을 찾아서 이용한다. 두드러지지 못하는 누구든 그들의 그룹에서 무자비하게 제외시키면서.

Q. **담화 내용에 따르면 여학생 따돌림에 대해 옳은 것은 무엇인가?**

(a) 주로 존경을 얻는 데에 총력을 기울인다.
(b) 교사들에 의해 잘 주목되지 않는다.
(c) 다른 아이들을 자신의 그룹에서 배제한다.
(d) 다른 아이들의 약점을 눈감아준다.

담화 | 교육
질문 | 진위 (여학생 따돌림에 대해 옳은 것)
주제 | 여학생 따돌림의 특성

▶ 마지막 문장에서 그들 적의 약점을 찾아 그룹에서 이들을 제외시킨다고 했으므로 약점을 눈감아 준다고 한 (d)는 오답이다.

▶ (c) (O) excluding → keep out of로 대체한 (c)가 정답이다.

표현 | **bully** 따돌리다, 왕따시키다; 따돌리는 사람
wage (전쟁, 투쟁을) 하다
intricate 뒤얽힌, 복잡한
damage 손상을 입히다; 손상, 피해
reputation 평판
exploit 이용하다, 착취하다
opponent 적수, 반대편
mercilessly 무자비하게, 잔인하게
make the cut 성공하다, 특정 목표를 달성하다, 최종 명단에 들다
overlook 간과하다, 눈감아주다

6

The Silk Road played an important role in many of the greatest early civilizations, such as those in China, Egypt, Mesopotamia, Persia, India, and Rome. It was a key trade route linking the Far East with Europe and the Arab world and extended over 8,000 kilometers on land and sea. The passageway allowed merchants to transport goods between economies, in effect distributing resources that people needed. For example, **Chinese silk** dating as far back as 1070 B.C. **has even been found as far away as Egypt.**

Q. **Which is correct about the Chinese silk?**

(a) It was found in 1070 BC.
(b) It was the oldest silk discovered.
(c) It was transported for exactly 8,000 km.
(d) It was brought to Egypt.

비단길은 중국, 이집트, 메소포타미아, 페르시아, 인도, 로마 문명과 같은 위대한 초기 문명의 많은 지역에서 중요한 역할을 했다. 그것은 극동을 유럽, 아랍 세계와 연결한 주요한 교역로였으며 육지와 해상 8,000 킬로미터 이상에 걸쳐 이어졌다. 그 통로는 상인들이 경제권 사이에 상품을 수송하도록 했는데, 사실상 사람들이 필요로 하는 자원을 분배하는 역할을 했다. 예를 들어, 중국 비단은 기원전 1070년까지 거슬러 올라가는데 심지어 멀리 이집트에서까지 발견되었다.

Q. **중국 비단에 대해 옳은 것은 무엇인가?**

(a) 기원전 1070년에 발견되었다.
(b) 지금까지 발견된 가장 오래된 비단이다.
(c) 정확히 8,000킬로미터나 수송되었다.
(d) 이집트에 전해졌다.

담화 | 인문
질문 | 진위 (중국 비단에 대해 옳은 것)
주제 | 비단길의 역사

▶ (d) (O) 마지막 문장에서 중국 비단이 멀리 이집트에서까지 발견되었다고 했으므로 found as far away as Egypt를 brought to Egypt로 바꿔 표현한 (d)가 정답이다.

▶ (a) (X) 기원전 1070년에 발견된 것은 아니다.

▶ (b) (X) 가장 오래된 비단이라는 언급은 없다.

▶ (c) (X) 비단길이 8000 km 이상 이어져 있었다.

표현 | **key** 주요한
trade route 무역로
link 연결하다
extend ~에 이르다, 미치다
passageway 통로
merchant 상인
transport 수송하다
distribute 분배하다, 보급하다
date back 거슬러 올라가다

7

Here are the latest news headlines: Greek fire victims crowd into a bank to receive a government subsidy. Vindicated terrorist suspect Richard Parmelotti dies of natural causes. Actor **Valerie Carson is arrested for a hit-and-run accident.** Salmonella finding prompts a spinach recall. And a cholera outbreak spreads through the Northwest. These stories and more, next.

Q. Which is correct according to the report?

(a) The terrorist suspect died of cholera.

(b) Sandwiches were recalled for salmonella.

(c) Valerie Carson had a car crash.

(d) A Greek mob raided a bank.

다음은 최근 뉴스 헤드라인입니다: 그리스 화재 피해자들이 정부 보조금을 받기 위해 은행에 몰려들었습니다. 결백이 입증된 테러리스트 용의자 리처드 파멜로티가 자연사하였습니다. 배우 발레리 카슨이 뺑소니 사고로 체포되었습니다. 살모넬라균이 발견되어 시금치 회수가 촉발되었습니다. 콜레라 발발이 노스웨스트 지역에 확산되고 있습니다. 이상의 이야기들과 더 많은 이야기들을 다음에 전해드립니다.

Q. 보도에 따르면 옳은 것은 무엇인가?

(a) 테러리스트 용의자가 콜레라로 죽었다.

(b) 샌드위치가 살모넬라균 때문에 회수되었다.

(c) 발레리 카슨은 자동차 충돌 사고를 냈다.

(d) 그리스 폭도들이 은행을 습격했다.

담화 | **뉴스 보고**
질문 | **진위** (보도에 따르면 옳은 것)
주제 | **헤드라인 뉴스**

▶ 헤드라인 뉴스는 여러 가지 주요 뉴스를 짤막하게 보도하는 것이기에 진위 문제로 출제되기 좋은 유형이다. 선택지 주어를 모두 다르게 제시하여 내용이 맞는 것을 고르는 형식으로 출제된다.

▶ (c) (O) 세 번째 문장에 Valerie Carson이 뺑소니 사고(hit-and-run accident)로 체포되었다고 했으니 had a car crash라고 표현을 바꿔 제시한 (c)가 정답이다.

표현 | **victim** 피해자
crowd into 밀어닥치다, 몰려들다
subsidy 보조금
vindicated 결백이 입증된

suspect 용의자
hit-and-run accident 뺑소니 사고
prompt 자극하다, 유발하다
spinach 시금치
recall 회수, 리콜; (판매한 물건을) 회수하다
spread 확산하다

8

Tropical Storm Bertha dumped heavy rain along the southwestern coast of Mexico, the National Hurricane Center said. Up to 15 inches fell in some places, causing life-threatening flash floods and mudslides. The storm is about 120 miles west of Acapulco, Mexico, moving west-northwest at about 12 mph. **It** had top winds of 45 mph and **could strengthen to hurricane status** in the next day or so, according to the hurricane center.

Q. Which is correct about the tropical storm?

(a) It has caused several deaths.

(b) It is approaching Mexico.

(c) It is expected to become a hurricane.

(d) It has top winds of 120 mph.

열대 폭풍우 버싸가 멕시코의 남서쪽 해안을 따라 폭우를 퍼부었다고 국립 허리케인 센터가 밝혔습니다. 어떤 지역에서는 15인치까지 비가 내려서 생명을 위협하는 분류성 홍수와 이류를 일으켰습니다. 폭풍우는 멕시코 아카풀코의 약 120마일 정도 서쪽에 위치해 있고 약 시속 12마일의 속도로 서북서 쪽으로 이동하고 있습니다. 허리케인 센터에 따르면, 그것은 최대 풍속이 시속 45마일이고 내일쯤에는 허리케인으로 발달할 수 있다고 합니다.

Q. 열대 폭풍우에 대해 옳은 것은 무엇인가?

(a) 많은 사망자를 낳았다.

(b) 멕시코로 접근 중이다.

(c) 허리케인이 될 것으로 예상된다.

(d) 최대 풍속이 시속 120마일이다.

담화 | **뉴스** (날씨)
질문 | **진위** (열대 폭풍우에 대해 옳은 것)
주제 | **열대 폭풍우에 대한 보도**

▶ 많은 비를 뿌리고 있는 열대 폭풍우의 진로와 풍속 얘기를 하다가 마지막에 그것이 허리케인 상태로 발달할 수 있다고 했으니 could strengthen to hurricane status → is expected to become a hurricane으로 바꿔 제시한 (c)가 정답이다.

표현 | **tropical storm** 열대폭풍우
dump 내려놓다, 버리다
life-threatening 생명을 위협하는
flash floods (폭우 뒤의) 분류성 홍수
mudslide 이류(산사태나 화산 폭발 때 산허리를 따라 격렬하게 이동하는 진흙의 흐름), 진흙 유출
top winds 최대 풍속
status 지위, 상태

9

Black holes are very powerful entities. They can use their massive gravity to suck in material in surrounding space and then whip out superheated gas at such temperatures that the resulting light can outshine entire galaxies. Recently, scientists have also theorized that they can produce cyclonic winds as well. These galactic gusts are believed to blow at speeds of about 4,000 kilometers per second, much stronger than the most intense cyclones on Earth.

Q. Which is correct about black holes according to the lecture?

(a) They blow winds of 4,000 kilometers per hour.
(b) They absorb the light of entire galaxies.
(c) They influence cyclones on Earth.
(d) They produce very high-temperature gas.

블랙홀은 매우 강력한 존재입니다. 블랙홀은 강력한 인력으로 주위 공간의 물질을 빨아들여 엄청난 온도로 과열된 가스를 내뿜어 내는데 그 결과로 생기는 빛은 은하계 전체보다 밝게 빛날 정도입니다. 최근에 과학자들은 블랙홀이 광풍 역시 일으킬 수 있다는 이론을 세웠습니다. 이 은하계 돌풍의 풍속은 약 초속 4,000킬로미터로, 지구상의 가장 강력한 폭풍보다도 훨씬 더 강력합니다.

Q. 강의에 따르면 블랙홀에 대해 옳은 것은 무엇인가?

(a) 시속 4,000킬로미터의 바람을 낸다.
(b) 전 은하의 빛을 흡수한다.
(c) 지구의 사이클론에 영향을 미친다.
(d) 매우 높은 온도의 가스를 방출한다.

담화 | 강의 (과학)
질문 | 진위 (블랙홀에 대해 옳은 것)
주제 | 블랙홀의 특징

▶ 질문 자체에 담화문 유형(the lecture)과 특정 주제(black holes)가 제시되었다. 선택지 주어는 black holes를 받는 대명사 they로 제시될 것임을 예측하고 they 뒤에 언급되는 정보를 세심히 듣는다.

▶ (d) (O) 두 번째 문장 후반에 블랙홀이 과열된 가스를 뿜는다고 했으니 whip out superheated gas → produce very high-temperature gas로 대체한 (d)가 정답이다.

표현 | **entity** 실재, 존재
massive 대규모의, 거대한
gravity 인력
suck 빨다, 흡수하다
whip out 급히 꺼내다, 내뿜다
superheated gas 과열된 가스
outshine ~보다 밝게 빛나다, 빛이 강하다
galaxy 은하
theorize 학설을 세우다
cyclonic 격렬한
galactic gust 은하계 돌풍, 거대한 돌풍
cyclone 열대성 저기압, 온대성 저기압, 대폭풍

10

The hot pursuit of new vaccines today is not without precedent. In the 1950s, vaccine inventors were the stars of American innovation. Maurice Hilleman created vaccines for flu, measles, and other illnesses, getting credit for saving more lives than any medical innovator in history. By the mid-1990s, however, innovation in vaccines had virtually come to a halt. Only a handful of companies even tried to develop new ones. But innovators today are once again chasing dozens of vaccines, stimulated by some recent high-profile successes.

Q. Which is correct according to the speaker?

(a) The mid-90s marked the golden era in vaccinology.
(b) Respect for innovative scientists is increasing.
(c) The prospect of profit drives vaccinology today.
(d) Flu and measles vaccines were discovered in the 90s.

오늘날 새로운 백신에 대한 열렬한 추구는 전례가 없는 것은 아니다. 1950년대에 백신 발명자들은 미국 기술혁신의 스타들이었다. 모리스 힐만은 독감, 홍역, 기타 다른 질병에 대한 백신을 발명해서, 역사상 어떤 의학 발명자보다도 더 많은 생명을 구한 공적을 인정받았다. 그러나 1990년대 중반까지 백신에서의 혁신은 사실상 정지하였다. 소수의 회사만이 새로운 백신을 개발하려 노력하였을 뿐이다. 그러나 오늘날의 발명자들은 최근 세간의 이목을 끄는 몇몇 성공에 자극 받아 또 다시 수많은 백신을 얻으려 애쓰고 있다.

Q. 화자에 따르면 옳은 것은 무엇인가?

(a) 90년대 중반은 백신 기술에 있어 황금기를 기록했다.
(b) 혁신적인 과학자들에 대한 존경이 증가하고 있다.
(c) 이득이 있을 거라는 전망이 오늘날의 백신 기술을 주동하고 있다.
(d) 독감과 홍역 백신은 90년대에 발견되었다.

담화 | 건강/보건
질문 | 진위 (화자에 따르면 옳은 것)
주제 | 백신 개발 역사

▶ 시대에 따라 백신 개발이 성행하기도 하고 쇠퇴하기도 했음을 설명하다가 마지막 문장에서 오늘날 백신 개발이 몇몇 성공적인 사례로 인해 다시 성행하고 있다고 말하고 있다.

▶ (c) (O) stimulated by some high-profile successes를 the prospective of profit drives로 바꿔 표현했다.

표현 | **pursuit** 추구
precedent 선례, 전례
innovation 혁신, 기술혁신
measles 홍역
get credit for ~의 공적을 인정받다, ~으로 명성을 얻다
virtually 사실상, 실질적으로
come to a halt 정지하다, 멈추다
a handful of 한줌의, 소수(소량)의
chase 얻으려 애쓰다, 추적하다

high-profile 고자세의, 세간의 이목을 끄는
stimulate 자극하다
era 시대, 시기
drive 몰다, 주동하다

Unit 17 추론

유형연습 스크립트&번역

A

The field of anthropology is taking two main directions in modern times. There is a widening ideological divide between scholars who approach the study from a humanities perspective and those who approach it as purely science. Those who study within a humanities framework are more concerned with currently existing societies, while the others are more data-driven and focus on societies that no longer exist.

Q. What can be inferred about anthropology from the lecture?

(a) It is gaining popularity among scholars.
(b) It borrows terms from other fields.
(c) It can be approached from different viewpoints.
(d) It mainly focuses on extinct societies.

인류학 분야는 현대에 두 가지 주된 경향을 취하고 있다. 인문학적 관점에서 연구에 접근하는 학자들과 순수하게 과학으로서 연구에 접근하는 학자들 사이에 점점 벌어지고 있는 이념적 분열이 존재한다. 인문학적 틀 안에서 연구하는 사람들은 현존하는 사회에 더 관심을 갖는 반면에, 다른 쪽 학자들은 좀 더 데이터 중심적이며 더 이상 존재하지 않는 사회에 초점을 맞춘다.

Q. 강의로부터 인류학에 대해 무엇을 추론할 수 있는가?

(a) 인류학은 학자들 사이에 인기를 누리고 있다.
(b) 인류학은 용어를 다른 분야에서 빌려온다.
(c) 인류학은 다양한 관점에서 접근할 수 있다.
(d) 인류학은 주로 사라진 사회에 초점을 맞춘다.

B

Sharks have been objects of fear and hatred since man first ventured into the sea. They've been villains in literary works and films, and popular culture has hyped up the image of a bloodthirsty waterborne killer. That's the traditional view of the shark, but it's clear that we've misjudged them. They're actually wonderful creatures with extraordinary sensory powers, and they play an important part in maintaining the balance of nature. In fact, they should much more properly be regarded as victims.

Q. What will the speaker most likely discuss next?

(a) Shark attacks on humans.
(b) The environmental threats to sharks.
(c) The image of sharks as killers.
(d) Sharks as wonderful creatures.

상어는 인간이 처음으로 바다에 나간 이후로 두려움과 혐오의 대상이었습니다. 그들은 문학 작품과 영화에서 악당이었고 대중 문화는 물에 떠 있는 피에 굶주린 살인자의 이미지를 과대 선전하였습니다. 그것은 상어에 대한 전통적인 견해이지만 우리가 그들을 오해한 것이 분명합니다. 그들은 사실 특별한 감각 능력을 가진 놀라운 생명체입니다. 그리고 그들은 자연의 균형을 유지하는데 중요한 역할을 합니다. 사실 그들은 훨씬 더 적절하게는 희생자로 여겨져야 합니다.

Q. 화자는 이어서 무엇에 대해 논하겠는가?

(a) 상어는 인간을 공격한다.
(b) 상어에 대한 환경적 위협.
(c) 살인자로서의 상어의 이미지.
(d) 놀라운 생명체로서의 상어.

Mini Test 17 정답 및 해설

1. (b)	2. (a)	3. (d)	4. (b)	5. (c)
6. (d)	7. (b)	8. (a)	9. (d)	10. (c)

1

Attention shoppers, Tesmart has just reduced prices on several items. Men's and women's winter coats, children's shoes, and some DVD movies have all been discounted by as much as 50%. The discount will be applied at the register. You may find the items in the bargain bins near the front entrance of the store. Hurry! **This sale will not last long, so purchase the items quickly before they're gone!**

Q. What can be inferred from the announcement?

(a) The sale was advertised by mail.
(b) There are a limited number of sale items.
(c) The store is going out of business.
(d) Shoppers can purchase the items next week.

쇼핑객 여러분 주목해 주십시오. 테스마트는 지금 막 몇 가지 품목의 가격을 인하했습니다. 남성, 여성 용 겨울 코트, 아동 신발, 일부 영화 DVD가 모두 50퍼센트까지 가격 인하되었습니다. 할인은 계산대에서 적용될 것입니다. 여러분은 가게 정문 입구 옆에 있는 할인 품목 상자에서 그 품목들을 찾으시면 됩니다. 서두르십시오! 이번 세일은 오래 가지 않으니, 모두 팔리기 전에 그 품목들을 빨리 구입하시기 바랍니다.

Q. 공지에서 추론할 수 있는 것은 무엇인가?

(a) 세일이 우편으로 광고되었다.
(b) 세일 품목 수가 한정되어 있다.
(c) 가게는 이제 영업을 하지 않을 것이다.
(d) 쇼핑객들은 다음 주에 그 품목들을 구입할 수 있다.

담화 | 광고 (할인 판매)

▶ 담화문 마지막 문장이 정답의 단서가 된다. 물건이 모두 팔리기 전에(before they're gone) 어서 구입하라고 했으니 세일 품목 수가 한정되었음(a limited number of sale items)을 알 수 있다.

표현 | **reduce** (가격을) 인하하다, 감소시키다
item 품목
discount 할인; 할인하다
apply 적용하다
register 금전등록기, 계산대
bargain bins 할인 품목 상자
purchase 구입하다

2

Cleanliness, low cost, and high mileage are just some of the benefits of V50 FlexiFuel. When you put this mix of 15% petrol and 85% ethanol into your car, the blend in the tank will automatically modify both injection and ignition to achieve top performance. Furthermore, **when running on V50 FlexiFuel, emissions of the greenhouse gas carbon dioxide are up to 80 percent lower** than when running on regular gasoline.

Q. What can be inferred about V50 FlexiFuel?

(a) It is friendly to the environment.
(b) It costs the same as regular gasoline.
(c) It is designed for compact vehicles.
(d) It removes corrosion from engine parts.

청결, 저가, 높은 연비는 V50 FlexiFuel의 혜택 중 일부일 뿐입니다. 15%의 가솔린과 85%의 에탄올로 된 이 혼합물을 당신 차에 넣으시면, 탱크 안의 혼합물은 최고의 기능을 얻을 수 있도록 연료 분사와 점화를 자동적으로 변경할 것입니다. 더욱이, V50 FlexiFuel로 주행하시면, 일반 휘발유로 달릴 때보다 온실 가스 이산화탄소 방출이 80퍼센트까지 낮아집니다.

Q. V50 FlexiFuel에 대해 추론할 수 있는 것은 무엇인가?

(a) 환경 친화적이다.
(b) 일반 가솔린과 가격이 같다.
(c) 경차를 위해 고안되었다.
(d) 엔진 부품들로부터 부식을 제거한다.

담화 | 광고 (과학/기술)
질문 | FlexiFuel에 대한 추론
주제 | 환경 친화적 연료

▶ 담화문의 후반부 마지막 문장의 함의를 묻고 있다.

▶ (a) (O) emissions of the greenhouse gas carbon dioxide are up to 80 percent lower → friendly to the environment로 환경 친화적 연료임을 이끌어 낼 수 있다.

표현 | **cleanliness** 청결
mileage 주행거리; 연비(1리터의 휘발유로 달리는 거리)
petrol 가솔린
ethanol 에탄올
blend 혼합물; 섞다
modify 변경하다, 수정하다

injection (연료) 분사, 주입
ignition 점화
emission 방출
greenhouse gas 온실 가스
carbon dioxide 이산화탄소
compact vehicle 경차, 작고 경제적인 차
corrosion 부식

3

I believe that **recent generations have lost the ability to behave like mature adults.** We live in a state of suspended adolescence, dressing, acting, and thinking **like teenagers in need of authority figures.** Women are still imitating young fashion. And **instead of exercising the power** they have **as parents and teachers, adults are shying away from instructing kids** in basic manners. If we don't exercise our power we will lose it.

Q. Which statement would the speaker most likely agree with?

(a) Children lack the motivation to succeed.
(b) Adults have too much authority.
(c) Adolescents are copying adults nowadays.
(d) Adults are not being role models for children.

나는 요즘 세대가 성숙한 성인처럼 행동하는 능력을 잃었다고 생각한다. 우리는 권위 있는 인물을 필요로 하는 10대처럼 옷을 입고, 행동하고, 생각하면서 유예된 청소년기 상태로 살아간다. 여성들은 여전히 젊은 패션을 모방하고 있다. 부모와 교사로서 가진 힘을 행사하는 대신, 성인들은 아이들에게 기본적인 예절을 가르치는 것을 회피하고 있다. 우리의 힘을 행사하지 않는다면, 우리는 그 힘을 잃고 말 것이다.

Q. 화자가 가장 동의할 만한 진술은 어떤 것인가?

(a) 아이들은 성공하고자 하는 동기가 부족하다.
(b) 성인들은 너무 많은 권위를 가지고 있다.
(c) 청소년들은 요즘 성인들을 모방하고 있다.
(d) 성인들은 아이들을 위한 역할 모델이 되지 못하고 있다.

담화 | 논증 (debate: 인문사회)
질문 | 추론 (화자가 가장 동의할 것 같은 진술)
주제 | 요즘 성인세대의 문제점

▶ 담화문의 내용 흐름을 따라가면 정답을 맞힐 수 있다.

▶ 전반부: 요즘 세대가 성인처럼 행동하는 능력을 상실(lost the ability to behave like mature adults).

▶ 중반부: 권위 있는 인물을 필요로 하는(in need of authority figures) 십대 같음.

▶ 후반부: 부모와 교사로서 힘을 행사하지 않고 아이들을 가르치는 것을 회피하고 있다(shying away from instructing kids).

▶ 위의 내용을 종합하면 성인이 아이들을 위한 역할 모델이 되지 못한다(not being role models)는 주장을 이끌어낼 수 있다.

표현 | **generation** 세대
suspended adolescence 유예된 청소년기
authority figure 권위 있는 인물

imitate 모방하다
exercise (힘을) 행사하다
shy away 꽁무니 빼다, 피하다
instruct A in B A에게 B를 가르치다
motivation 동기

4

We all want our parents to have the best care possible. But it is not easy to provide the level of quality care they need. As age increases, some parents can have difficult medical problems. They may need to be supervised around the clock and receive help with their medications. They may even require a 24-hour connection to medical equipment. So at some point, **a decision has to be made on whether to get outside medical help to meet their needs.**

Q. What will the speaker most likely talk about next?

(a) How many parents need family care.

(b) What kinds of medical help can be used.

(c) Why caring for parents is difficult.

(d) Which diseases commonly affect the elderly.

우리는 모두 우리 부모님들이 가능하다면 최선의 보살핌을 받으시기를 원합니다. 그러나 그들이 필요로 하는 양질의 보살핌을 제공하는 것은 쉽지 않습니다. 나이가 들면서, 일부 부모님들은 힘겨운 의료 문제를 갖게 될 수 수 있습니다. 그들은 쉬지 않고 관리를 받고 약물의 도움을 받아야 할 수 있습니다. 그들은 심지어 24시간 의학 장비에 의존해야 할 수도 있습니다. 따라서 어떤 시점이 되면 그들의 필요를 충족시키기 위해 외부의 의학적 도움을 받아야 할지에 대해 결정을 내려야 합니다.

Q. 화자는 다음에 이어서 무엇에 대해 이야기할 것 같은가?

(a) 얼마나 많은 부모님들이 가족의 보살핌을 필요로 하는지.

(b) 어떤 종류의 의학적 도움이 활용될 수 있는지.

(c) 부모님을 보살피는 것이 왜 어려운지.

(d) 어떤 질병이 노인들에게 흔하게 나타나는지.

담화 | 건강

질문 | **추론** (화자가 이어서 말할 것)

주제 | **부모님 보살피기-의학적 도움 필요**

▶ 화자가 다음에 이어서 할 말이나 행동을 묻는 추론 문제는 마지막 문장을 특별히 유의해서 들어줄 필요가 있다.

▶ 나이 드신 부모님은 지속적인 보살핌을 필요로 하시게 되는 경우가 많으니 어느 시점에는 외부의 의학적 도움을 받아야 할지 결정을 내려야 한다고 담화 마지막에 제시했다.

▶ 어떤 식의 의학적 도움이 사용될 수 있는지에 대한 논의가 이어지는 것이 자연스러우므로 (b)가 정답이다.

표현 | supervise 감독하다, 관리하다
around the clock 24시간 계속하여, 쉬지 않고
medication 약물치료, 의약
connection to ~에의 연결
medical equipment 의학 장비
at some point 어떤 시점이 되면
make a decision 결정을 내리다
meet one's needs 필요를 충족시키다

5

Education and literacy serve very important functions in society. They reshape communities and strengthen economies. For instance, **education is a powerful solution in the fight against poverty and injustice. Well-educated children** can help create a world of opportunity and tolerance and **are equipped for a hopeful future.** Strong schools that emphasize basic skills and broad knowledge enable nations to prosper and the ideals of liberty to flourish.

Q. Which statement would the speaker most likely agree with?

(a) Most illiterate adults simply chose not to learn.

(b) Crime is a problem among both the educated and uneducated.

(c) Educated children are better able to handle life's challenges.

(d) Mothers make better educators than teachers.

교육과 읽고 쓰는 능력은 사회에서 매우 중요한 기능을 수행한다. 그들은 공동체를 새롭게 고치고 경제를 강화시킨다. 예를 들어, 교육은 가난과 불의에 맞선 싸움에서 강력한 해결책이다. 잘 교육받은 아이들은 기회와 관용의 세계를 창조하는 것을 도울 수 있고, 또한 희망 찬 미래를 위해 잘 준비되어 있다. 기본적인 능력과 폭넓은 지식을 강조하는 강한 학교는 국가가 번영하고 자유의 이상이 꽃필 수 있도록 한다.

Q. 화자가 가장 동의할 만한 진술은 어떤 것인가?

(a) 대부분의 문맹 성인은 단순히 배우지 않기로 선택했다.

(b) 범죄는 교육받은 사람들과 교육받지 않은 사람들 모두에게 문제이다.

(c) 교육받은 아이들은 삶의 도전에 더 잘 대응해 나갈 수 있다.

(d) 어머니들은 교사보다 더 나은 교육자이다.

담화 | 교육

질문 | **추론** (화자가 가장 동의할 것 같은 진술)

주제 | **교육의 사회적 기능**

▶ 담화문 중반부인 세 번째, 네 번째 문장의 함의를 묻고 있다.

▶ 교육은 가난과 불의에 맞서 싸울 수 있게 하고 교육받은 아이들은 희망찬 미래를 위해 준비되어 있다고 했으므로 poverty and injustice → life's challenges로, is a powerful solution in the fight against / are equipped for → are better able to handle로 대체한 (c)가 정답이다.

표현 | literacy 읽고 쓰는 능력
reshape 고쳐 만들다
strengthen 강화하다
injustice 불의, 불공정
tolerance 관용, 용인
equip 갖추다, 설비하다
prosper 번영하다
flourish 번영하다

When you read Matthew Turner's *Portrait of a Country* this semester, **you will notice some well-placed clues about his chosen subject.** While Turner never revealed which country in particular he was writing about, **he did try to leave enough suspicious hints behind** to keep readers guessing. In fact, critics say that was his strategy all along. Read the book and see if you can guess what country **he intended to portray.**

Q.   What can be inferred from the talk?

(a) Turner was a mystery writer.
(b) Portrait of a Country is confusing to readers.
(c) Turner wrote about a fictional country.
(d) The speaker believes the clues were intentional.

여러분이 이번 학기에 매튜 터너의 〈어느 고장의 초상〉을 읽을 때, 여러분은 그가 선택한 주제에 대해 적재적소에 위치한 몇 가지 단서들을 알아차리게 될 것입니다. 터너는 그가 어느 지역에 대해 쓰고 있는지를 결코 밝히지는 않았지만, 그는 독자들이 계속해서 추측하도록 충분히 미심쩍은 힌트들을 뒤에 남겨두려 했습니다. 사실, 평론가들은 그것이 작품 전반에 나타나는 그의 전략이라고 이야기합니다. 그 책을 읽고 그가 어떤 고장을 그려내려고 의도한 것인지 여러분이 추측할 수 있는지를 확인하십시오.

Q.   담화로부터 추론 할 수 있는 것은 무엇인가?

(a) 터너는 추리소설 작가였다.
(b) 〈어느 고장의 초상〉은 독자들에게 혼란을 준다.
(c) 터너는 허구의 지역에 대해 글을 썼다.
(d) 화자는 단서들이 의도적이었다고 믿는다.

담화	문학
질문	담화에 대한 추론
주제	작가가 작품에 주는 힌트

▶ 화자는 매튜 터너가 독자를 위해 작품 주제에 대한 힌트를 주고 있음을 담화문 전체에 걸쳐 암시하고 있다. some well-placed clues / try to leave enough suspicious hints behind / intended to portray 등의 표현을 통해 화자는 작가 터너의 실마리(the clues)들이 의도된 것(intentional)이라고 믿고 있으므로 (d)가 정답이다.

표현	**semester** 학기
	notice 알아차리다, 인지하다
	well-placed 적재적소에 있는; 믿을 수 있는
	clue 단서, 실마리
	subject 주제
	reveal 드러내다, 나타내다
	suspicious 미심쩍은
	critics 비평가
	strategy 전략
	portray 표현하다, 그려내다

Today, I'd like to talk about determinism. Determinism is the view that **all events arise unambiguously from well-defined causes.** Implicit in this view is the notion that **the future was programmed at the moment of the creation of the Universe.** If we can unravel **the mind of Mother Nature,** then, **we should be able to predict successfully every event** that will ever occur. So if an unanticipated event occurs, it is because either we didn't sufficiently understand the natural chains of cause and effect, or we didn't pay enough attention to our observations.

Q.   Which statement would the speaker most likely agree with?

(a) Though events are random, their effect is predictable.
(b) Mother Nature runs like an automated machine.
(c) The true shape of the Universe is unknowable.
(d) The rate of change in nature is not constant.

오늘 저는 결정론에 대해 이야기하고자 합니다. 결정론이란 모든 사건이 잘 정의된 원인으로부터 분명하게 발생한다는 견해입니다. 이 견해에 함축된 것은 미래는 우주의 창조 순간에 프로그램화되어 있었다는 개념입니다. 우리가 자연의 섭리를 풀어낼 수 있다면, 우리는 언제든 발생하는 모든 사건을 성공적으로 예측할 수 있을 것입니다. 그래서 만일 예기치 않은 사건이 발생한다면, 그것은 우리가 자연의 원인과 결과 연쇄를 충분히 이해하지 못했거나, 혹은 우리의 관찰에 충분한 주의를 기울이지 않았기 때문입니다.

Q.   화자가 가장 동의할 만한 진술은 어떤 것인가?

(a) 사건들은 임의적이지만, 그들의 결과는 예측 가능하다.
(b) 자연의 섭리는 자동화된 기계처럼 진행된다.
(c) 우주의 진정한 모습은 알 수 없다.
(d) 자연에서 변화의 속도는 일정치 않다.

담화	자연 과학
질문	추론 (화자가 가장 동의할 것 같은 진술)
주제	결정론 (determinism)

▶ 결정론에 대한 설명을 하면서 자연의 섭리에 따라 모든 사건들은 잘 정의된(well-defined) 원인에서 발생하며, 시초부터 프로그램화되어(programmed) 있었다고 했으니 이러한 표현을 종합하여 자연이 자동화된 기계(automated machine)처럼 진행된다고 바꿔 표현한 (b)가 정답이다.

표현	**determinism** 결정론
	arise 발생하다, 일어나다
	unambiguously 분명하게, 명료하게
	implicit 암묵적인, 함축적인, 맹목적인
	view 견해
	notion 개념, 생각
	unravel 해명하다, 해결하다
	Mother Nature (만물의 창조주로서) 자연; 자연의 섭리
	unanticipated 예기치 않은, 뜻밖의
	pay attention to 주의를 기울이다
	observation 관찰

In today's class, we will examine the forgotten America where millions live in the shadow of prosperity, in the twilight between poverty and well-being. We will look at citizens for whom the American Dream is out of reach, despite their willingness to work hard. **Struggling simply to survive, they live so close to the edge of poverty** that a minor obstacle, such as a car breakdown or a temporary illness, can lead to **a downward financial spiral that can prove impossible to reverse.**

Q.　What can be inferred about the people being studied in class?

(a) They cannot get out of poverty on their own.
(b) They receive government assistance.
(c) They are a shrinking minority.
(d) They are prone to getting sick often.

오늘 수업에서, 우리는 수백만의 사람들이 호황의 그늘 속, 가난과 복지 사이의 황혼 속에서 살아가는 잊혀진 미국을 살펴볼 것입니다. 우리는 열심히 일하고자 하는 의지에도 불구하고 미국의 꿈이 손에 미치지 않는 시민들을 볼 것입니다. 단지 생존을 위해 몸부림치면서, 그들은 가난의 가장자리에 매우 근접하여 살아가기에 차 고장이나 일시적인 질병과 같은 사소한 장애도 되돌리기 불가능해 보이는 악화하는 재정적인 소용돌이를 야기할 수 있습니다.

Q.　수업에서 연구되는 사람들에 대해 추론할 수 있는 것은?

(a) 그들 스스로의 힘으로는 가난에서 빠져나올 수 없다.
(b) 정부 보조를 받는다.
(c) 줄어들고 있는 소수이다.
(d) 자주 병들기 쉽다.

담화 |　**강의** (경제/사회)
질문 |　**수업에서 연구되는 사람들에 대한 추론**
주제 |　**잊혀진 미국**
　▶ 담화문 후반부 문장들의 함의를 묻고 있다.
　▶ 호황의 그늘 속에서 단지 생존을 위해 애써 살아가지만 너무 가난에 근접하여(so close to the edge of poverty) 사소한 어려움에도 회복하기 힘들어 보이는(impossible to reverse) 소용돌이(spiral)에 빠져드는 사람들의 상황을 cannot get out of poverty on their own으로 함축해 표현해 놓은 (a)가 정답이다.

표현 |　**prosperity** 번영, 호황
　　　twilight 어스름, 황혼
　　　well-being 복지
　　　out of reach 손에 미치지 않는, 요원한
　　　despite ~에도 불구하고
　　　struggle 몸부림치다, 고투하다
　　　downward 악화하는, 내림세의, 아래쪽으로
　　　spiral 소용돌이, 악순환
　　　reverse 역으로 돌리다, 뒤집다
　　　be prone to do ~하기 쉽다, ~하는 경향이 있다

Two years of lobbying from the French embassy has finally paid off. Next month, the first French-English dual-language programs will begin at three schools in New York City. But **not all parents are pleased** with the new offering. **Some parents were unconvinced that French was useful** for more than watching art films or reading a wine list.

Q.　What can be inferred from the news report?

(a) Some parents think French is too hard.
(b) The program will expand to more schools.
(c) The embassy will supply the teachers.
(d) French is not appreciated equally by all.

프랑스 대사관의 2년에 걸친 로비 활동이 마침내 소기의 성과를 냈다. 다음 달, 첫 번째 프랑스어-영어의 이중 언어 프로그램이 뉴욕시의 세 학교에서 시작된다. 그러나 모든 학부모가 그 새로운 제안에 기뻐하는 것은 아니다. 일부 학부모들은 프랑스어가 예술 영화를 보거나 와인 목록을 읽는 것 이상으로 유용한지에 대해 납득하지 못하고 있다.

Q.　뉴스 보도에서 무엇을 추론할 수 있는가?

(a) 일부 학부모들은 프랑스어가 너무 어렵다고 생각한다.
(b) 이 프로그램은 더 많은 학교로 확대될 것이다.
(c) 대사관이 교사들을 공급할 것이다.
(d) 프랑스어가 모두에게 똑같이 인정받는 것은 아니다.

담화 |　**뉴스 보도** (교육)
질문 |　**뉴스 보도에 대한 추론**
주제 |　**프랑스-영어 이중 언어 프로그램**
　▶ 모든 학부모가 이중 언어 프로그램을 반기는 것은 아니고 일부는 프랑스어를 배워야 할 필요성을 그리 크게 느끼지 못한다는 뉴스 보도 후반부 내용에서 프랑스어가 모든 사람들에 의해 똑같이 평가되는 것이 아님을 추론할 수 있다.
　▶ (d) (O) not all parents are pleased with → is not appreciated equally by all로 대체한 (d)가 정답이다.

표현 |　**lobby** ~의 통과 운동을 하다, 청원하다
　　　embassy 대사관
　　　pay off 소기의 성과가 나다
　　　dual 이중의, 둘의
　　　offering 제안, 선물
　　　unconvinced 납득하지 않은

In the laboratory experiment for this course, we will attempt as a class to successfully alter the amount of fat tissue laid down by mice. We will study two groups of mice, manipulating the genes of one group and then comparing the outcomes. If we are successful, **the group that has received the genetic manipulation will be leaner and have diabetes-resistant fat cells.** They will also be better able to control insulin and blood sugar metabolism. And if we succeed, **this experiment could yield very beneficial results for humans.**

Q. How could this experiment most likely benefit humans?

(a) People will be able to exercise longer.

(b) People will not need organ transplants.

(c) People will suffer less diabetes and obesity.

(d) People will have new medicines for mental illness.

이번 강좌의 실험실 실험에서, 우리는 하나의 클래스로서 쥐에 의해 저장된 지방 조직의 양을 성공적으로 바꿀 시도를 할 것입니다. 우리는 한 그룹의 유전자를 조작하고 나서 결과를 비교하면서 두 그룹의 쥐들을 연구할 것입니다. 성공을 하면, 유전자 조작을 받은 그룹이 더 날씬해질 것이며 당뇨병 저항성 지방 세포를 갖게 될 것입니다. 그들은 또한 인슐린과 혈당 신진대사를 더 잘 조절할 수 있을 것입니다. 또한 우리가 성공한다면, 이 실험은 인간에게도 매우 유용한 결과를 낳을 수 있을 것입니다.

Q. 이 실험은 인간에게 어떻게 혜택을 줄 것 같은가?

(a) 좀 더 오래 운동을 할 수 있을 것이다.

(b) 장기 이식이 필요치 않을 것이다.

(c) 당뇨병과 비만으로 덜 고생할 것이다.

(d) 정신 질환에 대해 새로운 약을 갖게 될 것이다.

담화 | **강의** (건강/의학)

질문 | **추론** (실험이 인간에게 줄 것 같은 혜택)

주제 | **당뇨병 저항 세포 실험**

▶ 담화문 중반부 문장의 함의를 묻고 있다.

▶ 유전자 조작을 받은 쥐들이 더 날씬해질 것이며 당뇨병 저항성 지방 세포를 갖게 될 것이라고 했으니 실험이 성공한다면 인간에게도 비슷한 혜택을 줄 것이라 추론할 수 있다.

▶ (c) (O) will be leaner and have diabetes-resistant fat cells → will suffer less diabetes and obesity로 바꿔 표현한 (c)가 정답이다.

표현 | **laboratory** 실험실

alter 바꾸다

fat tissue 지방 조직

lay down 내려놓다; 저장하다; 심다

manipulate 조작하다

gene 유전자

genetic manipulation 유전자 조작

diabetes-resistant fat cell 당뇨병 저항성 지방 세포

blood sugar 혈당

metabolism 신진대사

yield 산출하다, 내다

organ transplant 장기 이식

obesity 비만

46. (d)	47. (c)	48. (a)	49. (d)	50. (d)
51. (c)	52. (d)	53. (c)	54. (d)	55. (b)
56. (c)	57. (d)	58. (c)	59. (a)	60. (d)

46

People experience allergies in different ways. The experience can depend on what the person is sensitive to. It could be certain foods, liquids, flowers, or animals. If a person is near something that he or she is allergic to, the person can sneeze, itch, have rashes, and become ill. Severe allergies can even cause death. People must avoid those things that cause such reactions.

Q. What is the main topic of the talk?

(a) What causes sneezing.

(b) Who can get allergies.

(c) Why some people become ill.

(d) How allergies can affect people.

사람들은 상이한 방식으로 알레르기를 경험한다. 그 경험은 그 사람이 무엇에 민감한지에 달려있다. 어떤 음식일 수도, 액체일 수도, 꽃이나 동물일 수도 있다. 만일 어떤 사람이 알레르기 반응을 일으키는 것 가까이에 있게 되면 그 사람은 재채기를 하고, 가려워하고, 발진을 일으키고, 병이 들 수 있다. 심한 알레르기는 사망까지 초래할 수 있다. 사람들은 그런 반응의 원인이 되는 것을 멀리해야 한다.

Q. 담화의 주제는 무엇인가?

(a) 무엇이 재채기를 일으키는가.

(b) 누가 알레르기를 겪게 되는가.

(c) 왜 어떤 사람들은 병이 나는가.

(d) 알레르기가 사람들에게 어떻게 영향을 미치는가.

질문 | **담화의 주제**

주제 | **알레르기** (원인, 증상, 결과)

주제문 | **첫 문장**

▶ (c) (O) 주제문의 주어와 목적어를 바꾸어 문장 구조를 변형하고 명사절로 만들었다.

People experience allergies in different ways.

→ Allergies affect people in different ways.

→ How allergies can affect people.

표현 | **allergy** 알레르기, 이상 민감증

sensitive 민감한, 예민한

liquid 액체

be allergic to ~에 알레르기가 있다

sneeze 재채기하다

itch 가렵다, 근질근질하다

rash 발진, 뾰루지

severe 심한

47

I have an important announcement before we get started today. I would like to remind all boy scouts that **on May 15th and 16th we will be heading to Battleship Bay.** There we will **tour several warships** used in World War II, including a battleship, a destroyer, and a submarine. We even plan to sleep overnight on one of the ships. If you have not yet signed up, please do so today. Sign-up sheets are available on our website or from Mr. Scotts.

Q. What is the announcement mainly about?

(a) When sign-up sheets are due.

(b) The famous history of Battleship Bay.

(c) An upcoming trip to see old war vessels.

(d) Why all members have to go on a summer trip.

오늘 시작하기에 앞서 중요한 공지 사항이 있습니다. 5월 15일과 16일에 배틀십 만(灣)에 갈 예정임을 모든 보이 스카우트 단원에게 알립니다. 그 곳에서 전함, 구축함, 잠수함을 포함한 2차 대전에 사용된 여러 군함을 관람하게 됩니다. 심지어 그 선박 중 한 곳에서 1박할 계획입니다. 아직 신청하지 않았다면 오늘 등록하십시오. 신청서 용지는 우리 웹사이트나 스코트 씨에게서 얻을 수 있습니다.

Q. 공지는 주로 무엇에 대한 것인가?

(a) 신청서 마감일이 언제인지.

(b) 배틀십 만의 유명한 역사.

(c) 곧 있을 오래된 전함 관람 여행.

(d) 모든 회원이 여름 여행에 참여해야 하는 이유.

질문 | 안내의 중심 화제
주제 | Battleship Bay로의 여행

▶ (c) (O) on May 15th and 16th → upcomingd으로, tour → trip으로, war ships → war vessels로 대체하였다.

표현 | **announcement** 알림, 공고, 발표
head to ~로 향하다
warship 군함, 전함
battleship 전함
destroyer 구축함
submarine 잠수함
war vessel 전함
overnight 하루 밤 동안
sign-up 등록
upcoming 다가오는
available 구할 수 있는, 사용할 수 있는

48

Whether we realize it or not, **visual images exert a significant influence over us.** Pictures are the language of our lives. A simple image can impart joy, stir us with longing, mislead us or deceive us. Consider the use of art in religion, the price tags at art auctions, the proud parental display of a child's scribblings—these **testify to the emotions and meanings that art can convey.**

Q. What is the speaker's main point?

(a) Art is a powerful medium.

(b) Artists have strong emotions.

(c) Visual art has hidden meanings.

(d) The use of art in religion is powerful.

우리가 깨닫건 깨닫지 못하건, 시각 이미지는 우리에게 중대한 영향력을 행사한다. 그림은 우리 삶의 언어이다. 단순한 이미지가 즐거움을 전할 수 있고, 갈망으로 우리를 휘저을 수 있고, 우리를 잘못 인도하거나 기만할 수 있다. 종교에서 예술의 활용, 예술 경매에서의 가격표, 부모들이 아이의 낙서를 자랑스럽게 전시하는 것을 생각해 보라. 이러한 것들은 예술이 전달할 수 있는 감정과 의미를 입증한다.

Q. 화자의 요점은 무엇인가?

(a) 예술은 강력한 매체이다.

(b) 예술가는 강한 감정을 가지고 있다.

(c) 시각 예술은 숨겨진 의미를 가지고 있다.

(d) 종교에서 예술의 활용은 힘이 있다.

질문 | 화자의 요점
주제 | 시각 이미지(예술)의 기능
주제문 | 첫 문장, 그리고 마지막 문장에 요지가 실려있다.

▶ 주제: 시각 이미지-예술

▶ 주장: 사람들에게 의미심장한 영향력을 행사한다.

▶ (b) (X) 담화의 주제는 '예술가'가 아니다.

▶ (c) (X) '예술의 숨겨진 의미'는 담화의 주제나 주장이 아니다.

▶ (d) (X) 예술의 기능을 예시한 세부 항목 중 하나이다.

표현 | **visual image** 시각적 이미지
exert an influence over ~에 영향력을 행사하다
impart 전하다, 부여하다, 알리다
stir 휘젓다, 자극하다
longing 갈망, 동경
mislead 오해하게 하다, 잘못 인도하다
deceive 속이다, 현혹시키다
auction 경매, 공매
price tag 가격표
parental 부모의
display 보여주다, 전시
scribbling 낙서, 휘갈겨 쓴 글씨
testify to ~을 입증하다

49

Many people subscribe to the notion that through **science** we will eventually be able to **control anything** we set our minds to. But **I think that is misguided.** While science can give us power over nature, it cannot give us power over human nature. Science has improved our health, but it has not improved our behavior. Human behavior is guided by morals, convictions, and elements outside the domain of scientific control. Sure, there may be **some cases** where **science yields insight** on **methods of behavior control; but** these are **not long-term.**

Q. What is the speaker's main point?

(a) Morality is beyond human understanding.
(b) Health and behavior are two separate things.
(c) Science should not influence moral decisions.
(d) The power of science does not extend to human behavior.

많은 사람들이 우리가 전념하는 그 어떤 것이라도 과학을 이용하여 결국에는 우리가 통제할 수 있다는 의견에 동의한다. 그러나 나는 그 견해가 잘못되었다고 생각한다. 과학은 우리에게 자연을 다스리는 힘을 줄 수는 있어도 우리에게 인간성을 다스리는 힘을 주지는 못한다. 과학은 우리 건강을 증진시켰지만 우리 행동을 개선하지는 못했다. 인간의 행동은 도덕, 신념, 그리고 과학적 통제 영역 밖에 있는 요소에 의해 좌우된다. 물론 과학이 행동 통제 방식을 통찰한 몇 가지 사례가 있을 수 있다. 그러나 이러한 것들이 장기적이지는 않다.

Q. 화자의 요점은 무엇인가?

(a) 도덕성은 인간이 이해할 수 없다.
(b) 건강과 행동은 두 가지 별개의 것이다.
(c) 과학은 도덕적 결정에 영향을 미쳐선 안 된다.
(d) 과학의 힘은 인간 행동에까지 확장되지 못한다.

질문 | 화자의 요점
주제 | **과학의 힘**
주제문 | But ~이하 문장 (두 번째 문장)

▶ 첫 문장: 주제 도입을 위한 일반론(과학은 모든 것을 통제할 수 있다)이다.

▶ 두 번째 문장(화자의 주장): 그 일반론이 잘못되었다 → 과학은 모든 것을 통제하지 못한다.

▶ 주장 뒷받침 예시: 인간 행동

▶ (a), (b) (X) 담화의 주제가 아니다.

▶ (c) (X) 화자의 주장이 아니다.

표현 | **subscribe to** ~에 동의하다; ~에 가입하다; ~을 구독하다
notion 의견, 관념, 생각
eventually 마침내, 결국
set our minds to ~에 전념하다, ~에 주의를 기울이다
misguided 잘못 지도된, 잘못 안
improve 개선하다
moral 도덕, 교훈; 도덕상의, 윤리의
conviction 신념, 확신, 양심의 가책
element 요소
domain 영역
yield insight on ~을 통찰하다
morality 도덕성

50

As an ecologist, my excursions have taken me to countless habitats. **But** I have to say **my favorite is the area where the Amazon and the Atlantic converge.** This huge region encompassing over 1,300 miles is where approximately 20% of the world's freshwater discharges into the ocean. The mix of marine habitats and freshwater environs is like nowhere else on the planet. Where the Amazon opens at its estuary, the river is over 202

miles wide—its mouth is wide and deep enough to take in ocean-going ships.

Q. What is the main topic of the lecture?

(a) The Amazon River habitat.
(b) The size of the Amazon River basin.
(c) Facts about mixed marine and freshwater zones.
(d) The distinct characteristics of the Amazon estuary.

생태학자로서 나는 무수한 서식지를 답사하였다. 하지만 내가 가장 좋아하는 곳은 아마존과 대서양이 합쳐지는 지역이다. 1,300 마일에 달하는 거대한 이 지역은 전 세계 담수의 약 20%에 해당하는 양을 대양으로 방출한다. 해양 서식지와 담수 환경의 혼합은 지구상 어느 곳과도 같지 않다. 하구에서 아마존 강이 넓어지는 지점의 경우 강 폭은 202 마일이 넘고, 강 어귀는 원양 항해 선박을 들일 수 있을 정도로 넓고 깊다.

Q. 강의의 주제는 무엇인가?

(a) 아마존 강 환경.
(b) 아마존 강 유역의 규모.
(c) 해수와 담수가 섞인 지대에 대한 사실.
(d) 아마존 하구의 독특한 특징들.

질문 | (강의의) 주제
주제 | **아마존 강 하구 (estuary)**
주제문 | But ~이하 문장

▶ 주제문: 주제(아마존 강과 대서양이 만나는 지역) + 주장(my favorite)

▶ 뒷받침 문장(좋아하는 이유 제시): 아마존 강 하구의 크기, 특징으로 설명하고 있다.

▶ (d) (O) where the Amazon and the Atlantic converge → the Amazon estuary로, 담화에 언급된 아마존 크기와 특징 →characteristics로 표현했다.

표현 | **ecologist** 생태학자
excursion 답사, 짧은 여행, 소풍
countless 무수한, 셀 수 없을 만큼 많은
habitat 환경, 서식지
converge 모이다, 집중하다; 수렴하다
encompass 둘러싸다, 포함하다
approximately 거의, 대략
freshwater 담수
discharge 배출[방출]하다
marine 바다의; 선박
environs 환경, 근교, 교외
estuary 만, 하구(강물이 바다로 흘러 들어가는 어귀)
mouth 입구, 어귀
ocean-going ship 원양 항해 선박
basin 유역(강물이 흐르는 언저리), 분지
distinct 독특한, 두드러진

Now let's have a look at your weekend forecast. Saturday you can expect partly cloudy skies with a 30% chance of showers. Highs will be in the low 80s. **Sunday we'll see scattered thunderstorms and heavy rain is likely, a 75% chance.** But don't worry, the skies will clear overnight and we'll have a beautiful, sunny day on Monday with temperatures in the mid-80s.

Q. What will the weather be like on Sunday?

(a) A 30% chance of showers.

(b) Partly cloudy, giving way to sun.

(c) Severe, with 75% chance of rain.

(d) Beautiful and sunny.

이제 주말 일기 예보를 살펴보겠습니다. 토요일에는 부분적으로 구름 낀 하늘을 기대하실 수 있겠고 강수 확률은 30%입니다. 최고 기온은 80도 대의 초반에 머물겠습니다. 일요일에는 산발적인 뇌우와 폭우가 있을 듯하며, 확률은 75%입니다. 하지만 걱정하지 마십시오. 하늘은 밤 동안에 깨끗하게 걷히겠고 월요일은 아름답고 햇빛이 드는 날이 되겠으며 기온은 80도 대의 중반에 머물겠습니다.

Q. 일요일 날씨는 어떻겠는가?

(a) 30%의 강수 확률

(b) 부분적으로 구름이 끼다가 햇빛이 비칠 것임

(c) 75% 강수 확률로 악천후가 예상됨

(d) 아름답고 햇빛이 비치는 날씨

질문 | **특정 정보** (예상되는 일요일 날씨)

주제 | **주말 일기 예보**

▶ (c) (O) 세 번째 문장에 일요일 날씨를 예보하고 있다. scattered thunderstorms and heavy rain → severe라는 단어로 함축했다.

▶ (a) (X) 토요일 날씨 예보이다.

▶ (b) (X) 토요일과 일요일 밤 이후 월요일 날씨 상황을 혼합해 놓은 오답이다.

▶ (d) (X) 월요일 날씨 예보이다.

표현 | **forecast** 예상, 예보
scattered 드문드문 있는
high 최고 기온
thunderstorm 심한 뇌우, 일시적 폭우
be likely ~할 것 같다
chance 가능성
overnight 하룻밤 동안, 밤새도록
temperature 기온
give way to 자리를 내어주다, 양보하다
severe 가혹한, 악천후의

In today's economy, every company is looking for ways to cut costs. The Ace Postage Scale XS can help you do just that. Many don't realize how often **packages are mailed with more stamps than necessary.** Employees rush to fill orders and ship products out, and multiple stamps are carelessly affixed. Now that unnecessary expense can be wiped out. The Ace Postage Scale XS accurately weighs parcels of any size. **It can help increase mailing efficiency by reducing overpayment on outgoing mail, saving up to 15% on postage.**

Q. How does the product help save money?

(a) It stamps packages at lower costs.

(b) It costs 15% less than similar products.

(c) It performs mailing tasks more efficiently.

(d) It helps employees avoid unnecessary postage.

오늘날의 경제에서 모든 회사는 비용을 삭감하는 방법을 찾고 있다. 에이스 포스티지 스케일 XS는 당신이 그렇게 하도록 도와줄 수 있다. 많은 사람들이 얼마나 자주 소포들이 필요 이상의 우표를 달고 발송되는지 깨닫지 못한다. 직원들은 서둘러 납품을 하고 배로 상품을 실어 보내며, 많은 우표가 부주의하게 붙여진다. 이제 그 불필요한 지출이 없어질 수 있다. 에이스 포스티지 스케일 XS는 어떤 크기의 소포라도 무게를 정확하게 측정한다. 그것은 발신 우편물에 대한 과다 지불을 줄이고 우편 요금을 15%까지 절약함으로써 우편 발송 효율을 증가시키는데 도움을 줄 수 있다.

Q. 이 제품은 어떻게 돈을 절약하도록 도와주는가?

(a) 좀 더 낮은 가격으로 소포에 우표를 붙인다.

(b) 비슷한 제품보다 15% 경비가 덜 든다.

(c) 우편 발송 작업을 좀 더 효율적으로 수행한다.

(d) 직원들이 불필요한 우편요금을 피하도록 도와준다.

질문 | **특정 정보** (제품이 돈을 절약하는 것을 돕는 방법)

주제 | **우편 요금을 정확하게 결정하는 저울**

▶ 세 번째 문장: 문제점 도입을 위하여 우편물들에 필요 이상의 우표가 붙여져 발송되고 있음을 지적함.

▶ (d) (O) 마지막 문장에 본 제품이 우편발송 효율성을 돕는 방식을 얘기하고 있다. reducing overpayment ~ saving up to 15% on postage → avoid unnecessary postage라는 말로 대체하였다.

표현 | **postage scale** 우편 요금을 결정하는 저울
package 소포, 꾸러미
rush 돌진하다, 화급히 처리하다
fill orders 주문을 충족시키다, 납품하다
ship out (배로) 보내다
affix (우표 따위를) 붙이다
wipe out 청산하다, 일소하다
expense 비용, 지출
parcel 소포
efficiency 효율, 능률
overpayment 과다 지불
outgoing mail 발신 우편물

53

South Africa is known for its diamond mines. But a massive gem recently discovered there has come as a big surprise. The first surprise is the unprecedented size of the stone. It weighs 7,000 carats, which is twice the size of the Cullinan Diamond, the prized centerpiece of the British crown jewels. Second, the precious gem was not unearthed by any of the large diamond firms, but by a little known operation, the Von Peters' Mining Company. Another surprising fact is that **it was found in a region not particularly associated with diamonds of this size.**

Q. What is unusual about this find?

(a) It was found by a mining company.
(b) It is as large as the Cullinan Diamond.
(c) It was discovered in an unsuspected region.
(d) It is worth twice as much as the top British crown jewel.

남아프리카는 다이아몬드 광산으로 유명하다. 그런데 최근 그곳에서 발견된 거대한 보석이 큰 놀라움을 가져왔다. 첫 번째 놀라움은 원석이 전례가 없는 크기라는 점이다. 그것은 무게가 7,000 캐럿으로, 영국 왕관 보석의 귀중한 중심부 장식인 컬리넌 다이아몬드보다 두 배나 크다. 두 번째는, 그 귀중한 보석이 규모가 큰 다이아몬드 회사에 의해 발굴된 것이 아니라, 본 피터스 채광 회사라는 거의 알려지지 않은 기업에 의해 발굴되었다는 것이다. 또 다른 놀라운 사실은 그것이 그 정도 크기의 다이아몬드와는 별 관련이 없는 지역에서 발견되었다는 것이다.

Q. 이 발견물에 대해 특별한 점은 무엇인가?

(a) 채광 회사에 의해 발견되었다.
(b) 컬리넌 다이아몬드만큼 크다.
(c) 뜻밖의 지역에서 발견되었다.
(d) 최고의 영국 왕관 보석보다 두 배 더 가치가 있다.

질문 | **특정 정보** (발견물의 특별한 사항)
주제 | **최근 발견된 거대한 다이아몬드**

▶ 마지막 문장에서 논의된 것처럼 보통 이러한 다이아몬드와 관련이 없어 보이는 장소에서 발견된 것이 놀라운 점 중 하나이다.

▶ (c) (O) found → discovered로, not particularly associated with → unsuspected로 대체되었다.

▶ (a) (X) 채광회사에 의해 발굴되기는 했으나 특별한 사항은 아니다.

▶ (b), (d) (X) 담화의 주제가 아니다. 영국 왕관 보석인 컬리넌 다이아몬드 크기의 두 배라고 했으므로 각기 정답이 아니다.

표현 | **be known for** ~로 알려지다, 유명하다
mine 광산
massive 대규모의, 육중한
gem 보석
unprecedented 전례가 없는
weigh 무게가 나가다
carat 캐럿, 보석의 무게 단위(200mg)

Cullinan Diamond 1905년 남아프리카 공화국 트란스발의 프리미어 광산에서 발견되었을 때 원석의 무게가 3,106캐럿이나 되었던 세계에서 가장 큰 보석 다이아몬드
prized 귀중한
centerpiece 중심물, 중심적 존재, 중심부 장식
unearth 발굴하다
associated with ~와 관련된
find 발견(물)
unsuspected 뜻밖의

54

The Canary Islands have a fascinating history. **They** are located off the northwest coast of Africa and **were known as early as the days of the Phoenicians, then Greeks, and Romans.** But after the fall of the Roman Empire, they were largely forgotten, visited only on occasion by seafaring Mediterranean and Arab traders. The inhabitants were sheltered from civilization, and so they maintained a Neolithic level of subsistence until Europeans 're-discovered' this hidden paradise during the Middle Ages.

Q. Which is correct about the Canary Islands?

(a) They were part of the Roman Empire.
(b) Some traders took up residence in the islands.
(c) They were first discovered by the Europeans.
(d) The Phoenicians knew of the islands before the Greeks.

카나리아 제도는 매혹적인 역사를 가지고 있다. 아프리카 북서 해안에서 떨어진 곳에 위치해 있고 페니키아인, 그리고 그리스인, 로마인 시대만큼이나 일찍부터 알려져 있었다. 그러나 로마 제국이 멸망한 후 그들은 대체로 잊혀져, 이따금 해상을 여행하는 지중해인과 아랍 상인들이 방문할 뿐이었다. 그곳의 주민들은 문명에서 벗어난 생활을 했고 중세시대 유럽인들이 이 숨겨진 낙원을 '재발견' 할 때까지 신석기 시대 수준의 생활 수단을 유지하고 있었다.

Q. 카나리아 제도에 대해 옳은 것은 무엇인가?

(a) 그곳은 로마 제국의 일부였다.
(b) 일부 상인들은 그 제도에 주거를 정했다.
(c) 그곳은 유럽인들에 의해 처음으로 발견되었다.
(d) 페니키아인들은 그리스인들보다 앞서 그 제도에 대해 알았다.

질문 | **진위** (카나리아 제도에 대해 옳은 것)
주제 | **카나리아 제도의 역사**

▶ (d) (O) 두 번째 문장에서 카나리아 제도가 페니키아인의 시대만큼이나 일찍, 그리고 나서 그리스, 로마 시대만큼 일찍 알려져 있다고 하였다.

▶ (c) (X) 유럽인들은 페니키아 제도를 처음 발견한 것이 아니라 '재발견'하였다.

표현 | **fascinating** 매혹적인
be located 위치해 있다
Phoenician 페니키아인
on occasion 이따금
seafaring 해상여행의; 해상여행

55

> Good morning, ladies and gentlemen. As Chairman of Forton Limited, it is my pleasure to welcome you to the 27th Annual General Shareholder's Conference. The minutes from the last Shareholder's Conference will be distributed shortly. Copies are also available at the registration desk. Before moving to the agenda, I would like to introduce the directors to you. On my far right is **Roger Nelson, our Executive Director. Next to Roger is** Nancy Collins, **our Chief Executive Officer.** And to my immediate left is Mark Taylor, our Company Secretary.

Q. Which is correct according to the announcement?

(a) The person on the speaker's right is Mark Taylor.

(b) **The CEO is seated next to the Executive Director.**

(c) The first agenda item is introducing the directors.

(d) The minutes for this meeting will be distributed soon.

내빈 여러분 안녕하십니까? 포튼 주식회사의 회장으로서 여러분들을 27차 연례 주주 총회에 모시게 된 것을 기쁘게 생각합니다. 지난 주주 총회의 의사록은 곧 배부될 것입니다. 사본 자료 역시 등록 데스크에서 구하실 수 있습니다. 의제로 넘어가기 전에 여러분께 임원들을 소개하고자 합니다. 제 오른쪽 끝에 계신 분은 전무 이사이신 로저 넬슨 씨입니다. 로저 옆에 계시는 분이 CEO이신 낸시 콜린스 씨입니다. 그리고 저의 바로 왼쪽에 계신 분이 총무 이사이신 마크 테일러 씨입니다.

Q. 공지사항에 따르면 옳은 것은 무엇인가?

(a) 화자의 오른 쪽에 있는 사람은 마크 테일러이다.

(b) **CEO는 전무 이사 옆에 앉아 있다.**

(c) 첫 번째 의제 항목은 임원들을 소개하는 것이다.

(d) 이번 회의의 의사록은 곧 배부될 것이다.

질문 | 진위 (공지에 따르면 옳은 것)

주제 | 연례 주주 총회 공지 사항

▶ (b) (O) 공지 후반에 임원 소개를 하는 중에 Executive Director인 Roger 옆에 CEO(Chief Executive Officer)가 앉아 있다고 했다.

▶ (a) (X) 화자의 왼쪽에 앉아 있는 사람이 마크 테일러이다.

▶ (c) (X) 의제로 넘어가기 전에 임원 소개를 한 것이다.

▶ (d) (X) 본 회의가 아닌 지난 회의 의사록이 곧 배부될 것이다.

56

> Books and magazines can take up a lot of space. So it's important to organize them. The first step is to determine which ones we no longer need. Then take out those books and magazines. Give them to a poor family or donate them to a library. **The remaining books and magazines should then be divided into two groups: read and unread.**

Q. What is the speaker most likely to talk about next?

(a) Where to donate books.

(b) Why kids should read books.

(c) How to organize the two groups.

(d) What books are popular nowadays.

책과 잡지들은 많은 공간을 차지할 수 있다. 그래서 그것들을 정리하는 것이 중요하다. 첫 번째 단계는 우리가 어떤 것들을 더 이상 필요로 하지 않는지 결정하는 것이다. 그리고 나면 그 책들과 잡지들을 꺼내라. 그것들을 가난한 가족에게 주거나 도서관에 기증하라. 남은 책과 잡지들은 그리고 나서 두 그룹으로 나뉠 것이다: 읽을 것과 읽지 않을 것으로.

Q. 화자는 다음에 무엇에 대해 이야기하겠는가?

(a) 책을 어디에 기부해야 할지.

(b) 아이들이 왜 책을 읽어야 하는지.

(c) 그 두 그룹을 어떻게 정리해야 하는지.

(d) 요즘 인기 있는 책들이 무엇인지.

질문 | 추론 (화자가 다음에 이야기 할 만한 것)

주제 | 책과 잡지들을 정리하는 방법

▶ 추론 문제 중 화자가 다음에 이어서 할 말이나 행동을 묻는 문제는 담화의 제일 마지막 문장을 유의해서 들으면 쉽게 답을 맞힐 수 있다.

▶ (c) (O) 불필요한 책과 잡지들을 처리한 후 남은 책들이 두 그룹으로 나눠질 것이라는 말로 끝났으므로 그 이후 이들 책들을 정리하는 법에 대해 논하는 것이 자연스럽다.

57

Hi, Kelly. This is Francis. I am just calling to say that I had a wonderful time last night on our date. I know the movie wasn't so great, but that really didn't matter; I was just glad to enjoy your company. I hope you feel the same way. **What do you say we schedule a second?** Please give me a call when you get this message. Bye.

Q. What can be inferred from the message?

(a) Francis does not like movies.
(b) The movie was chosen by Francis.
(c) Kelly will probably return the call soon.
(d) This was Francis and Kelly's first date.

안녕, 켈리. 나 프랜시스에요. 지난 밤 우리 데이트에서 멋진 시간을 보냈다고 이야기 하려고 전화했어요. 영화가 별로였다는 것을 알지만 그것은 그리 중요하지 않았어요; 당신과 함께 있어서 그저 즐거웠습니다. 당신도 같은 식으로 느끼기를 바라요. 두 번째 데이트 날짜를 잡는 것이 어떨까요? 이 메시지를 들으면 전화주세요. 안녕.

Q. 이 메시지에서 무엇을 추론할 수 있는가?

(a) 프랜시스는 영화를 좋아하지 않는다.
(b) 영화는 프랜시스가 골랐다.
(c) 켈리는 아마 곧 응답 전화를 할 것이다.
(d) 이 번이 프랜시스와 켈리의 첫 번째 데이트였다.

질문 | **추론**(전화 메시지에서 이끌어 낼 수 있는 것)
주제 | **첫 데이트 후 상대방에게 남긴 전화 메시지**

▶ (d) (O) 전화 메시지 후반에 나온 What do you say we schedule a second?라는 말로 미루어 그들이 첫 번째 데이트를 한 상황임을 알 수 있다.

표현 | **matter** 중요하다
company 교제; 같이 있음, 동석
schedule 일정을 잡다, 날짜를 잡다
What do you say~? ~하면 어떨까요?

58

Thanks for coming to this meeting, everyone. As you know, the reason for convening is to discuss the issue of telecommuting. Many employees have expressed dissatisfaction that some are allowed to work from home while others have to come to the office. So I'd like to reiterate our standing policy. **We allow telecommuting only for workers who've been with the company for at least three years.**

Q. What can be inferred from the announcement?

(a) The company will change its policy soon.
(b) Telecommuting employees are dissatisfied.
(c) Working from home is not available to new hires.
(d) Some employees were not invited to this meeting.

이 모임에 참석해 주셔서 감사합니다. 여러분이 아시다시피, 모인 이유는 재택 근무 문제를 논의하기 위해서입니다. 많은 직원들이 어떤 사람은 집에서 일하는 것이 허용되는 반면에, 다른 사람들은 사무실에 와야 하는 것에 대해서 불만을 표해 왔습니다. 그래서 저는 우리의 변함없는 정책을 다시 말씀 드리고자 합니다. 우리 회사에서 적어도 3년을 근무해 온 직원들에게만 재택 근무를 허용합니다.

Q. 공지사항에서 무엇을 추론할 수 있는가?

(a) 회사는 곧 정책을 바꿀 것이다.
(b) 재택 근무를 하는 직원들은 불만이 있다.
(c) 집에서 근무하는 것은 새로 고용된 사람들에게 불가능하다.
(d) 일부 직원들은 이 모임에 초대받지 않았다.

질문 | **추론** (공지사항으로부터 이끌어 낼 수 있는 것)
주제 | **재택 근무에 대한 회사의 정책**

▶ 도입부에 재택 근무와 관련하여 근로자들이 불만이 있음을 논한 후 회사의 정책에는 변함이 없음을 공지하며 끝맺고 있다.

▶ (c) (O) 담화 마지막에 3년 이상 근무자들에게만 재택 근무를 허용한다고 했으므로 신참들에게는 허용되지 않는다는 것을 알 수 있다.

▶ (a) (X) 회사의 변함없는 정책(standing policy)을 공표하고 있으므로 오답이다.

▶ (b) (X) 불만이 있는 것은 재택 근무를 못하는 직원들이다.

▶ (d) (X) 초대 여부는 알 수 없다.

표현 | **convene** 모이다, 소집하다
telecommuting 자택 컴퓨터 근무, 재택 근무
dissatisfaction 불만
reiterate 반복하다, 되풀이하다
standing policy 불변의 정책
hire 피고용자

59

Cities are becoming **increasingly complex** due to globalization. In former industrial regions, **city size is generally shrinking**, while in Third World countries **megacities are booming** as they absorb the remnants of rural economies. In terms of the social structure of cities, competing processes of **exclusion and inclusion** have **led to much diversity. Gated communities** lie alongside **poor districts**. The inner city grows increasingly gentrified. New economies also continue to grow from the **steady streams of immigrants**.

Q. Which statement would the speaker most likely agree with?

(a) Each city has a unique mix of inhabitants.
(b) Cities are growing exponentially worldwide.
(c) Resources should be shared between cities and rural areas.
(d) The majority population in modern cities is comprised of immigrants.

세계화로 인해 도시는 점점 더 복잡해지고 있다. 과거 산업 지역에서의 도시 규모는 대체로 줄어들고 있는 반면, 제 3세계 국가의 거대도시는 시골 경제의 잔여 인구를 흡수함에 따라 규모가 급증하고 있다. 도시의 사회적 구조의

견지에서, 배제와 포함의 경쟁적인 과정은 대단한 다양성을 야기하였다. 출입 통제 주거공간(게이티드 커뮤니티)은 가난한 지역과 함께 공존한다. 도심지는 점차 고급화되어 간다. 새로운 경제 또한 이민자들의 꾸준한 유입으로 인해 계속해서 성장하고 있다.

Q. 다음 진술 중 화자가 가장 동의할 만한 것은 무엇인가?

(a) 도시는 각기 독특하게 혼합되어 있는 주민들로 이루어져 있다.

(b) 도시는 전 세계적으로 기하급수적으로 증가하고 있다.

(c) 자원이 도시와 시골 지역 사이에서 공유되어야 한다.

(d) 현대 도시에서 대다수 인구는 이민자들로 구성되어 있다.

질문 | 추론 (화자가 가장 동의할 만한 진술)

주제 | **세계화로 인해 다양하게 변모하는 도시들**

▶ 도시들이 점점 복잡한 양상을 보이면서 변모하여 도시에 따라 규모가 줄어들기도(shrinking) 하고 늘어나기도(booming) 한다고 설명하고 있다. 또한 사회적 구조의 측면에서도, 출입 통제 주거 공간이 가난한 지역과 함께 공존하는가 하면, 도심지는 고급화되어 가고 이민자들의 유입으로 새로운 경제가 성장하는 등 다양한 모습을 나타내고(led to much diversity) 있다고 논한다.

▶ (a) (O) 내용의 흐름 상 도시가 각기 다르게 섞여있는 거주자들을 지니고 있다고 보는 것이 자연스러울 것이다.

▶ (b) (X) 과거 산업 지역 도시 규모는 대체로 줄어들고 있으므로 전세계적으로 도시가 성장하는 것은 아니다.

표현 | **increasingly** 점점 더, 더욱 더

former 과거의, 이전의

globalization 세계화

shrinking 줄어드는

megacity 거대도시

boom 급증하다

remnant 잔여

in terms of ~의 견지에서; ~에 의해

competing 경쟁적인

exclusion 제외

inclusion 포함

lead to ~에 이르다, 야기하다

diversity 다양성

gated communities 출입을 통제하는 주거 공간

district 지구, 구역

gentrify 고급화하다

immigrant 이민, 이주민

unique 유일한, 독특한

exponentially 전형적으로, 기하급수적으로

worldwide 세계적인, 세계적으로

be comprised of ~으로 구성되다

60

It has been said that **the lives of writers are almost always more interesting than the works** they produce. I believe this is true, and I'd like today to talk about a book that provides fanciful attestation to this truth. The title by Christine Dion-Roy, *Behind the Pens*, shows that **writers' lives can outdo even that of their own created characters**—more incredulous, more bizarre, more unpredictable. For those acquainted with literary

lives, this may be no surprise, but **the anecdotal quirks Dion-Roy's work discloses breach the familiar**.

Q. What can be inferred?

(a) Authors are prone to exaggerate for literary effect.

(b) Dion-Roy led a more bizarre life than other writers.

(c) Writers tend to use their own lives as source material.

(d) *Behind the Pens* will surprise even long-standing literary critics.

작가의 삶이 그들이 만들어 내는 작품보다 거의 항상 더 흥미롭다는 것이 이야기 되어져 왔습니다. 나는 이것이 사실이라고 믿고, 오늘 이러한 진실을 기발하게 입증해 보이는 한 권의 책에 대해 이야기하고자 합니다. 크리스틴 디온-로이가 쓴 작품인 〈펜 뒤에서〉는 작가의 삶이 심지어 그들이 창조해 낸 등장인물의 삶을 능가할 수 있다는 것을 보여줍니다 – 보다 의심 많고, 보다 괴이하며, 보다 예측 불가능하다는 것. 문학적인 삶에 조예가 깊은 사람들에게 이는 그다지 놀라운 일이 아닐 지 모르지만, 디온-로이의 작품이 폭로하고 있는 기행적인 이야기 거리들은 정통한 사람들에게조차 파격적입니다.

Q. 무엇을 추론할 수 있는가?

(a) 작가들은 문학적 효과를 위해 과장하는 경향이 있다.

(b) 디온-로이는 다른 작가들보다 더 기이한 삶을 살았다.

(c) 작가들은 그들 자신의 삶을 글의 재료로 사용하는 경향이 있다.

(d) 〈펜 뒤에서〉는 다년간의 경력을 지닌 문학 비평가들조차 놀라게 할 것이다.

질문 | 추론

주제 | **작가의 삶에 대한 모습을 보여줄 수 있는 책 소개**

▶ 작가의 삶이 작품 속 인물의 삶보다 흥미로울 수 있다는 도입부와 함께 디온-로이의 작품도 그러함을 이야기하고 있다.

▶ (d) (O) 디온-로이의 작품에 나타난 기이한 이야기들이 문학적인 삶에 정통한 자들도 놀라게 할 수 있다고 했으니 breach → surprise로, the familiar → longstanding literary critics로 대체한 (d)가 정답이다.

표현 | **fanciful** 기발한, 별난

attestation 증명, 입증

outdo 능가하다, 앞지르다

incredulous 의심 많은, 회의적인

bizarre 별난, 이상한, 기괴한

acquainted with ~에 정통한

anecdotal 일화의, 이야기 거리가 되는

quirk 버릇, 기행

disclose 폭로하다

breach 돌파하다; 파손, 위반

familiar (어떤 일에) 정통한 사람; 친구

be prone to ~하는 경향이 있다

exaggerate 과장해서 말하다

tend to ~하는 경향이 있다

longstanding 여러 해에 걸친, 다년간의

critic 비평가, 평론가

Actual Test

<table>
<tr><td colspan="5">Part I</td></tr>
<tr><td>1. (d)</td><td>2. (d)</td><td>3. (a)</td><td>4. (b)</td><td>5. (a)</td></tr>
<tr><td>6. (d)</td><td>7. (c)</td><td>8. (d)</td><td>9. (b)</td><td>10. (b)</td></tr>
<tr><td>11. (c)</td><td>12. (a)</td><td>13. (a)</td><td>14. (c)</td><td>15. (a)</td></tr>
<tr><td colspan="5">Part II</td></tr>
<tr><td>16. (a)</td><td>17. (b)</td><td>18. (d)</td><td>19. (d)</td><td>20. (c)</td></tr>
<tr><td>21. (c)</td><td>22. (c)</td><td>23. (a)</td><td>24. (b)</td><td>25. (a)</td></tr>
<tr><td>26. (d)</td><td>27. (d)</td><td>28. (b)</td><td>29. (a)</td><td>30. (c)</td></tr>
<tr><td colspan="5">Part III</td></tr>
<tr><td>31. (b)</td><td>32. (b)</td><td>33. (d)</td><td>34. (d)</td><td>35. (b)</td></tr>
<tr><td>36. (c)</td><td>37. (c)</td><td>38. (d)</td><td>39. (d)</td><td>40. (d)</td></tr>
<tr><td>41. (d)</td><td>42. (d)</td><td>43. (c)</td><td>44. (a)</td><td>45. (a)</td></tr>
<tr><td colspan="5">Part IV</td></tr>
<tr><td>46. (a)</td><td>47. (c)</td><td>48. (b)</td><td>49. (a)</td><td>50. (d)</td></tr>
<tr><td>51. (b)</td><td>52. (a)</td><td>53. (a)</td><td>54. (b)</td><td>55. (d)</td></tr>
<tr><td>56. (a)</td><td>57. (b)</td><td>58. (c)</td><td>59. (c)</td><td>60. (a)</td></tr>
</table>

Part I

1

M: Look at that tree. It's loaded with apples.
W: ______________________
(a) They must be on sale today.
(b) Be careful not to overload it.
(c) Everything is like you said.
(d) And they look delicious, don't they?

M: 저 나무 좀 봐. 사과가 잔뜩 열려 있어.
W: ______________________
(a) 오늘 그것들을 세일하나 보군.
(b) 너무 많이 싣지 않도록 조심해.
(c) 모든 게 네가 말한 것과 같아.
(d) 맛있어 보인다. 안 그러니?

▶ 적절 응답: apples (사과)와 관련된 의견을 제공해야 한다.

표현 | **be loaded with** ~로 가득 차다

2

W: I feel like quitting my job.
M: ______________________
(a) Nobody likes to be fired.
(b) I think you should take the job.
(c) Congratulations. Have a happy retirement.
(d) Don't do that. I'm sure things will get better.

W: 직장을 그만두고 싶어.
M: ______________________
(a) 아무도 해고되는 것을 좋아하지 않아.
(b) 네가 그 일을 받아들이는 게 좋겠다.
(c) 축하해. 행복한 은퇴가 되기를.
(d) 그러지마. 사정이 더 나아질 거야.

▶ 적절 응답: 여자의 우울한 말에 조언이나 격려를 한다.

표현 | **feel like ~ing** ~하고 싶다

3

M: Rosie? Is that you?
W: ______________________
(a) Tim, long time, no see!
(b) Hi, I'm Rosie.
(c) Sorry, she just left.
(d) It looks like she is.

M: 로지? 너 맞지?
W: ______________________
(a) 팀, 오랜만이야!
(b) 안녕, 나 로지야.
(c) 그 여자는 방금 떠났어.
(d) 그 여자처럼 보이네.

▶ 적절 응답: 놀라움의 인사는 오랜만임을 혹은 뜻밖임을 함의하므로 이에 부응하는 내용이어야 한다.

표현 | **Long time no see!** (= I haven't seen you for a long time.) 오래간만입니다.

4

W: Hi, is this the home of Mr. and Mrs. Stafford?
M: ______________________
(a) Let's talk again sometime.
(b) May I ask who's calling, please?
(c) That's very nice of you to ask.
(d) It's great to finally meet you in person.

W: 여보세요, 스태포드 부부 댁이죠?
M: ______________________
(a) 일간 다시 얘기합시다.
(b) 누구세요?
(c) 그렇게 물어 봐주니 고마워.
(d) 드디어 직접 만나게 되어 좋아요.

▶ 적절 응답: 전화 대화의 관례적 표현이 일반적으로 나타난다.

표현 | **May I speak to Jason?** 제이슨과 통화할 수 있나요?
This is he. / Jason speaking. 네 접니다. / 제가 제이슨입니다.
May I ask who's calling? 누구세요?
This is Jane speaking. 제가 제인입니다.

5

W: Which way is the subway station?
M: ___________________________

    (a) Off to the left.
    (b) It goes downtown.
    (c) The right way.
    (d) This is my stop.

W: 지하철 역이 어느 방향이죠?
M: ___________________________

    (a) 왼쪽으로 가세요.
    (b) 시내로 갑니다.
    (c) 오른쪽 길.
    (d) 이번 역에 내려요.

▶ 적절 응답: 지하철 역의 방향이나 위치를 알려주는 내용이 나온다.

▶ (c) (X) → 적절응답이 되려면 전치사가 있어야 한다.

표현 | **Where are you off to?** 어디로 가세요?
The right way 올바른 길[방향]이라는 뜻도 있다.
cf. This is the right way to the station.
    이쪽이 역으로 가는 바른 길이에요.

6

M: I know it was my fault, but I couldn't help it.
W: ___________________________

    (a) I'm so sorry about that.
    (b) You can help it next time.
    (c) Exactly. She should accept the blame.
    (d) Just be more careful, please.

M: 내 잘못이었다는 것은 알지만 어쩔 수 없었어.
W: ___________________________

    (a) 그 점에 대해 너무 미안해.
    (b) 다음 번에 도와줄 수 있겠지.
    (c) 맞아. 그 여자는 비난을 감수해야지.
    (d) 좀 더 조심하도록 해.

▶ 적절 응답: 사과·변명에 합당한 반응은 수긍 혹은 조언·당부이다.

표현 | **accept the blame** 비난을 감수하다, 책임을 지다
lay the blame on a person for ~대한 책임을 …에게 지우다

7

W: I love what you've done with your house.
M: ___________________________

    (a) Thanks for doing it for me.
    (b) It must be quite expensive.
    (c) I just hope it adds to the value.
    (d) Sure, I think I'm done with it.

W: 네가 집을 꾸며 놓은 것 아주 좋아.
M: ___________________________

    (a) 나 대신 해줘서 고마워.
    (b) 상당히 비싸겠다.
    (c) 그게 한층 가치 있기를 바랄 뿐이야.

    (d) 그래. 그것을 끝낸 것 같아.

▶ 적절 응답: 칭찬에 합당한 반응은 고마움을 표현한 후에 칭찬 받은 일을 하게 된 경위·이유를 설명하는 내용이다.

표현 | **add to the value** 한층 가치있게 하다
cf. This adds to our pleasure. 이것은 우리를 더욱 즐겁게 해준다.

8

M: What do you plan on doing with your tax refund?
W: ___________________________

    (a) I plan to request a refund.
    (b) It's probably around $475.
    (c) I can't wait until I receive it.
    (d) I'm putting it away for later.

M: 세금 환불 받은 금액으로 무엇을 할 계획이니?
W: ___________________________

    (a) 환불을 요청할 계획이다.
    (b) 아마 475달러 정도일 거야.
    (c) 빨리 받고 싶다.
    (d) 나중을 위해 비축해 둘 거야.

▶ 적절 응답: 돈을 어디에 어떻게 쓰겠다는 내용이 와야 한다.

표현 | **request a refund** 환불을 요청하다
put away 비축하다

9

M: Would you prefer to go by boat or by plane?
W: ___________________________

    (a) I'm not scared to fly either way.
    (b) I'll take whatever's cheapest.
    (c) Is that what you'd recommend?
    (d) I'll try both and see which is best.

M: 배 편과 비행기 편 중 어느 쪽이 더 좋으세요?
W: ___________________________

    (a) 어느 쪽으로 비행하든 무섭지 않아.
    (b) 저렴한 쪽으로 하겠습니다.
    (c) 그게 당신이 추천하는 거예요?
    (d) 양쪽 다 타보고 어느 게 최선이지 알아보지요.

▶ 적절 응답: 두 개중 하나를 선택하는 내용이나 선택을 간접적으로 시사하는 내용이면 가능하다.

표현 | **Whatever is cheapest** 싼 것이면 뭐든

10

W: I need a partner for the square dance tonight. Will you come?
M: ___________________________

    (a) It starts at 7 p.m., I think.
    (b) That would be a real treat.
    (c) Good luck finding a partner.
    (d) Sorry, I don't want dancing lessons.

W: 오늘 밤 스퀘어 댄스를 위한 파트너가 필요해요. 가주시겠어요?
M: ________________________

(a) 제 생각엔 오후 7시에 시작인데요.
(b) 그거 정말 즐거운 일인데요.
(c) 파트너 찾는데 행운을 빌어요.
(d) 미안하지만, 무용 수업을 원하지 않아요.

▶ 적절 응답: 댄스 파트너가 되어 달라는 요청에 어울리는
   응답이 수락 혹은 거절의 형태로 와야 한다.

표현 | **square dance** 스퀘어 댄스(남녀 4쌍이 마주서서 추는 춤)
     treat 기쁜 일, 즐거운 일

11

W: These books are a bit heavy. Would you mind?
M: ________________________

(a) You should probably see a doctor.
(b) I agree. They're hard to study.
(c) I'd be glad to relieve you.
(d) Yes, I do have a mind for these things.

W: 이 책들이 약간 무겁네요. 괜찮으시다면 도와주시겠어요?
M: ________________________

(a) 의사 선생님께 진료 받으셔야 해요.
(b) 동의해요. 그 책들 공부하기가 힘들어요.
(c) 당신 짐을 덜어드리면 기쁘겠어요.
(d) 네, 이것들을 할 마음이 있어요.

▶ 적절 응답: 무거운 책을 운반하며 도움을 요청하는 상황에
   적합한 응답을 고른다.
▶ (d) (X) 동일한 단어를 포함한 선택지를 피한다.

표현 | **relieve** 덜다, 구제하다, 경감하다

12

M: How long are you going to be traveling?
W: ________________________

(a) It's just a two-week jaunt.
(b) Pretty far. I'm going to New York.
(c) We will be landing in one hour, sir.
(d) The flight leaves in thirty minutes.

M: 얼마나 오래 여행하실 건가요?
W: ________________________

(a) 단지 2주간의 짧은 여행이에요.
(b) 꽤 멀리요. 뉴욕에 갈 거예요.
(c) 우리는 한 시간 후에 착륙할 겁니다, 손님.
(d) 비행기가 30분 후에 이륙합니다.

▶ 적절 응답: 여행 기간이 얼마나 될 지 묻는 질문에 합당한
   세부 정보를 주는 것이 정답이다.

표현 | **jaunt** 소풍, 짧은 유람 여행
     land 착륙하다
     leave 떠나다, (비행기가) 이륙하다

13

W: My car is making a lot of noise. Should I take
   it to a mechanic?
M: ________________________

(a) It's better to be safe than sorry.
(b) I think it's a transmission problem.
(c) I'll make sure it's fixed by Monday.
(d) Don't worry, I know how to drive it.

W: 제 차가 소음이 많이 나요. 그것을 정비소에 가져가야 할까요?
M: ________________________

(a) 후회하느니 안전한 게 낫죠.
(b) 변속기 문제 같아요.
(c) 월요일까지는 틀림없이 수리되도록 할게요.
(d) 걱정 마세요. 어떻게 운전하는 지 알아요.

▶ 적절 응답: 소음이 나는 차를 정비소에 가져가야 할 지
   의견을 묻는 질문에 적합한 내용이 뒤따라야 한다.

표현 | **It's better to be safe than sorry.** 후회하느니 안전한 게 낫다.
     transmission 변속기

14

M: I'm up to my neck in paperwork these days.
W: ________________________

(a) Let me help you carry it.
(b) It's almost as tall as you.
(c) My stack keeps growing as well.
(d) You'd better move your job.

M: 요즘 서류 업무에 매달려 있어요.
W: ________________________

(a) 그것 나르는 것을 도와줄게요.
(b) 거의 당신만큼 커요.
(c) 제 일거리도 점점 늘어나고 있어요.
(d) 직업을 바꾸는 게 좋겠어요.

▶ 적절 응답: 업무량이 많다는 상대방의 호소·불만에
   합당한 반응은 자신의 처지를 말하며 맞장구를 치거나
   혹은 위로를 하는 것이다.

표현 | **be up to one's neck** ~에 매달려 있다; 할 일이 태산이다
     stack 더미; 쌓아 올리다

15

W: How much are you making?
M: ________________________

(a) I'm on commission.
(b) It's $47 and change.
(c) I'm making three cakes.
(d) There's more where that came from.

W: 얼마나 버세요?
M: ________________________

(a) 위탁으로 수수료를 받아요.
(b) 47달러와 잔돈이에요.
(c) 케이크 3개를 만들고 있어요.
(d) 그것이 원래 있던 곳에는 더 있어요.

▶ 적절 응답: 얼마나 벌고 있냐는 질문에 합당한 구체적인
  정보를 주는 내용이 와야 한다.

▶ (b) (X) 물건을 사거나 돈을 거슬러 줄 때 나올 수 있을
  만한 발화이다.

표현 | **on commission** 수수료로; 위탁을 받고, 대리로

Part II

16

W: Hi, is Dr. Martin in?
M: He is, but you need to sign in first.
W: Oh, I'm not a patient. I'm his wife.
M: ___________________________
  (a) Please come in, then.
  (b) But it's best if everyone is patient.
  (c) You'll need to make an appointment.
  (d) OK, I'll put him on the phone for you.

W: 안녕하세요. 마틴 선생님 계신가요?
M: 계시지만, 먼저 접수하셔야 합니다.
W: 오, 저는 환자가 아니에요. 그 분 아내입니다.
M: ___________________________
  (a) 그러면, 들어 오세요.
  (b) 하지만 모두가 인내심이 있다면 제일 좋죠.
  (c) 약속을 잡으셔야 할 거예요.
  (d) 알았어요. 그를 전화로 연결해 드릴게요.

▶ 적절 응답: 병원에 의사 남편을 찾아온 부인에게 할 수
  있는 합당한 대답을 골라야 한다.

▶ (d) (X) 전화상으로 가능한 발화이다.

표현 | **sign in** 서명하고 들어가다
  patient 환자; 인내심이 있는

17

M: I feel really bad about losing your hamster,
  Danielle.
W: Don't worry. I'm sure I'll find it soon.
M: I didn't know the cage door was open. I'm
  sorry.
W: ___________________________
  (a) Now I will never find it!
  (b) It's OK. It's happened before.
  (c) Please shut it so it can't escape.
  (d) No big deal. I can buy a new cage.

M: 다니엘, 햄스터 잃어버린 것에 대해 정말 미안해요.
W: 걱정 마세요. 틀림없이 곧 찾을 거예요.
M: 우리 문이 열려있는 것을 몰랐어요. 미안해요.
W: ___________________________
  (a) 이제 제가 그것을 찾을 거예요!
  (b) 괜찮아요. 전에도 이런 적이 있었어요.
  (c) 제발 햄스터가 달아나지 않도록 문을 잘 닫으세요.
  (d) 별일 아니에요. 새 우리를 사면 되요.

▶ 적절 응답: 사과에 대한 반응은 괜찮다고 하는 표현이
  주로 제시된다.

표현 | **No big deal.** 별일 아니에요.

18

W: Sir, please empty your pockets before passing
  security.
M: Do I have to take out absolutely everything?
W: Yes, those are the rules.
M: ___________________________
  (a) But my carry-on bag is already empty.
  (b) That's what I'm trying to tell you.
  (c) I'm afraid you need to follow the rules.
  **(d) Then here's my cell phone, keys, and
  wallet.**

W: 보안 검색대를 통과하기 전에 주머니를 비우셔야 해요.
M: 전부 다 꺼내야 합니까?
W: 네, 그게 규칙이에요.
M: ___________________________
  (a) 하지만 제 휴대용 가방은 이미 비어 있는데요.
  (b) 그게 바로 제가 말씀 드리려는 거예요.
  (c) 규칙을 따르셔야 할 것 같은데요.
  (d) 그렇다면 제 휴대폰, 열쇠, 그리고 지갑이 여기 있습니다.

▶ 적절 응답: 공항 보안대를 통과 할 때의 절차에 따라
  내용에 맞는 응답은 물건을 꺼내 보이는 것이다.

표현 | **empty** 비우다; 비어 있는
  security 보안

19

W: I can't decide between these two books.
M: Why don't you buy both?
W: Because I only have enough money for one.
M: ___________________________
  (a) That sounds good enough to me.
  (b) No problem. I can get my own book.
  (c) No worries. If you buy two the third is free.
  **(d) Then buy one, and get the other at the
  library.**

W: 이 두 책 사이에서 결정을 못 하겠어요.
M: 두 권 다 사지 그래요?
W: 한 권 살 돈만 있거든요.
M: ___________________________
  (a) 충분히 듣기 좋은데요.
  (b) 문제 없어요. 제 책을 구할 수 있어요.
  (c) 걱정 마세요. 두 권 사면 세 번째 것은 무료예요.
  (d) 그러면 하나만 사고 나머지는 도서관에서 구하세요.

▶ 적절 응답: 책 두 권을 다 살 돈이 없어 어느 것을 사야
  할 지 고민하는 상대방에게 해결책을 제안하는 응답이
  자연스럽다.

표현 | **No worries.** 걱정할 것 없어요, 신경 쓰지 말아요.

20

W: So what do you think of my new haircut?
M: I can hardly believe it's you. It's so short!
W: You don't like it?
M: ______________________

(a) Would you like a refund?
(b) I don't notice much difference.
(c) It's not that. I'm just a bit shocked.
(d) No, I love it. Thanks for cutting my hair.

W: 그래, 제 새 머리 스타일이 어때요?
M: 당신이라고 믿기 힘들어요. 너무 짧아요!
W: 맘에 안 들어요?
M: ______________________

(a) 환불 원하세요?
(b) 별로 차이를 모르겠는데요.
(c) 그런 건 아니에요. 그냥 약간 놀랐어요.
(d) 아니요, 너무 맘에 들어요. 머리 손질해 줘서 고마워요.

▶ 적절 응답: 상대방의 달라진 새 머리 스타일에 놀라는 일관된 반응이 이어져야 한다.
▶ (b) (X) 남자의 첫 번째 발화와 완전히 반대 내용이므로 오답이다.

21

M: Are you very fond of chicken?
W: That depends on how it's prepared.
M: How about baked or fried?
W: ______________________

(a) I think I'm going to fry it.
(b) Like I said, it doesn't matter.
(c) Out of the oven is my favorite.
(d) Chicken tastes great that way.

M: 닭 요리 좋아하세요?
W: 어떻게 조리하느냐에 달려있죠.
M: 구운 거나 튀긴 것은 어때요?
W: ______________________

(a) 튀길까 해요.
(b) 말했듯이, 그건 중요하지 않아요.
(c) 오븐에서 꺼낸 것을 제일 좋아해요.
(d) 치킨은 그렇게 하는 게 맛이 좋아요.

▶ 적절 응답: 닭 요리를 어떤 식으로 조리하는 것이 좋은 지 물었을 경우 합당한 구체적 정보를 주는 것이 정답이다.

22

W: Did you see what the storm did to our car last night?
M: Yeah, I'm upset the tree branch fell directly onto the windshield.
W: Do you think our insurance will cover the damage?
M: ______________________

(a) No, we aren't liable for that.
(b) Yes, I can help you cover it up.
(c) It had better, or we're in trouble.
(d) I'm sure the tree will be fixed in no time.

W: 지난 밤 폭풍이 우리 차를 어떻게 해 놓았는지 봤니?
M: 응, 나뭇가지가 차 앞 유리에 바로 떨어져서 심란해.
W: 우리 보험으로 피해 보상이 될까?
M: ______________________

(a) 아니, 우리는 그것에 책임이 없어.
(b) 응, 그것을 덮어버리는 것을 도와줄게.
(c) 그래야 할 거야, 그렇지 않으면 우리 큰 일이야.
(d) 틀림없이 나무가 즉시 고정될 거야.

▶ 적절 응답: 폭풍에 피해를 입은 차를 보험으로 고칠 수 있을 지 여부를 묻는 경우 어느 한 쪽의 응답이 나오거나 그러길 바란다는 내용이 나와야 어울린다.
▶ (b) (X) 동일한 단어를 포함한 선택지를 피한다.

표현 | **windshield** (자동차 앞쪽의) 방풍 유리
liable 책임이 있는, 갚아야 하는
cover up 완전히 덮다, 숨기다, 비밀로 하다

23

M: Will you be needing accommodations on your trip, ma'am?
W: Yes, what kind of lodging can you get me near the convention center?
M: The closest I can get you is the Aston Park Hotel. It's a bit pricey, though.
W: ______________________

(a) I'm not worried about cost.
(b) Here is my reservation number.
(c) I'm going to stay for two nights.
(d) But I don't want to be close to it.

M: 부인, 여행 시 숙소가 필요하신가요?
W: 네, 컨벤션 센터 근처에 어떤 숙소를 얻을 수 있을까요?
M: 가장 가까운 것으로 애스턴 파크 호텔이 있습니다. 약간 비싸지만요.
W: ______________________

(a) 가격은 상관없어요.
(b) 여기 제 예약번호가 있습니다.
(c) 이틀 밤 묵을 거예요.
(d) 하지만 그것에 가까운 것은 싫은데요.

▶ 적절 응답: 가깝지만 가격이 좀 비싸다는 정보에 대해 가장 어울리는 내용이 와야 한다.
▶ (d) (X) 동일한 단어를 포함한 선택지를 피한다.

표현 | **accommodations** 숙소, 숙박 시설
lodging 숙소, 숙박
pricey 값비싼

24

M: My roommate is driving me crazy.
W: What's so bad about him?
M: His music is too loud. I can't study.
W: _______________________

(a) I'm sorry. I'll turn it down.
(b) Have you tried talking to him?
(c) Loud music can distract you while driving.
(d) Let's study some other time, then.

M: 한 방 쓰는 사람 때문에 미치겠어.
W: 그 사람의 뭐가 그리 문제인데?
M: 음악을 너무 크게 틀어. 공부를 할 수가 없어.
W: _______________________

(a) 미안해. 소리를 줄일게.
(b) 그 사람에게 얘기를 해봤니?
(c) 시끄러운 음악은 운전할 때 주의를 산만하게 할 수 있어.
(d) 그럼 나중에 공부하자.

▶ 적절응답: 다른 사람에 대한 불평을 듣는 경우 문제점 해결 방법을 제안하거나 참으라고 위로해주는 내용이 가능하다.

표현 | **some other time** 나중에, 다른 때

25

W: What do you think about the company relocation plans?
M: I think they're great. I'm all for them.
W: They're terrible, if you ask me. It'll make my commute ten minutes longer.
M: _______________________

(a) Come on, that isn't so bad.
(b) No problem, I can stay ten minutes late.
(c) That's no excuse. You should be here on time.
(d) I apologize for the delay. The plans will be done soon.

M: 회사 이전 계획에 대해 어떻게 생각해요?
W: 멋지던데요. 전적으로 찬성이에요.
M: 엉망이에요, 제가 보기엔. 제 통근 시간이 10분 더 길어지게 될 거예요.
W: _______________________

(a) 뭐 그리 나쁘지 않네요.
(b) 괜찮아요. 10분 더 머물 수 있어요.
(c) 이유가 안돼요. 정각에 여기로 와요.
(d) 지연된 것 죄송해요. 계획안은 곧 끝날 겁니다.

▶ 적절응답: 찬성하는 사람의 일관된 반응이 유지되어야 한다.

표현 | **relocation** 이전, 옮김, 재배치
If you ask me 내가 생각하는 바로는
commute 통근, 통근거리; 통근하다

26

M: Is there a street near here called Apian Valley Way?
W: The street you're on meets up with it, if I'm not mistaken.
M: So I just keep heading this way, is that right?
W: _______________________

(a) No, make a left not a right.
(b) Yes, we can meet up if you'd like.
(c) Stay level-headed and you'll do it.
(d) And keep your eyes peeled for the sign.

M: 이 근처에 에이피언 밸리 웨이라는 도로가 있습니까?
W: 댁이 서있는 길이 그곳과 만납니다, 제가 잘못 알고 있지 않다면.
M: 그럼 이 길로 계속 가면 되는 거지요?
W: _______________________

(a) 아뇨. 좌회전하세요, 우회전이 아니고.
(b) 네, 원하시면 우리 만날 수 있지요.
(c) 침착하세요, 그러면 해낼 거예요.
(d) 그리고 표지판을 계속 주시하세요.

▶ 적절 응답: 길 안내 상황에 맞는 내용이어야 하고 화자의 일관된 반응을 담고 있어야 한다.
▶ (a) (X) 우회전 하라는 내용을 언급하지 않았다.

표현 | **if I'm not mistaken** 내가 잘못 생각하지 않았다면
level-headed 침착한, 냉정한, 분별력 있는
keep one's eyes peeled for ~을 계속해서 주시하다

27

M: Thanks a lot for helping me put the report together.
W: It was no trouble at all. I hope the boss likes it.
M: If he does, I'll be sure to tell him you helped.
W: _______________________

(a) I'm glad he could help you.
(b) What did the boss say about it?
(c) I'll help whenever you're ready.
(d) But don't credit me if he doesn't.

M: 보고서 완성을 도와줘서 대단히 고맙습니다.
W: 어려운 일 아니었어요. 상사분 마음에 들기를 바랍니다.
M: 그럴 경우 당신이 도왔다고 꼭 말할게요.
W: _______________________

(a) 그가 당신을 도울 수 있어 기뻐요.
(b) 사장이 그것에 대해 무슨 말을 했나요?
(c) 당신이 준비가 되면 도와줄게요.
(d) 하지만 그렇지 않을 경우 날 원망하지 말아요.

▶ 적절 응답: (d) (O) 감사하다는 말에 '괜찮다'는 내용을 우회적으로 표현하였다.

표현 | **put together** (부분·요소를) 모으다, 조립하다, 종합하다
No trouble at all. 천만에요, 쉬운 일이에요.
be sure to 반드시 ~하다
credit someone ~에게 공을 돌리다

28

M: Sarah Collins? Norman Williams. Nice to meet you.

W: Likewise, Norman. But how did you know my name?

M: You're all the boss talks about since she hired you yesterday.

W: _______________

(a) How do you like the new hire?

(b) Word travels fast around here.

(c) It was nice of you to say such things.

(d) Sorry, I didn't realize I was talking so much.

M: 새러 콜린즈? 노먼 윌리엄즈입니다. 반갑습니다.

W: 저도요, 노먼. 그런데 어떻게 제 이름을 아셨어요?

M: 어제 사장님이 당신을 채용한 이후로 모든 화제가 당신이에요.

W: _______________

(a) 새로 고용한 사람 어때요?

(b) 여긴 소문이 빠르네요.

(c) 그렇게 말해줘서 고마웠어요.

(d) 미안해요. 내가 말이 많았다는 것 몰랐어요.

▶ (b) (O) 어제 입사한 자신의 이름을 알고 사장의 대화 화제가 자신이라는 사실을 듣고 '참 소문 빠르군요'라는 반응을 보이는 것이 가장 적절하다.

▶ (a), (c), (d)는 여자가 할 수 있는 말이 아니다.

표현 | **talk about** (대화의 화제) ~에 대해 얘기하다

hire 피고용자, 고용, 급료, 임금

29

M: Are you doing anything this weekend?

W: I'm planning on repainting my apartment.

M: Need an extra set of hands?

W: _______________

(a) I've never been known to turn down help.

(b) You can paint it when I'm done.

(c) Good idea. I think I should get some more.

(d) I wish I could, but I'm busy this weekend.

M: 이번 주말에 뭐 하는 일 있어?

W: 아파트 도색을 다시 할 작정이야.

M: 일손 필요해?

W: _______________

(a) 난 도움을 거절해본 적이 없어.

(b) 내가 끝나면 네가 그것을 칠할 수 있어.

(c) 좋은 생각이네. 난 좀 더 많이 가져야겠어.

(d) 나도 그럴 수 있으면 좋겠는데, 이번 주에 바빠.

▶ 적절 응답: 도움의 제안에는 수락이나 거절을 한다.

▶ (a) (O) 수락을 나타내는 우회적 표현으로 '도움을 늘 받아 들인다'는 사실을 제공하였다.

표현 | **plan on V-ing** ~할 작정이다

turn down 거절하다

hands 일손 cf. an extra set of hands 별도의 일손

30

W: Evergreen Tree Farm. This is Ella speaking.

M: I'm looking for some large Christmas trees. Do you have any?

W: Certainly. Come down for a look. There are plenty to choose from.

M: _______________

(a) Perfect, that's just the size I'm looking for.

(b) Sounds good. I think I'll choose that one.

(c) I'll be there in a jiffy then.

(d) How much does that one cost?

M: 에버그린 나무 농장입니다. 저는 엘러입니다.

W: 큰 크리스마스 트리를 찾고 있어요. 혹시 갖추고 있는지요?

M: 물론이지요. 구경하러 오세요. 선택할 것들이 많습니다.

W: _______________

(a) 아주 좋아요. 그게 제가 찾고 있는 크기에요.

(b) 좋군요. 저것을 선택할까 해요.

(c) 그럼 잠시 후에 그곳으로 가겠습니다.

(d) 저건 얼마에요?

▶ 남자의 상황: 아직 가게에 들르지 않고 전화로 문의하고 있다.

▶ (a), (b), (d) (X) 가게에 들러서 할 수 있는 말이다.

표현 | **(This is) ~ speaking.** (전화 대화의 기본 표현) ~입니다.

jiffy 잠시, 순간 cf. Wait a jiffy. 잠깐만 기다려라.

in a jiffy 곧, 잠시 후에

Part III

31

M: Did you find **childcare for your kids** yet?

W: Yes, the best place possible.

M: Where, that expensive preschool?

W: No, even better.

M: Wow, how can you afford a better one?

W: **My mother agreed to care for them.**

Q. **What are the two speakers mainly talking about?**

(a) An expensive preschool.

(b) What childcare the woman found.

(c) The woman's mother.

(d) How much preschool costs.

M: 아이들 맡길 탁아소는 찾았나요?

W: 네. 최상의 곳으로요.

M: 어디, 그 비싼 유아원요?

W: 아니요. 훨씬 더 나아요.

M: 와, 어떻게 더 나은 곳에 보낼 여유가 되나요?

W: 어머니께서 아이들을 돌봐 주시기로 하셨어요.

Q. **두 화자는 주로 무엇을 얘기하는가?**

(a) 비싼 유아원.

(b) 여자가 어떤 보육원을 찾았는가.

(c) 여자의 어머니.

(d) 유아원의 비용이 얼마인가.

▶ 화제: 대화문의 처음과 마지막에 언급되었다.

표현 | **childcare (center)** 탁아소; 보육원
preschool 유아원, 유치원(kindergarten); 취학 전의

32

M: What are you doing?
W: I'm **trying to finish a crossword puzzle**, but I think I'm stuck.
M: Which one? Number seven down?
W: Yeah, do you know what Irish poet rhymes with 'gates'?
M: I think the answer is 'Yeats.'
W: You're a genius, thanks!

Q. What is the woman mainly doing?

(a) Reading Irish poetry.
(b) Filling in a crossword puzzle.
(c) Helping the man answer trivia.
(d) Trying to make a poem rhyme.

M: 뭐하고 있어?
W: 가로세로 낱말 맞히기를 끝내려고 하는데, 막혀버린 것 같아.
M: 어느 것? 세로 7번?
W: 응, '게이츠'와 운(韻)을 이루는 아일랜드 시인을 알고 있니?
M: 정답은 '예이츠'인 것 같은데.
W: 대단한 실력이야! 고마워.

Q. 여자는 주로 무엇을 하고 있는가?

(a) 아일랜드 시 읽기.
(b) 가로세로 빈칸 말 채우기.
(c) 남자를 도와 사소한 것 맞추기.
(d) 시의 운을 애써 맞추기.

▶ 여자의 중심 화제(하고 있는 일): 여자의 첫 발화에 제시되어 있다.
▶ (b) (O) finish → fill in으로 대체하였다.

표현 | **rhyme with** ~와 운을 이루다, 같은 소리로 끝나다
genius 타고난 소질, 천재, 신동
fill in (양식지를) 작성하다, 채워 넣다, (필요사항을) 적어 넣다
trivia 하찮은 일, 사소한 것

33

M: Hello, Paul speaking.
W: Paul, this is Gina. We're in Literature together, remember?
M: Of course. How's it going, Gina?
W: Good. Listen, **I wondered if you knew what we're supposed to read for tomorrow.**
M: I can't recall the page numbers, but it was chapters four through six.
W: Right, that rings a bell. Thanks.
M: No problem. And by the way, it's not due till Wednesday.

Q. What is the woman mainly calling about?

(a) To find out if the man did the assignment.
(b) To get help with her homework.
(c) To ask when the reading is due.
(d) To determine what to read.

M: 여보세요? 폴입니다.
W: 지나예요, 폴. 우리 문학 수업을 같이 듣고 있는데 기억하지요?
M: 물론이죠. 어떻게 지내나요, 지나?
W: 좋아요. 저기, 내일 뭘 읽어야 하는지 알고 있어요?
M: 페이지는 잘 모르겠지만, 4장에서 6장까지예요.
W: 맞아요. 그러니까 생각나네요. 고마워요.
M: 뭘요. 그런데, 수요일까지예요.

Q. 여자는 무엇 때문에 전화를 하고 있나?

(a) 남자가 과제를 했는지 알아보려고.
(b) 숙제하는 데 도움을 받으려고.
(c) 읽기를 언제 끝내야 하는지 물어보려고.
(d) 무엇을 읽어야 하는지 알아보려고.

▶ 여자의 중심 화제(전화를 건 주된 이유): 여자의 두 번째 발화에 제시되어 있다.

표현 | **be supposed to** ~해야 한다, ~하기로 되어 있다
That rings a bell. 그러니까 생각난다.

34

W: Wow, that was a bigger party than I expected.
M: **I'm sorry about the mess.** I'll clean the place up.
W: Thanks. You can start with the kitchen.
M: No problem. After all, they were my friends.
W: I didn't know you had invited so many.
M: I know. That's the last time I'll have that many over.

Q. Why is the man mainly apologizing?

(a) He arrived late at the party.
(b) The party ended too late at night.
(c) He broke things in the kitchen.
(d) The people he invited caused a mess.

W: 야아, 내가 생각했던 것보다 큰 파티였어.
M: 어질러 놓은 것 미안해. 내가 집안을 말끔히 치울게.
W: 고마워. 부엌부터 시작하면 돼.
M: 문제없어. 어쨌건, 그들은 내 친구였어.
W: 네가 그렇게 많이 초대한 줄은 몰랐어.
M: 알았어. 그렇게 많이 초대하는 것은 이제 마지막이야.

Q. 남자가 사과를 하는 주된 이유는 무엇인가?

(a) 그가 파티에 늦게 도착했다.
(b) 파티가 너무 밤 늦게 끝났다.
(c) 그가 부엌에서 물건을 깨뜨렸다.
(d) 그가 초대한 사람들이 엉망으로 어질렀다.

▶ 남자의 중심 화제(사과의 주된 이유): 남자의 첫 발화에 제시되어 있다. 남자는 여자의 불만(손님을 너무 많이 초대하여 어질러진 것)을 무마하려고 사과하고 있다.

표현 | **I know** (양보) 알겠는데, 알았어, 그렇다; (동의) 그래, 알겠어
have somebody over ~을 초대하다

35

W: Hi, I'm returning my rental car.
M: OK. Can I have your contract and the keys, please?
W: Here. Um, and I'm afraid I'm a bit late.
M: Let's see… Hmm, it looks like you're two hours over.
W: Yes, I'm really sorry about that.
M: Unfortunately, **we'll have to charge you for an extra day.**
W: An extra day? But it's only two hours!
M: Sorry, but **that's the policy.**

Q. What is the man mainly doing?

(a) Scolding the woman for arriving two hours late.
(b) Charging the woman an extra day for returning late.
(c) Submitting the car keys and rental contract.
(d) Changing the cost per day of the rental car.

W: 안녕하세요. 임대한 차를 반납하겠습니다.
M: 그러세요. 계약서와 열쇠를 주시겠습니까?
W: 여기 있습니다. 그런데 약간 지체되었습니다.
M: 어디 볼까요… 2시간 초과된 것 같습니다.
W: 네, 그 점은 정말 미안합니다.
M: 유감스럽게도, 1일 비용을 더 청구해야겠습니다.
W: 하루요? 겨우 2시간인데요!
M: 죄송하지만 그게 규정입니다.

Q. 남자는 주로 무엇을 하고 있는가?

(a) 여자가 2시간 늦은 것 꾸짖기.
(b) 여자의 늦은 반납에 1일 비용 청구하기.
(c) 차 열쇠와 계약서 제출하기.
(d) 대여 차의 비용을 1일 단위로 바꾸기.

▶ 남자의 중심 화제(하고 있는 일): 대화 상황과 남녀 화자의 입장을 요약해서 대화 내용을 따라가면 정답 찾기가 수월하다.

표현 | charge (일정액을) 부담시키다, 청구하다, 물리다
cf. They charged me five dollars for the book.
　나는 이 책에 5달러 치렀다.
　How much do you charge for this? 이 요금은 얼마예요?

36

M: Is that our new company logo?
W: Possibly. I was **asked to come up with a new design.**
M: I really like it. I think it's much better than our current one.
W: I tried to use a bit more color than we have now.
M: It's definitely an improvement over our black and white image.
W: Thanks. Let's just hope everyone likes it.

Q. What is the main topic of the conversation?

(a) The current company logo.
(b) The need for a better trademark.
(c) The newly revised logo.
(d) The advantage of a color trademark.

M: 그게 우리 회사의 새 로고입니까?
W: 어쩌면요. 새로운 디자인을 제시하라는 요청을 받았어요.
M: 아주 마음에 듭니다. 현재 것보다 훨씬 좋은 것 같습니다.
W: 지금 것보다 색상을 약간 더 쓰려고 했어요.
M: 현재의 흑백 이미지에 비해 확실히 개선되었습니다.
W: 고마워요. 모든 사람이 좋아하길 바랍시다.

Q. 대화의 중심 주제는 무엇인가?

(a) 현재의 회사 로고.
(b) 더 나은 상표의 필요성.
(c) 새로 수정된 로고.
(d) 색상 상표의 이점.

▶ 대화문의 중심 주제: 첫 발화에 대화의 화제인 new company logo가 언급되었다.
▶ 이후 반복해서 등장하는 어휘에 주목하면 newly revised의 의미를 쉽게 이끌어 낼 수 있다.

표현 | **come up with** ~을 제안하다, 생각해내다, ~을 따라잡다

37

W: Remember how I said I couldn't **decide what to do this weekend**?
M: Yeah. Have you decided?
W: Yes, **I'm going to do both.**
M: Both the painting class and yoga?
W: Yes. I couldn't choose one, so I thought, why not do both?
M: But won't you be too tired to paint after yoga?
W: **I'll be fine.** I'm **not in that bad of shape.**

Q. What is the main idea of the conversation?

(a) The woman is deciding what to do this weekend.
(b) The man is helping the woman make a decision.
(c) The woman is explaining what she has decided.
(d) The man is discouraging the woman from doing both.

W: 내가 이번 주말에 뭘 할지 결정할 수 없었다는 말 한 것 기억해요?
M: 그래. 결정했어?
W: 네. 두 가지 다 하려고요.
M: 수채화와 요가 둘 다를?
W: 네. 한 가지를 선택할 수가 없었어요. 그래서 생각했지요. 두 가지 다하면 어떨까 하고요.
M: 하지만 요가 후에 그림을 그리면 너무 피곤하지 않을까?
W: 괜찮을 거예요. 저 그 정도로 몸 상태 나쁘지 않아요.

Q. 대화문의 요지는 무엇인가?

(a) 여자는 이번 주말에 해야 할 일을 결정하고 있다.
(b) 남자는 여자가 결정하는 것을 도와주고 있다.
(c) 여자는 어떤 결정을 내렸는지 설명하고 있다.
(d) 남자는 여자가 두 가지를 못하도록 설득하고 있다.

▶ 대화문의 요지: 대화의 상황을 요약하고 있다.

▶ 여자는 자신이 내린 결정을 알리고 그 이유를 설명하고 있는 상황이다.

▶ (a), (b) (X) 시제가 맞지 않다. 결정을 이미 내린 상태이므로 합당하지 않다.

표현 | **Remember how I said S+V?** ~라고 말한 것을 기억해요?
painting 그림, 유화, 수채화; 그림 그리기
be in bad shape 몸 상태가 좋지 않다
discourage somebody from V-ing ~에게 …하지 못하도록 설득하다

38

> M: Susan, I need some help.
> W: What do you need help with?
> M: **I can't find my glasses anywhere.** Have you seen them?
> W: No. Did you check on the dresser or the nightstand?
> M: Yeah, they're not there.
> W: How about on the bathroom counter?
> M: No luck. They're nowhere to be found.
> W: Aha! **I see them. They're on your head!**

Q.   Where were the man's glasses?

(a) On the dresser.
(b) On the nightstand.
(c) On the bathroom counter.
(d) On his head.

M: 수잔, 네 도움이 필요해.
W: 뭘 도와주길 원해요?
M: 안경을 어디다 뒀는지 찾을 수가 없어. 봤어?
W: 아니요. 화장대나 침실 탁자를 확인해 봤어요?
M: 했지. 거기에 없어.
W: 욕실 선반은요?
M: 없어. 아무 데도 없어.
W: 아해! 찾았다. 당신 머리 위에 있어요!

Q.   남자의 안경은 어디에 있었나?

(a) 화장대 위에.
(b) 침실 탁자 위에.
(c) 욕실 선반 위에.
(d) 그의 머리 위에.

▶ 특정 정보 질문: 남자의 안경이 있는 장소.

표현 | **check on** ~을 확인하다, 조사하다
No luck. 운이 없어, 잘 안됐어, No 대용어

39

> M: What time is it, Tracy?
> W: It's almost three.
> M: No, I mean the exact time. What does your watch say?
> W: It says 2:52. Say, what's wrong with the watch you're wearing?
> M: I think **it's getting slower and slower.**
> W: You'd better get a new battery.

Q.   Which is correct about the man?

(a) He just bought a new watch.
(b) He is not wearing a watch.
(c) He thinks the woman's watch is running slow.
(d) He believes his watch is falling behind.

M: 지금 몇 시지, 트레이시?
W: 거의 세 시야.
M: 아니, 정확한 시간 말이야. 시계가 몇 시를 가리키니?
W: 2시 52분이야. 네가 찬 시계가 뭐 잘 못 됐니?
M: 점점 늦어지는 것 같아.
W: 건전지를 새로 가는 것이 나을 거야.

Q.   남자에 대해 옳은 것은 무엇인가?

(a) 새 시계를 막 샀다.
(b) 시계를 차고 있지 않다.
(c) 여자의 시계가 천천히 간다고 생각한다.
(d) 그의 시계가 늦어진다고 믿는다.

▶ 특정 정보(진위): 특정 대상(남자의 시계)에 관련하여 옳은 것 찾기.

▶ 남자의 시계가 느리게 가고 있어서 여자에게 시각을 묻는 상황이다.

▶ (d) (O) getting slower를 falling behind로 바꾸어 놓은 정답이다.

표현 | **fall behind** 뒤떨어지다, 늦어지다

40

> W: Mark! **I didn't think you were coming to this class reunion.**
> M: Good to see you, Barbara. I really wanted to come.
> W: But you live halfway across the country.
> M: I didn't want to miss this, though. So, how have you been doing?
> W: Good. I'm living in Cincinnati now. And you?
> M: Great. Still in Seattle working at the law firm. What are you doing now?
> W: I'm a Senior Accounts Manager for a bank.

Q.   Which is correct according to the conversation?

(a) The man is working for a bank.
(b) The woman is living in Seattle.
(c) The man almost missed the reunion.
(d) The woman thought the man wouldn't show.

W: 마크! 네가 동창회에 오리라고는 생각 못 했어.
M: 너를 봐서 기뻐, 바바라. 정말 오고 싶었거든.
W: 하지만 나라를 가로질러 중간지점에 살잖아.
M: 그래도 놓치고 싶지 않았어. 그래, 어떻게 지냈니?
W: 좋아. 지금 신시내티에 살고 있어. 너는?
M: 아주 좋아. 법률 회사에서 일하면서 여전히 시애틀에 살고 있지. 너는 지금 뭐 하니?
W: 은행에서 고참 경리부장이야.

Q.   대화에 따르면 옳은 것은 무엇인가?

(a) 남자는 은행에 근무하고 있다.

(b) 여자는 시애틀에 살고 있다.

(c) 남자는 거의 동창회를 놓칠 뻔했다.

(d) 여자는 남자가 나타날 거라고 생각 못 했다.

> ▶ 진위: 동창회에서 만난 남녀 각각의 상황과 관련하여 옳은 것 찾기.

> ▶ (d) (O) I didn't think you were coming → The woman thought the man wouldn't show로 바꾸어 놓은 (d)가 정답이다.

표현 | class reunion 동창회
law firm 법률 회사
accounts manager 경리 부장

41

M: How many bags are you checking in today?

W: Just these two here.

M: OK. And are you a member of the Executive Flyers Club?

W: Yes, I am. Do you need to see my club card?

M: No, that won't be necessary. I simply wanted to inform you of **our Executive Airport lounge.**

W: Great. Where is that located?

M: **It's on the second floor** next to Gate F.

Q. Which is correct about the woman?

(a) She needed to show her Executive Flyers Club card.

(b) She asked for permission to enter the club lounge.

(c) She is traveling with two carry-on bags.

(d) She was told the lounge is on the second floor.

M: 오늘 맡기실 짐이 몇 개나 되죠?

W: 이것 두 개 밖에 없어요.

M: 알겠습니다. 중역 고객 클럽 회원이십니까?

W: 네, 클럽 카드를 보여 드려야 하나요?

M: 아니요, 그럴 필요 없으세요. 단지 중역 공항 휴게실에 대해 알려 드리고자 해서요.

W: 좋은데요. 어디에 있죠?

M: 이층 F 탑승구 옆에 있습니다.

Q. 여자에 대해서 옳은 것은 무엇인가?

(a) 중역 고객 클럽 카드를 보여줘야 했다.

(b) 클럽 휴게실에 들어가기 위해 허락을 구했다.

(c) 기내 휴대용 가방 두 개를 가지고 여행을 한다.

(d) 휴게실이 2층에 있다는 정보를 전해 들었다.

> ▶ 특정 정보(진위): 특정 대상(공항에서 짐을 check in하는 여자)에 관하여 옳은 것 찾기.

> ▶ 여자가 공항 휴게실에 대한 정보를 듣고 위치를 알게 된 상황을 제시한 (d)가 정답이다.

표현 | **check in** (공항에서) 체크인하다,(짐)을 맡기다
executive 이사, 중역
lounge 휴게실
carry-on bag (기내) 휴대용 가방

42

W: I feel so self-conscious.

M: Why? What do you mean?

W: Everyone at work has a briefcase, but I have a backpack.

M: Don't worry. **They're the ones who need to get with the times.**

W: You really think a backpack is more fashionable?

M: Yeah, nowadays it's trendy to be casual. They're passé.

Q. Which is correct according to the conversation?

(a) The woman thinks she overdresses for work.

(b) The woman is self-conscious about her clothing.

(c) The man thinks a briefcase is better than a backpack.

(d) The man said the woman's colleagues are old-fashioned.

W: 너무 남의 눈을 의식하게 되요.

M: 왜요? 무슨 얘기에요?

W: 직장에 모든 사람이 서류 가방을 갖고 있는데, 저만 배낭이에요.

M: 걱정 마세요. 그들도 시대에 발맞출 필요가 있어요.

W: 정말 배낭이 더 유행을 따르는 것 같으세요?

M: 네, 요즘은 캐쥬얼 한 것이 유행이라고요. 그 사람들은 구식이에요.

Q. 대화에 따르면 옳은 것은 무엇인가?

(a) 여자는 자기가 직장에 맞춰 옷을 너무 차려 입었다고 생각한다.

(b) 여자는 옷차림에 대해 너무 신경쓴다.

(c) 남자는 서류 가방이 배낭보다 더 낫다고 생각한다.

(d) 남자는 여자의 동료들이 구식이라고 말했다.

> ▶ 진위: 직장 동료들과 비교해 유행을 의식한 여자와 그에 대해 의견을 제시하는 남자의 대화에서 옳은 것 찾기.

> ▶ 남자의 두 번째 발화에서 오히려 직장 사람들이 유행에 뒤떨어졌다고 말한 부분 중에서 need to get with the times → old fashioned로 바꿔 제시한 (d)가 정답이다.

표현 | **self-conscious** 남의 이목을 의식하는, 자의식이 강한
get with the times 시대에 발맞추다
trendy 유행의
passé 구식의, 시대에 뒤진

43

W: Excuse me. I'm **looking for Birchwood Plaza.**

M: Do you mean Bristol? There's a Bristol Plaza near here.

W: I don't think so. Is there no Birchwood in the area?

M: **There's a Birchwood Avenue.**

W: Is it close?

M: About a mile east on your left.

W: Great, thanks for your help.

Q. What will the woman most likely do next?

(a) Go to Birchwood Plaza.
(b) Look towards her left.
(c) Find Birchwood Avenue.
(d) Walk to Bristol Plaza.

W: 실례합니다. 버취우드 상점가를 찾고 있습니다.
M: 브리스톨을 말씀하시나요? 이 근처에 브리스톨 상점가가 있는데요.
W: 아닌 것 같은데요. 이 지역에 버취우드는 없습니까?
M: 버취우드 거리가 있어요.
W: 가까운가요?
M: 왼편 동쪽으로 약 1마일 거리에 있습니다.
W: 좋습니다, 도와주셔서 감사합니다.

Q. 여자는 다음에 무슨 일을 할 것 같은가?

(a) 버취우드 상점가로 간다.
(b) 왼쪽으로 시선을 돌린다.
(c) 버치우드 거리를 찾는다.
(d) 브리스톨 상점가로 걸어간다.

▶ 추론 질문: 상점가를 찾는 여자가 다음에 할 것 같은 일.

▶ 상점가와 동일한 이름을 가진 거리를 찾는 것이 상황상 제일 자연스럽다.

44

M: I was thinking of you yesterday.
W: Really? What prompted that?
M: I saw an ad for Big Fish. They're coming to town soon.
W: Oh, I love their music!
M: I know, and that's why **I have something for you.**
W: No, don't tell me we're going!

Q. Most likely, what did the man get?

(a) Tickets to a concert.
(b) Passes to a fish aquarium.
(c) A music CD by Big Fish.
(d) A birthday gift for the woman.

M: 어제 당신 생각을 했어요.
W: 정말이요? 무엇 때문에 그랬나요?
M: 빅 피쉬 광고를 봤어요. 그들이 곧 마을로 온대요.
W: 오, 그들 음악 너무 좋아해요!
M: 알아요. 그래서 제가 뭔가 당신을 위한 것을 갖고 있죠.
W: 말도 안돼요, 우리가 (음악회에) 갈 거라는 얘기를 하려는 건 아니죠!

Q. 남자가 무엇을 갖고 있을 것 같은가?

(a) 음악회 표.
(b) 수족관 입장권.
(c) 빅 피쉬 음악 CD.
(d) 여자를 위한 생일 선물.

▶ 추론: 음악회에 대해 알려주는 남자가 갖고 있을 만한 것.

▶ 남자의 마지막 발화에서 I have something for you라고 했으므로 tickets to a concert로 제시된 (a)가 정답이다.

▶ (b) (X) tickets와 의미상 비슷한 passes, 동일 단어 fish를

반복 이용한 오답이다.

표현 | **prompt** 재촉하다, 생각나게 하다
aquarium 수족관

45

M: Have you gotten the course syllabus yet?
W: Yes. It's so long. We're never going to finish everything.
M: **I knew Prof. Mackie was hard** but I didn't expect he'd be this bad.
W: And I've got him for two classes this semester!
M: What were you thinking, signing up for two?
W: I didn't know what I was getting myself into.

Q. What can be inferred from the conversation?

(a) The professor has a reputation for being demanding.
(b) The speakers did not know the professor's classes were difficult.
(c) The woman signed up for two accidentally.
(d) The same class is being offered twice this semester.

M: 강의 계획서 벌써 받았니?
W: 응. 너무 길어. 우리가 모든 걸 끝낼 수 없을 것 같아.
M: 매키 교수님이 심하시다는 것은 알았는데 이 정도로 심할 줄은 예상 못했어.
W: 게다가 나는 이번 학기에 그 교수님 과목을 두 개나 들어!
M: 도대체 무슨 생각을 했던 거야, 두 개나 등록했다고?
W: 나도 내가 어떤 일에 처하게 될 지 몰랐던 거지.

Q. 대화로부터 추론될 수 있는 것은 무엇인가?

(a) 교수는 요구사항이 많은 것으로 평판이 나있다.
(b) 화자들은 교수의 수업이 어렵다는 것을 몰랐다.
(c) 여자는 우연히 두 과목을 신청했다.
(d) 같은 수업이 이번 학기에 두 번 개설되고 있다.

▶ 추론: 두 화자가 함께 듣는 수업에 대한 대화에서 이끌어 낼 수 있는 것.

▶ 교수의 수업이 어렵다는 것을 이미 알고 있었다는 내용이 남자의 두 번째 발화에서 나타나므로 hard, this bad → demanding으로 바꿔 표현한 (a)가 정답이다.

표현 | **course syllabus** 강의 개요, 강의 계획서
demanding 요구가 많은, (일이) 힘든, 고된

46

I'd like to explain **the grooming procedures for a horse.** You begin with the face. Use a soft brush and gentle strokes. Then, get a firmer brush and do the horse's body, starting at the neck. Once that is finished, you can move on to the mane and tail. These require a stiffer brush, and you might also need to spray the hair to make it easier to detangle. After that, you'll need to clean the hooves. The tool for this is called a hoof pick.

Q.　What is the best title for this talk?

(a) How to groom a horse.
(b) Why horses need good care.
(c) Which are the best tools for grooming.
(d) What tool is used for cleaning hooves.

말을 손질하는 절차를 설명하겠습니다. 얼굴부터 시작합니다. 부드러운 솔로 어루만지듯 쓸어줍니다. 그 다음에 약간 딱딱한 솔로 몸을 쓸어주는데 목에서부터 시작합니다. 그것이 끝나면 갈기와 꼬리로 넘어갑니다. 이 부위에는 좀 뻣뻣한 솔이 필요하고 머리에는 물을 뿌려야 할지도 모릅니다. 그래야 좀더 쉽게 털이 엉키지 않도록 할 수 있으니까요. 그 다음으로 말의 발굽을 깨끗하게 해줘야 합니다. 사용 도구는 발굽 후비개입니다.

Q.　이 담화에 가장 적절한 제목은?

(a) 말을 손질하는 방법.
(b) 말을 잘 돌보아야 하는 이유.
(c) 말 손질에 최고의 도구는 무엇인가.
(d) 어떤 도구가 발굽 소제에 이용되는가.

▶ 담화의 제목: 첫 문장에 제시되어 있다.
▶ 정답: procedures가 선택지에서 how to do로 대체되었다.

표현｜　**tangle** 엉키다, 얽혀있다
　　　detangle 엉키지 않게 하다
　　　hoof (복수 hooves) 말의 발굽, 발
　　　pick 쪼는 기구, 후비는 물건(이쑤시개)

47

It is a very difficult thing to **define** exactly **what art is.** Art includes such a wide variety of forms of expression. It includes painting, writing, singing, and acting, for example. But there are a few common elements in all of these. Each art form demands a unique talent. Each one also allows for creative expression. So, in a way, art is using one's talent to express oneself.

Q.　What is the lecture mainly about?

(a) The kinds of activities artists perform.
(b) The difficulty of studying art.
(c) The definition of art.
(d) The talent required to be an artist.

예술이 무엇인지 정확히 규정하는 일은 대단히 어렵다. 예술은 그만큼 아주

다양한 표현 양식을 포함한다. 이를테면, 예술은 미술과 저술과 노래와 연기를 포함한다. 하지만 이 모든 것에는 공통 요소가 적다. 각 예술 양식은 독특한 재능을 요구한다. 또한 독창적 표현을 허용한다. 그러므로, 어떤 면에서 예술은 자신의 의도를 말하기 위해 각자의 재능을 활용하는 것이다.

Q.　강의는 주로 무엇에 대한 것인가?

(a) 예술가가 행하는 활동의 종류.
(b) 예술 공부의 어려움.
(c) 예술의 정의.
(d) 예술가가 되기 위해 필요한 재능.

▶ 강의의 중심 주제: 첫 문장에 제시되어 있다.
▶ 주제나 화제는 주제문의 명사와 동사를 활용하여 만들어진다.

표현｜　**allow for** ~을 감안하다, ~을 허용하다
　　　express oneself 자신을 표현하다, 생각하는 바를 말하다, 의중을 털어놓다

48

Goat-lovers everywhere, mark your calendars. Today there is **a new law** in town. **City rules have always determined which animals can legally be kept as pets and which are not allowed.** Without such a law, there would be nothing to stop ordinary citizens from, say, having llamas in their living rooms or cows in their kitchens. But as of today, pygmy goats have joined the ranks of hamsters, cats, and canines. Residents can now keep a goat as a pet.

Q.　What is the report mainly about?

(a) Caring for goats as pets.
(b) A law allowing a new pet.
(c) The importance of city laws on animals.
(d) Keeping farm animals indoors.

전국의 염소 애호가 여러분, 달력에 표시해 두십시오. 오늘 새로운 도시 법안이 마련되었습니다. 항상 시 규정에 따라 어떤 동물은 법적으로 애완동물로 키울 수 있고 어떤 동물은 허용되지 않는 지 결정되어 왔습니다. 그런 법률이 없으면, 일반 시민들이, 이를테면 거실에서 라마를 키우거나 부엌에서 소를 키우는 일을 막을 방도가 없습니다. 그런데 오늘부로, 작은 염소도 햄스터, 고양이, 개와 같은 지위를 누리게 되었습니다. 이제 주민들은 염소를 애완동물로 키울 수 있습니다.

Q.　보고문은 주로 무엇에 관한 것인가?

(a) 염소를 애완동물로 돌보기.
(b) 새로운 애완동물을 허용하는 법.
(c) 동물에 관한 도시법의 중요성.
(d) 농장 가축을 실내에서 카우기.

▶ 보고문의 중심 화제: 첫 문장과 두 번째 문장에서 화제 (goat / law / pets)를 도입하고 있다. 세 번째 문장에 요지가 간접적으로 제시되어 있다. 마지막 문장에 직접적으로 새로운 법안의 내용을 알려주고 있다.

표현｜　**mark your calendars** 달력에 기록해 두다, 기억하다
　　　say (예시하는 것 앞에 삽입) 이를테면, 예를 들면, 글쎄요
　　　as of May 1, 1990 1990년 5월 1일 현재
　　　pygmy goat 집에서 키우는 작은 염소 종
　　　Without such a law, there would be nothing to stop citizens

from, say, having llamas in their living rooms or cows in their kitchens. (가정법 문장: 현재 사실에 대한 유감) 그런 법률이 없으면, 일반 시민이 거실에서 라마를 키우거나 부엌에서 소를 키우는 일을 막을 방도가 없을 텐데.
→ (직설적 의미) 그런 법 때문에 시민들이 거실에서 라마를 키우거나 부엌에서 소를 키울 수 없다.

49

Attention, passengers: **Please keep** all of your articles with you at all times. Unattended bags will be confiscated and may be claimed in the Lost and Found Office. **Also, please report** any suspicious activity to police. When exiting, **please remember to take** all of your personal belongings. Thank you in advance for your **cooperation in keeping** our public transportation system **safe**.

Q. What is the announcement mainly about?

(a) Guidelines for maintaining public safety.
(b) New emergency procedures at the airport.
(c) The need for increased vigilance of belongings.
(d) The location where confiscated items can be collected.

승객 여러분께 알립니다. 모든 물품을 항상 휴대하십시오. 방치된 가방은 수거되오니 분실물 사무실에서 찾으십시오. 그리고 수상쩍은 행동은 경찰에 신고하십시오. 나가실 때 잊지 말고 모든 개인 소지품을 챙기시기 바랍니다. 저희 대중교통 기관의 안전 유지에 대한 여러분의 협조에 미리 감사 드립니다.

Q. 안내문은 주로 무엇에 관한 것인가?

(a) 치안 유지를 위한 지침.
(b) 공항에서의 새로운 응급절차.
(c) 소지품 관리에 더 조심해야 할 필요성.
(d) 수거된 품목을 회수할 수 있는 장소.

▶ 공지·안내의 중심 화제: 승객이 지켜야 할 공공안전 주의사항.

▶ 담화의 앞 부분에 세 가지 주의 사항이, 마지막 문장에 요지가 제시되어 있다.

표현 | **confiscate** 거두어 들이다, 압류하다, 징발하다
public safety 치안, 공공 안전

50

Many people believe that by exercising 30 minutes a day they will lose weight. This is partly true. Recent government health guidelines do recommend moderate physical activity. But the guidelines say this is to promote and maintain health, not necessarily promote weight loss. Promoting and maintaining health is not synonymous with losing weight. What is true is that **persons** with relatively **high daily energy expenditures** are **less** likely to **gain weight** over time.

Q. What is the main idea of the talk?

(a) Exercising is the best way to lose weight.
(b) Thirty minutes a day is not enough for exercise.
(c) Staying healthy does not necessarily require exercise.
(d) Exercise prevents weight gain, not promotes weight loss.

많은 사람들이 하루 30분 운동을 하면 체중을 줄이게 될 것이라고 믿는다. 이것은 부분적으로 사실이다. 최근 정부의 건강 지침서는 적당한 신체 활동을 권장한다. 그러나 지침서에 따르면 이는 건강을 증진하고 유지해 주는 것이지 반드시 체중 감량을 촉진하지는 않는다. 건강을 증진하고 유지하는 것과 체중을 줄이는 것은 같은 의미가 아니다. 일일 열량 소비량이 비교적 많은 사람들이 시간이 지나면서 체중이 늘어날 가능성이 낮은 것은 사실이다.

Q. 담화의 요지는 무엇인가?

(a) 운동이 체중을 줄이는 최선의 방법이다.
(b) 하루 30분은 운동으로 충분하지 않다.
(c) 건강을 유지하는 데 반드시 운동을 필요로 하는 것은 아니다.
(d) 운동은 체중 증가를 막아주지만, 체중 감소를 촉진하지는 않는다.

▶ 담화의 중심 요지: 처음 두 문장에 함의되어 있고 다음 문장에 직접적으로 제시되어 있다. 그리고 마지막 문장에 다시 설명되어 있다.

표현 | **be synonymous with** ~와 의미가 같다, ~와 같은 뜻이다
expenditure 소비량, 소비; 지출액, 지출, 경비

51

I am delighted to have been invited to speak today. The greatest honor of the invitation is not that this is due to any personal achievement of mine. Rather, **I am honored because it demonstrates the tight solidarity our two universities have forged.** Since our exchange agreement, many partnerships and strategic alliances have been formed at all institutional levels: faculty, staff, and students. I am honored to represent all of them and hope that this conference will further deepen our cooperative ties.

Q. What main reason does the speaker give for feeling honored?

(a) Because she is representing her university.
(b) Because the invitation symbolizes the two universities' close relations.
(c) Because the invitation is a recognition of personal achievement.
(d) Because she loves addressing this particular audience.

오늘 연설을 하도록 초청되어 매우 기쁩니다. 초대의 가장 큰 명예는 이것이 제 개인적 업적이기 때문이 아닙니다. 오히려 우리 두 대학이 다져온 단단한 결속을 증명하는 것이기에 영광스럽습니다. 우리의 교류 협정 이후 많은 협력과 전략적 제휴가 교수, 직원, 그리고 학생에 이르는 모든 기관 차원에서 이루어졌습니다. 제가 그들 모두를 대표하게 되어서 영광스럽고 이 회의가 우리의 협력 기반을 더욱 깊게 해주기를 희망합니다.

Q. 화자가 명예롭게 여기는 주된 이유는 무엇인가?

(a) 그녀가 대학을 대표하기 때문에.

(b) 초대가 두 대학의 밀접한 관계를 상징하기 때문에.

(c) 초대가 개인적 업적을 인정하기 때문에.

(d) 그녀가 이런 특별 청중에게 연설하는 것을 좋아하기 때문에.

▶ 특정 정보: 화자가 명예롭게 느끼는 주된 이유

▶ (b) (O) 세 번째 문장에 이유가 제시되어 있다. 담화의 tight solidarity가 선택지에서 close relations로 대체되었다.

표현 | **forge** (합의·친교 등을) 맺다, 체결하다; 꾸며내다, 위조하다
solidarity 결속, 단결, 공동 일치
alliance 제휴, 협조
ties 기반, 연분, 인연

52

Globalization is **not** necessarily **well-received** around the world, and the **reasons** for the **resistance** are **various**. In East Asia, some fears can be traced to the cultural fallout from Western individualism and license enforcement. In the West, concerns are expressed by environmentalists, moralists, Marxists, and organized labor. The subsistence-level wages of low-skilled workers is also a shared concern for many.

Q. **What is the best title for this lecture?**

(a) The Multiple Players in the Fight against Globalization.

(b) The Reasons Globalization is Doomed to Fail.

(c) The Effects of Globalization in the East and the West.

(d) The Rise of Western Individualism in East Asia.

세계화가 전 세계에서 반드시 호의적으로 받아들여지는 않는다. 그 저항의 이유는 다양하다. 동아시아에서는, 일부 두려움의 원인이 서구 개인주의와 허가제 시행으로 비롯될 문화적 악영향에서 비롯된다. 서구에서는, 환경주의자, 윤리사상가, 공산주의자, 그리고 노동조합원 측에서 우려를 표명하였다. 또한 비숙련 근로자의 최저 생활수준 임금이 많은 사람들의 공동 관심사이다.

Q. 이 강의에 가장 적절한 제목은?

(a) 세계화 반대 투쟁의 다양한 참여자.

(b) 세계화가 실패할 수 밖에 없는 이유.

(c) 동서양에서의 세계화 효과.

(d) 동아시아에서 서구 개인주의의 융성.

▶ 강의 내용에 어울리는 제목: 첫 문장에 제시된 주제와 주장을 포괄하여야 한다.

▶ (a) (O) not well-received / resistance → fight against로 대체되었고, various reasons → multiple players로 변형되었다.

표현 | **be traced to** (원인이) ~에서 비롯되다
fallout (예기치 않은) 부산물, 결과, 악영향
License enforcement 허가제 시행, 인가 집행
organize ~을 노동조합에 가입시키다

subsistence-level 최저 생활수준
labor (집합) 노동자, 노동 계급, 노동

53

For a long time, scientists have suspected that birds use some sort of internal compass to find their way as they migrate. The current theory is that birds use the earth's magnetic field to guide them and even to tell them when to stop and take rests. A team of Swedish researchers, for instance, found that birds tend to stop in Northern Egypt before crossing the Sahara. This makes sense, of course, **since they need to stock up on food to prepare for the big flight over the desert.**

Q. **Why do birds stop in Egypt?**

(a) To eat before flying over the Sahara.

(b) To rest in a magnetic field.

(c) To enjoy the warm weather.

(d) To join other birds of the same species.

오랫동안 과학자들은 새들이 이주할 때 길을 찾기 위해 일종의 내장된 나침반을 사용한다고 추정해왔다. 현재의 이론으로는, 새들이 그들을 안내하고 언제 멈춰서 쉬어야 할 지를 알기 위해 지구 자기장을 사용한다고 본다. 예를 들어, 스웨덴 연구자 팀은 새들이 사하라 사막을 건너기 전에 북부 이집트에서 멈추곤 하는 것을 발견하였다. 이것은 물론 일리가 있는데 그들이 사막을 가로지르는 긴 비행을 대비해 음식을 비축해 둘 필요가 있기 때문이다.

Q. 새들이 이집트에서 멈추는 이유는 무엇인가?

(a) 사하라 사막 위를 비행하기 전에 먹기 위하여.

(b) 자기장에서 쉬기 위하여.

(c) 따뜻한 날씨를 즐기기 위하여.

(d) 같은 종류의 다른 새들과 합류하기 위하여.

▶ 특정 정보: 새들이 이집트에서 멈추는 이유.

▶ (a) (O) 마지막 문장에 이유가 제시되어 있다. 담화의 need to stock up on food가 선택지에서 eat로 대체되었다.

표현 | **migrate** 이주하다
magnetic field 자기장

54

Today, I'd like to discuss the lost art of rhetoric. Rhetoric was one of the earliest academic subjects. In fact, it was taught before schools even existed. The teaching of rhetoric, as it was originally conceived in ancient times, was aimed at training students to verbally defend themselves and attack others in public. This was a critical skill then since **there were no lawyers at that time** in Athens and **public persuasion was often a deciding factor in bringing justice.**

Q. **Why was rhetoric valuable in ancient times?**

(a) It gave lawyers the ability to speak well.

(b) It was a way of ensuring justice before

lawyers existed.
(c) It was a model for other later academic subjects.
(d) It mainly trained students to defend themselves.

오늘, 수사학의 잊혀진 기술에 대해 논하고 싶습니다. 수사학은 가장 오래된 학과목 중 하나였습니다. 사실상, 그것은 심지어 학교들이 존재하기 전에도 가르쳐졌습니다. 수사학을 가르치는 목적은, 고대에 본래 시작되었던 것처럼, 대중 앞에서 말로써 자신을 보호하고 다른 사람들을 공격할 수 있도록 학생들을 훈련시키는 것입니다. 이것은 그 당시 중요한 기술이었는데, 그 시대 아테네에는 변호사도 없었고 대중적인 설득이 종종 정의를 행사하는 결정적인 요소였기 때문입니다.

Q. **수사학이 고대에 가치 있었던 이유는 무엇인가?**
(a) 변호사들에게 말을 잘 하는 능력을 주었다.
(b) 변호사들이 존재하기 전 정의를 보장해주는 하나의 방법이었다.
(c) 훗날 다른 학과목들의 모델이었다.
(d) 주로 학생들이 스스로를 방어하도록 훈련시켰다.

▶ 특정 정보: 수사학이 고대에 가치 있었던 이유.
▶ (b) (O) 마지막 문장에 이유가 제시되어 있다. 담화의 no lawyers at that time + a deciding factor in bringing justice가 선택지에서 a way of ensuring justice before lawyers existed로 대체되었다.

표현 | **rhetoric** 수사학, 연설법
conceive 생각해내다; ~라고 여기다
verbally 말로, 구두로
critical 중요한; 비평의, 비평적인

55

Thank you for coming to this meeting everyone. As you know from the memo I sent, this meeting is about our work hours. Basically, we have decided to adopt new summer work hours. So for the summer **the workday will be from 9 to 6, Monday through Thursday** and 9 to 1 on Fridays. This is one hour more each of those days than our normal 9 to 5 schedule, but I think the bonus of leaving early on Friday is something we can all look forward to.

Q. **Which is correct about the summer work schedule?**
(a) Employees have to stay late every weekday.
(b) Employees may leave early every day but Friday.
(c) The work hours are 9 to 5 except for Fridays.
(d) One hour extra is required Monday through Thursday.

모두들 회의에 참석해 주셔서 감사합니다. 보내드린 메모를 봐서 아시겠지만, 본 회의는 우리 작업 시간에 대한 것입니다. 기본적으로, 우리는 새로운 여름 작업 시간을 채택하기로 결정하였습니다. 그래서 여름 동안 평일 근무 시간은 월요일에서 목요일은 9시에서 6시, 금요일은 9시에서 1시가 될 것입니다. 이렇게 하면 보통의 9시에서 5시 근무 시간보다는 매일 한 시간씩 더 있게 되지만, 금요일에는 일찍 퇴근할 수 있는 보너스를 우리 모두 기대할 수 있을 것입니다.

Q. **여름 근무 시간에 대해 옳은 것은 무엇인가?**
(a) 피고용인들은 모든 평일에 늦게까지 있어야 한다.
(b) 피고용인들은 금요일을 제외하고는 매일 일찍 퇴근할 수 있다.
(c) 근무 시간은 금요일을 제외하고는 9시에서 5시이다.
(d) 한 시간 추가 근무가 월요일에서 목요일까지 요구된다.

▶ 진위: 여름 작업 스케줄에 대해 옳은 것.
▶ (d) (O) 담화의 네 번째 문장에 from 9 to 6, Monday through Thursday가 선택지에서 one hour extra is required Monday through Thursday로 대체되었다.

표현 | **adopt** 채택하다
workday 평일
look forward to ~을 기대하다

56

I would like to announce **a new position that we are seeking to fill** immediately. The Department of English at Bridgeton Tech University has an **opening** for a tenure-track Assistant Professor who will collaborate closely with colleagues **in further developing the college's** graduate- and undergraduate-level literature and composition **programs.** Applicants for the position may contact Dr. Shapiro for further details, including the proper application documents and prerequisites. Thank you.

Q. **Which is correct about the position?**
(a) It entails working to enhance the school's existing programs.
(b) It requires devising new programs for students.
(c) The application is available at Dr. Shapiro's website.
(d) The new hire will mainly teach undergraduate students.

우리가 즉시 충원해야 하는 새로운 일자리에 대해 공지하고자 합니다. 브리지톤 기술 대학의 영문과에는 동료 교수들과 긴밀히 협력하여 대학원 및 학부의 문학과 작문 프로그램을 추가 개발할 종신직 조교수 자리가 비어 있습니다. 이 자리 지원자들은 샤피로 박사에게 연락하여 적절한 지원 서류들과 필수 자격 조건들을 포함하여 자세한 정보를 얻을 수 있습니다. 감사합니다.

Q. **일자리에 대해 옳은 것은 무엇인가?**
(a) 학교의 기존 프로그램을 향상시키기 위해 일하는 것을 필요로 한다.
(b) 학생들을 위한 새 프로그램들을 고안하는 것을 요구한다.
(c) 지원은 샤피로 박사의 웹사이트에서 가능하다.
(d) 새로 고용되면 주로 학부 학생들을 가르칠 것이다.

▶ 진위: 새 일자리에 대해 옳은 것.
▶ (a) (O) 담화의 두 번째 문장 후반에 further developing the college's ~ programs → 선택지에서 enhance the school's existing programs로 대체되었다.

표현 | **tenure-track** (대학교수가) 종신 재직을 인정받는 신분인, 종신 재직 신분의
opening 취직 자리, 공석
prerequisite 미리 필요한 것, 선행 조건
entail ~을 필요로 하다, 수반하다

In today's lecture we'll continue our discussion on the various themes in Alexander Pope's "An Essay on Man." **One theme in particular** threads back through Augustine to Plato and **culminates in his use of the great chain of Being metaphor. By employing this metaphor**, Pope illustrates the traditional understanding of the hierarchical extension of order emanating from God downward to man, woman, creatures, and all of Creation. This commonly held view in medieval times said people should accept their place in life and submit to those placed higher.

Q. **Which is correct according to the lecture?**

(a) Pope's theme is derived from Augustine.

(b) The quintessence of Pope's theme was a metaphor.

(c) Pope explicitly stated people should submit to authority.

(d) The common medieval view was rejected by Pope.

오늘 강의에서 우리는 알렉산더 포우프의 '인간에 대한 에세이'에 나오는 다양한 주제들에 대해 토론을 계속할 것입니다. 특별히 한 주제는 아우구스티누스부터 플라톤에 이르기까지 관통하고 있고 그가 사용하는 은유의 거대한 사슬 안에서 절정에 달하고 있습니다. 이러한 은유를 사용함으로써, 포우프는 신으로부터 저 아래 남자, 여자, 피조물들, 그리고 모든 창조의 형태에 이르기까지 퍼져나가는 위계질서의 확장에 대한 전통적인 이해를 보여주고 있습니다. 이처럼 중세시대에 흔히 받아들여진 견해는 사람들이 인생에서 자신의 위치를 받아들이고 더 높은 자들에게 순종하라고 얘기하고 있습니다.

Q. **강의에 따르면 옳은 것은 무엇인가?**

(a) 포우프의 주제는 아우구스티누스로부터 파생된 것이다.

(b) 포우프의 주제의 정수는 은유였다.

(c) 포우프는 사람들이 권위에 복종해야 한다고 명시적으로 말했다.

(d) 중세의 흔한 관점이 포우프에 의해 거부되었다.

▶ 진위: 포우프의 작품 주제에 대한 강의에서 옳은 것

▶ (b) (O) 담화의 두 번째, 세 번째 문장을 통해서 포우프가 은유를 사용하여 주제를 표현했음을 알 수 있다.

▶ (c) (X) 포우프가 얘기하고 있는 내용이기는 하지만 은유를 통하여 암시적으로(implicitly) 제시한 것이기에 오답이다.

표현 | **thread** ~을 꿰뚫다, 관통하다
culminate ~로 절정에 이르다, ~로 최고조에 이르다
emanate 발산하다, 나오다, 퍼지다
quintessence 본질, 정수
explicitly 명시적으로

Ladies and gentlemen, distinguished colleagues, and guests, I stand before you today to make a humble plea. It is a plea for a resource most people around the world take for granted, namely, water. My anthropological expeditions to the Xintua tribe have brought to my attention the peoples' desperate need for water. The recent construction of the Icapua **Dam has dried up their only source of water.** If the government does not act soon, I'm afraid the Xintua tribe may not exist much longer.

Q. **Which statement would the speaker most agree with?**

(a) The Xintua tribe appreciates the new dam.

(b) The cost of water should be more affordable.

(c) The dam should be opened a little.

(d) The government should not destroy the rain-forest.

신사 숙녀 여러분, 저명하신 동료 분들, 그리고 내빈 여러분, 저는 오늘 겸허한 탄원을 드리고자 여러분 앞에 섰습니다. 그것은 세상 대부분 사람들이 당연하게 여기는 자원, 즉, 물에 대한 탄원입니다. 신투와 부족에 대한 인류학적 탐험에서 저는 그 부족 사람들이 물을 절실히 필요로 하고 있음을 주목하게 되었습니다. 최근 이카푸아 댐 건설로 그들의 유일한 수자원이 고갈되었습니다. 정부가 즉시 조치를 취하지 않으면, 신투아 부족이 더 이상 존재하지 않게 될 까봐 두렵습니다.

Q. **화자가 어느 진술에 가장 동의를 할 것인가?**

(a) 신투아 부족이 새 댐에 대해 고마워 하고 있다.

(b) 물의 가격이 감당할 수 있을 정도로 인하 되어야 한다.

(c) 댐이 약간 개방되어야 한다.

(d) 정부는 열대 우림을 파괴해서는 안 된다.

▶ 추론: 댐 건설로 물이 부족해진 부족을 위해 탄원을 하는 연사가 가장 동의할 것 같은 진술

▶ (c) (O) 담화의 네 번째 문장에서 댐 건설이 수자원을 고갈시켰다고 했으니 댐을 약간 개방하여 물을 얻는 조치가 필요하다고 볼 수 있다.

표현 | **distinguished** 저명한, 훌륭한
expedition 탐험
affordable (가격 등이) 알맞은, 감당할 수 있는

Cities around the world face similar problems when it comes to traffic: congestion and pollution. Various methods of mitigating these problems have been proposed. My personal favorite is the **FUF, which stands for Fast, Urban, Flexible.** It's a transportation system for electric cars that carries them on a rail, much like a train. This would allow commuters to **get around in urban areas** without clogging the streets or the atmosphere. The system would be entirely computerized, and passengers would punch in their destinations before climbing aboard.

Q. What can be inferred about the FUF?

(a) It is the best solution to urban traffic problems.
(b) It is already being used in some cities.
(c) It is not explicitly designed for rural areas.
(d) It is a faster means of travel than subway.

전 세계 도시들은 교통과 관련하여 혼잡과 공해라는 유사한 문제들에 직면하고 있습니다. 이러한 문제들을 줄이기 위해 다양한 방법들이 제안되어 왔습니다. 제가 개인적으로 선호하는 것은 FUF인데, 빠르고, 도시적이고, 융통성 있는 것을 나타내는 말입니다. 그것은, 마치 기차처럼, 철로위로 움직이는 전기 차들을 위한 운송체계입니다. 이는 통근자들이 길 거리나 주변에서 막힌 상태로 있지 않고 도시 지역으로 들어갈 수 있게 할 것입니다. 이 체제는 전적으로 전산화되어 승객들은 탑승 전에 목적지를 입력하게 될 것입니다.

Q. FUF에 대해 무엇을 추론할 수 있는가?

(a) 도시 교통 문제에 대한 최상의 해결책이다.
(b) 이미 몇몇 도시들에서 사용되고 있다.
(c) 시골 지역을 위해서는 명백히 고안된 것이 아니다.
(d) 지하철보다 더 빠른 여행 수단이다.

▶ 추론: 도시 교통 문제를 해결할 수 있는 방법의 하나인 FUF에 대하여 이끌어 낼 수 있는 사실.

▶ (c) (O) FUF에 포함된 도시(urban)라는 말에서 알 수 있듯이 이것은 시골 지역을 위해 고안된 것이 아니다.

 When it comes to ~에 관한 한, ~에 관해 말하자면
mitigate 누그러뜨리다, 경감하다
commuter 통근자
clog 막히다, 방해하다
punch in 컴퓨터에 [데이터]를 입력하다

60

First up in today's financial news: A larger percentage of Koreans are buying real estate in Singapore, the latest data on foreign transactions shows. In 2007, the number of Korean investors in the city-state increased by 132 percent. This is **largely due to actions** taken by the Finance Ministry **in raising the total amount that an individual citizen can invest abroad to $3 million.** But Singapore's hot real estate market is likely to be a cause of the increase as well.

Q. What can be inferred from the report?

(a) Koreans have taken advantage of the increased investing limit.
(b) Most landowners in Singapore are Korean.
(c) The government may remove the $3 million cap.
(d) More Singapore real estate is being sold than purchased.

오늘 경제 뉴스 첫 번째 소식입니다: 더 많은 비율의 한국인들이 싱가포르에서 부동산을 사들이고 있는 것으로 해외 거래 관련 최근 자료가 보여주고 있습니다. 2007년에, 이 도시국가에서의 한국인 투자자 수는 132 퍼센트까지 증가했습니다. 이것의 주된 이유는 개별 민간인이 해외에서 투자할 수 있는 총액 한도를 3백만 달러까지 인상한 재무부 조치 때문입니다. 하지만 싱가포르의 가열된 부동산 시장 또한 이러한 증가 추세의 원인이 될 수 있겠습니다.

Q. 보도로부터 무엇을 추론할 수 있는가?

(a) 한국인들이 투자 한도가 인상된 것을 이용하고 있다.
(b) 싱가포르에서 대부분 토지 소유자들은 한국인이다.
(c) 정부는 3백만 달러 상한선을 없애버릴 지도 모른다.
(d) 더 많은 싱가포르 부동산이 구매되기보다 팔리고 있다.

▶ 추론: 싱가포르의 부동산을 사들이는 한국인 투자자 수가 증가하고 있음을 보도하는 경제 뉴스에서 이끌어낼 수 있는 사실.

▶ (a) (O) 담화문 세 번째 문장에서 알 수 있듯이 이러한 투자 증가 현상은 개인의 투자 금액 한도를 높인 조치 때문이다. 한국인 투자자 수가 늘어나는 것은 이를 이용한 것으로 볼 수 있다.

 first up 우선 첫째로, 최초는
Finance Ministry 재무부
cap 상한선

The TEPS Junior 시리즈
TEPS 시험의 출제 경향을 반영한 원서 형태의 교재

▶ TEPS의 특성은 최대한 살리되, 초보자들을 위한 입문 수준의 어휘 및 토픽을 사용하였다.
▶ 〈예제풀이 – 연습문제 – 실전문제〉의 단계적인 구성으로 체계적인 학습 및 수업이 가능하다.
▶ TEPS의 성격을 고려한 다양한 형태의 연습문제로 효과적인 훈련이 이루어진다.
▶ 각 페이지마다 중요 어휘를 쉬운 영어로 풀이했으며, 별도의 단어리스트가 교사용 자료로 제공된다.
▶ 입문 수준에 맞추어진 최신 경향의 실전 테스트가 수록되어 있다.

The TEPS Junior Listening Basic Book 1

Darakwon TEPS Research Team 지음 | 4X6배판 | 268면 | 15,000원(교재+해설집+MP3 CD 1장)

The TEPS Junior Reading Basic Book 1

Darakwon TEPS Research Team 지음 | 4X6배판 | 192면 | 11,000원(교재+해설집)
TEPS 학습을 처음 시작하는 학생들을 위해 만들어진 Listening과 Reading 교재. 다양한 TEPS 문제 유형들과 토픽들을 입문수준에 맞추어 놓아, TEPS에 익숙하지 않은 학생들이나 중등 저학년 학생들이 TEPS에 좀 더 쉽게 다가갈 수 있도록 하였다.

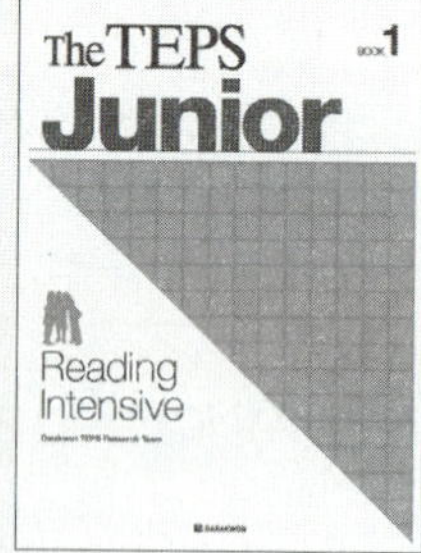

The TEPS Junior Listening Intensive Book 1

Darakwon TEPS Research Team 지음 | 4X6배판 | 260면 | 15,000원(교재+해설집+MP3 CD 1장)

The TEPS Junior Reading Intensive Book 1

Darakwon TEPS Research Team 지음 | 4X6배판 | 192면 | 11,000원(교재+해설집)
실전 TEPS 학습의 기초를 다지려는 학생들을 위해 만들어진 Listening과 Reading 교재. 다양한 TEPS 문제 유형들과 토픽들을 초급수준에 맞추어 놓아, TEPS의 기초가 부족한 학생들이나 중등 고학년 학생들이 TEPS를 좀 더 체계적으로 학습할 수 있도록 하였다.

The TEPS Junior Listening Basic Book 2

Darakwon TEPS Research Team 지음 | 4X6배판 | 256면 | 15,000원(교재+해설집+MP3 CD 1장)

The TEPS Junior Reading Basic Book 2

Darakwon TEPS Research Team 지음 | 4X6배판 | 180면 | 11,000원(교재+해설집)
The TEPS Junior Listening[Reading] Basic Book 1의 후속도서. 12개의 미니테스트와 2개의 실전테스트로 구성되어, TEPS에 익숙하지 않은 학생들이나 중등 저학년 학생들이 TEPS의 문제형식과 토픽에 대해 적응력을 기를 수 있도록 하였다.

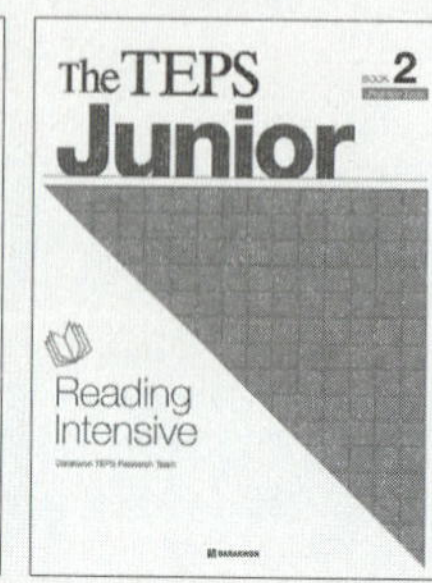

The TEPS Junior Listening Intensive Book 2

Darakwon TEPS Research Team 지음 | 4X6배판 | 256면 | 15,000원(교재+해설집+MP3 CD 1장)

The TEPS Junior Reading Intensive Book 2

Darakwon TEPS Research Team 지음 | 4X6배판 | 184면 | 11,000원(교재+해설집)
The TEPS Junior Listening[Reading] Intensive Book 1의 후속도서. 12개의 미니테스트와 2개의 실전테스트로 구성되어, TEPS의 기초가 부족한 학생들이나 중등 고학년 학생들이 TEPS의 문제형식과 토픽에 대해 적응력을 기를 수 있도록 하였다.

The TEPS

10년간 지켜온 TEPS의 시크릿 봉인이 열린다!!

**서울대가 선택하고 최고의 TEPS 전문가들이 풀어낸
최강의 TEPS 기본서**

- 서울대 언어교육원 TEPS 전문 강사진이 직접 공개하는
  서울대생 10년 교육의 노하우
- 지난 10년간의 출제 경향과 출제 원리를 정확히 꿰뚫는
  적중률 100% 실전문제 & 예상문제

TEPS를 알고 나를 알면 백전백승, '지피지기' 학습

- 기출 TEPS 문제를 면밀히 분석한 자료를 토대로 전문가의 검토를 거친 엄선된
  문제만을 수록
- 정규 TEPS 청해 문제 유형을 총망라, 각 문제 유형에 따른 학습자의 취약점을
  스스로 파악할 수 있도록 구성

Part별 특성에 맞는 효과적인 반복 학습

- 중요한 발음 현상 이해와 받아쓰기 훈련, 풍부한 어휘 자료, 각 단원 마무리 요점
  정리 등 다양한 코너와 MP3 CD를 활용한 반복 학습으로 학습 효과를 극대화

ISBN 978-89-5995-966-2 18740
ISBN 978-89-5995-967-9 18740(set)

값: **25,000원** (본 교재 + 정답 및 해설 + MP3 CD1개)